中国儒学史

儒学史

上册

程志华 著

人民出版社

责任编辑：邵永忠
封面设计：胡欣欣
责任校对：吕　飞

图书在版编目（CIP）数据

中国儒学史：全2册／程志华 著．—北京：人民出版社，2017. 12（2021.4 重印）
ISBN 978 - 7 - 01 - 018629 - 0

Ⅰ. ①中…　Ⅱ. ①程…　Ⅲ. ①儒学—思想史—中国　Ⅳ. ①B222. 05

中国版本图书馆 CIP 数据核字（2017）第 296090 号

中国儒学史
ZHONGGUO RUXUESHI

程志华　著

人 民 出 版 社 出版发行
（100706　北京市东城区隆福寺街 99 号）

北京一鑫印务有限责任公司印刷　新华书店经销
2017 年 12 月第 1 版　2021 年 4 月第 3 次印刷
开本：710 毫米×1000 毫米 1/16　印张：39. 75
字数：640 千字

ISBN 978 - 7 - 01 - 018629 - 0　定价：138. 00 元（全 2 册）

邮购地址　100706　北京市东城区隆福寺街 99 号
人民东方图书销售中心　电话（010）65250042　65289539

前　言

在开展"中国儒学史"的写作之前，有几个"前提性问题"必须要交代清楚：其一，什么是"哲学"？这涉及"中国儒学史"的"学科定位"问题。若此问题不交代清楚，会引发关于研究对象和内容的"学科混淆"。其二，"国学""儒学""哲学"三个概念之间的关系是什么？这涉及写作"中国儒学史"的角度和范围问题。若此问题不交代清楚，不仅会引发关于研究对象和内容的"学科混淆"，而且会引发关于研究对象和内容之"古与今""传统与现代"的质疑。很明显，这个问题是前一个问题的具体化。其三，"儒家哲学"的特征是什么？这涉及"中国儒学史"的性质问题。若此问题不交代清楚，不仅会引发"儒家哲学"与"西方哲学"的混淆，而且会引发"儒家哲学"与"道家哲学""佛教哲学"的混淆。下面，笔者分别谈谈对这三个问题的理解。

一、哲学及其功用

"哲学"一词最早出现在古希腊，在希腊语中它由"爱"和"智慧"两部分组成，是"爱智慧"或"智慧的朋友"之义。因此，谈及哲学，人们常通俗地将其解释为关于热爱和追寻智慧的学问。在汉语中，"哲学"一词最先由日本学者西周①译入。后来，这个词"倒流"回中国，并在民国时期固定下来，成为中国学界的概念。然而，与其他许多概念不同，"哲学"往往被赋予不同的含义。不过，作为一门学问，"哲学"仍然可具有一般性的定义。关此，熊十力曾有言："哲学者，智慧之学，而为群学之源，亦群学之归墟也。

---

① 西周的全名叫西周时懋，号天根、鹿成，1829 年出生于日本石见国津和野（今属岛根县）。1865 年从荷兰莱顿大学学习回国后，翻译了大量西方学术著作。在翻译过程中，由于缺少对应词汇，他创立了许多新词，如"科学""哲学""理性""演绎""归纳"等。

此等学问，纯为伟大精神之产物。"① 显而易见，只以"智慧之学"定义"哲学"，过于宽泛、不具体，难以与其他学问划清界限。实际上，哲学乃超越地研究事实与价值的学问。② 具体来讲，这个定义包括三个方面：其一，哲学的属性是一门学问，是一种"爱智之学"或"智慧之学"。即，它不仅是一般知识，而且包括分析、判断、创造和思考知识的能力。其二，哲学的对象是"事实"和"价值"。一般的学问多以具体"事实"或"价值"为对象，哲学则多以总体"事实"或"价值"为对象。其三，"哲学"的问题方式是"超越"即超越现实的，即"哲学"乃"形而上"的，而非"形而下"的。也就是说，唯有对于"事实"和"价值"进行超越层面研究的学问方为哲学。

历史地看，"哲学"最初是一门包罗万象的学问，人们将追寻无限性所产生的智慧统称为"哲学"；作为人类知识的"总汇"，它曾是人类唯一的学问。然而，随着时代的发展，宗教、自然科学、社会科学、人文学科等渐渐独立出来，"哲学"也从无所不包的"混沌"中走出来，形成一门"专门"的学问。通常来讲，所有学问大致可分为"形而上学"和"形而下学"。《易传》有"形而上者谓之道，形而下者谓之器"③ 之说，其大致指："道"是无形的，故为"形而上"；"器"是有形的，故是"形而下"。相应地，对"形而上"的"道"进行研究的学问是"形而上学"，对"形而下"的"器"进行研究的学问是"形而下学"；"形而上学"所探求的是世界的本体，"形而下学"所揭示的是世界的现象。在此意义下，前者大致对应"哲学"和宗教，后者则包括自然科学、社会科学、人文学科。

要进一步了解"哲学"这门学问，需要弄清"哲学"与自然科学、社会科学、人文学科等具体学科以及与宗教的关系。

首先，关于哲学与具体学科的关系。大致来讲，无论是自然科学和社会科学，还是人文学科，均属于"形而下学"之具体学科。哲学作为"形而上学"，与具体学科既有共性，又有区别。共性在于：一个方面，无论是哲学，

---

① 萧萐父主编：《熊十力全集》第五卷，武汉：湖北教育出版社 2001 年（下同），第 26 页。
② 参见程志华《哲学概念三解》，《河北大学学报》（哲学社会科学版）2011 年第 1 期，第 1—6 页。
③ 王弼注，孔颖达疏，李申等整理，吕绍纲审定：《周易正义》，北京：北京大学出版社 1999 年（下同），第 292 页。

还是具体学科，它们均由人所创造，并最终以服务人为宗旨。尽管可以说，有些学科的研究对象具有"规律性"，它不以人的意志为转移，但如果没有人的参与，所谓"规律"和学科是无从谈起的。另一个方面，哲学与具体学科的对象并无不同，它们都是关于宇宙人生的学问，即，不是关于"事实"的学问，就是关于"价值"的学问。在此意义上，哲学并没有"专有"对象，其对象其实是"公共"的。区别在于：具体学科是实然层面、"形而下"的，哲学是超越层面、"形而上"的；具体学科的任务是追求具体知识，而"哲学"的使命在于追寻超越性、终极性的智慧。具体来讲，其一，具体学科限于某一知识领域，而哲学致力于追求全面的答案，故是关于宇宙人生的"知识大全"。其二，具体学科止于具体知识，而哲学致力于追求根源，即对具体知识"穷根究底"，故是"知识根源"。其三，具体学科止于具体价值，而哲学致力于追求人类的终极价值，故是"根本价值"。

其次，关于哲学与宗教的关系。同样，哲学与宗教既有共性，又有区别。关于共性，指二者都处于"形而上"即"超越"的层面。具体来讲，其一，哲学与宗教都以追求"永恒"为职志。宗教追求"超越现世"，它从"永恒"的角度看待存在；哲学追求"超越现实"，它也从"永恒"的角度看待存在。而且，吊诡的是，无论是宗教之"永恒"，还是哲学之"永恒"，它们都只处于过程之中，无法在"现世""现实"得以彻底实现。其二，二者都具有"安身立命"的作用，即，它们都在价值层面提供终极性根据。因此，宗教与哲学都会涉及世界观、人生观、价值观，都会关注"生死""善恶"等重大问题。关于区别，指宗教与哲学是非常不同的：宗教以信仰为本，哲学以理性为本。具体来讲，宗教强调对崇拜对象的极度相信和尊敬，并以之作为人生行动的榜样或指导，其根本特征在"信仰"。哲学注重通过思辨来论证概念或义理之合理性，从而引导人们的思想与言行，其根本特征在"理性"。很显然，"信仰"与"理性"是相对的。因此，宗教的最高观念是"天国""上帝""救赎""地狱"等，哲学的最高概念则是"本体""道""性""绝对精神"等。

由哲学与具体学科和与宗教的关系，我们可以概括哲学的特征如下：其一，哲学是超越的，此相对于具体学科而言。哲学所揭示的是具有普遍性、基础性、必然性的义理，而不是经验世界与心灵世界之具体问题，此即所谓

"形而上者谓之道"之"道"。那么，何谓此"道"呢？此"道"不是通常的道，而是作为"天地之始"之"无"与作为"万物之母"之"有"的"道"；无论是作为"无"的"道"，还是作为"有"的"道"，它们均为天地万物存在与变化的基础与根源。《道德经》有言："道，可道，非常道；名，可名，非常名。无名，天地始；有名，万物母。……此两者同出而异名。同谓之玄，玄之又玄，众妙之门。"① 其二，哲学是"可学"的，即是可以学习并掌握的，此相对于宗教而言。相较而言，宗教要求信徒不假思索地"信仰"，哲学则要求主体毫不犹豫地诉诸"理性"。因此，哲学不是"可信"的，不是诉诸"非理性"获得信仰；而是"可学"的，乃经过"理性"思辨而获得智慧。例如，尽管"天地之道"是一个"超越"问题，但它并非宗教信仰的对象，而是哲学认识和把握的对象。《中庸》有言曰："天地之道，可一言而尽也。其为物不贰，则其生物不测。"② 孟子也认为，无论是"性"，还是"天"，尽管它们深奥、高远，但通过"尽心"则可以认知。他说："尽其心者，知其性也。知其性，则知天矣。"③ 这些均意味着哲学是"可学"的。

因为哲学具有如上特征，哲学具有与具体学科和宗教不同的"问题意识"。毋庸置疑，哲学既然以宇宙人生之"事实"和"价值"为研究对象，它就不能离开经验世界和人文世界，当然亦不能离开超验世界。不过，哲学既不能直接以经验世界为对象，此是自然科学和社会科学的对象；不能直接以人文世界为对象，此是人文学科的对象；也不能直接以超验世界为对象，此是宗教的对象；它须以经验世界、人文世界和超验世界之本体、前提和基础的问题为对象。质言之，唯有基于此类对象的问题才可谓"哲学问题"。具体来讲，"哲学问题"包括三类：其一，"哲学问题"不是经验世界的具体问题，而是有关经验世界的根本问题。其二，"哲学问题"不是人文世界的具体知识，而是关乎人类终极关怀的绝对价值。其三，"哲学问题"不是宗教当中

① 朱谦之撰：《老子校释》，北京：中华书局1984年（下同），第三至五页。
② 郑玄注，孔颖达疏，龚抗云整理，王文锦审定：《礼记正义》，北京：北京大学出版社1999年（下同），第1451页。
③ 赵岐注，孙奭疏，廖名春等整理，钱逊审定：《孟子注疏》，北京：北京大学出版社1999年（下同），第350页。

的实际问题，而是宗教当中的根本理论问题。总之，只有面向知识根本和绝对价值的问题才能进入哲学的"视野"。在此，我们不妨以存在主义为例说明哲学之"问题意识"。两次世界大战后，人类面临着诸如经济恢复、社会稳定、灵魂救赎等系列重大问题，但是，这些都不能直接成为"哲学问题"，因为它们是具体学科和宗教的任务。面对这种状况，存在主义从上述问题上概括、凝练出"人存在的意义"这一哲学问题，并提出"存在先于本质"的观点，主张不能抽象地"规定"人的本质，而应正视人之活生生的存在。① 由于把握并回答了当时的"哲学问题"，存在主义得以跻身20世纪的哲学殿堂，而且成为人类哲学"百花园"中的一朵。

就内容来讲，"哲学"作为一门学问，大致包括"本体论""宇宙论""知识论""人生论"等几个部分："本体论"指对人生和世界之根本进行探究，因为人类有"追根溯源"或寻求超越的特性。"宇宙论"指对宇宙之生成与发展进行探究，因为人类是宇宙的一部分。"知识论"指对人生和世界之认知进行探究，因为人类要生存和发展，需要了解人生和世界。"人生论"指对人生及其价值进行探究，因为人类面对人生。关此，冯友兰曾说："以现在之术语说之，哲学包含三大部：宇宙论——目的在求一'对于世界之道理'（A Theory of World）；人生论——目的在求一'对于人生之道理'（A Theory of Life）；知识论——目的在求一'对于知识之道理'（A Theory of Knowledge）。此三分法，自柏拉图以后，至中世纪之末，普遍流行；即至近世，亦多用之。哲学之内容，大略如此。就以上三分中若复再分，则宇宙论可有两部：一、研究'存在'之本体及'真实'之要素者，此是所谓'本体论'（Ontology）；一、研究世界之发生及其历史，其归宿者，此是所谓'宇宙论'（Cosmology）（狭义的）。人生论亦有两部：一、研究人究竟是什么者，此即心理学所考究；一、研究人究竟应该怎么者，此即伦理学（狭义的）政治社会哲学等所考究。知识论亦有两部：一、研究知识之性质者，此即所谓知识论（Epistemology）（狭义的）；一、研究知识之规范者，此即所谓论理学（狭义的）。"②

---

① 参见让·保罗·萨特著，周煦良等译《存在主义是一种人道主义》，上海：上海译文出版社1988年，第8页。
② 冯友兰：《中国哲学史》，北京：中华书局1961年（下同），第二至三页。

作为一门学问，哲学之功用是不可回避的问题。不过，要回答此问题，需要以哲学两个方面的特征为前提。即，由于哲学属于"超越"层面，与具体学科即自然科学、社会科学和人文学科不同；又由于它是"可学"的，而又与宗教不同，因此，在考量哲学的"功用"时，既不能以自然科学、社会科学和人文学科的"功用"为标准，亦不能以宗教的"功用"为标准，而须从"超越"层面又在"可学"层面来考量其哲学的"功用"。由此来讲，大致来讲，一个方面，哲学可以为人类提供"知识之源"，即，哲学的"功用"不是增加具体知识，而是探讨可否增加和如何增加具体知识。如果哲学试图给予具体知识，就会变成"伪哲学"或"非哲学"。因此，哲学注重说明或解释世界与人生的根本、变化或发展，并提供基本的立场、方法、观点。另一个方面，哲学可以为人类提供"价值之源"，但这个"价值之源"不是"非理性"的宗教。也就是说，宗教与哲学均可提供"价值之源"，但所提供"价值之源"的形式和特点并不相同。在宗教，特征在于"信仰"，"价值之源"的形式在于祈祷、礼拜；在哲学，特征在于"理性"，"价值之源"的形式在于概念、理论。因此，哲学注重用批判的、反思的态度，研究、"设计"人类的价值理想，引导人们追求合理的价值目标。

二、国学、儒学与哲学

哲学作为一门学问，它其实只是一种"哲学原型"。所谓"哲学原型"，指哲学作为超越地研究事实与价值的学问，它乃是所有已有的和新开出的哲学学说的根据。也就是说，"哲学原型"是指"哲学"为普遍性的定义，哲学学说则为特殊性的表现。康德说："哲学乃一切哲学的知识体系。"① 因此，尽管中西哲学存在诸多差异，但它们始终遵循共同的基本脉络，即，"由形而下到形而上"或"由形而上到形而下"。《周易》有言："形而上者谓之道，形而下者谓之器。"② 质言之，无论是西方哲学家，还是中国哲学家，他们的工作不外乎两个方面：其一，通过绝对的"形而上者"解释相对的"形而下者"。其二，通过"形而下者"建构"形而上者"。概括地讲，前者属于"本

---

① 康德著，蓝公武译：《纯粹理性批判》，北京：商务印书馆1960年，第573页。
② 王弼注，孔颖达疏，李申等整理，吕绍纲审定：《周易正义》，第292页。

体论"，后者则属于"认识论"。由此来讲，中西哲学之别仅仅在于建构了不同的"形而上者"：在西方，柏拉图建构的是"理念"，基督教哲学建构的是"上帝"。在中国，程、朱建构的是"理"，陆九渊、王守仁建构的是"心"……由此来讲，所有哲学学说乃是一种"家族相似"①，而"哲学"属于一个"原型"范畴，它与所有哲学学说乃普遍性与特殊性即"理一分殊"②或"月印万川"③ 的关系。既然如此，就既不能只强调中西哲学之别，亦不能只强调中西哲学之同；合理的做法是，从共时性的角度，既看到它们的差别，亦看到它们的共性；从历时性的角度，既关注已有的哲学史，亦关注哲学的创新发展。

就中国学术传统来讲，可以"国学"来统揽所有中国学问。历史地看，"国学"一词出自 20 世纪初叶西学东渐时期，它是一个与诸种"外学"相对而生的概念。就其内涵来讲，凡是中国的语言文字、文学艺术、历史地理和风俗习惯等都涵盖于"国学"名下。关此，邓实曾说："国学者何？一国所自有之学也。有地而人生其上，因以成国焉，有其国者有其学。学也者，学其一国之学以为国用，而自治其一国者也。"④ 同时，在西学东渐的过程中，还形成了"汉学"概念。所谓"汉学"，指国外学界对中国文化研究所形成的学问，它大致相当于前述所谓的"国学"。⑤ 关于"汉学"，李学勤曾说："汉

---

① 维特根斯坦的"家族相似性"（Family Resembalance）认为，"范畴成员"不必具有该"范畴"的所有属性，而是 AB、BC、CD、DE 式的"家族相似关系"；"范畴成员"的特性不一定完全相同，它们靠"家族相似性"归属于同一范畴。参见维特根斯坦著，汤潮等译《哲学研究》，北京：生活·读书·新知三联书店 1992 年。

② 朱熹说："盖能于分殊中事事物物，头头项项，理会得其当然，然后方知理本一贯。不知万殊各有一理，而徒言理一，不知理一在何处。圣人千言万语教人，学者终身从事，只是理会这个。"黎靖德编，王星贤点校：《朱子语类》第二册，北京：中华书局 1986 年（下同），第六七八页。

③ 朱熹说："本只是一太极，而万物各有禀受，又自各全具一太极尔。如月在天，只一而已；及散在江湖，则随处而见，不可谓月已分也。"黎靖德编，王星贤点校：《朱子语类》第六册，第二四〇九页。

④ 邓实：《国学讲习记》，上海：《国粹学报》1906 年第 19 期，第四页。

⑤ 在清乾隆年间，学界形成了重考据的"朴学"即"汉学"。它主要分为两支：一支称"吴派"，成于惠栋，主张收集汉代经师注解，加以疏通，以阐明经书大义；一支称"皖派"，成于戴震，主张从音韵、训诂、历算、地理、制度等方面，阐明经典大义。这两派主要以汉儒经说为宗，推崇东汉许慎、郑玄之学，所以也称之为"汉学"。皮锡瑞对清朝的学术曾总结道："国朝经学凡三变。国初，汉学方萌芽，皆以宋学为根柢，不分门户，各取所长，是为汉、宋兼采之学。乾隆以后，许、郑之学大明，治汉学者已赴。说经皆主实证，不空谈义理。是为专门汉学。"（皮锡瑞著，周予同注释：《经学历史》，北京：中华书局 1959 年，第 341 页）本著作中所谓"汉学"非此"汉学"。

学一词，在英语是 Sinology 或 Chinese studies，而前者的意味更古典些，专指有关中国历史文化、语言文学等方面的研究。汉学的'汉'，是以历史上的名称来指中国，和 Sinology 的词根 Sino – 来源于'秦'一样，不是指一代一族。汉学作为一门学科，词的使用范围本没有国别的界限。外国人研究中国历史文化是汉学，中国人研究自己的历史文化也是汉学。因此有人把中国人讲的'国学'就译作 Sinology。……实际上，按照国内学术界的习惯，汉学主要是指外国人对中国历史文化的研究而言。"[①] 若依思想类型划分，"国学"可分为"先秦诸子"或儒、道、释"三家"等；若依科目划分，可依《四库全书》，分为"经""史""子""集""四部"，但以"经""子"部为重，尤以"经"部为重点。很显然，无论是上述哪种划分，其分类均与现代学科分类不同。正因为如此，遂生发出这样的问题，即，古希腊产生了"哲学"这门学问，中国是否也产生了"哲学"这门学问呢？

公允地讲，中国古代未曾创立"哲学"这一概念，也没有出现过独立的"哲学"学科。不过，并不能因此而否定中国存在"哲学"这门学问。或者说，"国学"的分类虽不同于现代学科分类，但不能否认"国学"中存在现代学科的内容。例如，"国学"即包括社会科学、人文学科甚至自然科学之诸多学科的内容。其中，诸子百家当中符合"哲学"特征的内容即为"哲学"。质言之，其中在超越层面研究"事实"与"价值"的内容即为哲学。历史地看，尽管"哲学"之名来自西方，但中国人也很早就运用自己的方式"述说"着哲学，而且其一直延续到现代并会发展至将来。之所以如此说，在于"追求超越"是人类的本性，中国人并不是这种追求的例外。具体来讲，"追求超越"的智慧表现为两种形式：一为宗教；二为哲学。尽管中国宗教并不发达，但中国人发展出本土的宗教；同样，尽管中国哲学有自己的特点，但毕竟中国人亦发展出本土的哲学。冯友兰说："他们（指古代中国人——引者）不大关心宗教，是因为他们极其关心哲学。他们不是宗教的，因为他们都是哲学的。他们在哲学里满足了他们对超乎现世的追求。他们也在哲学里表达了、欣赏了超道德价值，而按照哲学去生活，也就体验了这些超道德价

---

① 李学勤主编：《国际汉学著作提要·序》，南昌：江西教育出版社 1996 年（下同），第1—2 页。

值。"① 因此，如果否认中国哲学的存在，其实是否认中国人对"超越"的追求。关此，美国老一代汉学家德效骞（Homer Hasenpflug Dubs, 1892—1969年）曾比较希腊哲学与中国哲学的相似性，认为相似性的根本原因在于共同的"人性"，即，因为"人性"是相同的，而哲学乃"人性"的"产品"，故希腊哲学与中国哲学便可能相似。质言之，因为共同的"人性"，中国与希腊一样，亦产生了哲学。他说："在中国，我们发现了出现在希腊的同样的哲学问题，以及很多同样的答案。这证明了人类的统一性及其生存环境的相似。"② 不过，中国哲学确实有其特点。因此，冯友兰认为，中国缺乏"哲学"的形式，但具有"哲学"的内容。他说："所谓系统有二：即形式上的系统与实质上的系统。"③ "中国哲学家之哲学之形式上的系统，虽不如西洋哲学家；但实质上的系统，则同有也。讲哲学史之一要义，即是要在形式上无系统之哲学中，找出其实质的系统。"④ 基于此，他与胡适等人在中国哲学"实质的系统"之上建构了"形式的系统"，从而建构起"中国哲学"学科。⑤

毋庸置疑，儒学乃中国"国学"的重要内容甚或主流。不过，关于儒学，有一种观点认为其为宗教，原因在于，儒家思想"渗透"并导引着中国人的实际生活，此与宗教的功能非常类似，因此学术史上才出现了儒释道"三教"的说法。例如，宋代张商英即从宗教的角度来论说儒学。他说："群生失真迷信，弃本逐末者，病也。三教之语，以驱其惑者，药也。儒者使之求为君子者，治皮肤之疾也；道书使之日损，损之又损者，治血脉之疾也；释氏直指本根，不存枝叶者，治骨髓之疾也。"⑥ 不过，这样一种观点是站不住脚的，根本原因在于任何宗教都有一个超越的崇拜对象，儒家并不存在这样的崇拜对象，儒家的崇拜对象乃作为"人间智者"的孔子。此外，儒家"四书"诚然是儒者的"圣经"，但是"四书"里没有"创世纪"式的宇宙论，也没有"天堂""地狱"式的"彼岸世界"。由此来讲，尽管儒学与宗教的功能类似，

---

① 冯友兰著，涂又光译：《中国哲学简史》，北京：北京大学出版社1985年（下同），第8页。

② Homer H. Dubs. *A Comparison of Greek and Chinese Philosophy*, ibid. P. 327.

③ 冯友兰：《中国哲学史》，北京：中华书局1961年（下同），第一三页。

④ 冯友兰：《中国哲学史》，北京：中华书局1961年（下同），第一四页。

⑤ 标志是胡适1919年出版的《中国哲学史大纲》、冯友兰1931年出版的《中国哲学史》等著作。

⑥ 《大正新修大藏经》第52卷，台北：财团法人佛陀教育基金会出版部1990年，第643页。

但不能认为儒学是宗教。实际上，尽管中国有儒、释、道"三教"的说法，但此"三教"并非"宗教"之教，而乃"教化之教"的含义。质言之，儒、释、道三者之义理虽各不相同，但它们都围绕着"身心性命"而展开；恰是这种相同沟通了"三教"，从而出现了"儒释道""三教"的说法。关此，熊十力说：

> 中国古无宗教之名，晚周诸子各以学术称专家，如孔氏之徒曰儒家，老氏之徒曰道家是也。自印度佛教入，而世俗始以儒道与佛并称三教。然儒道二家之学者并不自承为宗教也。……故以中国之儒、道、佛并称为教，此乃世俗相沿之失，而非学术界所认可，不能无辨（民初有以儒家孔子为教主请定为国教者，时士论大哗，皆论孔学非宗教云）。①

既然儒学不是宗教，那么它与哲学是什么关系呢？所谓"儒学"，指以"仁"概念为核心进行研究而展开的学问。所谓"哲学"，指对于"事实"和"价值"进行超越研究的学问。在此，就外延来讲，"儒学"大于"哲学"，即，"儒学"包含"哲学"。因此，"儒学"当中有诸多内容并非"哲学"，就如同"国学"当中有诸多内容并非儒学。不过，"哲学"乃"儒学"内容的核心，此相类于"儒学"乃"国学"内容的核心。因此，在儒学当中亦存在"儒家哲学"。历史地看，面对东周末年"礼坏乐崩"的情形，孔子认为，"礼"并非不好，也不是人们不知"礼"，而是人知"礼"却不去行"礼"，原因在于没有行"礼"的内心基础。于是，他借鉴历史上的相关概念，将这个内心基础定义为"仁"，进而创造了"仁"的学说，由此奠定了儒家学说的基础。由于这个学说对于"治疗"当时文化"疾患"产生了"疗效"，故被社会所接受且存在下来。更为重要的是，由于学说的内在价值和多种外在机缘，儒学曾长期居于中国文化的主流，甚至在秦代以后被多个朝代确定为官方意识形态。由此讲来，儒家哲学不仅历史悠久，而且影响深远，堪称一个大的哲学派别。

历史地看，儒学起源于东周春秋时期，与"道家""墨家""法家""阴阳家"等诸子百家为同时。不过，与其他许多流派消逝于"历史长河"不同，

---

① 萧萐父主编：《熊十力全集》第四卷，武汉：湖北教育出版社2001年（下同），第226页。

尽管儒学从内容、形式到功能不断变化、发展，但它绵延至今已有两千五百余年的历史了。概括地讲，就内容、形式和功能等方面综合考察，儒学经历了三个比较大的历史发展阶段，即，先秦汉唐之间的"实存道德描述形态"、宋明时期的"形上学形态"、明末清初以来的"形上道德实践形态"。① 所谓"实存道德描述形态"，指以对实存道德现实的描述和对道德理想的设计为特征，这种形态是一种"交融伦理"，形上、形下处于儒家哲学整体之中。所谓"形上学形态"，指以建构"本体论"形上学体系为特征，为汲取佛、道精华之后为儒学奠定形上基础的形态，它在儒学"哲学化"方面迈上了一个大台阶。所谓"形上道德实践形态"，是对于前两个阶段的超越，它以"形上学形态"为形上基础，结合了西方哲学的挑战，在更高层面实现了对"实存道德描述形态"的"回归"。这样一个过程，可用黑格尔由"具体"到"抽象"再到"具体"的过程来理解。当然，与前一个"具体"相比，后一个"具体"在内容上更丰富，在层次上亦更高。而且，所谓"更丰富"和"更高"，是就"哲学化"的意义来讲的。很显然，这样三个阶段，反映了儒学历史实乃"哲学化"不断深化的过程。

三、儒家哲学的特征

总的讲，哲学大致可分为"知解的形上学"和"实践的形上学"两种类型。所谓"知解的形上学"，指依"思辨理性"而建构的形上学，即以把握自然为旨归的形上学。所谓"实践的形上学"，指依"实践理性"而建构的形上学，即由人的实践以建立的形上学。具体来讲，"知解的形上学"是以探讨"事实"为核心的哲学，它起源于对外在世界的探寻，它关注的是自然存在，回答的是世界的本质问题。就内容来讲，其核心是"事实本体论"，即以某种"事实"作为本体进行探讨。在此意义上，哲学实是一种"最高的知识"。蔡元培说："哲学为学问中最高之一境，于物理界及心理界之知识，必不容有所偏废。"② 傅泛济（Francisco Furtado，1587—1653 年）也说："哲学"

---

① 参见程志华《"中断性"语境下的儒学发展"三期说"》，《学习论坛》2006 年第 10 期。
② 高平叔编：《蔡元培全集》第二卷，北京：中华书局 1984 年，第 347 页。

"译名，则言知之爱；译义，则言探取凡物之所以然，开人洞明物理之识也"①。就哲学史来看，古希腊哲学、经验论和唯理论、德国古典哲学都属于"知解的形上学"的典型形态。"实践的形上学"则不同，它是以"价值"为核心的哲学，它肇端于对生命存在及其意义的探寻，它关注的是人的存在，回答的是"价值之源"的问题。就内容来讲，其核心是"价值本体论"，即以某种"价值"作为本体进行探讨。在此意义上，哲学实是一种"最高的价值"。胡适说："凡研究人生切要的问题，从根本上着想，要寻一个根本的解决，这种学问，叫做哲学。"② 就哲学史来看，儒学、道学以及宗教哲学都属于"实践的形上学"的典型形态。

　　不过，尽管儒、释、道三家皆为"实践的形上学"，但三家却遵循不同的理路。具体来讲，就对人生的态度来讲，哲学可分为"出世哲学"和"入世哲学"两种理路。由此来看，佛、道两家的哲学无论是"求止"，还是"求寂"，均以否定"现实"为出发点，故属于"出世哲学"。例如，佛家认为，生是人生痛苦的根源，因此，人要得到真正"解脱"，必须要脱离社会甚至脱离"生"。儒家哲学则不同，它注重社会中的人伦和事务，主张通过日用修养以实现理想。因此，儒家哲学所注重的是社会，不是宇宙；是人伦日用，不是地狱天堂；是人的今生，不是人的来世。很显然，这种哲学属于"入世哲学"。因此，当学生问死的问题时，孔子回答说："未知生，焉知死？"③ 而且，儒家的理想人格并非佛、道之超越的"佛"和"真人"，而乃入世的圣人。孟子说："规矩，方员之至也。圣人，人伦之至也。"④ 很明显，"出世哲学"与"入世哲学"乃两种理路。关此，冯友兰说："从入世的哲学的观点看，出世的哲学是太理想主义的，无实用的，消极的。从出世的哲学的观点看，入世的哲学太现实主义了，太肤浅了。"⑤ 尽管从"出世哲学"的角度看，"入世哲学"亦有缺欠，但实际上，所谓"缺欠"恰恰是其优长之处。或者说，"出世哲学"皆从"负面"言说，而从"负面"言说不可能直接实

---

① 傅泛际、李之藻译：《名理探》，上海：商务印书馆 1935 年，第一六页。
② 胡适：《中国哲学史大纲》，北京：东方出版社 1996 年，第 1 页。
③ 何晏注，邢昺疏，朱汉民整理，张岂之审定：《论语注疏》，北京：北京大学出版社 1999 年（下同），第 146 页。
④ 赵岐注，孙奭疏，廖名春等整理，钱逊审定：《孟子注疏》，第 189 页。
⑤ 冯友兰著，涂又光译：《中国哲学简史》，北京：北京大学出版社 1985 年，第 10—11 页。

现超越，只有从"正面"言说，才可直接实现超越。因此，释、道两家实为"实践的形上学"的"旁枝"，唯有儒家哲学方为真正的"实践的形上学"。牟宗三说：

> 道德是大宗，但还有两个旁枝，一是道家，一是佛教。从道德上说智的直觉是正面说，佛家道家是负面说，即，从对于不自然与无常的痛苦而向上翻求"止"求"寂"以显示。但这都是从人的实践以建立或显示智的直觉：儒家是从道德的实践入手，佛道两家是从求止求寂的实践入手。其所成的形上学叫做实践的形上学：儒家是道德的形上学，佛道两家是解脱的形上学。①

既然为"入世哲学"，又为真正的"实践的形上学"，故儒家哲学具有鲜明的"人文性"。或者说，儒家哲学即是"人文哲学"。具体来讲，儒学从创立时起一直到现代，所关心者并非"来生""上帝""天堂"等问题，而主要是社会、人生等现实问题。因此，孔子不仅将"死"的问题推开，亦将"鬼神"的问题推开。他说："未知生，焉知死？"② "务民之义，敬鬼神而远之。"③ 进而，儒家认为，人乃万物之灵，人乃天地之中心。孔子说："天地之性人为贵。"④ 荀子说："水火有气而无生，草木有生而无知，禽兽有知而无义。人有气、有生、有知，亦且有义，故最为天下贵也。"⑤ 因此，儒家围绕"人"的问题立论，关注人在天地之间的地位。《周易》说："刚柔交错，天下也。文明以止，人文也。观乎'天文'，以察明变；观乎'人文'，以化成天下。"⑥ 质言之，儒学强调以人为本，追求人生的意义和价值，从而成就君子人格。孔子"己欲立而立人，己欲达而达人"⑦；"己所不欲，勿施于

---

①　牟宗三：《智的直觉与中国哲学》，第447页，载《牟宗三先生全集》20，台北：联经出版事业股份有限公司2003年。

②　何晏注，邢昺疏，朱汉民整理，张岂之审定：《论语注疏》，北京：北京大学出版社1999年（下同），第146页。

③　何晏注，邢昺疏，朱汉民整理，张岂之审定：《论语注疏》，第79页。

④　李隆基注，邢昺疏，邓洪波整理，钱逊审定：《孝经注疏》，北京：北京大学出版社1999年，第28页。

⑤　王先谦撰，沈啸寰等点校：《荀子集解》，北京：中华书局1988年（下同），第一六四页。

⑥　王弼注，孔颖达疏，李申等整理，吕绍纲审定：《周易正义》，第105页。

⑦　何晏注，邢昺疏，朱汉民整理，张岂之审定：《论语注疏》，第83页。

人"① 的君子人格，孟子 "富贵不能淫，贫贱不能移，威武不能屈"② 的 "大丈夫" 精神，荀子 "权利不能倾也，群众不能移也，天下不能荡也"③ 的君子情操，都是这种 "人文性" 的体现。

很显然，只说儒家哲学为 "人文哲学"，仍实显得太笼统，因为 "人文" 的范围很广泛，它包含艺术、文学、道德等诸多领域。而且，佛、道两家亦具 "人文性"，而同为 "人文哲学"。因此，要把握儒家哲学的人文性，还需要进一步比较儒、释、道三家。经过比较，可以看到，相对于佛、道两家而言，儒家哲学的 "人文性" 落实为 "道德主义"。所谓 "道德主义"，亦可称为 "宗法伦理中心主义"，指以道德教化为中心的学说。儒学自创立时起，就含有深厚的宗法伦理特征。例如，孔子说 "仁者，人也"④、"仁者爱人"⑤，就是讲道德之 "仁" 乃人立于世界的根本。孟子说 "人之异于禽兽者几希"⑥，是讲人是有道德、有善性的。进而，儒学非常重视 "孝"，并以 "父子关系" 作为 "三纲" 的基础，从而实现了理论上的 "家国同构"。这样一种理论，经过历代儒者的发扬，成为区别于其他学派的重要标志。更为重要的是，"道德主义" 还代替了宗教的地位，衍射到中国文化的方方面面，形成了整个中国文化的重要特征。总之，儒学的根本特征是 "道德主义"。关于此，孔子曾说：

> 德之不修，学之不讲，闻义不能徙，不善不能改，是吾忧也。⑦

就儒学作为 "道德主义" 来讲，其所追求的理想是 "内圣外王"。所谓 "内圣外王"，指有最高道德精神成就的人，而且应该最宜于为王。所谓 "内圣"，是就道德修养的成就说；所谓 "外王"，是就社会功用说。具体来讲，人之为人，所应有的最高成就是成为 "圣人"，而 "圣人" 即是 "内圣外王" 的理想人格。就地位来讲，儒家的 "圣人" 相当于佛教的 "佛" 和西方宗教

---

① 何晏注，邢昺疏，朱汉民整理，张岂之审定：《论语注疏》，第 214 页。
② 赵岐注，孙奭疏，廖名春等整理，钱逊审定：《孟子注疏》，第 162 页。
③ 王先谦撰，沈啸寰等点校：《荀子集解》，第一九页。
④ 郑玄注，孔颖达疏，龚抗云整理，王文锦审定：《礼记正义》，第 1440 页。
⑤ 参见何晏注，邢昺疏，朱汉民整理，张岂之审定《论语注疏》，第 168 页。
⑥ 赵岐注，孙奭疏，廖名春等整理，钱逊审定：《孟子注疏》，第 223 页。
⑦ 何晏注，邢昺疏，朱汉民整理，张岂之审定：《论语注疏》，第 84 页。

的"神"。不过，儒家的"圣人"并非超越者，而是人间的"智者"。进而，既然"圣人"的人格是"内圣外王"，那么儒家哲学的任务就是助人实现这种人格，儒家哲学的主要内容便是"内圣外王之道"，而"内圣外王之道"主要包括道德修养和政治思想两个方面的内容。正因为如此，孔子讲君子"修己以敬""修己以安人""修己以安百姓"①；后儒讲"内圣外王"②、"修己治人"③，既讲道德修养，亦讲治国平天下。总之，在儒家，"内圣"与"外王"对列、并举、互动：既由内向外，也由外而内；"内圣"必须经由"外王"而得到安顿，"外王"必得因"内圣"而获致恰当方向。

四、结语

由前所述，笔者对于写作"中国儒学史"的几个"前提性问题"进行了探讨，从而说明了如下几个相关问题。其一，对于什么是"哲学"的探讨，确立了研究"中国儒学史"的"哲学"的"学科语境"。也就是说，本著作不是在"文学""史学"而是在"哲学"的语境下研究"中国儒学史"的。其二，作为前一个问题的具体化，对于"国学""儒学""哲学"三个概念的探讨，解决了以"儒家哲学"为角度写作"中国儒学史"的问题。也就是说，本著作并非传统的"国学""汉学"意义下的儒学史，当然更非传统的"经学"意义下的儒学史，而是对"中国儒家哲学史"的探讨。其三，关于"儒家哲学"的特征的探讨，解决了相较于佛、道两家哲学，"儒家哲学"所具有的特征问题。也就是说，本著作不仅与"西方哲学史"不同，而且亦与"道家哲学史""佛教哲学史"有别。可以说，这样三个问题的解决，为实际开始写作"中国儒学史"奠定了基础。

---

① 参见何晏注，邢昺疏，朱汉民整理，张岂之审定《论语注疏》，第 204 页。
② 荀子说："圣也者，尽伦者也；王也者，尽制者也。两尽者，足为天下之极矣。"王先谦撰，沈啸寰等点校：《荀子集解》，第四〇七页。
③ 许衡说："及其十有五岁，自天子之元子众子，公卿大夫元士之适子，与凡民之俊秀者，皆入大学，教之以穷理、正心、修己、治人之道。"许衡著，王成儒点校：《许衡集》，北京：东方出版社 2007 年，第五二页。

目 录

第二编　汉唐儒学

第三编　宋代儒学

第四编　明代儒学

第五编　清代儒学

第六编　近代儒学

第七编　现代儒学(上)

第八编 现代儒学(下)

第一编　先秦儒学

弁　言

在春秋以前，人们的世界观以"天""帝"为主。不过，在经过燧人氏、伏羲氏和神农氏"三皇"和黄帝、颛顼、帝喾、尧、舜"五帝"后，尤其是尧、舜以及周文王、周武王和周公的努力，"天""帝"为主的世界观出现了"弱化"趋势。以此为基础，孔子的出现"固化"了这种"弱化"趋势，将"神文"世界观转化为"人文"世界观，即，将关怀重点由"神"转向"人"。这样一种转向不仅是儒学的开端，而且也是整个中国文化的开端，从而形成几千年中国文化的"人文"特质。之后，孟子和荀子继承了这一脉络，并将孔子的思想"张开"，开出儒学史上"心性儒学"和"知性儒学"两个向度；前者重视并以"仁"为基石，后者重视并以"礼"为基石。作为先秦儒学的重要经典，《大学》《中庸》和《易传》也是沿着"人文"向度开展的，而且将儒学的基本概念系统化。大致来讲，先秦儒家即"孔孟之道"的精髓在于"仁"。具体来讲，先秦儒家集中于两个概念探讨：其一，"仁"。"仁"作为先秦儒家确立的崇高理想，其基本含义为"爱人"；其既是个人道德修养的标准，又是处理人与人关系和治国理政的最高原则。其二，"礼"。"礼"是外在他律性的规范和典章制度，所表达的是保持人之身份从而使社会有序的思想。总之，"仁"与"礼"之间乃"内仁外礼"的关系。

第一章　孔　子

孔子（前551—前479年），名丘，字仲尼，春秋时期鲁国陬邑人（今山东省曲阜市），祖籍宋国夏邑（今河南省商丘市夏邑县），祖先为宋国贵族。孔子3岁丧父，少时"贫且贱"[①]。成年后，先任管仓库的"委吏"和管畜牧的"乘田"等官职。30岁左右，开始兴办私学，在中国历史上首开私人办学先河。50岁时，担任鲁国"中都宰"，第二年升任"小司空"，后升任"大司寇"。曾以司寇之职摄行相事。不久，因政局动荡，孔子率领弟子离开鲁国，奔走于卫、宋、陈、蔡、齐、楚等国，度过了14年的流亡生涯。其间，他"知其不可而为之"[②]，竭力宣扬其道德理想主义主张。68岁回到鲁国。相传，他有弟子3000人，其中72贤人。[③] 历史上，孔子曾被尊奉为"天纵之圣""天之木铎"，后来被尊为"孔圣人""至圣""至圣先师""万世师表"等。

孔子是儒家学派的创始人，晚年从事讲学和文献整理。其中，孔子对《诗》《书》内容进行了编排，对《礼》《乐》进行了整理。《史记》记载："孔子闵王路废而邪道兴，于是论次《诗》《书》，修起《礼》《乐》。"[④] 孔子晚年喜读《周易》，乃至"韦编三绝"，并为《周易》作《传》，后人称之为《易传》。他还依据《鲁春秋》改写成《春秋》，以褒贬是非善恶，史称"春秋笔法"。孔子最大的贡献是，以"仁"为核心创立了儒家学说，从而奠定了中华民族的人文精神和价值观。孔子去世后，弟子把其与其弟子的言行记录下来，整理汇编成《论语》。此外，《礼记》、出土简帛等亦有关于孔子言行的记载。

---

① 司马迁：《史记》，北京：中华书局1959年（下同），第一九〇九页。
② 何晏注，邢昺疏，朱汉民整理，张岂之审定：《论语注疏》，第200页。
③ 参见司马迁《史记》，第一九三八页。
④ 司马迁：《史记》，第三一一五页。

第一节　"仁者爱人"

尽管孔子"述而不作，信而好古"①，但通过《论语》的记载可知，孔子不仅有自己的思想，而且其思想是"一以贯之"②的。所谓"一以贯之"，指其思想是成体系且有核心的，而这个核心便是"仁"。具体来讲，孔子以"仁"为所有德性的核心，将其他诸种德性都统摄于"仁"之下。因此，如果没有"仁"，也就谈不上"义""礼""信"等德性。他说："唯仁者能好人，能恶人。"③他还说："苟志于仁矣，无恶也。"④孔子认为，"仁"之重要性不亚于水火，乃人生之所不可缺少者。他说："民之于仁也，甚于水火。水火吾见蹈而死者矣，未见蹈仁而死者也。"⑤正因为如此，人不仅应以"仁"为最高原则，而且必要时以生命捍卫它。他说："志士仁人，无求生以害仁，有杀身以成仁。"⑥然而，"仁"是非常高尚的德性，故也是非常难及的德性。他说："我未见好仁者，恶不仁者。好仁者，无以尚之。恶不仁者，其为仁矣，不使不仁者加乎其身。有能一日用其力于仁矣乎？我未见力不足者。盖有之矣，我未之见也。"⑦关于"仁"的重要性，孔子还说：

> 富与贵，是人之所欲也，不以其道得之，不处也。贫与贱，是人之所恶也，不以其道得之，不去也。君子去仁，恶乎成名？君子无终食之间违仁，造次必于是，颠沛必于是。⑧

那么，"仁"的含义是什么呢？在孔子看来，其核心含义是"爱人"，即关怀人、尊重人。就其文字结构来看，"仁"由"人""二"两部分构成，意指两个人在一起。基于此，孔子将"仁"进一步抽象，赋予其"爱人"的道

---

① 何晏注，邢昺疏，朱汉民整理，张岂之审定：《论语注疏》，第84页。
② 何晏注，邢昺疏，朱汉民整理，张岂之审定：《论语注疏》，第51页。
③ 何晏注，邢昺疏，朱汉民整理，张岂之审定：《论语注疏》，第48页。
④ 何晏注，邢昺疏，朱汉民整理，张岂之审定：《论语注疏》，第48页。
⑤ 何晏注，邢昺疏，朱汉民整理，张岂之审定：《论语注疏》，第217页。
⑥ 何晏注，邢昺疏，朱汉民整理，张岂之审定：《论语注疏》，第210页。
⑦ 何晏注，邢昺疏，朱汉民整理，张岂之审定：《论语注疏》，第49页。
⑧ 何晏注，邢昺疏，朱汉民整理，张岂之审定：《论语注疏》，第48页。

德内涵。《论语》记载："樊迟问仁。子曰：'爱人。'问智。子曰：'知人。'"① 所谓"爱人"，指没有功利目的且发自内心地喜爱他人。对此，《韩非子》进行了注解："仁者，谓其中心欣然爱人也。其喜人之有福而恶人之有祸也，生心之所不能已也，非求其报也。"② 因此，孔子说："道千乘之国，敬事而信，节用而爱人，使民以时。"③ 也正为如此，孔子一生关怀人、尊重人。例如，他得知马厩被烧后，其反应不是问马的情况，而是问人的情况。《论语》记载："厩焚。子退朝，曰：'伤人乎？'不问马。"④ 不仅如此，孔子还反对人殉、人牲，反对用土俑、木俑以为牺牲，甚至以"无后"诅咒"始作俑者"。《孟子》记载："仲尼曰：'始作俑者，其无后乎？'为其象人而用之也。"⑤ 不过，孔子所谓的"爱人"并非"博爱"或"兼爱"，而是有差等的，即由父母、兄弟、朋友然后众人之层层往外推拓。他说：

> 弟子入则孝，出则悌，谨而信，泛爱众而亲仁。⑥

孔子认为，"爱人"包含"忠"和"恕"两个方面的含义。具体来讲，孔子虽然主张"泛爱众而亲仁"，但他不赞成"抽象的爱"，而主张将"爱人"落到实处。为此，他提出以"仁"为"体"、以"忠""恕"为"用"的思想。即，"爱人"须以"仁"为"体"，而以"忠"和"恕"为"用"；"仁"与"忠"和"恕"乃"体用一致"的关系。质言之，"爱人"之"仁"作为一种内在德性，需要通过外在伦理"忠"和"恕"表现出来。《论语》记载："樊迟问仁。子曰：'居处恭，执事敬，与人忠。虽之夷狄，不可弃也。'"⑦ 那么，何谓"忠""恕"呢？孔子认为，"忠"为"仁"之"积极义"，指"积极地"将自己"所欲"施于人；此谓"仁之方"，意在关怀他人。孔子说："夫仁者，己欲立而立人，己欲达而达人。能近取譬，可谓仁之方也已。"⑧ "恕"为"仁"之"消极义"，指"消极地"不将自己"所恶"施于

---

① 何晏注，邢昺疏，朱汉民整理，张岂之审定：《论语注疏》，第 168 页。
② 王先慎撰，钟哲点校：《韩非子集解》，北京：中华书局 1998 年，第 131 页。
③ 何晏注，邢昺疏，朱汉民整理，张岂之审定：《论语注疏》，第 4—5 页。
④ 何晏注，邢昺疏，朱汉民整理，张岂之审定：《论语注疏》，第 137 页。
⑤ 赵岐注，孙奭疏，廖名春等整理，钱逊审定：《孟子注疏》，第 14 页。
⑥ 何晏注，邢昺疏，朱汉民整理，张岂之审定：《论语注疏》，第 7 页。
⑦ 何晏注，邢昺疏，朱汉民整理，张岂之审定：《论语注疏》，第 178 页。
⑧ 何晏注，邢昺疏，朱汉民整理，张岂之审定：《论语注疏》，第 83 页。

人；此谓"恕之道"，意在尊重他人。《论语》记载："子曰：'其恕乎！己所不欲，勿施于人。'"① 正因为"忠"和"恕"乃"仁"之内涵，故曾子说：

> 夫子之道，忠恕而已矣。②

那么，如何做到"忠"和"恕"呢？孔子提出的原则是"克己复礼"。所谓"克己复礼"，指克制自己，依从"礼"而行，以最终实现"仁"。在孔子看来，"礼"乃"仁"之表现，"仁"乃"礼"之根源，因此"守礼"可实现"仁"。对此，钱穆解释说："礼者，仁道之节文，无仁即礼不兴，无礼则仁道亦不见，故仁道必以复礼为重。"③ 具体来讲，"克己复礼"有两个关键词：一个是"复礼"，指以"礼"来规范人的言行；另一个是"克己"，指约束自己。不过，在两个关键词当中，"克己"更为重要，因为"克己"是"克己复礼"的起点，也是"克己复礼"的落实。关于落实，指"克己"须落实于"视""听""言""动"等具体行为。《论语》记载："颜渊问仁。子曰：'克己复礼为仁。一日克己复礼，天下归仁焉。为仁由己，而由人乎哉！'颜渊曰：'请问其目。'子曰：'非礼勿视，非礼勿听，非礼勿言，非礼勿动。'"④ 正是在此意义上，才乃谓"为仁由己"。孔子还说："仁远乎哉？我欲仁，斯仁至矣。"⑤ 关于"克己复礼"，《左传》记载：

> 仲尼曰："古也有志，克己复礼，仁也。信善哉！"⑥

第二节　天命观

在孔子以前，人们通常认为，"帝"或"天"为世界主宰，且具有人格

---

① 何晏注，邢昺疏，朱汉民整理，张岂之审定：《论语注疏》，第 214 页。
② 何晏注，邢昺疏，朱汉民整理，张岂之审定：《论语注疏》，第 51 页。
③ 钱穆：《论语新解》，《钱宾四先生全集》3，台北：联经出版事业公司 1998 年，第 418 页。
④ 何晏注，邢昺疏，朱汉民整理，张岂之审定：《论语注疏》，第 157 页。
⑤ 何晏注，邢昺疏，朱汉民整理，张岂之审定：《论语注疏》，第 95 页。
⑥ 左丘明传，杜预注，孔颖达正义，浦卫忠等整理，杨向奎审定：《春秋左传正义》，北京：北京大学出版社 1999 年，第 1308 页。

神特征。例如，《尚书》说："天佑下民，作之君，作之师，惟其克相上帝，宠绥四方。"①《诗经》说："皇矣上帝，临下有赫。监观四方，求民之莫。"②因此，孔子也曾多次提及"天"。不过，他关于"天"的说法并不十分固定。概括地讲，对于孔子的"天"可从两方面把握：一个方面，"天"乃"主宰之天"，即天地万物的主宰，具有人格神特征。例如，颜渊死后，他说："噫！天丧予！天丧予！"③因此，"天"是不能得罪的。他说："获罪于天，无所祷也。"④此外，正因为"天"乃天地万物的主宰，故其可以赋予人以某种使命。他说："文王既没，文不在兹乎？天之将丧斯文也，后死者不得与于斯文也。天之未丧斯文也，匡人其如予何？"⑤另一个方面，孔子又努力淡化"天"的人格神特征。例如，他认为，"天"其实是"不言而行"的，此种情况犹如自然界一样。孔子说："天何言哉？四时行焉，百物生焉，天何言哉？"⑥他还说："大哉，尧之为君也！巍巍乎，唯天为大，唯尧则之。荡荡乎，民无能名焉。巍巍乎，其有成功也。焕乎，其有文章。"⑦正因为如此，孔子很少谈论"天道"。《论语》记载："夫子之文章，可得而闻也。夫子之言性与天道，不可得而闻也矣。"⑧

在孔子生活的时代，鬼神信仰非常普遍。不过，与淡化"天"的人格神特征一致，孔子对鬼神亦持"存疑"态度。一个方面，他重视祭祀鬼神，甚至到了非常虔诚的地步。在他看来，"孝"乃"无违"之义，而"无违"不仅包括"生养"，亦包括"死祭"。他说："生，事之以礼。死，葬之以礼，祭之以礼。"⑨而且，祭祀一定要虔诚。因此，如果不能亲自祭祀，就等于没有祭祀。他说："祭如在，祭神如神在。子曰：'吾不与祭，如不祭。'"⑩就

---

① 孔安国传，孔颖达疏，廖明春等整理，吕绍纲审定：《尚书正义》，北京：北京大学出版社1999年（下同），第272页。

② 毛亨传，郑玄笺，孔颖达疏，龚抗云等整理，刘家和审定：《毛诗正义》，北京：北京大学出版社1999年，第1018页。

③ 何晏注，邢昺疏，朱汉民整理，张岂之审定：《论语注疏》，第145页。

④ 何晏注，邢昺疏，朱汉民整理，张岂之审定：《论语注疏》，第36页。

⑤ 何晏注，邢昺疏，朱汉民整理，张岂之审定：《论语注疏》，第113页。

⑥ 何晏注，邢昺疏，朱汉民整理，张岂之审定：《论语注疏》，第241页。

⑦ 何晏注，邢昺疏，朱汉民整理，张岂之审定：《论语注疏》，第106页。

⑧ 何晏注，邢昺疏，朱汉民整理，张岂之审定：《论语注疏》，第61页。

⑨ 何晏注，邢昺疏，朱汉民整理，张岂之审定：《论语注疏》，第16页。

⑩ 何晏注，邢昺疏，朱汉民整理，张岂之审定：《论语注疏》，第35页。

此而言，他自认为不如夏禹，因为夏禹"致孝乎鬼神"。他说："禹，吾无间然矣。菲饮食而致孝乎鬼神，恶衣服而致美乎黻冕，卑宫室而尽力乎沟恤。"① 另一个方面，孔子对于祭祀鬼神亦表现出怀疑态度。《论语》记载："子疾病，子路请祷。子曰：'有诸?'子路对曰：'有之。《诔》曰：祷尔于上下神祇。'子曰：'丘之祷久矣。'"② 因此，孔子很少谈论鬼神问题，甚至主张"敬而远之"。《论语》记载："子不语怪、力、乱、神。"③ 他说："敬鬼神而远之，可谓知矣。"④ 之所以如此，在于孔子认为，关心人比关心鬼神更为重要，而且关心鬼神也是为了人。《论语》记载：

> 季路问事鬼神。子曰："未能事人，焉能事鬼?"曰："敢问死。"曰："未知生，焉知死?"⑤

此外，孔子认为，人生受外在力量的支配，此外在力量即所谓"命"。具体来讲，"命"指"天命"，即"天的命令"或"天意"。因此，"道"能否实现，既不取决于自己，也不取决于他人，而是取决于"命"。即，"道"之"行"与"废"皆来自"天命"。他说："道之将行也与，命也。道之将废也与，命也。"⑥ 因此，孔子很少"言利"，却非常重视"命"。《论语》记载："子罕言利，与命与仁。"⑦ 而且，他对"时命不济"非常感慨。他说："美哉水，洋洋乎! 丘之不济此，命也夫!"⑧ 不过，"时命不济"通常是暂时的、偶然的，而且它可以磨炼人的意志。因此，一个方面，人应该"知命"，"知命"乃成为"君子"的必要条件。孔子说："不知命，无以为君子也。不知礼，无以立也。不知言，无以知人也。"⑨ 另一个方面，人不仅应该"知命"，而且需要积极努力，"知其不可而为之"⑩。实际上，孔子的一生就是绝好的

---

① 何晏注，邢昺疏，朱汉民整理，张岂之审定：《论语注疏》，第 109 页。
② 何晏注，邢昺疏，朱汉民整理，张岂之审定：《论语注疏》，第 98 页。
③ 何晏注，邢昺疏，朱汉民整理，张岂之审定：《论语注疏》，第 92 页。
④ 何晏注，邢昺疏，朱汉民整理，张岂之审定：《论语注疏》，第 79 页。
⑤ 何晏注，邢昺疏，朱汉民整理，张岂之审定：《论语注疏》，第 146 页。
⑥ 何晏注，邢昺疏，朱汉民整理，张岂之审定：《论语注疏》，第 199 页。
⑦ 何晏注，邢昺疏，朱汉民整理，张岂之审定：《论语注疏》，第 111 页。
⑧ 司马迁：《史记》，第一九二六页。
⑨ 何晏注，邢昺疏，朱汉民整理，张岂之审定：《论语注疏》，第 270 页。
⑩ 何晏注，邢昺疏，朱汉民整理，张岂之审定：《论语注疏》，第 200 页。

写照。他说：

> 吾十有五而志于学，三十而立，四十而不惑，五十而知天命，六十
> 而耳顺，七十而从心所欲不逾矩。①

第三节　中庸之道

孔子非常重视"中庸"，认为其为非常高尚的德性。他说："中庸之为德也，其至矣乎！民鲜久矣。"② 不过，关于何为"中庸"，孔子本人并没有定义。他在评价弟子时，既不赞成子张的"过头"，也不赞成子夏的"不及"，因为"过犹不及"，都不能称为"贤"。《论语》记载："子贡问：'师与商也孰贤？'子曰：'师也过，商也不及。'曰：'然而师愈与？'子曰：'过犹不及。'"③ 而且，他批评"知进不知退"的"狂者"，也反对"应进而退"的"狷者"，而主张"得其中者"的"中行之人"。他说："不得中行而与之，必也狂、狷乎！狂者进取，狷者有所不为也。"④ 由此可见，孔子的主张是，在处理事物时，不能偏执"两端"之一端，而应调和对立的"两端"。因此，概括地讲，所谓"中庸"，大致指不走极端和稳定不变之义。依着孔子的理解，"中庸"乃他坚持的真正的"智慧"。他说：

> 吾有知乎哉？无知也。有鄙夫问于我，空空如也。我叩其两端而竭焉。⑤

不过，在孔子，对于"中庸"不可机械地理解，因为"中庸"指与时偕行、合乎时宜、"无过不及"之"时中"。因此，在"质相"与"文采"之间，如果只重视"质相"，就会显得"粗野"；如果只重视"文采"，就会显得"虚浮"；如果能够兼顾二者，才能够成为"君子"。他说："质胜文则野，

---

① 何晏注，邢昺疏，朱汉民整理，张岂之审定：《论语注疏》，第 15 页。
② 何晏注，邢昺疏，朱汉民整理，张岂之审定：《论语注疏》，第 82 页。
③ 何晏注，邢昺疏，朱汉民整理，张岂之审定：《论语注疏》，第 148 页。
④ 何晏注，邢昺疏，朱汉民整理，张岂之审定：《论语注疏》，第 179 页。
⑤ 何晏注，邢昺疏，朱汉民整理，张岂之审定：《论语注疏》，第 115 页。

文胜质则史。文质彬彬，然后君子。"① 例如，虞仲、夷逸等人隐居生活，保持清高节操，这固然很好。但是，如果根据具体情况灵活处之，"无可无不可"即"时中"，这可能更好。孔子说："虞仲、夷逸，隐居放言，身中清，废中权。我则异于是，无可无不可。"② 关于"无可无不可"，孔子提出"绝四"的主张：不主观、不武断、不固执、不自以为是。《论语》记载："子绝四：毋意，毋必，毋固，毋我。"③ 总之，作为"智慧"的"中庸"乃指"时中"，而"时中"之"中庸"乃成为"君子"的条件。他说："君子中庸，小人反中庸。君子之中庸也，君子而时中。小人之中庸也，小人而无忌惮也。"④ 正是因此，孟子认为，孔子乃"时行则行，时止则止"⑤ 的"圣之时者"。他说：

> 伯夷，圣之清者也；伊尹，圣之任者也；柳下惠，圣之和者也；孔子，圣之时者也。⑥

当然，亦不可把"时中"思想绝对化，否则就会落入相对主义。为了避免相对主义，孔子主张，"时中"应以"道"为原则。例如，好恶取舍虽然没有固定标准，但都必须服从"道"。他说："君子食无求饱，居无求安，敏于事而慎于言，就有道而正焉，可谓好学也已。"⑦ 那么，何谓"道"呢？"道"的实质乃"仁"。因此，君子应该"忧道不忧贫"。他说："君子谋道不谋食。耕也，馁在其中矣。学也，禄在其中矣。君子忧道不忧贫。"⑧ 或者说，君子不应关注"富"或"贫"，而应关注并亲近"道"。他说："士志于道，而耻恶衣恶食者，未足与议也。……君子之于天下也，无适也，无莫也，义之与比。"⑨ 那么，如何以"道"为原则呢？孔子认为，不仅可以采取正面方法服从"道"，有时亦可以采取相反途径，因为相反者正可以相成。他说：

---

① 何晏注，邢昺疏，朱汉民整理，张岂之审定：《论语注疏》，第 78 页。
② 何晏注，邢昺疏，朱汉民整理，张岂之审定：《论语注疏》，第 252—253 页。
③ 何晏注，邢昺疏，朱汉民整理，张岂之审定：《论语注疏》，第 113 页。
④ 郑玄注，孔颖达疏，龚抗云整理，王文锦审定：《礼记正义》，第 1424 页。
⑤ 参见赵岐注，孙奭疏，廖名春等整理，钱逊审定《孟子注疏》，第 269 页。
⑥ 赵岐注，孙奭疏，廖名春等整理，钱逊审定《孟子注疏》，第 269 页。
⑦ 何晏注，邢昺疏，朱汉民整理，张岂之审定：《论语注疏》，第 11 页。
⑧ 何晏注，邢昺疏，朱汉民整理，张岂之审定：《论语注疏》，第 216 页。
⑨ 何晏注，邢昺疏，朱汉民整理，张岂之审定：《论语注疏》，第 50 页。

"可与共学，未可与适道；可与适道，未可与立；可与立，未可与权。'唐棣之华，偏其反而。岂不尔思？室是远而'。子曰：'未之思也，夫何远之有！'"① 关于以"道"为原则，孔子还说：

> 富与贵，是人之所欲也，不以其道得之，不处也。贫与贱，是人之恶也，不以其道得之，不去也。君子去仁，恶乎成名？君子无终食之间违仁，造次必于是，颠沛必于是。②

进而，在孔子看来，所谓以"道"为原则实际上就是遵从"礼"，因为"礼"乃"仁"的表现。具体来讲，"中庸"与"礼"是相通的。《论语》记载："林放问礼之本。子曰：'大哉问！礼，与其奢也，宁俭。丧，与其易也，宁戚。'"③ 因此，如果不以"周礼"作为原则，只为调和而调和，乃"不可行"之举。孔子的弟子有子说："礼之用，和为贵。先王之道，斯为美。小大由之，有所不行。知和而和，不以礼节之，亦不可行也。"④ 因此，孔子非常重视"礼之用"。他说："先进于礼乐，野人也。后进于礼乐，君子也。如用之，则吾从先进。"⑤ 在他看来，君子不仅应该"学文"，而且更应该"约礼"。他说："君子博学于文，约之以礼，亦可以弗畔矣夫！"⑥ 因此，他自己亦"入太庙，每事问"⑦，努力学习"礼"。总之，在孔子看来，不仅"中庸"应以"礼"为原则，其他德性均应以"礼"为原则；否则，不仅高尚的德性很难实现，而且可能会转化为偏执的过错。他说：

> 恭而无礼则劳，慎而无礼则葸，勇而无礼则乱，直而无礼则绞。君子笃于亲则民兴于仁，故旧不遗则民不偷。⑧

---

① 何晏注，邢昺疏，朱汉民整理，张岂之审定：《论语注疏》，第122—123页。
② 何晏注，邢昺疏，朱汉民整理，张岂之审定：《论语注疏》，第48页。
③ 何晏注，邢昺疏，朱汉民整理，张岂之审定：《论语注疏》，第30页。
④ 何晏注，邢昺疏，朱汉民整理，张岂之审定：《论语注疏》，第10页。
⑤ 何晏注，邢昺疏，朱汉民整理，张岂之审定：《论语注疏》，第142页。
⑥ 何晏注，邢昺疏，朱汉民整理，张岂之审定：《论语注疏》，第81页。
⑦ 何晏注，邢昺疏，朱汉民整理，张岂之审定：《论语注疏》，第37页。
⑧ 何晏注，邢昺疏，朱汉民整理，张岂之审定：《论语注疏》，第101页。

第四节 正名思想

孔子认为,春秋是一个"礼坏乐崩""天下无道"的时代。具体来讲,起初,天下太平,周王朝能够按照"周礼"行使统治全国的权力,诸侯国亦遵守"周礼"而服从朝廷统治。后来,天下大乱,周王朝丧失了权威,诸侯国亦违背"周礼",不再服从周天子的统治。他说:"天下有道,则礼乐征伐自天子出;天下无道,则礼乐征伐自诸侯出。……天下有道,则政不在大夫。天下有道,则庶人不议。"① 在孔子看来,应该恢复周初的天下太平,而要恢复天下太平,就须恢复"周礼"的权威。所谓"周礼",即周代的礼乐制度,指西周统治者制定的一套经济、政治制度和道德规范等。孔子认为,这套制度比夏、商两代要更完备甚至完美,即使百世以后也不外是对"周礼"的补充或发展。他说:"殷因于夏礼,所损益可知也。周因于殷礼,所损益可知也。其所继周者,虽百世可知也。"② 因此,他的梦想就是复兴"周礼"。他说:"周监于二代,郁郁乎文哉!吾从周。"③ 孔子对复兴"周礼"充满了期待。他说:"甚矣,吾衰也!久矣,吾不复梦见周公。"④ 即使不能在全天下恢复"周礼",哪怕先在东方的鲁国恢复"周礼"亦可。他说:

> 夫召我者,而岂徒哉!如有用我者,吾其为东周乎?⑤

那么,何为孔子所理解的"周礼"呢?具体来讲,其大致包括三个方面:其一,"周礼"以"仁"为内心根据。在孔子看来,"周礼"并非纯粹外在的规定,而是有内心的根据,这个根据就是"仁"。因此,如果"不仁",便不能理解和实行"周礼"。孔子说: "人而不仁,如礼何?人而不仁,如乐何?"⑥ 其二,"周礼"以基于血缘关系的宗法等级制为核心。即,其非常重

---

① 何晏注,邢昺疏,朱汉民整理,张岂之审定:《论语注疏》,第224页。
② 何晏注,邢昺疏,朱汉民整理,张岂之审定:《论语注疏》,第23—24页。
③ 何晏注,邢昺疏,朱汉民整理,张岂之审定:《论语注疏》,第36页。
④ 何晏注,邢昺疏,朱汉民整理,张岂之审定:《论语注疏》,第85页。
⑤ 何晏注,邢昺疏,朱汉民整理,张岂之审定:《论语注疏》,第234页。
⑥ 何晏注,邢昺疏,朱汉民整理,张岂之审定:《论语注疏》,第30页。

视以"亲亲"为核心的宗法等级制，同时辅之以"贤贤"即"举贤才"。孔子说："仁者，人也，亲亲为大。义者，宜也，尊贤为大。亲亲之杀，尊贤之等，礼所生也。"① 其三，"周礼"以道德教化为目的。即，"周礼"所重者并非玉帛钟鼓等外在形式，而是"安上治民"和"移风易俗"的内在目的。因此，孔子说："礼云礼云，玉帛云乎哉？乐云乐云，钟鼓云乎哉？"② 在孔子看来，运用政令和刑罚进行统治，只能收到一时之效；运用"德化"和"礼治"进行统治，则可以收到长久之效。他说："道之以政，齐之以刑，民免而无耻。道之以德，齐之以礼，有耻且格。"③ 他还说："上好礼，则民易使也。"④

在孔子看来，恢复"周礼"的关键在于"正名"。因此，子路问治理国家的先行之举，孔子的回答是"正名"。《论语》记载："子路曰：'卫君待子而为政，子将奚先？'子曰：'必也正名乎！'"⑤ 那么，何谓"正名"呢？所谓"正名"，从概念上讲，指"实"应当与"名"的规定性相符合。换言之，任何"名"都有特定本质，相应事物应当与其本质相一致。质言之，所谓"正名"，即指恢复基于血缘关系的宗法等级制。例如，"君"之名的本质即所谓"君道"，是理想的君所必需的；君若按"君道"而行，方为真正的君；此乃"名""实"相符。同样，"臣""父""子"等亦有其"名"所代表的本质，而这些本质均为人应该履行的责任。《论语》记载："齐景公问政于孔子。孔子对曰：'君君，臣臣，父父，子子。'公曰：'善哉！信如君不君，臣不臣，父不父，子不子，虽有粟，吾得而食诸？'"⑥ 总之，社会混乱是由"名""实"混乱引起；若要恢复社会秩序，就需要将"名"落到实处。孔子说：

> 名不正则言不顺，言不顺则事不成，事不成则礼乐不兴，礼乐不兴则刑罚不中，刑罚不中则民无所错手足，故君子名之必可言也，言之必可行也。君子于其言，无所苟而已矣。⑦

---

① 郑玄注，孔颖达疏，龚抗云整理，王文锦审定：《礼记正义》，第 1440 页。
② 何晏注，邢昺疏，朱汉民整理，张岂之审定：《论语注疏》，第 238 页。
③ 何晏注，邢昺疏，朱汉民整理，张岂之审定：《论语注疏》，第 15 页。
④ 何晏注，邢昺疏，朱汉民整理，张岂之审定：《论语注疏》，第 204 页。
⑤ 何晏注，邢昺疏，朱汉民整理，张岂之审定：《论语注疏》，第 171 页。
⑥ 何晏注，邢昺疏，朱汉民整理，张岂之审定：《论语注疏》，第 163 页。
⑦ 何晏注，邢昺疏，朱汉民整理，张岂之审定：《论语注疏》，第 171 页。

第二章 孟 子

孟子（约前372—约前289年），名轲，字子舆，周朝邹国（今山东省邹城市）人。父亲名激，母亲仉氏。孟子幼年丧父，靠母亲抚育成人。孟子是孔子之孙子思的再传弟子。他效法孔子推行自己的政治主张，曾游历齐、宋、滕、魏、鲁等国二十余年。晚年，孟子退居讲学，和弟子一起，"序《诗》《书》，述仲尼之意，作《孟子》七篇"①。后世追封孟子为"亚圣公"，尊称为仅次于孔子的"亚圣"。

孟子是原始儒家②的代表人物。作为孔子的"私淑弟子"③，他致力于继承和发展孔子的思想。他说："乃所愿，则学孔子也。……圣人之于民，亦类也。出于其类，拔乎其萃，自生民以来，未有盛于孔子也。"④ 具体来讲，孟子之学承自子思，故其与子思一起并称"思孟学派"。孟子的言行主要保存在弟子及再传弟子所整理的《孟子》一书中。

第一节 良知说

孟子认为，人生而具有道德观念和道德能力，这种生而具有的观念、能力称为"良知""良能"。他说："人之所不学而能者，其良能也。所不虑而知者，其良知也。孩提之童，无不知爱其亲者，及其长也，无不知敬其兄也。亲亲，仁也。敬长，义也。无他，达之天下也。"⑤ 基于此，孟子区分了"天

---

① 司马迁：《史记》，第二三四三页。
② "原始儒家"通常指由孔子开创、孟子和荀子发展的春秋战国时期的儒家。
③ 孟子说："予未得为孔子徒也，予私淑诸人也。"赵岐注，孙奭疏，廖名春等整理，钱逊审定：《孟子注疏》，第226页。
④ 赵岐注，孙奭疏，廖名春等整理，钱逊审定：《孟子注疏》，第78—79页。
⑤ 赵岐注，孙奭疏，廖名春等整理，钱逊审定：《孟子注疏》，第359页。

爵"与"人爵"。所谓"天爵",即"天然"的爵位,指高尚的道德情操;因德高而受人尊敬,胜于有爵位,故称为"天爵"。所谓"人爵",即尘世间所封受的爵位,它不一定与德行有关。因此,人所追求者不应是"人爵",而应是"天爵"。他说:"有天爵者,有人爵者。仁义忠信,乐善不倦,此天爵也。公卿大夫,此人爵也。古之人修其天爵,而人爵从之。"① 很显然,孟子强调的是,"良知""良能"内存于"心"。因此,所谓求知识、长才能不需要外求,而只需追求丧失的本性即"求放心"即可。孟子说:

> 仁,人心也。义,人路也。舍其路而弗由,放其心而不知求,哀哉!人有鸡犬放,则知求之;有放心,而不知求。学问之道无他,求其放心而已矣。②

进而,孟子区分了"大体"与"小体"、"大人"与"小人"。在他看来,耳目感官虽可感受外物,但因没有思虑作用而会受到"蒙蔽",故为"小体"。与之不同,"心"是天赋予人的思维能力,它可以真正了解事物的本性,故为"大体"。相应地,只知用感官去认识外物而会受"蒙蔽"的人为"小人",能够用"心"去识得事物本性者则为"大人"。由此来讲,人应该"先立乎其大者",即发挥"心"的作用,避免受外物"蒙蔽",努力成为"大人",以认识事物本性。《孟子》记载:"公都子问曰:'钧是人也,或为大人,或为小人,何也?'孟子曰:'从其大体为大人,从其小体为小人。'曰:'钧是人也,或从其大体,或从其小体,何也?'曰:'耳目之官,不思而蔽于物,物交物,则引之而已矣。心之官则思,思则得之,不思则不得也。此天之所与我者,先立乎其大者,则其小者不能夺也,此为大人而已矣。'"③ 质言之,所谓"大人",乃不失"良知"之人。孟子说:"大人者,不失其赤子之心者也。"④ 而且,"大人"不仅可以"正己",而且还可以"正物"。他说:

> 有事君人者,事是君则为容悦者也。有安社稷臣者,以安社稷为悦者也。有天民者,达可行于天下而后行之者也。有大人者,正己而物正

---

① 赵岐注,孙奭疏,廖名春等整理,钱逊审定:《孟子注疏》,第315页。
② 赵岐注,孙奭疏,廖名春等整理,钱逊审定:《孟子注疏》,第310—311页。
③ 赵岐注,孙奭疏,廖名春等整理,钱逊审定:《孟子注疏》,第314页。
④ 赵岐注,孙奭疏,廖名春等整理,钱逊审定:《孟子注疏》,第220页。

者也。①

在孟子看来，众人不仅不知具有"良知""良能"，更不会主动去发挥其作用。他说："行之而不著焉，习矣而不察焉，终身由之而不知其道者，众也。"② 实际上，人若能充分发扬"良知""良能"，就会有"仁德"进而实现"仁"。重要的是，因为"万物皆备于我"，故发扬"良知""良能"，不仅会使内心非常快乐，而且为实现"仁"的"捷径"。他说："万物皆备于我矣。反身而诚，乐莫大焉。强恕而行，求仁莫近焉。"③ 进而，孟子认为，人若能充分发扬"良知""良能"，不仅可以"知性"，而且可以"知天"。即，不仅可以知晓人的本性，而且可以了解世界的真相。更为甚者，不仅会消弭人、我之别，而且会消弭人、天之别，从而达到"知天""事天"的境界。这里，需要注意的是，孟子所谓的"天"乃指道德世界，故其所谓"知天"，并非指认识外在的自然世界，而是指了解人类社会这个道德世界。质言之，人只要充分发挥天赋的本性，就不仅可以认识自己的本性，而且可以了解进而掌握"天命"。他说：

> 尽其心者，知其性也。知其性，则知天矣。存其心，养其性，所以事天也。夭寿不贰，修身以俟之，所以立命也。④

孟子还探讨了"浩然之气"。所谓"浩然之气"，大致指盛大流行的光明磊落、刚正不阿的精神状态。《孟子》记载："（孟子）曰：'我知言，我善养吾浩然之气。''敢问何谓浩然之气?'曰：'难言也。其为气也，至大至刚，以直养而无害，则塞于天地之间。其为气也，配义与道。无是，馁也。'"⑤ 实际上，"浩然之气"所体现的是"大丈夫"的人格。关于"大丈夫"，大致指具有高尚道德和"以天下为己任"使命感的人。孟子说："居天下之广居，立天下之正位，行天下之大道，得志与民由之，不得志独行其道。富贵不能

---

① 赵岐注，孙奭疏，廖名春等整理，钱逊审定：《孟子注疏》，第 361 页。
② 赵岐注，孙奭疏，廖名春等整理，钱逊审定：《孟子注疏》，第 353 页。
③ 赵岐注，孙奭疏，廖名春等整理，钱逊审定：《孟子注疏》，第 353 页。
④ 赵岐注，孙奭疏，廖名春等整理，钱逊审定：《孟子注疏》，第 350—351 页。
⑤ 赵岐注，孙奭疏，廖名春等整理，钱逊审定：《孟子注疏》，第 75 页。

淫，贫贱不能移，威武不能屈，此之谓大丈夫。"① 那么，如何培养"浩然之气"呢？一个方面为"知道"，即认识提高精神境界的"道"。孟子引用孔子的话说："为此《诗》者，其知道乎！故有物必有则，民之秉彝也，故好是懿德。"② 另一方面为"集义"，即经常做"良知"提醒应当做的事。他说："是集义所生者，非义袭而取之也。行有不慊于心，则馁矣。"③ 如果人不仅"知道"，而且长期"集义"，"浩然之气"就会自然而然地产生。进而，孟子认为，人皆可以成就理想人格，"人皆可以为尧舜"④，因为人与人是平等的。他说：

　　今夫麰麦，播种而耰之，其地同，树之时又同，浡然而生，至于日至之时，皆孰矣。虽有不同，则地有肥硗，雨露之养、人事之不齐也。故凡同类者举相似也，何独至于人而疑之？圣人与我同类者。⑤

第二节　性善论

在孟子生活的时代，人性问题成为一个重要问题，许多学者对此发表了看法。根据文献记载，当时的人性学说主要包括三种。其一，"不善不恶说"。即，人性本来是无所谓"善""恶"的，所谓"善"与"恶"均是后天引导的结果，犹如水之流向取决于"导向"，但无论哪个流向其仍然是水。这种学说的代表人物是告子。他说："性犹湍水也，决诸东方则东流，决诸西方则西流。人性之无分于善不善也，犹水之无分于东西也。"⑥ 其二，"可善可恶说"。即，人性当中既有"善质"，亦有"恶质"，因此人性是可以变化的，而变化取决于外在影响。例如，周文王、周武王时期，民众向善；而在周幽王、周厉王时期，民众则向恶。其有言说："性可以为善，可以为不善。是故

---

① 赵岐注，孙奭疏，廖名春等整理，钱逊审定：《孟子注疏》，第162页。
② 赵岐注，孙奭疏，廖名春等整理，钱逊审定：《孟子注疏》，第301页。
③ 赵岐注，孙奭疏，廖名春等整理，钱逊审定：《孟子注疏》，第75页。
④ 赵岐注，孙奭疏，廖名春等整理，钱逊审定：《孟子注疏》，第321页。
⑤ 赵岐注，孙奭疏，廖名春等整理，钱逊审定：《孟子注疏》，第302页。
⑥ 赵岐注，孙奭疏，廖名春等整理，钱逊审定：《孟子注疏》，第295页。

文、武兴则民好善，幽、厉兴则民好暴。"① 很显然，前两种观点其实是相通的，因为它们都认为"善""恶"源于后天引导或影响。其三，"有善有恶说"。即，有些人是天生的性善，有些人则是天生的性恶；"善""恶"之根源在于先天，后天的引导或影响并不能改变之。例如，即使尧为君主，象为臣，也不能使象为善。其有言说："有性善，有性不善。是故以尧为君而有象，以瞽瞍为父而有舜，以纣为兄之子且以为君而有微子启、王子比干。"②

不过，孟子并不赞成上述三种学说。就前两种学说来讲，其错误在于不承认先天的人性，进而混淆了人性与禽兽之性。其实，是存在先天的人性的，而先天的人性不同于禽兽之性。因此，他反驳说："然则犬之性犹牛之性，牛之性犹人之性与？"③ 就后一种学说来讲，其虽承认先天的人性，但却认为人性先天地有善、有恶。其实，先天的人性并非善、恶相混，而是纯善无恶的。继而，孟子提出了"性善论"，主张人性本善。《孟子》记载："滕文公为世子，将之楚，过宋而见孟子。孟子道性善，言必称尧、舜。世子自楚反，复见孟子。孟子曰：'世子疑吾言乎？夫道一而已矣。'"④ 那么，孟子据何认为人性本善呢？他的论证大致分为两个步骤。

其一，人性异于禽兽之性，相异之点在于人先天地有道德属性。在孟子看来，谈人性应基于人与禽兽之别来讲，而不能只就人本身来讲。他认为，虽然人与禽兽确实存在某些共性，但是这些共性只是生理需要和自然属性，而非人的本质属性。就人的本质属性来讲，应着眼于其心理需要和社会属性进行探讨，因为是这些方面使人脱离动物界，从而成为"天地之灵"。具体来讲，人之异于禽兽的根本在于，人具有禽兽所没有的道德属性；此乃显而易见的事实。孟子说："君子所性，虽大行不加焉，虽穷居不损焉，分定故也。君子所性，仁、义、礼、智根于心，其生色也睟然，见于面，盎于背，施于四体。四体不言而喻。"⑤ 反过来讲，如果没有道德属性，则人亦无异于禽兽。他说："人之有道也，饱食暖衣，逸居而无教，则近于禽兽。圣人有忧之，使

① 赵岐注，孙奭疏，廖名春等整理，钱逊审定：《孟子注疏》，第300页。
② 赵岐注，孙奭疏，廖名春等整理，钱逊审定：《孟子注疏》，第300页。
③ 赵岐注，孙奭疏，廖名春等整理，钱逊审定：《孟子注疏》，第296页。
④ 赵岐注，孙奭疏，廖名春等整理，钱逊审定：《孟子注疏》，第127—128页。
⑤ 赵岐注，孙奭疏，廖名春等整理，钱逊审定：《孟子注疏》，第362页。

契为司徒，教以人伦。"① 因此，他反对杨朱和墨翟，因为他们否认人的道德属性。他说："杨氏为我，是无君也。墨氏兼爱，是无父也。无父无君，是禽兽也。"② 总之，尽管人与禽兽的相异之处很少，但的确存在相异之处，而这很少的相异之处乃道德属性。孟子说：

> 人之所以异于禽兽者几希，庶民去之，君子存之。舜明于庶物，察于人伦。由仁义行，非行仁义也。③

其二，人生来就有"善端"，即，先天的人性内本来就有"善"的成分。例如，如果看见小孩将要掉入井中，任何人都会情不自禁地去施救；施救行为是内在"善"的流露，而非交情、名利或声誉的考虑。他说："人皆有不忍人之心……所以谓人皆有不忍人之心者，今人乍见孺子将入于井，皆有怵惕恻隐之心，非所以内交于孺子之父母也，非所以要誉于乡党朋友也，非恶其声而然也。"④ 具体地讲，"恻隐之心""羞恶之心""辞让之心"和"是非之心"作为"仁""义""礼""智"的"四端"，犹如人的身体一样，是人生来就固有的。孟子说："恻隐之心，仁之端也；羞恶之心，义之端也；辞让之心，礼之端也；是非之心，智之端也。人之有是四端也，犹其有四体也。"⑤ 在孟子看来，既然每个人本性中都有"四端"，如果其得到充分扩充，就会变成"仁""义""礼""智"四种"常德"。由此来讲，犹如"水之就下"，人性"无有不善"。他说："水信无分于东西，无分于上下乎？人性之善也，犹水之就下也。人无有不善，水无有不下。"⑥ 关于"人性善"，孟子还说：

> 恻隐之心，人皆有之。羞恶之心，人皆有之。恭敬之心，人皆有之。是非之心，人皆有之。恻隐之心，仁也。羞恶之心，义也。恭敬之心，礼也。是非之心，智也。仁、义、礼、智，非由外铄我也，我固有之也，弗思耳矣。⑦

---

① 赵岐注，孙奭疏，廖名春等整理，钱逊审定：《孟子注疏》，第146页。
② 赵岐注，孙奭疏，廖名春等整理，钱逊审定：《孟子注疏》，第178页。
③ 赵岐注，孙奭疏，廖名春等整理，钱逊审定：《孟子注疏》，第223页。
④ 赵岐注，孙奭疏，廖名春等整理，钱逊审定：《孟子注疏》，第93页。
⑤ 赵岐注，孙奭疏，廖名春等整理，钱逊审定：《孟子注疏》，第94页。
⑥ 赵岐注，孙奭疏，廖名春等整理，钱逊审定：《孟子注疏》，第295页。
⑦ 赵岐注，孙奭疏，廖名春等整理，钱逊审定：《孟子注疏》，第300页。

　　既然人性本善，然而为何还存在"不善"或"恶"呢？孟子认为，人的本性虽然是善的，但并非每个人都能发扬善性，故而会出现"不善"或"恶"。究其原因，既有主观方面，亦有客观方面。就主观方面来讲，过度的物质欲望会使人失去善性。因此，人应该向舜学习，即使处于非常恶劣的环境，也能够保持并发扬本有的善性。他说："舜之居深山之中，与木石居，与鹿豕游，其所以异于深山之野人者几希。及其闻一善言，见一善行，若决江河，沛然莫之能御也。"①就客观方面来讲，外在环境的影响会使人失去善性。即，"四端"若不受外部环境阻碍，会自然而然展现出"人性善"的性质；若受到外部环境阻碍，"人性善"也可能会出现"不善"或"恶"。例如，水向下流是水的本性，但激水可以使水向上流。他说："乃若其情，则可以为善矣，乃所谓善也。若夫为不善，非才之罪也。"②基于这样两个方面，孟子认为，要克服"不善"或"恶"，改变客观环境固然很重要，但于人的主观努力更为关键。他说：

　　　　尧舜之道，孝悌而已矣。子服尧之服，诵尧之言，行尧之行，是尧而已矣。子服桀之服，诵桀之言，行桀之行，是桀而已矣。③

第三节　"仁政"思想

　　孟子认为，人类社会的等级关系和社会分工不仅是合理的，而且是天下不可更易的道理。具体来讲，人生来就有知识和能力的差异，故有"君子"与"小人"、"劳心者"与"劳力者"之分；"君子""劳心者"的职责就是统治、率领"小人""劳力者"，"小人""劳力者"的职责就是供养、服从"君子""劳心者"。他说："无君子莫治野人，无野人莫养君子。"④他还说："有大人之事，有小人之事。且一人之身而百工之所为备，如必自为而后用

---

① 赵岐注，孙奭疏，廖名春等整理，钱逊审定：《孟子注疏》，第360页。
② 赵岐注，孙奭疏，廖名春等整理，钱逊审定：《孟子注疏》，第300页。
③ 赵岐注，孙奭疏，廖名春等整理，钱逊审定：《孟子注疏》，第322页。
④ 赵岐注，孙奭疏，廖名春等整理，钱逊审定：《孟子注疏》，第137页。

之，是率天下而路也。故曰，或劳心，或劳力。劳心者治人，劳力者治于人。治于人者食人，治人者食于人，天下之通义也。"① 进而，人不仅具有"君子"与"小人"、"劳心者"与"劳力者"之别，而且还存在"先知先觉"与"后知后觉"之别；"先知先觉"的使命就是开导、启发"后知后觉"。孟子借伊尹的话说："天之生斯民也，使先知觉后知，使先觉觉后觉。"② 在孟子看来，孔子即是"先知先觉"，而且是"集大成者"。他说："孔子之谓集大成。集大成也者，金声而玉振之也。金声也者，始条理也。玉振之也者，终条理也。始条理者，智之事也。终条理者，圣之事也。"③ 实际上，孟子之志就在于继承和发扬孔子精神，从而实现"平治天下"的理想。他说：

　　　　夫天未欲平治天下也，如欲平治天下，当今之世，舍我其谁也？吾何为不豫哉。④

为了实现"平治天下"的理想，孟子提出"仁政"的主张。具体来讲，首先，他区分了"王道"与"霸道"两种"治道"。所谓"王道"，指圣人为王所遵循的"以德服人"的"治道"；所谓"霸道"，指霸主为王所遵循的"以力服人"的"治道"；后者治理下的百姓愉快欢乐，前者治理下的百姓心旷神怡。他说："霸者之民，欢虞如也。王者之民，皞皞如也。杀之而不怨，利之而不庸，民日迁善而不知为之者。夫君子所过者化，所存者神，上下与天地同流，岂曰小补之哉！"⑤ 很显然，应该兴"王道"而去"霸道"。其次，为了实现"王道"，统治者应该实行"仁政"。所谓"仁政"，指基于对民众的同情心和爱心而施政。他说："人皆有不忍人之心。先王有不忍人之心，斯有不忍人之政矣。以不忍人之心，行不忍人之政，治天下可运之掌上。"⑥ 因此，所谓"仁政"不过是圣王"善推其所为"。他说："老吾老，以及人之老；幼吾幼，以及人之幼，天下可运于掌。……故推恩足以保四海，不推恩无以保

---

① 赵岐注，孙奭疏，廖名春等整理，钱逊审定：《孟子注疏》，第 145 页。
② 参见赵岐注，孙奭疏，廖名春等整理，钱逊审定《孟子注疏》，第 269 页。
③ 赵岐注，孙奭疏，廖名春等整理，钱逊审定：《孟子注疏》，第 269 页。
④ 赵岐注，孙奭疏，廖名春等整理，钱逊审定：《孟子注疏》，第 125 页。
⑤ 赵岐注，孙奭疏，廖名春等整理，钱逊审定：《孟子注疏》，第 357—358 页。
⑥ 赵岐注，孙奭疏，廖名春等整理，钱逊审定：《孟子注疏》，第 93 页。

妻子。古之人所以大过人者，无他焉，善推其所为而已矣。"① 在孟子看来，能否"善推其所为"，乃"仁者"与"不仁者"之别。他说："仁者以其所爱，及其所不爱。不仁者以其所不爱，及其所爱。"② 总之，"王道"的实质乃是"仁政"。孟子说："尧、舜之道，不以仁政不能平治天下。"③ 他还说：

> 地不改辟矣，民不改聚矣，行仁政而王，莫之能御也。且王者之不作，未有疏于此时者也；民之憔悴于虐政，未有甚于此时者也。饥者易为食，渴者易为饮。孔子曰："德之流行，速于置邮而传命。"当今之时，万乘之国行仁政，民之悦之，犹解倒悬也。故事半古之人，功必倍之，惟此时为然。④

孟子认为，"仁政"的关键是要处理好君民关系。在他看来，民心向背是政治成败的关键。他说："桀、纣之失天下也，失其民也。失其民者，失其心也。得天下有道，得其民，斯得天下矣。得其民有道，得其心，斯得民矣。"⑤如前所述，人之所以异于禽兽，在于人有道德属性。因此，要实现理想社会，统治者必须是道德领袖。其实，这样的理想社会在三代以前已经存在，而尧、舜、禹均是这样的道德领袖。进而，如果统治者不是道德领袖，他就已经不是统治者了，故人民就有革命的权力，起来推翻统治者的政权。在这种情况下，即使杀了君主，也不算"弑君"之罪。孟子说："贼仁者谓之贼，贼义者谓之残。残贼之人，谓之一夫。闻诛一夫纣矣，未闻弑君也。"⑥ 总之，从根本上讲，社稷的根本在于人民，而不是统治者。他说："域民不以封疆之界，固国不以山溪之险，威天下不以兵革之利。得道者多助，失道者寡助。寡助之至，亲戚畔之。多助之至，天下顺之。"⑦ 因此，孟子还提出"民贵君轻"的民本思想。他说：

> 民为贵，社稷次之，君为轻。是故得乎丘民而为天子，得乎天子为

① 赵岐注，孙奭疏，廖名春等整理，钱逊审定：《孟子注疏》，第21页。
② 赵岐注，孙奭疏，廖名春等整理，钱逊审定：《孟子注疏》，第380页。
③ 赵岐注，孙奭疏，廖名春等整理，钱逊审定：《孟子注疏》，第185页。
④ 赵岐注，孙奭疏，廖名春等整理，钱逊审定：《孟子注疏》，第69页。
⑤ 赵岐注，孙奭疏，廖名春等整理，钱逊审定：《孟子注疏》，第198页。
⑥ 赵岐注，孙奭疏，廖名春等整理，钱逊审定：《孟子注疏》，第53页。
⑦ 赵岐注，孙奭疏，廖名春等整理，钱逊审定：《孟子注疏》，第101—102页。

诸侯，得乎诸侯为大夫。①

关于"仁政"的具体内容，孟子提出了诸多措施，如"省刑罚""薄税敛""深耕易耨""孝悌忠信"等。② 概括地讲，这些措施可以归结为两类：其一，重视"制民之产"。因为"无恒产者无恒心"③，故"王道"应重视"制民之产"，否则很难教化万民顺从。孟子说："是故明君制民之产，必使仰足以事父母，俯足以畜妻子，乐岁终身饱，凶年免于死亡。然后驱而之善，故民之从之也轻。"④ 当然，最重要的"民之产"是土地。他说："夫仁政必自经界始。经界不正，井地不钧，谷禄不平。是故暴君污吏必慢其经界。经界既正，分田制禄，可坐而定也。"⑤ 其二，重视道德教化。唯有重视道德教化，才可保持社会稳定与道德高尚。这里，孟子所谓道德教化，主要指统治者要道德高尚。他说："上无礼，下无学，贼民兴，丧无日矣。"⑥ 同时，统治者也要重视教化万民。他说："仁言不如仁声之入人深也，善政不如善教之得民也。善政，民畏之。善教，民爱之。善政得民财，善教得民心。"⑦ 总之，如果既重视"制民之产"，又重视道德教化，"王道"便可真正实现，"然而不王者，未之有也"⑧。关于"王道"与"霸道"之别，孟子还说：

> 以力假仁者霸，霸必有大国。以德行仁者王，王不待大。汤以七十里，文王以百里。以力服人者，非心服也，力不赡也。以德服人者，中心悦而诚服也，如七十子之服孔子也。《诗》云："自西自东，自南自北，无思不服。"此之谓也。⑨

---

① 赵岐注，孙奭疏，廖名春等整理，钱逊审定：《孟子注疏》，第387—388页。
② 参见赵岐注，孙奭疏，廖名春等整理，钱逊审定《孟子注疏》，第15页。
③ 赵岐注，孙奭疏，廖名春等整理，钱逊审定：《孟子注疏》，第134页。
④ 赵岐注，孙奭疏，廖名春等整理，钱逊审定：《孟子注疏》，第23页。
⑤ 赵岐注，孙奭疏，廖名春等整理，钱逊审定：《孟子注疏》，第136页。
⑥ 赵岐注，孙奭疏，廖名春等整理，钱逊审定：《孟子注疏》，第186页。
⑦ 赵岐注，孙奭疏，廖名春等整理，钱逊审定：《孟子注疏》，第358页。
⑧ 赵岐注，孙奭疏，廖名春等整理，钱逊审定：《孟子注疏》，第10页。
⑨ 赵岐注，孙奭疏，廖名春等整理，钱逊审定：《孟子注疏》，第87页。

第三章　《大学》《中庸》《易传》

　　《大学》和《中庸》均是《礼记》之中的一篇。到了唐代，韩愈、李翱等把《大学》《中庸》看作与《孟子》《易经》同等重要的"经书"。在宋代，二程祖述并信奉这种观点，朱熹则将《大学》《中庸》从《礼记》中抽取出来，与《论语》《孟子》并称"四书"，并为"四书"作注而编辑成《四书章句集注》。因《论语》记载孔子言行，《大学》为曾子所作，《中庸》为子思所作，《孟子》记载孟子言行，故"四书"又称"四子书"。自元代把《四书章句集注》作为科举考试用书后，"四书"便成为以后朝代科举士子的必读经典。朱熹认为，学习"四书"应根据其内容而有一定的学习顺序。他说："先读《大学》，以定其规模；次读《论语》，以立其根本；次读《孟子》，以观其发越；次读《中庸》，以求古人之微妙处。"① 此外，《周易》作为"群经之首"，是儒家的重要经典。《周易》包括两个部分：一是《易经》，二是《易传》。相对于《大学》和《中庸》来讲，《易经》虽然早出，但《易传》则晚出，故本书将其置于《大学》和《中庸》之后。

第一节　《大学》的"内圣外王"之道

　　《大学》是《礼记》的第 42 篇，据传为孔子弟子曾参（前 505—前 434 年）所作。《礼记》又名《小戴礼记》《小戴记》，据传为西汉戴圣（生卒年不详）编纂，主要记载了先秦儒家的礼制，体现了先秦儒家的哲学思想。此外，还有《大戴礼记》即《大戴礼》《大戴记》，相传为戴圣的叔叔戴德（生卒年不详）所编纂。《大戴礼记》与《小戴礼记》在内容上各有取舍侧

---

① 　黎靖德编，王星贤点校：《朱子语类》第一册，第二四九页。

重。前者根据儒家著作共选编 85 篇文章，后来在流传过程中部分散佚，到唐代时只剩下 39 篇。后者根据儒家著作共选编 49 篇文章，即今天我们所见的《礼记》。

那么，何谓《大学》所谓的"大学"呢？关于"大学"，朱熹解释说："大学者，大人之学也。"① 那么，什么是"大人"呢？具体来讲，其通常指如下几种含义：其一，从年龄角度讲，指成年人，与"小人""小孩"即未成年人相对。其二，从德性角度讲，指德行高的"君子"，与德行差的"小人"相对。其三，从社会地位角度讲，指做官之人，与一般百姓即"小人"相对。其四，从学问等次角度讲，指"求道"即"求义理"的人，与"求字"即"文字训诂"的"小人"相对。在此，"大人之学"所谓的"大人"，主要指第四个方面的含义。因此，"大学"与"小学"主要指学问等次的区别。具体来讲，所谓"小学"，指关于文字、音韵、训诂等基本知识的学问。《汉书·艺文志》说："古者八岁入小学，故《周官》保氏掌养国子，教之六书，谓象形、象事、象意、象声、转注、假借，造字之本也。"② 所谓"大学"，则指关于"修身""齐家""治国""平天下"等内容的学问。因此，朱熹说："大学之书，古之大学所以教人之法也。"③ 关于"大学"与"小学"的区别，朱熹还说：

> 人生八岁，则自王公以下，至于庶人之子弟，皆入小学，而教之以洒扫、应对、进退之节，礼、乐、射、御、书、数之文；及其十有五年，则自天子之元子、众子，以至公、卿、大夫、元士之适子，与凡民之俊秀，皆入大学，而教之以穷理、正心、修己、治人之道。④

就《大学》的内容来看，其核心为"三纲领"和"八条目"。所谓"三纲领"，为"大学大道"，指"大学"的总纲领，包括"明明德""亲民""止于至善"三个方面。《大学》曰："大学之道，在明明德，在亲民，在止于至善。"⑤ 所谓"八条目"，指实现"三纲领"的具体任务，包括"格物"

① 朱熹：《四书章句集注》，北京：中华书局 1983 年（下同），第三页。
② 班固，颜师古注：《汉书》第六册，北京：中华书局 1962 年（下同），第一七二〇页。
③ 朱熹：《四书章句集注》，第一页。
④ 朱熹：《四书章句集注》，第一页。
⑤ 郑玄注，孔颖达疏，龚抗云整理，王文锦审定：《礼记正义》，第 1592 页。

"致知""诚意""正心""修身""齐家""治国""平天下"八个方面。《大学》曰："物格而后知至，知至而后意诚，意诚而后心正，心正而后身修，身修而后家齐，家齐而后国治，国治而后天下平。"① 总的看，"三纲领"和"八条目"反映了儒家"内圣外王"的基本思想。所谓"内圣"，意即"内求于己"，它指涉"三纲领"的"明明德"，对应"八条目"的"格物""致知""诚意""正心""修身"；所谓"外王"，表示"外用于世"，它指涉"三纲领"的"亲民"，对应"八条目"的"齐家""治国""平天下"。具体来讲，"三纲领"与"八条目"是相对应的。即，"明明德"对应"八条目"的前五条，"亲民"对应"八条目"的后三条，"止于至善"作为"明德"和"亲民"的努力方向，对应所有"八条目"。关此，朱熹说："修身以上，明明德之事也。齐家以下，新民之事也。物格知至，则知所止矣。意诚以下，则皆得所止之序也。"② 因此，《大学》曰：

> 古之欲明明德于天下者，先治其国。欲治其国者，先齐其家。欲齐其家者，先修其身。欲修其身者，先正其心。欲正其心者，先诚其意。欲诚其意者，先致其知。致知在格物。③

关于"三纲领"，其内容主要为修身的基本原则。具体来讲，所谓"明明德"，前一个"明"是动词，指"彰明"，即"发扬""弘扬"之义；后一个"明"为形容词，指"光明"，故"明德"指光明正大的德性。因此，所谓"明明德"，"在于章明己之光明之德"④。关于"亲民"，据郭店楚简，"亲"均作"新"，故"亲民"应为"新民"。关此，朱熹也说："今亲民云者，以文义推之则无理；新民云者，以传文考之则有据。"⑤ 所谓"新民"，指不断进行自我道德修养，且帮助他人提升境界。朱熹说："新者，革其旧之谓也，言既自明其明德，又当推己及人，使之亦有以去其旧染之污也。"⑥ 所谓"至

---

① 郑玄注，孔颖达疏，龚抗云整理，王文锦审定：《礼记正义》，第1592页。
② 朱熹：《四书章句集注》，第四页。
③ 郑玄注，孔颖达疏，龚抗云整理，王文锦审定：《礼记正义》，第1592页。
④ 郑玄注，孔颖达疏，龚抗云整理，王文锦审定：《礼记正义》，第1594页。
⑤ 朱熹撰，朱杰人等主编：《朱子全书》，上海：上海古籍出版社；合肥：安徽教育出版社2002年（下同），第五〇九至五一〇页。
⑥ 朱熹：《四书章句集注》，第三页。

善", 指事物之完美的程度。朱熹说: "至善, 则事理当然之极也。" ① 因此, 所谓 "止于至善", 乃指达到 "至善" 的程度。《大学》曰: "为人君止于仁, 为人臣止于敬, 为人子止于孝, 为人父止于慈, 与国人交止于信。" ② 总之, 就 "三纲领" 的关系来讲, "明明德" 和 "亲民" 是手段, "止于至善" 是所追求的方向和目标。在《大学》, 如果能认识 "三纲领" 的关系, 就接近 "大学之道" 了。其曰:

> 知止而后有定, 定而后能静, 静而后能安, 安而后能虑, 虑而后能得。物有本末, 事有终始, 知所先后, 则近道矣。③

关于 "八条目", 其内容主要为修身的功夫。具体来讲, 所谓 "格物", 指亲操其物, 亲历人事, 追求为人处世的知识。所谓 "致知", 指获得为人处世的知识。所谓 "诚意", 指意念诚实, 不自欺欺人, 通过 "慎独" 功夫修养德性。《大学》曰: "所谓诚其意者, 毋自欺也, 如恶恶臭, 如好好色。此之谓自谦。故君子必慎其独也。" ④ 所谓 "正心", 指不为诱惑所动, 去除各种邪念, 端正己心。《大学》曰: "所谓修身在正其心者, 身有所忿懥, 则不得其正; 有所恐惧, 则不得其正; 有所好乐, 则不得其正; 有所忧患, 则不得其正。心不在焉, 视而不见, 听而不闻, 食而不知其味。" ⑤ 所谓 "修身", 即端正内心意念, 去除偏见和陋习, 提高自身修养。《大学》曰: "修其身者, 人之其所亲爱而辟焉, 之其所贱恶而辟焉, 之其所畏敬而辟焉, 之其所哀矜而辟焉, 之其所敖惰而辟焉。" ⑥ 所谓 "齐家", 指整治家庭事务, 教育家庭成员。《大学》曰: "齐其家者, 其家不可教, 而能教人者无之, 故君子不出家而成教于国。" ⑦ 所谓 "治国", 指 "以德治国", 即以美德教化人民。《大学》曰: "治其国者, 上老老而民兴孝, 上长长而民兴弟, 上恤孤而民不倍, 是以君子有絜矩之道也。" ⑧ 所谓 "平天下", 指施 "仁政" 于天下, 实现天

---

① 朱熹:《四书章句集注》, 第三页。
② 郑玄注, 孔颖达疏, 龚抗云整理, 王文锦审定:《礼记正义》, 第 1594 页。
③ 郑玄注, 孔颖达疏, 龚抗云整理, 王文锦审定:《礼记正义》, 第 1592 页。
④ 郑玄注, 孔颖达疏, 龚抗云整理, 王文锦审定:《礼记正义》, 第 1592 页。
⑤ 郑玄注, 孔颖达疏, 龚抗云整理, 王文锦审定:《礼记正义》, 第 1599 页。
⑥ 郑玄注, 孔颖达疏, 龚抗云整理, 王文锦审定:《礼记正义》, 第 1599 页。
⑦ 郑玄注, 孔颖达疏, 龚抗云整理, 王文锦审定:《礼记正义》, 第 1599 页。
⑧ 郑玄注, 孔颖达疏, 龚抗云整理, 王文锦审定:《礼记正义》, 第 1600 页。

下太平的理想。在《大学》，"八条目"是由内到外、不能颠倒的统一整体，它们均以"修身"为根本。质言之，"格物""致知""诚意""正心"四者是"修身"的基础，"齐家""治国""平天下"三者则是"修身"的目的。关此，《大学》有言：

> 自天子以至于庶人，壹是皆以修身为本。其本乱而末治者否也。其所厚者薄，而其所薄者厚，未之有也。①

综观《大学》全文，其所揭示的乃"内圣外王"的思想体系，而这个思想体系展现为儒家以"格物"为起点、以"平天下"为归宿的理想人格修养过程。需要说明的是，在这个思想体系当中，"明德"乃贯穿于其中的根本。首先，"明明德"以"明德"为本。所谓"格物""致知"，并不是探索自然之物，而是指体悟圣人之道、社会伦理。即，人应通过修养追求"明德"，故"修身"即是以"明明德"和"润身"。《大学》曰："富润屋，德润身。"②其次，"亲民"也以"明德"为依归。即，秉持"絜矩之道"，将"明德"推己及人。所谓"絜矩之道"，即是"忠恕之道"。《大学》曰："所恶于上，毋以使下；所恶于下，毋以事上；所恶于前，毋以先后；所恶于后，毋以从前；所恶于右，毋以交于左；所恶于左，毋以交于右。此之谓'絜矩之道。'"③最后，"止于至善"也以"明德"为理想。即，前述所谓"君仁""臣敬""父慈""子孝""友信"等"至善"情形均为"明德"的具体体现。而且，既然"三纲领"以"明德"为根本，那么作为"三纲领"功夫的"八条目"也必然以"明德"为根本。总之，《大学》的宗旨在于弘扬光明正大的德性，使人除旧布新，从而达到完美的境界。因此，朱熹说：

> 是以《大学》始教，必使学者即凡天下之物，莫不因其已知之理而益穷之，以求至乎其极。至于用力之久，而一旦豁然贯通焉，则众物之表里精粗无不到，而吾心之全体大用无不明矣。④

---

① 郑玄注，孔颖达疏，龚抗云整理，王文锦审定：《礼记正义》，第1592页。
② 郑玄注，孔颖达疏，龚抗云整理，王文锦审定：《礼记正义》，第1593页。
③ 郑玄注，孔颖达疏，龚抗云整理，王文锦审定：《礼记正义》，第1600—1601页。
④ 朱熹：《四书章句集注》，第七页。

第二节 《中庸》的主要思想

《中庸》原是《礼记》的第 31 篇，相传为孔子之孙孔伋即子思所作，后经秦代学者修改整理。《中庸》分上、下两篇。根据徐复观的说法，上篇的作者为子思，其中杂有门人的话；下篇的作者为子思的门人，门人将《中庸》编订成书。① 宋代儒家对《中庸》非常重视、推崇，北宋程颢、程颐将其从《礼记》中抽出来独立成书；南宋朱熹又作《中庸章句》，并把《中庸》和《大学》《论语》《孟子》并列称为"四书"。宋、元以后，《中庸》成为官定教科书和科举考试必读书，对古代教育和后世思想产生了很大影响。

在《中庸》，"诚"不仅表示诚实、善良的品德，而且具有本体意义。一个方面，"诚"乃使物成其始终的"生生之道"。《中庸》曰："诚则形，形则著，著则明，明则动，动则变，变则化。唯天下至诚为能化。"② 因此，"诚"乃实体义的"本体"；由此"本体"，物得以始终，世界亦得以始终。《中庸》曰："诚者自成也，而道自道也。诚者物之终始，不诚无物。是故君子诚之为贵。诚者非自成己而已也，所以成物也。成己，仁也。成物，知也。性之德也，合外内之道也。故时措之宜也。"③ 另一个方面，"诚"亦是可以被认识的，由此认识，不仅可以尽众人本性，而且可以尽万物本性。重要的是，人还可以依此认识参赞天地、生养万物。《中庸》曰："自诚明谓之性，自明诚谓之教。诚则明矣，明则诚矣。唯天下至诚，为能尽其性。能尽其性，则能尽人之性。能尽人之性，则能尽物之性。能尽物之性，则可以赞天地之化育。可以赞天地之化育，则可以与天地参矣。"④ 基于上述两个方面，在《中庸》，"诚"乃"天之道"。其曰：

> 诚者，天之道也。诚之者，人之道也。诚者不勉而中，不思而得，

---

① 参见李维武编《徐复观文集》第三卷，武汉：湖北人民出版社 2002 年（下同），第 102—103 页。

② 郑玄注，孔颖达疏，龚抗云整理，王文锦审定：《礼记正义》，第 1448 页。

③ 郑玄注，孔颖达疏，龚抗云整理，王文锦审定：《礼记正义》，第 1450 页。

④ 郑玄注，孔颖达疏，龚抗云整理，王文锦审定：《礼记正义》，第 1447—1448 页。

从容中道，圣人也。诚之者，择善而固执之者也。①

尽管"诚"乃《中庸》的本体概念，但《中庸》的宗旨和核心概念是"中庸"。在《中庸》，"中庸"非常重要，它即高明即中庸，即普遍即特殊。由此来讲，"中庸之道"既"大"又"小"。《中庸》有言："故君子语大，天下莫能载焉；语小，天下莫能破焉。……君子之道，造端乎夫妇，及其至也，察乎天地。"② 那么，何谓"中庸"呢？"中庸"作为一个度的概念，指事物存在和发展的最佳状态。因此，"过"与"不及"都是失之一偏。具体来讲，"中庸"展开为"中"与"和"两个阶段："喜""怒""哀""乐"等隐而未发之时叫作"中"，显而已发且全部符合节度则叫作"和"。反过来讲，"中"指"喜""怒""哀""乐"隐而未发故"无过"与"不及"的状态；"和"指"喜""怒""哀""乐"显而已发但都适度的状态。《中庸》曰："喜、怒、哀、乐之未发谓之中，发而皆中节谓之和。中也者，天下之大本也。和也者，天下之达道也。致中和，天地位焉，万物育焉。"③ 而且，因为"中庸"亦有绝对与相对的问题，故而需要时时处处都保持"中道"即"时中"。《中庸》记载："仲尼曰：'君子中庸，小人反中庸。君子之中庸也，君子而时中。小人之中庸也，小人而无忌惮也。'"④ 关于"中庸"，《中庸》还说：

子曰："中庸其至矣乎！民鲜能久矣。"子曰："道之不行也，我知之矣。知者过之，愚者不及也。道之不明也，我知之矣。贤者过之，不肖者不及也。人莫不饮食也，鲜能知味也。"……子曰："舜其大知也与？舜好问而好察迩言，隐恶而扬善，执其两端，用其中于民，其斯以为舜乎！"⑤

就内容来讲，《中庸》尽管以"诚"为本体，以"中庸"为宗旨，但所强调者在人的道德属性，其落脚点在道德修养上。因此，其非常重视所谓

① 郑玄注，孔颖达疏，龚抗云整理，王文锦审定：《礼记正义》，第 1446 页。
② 郑玄注，孔颖达疏，龚抗云整理，王文锦审定：《礼记正义》，第 1429 页。
③ 郑玄注，孔颖达疏，龚抗云整理，王文锦审定：《礼记正义》，第 1422 页。
④ 郑玄注，孔颖达疏，龚抗云整理，王文锦审定：《礼记正义》，第 1424 页。
⑤ 郑玄注，孔颖达疏，龚抗云整理，王文锦审定：《礼记正义》，第 1424—1425 页。

"君子之道"。其曰:"君子之道,辟如行远必自迩,辟如登高必自卑。"① 此外,《中庸》认为,"天命"下贯即为"人性",遵循"人性"而行即是"天道","修道"即是"教化"。《中庸》曰:"天命之谓性,率性之谓道,修道之谓教。"② 具体来讲,"天命"下贯于人而为"人性",故可以说"人性"即为"天命";既然"人性"即为"天命",故追求德性不必外求,只要向内反省、"率性而行"即可;如果使人能够依本性而行,此即是"修道"亦即"教化"。所谓"教化",指依照天性教育人践德。《中庸》引用孔子的话说:"道不远人,人之为道而远人,不可以为道。……故君子以人治人,改而止。"③ 总之,无论是"修道",还是"教化",均以"慎独"为功夫。在此,"慎"指"戒慎""恐惧","独"指隐而未发的动机。因此,所谓"慎独",指以"道"为目标且于细微隐秘处下功夫。《中庸》说:

> 道也者,不可须臾离也,可离非道也。是故君子戒慎乎其所不睹,恐惧乎其所不闻。莫见乎隐,莫显乎微,故君子慎其独也。④

关于道德修养,《中庸》提出了"五达道"和"三达德"。所谓"五达道",指"君臣""父子""夫妻""兄弟"以及"朋友"五种人际关系。《中庸》认为,"君臣""父子""兄弟""朋友"四种关系非常重要,人当勉之不已。《中庸》引用孔子的话说:"君子之道四,丘未能一焉。所求乎子以事父,未能也。所求乎臣以事君,未能也。所求乎弟以事兄,未能也。所求乎朋友先施之,未能也。庸德之行,庸言之谨,有所不足,不敢不勉,有余不敢尽,言顾行,行顾言。君子胡不慥慥尔。"⑤ 同样,夫妇关系亦非常重要。《中庸》曰:"君子之道,造端乎夫妇,及其至也,察乎天地。"⑥ 为了调节这五种人际关系,《中庸》又提出"三达德"。所谓"三达德",指"智""仁""勇"即"智慧""仁义""勇气"这三种品德。在《中庸》,"三达德"是实

---

① 郑玄注,孔颖达疏,龚抗云整理,王文锦审定:《礼记正义》,第1433页。
② 郑玄注,孔颖达疏,龚抗云整理,王文锦审定:《礼记正义》,第1422页。
③ 郑玄注,孔颖达疏,龚抗云整理,王文锦审定:《礼记正义》,第1430页。
④ 郑玄注,孔颖达疏,龚抗云整理,王文锦审定:《礼记正义》,第1422页。
⑤ 郑玄注,孔颖达疏,龚抗云整理,王文锦审定:《礼记正义》,第1431页。
⑥ 郑玄注,孔颖达疏,龚抗云整理,王文锦审定:《礼记正义》,第1429页。

现"五达道"的途径。朱熹说："达道虽人所共由，然无是三德，则无以行之。"①　总之，关于"五达道"和"三达德"，《中庸》认为其乃常行不变之道。其曰：

> 天下之达道五，所以行之者三，曰君臣也、父子也、夫妇也、昆弟也、朋友之交也。五者，天下之达道也。知、仁、勇三者，天下之达德也。所以行之者一也。或生而知之，或学而知之，或困而知之，及其知之，一也。或安而行之，或利而行之，或勉强而行之，及其成功，一也。②

第三节　《易传》的主要思想

《易经》本来是一部"占卜"的书，记载的是巫史卜筮的经验。原来，古代有三部《易经》，并称为"三易"，即夏代的《连山》、商代的《归藏》、周代的《周易》。"三易"的名称与其内容相关。郑玄说："《连山》者，象山之出云，连连不绝；《归藏》者，万物莫不归藏于其中；《周易》者，言易道周普，无所不备。"③ 在魏晋之后，《连山》和《归藏》亡佚，只剩下《周易》流传，故后世所谓《易经》通常指《周易》。《周易》分《易经》和《易传》两部分：《易经》共记有六十四卦的卦象、卦辞和爻辞，直接目的是"占卜"，即，通过"算卦"预测未来和吉凶。根据传说，伏羲画出了八卦，周文王演为六十四卦。《易传》是解读《易经》的文章，相传为孔子及其弟子所作；其共有 7 种 10 篇，后人称为"十翼"，意为《易经》续上"翅膀"，使其传承不息。这 10 篇分别是《彖传》上下篇、《象传》上下篇、《文言传》、《系辞传》上下篇、《说卦传》、《序卦传》和《杂卦传》。通常来讲，治《周易》者主要分为"义理派"和"象数派"两大派。"象数派"侧重利用卦象占卜未来和吉凶；"义理派"侧重分析其中的义理。具体来讲，《易

---

① 朱熹：《四书章句集注》，第二九页。
② 郑玄注，孔颖达疏，龚抗云整理，王文锦审定：《礼记正义》，第 1441 页。
③ 参见王弼注，孔颖达疏，李申等整理，吕绍纲审定《周易正义》，第 8 页。

传》的义理主要包括宇宙论和方法论两部分。关于《易传》的宗旨，孔子说：

> 昔者圣人之作《易》也，幽赞于神明而生蓍，参天两地而倚数，观变于阴
> 阳而立卦。发挥于刚柔而生爻，和顺于道德而理于义，穷理尽性，以至于命。[①]

一、宇宙论

《易传》具有明确的宇宙论思想。在《易传》，"太极"作为宇宙的本原，生出"天""地"或"阴""阳"之气即"两仪"，由"两仪"交感而生化出"四象"即春、夏、秋、冬或"少阳""老阳""少阴""老阴"，由"四象"生成"八卦"即"天""地""山""泽""风""雷""水""火"等物象，"八卦"相重而生成六十四卦；六十四卦为天地万物之象征，人们若能把握其中义理，可以趋利避害，进而创建人类文明。《易传》曰："易有太极，是生两仪。两仪生四象，四象生八卦。八卦定吉凶，吉凶生大业。"[②] 进而，《易传》认为，有"天""地"然后有万物，有万物然后有男女，有男女然后有夫妇，有夫妇然后有父子等人际关系。很显然，不仅自然界，而且人类社会，都是"物"的表现形式。《易传》曰："有天地，然后万物生焉。盈天地之间者唯万物，故受之以《屯》，屯者，盈也。屯者，物之始生也。"[③] 基于上述，《易传》还认为，宇宙乃是"生生"的世界，其中充满生命的流行。其曰：

> 富有之谓大业，日新之谓盛德。生生之谓易，成象之谓乾，效法之谓坤，极数知来之谓占，通变之谓事，阴阳不测之谓神。[④]

《易传》认为，天地万物始终处于变化之中，而《易传》的内容即是探讨变化规律的。其曰："《易》之为书也不可远，为道也屡迁，变动不居，周流六虚，上下无常，刚柔相易，不可为典要，唯变所适。"[⑤] 具体来讲，一个方面，自然界始终处于变化之中。《易传》曰："在天成象，在地成形，变化

---

① 王弼注，孔颖达疏，李申等整理，吕绍纲审定：《周易正义》，第323—325页。
② 王弼注，孔颖达疏，李申等整理，吕绍纲审定：《周易正义》，第289页。
③ 王弼注，孔颖达疏，李申等整理，吕绍纲审定：《周易正义》，第335页。
④ 王弼注，孔颖达疏，李申等整理，吕绍纲审定：《周易正义》，第271—272页。
⑤ 王弼注，孔颖达疏，李申等整理，吕绍纲审定：《周易正义》，第315页。

见矣。是故刚柔相摩，八卦相荡。鼓之以雷霆，润之以风雨。日月运行，一寒一暑。乾道成男，坤道成女。乾知大始，坤作成物。"① 另一个方面，人类社会也充满着变革。《易传》曰："天地革而四时成，汤武革命，顺乎天而应乎人，革之时大矣哉！"② 正因为如此，《易传》的核心概念为"易"。具体来讲，"易"包括"简易""变易"和"恒常不变"三种含义。质言之，所谓"易"，指事物的自然状态很简单，它既处于变化之中，又保持恒常不变。《易纬》曰："易者，易也，变易也，不易也，管三成为道德苞籥。……故易者，天地之道也，乾坤之德，万物之宝。"③ 正因为如此，六十四卦的最后一卦为"未济"，意指事物变化是无穷尽的。《易传》曰：

> 有过物者必济，故受之以《既济》。物不可穷也，故受以《未济》。终焉。④

《易传》进而认为，天地万物虽然始终处于变化之中，但其中有一个"变化之道"，即事物变化有其规律。因此，应该重视强调研究并掌握这些规律。《易传》曰："穷神知化，德之盛也。"⑤ 在《易传》看来，"变化之道"为形而上的"道"。其曰："形而上者谓之道，形而下者谓之器。"⑥ 而且，形而上的"道"即"阴阳之道"，即"阴""阳"互相作用产生天地万物。所谓"阴""阳"，乃化生万物的两种"元素"："阳"代表阳性，指天、主动、明、干、刚等；"阴"代表阴性，指地、被动、暗、湿、柔等。《易传》曰："'乾坤，其易之门邪？'乾，阳物也。坤，阴物也。阴阳合德而刚柔有体，以体天地之撰，以通神明之德。"⑦《易传》还说："是故阖户谓之坤，辟户谓之乾。一阖一辟谓之变，往来不穷谓之通。见乃谓之象，形乃谓之器，制而用之谓之法。利用出入，民咸用之谓之神。"⑧ 总之，天地、万物、人伦均由"阴""阳"变化而生。《易传》说："天地纲缊，万物化醇，男女构精，万物化

---

① 王弼注，孔颖达疏，李申等整理，吕绍纲审定：《周易正义》，第258—259页。
② 王弼注，孔颖达疏，李申等整理，吕绍纲审定：《周易正义》，第202—203页。
③ 林忠军：《〈易纬〉导读》，济南：齐鲁书社2002年，第七七至七八页。
④ 王弼注，孔颖达疏，李申等整理，吕绍纲审定：《周易正义》，第339页。
⑤ 王弼注，孔颖达疏，李申等整理，吕绍纲审定：《周易正义》，第305页。
⑥ 王弼注，孔颖达疏，李申等整理，吕绍纲审定：《周易正义》，第292页。
⑦ 王弼注，孔颖达疏，李申等整理，吕绍纲审定：《周易正义》，第311页。
⑧ 王弼注，孔颖达疏，李申等整理，吕绍纲审定：《周易正义》，第288页。

生。"① "立天之道曰阴与阳，立地之道曰柔与刚，立人之道曰仁与义。兼三才而两之，故易六画而成卦。"② 关于"阴阳之道"，《易传》还说：

> 一阴一阳谓之道，继之者善也；成之者性也。仁者见之谓之仁，知者见之谓之知，百姓日用而不知，故君子之道鲜矣。显诸仁，藏诸用，鼓万物而不与圣人同忧，盛德大业，至矣哉！③

具体来讲，事物之所以变化，在于事物本身包含对立面，而对立面相互作用促生了事物变化。在《易传》看来，任何事物都有相互对立的两个方面，即"阴"与"阳"，而且这两个方面是相反相成的。《易传》曰："天尊地卑，乾坤定矣。卑高以陈，贵贱位矣。动静有常，刚柔断矣。"④ 《易传》的意思是，正是对立面的相反相成，才形成了事物的变化。例如，"日""月"是相反的，但二者互相推移而形成昼夜；"寒""暑"是相反的，但二者互相推移而形成年岁。其曰："日往则月来，月往则日来，日月相推而明生焉。寒往则暑来，暑往则寒来，寒暑相推而岁成焉。往者屈也，来者信也，屈信相感而利生焉。"⑤ 总之，如果没有对立面的对立，就不会产生变易；反之，如果没有变易，也就不会有对立面的相互作用。《易传》曰："乾坤其易之缊邪？乾坤成列，而易立乎其中矣。乾坤毁，则无以见易。易不可见，则乾坤或几乎息矣。"⑥ 在《易传》看来，"易象"即是对事物变化规律的反映，或者说，卦象、爻象即是对事物对立面相反相成的反映。《易传》曰：

> 观变于阴阳而立卦，发挥于刚柔而生爻，和顺于道德而理于义，穷理尽性，以至于命。⑦

进而，关于对立面的相反相成，《易传》一方面强调"动"，另一方面强调"物极必反"。关于前一个方面，《易传》认为，变化以动为主，即"动"

---

① 王弼注，孔颖达疏，李申等整理，吕绍纲审定：《周易正义》，第 310 页。
② 王弼注，孔颖达疏，李申等整理，吕绍纲审定：《周易正义》，第 326 页。
③ 王弼注，孔颖达疏，李申等整理，吕绍纲审定：《周易正义》，第 268—271 页。
④ 王弼注，孔颖达疏，李申等整理，吕绍纲审定：《周易正义》，第 257 页。
⑤ 王弼注，孔颖达疏，李申等整理，吕绍纲审定：《周易正义》，第 304 页。
⑥ 王弼注，孔颖达疏，李申等整理，吕绍纲审定：《周易正义》，第 291—292 页。
⑦ 王弼注，孔颖达疏，李申等整理，吕绍纲审定：《周易正义》，第 324—325 页。

乃促生变化的主要原因，而"卦象"中象征"动"的卦是"乾"，故"乾"乃所有卦当中最主要的卦。因此，《易传》说："大哉乾元！万物资始，乃统天。云行雨施，品物流形，大明终始，六位时成，时乘六龙，以御天。乾道变化，各正性命，保合太和，乃利贞。首出庶物，万国咸宁。"① 在《易传》，"动"是"刚健"的表现，因此，宇宙间一切，不仅都是从"动"开始的，而且也都是"动"的成果。或者说，一切作为、一切成就，都是由"动"所生的"美利"，而且，其"利"非常广泛，以至于不能具体地说是什么"利"。《易传》说："乾始，能以美利利天下，不言所利，大矣哉！大哉乾乎，刚健中正，纯粹精也！六爻发挥，旁通情也。'时乘六龙'，以御天也。'云行雨施'，天下平也。"② 关于后一个方面，《易传》认为，事物变化乃对立面相互转化的过程，换言之，"物极必反"是事物变化的一个"通则"。正因为如此，《易传》曰："泰者，通也。物不可以终通，故受之以《否》。物不可以终否，故受之以《同人》。……剥者，剥也。物不可以终尽剥，穷上反下，故受之以《复》。"③

二、方法论

依据《易传》所讲，"天"通过隐秘迹象"暗示"变化和吉凶，圣人设立"八卦"以通过卦象反映"暗示"。其曰："天生神物，圣人则之。天地变化，圣人效之。天垂象，见吉凶，圣人象之。河出图，洛出书，圣人则之。"④具体来讲，"天"的"暗示"为"隐秘迹象"，普通人不容易得知。为此，伏羲根据"河图""洛书"画出八卦，周文王进而演为六十四卦，并写出卦辞和爻辞，以展现作为"暗示"的"隐秘迹象"。在商朝，人们常通过烧灼甲骨至出现裂纹，然后根据裂纹参照卦象来预测变化和吉凶。但是，甲骨的裂纹形状和数目往往不规则、不确定，在参照卦象预测时会遇到很多困难。到了西周，开始出现以蓍草占卜的方法，即，通过揲蓍草茎组合成奇数、偶数，然后对这些组合进行解释，从而预测变化和吉凶。具体预测方法为，"卦"以

① 王弼注，孔颖达疏，李申等整理，吕绍纲审定：《周易正义》，第7—9页。
② 王弼注，孔颖达疏，李申等整理，吕绍纲审定：《周易正义》，第21页。
③ 王弼注，孔颖达疏，李申等整理，吕绍纲审定：《周易正义》，第335—336页。
④ 王弼注，孔颖达疏，李申等整理，吕绍纲审定：《周易正义》，第290页。

"连线"和"断线"为基本图象；"连线"表示阳爻和奇数，"断线"表示阴爻和偶数。占卜者通过"揲蓍"得出各爻，然后对照卦辞、爻辞，从而预测所卜事项的变化和吉凶。关此，《易传》曰：

> 上古结绳而治，后世圣人易之以书契，百官以治，万民以察，盖取诸夬。是故易者，象也。象也者，像也。彖者，材也。爻也者，效天下之动者也。是故吉凶生而悔吝著也。①

具体来讲，六十四卦的卦和爻反映宇宙的"象"即图象，而卦辞、爻辞分别代表某种"道"。例如，"乾卦"是刚健之象，"坤卦"是柔顺之象。因此，"乾卦"的卦辞、爻辞代表刚健事物的"道"；"坤卦"的卦辞、爻辞代表柔顺事物的"道"。关于"乾卦"，《易传》说："大哉乾元！万物资始，乃统天。云行雨施，品物流形，大明始终，六位时成，时乘六龙，以御天。乾道变化，各正性命。"② 关于"坤卦"，《易传》则说："至哉坤元！万物资生，乃顺承天，坤厚载物，德合无疆。含弘光大，品物咸亨，牝马地类，行地无疆。柔顺利贞，君子攸行，先迷失道，后顺得常。"③ 进而，对于这些"象"和"道"，若从道德角度讲，遵之则是，违之则非；若从占卜角度讲，遵之则吉，违之则凶。《易传》说："八卦以象告，爻象以情言，刚柔杂居，而吉凶可见矣。变动以利言，吉凶以情迁。是故爱恶相攻而吉凶生，远近相取而悔吝生，情伪相感而利害生。凡易之情，近而不相得则凶。或害之，悔且吝。"④ 总之，关于卦爻与吉凶，《易传》说：

> 君子所居而安者，易之序也。所乐而玩者，爻之辞也。……君子居则观其象而玩其辞，动则观其变而玩其占。是以自天祐之，吉无不利。⑤

概而言之，《易传》关于"道"有两套讲法：一套为"象数系统"，一套为"义理系统"；前者基于"卦爻象"而来，后者基于"卦爻辞"而来。在此，"象"指卦象、爻象；"数"指筮数、爻数；"义"指意义、含义；"理"

---

①　王弼注，孔颖达疏，李申等整理，吕绍纲审定：《周易正义》，第302—303页。
②　王弼注，孔颖达疏，李申等整理，吕绍纲审定：《周易正义》，第7页。
③　王弼注，孔颖达疏，李申等整理，吕绍纲审定：《周易正义》，第25—26页。
④　王弼注，孔颖达疏，李申等整理，吕绍纲审定：《周易正义》，第321页。
⑤　王弼注，孔颖达疏，李申等整理，吕绍纲审定：《周易正义》，第263—264页。

指原理、道理。不过，这两套系统并非独立不相干者，因为卦爻辞由圣人"观象"而来，所以"象数"是"义理"的基础。换言之，"象数"蕴含着"义理"，"义理"脱胎于"象数"。例如，"易有太极，是生两仪"①为"象数"表达，"一阴一阳之谓道"②为"义理"表达；"太极"相当于"道"，"两仪"相当于"阴""阳"，二者是相互对应的。因此，除了"阴""阳"等义理概念，"数"也是非常重要的，因为它反映着"天机"。例如，《易传》即以"数"为"筮法"来表达变化。其曰："大衍之数五十，其用四十有九。分而为二以象两，挂一以象三，揲之以四，以象四时，归奇于扐以象闰。五岁再闰，故再扐而后挂。天数五，地数五，五位相得而各有合。天数二十有五，地数三十，凡天地之数五十有五。此所以成变化而行鬼神也。"③总之，"卦爻象"和"卦爻辞"均预示事物发展趋势。因此，《易传》说：

> 子曰："知变化之道者，其知神之所为乎？《易》有圣人之道四焉：以言者尚其辞，以动者尚其变，以制器者尚其象，以卜筮者尚其占。"是以君子将有为也，将有行也，问焉而以言。④

据《易传》所言，人并不同于一般的物，而是与"天""地"共为"三才"。其曰："《易》之为书也，广大悉备，有天道焉，有人道焉，有地道焉。兼三材而两之，故六。六者非它也，三材之道也。"⑤在此，"天道"指"阴"与"阳"；"地道"指"柔"与"刚"；"人道"指"仁"与"义"。《易传》曰："昔者圣人之作《易》也，将以顺性命之理，是以立天之道曰阴与阳，立地之道曰柔与刚，立人之道曰仁与义。"⑥进而，《易传》认为，"三才"要臻于完善，其运行须在恰当的地位、时间和限度即"中正"。具体来讲，按照爻位说，每卦六爻分"下卦""上卦"即"内卦""外卦"，故二、五爻为"得中"；阳爻居奇位、阴爻居偶位为"得正"；凡"得中""得正"者即为"中正"，"中正"必然会吉祥多福。关于"中正"，《易传》曰："女正位乎内，

---

① 王弼注，孔颖达疏，李申等整理，吕绍纲审定：《周易正义》，第289页。
② 王弼注，孔颖达疏，李申等整理，吕绍纲审定：《周易正义》，第268页。
③ 王弼注，孔颖达疏，李申等整理，吕绍纲审定：《周易正义》，第279—281页。
④ 王弼注，孔颖达疏，李申等整理，吕绍纲审定：《周易正义》，第283页。
⑤ 王弼注，孔颖达疏，李申等整理，吕绍纲审定：《周易正义》，第318页。
⑥ 王弼注，孔颖达疏，李申等整理，吕绍纲审定：《周易正义》，第297页。

男正位乎外。男女正，天地之大义也。……父父、子子、兄兄、弟弟、夫夫、妇妇而家道正，正家而天下定矣。"① 很显然，无论是讲"天道"，还是讲"地道"，《易传》的目的都在于服务"人道"。正因为如此，《易传》说：

> 圣人设卦观象，系辞焉而明吉凶，刚柔相推而生变化。是故吉凶者，失得之象也。悔吝者，忧虞之象也。变化者，进退之象也。刚柔者，昼夜之象也。六爻之动，三极之道也。②

值得注意的是，"知几"是《易传》非常强调的方法。所谓"几"，指"动之微"，即事物最开始的变化趋势。因此，所谓"知几"，指从最开始、最细微、最动态的角度看待事物变化。在《易传》看来，所有事物都展现为一个过程，在开始时结果就已经包括在内，而这开始的"发动"就是"几"。因此，要把握事物本身及其发展，"知几"乃重要且有效的方法，而占卜就是通过"知几"以预测变化和吉凶。《易传》记载孔子之言曰："知几其神乎？君子上交不谄，下交不渎，其知几乎？几者，动之微，吉之先见者也。君子见几而作，不俟终日。《易》曰：'介于石，不终日，贞吉。'介如石焉，宁用终日，断可识矣。君子知微知彰，知柔知刚，万夫之望。"③ 质言之，一个事物之"发动"就一定会有结果，而结果可以从"发动"时预测。因此，"知几"的人，安不忘危，则可以保持安；存不忘亡，则可以保持存；治不忘乱，则可以保持治。《易传》曰："危者，安其位者也。亡者，保其存者也。乱者，有其治者也。是以君子安而不忘危，存而不忘亡，治而不忘乱，是是身安而国家可保也。《易》曰：'其亡其亡，系于苞桑。'"④ 关于"知几"，《易传》还说：

> 易无思也，无为也，寂然不动，感而遂通天下之故，非天下之至神，其孰能与于此？夫易，圣人之所以极深而研几也。唯深也，故能通天下之志。唯几也，故能成天下之务。唯神也，故不疾而速，不行而至。子曰："易有圣人之道四焉"者，此之谓也。⑤

---

① 王弼注，孔颖达疏，李申等整理，吕绍纲审定：《周易正义》，第158页。
② 王弼注，孔颖达疏，李申等整理，吕绍纲审定：《周易正义》，第261—263页。
③ 王弼注，孔颖达疏，李申等整理，吕绍纲审定：《周易正义》，第308—309页。
④ 王弼注，孔颖达疏，李申等整理，吕绍纲审定：《周易正义》，第307页。
⑤ 王弼注，孔颖达疏，李申等整理，吕绍纲审定：《周易正义》，第284—285页。

第四章 荀 子

荀子（约前 313—前 238 年），名况，字卿，时人尊称"荀卿"，战国末期赵国（今河北省、山西省南部）人。西汉时因避汉宣帝刘询讳，因"荀"与"孙"二字古音相通，故又称"孙卿"。荀子年轻时就崇拜孔子，是儒家子弓的私淑弟子。他博学善辩，曾在齐国稷下学宫游学，并三次出任稷下学宫祭酒。中年后，到秦国游历，宣扬儒家学说。后来，曾担任楚兰陵（位于今山东兰陵县）令。被免职后从事教学和著述，并终老于楚国。

在儒学史上，荀子与孟子齐名，为原始儒家的重要代表人物。他一生以讲习《诗》《书》《礼》《乐》《易》《春秋》"六经"为主。他的学生很多，其中李斯和韩非最为著名。李斯后来做了秦始皇的丞相，韩非成为法家的集大成者。荀子的代表作为《荀子》，收文章 32 篇，其中数篇出于门人之手。

第一节 天命观

荀子反对将社会治乱与"天"联系起来。在他看来，无论是夏禹时的天下太平，还是夏桀时的天下大乱，其决定因素并不在"天"，因为夏禹的"天"与夏桀的"天"并无不同。他说："治乱天邪？曰：日月、星辰、《瑞历》，是禹、桀之所同也，禹以治，桀以乱，治乱非天也。……地邪？曰：得地则生，失地则死，是又禹、桀之所同也，禹以治，桀以乱，治乱非地也。"[①]他的意思是，社会动乱的决定因素在人为祸害即"人祅"，而"破坏农业""政治昏暗""伦常失序""三祅"乃引发动乱的重要因素。他说："物之已至者，人祅则可畏也。楛耕伤稼，耘耨失穢，政险失民，田薉稼恶，籴贵民饥，

---

① 王先谦撰，沈啸寰等点校：《荀子集解》，第三一一页。

道路有死人，夫是之谓人祅。政令不明，举错不时，本事不理，夫是之谓人祅。礼义不修，内外无别，男女淫乱，则父子相疑，上下乖离，寇难并至，夫是之谓人祅。祅是生于乱，三者错，无安国。"① 既然如此，祭祀天地只是形式，并没有实质意义。他说："雩而雨，何也？曰：无何也，犹不雩而雨也。日月食而救之，天旱而雩，卜筮然后决大事，非以为得求也，以文之也。故君子以为文，而百姓以为神。以为文则吉，以为神则凶也。"② 那么，人们为什么会有鬼神观念呢？荀子认为，所谓鬼神，其实只是人的错觉造成的假象而已。他说：

> 凡人之有鬼也，必以其感忽之间、疑玄之时正之。此人之所以无有而有无之时也，而已以正事。③

进而，荀子认为，"天"并非指神秘的"主宰之天"，而是指日常可见的"自然之天"。具体来讲，"天"仍然具有一定的神秘色彩。他说："皇天隆物，以示下民，或厚或薄，帝不齐均。"④ 但是，"天"之所指主要不是天地万物的主宰，而是指自然界。在他看来，人只见"天"之成就，而不见"天"之形迹；只因不见"天"之形迹，故普通人常谓之"神"。他说："列星随旋，日月递炤，四时代御，阴阳大化，风雨博施，万物各得其和以生，各得其养以成，不见其事而见其功，夫是之谓神。皆知其所以成，莫知其无形，夫是之谓天。"⑤ 不仅如此，"天"有自己的运行规律，即"天有常道"，它并不因为人而有所改变。他说："天不为人之恶寒而辍冬，地不为人之恶辽远也辍广，君子不为小人匈匈也辍行。天有常道矣，地有常数矣，君子有常体矣。"⑥ 总之，"天"是独立自存、自然而然的；它既不因尧之圣贤而存在，也不因桀之暴虐而消亡。因此，人们应该顺应"天"，而不应该违逆"天"，否则会受到"天"的报复。荀子说：

---

① 王先谦撰，沈啸寰等点校：《荀子集解》，第三一四页。
② 王先谦撰，沈啸寰等点校：《荀子集解》，第三一六页。
③ 王先谦撰，沈啸寰等点校：《荀子集解》，第四〇五至四〇六页。
④ 王先谦撰，沈啸寰等点校：《荀子集解》，第四七三页。
⑤ 王先谦撰，沈啸寰等点校：《荀子集解》，第三〇八至三〇九页。
⑥ 王先谦撰，沈啸寰等点校：《荀子集解》，第三一一页。

天行有常，不为尧存，不为桀亡。应之以治则吉，应之以乱则凶。①

进而，荀子认为，自然界与人类各有不同职分，故不应言"天人合一"，而应言"天人相分"。质言之，天、人各有不同的职能，"天道"与"人道"不会互相干预。因此，治乱吉凶的根源不在"天"，而在人自身，故不能"怨天"，而只能"尤人"。他说："治乱天邪？曰：日月、星辰、瑞历，是禹、桀之所同也，禹以治，桀以乱，治乱非天也。"② 具体来讲，宇宙有"天""地""人"三种力量，它们各有自己的特定职责。"天""地"之职责在于"化生"万物，"人"之职责在于发展"礼义"。他说："天地者，生之始也；礼义者，治之始也；君子者，礼义之始也。"③ 他还说："天地合而万物生，阴阳接而变化起，性伪合而天下治。天能生物，不能辨物也；地能载人，不能治人也；宇中万物、生人之属，待圣人然后分也。"④ 因此，如果放弃人力而只寄望于"天"，实际上那是背离了万物的职分。他说："故错人而思天，则失万物之情。"⑤ 总之，人应"明于天人之分"，否则难以发挥主观能动性；若能明白这一点，便可谓"至人"即"圣人"了。荀子说：

> 强本而节用，则天不能贫；养备而动时，则天不能病；修道而不贰，则天不能祸。故水旱不能使之饥渴，寒暑不能使之疾，祆怪不能使之凶。本荒而用侈，则天不能使之富；养略而动罕，则天不能使之全；倍道而妄行，则天不能使之吉。故水旱未至而饥，寒暑未薄而疾，祆怪未至而凶。受时与治世同，而殃祸与治世异，不可以怨天，其道然也。故明于天人之分，则可谓至人矣。⑥

基于前述，荀子主张"制天命而用之"。在他看来，既然"天人相分"，那么人不能只求"己之所参"，而应该"尽己之所以参"，即尽己之所能。他说："天有其时，地有其财，人有其治，夫是谓之能参。舍其所以参而愿其所

---

① 王先谦撰，沈啸寰等点校：《荀子集解》，第三〇六至三〇七页。
② 王先谦撰，沈啸寰等点校：《荀子集解》，第三一一页。
③ 王先谦撰，沈啸寰等点校：《荀子集解》，第一六三页。
④ 王先谦撰，沈啸寰等点校：《荀子集解》，第三六六页。
⑤ 王先谦撰，沈啸寰等点校：《荀子集解》，第三一七页。
⑥ 王先谦撰，沈啸寰等点校：《荀子集解》，第三〇七至三〇八页。

参，则惑也。"① 不过，荀子并非主张刻意"知天"，而主张重视人事。他说："唯圣人为不求知天。"② 进而，荀子以对"天"的态度区分"君子""小人"："君子"认真对待取决于己之事，而不羡慕取决于"天"的事，因此会每天进步；"小人"则放弃取决于己之事，反而指望取决于"天"的事，因此会每天退步。他说："故君子敬其在己者，而不慕其在天者；小人错其在己者，而慕其在天者。君子敬其在己者而不慕其在天者，是以日进也；小人错其在己者而慕其在天者，是以日退也。……君子小人之所以相悬者在此耳。"③他的意思是，与其迷信"天"的权威，祈求"天"的恩赐，不如利用"天"来服务人。他说："圣人清其天君，正其天官，备其天养，顺其天政，养其天情，以全其天功。如是，则知其所为，知其所不为矣，则天地官而万物役矣。其行曲治，其养曲适，其生不伤，夫是之谓知天。"④ 质言之，认识"天道"是为了能够利用"天道"，即"制天命而用之"。他说：

> 大天而思之，孰与物畜而制之？从天而颂之，孰与制天命而用之？望时而待之，孰与应时而使之？因物而多之，孰与骋能而化之？思物而物之，孰与理物而勿失之也？愿于物之所以生，孰与有物之所以成？⑤

第二节　性恶论

在荀子看来，人之所以异于禽兽有两个方面的原因：其一，人是"能群"的动物。依人的生理条件，人们唯有联合起来，才能获得基本生存环境。他说："力不若牛，走不若马，而牛马为用，何也？曰：人能群，彼不能群也。……和则一，一则多力，多力则强，强则胜物，故宫室可得而居也。"⑥而且，人们要获得美好生活，也必须合作互助。荀子说："百技所成，所以养

---

① 王先谦撰，沈啸寰等点校：《荀子集解》，第三〇八页。
② 王先谦撰，沈啸寰等点校：《荀子集解》，第三〇九页。
③ 王先谦撰，沈啸寰等点校：《荀子集解》，第三一三页。
④ 王先谦撰，沈啸寰等点校：《荀子集解》，第三一〇页。
⑤ 王先谦撰，沈啸寰等点校：《荀子集解》，第三一七页。
⑥ 王先谦撰，沈啸寰等点校：《荀子集解》，第一六四页。

一人也。而能不能兼技，人不能兼官，离居不相待则穷，群而无分则争。"①
其二，人具有道德属性。禽兽虽有父子、牝牡之别，但并没有父子、牝牡之
辨。然而，人却不仅有父子、男女之别，而且有父子之亲、男女之辨。质言
之，禽兽之间仅有自然血缘关系，而人之间却有社会道德关系。他说："故人
之所以为人者，非特以其二足而无毛也，以其有辨也。夫禽兽有父子而无父
子之亲，有牝牡而无男女之别，故人道莫不有辨。辨莫大于分，分莫大于礼，
礼莫大于圣王。"② 就这两个方面来看，尽管前者为后者的前提，但后者更为
根本，因为人"能群"源于人"能分"即有道德属性。他说："人何以能群？
曰：分。"③ "礼者，贵贱有等，长幼有差，贫富轻重皆有称者也。"④ 由此来
讲，道德属性乃人之所以"最为天下贵"。荀子说：

> 水火有气而无生，草木有生而无知，禽兽有知而无义。人有气、有
> 生、有知，亦且有义，故最为天下贵也。⑤

进而，荀子探讨了人性问题。他认为，"性"非后天学习而有，而是指与
生俱来的自然本能。他说："生之所以然者谓之性。性之和所生，不事而自然
谓之性。"⑥ 由此来讲，所有人的"性"均是一样的。他说："凡人之性者，
尧、舜与桀、跖，其性一也；君子之与小人，其性一也。"⑦ 而且，凡人都好
色好利、憎丑恨恶，此乃与生俱来的"性"；如顺其自然发展，就会出现争
夺、残暴、淫乱。由此可见，"人性"是恶的。因此，人虽然饥饿而仍要谦
让，虽然辛苦而仍要代劳，这些并非真实的"性"。他说："今人之性，饥而
欲饱，寒而欲暖，劳而欲休，此人之情性也。今人饥，见长而不敢先食者，
将有所让也；劳而不敢求息者，将有所代也。夫子之让乎父，弟之让乎兄，
子之代乎父，弟之代乎兄，此二行者，皆反于性而悖于情也。"⑧ 在荀子看来，
与生俱来者是"性"，后天习得者是"伪"；"性"本质上是恶的，而善均源

①　王先谦撰，沈啸寰等点校：《荀子集解》，第一七六页。
②　王先谦撰，沈啸寰等点校：《荀子集解》，第七九页。
③　王先谦撰，沈啸寰等点校：《荀子集解》，第一六四页。
④　王先谦撰，沈啸寰等点校：《荀子集解》，第一七八页。
⑤　王先谦撰，沈啸寰等点校：《荀子集解》，第一六四页。
⑥　王先谦撰，沈啸寰等点校：《荀子集解》，第四一二页。
⑦　王先谦撰，沈啸寰等点校：《荀子集解》，第四四一页。
⑧　王先谦撰，沈啸寰等点校：《荀子集解》，第四三七页。

于"伪"即"人为"。他说:"不可学、不可事而在人者谓之性,可学而能、可事而成之在人者谓之伪。是性、伪之分也。"① 质言之,"人之性恶,其善者伪也"。他说:

> 人之性恶,其性者伪也。今人之性,生而有好利焉,顺是,故争夺生而辞让亡焉;生而有疾恶焉,顺是,故残贼生而忠仁亡焉;生而有耳目之欲,有好声色焉,顺是,故淫乱生而礼义文理亡焉。然则从人之性,顺人之情,必出于争夺,合于犯分乱理而归于暴。故必将有师法之化,礼仪之道,然后出于辞让,合于文理,而归于治。用此观之,然则人之性恶明矣,其善者伪也。②

荀子探讨人性的落脚点不在"恶",而在"伪"。在他看来,"性"本来是恶的,若无"伪",则"性"不会"自善";若无"性",则"伪"便无所施;唯有二者结合,社会才会变得和谐。他说:"性者,本始材朴也;伪者,文理隆盛也。无性则伪之无所加,无伪则性不能自美。性伪合,然后圣人之名一,天下之功于是就也。"③ 不过,唯有圣人才可实现"性""伪"的结合。他说:"然则有曷贵尧、禹,曷贵君子矣哉?凡所贵尧、禹、君子者,能化性,能起伪,伪起而生礼义。"④ 也就是说,由于人性本恶,圣人就有职责"化性起伪"。所谓"化性起伪",指改造人的本性,使之合于礼法。荀子说:"性也者,吾所不能为也,然而可化也;情也者,非吾所有也,然而可为也。注错习俗,所以化性也。"⑤ 他还说:"圣人化性而起伪,伪起而生礼义,礼义生而制法度。然则礼义法度者,是圣人之所生也。故圣人之所以同于众,其不异于众者,性也;所以异而过众者,伪也。"⑥ 荀子的意思是,圣人基于人的本性,制定出礼法制度;这些礼法制度,不仅可以教化人们从善,而且可以维护社会秩序。他说:

---

① 王先谦撰,沈啸寰等点校:《荀子集解》,第四三六页。
② 王先谦撰,沈啸寰等点校:《荀子集解》,第四三五页。
③ 王先谦撰,沈啸寰等点校:《荀子集解》,第三六六页。
④ 王先谦撰,沈啸寰等点校:《荀子集解》,第四四一至四四二页。
⑤ 王先谦撰,沈啸寰等点校:《荀子集解》,第一四四页。
⑥ 王先谦撰,沈啸寰等点校:《荀子集解》,第四三八页。

故古者圣人以人之性恶，以为偏险而不正，悖乱而不治，故为之立君上之势以临之，明礼义以化之，起法正以治之，重刑罚以禁之，使天下皆出于治，合于善也。①

正因为圣人"化性起伪"，故圣人亦是荀子的理想人格。荀子说："涂之人可以为禹。"② 那么，何以成为圣人呢？与孟子基于"性善论"而主张通过"性"之扩充以成圣不同，荀子基于"性恶论"而主张通过"性"之改造以成圣。即，在孟子看来，"仁""义""礼""智"之"四端"是天生的，只要充分发展"四端"，人就会成为圣人。荀子认为人生来所拥有者乃"恶端"，因此需要充分改造"恶端"，否则人不会成为圣人。这里，需要注意的是，荀子认为，除了"恶端"，人还有"向善"的"潜质"，"潜质"可以使人向善，否则所谓"化性起伪"便不可能。他说："凡禹之所以为禹者，以其为仁义法正也。然则仁义法正有可知可能之理，然而涂之人也，皆有可以知仁义法正之质，皆有可以能仁义法正之具，然则其可以为禹明矣。"③ 那么，如何实现"性"之改造以实现圣人人格呢？关键在于"积善"。荀子说："涂之人百姓，积善而全尽谓之圣人。"④ 质言之，"积善而不息"乃实现圣人人格的有效途径。他说：

今使途之人伏术为学，专心一志，思索孰察，加日悬久，积善而不息，则通于神明，参于天地矣。故圣人者，人之所积而致矣。⑤

第三节　认识论

荀子认为，人是具有认识能力的，事物是可以被认识的。他说："凡以

---

① 王先谦撰，沈啸寰等点校：《荀子集解》，第四四〇页。
② 王先谦撰，沈啸寰等点校：《荀子集解》，第四四二页。
③ 王先谦撰，沈啸寰等点校：《荀子集解》，第四四三页。
④ 王先谦撰，沈啸寰等点校：《荀子集解》，第一四四页。
⑤ 王先谦撰，沈啸寰等点校：《荀子集解》，第四四三页。

知，人之性也；可以知，物之理也。"① 人具有的认识能力叫作"知"，认识能力与事物相合者叫作"智"即知识。这里，荀子所强调者是人的认识能力，故"知"即是"能"。他说："所以知之在人者谓之知。知有所合谓之智。智所以能之在人者谓之能。能有所合谓之能。"② 在他看来，人的认识能力包括两个部分：一是"天官"，指耳目等感觉器官；二是"天君"，指"心"即思维器官。二者的关系是："天官"接受感觉印象，"天君"解释感觉印象并支配"天官"。他说："耳目鼻口形能，各有接而不相能也，夫是之谓天官。心居中虚以治五官，夫是之谓天君。"③ 很显然，就知识的形成来讲，"天官"接触事物形成感觉印象固然重要，但"天君"的支配地位和思维作用更为重要。荀子说："心不使焉，则白黑在前而目不见，雷鼓在侧而耳不闻，况于使者乎!"④ 质言之，知识的形成依赖"天官"和"天君"的共同作用。他说：

> 心有征知。征知则缘耳而知声可也，缘目而知形可也。然而征知必将待天官之当簿其类然后可也。五官簿之而不知，心征之而无说，则人莫不然谓之不知，此所缘而以同异也。⑤

进而，荀子认为，要得到正确的知识，必须使"天君"即"心"保持"虚壹而静"。所谓"虚"，指"虚心"，即不使已知妨碍接受新知。他说："不以所已臧害所将受谓之虚。"⑥ 所谓"壹"，指"专一"，即不使同时接受的知识互相妨碍。他说："心生而有知，知而有异，异也者，同时兼知之。同时兼知之，两也，然而有所谓一，不以夫一害此一谓之壹。"⑦ 所谓"静"，指思想宁静，即不使幻象、假象干扰获得正确认识，即"不以梦剧乱知谓之静"⑧。关于"虚壹而静"，荀子说："心何以知? 曰：虚壹而静。心未尝不臧也，然而有所谓虚；心未尝不满也，然而有所谓一；心未尝不动也，然而有

① 王先谦撰，沈啸寰等点校：《荀子集解》，第四〇六页。
② 王先谦撰，沈啸寰等点校：《荀子集解》，第四一三页。
③ 王先谦撰，沈啸寰等点校：《荀子集解》，第三〇九页。
④ 王先谦撰，沈啸寰等点校：《荀子集解》，第三八七页。
⑤ 王先谦撰，沈啸寰等点校：《荀子集解》，第四一七至四一八页。
⑥ 王先谦撰，沈啸寰等点校：《荀子集解》，第三九五页。
⑦ 王先谦撰，沈啸寰等点校：《荀子集解》，第三九六页。
⑧ 王先谦撰，沈啸寰等点校：《荀子集解》，第三九六页。

所谓静。"① 在荀子看来，"虚壹而静"非常重要，因为它可使头脑保持"大清明"，避免被表面性、片面性蒙蔽，从而可以获得正确的知识。他说："虚壹而静，谓之大清明。万物莫形而不见，莫见而不论，莫论而失位。"② 不仅如此，若"心"保持"虚壹而静"，还可以由已知推出未知。荀子说：

> 坐于室而见四海，处于今而论久远，疏观万物而知其情，参稽治乱而通其度，经纬天地而材官万物，制割大理，而宇宙里矣。③

荀子认为，"名"之用在于说明事物之"实"，故"名"与"实"须相符。他说："名闻而实喻，名之用也。"④ 然而，名家和后期墨家热衷于诡辩，其思想表现出三个方面的谬误：其一，"惑于用名以乱名"，《墨辩》"杀盗非杀人也"即为此类。在荀子看来，"人"概念包含"盗"的概念，言"盗"必然意味其为"人"，故"杀盗非杀人也"不合逻辑。其二，"惑于用实以乱名"，惠施的"山渊平"即为此类。荀子认为，"实"是具体的、个别的；"名"是抽象的、一般的；以个别否认一般就是"用实以乱名"。例如，高山上的渊很可能与低处的山一样高，但不可以推论所有渊与所有山一样高。其三，"惑于用名以乱实"，《墨辩》的"牛马非马"为此类。在荀子看来，单从名来看，"牛马"确实与"马"不相等，但"牛马"一类的动物的确是"马"。⑤ 那么，为什么会出现上述谬误呢？根本原因在于名实不符，而名实不符的原因在于"圣王没"。因此，需要"圣王起"而"制名以指实"。他说："异形离心交喻，异物名实玄纽，贵贱不明，同异不别，如是则志必有不喻之患，而事必有困废之祸。故知者为之分别，制名以指实，上以明贵贱，下以辨同异。贵贱明，同异别，如是则志无不喻之患，事无困废之祸，此所为有名也。"⑥ 他还说：

> 今圣王没，名守慢，奇辞起，名实乱，是非之形不明，则虽守法之

① 王先谦撰，沈啸寰等点校：《荀子集解》，第三九五页。
② 王先谦撰，沈啸寰等点校：《荀子集解》，第三九七页。
③ 王先谦撰，沈啸寰等点校：《荀子集解》，第三九七页。
④ 王先谦撰，沈啸寰等点校：《荀子集解》，第四二二页。
⑤ 参见王先谦撰，沈啸寰等点校《荀子集解》，第四二〇至四二二页。
⑥ 王先谦撰，沈啸寰等点校：《荀子集解》，第四一五页。

吏，诵数之儒，亦皆乱也。若有王者起，必将有循于旧名，有作于新名。然则所为有名，与所缘以同异，与制名之枢要，不可不察也。①

在荀子看来，"制名"并非随意之举，而须遵循"制名之枢要"：其一，名实相符，指"名"须反映"实"。因此，物同则名同，物异则名异。他说："同则同之，异则异之。……知异实者之异名也，故使异实者莫不异名也，不可乱也，犹使同实者莫不同名也。"② 其二，"单名"与"兼名"并用。在此，"单名"指单字，"兼名"指词组。他说："单足以喻则单，单不足以喻则兼。单与兼无所相避则共，虽共，不为害矣。"③ 其三，"共名"与"别名"共用。"共名"相当于上位的"属"概念，"别名"相当于下位的"种"概念。他说："万物虽众，有时而欲遍举之，故谓之物。物也者，大共名也。推而共之，共则有共，至于无共然后止。有时而欲遍举之，故谓之鸟兽。鸟兽也者，大别名也。推而别之，别则有别，至于无别然后止。"④ 其四，"约定俗成"，因为人的认识具有相似性。他说："名无固宜，约之以命。约定俗成谓之宜，异于约则谓之不宜。名无固实，约之以命实，约定俗成谓之实名。"⑤ 其五，"稽实定数"，指应根据稽考事物之实以确定"名"的数量。他说："物有同状而异所者，有异状而同所者，可别也。状同而为异所者，虽可合，谓之二实。状变而实无别而为异者，谓之化。有化而无别，谓之一实。此事之所以稽实定数也。"⑥ 关于这样几个方面，荀子说：

> 此制名之枢要也。后王之成名，不可不察也。⑦

---

① 王先谦撰，沈啸寰等点校：《荀子集解》，第四一四至四一五页。
② 王先谦撰，沈啸寰等点校：《荀子集解》，第四一八至四一九页。
③ 王先谦撰，沈啸寰等点校：《荀子集解》，第四一八至四一九页。
④ 王先谦撰，沈啸寰等点校：《荀子集解》，第四一九页。
⑤ 王先谦撰，沈啸寰等点校：《荀子集解》，第四二〇页。
⑥ 王先谦撰，沈啸寰等点校：《荀子集解》，第四二〇页。
⑦ 王先谦撰，沈啸寰等点校：《荀子集解》，第四二〇页。

第四节　社会历史观

就历史观来讲，荀子持"古今道一"和"以近知远"的观点。当时，人们通常言必称"三代""法先王"。不过，荀子认为，所谓"法先王"不过是子思、孟子的误传而已。他说："略法先王而不知其统，犹然而材剧志大，闻见杂博。案往旧造说，谓之五行，甚僻违而无类，幽隐而无说，闭约而无解。案饰其辞而只敬之曰：此真先君子之言也。子思唱之，孟轲和之，世俗之沟犹瞀儒，嚾嚾然不知其所非也，遂受而传之，以为仲尼、子游为兹厚于后世，是则子思、孟轲之罪也。"① 因此，"法先王"实乃"俗儒"的盲目主张。他说："略法先王而足乱世术，缪学杂举，不知法后王而一制度，……是俗儒者也。"② 依着荀子的理解，历史虽有古今变化，但其处于循环往复状态。他说："晧天不复，忧无疆也。千岁必反，古之常也。"③ 也就是说，贯穿于历史的"道"是不变的。他说："与时迁徙，与世偃仰，千举万变，其道一也。"④ 既然"古今道一"，就不必言必称"三代""法先王"，而应该称后世、"法后王"。他说："欲观圣王之迹，则于其粲然者矣，后王是也"⑤，因为唯有"以近知远"，才可"宗原应变，曲得其宜"⑥。他还说：

> 君子位尊而志恭，心小而道大，所听视者近而所闻见者远。是何邪？则操术然也。故千人万人之情，一人之情是也；天地始者，今日是也；百王之道，后王是也。君子审后王之道而论于百王之前，若端拜而议。推礼义之统，分是非之分，总天下之要，治海内之众，若使一人，故操弥约而事弥大。五寸之矩，尽天下之方也。故君子不下室堂而海内之情举积此者，则操术然也。⑦

---

① 王先谦撰，沈啸寰等点校：《荀子集解》，第九四至九五页。
② 王先谦撰，沈啸寰等点校：《荀子集解》，第一三八至一三九页。
③ 王先谦撰，沈啸寰等点校：《荀子集解》，第四八二页。
④ 王先谦撰，沈啸寰等点校：《荀子集解》，第一三八页。
⑤ 王先谦撰，沈啸寰等点校：《荀子集解》，第八〇页。
⑥ 王先谦撰，沈啸寰等点校：《荀子集解》，第一〇五页。
⑦ 王先谦撰，沈啸寰等点校：《荀子集解》，第四八至四九页。

在荀子看来，君子、君主乃历史发展和社会治乱的决定者。荀子认为，君子生来就是为了治理百姓，故君子与天地处于同等地位。他说："天地生君子，君子理天地。君子者，天地之参也，万物之总也，民之父母也。无君子则天地不理，礼义无统，上无君师，下无父子，夫是之谓至乱。"① 因此，君子乃"治之原"。他说："械数者，治之流也，非治之原也；君子者，治之原也。官人守数，君子养原，原清则流清，原浊则流浊。"② 进而，荀子强调君主的重要性，强调君主的榜样作用。他说："君者，仪也，仪正而影正；君者，槃也，槃圆而水圆；君者，盂也，盂方而水方。……君者，民之原也，原清则流清，原浊则流浊。故有社稷者而不能爱民，不能利民，而求民之亲爱己，不可得也。民不亲不爱，而求其为己用，为己死，不可得也。"③ 不过，荀子也看到庶民的作用，认为君与民如同船与水。他说："庶人安政，然后君子安位。《传》曰：'君者，舟也；庶人者，水也。水则载舟，水则覆舟。'此之谓也。"④ 总之，无论是对君子的强调，还是对君主的重视，荀子所关注者乃伦理，认为君臣、父子等伦理乃治国之根本。他说：

> 君臣、父子、兄弟、夫妇，始则终，终则始，与天地同理，与万世同久，夫是之谓大本。⑤

因此，关于国家治理，荀子提出"隆礼""重法"的主张。他认为，既然"人性本恶"，为了防止争夺、动乱，"隆礼"和"重法"就显得尤为必要。他说："至道大形，隆礼至法则国有常。"⑥ 所谓"礼"，指人们行为的规则，其作用在于调节人的欲望。他说："礼起于何也？曰：人生而有欲，欲而不得，则不能无求；求而无度量分界，则不能不争；争则乱，乱则穷。先王恶其乱也，故制礼义以分之，以养人之欲，给人之求，使欲必不穷乎物，物必不屈于欲，两者相持而长，是礼之所起也。"⑦ 正因为如此，"人无礼不生，

---

① 王先谦撰，沈啸寰等点校：《荀子集解》，第一六三页。
② 王先谦撰，沈啸寰等点校：《荀子集解》，第二三二页。
③ 王先谦撰，沈啸寰等点校：《荀子集解》，第二三四页。
④ 王先谦撰，沈啸寰等点校：《荀子集解》，第一五二至一五三页。
⑤ 王先谦撰，沈啸寰等点校：《荀子集解》，第一六三页。
⑥ 王先谦撰，沈啸寰等点校：《荀子集解》，第二三八页。
⑦ 王先谦撰，沈啸寰等点校：《荀子集解》，第三四六页。

事无礼不成，国家无礼不宁。"① 所谓"法"，指以"礼"为原则和根据而制定的法律。他说："《礼》者，法之大分，类之纲纪也，故学至乎《礼》而止矣。"② 既然如此，要治理国家、巩固政权，就不仅应"隆礼"，而且应"重法"，即重视"礼"和"法"的作用。他说："人之命在天，国之命在礼。人君者隆礼尊贤而王，重法爱民而霸，好利多诈而危，权谋、倾覆、幽险而亡。"③ 在荀子看来，"隆礼"和"重法"的关键在于人。他说：

> 法者，治之端也；君子者，法之原也。故有君子则法虽省，足以遍矣；无君子则法虽具，失先后之施，不能应事之变，足以乱矣。不知法之义而正法之数者，虽博，临事必乱。④

① 王先谦撰，沈啸寰等点校：《荀子集解》，第四九五页。
② 王先谦撰，沈啸寰等点校：《荀子集解》，第一二页。
③ 王先谦撰，沈啸寰等点校：《荀子集解》，第二九一页。
④ 王先谦撰，沈啸寰等点校：《荀子集解》，第二三〇页。

第二编　汉唐儒学

弁　言

　　所谓汉唐儒学，其实它包括汉代儒学和唐代儒学两部分。不过，因为这两个朝代的儒学没有大发展，而且在时间上又相对距离较近，故将其合在一起并称和研究。就汉代儒学来讲，其在继承先秦儒学的基础上，进行了一定的发扬和拓展。董仲舒出于巩固封建政权，对儒学进行了"神学化"改造。一个方面，他基于阴阳、"五行"学说，建构起一套"天人相副"的宇宙论，强化了"天"的人格特征和主宰性。另一个方面，他提出"天人感应论"，主张"君权神授"，并提出以"推明孔氏，抑黜百家"为核心的"大一统"思想。王充则坚决反对"天人感应论"，主张"天道自然观"。为此，他主张"疾虚妄"，反对和批评诸种"虚妄"现象。就唐代儒学来讲，其特征大致可以"中唐儒学复兴运动"来概括。在唐代中期，由于种种内外机缘的共同作用，佛教和道教渐而兴盛，对儒学形成巨大威胁。为了自我保护、对抗佛教和道教，韩愈、李翱和刘禹锡、柳宗元等提出了"道统说""复性说""天人交相胜""元气本体论"等思想。就特征来讲，一个方面，唐代儒学虽反对佛教和道家，但亦汲取了佛、道二家的思想。另一个方面，相对于汉代儒学尤其是董仲舒思想来讲，唐代儒学表现出"回调"或"反拨"的趋势。总之，唐代儒学对于延续儒家思想、复兴儒学理论起到了推动作用。

第五章　董仲舒

　　董仲舒（前179—前104年），广川郡（今河北省景县广川镇大董古庄，一说为枣强县王常乡后旧县）人。因善治《春秋》，汉景帝时被举为博士。汉武帝建元元年（前140年），董仲舒先后三次上《天人对策》，主张"推明孔氏，抑黜百家"①，以实现思想上的"大一统"。元光元年（前134年），任江都易王刘非国相10年。元朔四年（前125年），任胶西王刘端国相，4年后辞职回家，在家修学著书。此后，当朝廷逢大事之时，常派官员前往征求意见。汉武帝太初元年（前104年），董仲舒病逝。

　　董仲舒的思想是对先秦儒学的转向和发展。他以《公羊春秋》为依据，将天道观与阴阳、五行学说结合起来，吸收法家、道家、阴阳家思想，建立了一个全新思想体系。因为这个体系对当时思想、政治等问题给予了系统回答，从而使儒学成为汉代的官方哲学。据说，董仲舒专精学业，曾经"三年不窥园"，因此，新学生只从老学生受业，不一定能亲自见到董仲舒。《汉书》记载："董仲舒……下帷讲诵，弟子传以久次相授业，或莫见其面。盖三年不窥园，其精专此。"② 董仲舒的代表作为《春秋繁露》，《汉书》还记载了他的《举贤良对策》。后人将其著作辑为《董仲舒集》。

第一节　宇宙论

　　在董仲舒看来，所谓"天"，有时指"自然之天"，有时指"主宰之天"。就前者来讲，"天"指具有物理变化的自然之天，故"天"阴阳消长、五行

---

① 班固撰，颜师古注：《汉书》第八册，第二五二五页。
② 班固撰，颜师古注：《汉书》第八册，第二四九五页。

生胜并四季循环。即，"天"依靠"气"而终而复始，进而百物"春生夏长""秋杀冬收"，于是产生四季变化。他说："天地之气，合而为一，分为阴阳，判为四时，列为五行。"① 就后者来讲，"天"作为宇宙万物的最高主宰，乃处于至尊之位的最高神灵。他说："天者，百神之大君也。事天不备，虽百神犹无益也。"② 在此意义上，"天"乃"万物之祖"，即万物均由"天"所化生。他说："父者，子之天也。天者，父之天也。无天而生，未之有也。天者万物之祖，万物非天不生。"③ 正因为如此，"天"不仅有意志和感情，而且具有道德属性。他说："春爱志也，夏乐志也，秋严志也，冬哀志也。故爱而有严，乐而有哀，四时之则也。喜怒之祸，哀乐之义，不独在人，亦在于天。"④ 总之，在董仲舒，"天"虽有时指"自然之天"，但主要指"主宰之天"。他说：

> 天地之行美也。是以天高其位而下其施，藏其形而见其光，序列星而近至精，考阴阳而降霜露。高其位所以为尊也，下其施所以为仁也，藏其形所以为神也……是故天执其道为万物主。⑤

进而，董仲舒探讨了"阴阳学说"。在他看来，天地之间充满着"阴阳之气"。他说："长天地之间，荡四海之内，殷阴阳之气，与天地相杂。"⑥ 他还说："天地之间，有阴阳之气，常渐人者，若水常渐鱼也。所以异于水者，可见与不可见耳，其澹澹也。"⑦ 他认为，"阴阳之气"运行与四季更替存在关系，即，季节随"阴阳二气"的增减而改变："阳气"日益增多，"阴气"日益减少，季节由春到夏。反之，"阴气"日益增多，"阳气"日益减少，则由秋到冬。他说："春分者，阴阳相半也，故昼夜均而寒暑平。阴日损而随阳，阳日益而鸿，故为暖热。……秋分者，阴阳相半也，故昼夜均而寒暑平。阳日损而随阴，阴日益而鸿，故至于季秋而始霜，至于孟冬而始寒。"⑧ 不仅如

---

① 董仲舒撰，凌曙注：《春秋繁露》，北京：中华书局 1975 年（下同），第四五七页。
② 董仲舒撰，凌曙注：《春秋繁露》，第五〇二页。
③ 董仲舒撰，凌曙注：《春秋繁露》，第五一七至五一八页。
④ 董仲舒撰，凌曙注：《春秋繁露》，第四一〇页。
⑤ 董仲舒撰，凌曙注：《春秋繁露》，第五八五至五八六页。
⑥ 董仲舒撰，凌曙注：《春秋繁露》，第六〇一页。
⑦ 董仲舒撰，凌曙注：《春秋繁露》，第五九九页。
⑧ 董仲舒撰，凌曙注：《春秋繁露》，第四二一至四二四页。

此，"阴阳之气"亦具有道德属性。董仲舒说："阴阳之气，在上天，亦在人。在人者为好恶喜怒，在天者为暖清寒暑。"① 具体来讲，"阳"体现"天"的恩德，"阴"体现"天"的刑罚。他说："恶之属尽为阴，善之属尽为阳。阳为德，阴为刑。"②。董仲舒还说：

> 天道之常，一阴一阳。阳者天之德也，阴者天之刑也。……是故天之道，以三时成生，以一时丧死。③

除了"阴阳学说"之外，董仲舒还探讨了"五行学说"。"五行"最早见于《尚书》，指"水""火""木""金""土"五种元素。不过，董仲舒认为，"五行"顺序应为"木""火""土""金""水"，因为"五行"顺序不仅是"天次之序"，而且也是人类的社会秩序。具体来讲，"五行""比相生而间相胜"④：所谓"比相生"，指，"木"生"火"，"火"生"土"，"土"生"金"，"金"生"水"，"水"生"木"；此乃一个循环。所谓"间相胜"，指，"木"胜"土"，"土"胜"水"，"水"胜"火"，"火"胜"金"，"金"胜"木"；此亦一个循环。他说："天有五行：一曰木，二曰火，三曰土，四曰金，五曰水。木，五行之始也；水，五行之终也；土，五行之中也。此其天次之序也。木生火，火生土，土生金，金生水，水生木，此其父子也。……木受水而火受木，土受火，金受土，水受金也。诸授之者，皆其父也。受之者，皆其子也。常因其父以使其子，天之道也。"⑤ 在董仲舒看来，"五行"分别主管四季四方："木"主管东方和春季，"火"主管南方和夏季，"金"主管西方和秋季，"水"主管北方和冬季，"土"主管中央。他说："水为冬，金为秋，土为季夏，火为夏，木为春。春主生，夏主长，季夏主养，秋主收，冬主藏。藏，冬之所成也。"⑥ 而且，在"五行"中，"土"因其须从天意，故其为"五行之主"。他说：

---

① 董仲舒撰，凌曙注：《春秋繁露》，第五九三页。
② 董仲舒撰，凌曙注：《春秋繁露》，第三九八页。
③ 董仲舒撰，凌曙注：《春秋繁露》，第四一七至四一八页。
④ 董仲舒撰，凌曙注：《春秋繁露》，第四五七页。
⑤ 董仲舒撰，凌曙注：《春秋繁露》，第三九〇至三九一页。
⑥ 董仲舒撰，凌曙注：《春秋繁露》，第三七九至三八〇页。

金木水火虽各职，不因土，方不立，若酸咸辛苦之不因甘肥不能成味也。甘者五味之本也，土者五行之主也。五行之主土气也，犹五味之有甘肥也，不得不成。是故圣人之行，莫贵于忠，土德之谓也。人官之大者，不名所职，相其是矣。天官之大者，不名所生，土是矣。①

照董仲舒的说法，"天"通过"阴阳"和"五行"，不仅生万物，而且生人。或者说，虽然个体之人生于父母，但整个人类产生却源于"天"。他说："为生不能为人，为人者天也。人之人本于天，天亦人之曾祖父也。此人之所以上类天也。"② 因此，"天"与人是相通的，即"天人一也"。他说："天亦有喜怒之气、哀乐之心，与人相副。以类合之，天人一也。"③ 具体来讲，无论是肉体还是精神，人都是"天"的"副本"。他说："人受命乎天也，故超然有以倚。物疢疾莫能为仁义，唯人独能为仁义；物疢疾莫能偶天地，唯人独能偶天地。人有三百六十节，偶天之数也；形体骨肉，偶地之厚也。上有耳目聪明，日月之象也；体有空窍理脉，川谷之象也；心有哀乐喜怒，神气之类也。观人之体一，何高物之甚，而类于天也。"④ 既然如此，人就贵于其他万物。他说："天德施，地德化，人德义。天气上，地气下，人气在其间。……天地之精所以生物者，莫贵于人。人受命乎天也，故超然有以倚。"⑤而且，因为人之高贵，人可以成就"文化"，而"文化"乃可弥补"天"之"缺憾"。董仲舒说：

天、地、人，万物之本也。天生之，地养之，人成之。天生之以孝悌，地养之以衣食，人成之以礼乐，三者相为手足，合以成体，不可一无也。无孝悌则亡其所以生，无衣食则亡其所以养，无礼乐则亡其所以成也。⑥

---

① 董仲舒撰，凌曙注：《春秋繁露》，第三九三页。
② 董仲舒撰，凌曙注：《春秋繁露》，第四八五页。
③ 董仲舒撰，凌曙注：《春秋繁露》，第四一八页。
④ 董仲舒撰，凌曙注：《春秋繁露》，第四三九至四四〇页。
⑤ 董仲舒撰，凌曙注：《春秋繁露》，第四三九页。
⑥ 董仲舒撰，凌曙注：《春秋繁露》，第二〇九页。

第二节　"性三品说"

关于人性论，其核心概念是"性"。关此，董仲舒认为，"性"乃人生而具有的自然资质。他说："今世暗于性，言之者不同，胡不试反性之名。性之名非生与？如其生之自然之资谓之性。性者质也。"① 或者说，"性"必然包含于人自身。他说："身之有性情也，若天之有阴阳也。言人之质而无其情，犹言天之阳而无其阴也。"② 在此意义下，"性"不仅有其"名"，而且有其"质"。质言之，"性"是"名"和"质"的统一。他说："性之名不得离质。离质如毛，则非性已，不可不察也。"③ 不过，关于"性"之"质"，董仲舒不赞同孟子的"性善论"，而持"性未善论"。具体来讲，"性"虽然有"善质"，但不能依此而认定"性善"。或者说，"性"虽有"善端"，但"性"并非"已善"，而实乃"未善"。此犹如"茧"与"丝"的关系——"茧"为"善质"，"丝"为"已善"。他说："或曰：性有善端，心有善质，尚安非善？应之曰：非也。茧有丝而茧非丝也，卵有雏而卵非雏也。比类率然，有何疑焉。"④ 关于"性未善论"，董仲舒说：

> 孟子下质于禽兽之所为，故曰性之已善；吾上质于圣人之所善，故谓性未善。⑤

在董仲舒看来，"性"本是"质朴"的。他说："质朴之谓性。"⑥ 具体来讲，"性"有"贪"和"仁"即"恶"和"善"两种特质。他说："人之诚，有贪有仁。仁贪之气，两在于身。身之名，取诸天。天两有阴阳之施，身亦两有贪仁之性。天有阴阳禁，身有情欲栣，与天道一也。"⑦ 进而，因为

---

① 董仲舒撰，凌曙注：《春秋繁露》，第三六二页。
② 董仲舒撰，凌曙注：《春秋繁露》，第三六七页。
③ 董仲舒撰，凌曙注：《春秋繁露》，第三六二页。
④ 董仲舒撰，凌曙注：《春秋繁露》，第三六九页。
⑤ 董仲舒撰，凌曙注：《春秋繁露》，第三七二页。
⑥ 班固撰，颜师古注：《汉书》第八册，第二五一五页。
⑦ 董仲舒撰，凌曙注：《春秋繁露》，第三六三至三六四页。

"恶"之特质的存在，故而"性"需要后天教化而"去恶为善"；因为"善"之特质的存在，故而"性"可以被教化而"去恶为善"。他说："性者，天质之朴也。善者，王教之化也。无其质，则王教不能化。无其王教，则质朴不能善。"① 在董仲舒看来，"性"虽有"善端"但为"未善"，所谓"已善"或"善"乃后天教化的结果。很显然，董仲舒强调"教化"的作用，认为只有"教化"才使人实现由"未善"到"已善"的转化。他说："善如米，性如禾。禾虽出米，而禾未可谓米也。性虽出善，而性未可谓善也。米与善，人之继天而成于外也，非在天所为之内也。天所为，有所至而止。止之内谓之天，止之外谓之王教。王教在性外，而性不得不遂。"② 那么，何人可施行教化呢？董仲舒的答案是"王"。他说：

> 天生民性，有善质而未能善，于是为之立王以善之，此天意也。民受未能善之性于天，而退受成性之教于王。王承天意，以成民之性为任者也。③

进而，董仲舒提出了"性三品说"。在他看来，人性分为上、中、下三等，即"圣人之性""中民之性"和"斗筲之性"。所谓"圣人之性"，指不需教化而先天就是善的人性；所谓"斗筲之性"，指虽经过教化也难以为善的人性；所谓"中民之性"，指经过教化而可以为善的人性。依着他的理解，因"性"之"质"有"贪"和"仁"，故通常所谓"性"，并非指"圣人之性""斗筲之性"，而只是指"中民之性"。他说："名性，不以上，不以下，以其中名之。性如茧如卵。卵待复而为雏，茧待缲而为丝，性待教而为善。"④ 他的意思是，上、下两种人性者是少数，而"中民之性"者为大多数，而恰是这大多数需要教化，因为他们为"冥玩不觉者"。他说："民之号，取之瞑也。使性而已善，则何故以瞑为号？……今万民之性有其质，而未能觉。譬如瞑者待觉，教之然后善。当其未觉，可谓有质，而未可谓善。与目之瞑而觉，一概之比也。"⑤ 在董仲舒看来，"性三品"的目的在于说明后天教化的主要

---

① 董仲舒撰，凌曙注：《春秋繁露》，第三六七页。
② 董仲舒撰，凌曙注：《春秋繁露》，第三七三页。
③ 董仲舒撰，凌曙注：《春秋繁露》，第三六八页。
④ 董仲舒撰，凌曙注：《春秋繁露》，第三六七至三六八页。
⑤ 董仲舒撰，凌曙注：《春秋繁露》，第三六五至三六六页。

对象为普通百姓。他说：

> 圣人之性不可以名性，斗筲之性又不可以名性，名性者，中民之性。中民之性如茧如卵。卵待复二十日而后能为雏，茧待缲以涫汤而后能为丝，性待渐于教训而后能为善。善，教诲之所然也，非质朴之所能至也，故不谓性。①

关于后天教化的内容，董仲舒以"三纲"和"五常"为基本主张。在董仲舒看来，在"君臣""父子""夫妇""兄弟""朋友"五种基本伦理即"五伦"当中，前三者因更重要、更关键而可称为"三纲"，即"君为臣纲""父为子纲"和"夫为妻纲"。在此，"纲"为"主导"之义。因此，所谓"三纲"，指"君""父""夫"为"臣""子""妇"的"主导"。他说："阴者阳之合，妻者夫之合，子者父之合，臣者君之合。物莫无合，而合各有阴阳。……君臣父子夫妇之义，皆与诸阴阳之道。君为阳，臣为阴；父为阳，子为阴；夫为阳，妻为阴。……王道之三纲，可求于天。"② 为了实现"三纲"，董仲舒强调"五纪"或"五常"，即"仁""义""礼""智""信"。在此，"常"指"不变""永恒"的意思。因此，所谓"五常"，指处理"三纲"的五种"永恒"德性。他说："夫仁义礼智信，五常之道，王者所当修饬也；王者修饬，故受天之佑，而享鬼神之灵，德施于方外，延及群生也。"③ 总之，"三纲"作为社会伦理，"五常"作为个人德性，它们都是教化的基本内容，都是以"去恶为善"为最终目的的。董仲舒说：

> 循三纲五纪，通八端之理，忠信而博爱，敦厚而好礼，乃可谓善。此圣人之善也。是故孔子曰："善人吾不得而见之，得见有恒者斯可矣。"④

---

① 董仲舒撰，凌曙注：《春秋繁露》，第三七五页。
② 董仲舒撰，凌曙注：《春秋繁露》，第四三二至四三四页。
③ 班固撰，颜师古注：《汉书》第八册，第二五〇五页。
④ 董仲舒撰，凌曙注：《春秋繁露》，第三七〇页。

第三节 "大一统"的政治哲学

关于天人关系，董仲舒提出"天人感应论"，认为天人可相互感应。在他看来，由于万物之间存在"同类相应"即"物之以类动"① 的规律，而人是"天"的"副本"，故自然界与人之间会产生"感应"。他说："百物去其所与异，而从其所与同，故气同则会，声比则应，其验皦然也。……美事召美类，恶事召恶类，类之相应而起也。如马鸣则马应之，牛鸣则牛应之。帝王之将兴也，其美祥亦先见；其将亡也，妖孽亦先见。物故以类相召也……"② 具体来讲，天地之间乃"气"之汇聚地，故"气"乃天地万物之贯通处。他说："天有阴阳，人亦有阴阳。天地之阴气起，而人之阴气应之而起；人之阴气起，而天地之阴气亦宜应之而起，其道一也。"③ 因此，人间善恶行为会影响"天道"，从而出现"祥瑞"或"灾异"天象。他说："人，下长万物，上参天地。故其治乱之故，动静顺逆之气，乃损益阴阳之化，而摇荡四海之内。"④实际上，地震、日食、月食等"灾异"乃"天"出于"仁爱"而对君主予以"谴告"，以避免政治动乱和社会失序。他说：

> 观天人相与之际，甚可畏也。国家将有失道之败，而天乃先出灾害以谴告之，不知自省，又出怪异以警惧之，尚不知变，而伤败乃至。以此见天心之仁爱人君而欲止其乱也。⑤

在董仲舒看来，君主的权力来自"天"的赋予，即"君权神授"。他说："唯天子受命于天，天下受命于天子，一国则受命于君。"⑥ 既然君主权力是"天"给的，那么其便具有了天然合理性。因此，一个方面，君主应该尊重"天意"。他说："受命之君，天意之所予也。故号为天子者，宜视天如

---

① 董仲舒撰，凌曙注：《春秋繁露》，第四四八页。
② 董仲舒撰，凌曙注：《春秋繁露》，第四四四至四四五页。
③ 董仲舒撰，凌曙注：《春秋繁露》，第四四七页。
④ 董仲舒撰，凌曙注：《春秋繁露》，第五九七页。
⑤ 班固撰，颜师古注：《汉书》第八册，第二四九八页。
⑥ 董仲舒撰，凌曙注：《春秋繁露》，第三八六页。

父，事天以孝道也。"① 另一个方面，既然君权是合理的，那么"屈民而伸君"便是合理的。他说："天子受命于天，诸侯受命于天子，子受命于父，臣妾受命于君，妻受命于夫。"② "春秋之法，以人随君，以君随天。……故屈民而伸君，屈君而伸天，春秋之大义也。"③ 在他看来，人与天是不能直接沟通的，需要君主来执行"天命"。对此，他通过解释"王"字进行论证。他说："古之造文者，三画而连其中，谓之王。三画者，天地与人也。而连其中者，通其道也。取天地与人之中以为贯而参通之，非王者孰能当是。"④ 基于前述，董仲舒认为，"天意"乃仁爱之心，欲生不欲杀，故君主亦应以"德化为本"，即"任德不任刑"。他说：

> 天道之大者在阴阳。阳为德，阴为刑；刑主杀而德主生。是故阳常居大夏，而以生育养长为事；阴常居大冬，而积于空虚不用之处。以此见天之任德不任刑也。……王者承天意以从事，故任德教而不任刑。刑者不可任以治世，犹阴之不可任以成岁也。⑤

关于君主之治国理政，董仲舒还提出"大一统"的主张。根据文献记载，"大一统"的说法首先出现于《春秋》，其第一句是："元年，春，王正月。"⑥ 对此，《公羊传》解释说："何言乎王正月？大一统也。"⑦ 基于此，董仲舒对"大一统"进行了系统阐释。他认为，所谓"大一统"，不仅指政治上的"大一统"，亦包括思想上的"大一统"。关于前者，他认为，国家政权的巩固需要集中统一的中央政权。他说："一统乎天子，而加忧于天下之忧也，务除天下所患。……百官同望异路，一之者在主，率之者在相。"⑧ 关于后者，他主张"推明孔氏，抑黜百家"⑨。即，凡不符合孔子儒家思想者，凡不在"六艺"之列者，均不许其存在和

---

① 董仲舒撰，凌曙注：《春秋繁露》，第三五五页。
② 董仲舒撰，凌曙注：《春秋繁露》，第五二〇至五二一页。
③ 董仲舒撰，凌曙注：《春秋繁露》，第二八至二九页。
④ 董仲舒撰，凌曙注：《春秋繁露》，第四〇一页。
⑤ 班固撰，颜师古注：《汉书》第八册，第二五〇二页。
⑥ 公羊寿传，何休解诂，徐彦疏等整理，杨向奎审定：《春秋公羊传注疏》，北京：北京大学出版社1999年（下同），第5页。
⑦ 公羊寿传，何休解诂，徐彦疏等整理，杨向奎审定：《春秋公羊传注疏》，第9—10页。
⑧ 董仲舒撰，凌曙注：《春秋繁露》，第一九七页。
⑨ 班固撰，颜师古注：《汉书》第八册，第二五二五页。

发展。他说:"臣愚以为诸不在六艺之科孔子之术者,皆绝其道,勿使并进。邪辟之说灭息,然后统纪可一而法度可明,民知所从矣!"① 汉武帝采纳了这个建议,正式宣布儒学为官方学说。在董仲舒看来,"大一统"不仅是孔子作《春秋》时的理想,而且其有"天道"和"历史"的根据。他说:

> 《春秋》大一统者,天地之常经,古今之通谊也。今师异道,人异论,百家殊方,指意不同,是以上亡以持一统。②

关于人类历史,战国时期邹衍曾提出"五德终始说",认为朝代更迭依"木""火""土""金""水"五种"德性"循环。董仲舒则认为,朝代更迭不是根据"五德"而是根据"三统"顺序变迁的,而"三统"与"三正"相关。所谓"三统",指朝代服制的颜色,包括"黑统""白统""赤统"。所谓"三正",指朝代历法一年的开始,包括"寅正""丑正"和"子正"。③ 例如,夏朝以寅月为正月,而寅月以黑色为上;商朝以丑月为正月,而丑月以白色为上;周朝以子月为正月,而子月以赤色为上。因此,夏朝为"黑统",商朝为"白统",周朝为"赤统";夏、商、周三代形成了一个"三统"循环。不仅如此,周朝以后新朝代仍依"黑统""白统"和"赤统"循环下去。总之,每个相继朝代都要改变制度,自成一统。董仲舒说:"王者必受命而后王。王者必改正朔,易服色,制礼乐,一统于天下,所以明易姓非继人,通以己受之于天也。"④ 不过,"三统"在制度上并无根本不同。他说:"若夫大纲、人伦、道理、政治、教化、习俗、文义尽如故,亦何改哉? 故王者有改制之名,无易道之实。"⑤ 也就是说,虽然王朝更替了,但"道"是不变的,因为"道"是经世的。董仲舒说:

> 道之大原出于天,天不变,道亦不变,是以禹继舜,舜继尧,三圣相受而守一道,亡救弊之政也,故不言其所损益也。⑥

---

① 班固撰,颜师古注:《汉书》第八册,第二五二三页。
② 班固撰,颜师古注:《汉书》第八册,第二五二三页。
③ 参见董仲舒撰,凌曙注《春秋繁露》,第二三三至二四二页。
④ 董仲舒撰,凌曙注:《春秋繁露》,第二三二页。
⑤ 董仲舒撰,凌曙注:《春秋繁露》,第一九页。
⑥ 班固撰,颜师古注:《汉书》第八册,第二五一八至二五一九页。

第六章 王 充

王充（27—约97年），字仲任，会稽上虞（今浙江上虞）人，其祖先原籍为魏国元城郡（今河北大名），后迁徙至上虞。① 王充祖辈以农业和商贩为业，有尚义任侠传统。他很早就死了父亲。少年时，其"恭愿仁顺，礼敬具备，矜庄寂寥，有巨人之志"②。后来，王充到了京城，在太学里学习，拜班彪为师。学成以后，做过郡县小吏，后因触犯上司辞官，回到乡里教书。会稽郡曾征聘他为功曹，后因与上司不合而辞职。最终病死家乡。

王充的主要著作是《论衡》，其以批判阴阳家的学说特别是"天人感应学说"为宗旨。此外，他还著有《养性书》《讥俗节义》《政务》等，均散佚。其所著《周易王氏义》已散佚，清王仁俊有辑本；《果赋》亦已散佚，清严可均有辑本。

第一节 气一元论

王充认为，所谓"天人感应"乃无根据之论。在他看来，如果"天人感应"是真实的，那么"天"就会直接挑选如尧、舜那样的圣君，而不必"谴告"如桀、纣那样的"庸君"。他说："天能谴告人君，则亦能故命圣君，择才若尧、舜，受以王命，委以王事，勿复与知。今则不然，生庸庸之君，失道废德，随谴告之，何天不惮劳也？"③ 因此，所谓"天人感应"是靠不住的。他说："陆贾之言，未见遗阙，而仲舒之言雯祭可以应天，土龙可以致

---

① 参见黄晖《论衡校释（附刘盼遂集解）》，北京：中华书局1990年（下同），第一一八七页。
② 黄晖：《论衡校释（附刘盼遂集解）》，第一一八八页。
③ 黄晖：《论衡校释（附刘盼遂集解）》，第七七七页。

雨，颇难晓也。"① 实际上，所谓"谴告说"，不过是衰乱之世的"虚妄之语"。即，人世到了衰乱的末世，民怨沸腾，上下离德，如果灾害恰至，则会出现"谴告之言"。他说："末世衰微，上下相非，灾异时至，则造谴告之言矣。"② 实际上，"天"既不能因人君之恶政而"谴告"，也不能因人君之善政而"降瑞"。例如，赤雀、白鱼的出现纯属偶然，与武王、文王并无必然联系。他说："自文王意，文王自为，非天驱赤雀，使告文王，云当为王，乃敢起也。然则文王赤雀，及武王白鱼，非天之命，昌炽祐也。……文王当兴，赤雀适来；鱼跃鸟飞，武王偶见，非天使赤雀至、白鱼来也，吉物动飞，而圣遇也。"③ 总之，所谓"天人感应"其实毫无根据。王充说：

> 夫人不能以行感天，天亦不随行而应人。④

进而，王充提出了"天道自然观"。在他看来，所谓"天故生人"即"天"有意创造人类的说法是错误的，因为人乃"夫妇合气"而"偶自生"的。他说："儒者论曰：'天地故生人。'此言妄也。夫天地合气，人偶自生也；犹夫妇合气，子则自生也。夫妇合气，非当时欲得生子，情欲动而合，合而生子矣。且夫妇不故生子，以知天不故生人也。……天地不故生人，人偶自生。"⑤ 而且，如果真是"天故生人"，那么"天"为何不令其相亲相爱反而允许其相互残杀呢？他说："如天故生万物，当令其相亲善，不当令之相贼害也。"⑥ 而且，"物"亦非由"天"有意创造者，其亦乃"天地合气"而"偶自生"的。他说："夫天不能故生人，则其生万物，亦不能故也。天地合气，物偶自生矣。夫耕耘播种，故为之也；及其成与不熟，偶自然也。"⑦ 实际上，"天"并没有生命和意志，而乃纯粹的自然之物。他说："何以知天之自然也？以天无口目也。案有为者，口目之类也。……何以知天无口目也？以地知之。地以土为体，土本无口目。天地，夫妇也，地体无口目，亦知天

---

① 黄晖：《论衡校释（附刘盼遂集解）》，第一一六九页。
② 黄晖：《论衡校释（附刘盼遂集解）》，第七八四页。
③ 黄晖：《论衡校释（附刘盼遂集解）》，第一三一页。
④ 黄晖：《论衡校释（附刘盼遂集解）》，第六六五页。
⑤ 黄晖：《论衡校释（附刘盼遂集解）》，第一四四页。
⑥ 黄晖：《论衡校释（附刘盼遂集解）》，第一四六页。
⑦ 黄晖：《论衡校释（附刘盼遂集解）》，第一四六页。

口目也。使天体乎？宜与地同。使天气乎？气若云烟。云烟之属，安得口目？"① 所谓"自然"，指"自然而然"。他说："自然无为，天之道也。"② 他还说：

> 夫天道，自然也，无为。如谴告人，是有为，非自然也。黄、老之家，论说天道，得其实也。③

基于前述，王充提出了"气一元论"，以"气"为自然界的本原。在他看来，上至日月星辰，下到飞潜动植，都生于"气"之中。他说："夫天覆于上，地偃于下，下气蒸上，上气降下，万物自生其中间矣。"④ 或者说，万物均是"气"的产物，自然现象亦均由"气"所成。他说："天之行也，施气自然也，施气则物自生，非故施气以生物也。不动，气不施；气不施，物不生，与人行异。日月五星之行，皆施气焉。"⑤ 甚至，贵为万物之灵的人亦由"气"化生。他说："人，物也，万物之中有智慧者也。其受命于天，秉气于元，与物无异。"⑥ 而且，人之生、死犹如冰之凝、释。他说："人之生，其犹水（应为"冰"——引者注）也。水凝而为冰，气积而为人。冰极一冬而释，人竟百岁而死。"⑦ 既然天地万物以及人类皆由"气"生，那么其在根本上并无区别。王充说："天不变易，气不改更。上世之民，下世之民也，俱禀元气。……一天一地，并生万物。万物之生，俱得一气。气之薄渥，万世若一。帝王治世，百代同道。人民嫁娶，同时共礼。"⑧ 质言之，天地万物莫不由"气"而生。他说：

> 万物之生，皆禀元气，元气之中，有毒螫乎？⑨

不过，天地万物却存在形形色色的差别，因为其所禀受的"气"是不同

---

① 黄晖：《论衡校释（附刘盼遂集解）》，第七七五至七七六页。
② 黄晖：《论衡校释（附刘盼遂集解）》，第一二八页。
③ 黄晖：《论衡校释（附刘盼遂集解）》，第六三六页。
④ 黄晖：《论衡校释（附刘盼遂集解）》，第七八二页。
⑤ 黄晖：《论衡校释（附刘盼遂集解）》，第五〇二页。
⑥ 黄晖：《论衡校释（附刘盼遂集解）》，第一〇一一页。
⑦ 黄晖：《论衡校释（附刘盼遂集解）》，第三三八页。
⑧ 黄晖：《论衡校释（附刘盼遂集解）》，第八〇三至八〇四页。
⑨ 黄晖：《论衡校释（附刘盼遂集解）》，第九四九页。

的。在王充看来，"气"有"阴""阳"之分，万物禀受有"沃""薄"之分，从而形成了优劣善恶之别。即，禀受精气者为高等动物，禀受浊气者为低级物体。就人类来讲，人禀受"阴""阳"二气的"精气"，故而既具"强力"又具智慧。他说："夫人所以生者，阴、阳气也。阴气主为骨肉，阳气主为精神。人之生也，阴、阳气具，故骨肉坚，精气盛。精气为知，骨肉为强，故精神言谈，形体固守。"① 更为重要的是，人所禀受之气含"五常之气"，故而人最为天下贵。所谓"五常之气"，乃"五常"所对应的"气"。他说："人之所以聪明智慧者，以含五常之气也；五常之气所以在人者，以五藏在形中也。五藏不伤，则人智慧；五藏有病，则人荒忽，荒忽则愚痴矣。人死，五藏腐朽，腐朽则五常无所托矣，所用藏智者已败矣，所用为智者已去矣。"② 不过，因为人在母体中禀气有"沃""薄"之别，从而形成了人之善恶、穷通、寿夭等差异。王充说："人禀天地之性，怀五常之气，或仁或义，性术乖也；动作趋翔，或重或轻，性识诡也。面色或白或黑，身形或长或短，至老极死，不可变易，天性然也。"③ 他还说：

> 人之禀气，或充实而坚强，或虚劣而软弱。充实坚强，其年寿；虚劣软弱，失弃其身。天地生物，物有不遂；父母生子，子有不就。物有为实，枯死而堕；人有为儿，夭命而伤。④

第二节　命定论

王充认为，既然天地万物均由"气"形成，那么所谓鬼神便是不存在的。依着他的理解，人乃万物之一，万物死后不为鬼，故人死后亦不为鬼。他说："世谓人死为鬼，有知，能害人。试以物类验之，人死不为鬼，无知，不能害人。何以验之？验之以物。人，物也；物，亦物也。物死不为鬼，人死何故

① 黄晖：《论衡校释（附刘盼遂集解）》，第九四六页。
② 黄晖：《论衡校释（附刘盼遂集解）》，第八七五页。
③ 黄晖：《论衡校释（附刘盼遂集解）》，第一四二页。
④ 黄晖：《论衡校释（附刘盼遂集解）》，第二九页。

独能为鬼?"① 实际上，人与物一样，不仅由"气"而生，死后亦归于"气"。
他说："人未生，在元气之中；既死，复归元气。"② 具体来讲，人同时具有
形体和精神，但形体与精神犹如"火"与"耀"一样，"火灭耀不照"，"人
死知不慧"。他说："人之死，犹火之灭也。火灭而耀不照，人死而知不慧，
二者宜同一实。论者犹谓死者有知，惑也。……谓人死有知，是谓火灭复有
光也。"③ 因此，如果形体已不复存在，精神也必然消亡。王充说："人之所
以生者，精气也，死而精气灭。能为精气者，血脉也。人死血脉竭，竭而精
气灭，灭而形体朽，朽而成灰土，何用为鬼?"④ 那么，鬼神现象又是怎么回
事呢? 王充认为，所谓"见鬼"不过是由于疾病引发的"幻觉"。他说："凡
天地之间有鬼，非人死精神为之也，皆人思念存想之所致也。致之何由? 由
于疾病。人病由忧惧，忧惧则鬼出。"⑤ 质言之，所谓"鬼"，乃"归"之义;
所谓"神"，乃"荒忽"之义。他说:

　　　鬼神，荒忽不见之名也。人死精神升天，骸骨归土，故谓之鬼神。
　　鬼者，归也；神者，荒忽无形者也。⑥

　　因此，王充坚决反对祭祀、卜筮以及厚葬。关于祭祀，他认为其没有意
义，因为人死并不为鬼。然而，人们为什么要祭祀呢? 原因在于"报恩"或
"报功"的观念在作祟。例如，孔子之所以不否定丧祭，并不在于肯定鬼神存
在，而在于"圣人惧开不孝之源，故不明人死人无知之实"⑦。王充说："实
者，百祀无鬼，死人无知。百祀报功，示不忘德；死如事生，示不背亡。祭
之无福，不祭无祸。"⑧ 关于卜筮，其不过是圣人的政治策略，并非真有福祸
相对应。他说："圣人举事，先定于义，义已定立，决以卜筮，示不专己，明
与鬼神同意共指，欲令众下信用不疑。故《书》列七卜，《易》载八卦，从

---

① 黄晖：《论衡校释（附刘盼遂集解）》，第八七一页。
② 黄晖：《论衡校释（附刘盼遂集解）》，第八七五页。
③ 黄晖：《论衡校释（附刘盼遂集解）》，第八七七页。
④ 黄晖：《论衡校释（附刘盼遂集解）》，第八七一页。
⑤ 黄晖：《论衡校释（附刘盼遂集解）》，第九三一页。
⑥ 黄晖：《论衡校释（附刘盼遂集解）》，第八七一页。
⑦ 黄晖：《论衡校释（附刘盼遂集解）》，第九六四页。
⑧ 黄晖：《论衡校释（附刘盼遂集解）》，第九九二页。

之未必有福，违之未必有祸。"① 关于厚葬，亦有害无益。他说："世俗轻愚信祸福者，畏死不惧义，重死不顾生，竭财以事神，空家以送终。"② 之所以会出现厚葬之风，在于"奢侈之心"在作怪。他说："圣贤之业，皆以薄葬省用为务。然而世尚厚葬，有奢泰之失者，……杀人以殉葬，以快生意。非知其内无益，而奢侈之心外相慕也。"③ 总之，祭祀、卜筮和厚葬均于事无补，人之福祸系于自身。王充说：

> 夫论解除（指去凶之举——引者注），解除无益；论祭祀，祭祀无补；论巫祝，巫祝无力。竟在人不在鬼，在德不在祀，明矣哉！④

关于人的命运，王充主张"命定论"。在他看来，"命"充斥天地之间，无所不在，无所不有；人的生死寿夭、遭遇幸偶、富贵贫贱等，都受"命"决定和支配，而"命"又具有必然性。正因为如此，贫贱不可去除，富贵不可强求，即，"命运"不可逆转。或者说，人生的祸福、贵贱与鬼神无关，也与个人道德品行无关，它在根本上取决于"命"。他说："凡人遇偶及累害，皆由命也。有生死寿夭之命，亦有贵贱贫富之命。自王公逮庶人，圣贤及下愚，凡有首目之类，含血之属，莫不有命。命当贫贱，虽富贵之，犹涉祸患，失其宝贵矣；命当富贵，虽贫贱之，犹逢福善，离其贫贱矣。故命贵从贱地自达，命贱从富位自危。"⑤ 那么，"命"由何决定呢？在王充看来，"命"决定于人所禀受"气"的厚、薄；禀"气"厚者"命""强"而"寿"，禀"气"薄者"命""弱"而"夭"。他说："凡人禀命有二品，一曰所当触值之命，二曰强弱寿夭之命。所当触值，谓兵烧压溺也；强寿弱夭，谓禀气渥薄也。"⑥ 总的讲，人之一生均由"命"决定。王充说：

> 孔子云："死生有命，富贵在天。"众文微言不能夺，俗人愚夫不能易，明矣。人之于世，祸福有命；人之操行，亦自致之。其安居无为，

①　黄晖：《论衡校释（附刘盼遂集解）》，第一〇〇九页。
②　黄晖：《论衡校释（附刘盼遂集解）》，第九六二页。
③　黄晖：《论衡校释（附刘盼遂集解）》，第九六一页。
④　黄晖：《论衡校释（附刘盼遂集解）》，第一〇四六页。
⑤　黄晖：《论衡校释（附刘盼遂集解）》，第二〇页。
⑥　黄晖：《论衡校释（附刘盼遂集解）》，第二八页。

祸福自至，命也；其作事起功，吉凶至身，人也。①

虽然主张"命定论"，但王充非常重视人性问题，认为其乃"人治"的前提。他说："情性者，人治之本，礼义所由生也。"② 关于人性，王充主张"有善恶说"。他说："人性有善有恶，犹人才有高有下也……谓性无善恶，是谓人才无高下也。"③ 之所以人性会有善恶，原因亦在于气禀不同。他说："禀气有厚泊，故性有善恶也。"④ 进而，他认为，人性分"上智""下愚"和"中人""三品"："上智"为善性，"下愚"为恶性；二者皆天生地造，不可移易。"中人"则不同，其人性"善恶混"，且可"习而改"。王充说："夫中人之性，在所习焉，习善而为善，习恶而为恶也。至于极善极恶，非复在习，故孔子曰：'惟上智与下愚不移。'性有善不善，圣化贤教，不能复移易也。"⑤ 具体来讲，"上智"至善，但这种人很少。"下愚"性恶，对其必须加以处罚。"善恶混"的"中人"乃世间大多数，其需要教化以"变易"。他说："蓬生麻间，不扶自直；白纱入缁，不染自黑。此言所习善恶，变易质性也。"⑥ 那么，教化之内容为何呢？"礼义"乃教化之根本。他说：

国之所以存者，礼义也。民无礼义，倾国危主。⑦

第三节 认识论

在王充看来，"虚妄"现象充斥着当时的学界。所谓"虚"，指虚假、夸张；所谓"妄"指荒谬、无根据。具体来讲，"虚妄"包括"九虚"和"三增"。他说："若夫九虚、三增、《论死》、《订鬼》，世俗所久惑，人所不能觉

① 黄晖：《论衡校释（附刘盼遂集解）》，第一〇一〇页。
② 黄晖：《论衡校释（附刘盼遂集解）》，第一三二页。
③ 黄晖：《论衡校释（附刘盼遂集解）》，第一四二页。
④ 黄晖：《论衡校释（附刘盼遂集解）》，第八〇页。
⑤ 黄晖：《论衡校释（附刘盼遂集解）》，第一三七页。
⑥ 黄晖：《论衡校释（附刘盼遂集解）》，第五四五页。
⑦ 黄晖：《论衡校释（附刘盼遂集解）》，第四三四页。

也。"① 所谓"九虚"，即"书虚""变虚""异虚""感虚""福虚""祸虚"
"龙虚""雷虚"和"道虚"。对此，他逐一进行了辩驳。以"书虚"为例，
儒家传书说，因为孔子之德感动"上天"，故泗水回流以避免冲刷旁边的孔子
坟墓。王充则认为，泗水回流乃一种自然现象，因此"如原省之，殆虚言
也"②。之所以会出现"书虚"，在于儒生为了"惊世骇俗"。他说："夫世间
传书诸子之语，多欲立奇造异，作惊目之论，以骇世俗之人；为谲诡之书，
以著殊异之名。"③ 所谓"三增"，指"语增""儒增"和"艺增"。在此，
"增"指"夸张""附会"之义。以"儒增"为例，儒家传书说尧、舜和文、
武圣贤，其以德治国，根本用不着刑罚。实际上，这乃对圣贤的"美化"和
"夸张"。他说："儒书称：'尧、舜之德，至优至大，天下太平，一人不刑。'
又言：'文、武之隆，遗在成、康，刑错不用四十余年。'是欲称尧、舜，褒
文、武也。……尧、舜虽优，不能使一人不刑；文、武虽盛，不能使刑不用。
言其犯刑者少，用刑希疏，可也；言其一人不刑，刑错不用，增之也。"④ 总
之，关于"虚妄"，王充还说：

> 传书之言，多失其实，世俗之人，不能定也。⑤

因此，王充提出"疾虚妄"的主张，即反对、批评"虚妄"现象。他
说："《诗》三百，一言以蔽之，曰：'思无邪。'《论衡》篇以十数，亦一言
也，曰：'疾虚妄。'"⑥ 为此，他专门著有《论衡》一书，意在反对"虚
妄"。他说："伤伪书俗文多不实诚，故为《论衡》之书。"⑦ 具体来讲，所谓
"论衡"，指针对"虚妄之文"考其真伪、铨其轻重，去掉"失实""虚妄"
之处，从而恢复"实事""真美"。他说："是故《论衡》之造也，起众书并
失实，虚妄之言胜真美也。故虚妄之语不黜，则华文不见息；华文放流，则
实事不见用。故《论衡》者，所以铨轻重之言，立真伪之平，非苟调文饰辞，

---

① 黄晖：《论衡校释（附刘盼遂集解）》，第一一八〇页。
② 黄晖：《论衡校释（附刘盼遂集解）》，第一八七页。
③ 参见黄晖《论衡校释（附刘盼遂集解）》，第一六七页。
④ 黄晖：《论衡校释（附刘盼遂集解）》，第三五九页。
⑤ 黄晖：《论衡校释（附刘盼遂集解）》，第二〇一页。
⑥ 黄晖：《论衡校释（附刘盼遂集解）》，第八七〇页。
⑦ 黄晖：《论衡校释（附刘盼遂集解）》，第一一九四页。

为奇伟之观也。其本皆起人间有非，故尽思极心，以机世俗。世俗之性，好奇怪之语，说虚妄之文。何则？实事不能快意，而华虚惊耳动心也。"① 在王充看来，"疾虚妄"的目的在于主张"实诚"。他说："《论衡》九虚、三增，所以使俗务实诚也。"② 在他看来，无论是立论，还是行文，均应该"内外相称""表里一致"。他说："《论衡》者，论之平也。口则务在明言，笔则务在露文。"③ 他还说：

> 有根株于下，有荣叶于上；有实核于内，有皮壳于外。文墨辞说，士之荣叶、皮壳也。实诚在胸臆，文墨着竹帛，外内表里，自相副称。意奋而笔纵，故文见而实露也。④

关于知识的来源，王充不承认"生而知之"。他说："岁无师友，亦已有所问受矣；不学书，已弄笔墨矣。儿始生产，耳目始开，虽有圣性，安能有知？……使一人立于墙东，令之出声，使圣人听之墙西，能知其黑白、短长、乡里、姓字、所自从出乎？"⑤ 他的意思是，即使一个人天生聪明，他也不可能生而知之。例如，即使离娄有那样好的视觉，他隔着帷布也看不见东西；即使师旷有那样好的听觉，他距离太远也听不到声音。王充借用他人之语说："离娄之明，不能察帷薄之内；师旷之聪，不能闻百里之外。"⑥ 在他看来，从古到今，根本不存在"不学而知"之事；如果硬要说"不学而知"，实际上是将圣人等同于"鸟兽"和"僮谣"，从而对圣人形象形成贬损。所谓等同于"鸟兽"，指鸟兽之知乃天性之自然；所谓"僮谣"即"童谣"，它虽由儿童之口而出，实乃"阳气"诱导儿童唱出的"妖象"。王充说："狌狌知往，鸲鹊知来，禀天之性，自然者也。如以圣人为若狌狌乎？则夫狌狌之类，鸟兽也。僮谣不学而知，可谓神而先知矣。如以圣人为若僮谣乎？则夫僮谣者，妖也。世间圣神，以为巫与？"⑦ 王充认为，圣人并不是与生俱来的，而

---

① 黄晖：《论衡校释（附刘盼遂集解）》，第一一七九页。
② 黄晖：《论衡校释（附刘盼遂集解）》，第一一八四页。
③ 黄晖：《论衡校释（附刘盼遂集解）》，第一一九六页。
④ 黄晖：《论衡校释（附刘盼遂集解）》，第六〇九页。
⑤ 黄晖：《论衡校释（附刘盼遂集解）》，第一〇七七页。
⑥ 黄晖：《论衡校释（附刘盼遂集解）》，第一七二页。
⑦ 黄晖：《论衡校释（附刘盼遂集解）》，第一〇八二页。

是通过后天学习形成的。他说：

> 人才有高下，知物由学。学之乃知，不问不识。……所谓"神"者，不学而知；所谓"圣"者，须学以圣。以圣人学，知其非圣。天地之间，含血之类，无性知也。①

王充非常重视感觉经验，认为其乃知识的来源。他说："实者，圣贤不能性知，须任耳目以定情实。其任耳目也，可知之事，思之辄决；不可知之事，待问乃解。"② 因此，如果没有切身经验，"材士""巧女"也会难为"无米之炊"。他说："使材士未尝见，巧女未尝为，异事诡手，暂为卒睹，显露易为者，犹愦愦焉。方今论事，不谓希更，而曰材不敏；不曰未尝为，而曰知不达，失其实也。"③ 不过，感觉经验虽为知识的来源，但有时会给人以假象，故不能只重视感觉经验。王充的意思是，要获得正确的认识，不仅需要重视感觉经验，亦需要重视理性思维即"以心原物"。在此意义下，墨家理论之失就在于"苟信闻见"，而不重视"以心原物"。他说："夫论不留精澄意，苟以外效立事是非，信闻见于外，不诠订于内，是用耳目论，不以心意议也。夫以耳目论，则以虚象为言，虚象效，则以实事为非。是故是非者，不徒耳目，必开心意。墨议不以心而原物，苟信闻见，则虽效验彰明，犹为失实。"④ 关于知识的判断标准，王充非常重视"效验"即事实根据和实际作用。他说：

> 凡论事者，违实不引效验，则虽甘义繁说，众不见信。论圣人不能神而先知，先知之间，不能独见，非徒空说虚言，直以才智准况之工也，事有证验，以效实然。⑤

---

① 黄晖：《论衡校释（附刘盼遂集解）》，第一〇八二页。
② 黄晖：《论衡校释（附刘盼遂集解）》，第一〇八四页。
③ 黄晖：《论衡校释（附刘盼遂集解）》，第五三九页。
④ 黄晖：《论衡校释（附刘盼遂集解）》，第九六二至九六三页。
⑤ 黄晖：《论衡校释（附刘盼遂集解）》，第一〇八六页。

第七章　韩愈、李翱

韩愈（768—824 年），字退之，号昌黎，谥号"文"，故又称"韩文公"，河南河阳（今河南省孟州市）人。祖籍为"望郡昌黎"（位于今辽宁省），故又世称"韩昌黎""昌黎先生"。韩愈 3 岁丧父，唐德宗贞元八年（792 年）考中进士。贞元十九年（803 年），因上《论天旱人饥状》，被贬阳山。曾参加讨伐淮西吴元济叛乱，升任刑部侍郎。元和十四年（819 年），因力谏阻止宪宗迎佛骨入大内，被贬至潮州。晚年任国子祭酒、吏部侍郎。长庆四年（824 年），病逝于长安。作为唐代排佛的代表人物，韩愈一生致力于排佛崇儒。他亦是唐代"古文运动"的倡导者，亦是"唐宋八大家"① 之一，与柳宗元并称"韩柳"。其主要著作有《原道》《原性》《原人》《师说》《与孟尚书书》和《谏迎佛骨表》等。其著作后被编辑为《韩昌黎集》《昌黎先生集》《韩愈文集》《韩昌黎全集》等。

李翱（772—841 年），字习之，陇西成纪（今甘肃秦安县）人，是西凉王李暠的后代。唐德宗贞元十四年（798 年）进士，曾历任国子博士、史馆修撰、考功员外郎、礼部郎中、中书舍人、桂州刺史、山南东道节度使等职。他曾师从韩愈学古文，与韩亦师亦友，亦为"古文运动"的代表人物。同时，与韩愈一样，他一生也排佛崇儒。李翱的著作主要为《复性书》，后人将其著作辑为《李文公集》。

---

① "唐宋八大家"又称"唐宋古文八大家"，是对唐代韩愈、柳宗元和宋代苏洵、苏轼、苏辙、王安石、曾巩、欧阳修八位散文家的合称。

第一节 韩 愈

一、"道统说"

在唐代中前期，种种机缘叠加在一起，使得佛教和道教形成兴盛之势。对此，韩愈进行了激烈批判。在他看来，一个方面，佛教、道教乃"夷狄之教"，其摈弃仁义道德、追求彼岸世界，有悖儒家传统的天理人伦。他说："夫佛本夷狄之人，与中国言语不通，衣服殊制，口不言先王之法言，身不服先王之法服，不知君臣之义、父子之情。"① 因此，佛、道二家不可为中华文化之正统。他说："今也举夷狄之法，而加之先王之教之上，几何其不胥而为夷也?"② "今天下一君，四海一国，舍乎此，则夷狄矣，去父母之邦矣。"③ 另一个方面，佛、道二教发展给社会带来巨大危害，寺院经济成为国家财政的沉重负担。他说："古之为民者四，今之为民者六；古之教者处其一，今之教者处其三。农之家一，而食粟之家六；工之家一，而用器之家六；贾之家一，而资焉之家六；奈之何民不穷且盗也。"④ 从这样两个方面看，佛、道二家之害"过于杨墨"。他说："汉氏已来，群儒区区修补，百孔千疮，随乱随失，其危如一发引千钧，绵绵延延，浸以微灭。于是时也，而唱释老于其间，鼓天下之众而从之。呜呼! 其亦不仁甚矣! 释老之害，过于杨墨。"⑤ 因此，应该抑制佛、道，弘扬儒学。他说：

> 然则，如之何而可也? 曰：不塞不流，不止不行。人其人，火其书，庐其居。明先王之道以道之。鳏、寡、孤、独、废、疾者有养也，其亦庶乎其可也。⑥

---

① 韩愈:《韩昌黎全集》，上海：世界书局 1935 年（下同），第四五七页。
② 韩愈:《韩昌黎全集》，第一七四页。
③ 韩愈:《韩昌黎全集》，第二四三页。
④ 韩愈:《韩昌黎全集》，第七三页。
⑤ 韩愈:《韩昌黎全集》，第二六八页。
⑥ 韩愈:《韩昌黎全集》，第一七四至一七五页。

为了抑制佛、道并弘扬儒学，韩愈认为，与佛教的"法统"一样，儒家亦存在一脉相传的"道统"。所谓"法统"，指佛教之"法"的传授谱系。所谓"道统"，指儒家之"道"的传授谱系。在他看来，"道"乃主宰万物的根本规律，体现为"天道""地道"和"人道"。他说："天道乱而日月星辰不得其行，地道乱而草木山川不得其平，人道乱而夷狄禽兽不得其情。天者，日月星辰之主也；地者，草木山川之主也；人者，夷狄禽兽之主也。"① 具体来讲，儒家的"道统"包括"道"和"统"两个方面："道"指儒家义理的连续性；"统"是儒家人物的连续性。历史地看，儒家的"道统"从古圣时代已经存在，但是在孟子之后中断了。他说："斯道也，何道也？曰：斯吾所谓道也，非向所谓老与佛之道也。尧以是传之舜，舜以是传之禹，禹以是传之汤，汤以是传之文武周公，文武周公传之孔子，孔子传之孟轲，轲之死，不得其传焉。"② 因此，为了排斥佛、道对中国文化的"冲击"，儒者须承担恢复"道统"的历史使命。对此，韩愈有高度的自觉。他说："如使兹人有知乎，非我其谁哉！其行道，其为书，其化今，其传后，必有在矣。"③ 他还说：

> 韩愈之贤，不及孟子。孟子不能救之于未亡之前，而韩愈乃欲全之于已坏之后。呜呼！其亦不量其力，且见其身之危，莫之救已死也。虽然，使其道由愈而粗传，虽灭死万万无恨。④

在韩愈看来，儒家之"道"实指"圣人之教"，而"圣人之教"的核心乃"仁义道德"。他说："夫所谓先王之教者，何也？博爱之谓仁，行而宜之之谓义，由是而之焉之谓道，足乎己无待于外之谓德。"⑤ 所谓"仁"，乃"博爱"之义，即建立在差等基础上的"爱人"。所谓"义"，指"君臣父子之道"的等级秩序。所谓"道"，指沿着"仁义"之路前进。所谓"德"，指依靠自己而具备完美的修养。质言之，虽然对于"道"和"德"可有不同理解，但只有把"仁义"作为"道""德"的内容，此"道""德"才能成为"善道""善德"。因此，既有"圣人之道"，又有"小人之道"，并非凡称

---

① 韩愈：《韩昌黎全集》，第一七八页。
② 韩愈：《韩昌黎全集》，第一七四页。
③ 韩愈：《韩昌黎全集》，第二三〇页。
④ 韩愈：《韩昌黎全集》，第二六八页。
⑤ 韩愈：《韩昌黎全集》，第一七四页。

"道"者皆善。同样，"德"也是既有吉又有凶，并非凡称"德"者皆为善。韩愈说："博爱之谓仁，行而宜之之谓义，由是而之焉之谓道，足乎己无待于外之谓德。仁与义为定名，道与德为虚位。故道有君子小人，而德有凶有吉。"① 总之，"道"和"德"为"虚位"，它们不能离开"仁""义"；若离开"仁义"讲"道德"，"道德"就会落入佛道的窠臼，而变成歪理邪说。他说：

> 凡吾所谓道德云者，合仁与义言之也，天下之公言也。老子之所谓道德云者，去仁与义言之也，一人之私言也。②

二、"性三品"

关于人性，韩愈首先探讨了天命鬼神思想。一个方面，他相信"天命论"。韩愈认为，有"天命"是不容否认的事实，人的命运是由"天"决定的。或者说，"天"乃有意志、能赏善罚恶的主宰者，人之贵贱祸福均端赖"天"的意志。尽管如此，人的作为并非没有任何意义，因为"贤不肖"和"善恶"取决于自己，故人不能放任自己。他说："贤不肖存乎己，贵与贱、祸与福存乎天。名声之善恶存乎人。存乎己者，吾将勉之；存乎天、存乎人者，吾将任彼而不用吾力焉。"③ 另一个方面，他亦相信鬼神存在。他说："郊焉而天神假，庙焉而人鬼飨。"④ 而且，鬼神会对人的行为有所奖惩。他说："有鬼，有物。漠然无形与声者，鬼之常也。人有忤于天，有违于民，有爽于物，逆于伦而感于气，于是乎鬼有形于形，有凭于声而应之，而下殃祸焉。"⑤ 也就是说，人若行好事，鬼神必有善应；人若做坏事，鬼神必予惩罚。他说："积善积恶，殃庆自各以其类至。……天地神祇，昭布森列，非可诬也。又肯令其鬼行胸臆，作威福于其间哉！"⑥ 总之，面对"天命""鬼神"，韩愈主张既"顺乎在天"，又"病乎在己"。他说：

---

① 韩愈：《韩昌黎全集》，第一七二页。
② 韩愈：《韩昌黎全集》，第一七二页。
③ 韩愈：《韩昌黎全集》，第二五八页。
④ 韩愈：《韩昌黎全集》，第一七四页。
⑤ 韩愈：《韩昌黎全集》，第一七九页。
⑥ 韩愈：《韩昌黎全集》，第二六七页。

　　盖君子病乎在己，而顺乎在天。……所谓病乎在己者，仁义存乎内，彼圣贤者能推而广之，而我蠢焉为众人。所谓顺乎在天者，贵贱穷通之来，平吾心而随顺之，不以累于其初。①

　　韩愈还对以往的人性论进行了分析。在他看来，孟子、荀子和扬雄的人性论均所失。具体来讲，孟子主张"性善论"，即，最初的人性是善的，由于后天习染才出现了邪恶。荀子主张"性恶论"，即，最初的人性是恶的，由于后天教化才会变得善良。扬雄则主张"性善恶相混论"，即，人性最初是善恶混杂的，后来才分别出善恶。很显然，这样三种说法所强调者在人性是可变的。其实，许多人的人性是不可变的；不仅"性善"不可变，"性恶"亦不可变。例如，就前者来看，瞽瞍的儿子舜、鲧的儿子禹，尽管后天教化环境环境很差，但他们最终都成了圣人，原因在于他们天生"性善"。就后者来看，尧的儿子丹朱，舜的儿子商均，文王的儿子管叔、蔡叔，尽管后天教化环境很好，但他们最终都变成了恶人，原因在于他们天生"性恶"。总之，人性不仅并非善恶相混，而且善恶始终如一。也就是说，尽管人性在程度上可以变化，但在性质上是不会变化的。韩愈说：

　　孟子之言性曰：人之性善；荀子之言性曰：人之性恶；扬子之言性曰：人之性善恶混。夫始善而进恶，与始恶而进善，与始也混而今也善恶……然则性之上下者，其终不可移乎？曰：上之性，就学而愈明。下之性，畏威而寡罪。是故上者可教，而下者可制也，其品则孔子谓不移也。②

　　在韩愈看来，人性实际上分为上、中、下三个等级即"三品"。他认为，人性"与生俱生"，为人所固有。他说："性也者，与生俱生也。"③"性"的具体内容为"仁""义""礼""智""信"这"五德"。他说："其所以为性者五：曰仁，曰礼，曰信，曰义，曰智。"④ 不过，"五德"在不同人性中的程度却有差异，因此而形成人性的不同等级，即上、中、下"三品"。所谓

────────────────

① 韩愈：《韩昌黎全集》，第二五〇页。
② 韩愈：《韩昌黎全集》，第一七六页。
③ 韩愈：《韩昌黎全集》，第一七五页。
④ 韩愈：《韩昌黎全集》，第一七五页。

"上品"，指人性不仅具备"五德"，而且其中以一德为主，而通于其他四德。所谓"中品"，指人性虽具有"五德"，但它们有不足、不合或有所违背的情况。所谓"下品"，指人性不仅违背一德，而且与其他四德也不相合。他说："性之品有三……上焉者之于五也，主于一而行于四；中焉者之于五也，一不少有焉，则少反焉，其于四也混；下焉者之于五也，反于一而悖于四。"① 因此，"上品"是善的，"中品"是可善可恶的，"下品"是恶的。他说："性之品有上中下三。上焉者，善焉而已矣；中焉者，可导而上下也；下焉者，恶焉而已矣。"② 由此来看，孟子、荀子和扬雄谈论人性，均只关注"中品"的人性，却忽略了"上品"和"下品"两种人性。韩愈说：

> （孟子、荀子、扬雄）皆举其中而遗其上下者也，得其一而失其二者也。……故曰：三子之言性也，举其中而遗其上下者也，得其一而失其二者也。③

以"性三品"为基础，韩愈还提出了"情三品"的观点。所谓"情"，乃"性"因触物而产生的内心反应。他说："性也者，与生俱生也；情也者，接于物而生也。"④ "情"的具体内容为"喜""怒""哀""惧""爱""恶""欲"这"七情"。他说："其所以为情者七：曰喜，曰怒，曰哀，曰惧，曰爱，曰恶，曰欲。"⑤ 在韩愈，既然"情"乃"性""接于物生"，故不仅"情"与"性"相应，而且二者的品级也相应。他说："情之于性视其品。"⑥ 因此，与"性三品"一样，"情"亦分为上、中、下三品："上品"的"性"发为"上品"的"情"，"七情"对外的反应和发动都合乎礼法。"中品"的"性"发为"中品"的"情"，"七情"对外的反应和发动有过与不及，但有合乎礼法的要求。"下品"的"性"发为"下品"的"情"，"七情"对外的反应和发动都合乎礼法。质言之，所谓"上品"，指"七情"发作合于"中道"；所谓"中品"，指"七情"发作有过与不及；所谓"下品"，指"七

---

① 韩愈：《韩昌黎全集》，第一七五至一七六页。
② 韩愈：《韩昌黎全集》，第一七五页。
③ 韩愈：《韩昌黎全集》，第一七六页。
④ 韩愈：《韩昌黎全集》，第一七五页。
⑤ 韩愈：《韩昌黎全集》，第一七六页。
⑥ 韩愈：《韩昌黎全集》，第一七六页。

情"发作均过或不及。关于"情三品",韩愈说:

> 上焉者之于七也,动而处其中;中焉者之于七也,有所甚,有所亡,
> 然而求合其中者也;下焉者之于七也,亡与甚直情而行者也。①

第二节 李 翱

关于人性论,李翱主张"性善情恶论"。在他看来,人有"性"和"情"两个方面。所谓"性",指"天命"下贯于人者,故是纯善。所谓"情",指喜、怒、哀、惧、爱、恶、欲等情感。很显然,"情"则不为纯善。他说:"情有善有不善,而性无不善焉。……人之性皆善,其不善亦犹是也。"② 不过,"性"与"情"并非不相关,二者实乃相互依存,即,"情"由"性"而生,"性"由"情"而彰明。他说:"性与情不相无也。虽然,无性则情无所生矣,是情由性而生,情不自情,因性而情;性不自性,由情以明。"③ 正因为"性"与"情"相互依存,故"情"可对"性"产生影响。即,"性"本来是天赋纯善的,但如果受到非纯善的"情"的侵染,就可能失去原来的"光明",不能"自我扩充"而陷溺,从而会变得不善,进而还会产生恶。例如,水本来是清的,火本来是明的,但"浑沙"会使水变浊,"郁烟"会使火不明。由此比喻可知,正如"浑沙"和"郁烟"乃水不清、火不明的原因一样,恶的根源不在"性"而在"情"。李翱说:"桀、纣之性犹尧、舜之性也,其所以不睹其性者,嗜欲好恶之所昏也,非性之罪也。"④ 他还说:

> 人之所以惑其性者,情也。喜、怒、哀、惧、爱、恶、欲七者,皆
> 情之所为也。情既昏,性斯匿矣。非性之过也,七者循环而交来,故性
> 不能充也。水之浑也,其流不清;火之烟也,其光不明。非水火清明之

---

① 韩愈:《韩昌黎全集》,第一七六页。
② 李翱:《李文公集》第二卷,《四部丛刊·集部》,南京:江南图书馆藏成化十一年刊本(下同)。
③ 李翱:《李文公集》第二卷。
④ 李翱:《李文公集》第二卷。

过，沙不浑，流斯清矣；烟不郁，光斯明矣。情不作，性斯充矣，性与情不相无也。①

进而，李翱认为，人其实亦分为两种：一种人天生就能体现"性"，根本不为"情"所迷惑，此乃"圣人"，即少数圣贤。另一种人往往沉溺于"情"，从而迷失其"性"，此乃"凡人"，即普通百姓。也就是说，"圣人"之所以为"圣人"，在于其"性"不受情欲的"浸染"；"凡人"之所以为"凡人"，在于其"性"受了情欲的"浸染"。他说："性者天之命也，圣人得之而不惑者也；情者性之动也，百姓溺之而不能知其本者也。"② 质言之，"圣人"与"凡人"在本性上并无不同，只是在如何"用情"上存在差别。具体来讲，"圣人"不是"无情"，"凡人"也不是"无性"；二者在"性"上完全一致，但在"情"上却存在差别："圣人"用情，却不溺于情；"凡人"用情，却为情所昏。他说："人之所以为圣人者，性也；人之所以惑其性者，情也。"③ 不过，如果"凡人"能消除"情"的蒙蔽，使"性"恢复原来的"光明"，便可以成为"圣人"。显然，李翱不是以"性"而是以"情"来区分"圣""凡"。他说：

> 圣人者岂其无情耶？圣人者，寂然不动，不往而到，不言而神，不耀而光，制作参乎天地，变化合乎阴阳，虽有情也，未尝有情也。然则百姓者，岂其无性者耶？百姓之性与圣人之性弗差也。虽然，情之所昏，交相攻伐，未始有穷，故虽终身而不自睹其性焉。……故圣人者，人之先觉者也。觉则明，否则惑，惑则昏，明与昏谓之不同。④

基于前述，李翱认为，佛教有一套"成佛"的理论，儒家也应有"成圣"的理论。因此，他提出了一套"成圣"的理论——"复性说"。所谓"复性"，指"去情复性"，即通过道德修养恢复人天赋纯善的"性"，从而达到最高境界而成为"圣人"。他说："情者妄也，邪也。邪与妄则无所因矣。妄情灭息，本性清明，周流六虚，所以谓之能复其性也。《易》曰：'乾道变

---

① 李翱：《李文公集》第二卷。
② 李翱：《李文公集》第二卷。
③ 李翱：《李文公集》第二卷。
④ 李翱：《李文公集》第二卷。

化，各正性命。'《论语》曰：'朝闻道，夕死可矣。'能正性命故也。"① 关于
"复性"的方法，李翱认为，关键是"去情"，而"去情"的关键乃"不动
心"，即，"心"不受外物和情欲干扰，保持天赋纯善的"性"。具体来讲，
"复性"须经过两个步骤：其一，"心"进入一种"静"的状态，即"不思不
虑""斋戒其心"。此时，"静"相对"动"而言，故有"静"必有"动"。
既然"动""静"皆有，便意味着仍在"用情"，即仍没有摆脱"情"的影
响。其二，"心"连"没有"都不想，即连"静"的状态都不追求。即，
"心""寂然不动"，达到绝对"静"的状态。在这种状态中，"情"不再发
作，善的"性"得以自然恢复，从而可达至"圣人"境界。关于这样两个步
骤，李翱说：

> 或问曰："人之昏也久矣，将复其性者，必有渐也，敢问其方？"曰：
> "弗虑弗思，情则不生；情既不生，乃为正思。正思者，无虑无思
> 也。……此斋戒其心者也，犹未离于静焉。有静必有动，有动必有静；
> 动静不息，是乃情也。……知本无有思，动静皆离，寂然不动者，是至
> 诚也。"②

---

① 李翱：《李文公集》第二卷。
② 李翱：《李文公集》第二卷。

第八章　刘禹锡、柳宗元

第一节　刘禹锡

刘禹锡（772—842 年），字梦得，晚年自号庐山人，祖籍洛阳（又自言系出中山①），出生于彭城（今徐州），其先为中山靖王刘胜。贞元九年（793年），进士及第，初在淮南节度使杜佑幕府中任记室。曾任太子宾客，故世称"刘宾客"。后从杜佑入朝，为监察御史。曾参与王叔文的政治革新，后在"八司马"事件②中被贬为远州刺史，随即加贬为远州司马。后任连州刺史、夔州刺史、和州刺史、主客郎中、礼部郎中、苏州刺史等职。会昌时，加检校礼部尚书。卒后获赠户部尚书。

刘禹锡诗文俱佳，与柳宗元并称"刘柳"，与白居易合称"刘白"。主要著作有《陋室铭》《竹枝词》《杨柳枝词》《乌衣巷》等，代表性哲学著作为《天论》。其著作后被辑为《刘宾客集》《刘梦得文集》《刘禹锡集》等。

一、气本体论

关于宇宙论，刘禹锡反对"有神论"，并分析了"有神论"产生的根源。在他看来，"有神论"产生的根源有两个方面：一为认识论根源，指"理昧"，即愚昧乃"有神论"的重要根源。例如，在小河里行船时，人不会把危

---

① 欧阳修、宋祁：《新唐书》："刘禹锡，字梦得，自言系出中山。"北京：中华书局1975年，第五一二八页。

② 唐顺宗即位后，推行改革，打击宦官势力。后改革失败，推行改革者亦被贬官：韦执谊为崖州司马，韩泰为虔州司马，陈谏为台州司马，柳宗元为永州司马，刘禹锡为朗州司马，韩晔为饶州司马，凌准为连州司马，程异为郴州司马，史称"八司马"事件。

险归因于天，因为人掌握行船规律。反之，在大江大海里行船时，人会把安危系之于天，因为人们不掌握航海规律。他说："若知操舟乎？夫舟行乎潍、淄、伊、洛者，疾徐存乎人，次舍存乎人。……舟中之人未尝有言天者，何哉？理明故也。彼行乎江、河、淮、海者，疾徐不可得而知也，次舍不可得而必也。……舟中之人未尝有言人者，何哉？理昧故也。"① 二为社会根源，指"是非亡"，即社会失去是非标准乃"有神论"的重要根源。在他看来，如果社会有序、礼法严明，人们不会把祸福归因于天。相反，如果社会失范，礼法不明，人们对统治者失去信心，故会把祸福归因于天。他说："是非存焉，虽在野，人理胜也；是非亡焉，虽在邦，天理胜也。然则天非务胜乎人者也。何哉？人不宰则归乎天也。"② 因此，圣贤明君主张"稽古"，暴君佞臣则主张"求天"。他说：

> 尧、舜之书，首曰"稽古"，不曰稽天；幽、厉之诗，首曰"上帝"，不言人事。在舜之庭，元凯举焉，曰"舜用之"，不曰天授；在殷中宗，袭乱而兴，心知说贤，乃曰"帝赉"。尧民之余，难以神诬；商俗已讹，引天而驱。由是而言，天预人乎？③

刘禹锡认为，天地之内不存在无形的东西，世界是由有形物体组成的。在他看来，即使是"空"也是"有形"存在，只不过因为它"希微"人不能感知，但是狸、犬等动物却可感知。他说："若所谓无形者，非空乎？空者，形之希微者也。……所谓晦而幽者，目有所不烛耳。彼狸、狌、犬、鼠之目，庸谓晦为幽者邪？"④ 或者说，所谓"无形"，其实是"无常形"，也就是没有固定的形状。不过，它通过物体而显现自己的作用，犹如"高厚之形"依赖房屋而显现。他说："为体也不妨乎物，而为用也恒资乎有，必依于物而后形焉。……乌有天地之内有无形者耶？古所谓无形，盖无常形耳，必因物而后见耳。"⑤ 比如，与光源于有形的日月一样，"空"亦源于有形的物体；人之

---

① 刘禹锡撰，《刘禹锡集》整理组点校，卞孝萱校订：《刘禹锡集》，北京：中华书局1990年（下同），第七〇页。
② 刘禹锡撰，《刘禹锡集》整理组点校，卞孝萱校订：《刘禹锡集》，第七〇页。
③ 刘禹锡撰，《刘禹锡集》整理组点校，卞孝萱校订：《刘禹锡集》，第七三页。
④ 刘禹锡撰，《刘禹锡集》整理组点校，卞孝萱校订：《刘禹锡集》，第七一页。
⑤ 刘禹锡撰，《刘禹锡集》整理组点校，卞孝萱校订：《刘禹锡集》，第七一页。

所以能够感知"空"，就在于背后有形物体的存在。他说："夫目之视，非能有光也，必因日、月、火炎而后光存焉。"① 如果不承认"有"，便不能解释"空"的来源。他说："夫上士解空而离相，中士着空而嫉有。不因相何以示觉？不由何何以悟无？"② 基于前述，刘禹锡认为，有形物体分为两类：一是指直接感觉到的粗大物体；二是指凭借理智分辨的细微物体。他说：

> 以目而视，得形之粗者也；以智而视，得形之微者也。③

进而，在刘禹锡看来，天地万物都是由"气"生成的。具体来讲，在世界之初，"气"由于自身"清浊""轻重"的分化而产生运动；"清轻者"上升为天，"浊重者"下降为地，从而形成"天""地"之"两仪"。之后，"两仪"又反过来相互作用，将各自聚集的"气"释放出来；行健广大之"天"的"精气"下降，平正宽阔之"地"的"粗气"上腾，从而形成天地万物和自然现象。总之，雨露雷风、昼夜往来、生长死亡等，即使是日、月、星"三光"，都由"气"运动变化所形成。不过，由于所禀"气"之清浊、轻重不同，故而产生了植物、动物之分，以至出现了作为万物之灵的"倮虫"即人类。他说："以理揆之，万物一贯也。今夫人之有颜、目、耳、鼻、齿、毛、颐、口，百骸之粹美者也，然而其本在夫肾、肠、心、腹。天之有三光、悬寓，万象之神明者也，然而其本在乎山川五行。浊为清母，重为轻始。两位既仪，还相为庸，嘘为雨露，噫为雷风。乘气而生，群分汇从，植类曰生，动类曰虫。倮虫之长，为智最大。"④ 总之，天地万物和自然现象全部统一于"气"。关此，刘禹锡说：

> 邈不语兮临风，境自外兮感从中。晦明转续兮，八极鸿蒙。上下交气兮，群生异容。发孤照于寸眸，骛退情乎太空。物乘化兮多象，人遇时兮不同。⑤

刘禹锡认为，事物是不断变化发展的。他说："且夫贞而腾气者膴膴，健

---

① 刘禹锡撰，《刘禹锡集》整理组点校，卞孝萱校订：《刘禹锡集》，第七一页。
② 刘禹锡撰，《刘禹锡集》整理组点校，卞孝萱校订：《刘禹锡集》，第五六页。
③ 刘禹锡撰，《刘禹锡集》整理组点校，卞孝萱校订：《刘禹锡集》，第七一页。
④ 刘禹锡撰，《刘禹锡集》整理组点校，卞孝萱校订：《刘禹锡集》，第七二至三七页。
⑤ 刘禹锡撰，《刘禹锡集》整理组点校，卞孝萱校订：《刘禹锡集》，第一四页。

而垂青者昊昊。我居其中，犹轮是蹈。以不息为体，以日新为道。"① 而且，事物的变化发展是有规律的，规律表现为"数""势"两个方面。所谓"数"，指事物内在的规定性；所谓"势"，指事物的外在规律性。例如，天的形体永远是圆的，颜色永远是青的，四季可以推算出来，昼夜可以观测出来，这缘于"数"存在于其中。天永远是那么高远而不低下，永远在运动而不停止，就是因为"势"在发挥作用。总之，一切事物都有内在规律和外在趋势。他说："天形恒圆而色恒青，周回可以度得，昼夜可以表候，非数之存乎？恒高而不卑，恒动而不已，非势之乘乎？今夫苍苍然者，一受其形于高大，而不能自还于卑小；一乘其气于动用，而不能自休于俄顷。又恶能逃乎数而越乎势邪？"② 进而，刘禹锡提出"数存而势生"的观点，即不同事物有不同规定性，而不同规定性又有不同规律性，对此需要明辨。例如，几条船齐头并进，风力和水势都一样，但结果却有沉与未沉之不同。究其原因，在于船本身的情况不一样，而不一样的船会有不同结果。他说：

> 水与舟，二物也。夫物之合并，必有数存乎其间焉。数存，然后势形乎其间焉。一以沉，一以济，适当其数，乘其势耳。彼势之附乎物而生，犹影响也。本乎徐者其势缓，故人得以晓也；本乎疾者其势遽，故难得以晓也。彼江、海之覆，犹伊、淄之覆也。势有疾徐，故有不晓耳。③

二、"天人交相胜"

"天人关系"是传统儒家颇为关注的重要问题。刘禹锡对以往关于"天人关系"的说法进行了回顾。在他看来，这些说法大致可以概括为两类：一类为"阴骘之说"。所谓"阴骘"，指"天"在暗中决定着人的命运。比如，《尚书》曰："惟天阴骘下民。"④ 这种说法认为，不仅"天"有意志、有情感，而且"天"与"人"可以相互感应：人有善行会引发上天赐福，人有罪

---

① 刘禹锡撰，《刘禹锡集》整理组点校，卞孝萱校订：《刘禹锡集》，第二页。
② 刘禹锡撰，《刘禹锡集》整理组点校，卞孝萱校订：《刘禹锡集》，第七一页。
③ 刘禹锡撰，《刘禹锡集》整理组点校，卞孝萱校订：《刘禹锡集》，第七〇至七一页。
④ 孔安国传，孔颖达疏，廖明春等整理，吕绍纲审定：《尚书正义》，第297页。

过会引发上天降祸；人之行善或作恶是"感"，结果得福或祸是"应"。另一类为"自然之说"。这种说法主张"天人相异"，认为"天"没有意志和情感，与人是毫不相干的，二者不能够相互感应，故自然现象与人的行为没有任何关系。例如，盗跖作恶多端却没有遭报应，孔子推行仁义却厄运不断。在上述两种说法当中，刘禹锡赞同后一类说法。他说："天恒执其所能以临乎下，非有预乎治乱云尔；人恒执其所能以仰乎天，非有预乎寒暑云尔。"① 关于这两类观点，他说：

> 世之言天者二道焉。拘于昭昭者则曰："天与人实影响：祸必以罪降，福必以善倈，穷厄而呼必可闻，隐痛而祈必可答，如有物的然以宰者。"故阴骘之说胜焉。泥于冥冥者则曰："天与人实刺异：霆震于畜木，未尝在罪；春滋乎堇荼，未尝择善。跖、蹻焉而遂，孔、颜焉而厄，是茫乎无有宰者。"故自然之说胜焉。②

不过，刘禹锡却不满足于"自然之说"，而是进一步提出了"天与人交相胜"的观点。在他看来，凡有形体之物均有特定的"能"，即特定的功能或作用。具体来讲，"天"是最大的有形物，"人"是最杰出的动物；他们虽同为有形物，但却各有不同的"能"。具体来讲，"天之道"在于"生生"，即生长、化育；"人之道"在于"法制"，即是非公理。或者说，"天之能"在于"生万物"，"人之能"在于"治万物"；二者虽然有关联，但不可互相取代。刘禹锡说："阳而阜生，阴而肃杀；水火伤物，木坚金利；壮而武健，老而耗眊；气雄相君，力雄相长：天之能也。阳而艺树，阴而揪敛；防害用濡，禁焚用光；斩才窾坚，液矿砷铓；义制强讦，礼分长幼；右贤尚功，建极闲邪：人之能也。……故曰：天之所能者，生万物也；人之所能者，治万物也。"③ 在刘禹锡看来，不仅事物各有特殊的"能"，而且事物会以自身的"能"胜过对方，此乃万物之所以无穷无尽的原因；"天"与人也是如此，此即"天与人交相胜"。他说："万物之所以为无穷者，交相胜而已矣，还相用而已矣。

① 刘禹锡撰，《刘禹锡集》整理组点校，卞孝萱校订：《刘禹锡集》，第六九页。
② 刘禹锡撰，《刘禹锡集》整理组点校，卞孝萱校订：《刘禹锡集》，第六七页。
③ 刘禹锡撰，《刘禹锡集》整理组点校，卞孝萱校订：《刘禹锡集》，第六八页。

天与人，万物之尤者耳。"① 他还说：

> 大凡入形器者，皆有能有不能。天，有形之大者也；人，动物之尤
> 者也。天之能，人固不能也；人之能，天亦有所不能也。故余曰：天与
> 人交相胜耳。②

具体来讲，刘禹锡认为，"天之能"的实质在于客观自然性，"人之能"的实质在于社会能动性。因此，"天之道"的作用为"强弱"，指自然界生存竞争的法则；"人之道"的作用为"是非"，指人类社会礼法的原则。他说："天之道在生植，其用在强弱；人之道在法制，其用在是非。"③ 依着他的理解，如果"是非"存在，"人之道"便会胜"天之道"；如果没有"是非"，"天之道"便会胜"人之道"。总的讲，"天"不必定能胜过人，因为只有当人不能自主宰时，才将原因归之于"天命"。然而，人确实力图胜过"天"，因为"天"乃没有意志的自然界。他说："人诚务胜乎天者也。何哉？天无私，故人可务乎胜也。"④ 进而，刘禹锡把"法制"的"无效"或"有效"，看作是"天胜"还是"人胜"的标准。他说："生乎治者，人道明，咸知其所自，故德与怨不归乎天；生乎乱者，人道昧，不可知，故由人者举归乎天。非天预乎人尔！"⑤ 在他看来，人能利用自然赋予的条件，建立起人类社会的"法制"，从而与天争胜。他说："倮虫之长，为智最大，能执人理，与天交胜，用天之利，立人之纪。"⑥ 质言之，人之所以能胜天，是因为人能组织社会，实行"法制"。反之，如果"法制"废则"人之道"衰，而"人之道"衰则"天之道"盛。刘禹锡说：

> 人能胜乎天者，法也。法大行，则是为公是，非为公非。天下之人，
> 蹈道必赏，违之必罚。当其赏，虽三旌之贵，万钟之禄，处之咸曰宜。
> 何也？为善而然也。当其罚，虽族属之夷，刀锯之惨，处之咸曰宜。何

---

① 刘禹锡撰，《刘禹锡集》整理组点校，卞孝萱校订：《刘禹锡集》，第七一页。
② 刘禹锡撰，《刘禹锡集》整理组点校，卞孝萱校订：《刘禹锡集》，第六七至六八页。
③ 刘禹锡撰，《刘禹锡集》整理组点校，卞孝萱校订：《刘禹锡集》，第六八页。
④ 刘禹锡撰，《刘禹锡集》整理组点校，卞孝萱校订：《刘禹锡集》，第七〇页。
⑤ 刘禹锡撰，《刘禹锡集》整理组点校，卞孝萱校订：《刘禹锡集》，第六九页。
⑥ 刘禹锡撰，《刘禹锡集》整理组点校，卞孝萱校订：《刘禹锡集》，第七二至七三页。

也？为恶而然也。①

依着刘禹锡的理解，"天"与"人"并不仅指自然界与人类社会，而且对应人的肉体与精神即身与心。在他看来，身体强壮者是天生的，圣贤是后天教化而成的；前者对应"天胜"，后者对应"人胜"。关于此，他举例加以说明：在野外旅行时，如果要寻找树荫或水源，一定是身强力壮的人捷足先得；这种情况是自然生理条件造成的，此乃"天胜"。反之，在城里生活时，如果要寻求房屋或饭菜，则一定是圣贤取得优先；这种情况缘于圣贤位尊名显，克服了体力强弱状态，此乃"人胜"。他说："若知旅乎？夫旅者，群适乎莽苍，求休乎茂木，饮乎水泉，必强有力者先焉；否则虽圣且贤莫能竞也。斯非天胜乎？群次乎邑郛，求荫于华榱，饱于饩牢，必圣且贤者先焉；否则强有力莫能竞也。斯非人胜乎？"②再如，殷朝的虞、芮两国经常为边界发生纠纷，于是派人去找周文王裁决。到周地后，他们见"耕者皆让畔"而感到惭愧，于是返回后不再争执而互相谦让起来。由此可见，虞、芮虽然处于荒野，但它们也可以变得文明礼让，此乃"人胜于天"。然而，周朝的匡、宋却不同，它们虽然处于城里，却如同处于荒野而一直争夺不息，此乃"天胜于人"。关此，刘禹锡说：

> 苟道乎虞、芮，虽莽苍，犹郛邑然；苟由乎匡、宋，虽郛邑，犹莽苍然。是一日之途，天与人交相胜矣。吾固曰：是非存焉，虽在野，人理胜也；是非亡焉，虽在邦，天理胜也。然则天非务胜乎人者也。何哉？人不宰则归乎天也。人诚务胜乎天者也。何哉？天无私，故人可务乎胜也。③

第二节　柳宗元

柳宗元（773—819 年），字子厚，祖籍河东（今山西省永济市），出生于

---

① 刘禹锡撰，《刘禹锡集》整理组点校，卞孝萱校订：《刘禹锡集》，第六八页。
② 刘禹锡撰，《刘禹锡集》整理组点校，卞孝萱校订：《刘禹锡集》，第七〇页。
③ 刘禹锡撰，《刘禹锡集》整理组点校，卞孝萱校订：《刘禹锡集》，第七〇页。

京城长安，世称"柳河东""河东先生"。21 岁时进士及第，后入朝为官。后来，因参与政治革新失败，被贬为永州司马。再后来，又出任柳州刺史，最终病逝于柳州。柳宗元为"唐宋八大家"之一。因共同倡导"古文运动"，与韩愈并称为"韩柳"，与刘禹锡并称"刘柳"。

柳宗元一生留有大量诗文，主要哲学论著包括《天对》《天说》《答刘禹锡天论书》《封建论》《天爵论》《非国语》《贞符》等。其著作后被辑为《河东先生集》《柳河东集》《柳宗元集》《柳河东全集》等。

一、元气本体论

柳宗元反对董仲舒的思想，认为"天人感应论"和"君权神授说"与"淫巫瞽史"无异。文献记载："吴武陵为臣言：'董仲舒对三代受命之符，诚然非也？'臣（指柳宗元本人——引者注）曰：'非也。何独仲舒尔。自司马相如、刘向、扬雄、班彪、彪子固，皆沿袭嗤嗤，推古瑞物以配受命。其言类淫巫瞽史，诳乱后代，不足以知圣人立极之本，显至德，扬大功，甚失厥趣。'"① 在他看来，所谓"天命"乃统治者愚民的工具。他说："古之所以言天者，盖以愚蚩蚩者耳，非为聪明睿智者设也。"② 实际上，君权并非来自"天"，而是来自人之"仁"。即，行"仁"者才可得天下，丧"仁"者即使得到天下，也不可能长久。他说："是故受命不于天，于其人；休符不于祥，于其仁。惟人之仁，匪祥于天；匪祥于天，兹惟贞符哉！未有丧仁而久者也，未有恃祥而寿者也。"③ 同样，祭祀也并非因有鬼神，而是统治者为了教化百姓。他说："夫祀，先王所以佐教也，未必神之。"④ 总之，所谓"天人感应"和"君权神授"纯粹是无稽之谈。柳宗元说：

> 神之貌乎，吾不可得而见也；祭之飨乎，吾不可得而知也。是其诞漫悄恍，冥冥焉不可执取者。夫圣人之为心也，必有道而已矣，非于神也，盖于人也。⑤

---

① 《柳宗元集》，北京：中华书局 1979 年（下同），第三〇页。
② 《柳宗元集》，第九一页。
③ 《柳宗元集》，第三五页。
④ 《柳宗元集》，第一三二六页。
⑤ 《柳宗元集》，第四五八页。

在柳宗元看来，天地其实类似于一个大瓜果，其中充满了"元气"。他认为，天地是不可能有意志的，唯有人才有"仁""哀"等意志、情感。他说："生植与灾荒，皆天也；法制与悖乱，皆人也，二之而已。其事各行不相预，而凶丰理乱出焉。"① 实际上，商王时桑谷共生，宋君时"以法星寿"，以及地震等均为自然现象，与人类历史事件根本没有关系。② 他说："山川者，特天地之物也。阴与阳者，气而游乎其间者也。自动自休，自峙自流，是恶乎与我谋？自斗自竭，自崩自缺，是恶乎为我设？"③ 既然如此，自然灾害源于自然界运动变化，人间祸福源于人类自身行为，二者便不存在必然联系。他说："天地，大果蓏也；元气，大痈痔也；阴阳，大草木也，其乌能赏功而罚祸乎？功者自功，祸者自祸，欲望其赏罚者大谬；呼而怨，欲望其哀且仁者，愈大谬矣。"④ 然而，为什么人会求助于"神"呢？在此缘于人感到自己力量不足。他说："力足者取乎人，力不足者取乎神。所谓足，足乎道之谓也，尧、舜是矣。"⑤ 总之，天地乃充满"元气"的大瓜果。他说：

> 彼上而玄者，世谓之天；下而黄者，世谓之地；浑然而中处者，世谓之元气；寒而暑者，世谓之阴阳。是虽大，无异于果蓏、痈痔、草木也。⑥

基于前述，柳宗元继承前人的"元气论"，亦主张世界的本原是"元气"。在他看来，宇宙没有边界、无穷无尽，是人很难描述和把握的，故关于世界本原的说法往往缺乏根据。他说："天地果无初乎？吾不得而知之也。生人果有初乎？吾不得而知之矣。"⑦ 因此，关于世界本原，只能"大概"地说，即，在天地未离、明暗未分的"太始"之初，只有"元气"存在；由于"元气"运动变化，遂产生了天地万物。他说："本始之茫，诞者传焉。鸿灵幽纷，曷可言焉！曶黑晰眇，往来屯屯，庞昧革化，惟元气存，而何为焉！"⑧

---

① 《柳宗元集》，第八一七页。
② 参见《柳宗元集》，第三五页。
③ 《柳宗元集》，第一二六九页
④ 《柳宗元集》，第四四三页。
⑤ 《柳宗元集》，第一二七二页。
⑥ 《柳宗元集》，第四四二至四四三页。
⑦ 《柳宗元集》，第六九页。
⑧ 《柳宗元集》，第三六五页。

那么，具体来讲，"元气"如何形成天地万物呢？在柳宗元看来，"阴""阳"二者统一于"元气"，它们通过冷热变化、交错作用而生化万物。不仅万物源于"元气"，而且"九重天"即"天"也是"元气"运动的"产物"。所谓"九重天"，泛指"天"，因为古人认为天有九层。他说："天地之无倪，阴阳之无穷，以湨洞轇轕乎其中，或会或离，或吸或吹，如轮如机，其孰能知之？"① 关于天地万物的生成，柳宗元还以问答的形式写道：

> 问：阴阳三合，何本何化？对：合焉者三，一以统同。吁炎吹冷，交错而功。问：圜则九重，孰营度之？对：无营以成，沓阳而九。转輠浑沦，蒙以圜号。问：惟兹何功，孰初作之？对：冥凝玄厘，无功无作。②

二、"利于人"的民本思想

柳宗元探讨了国家政权的起源问题。与关于世界本原问题相似，这个问题亦常引发争论。不过，柳宗元肯定人类存在一个原始阶段。如前所引，他说："天地果无初乎？吾不得而知之也。生人果有初乎？吾不得而知之矣。"③ 在他看来，在原始阶段，人类以群居方式生活，生存条件异常艰苦，故人们常因生存或利益而争斗；最初的争斗是个体性的，后来逐渐演变为群体冲突，而群体冲突促生了军队和统帅，而军事统帅则演变为君主，从而诞生了国家政权。后来，黄帝至尧、舜等数代君主分封诸侯，建章立制，确立起国家基本制度。他说："惟人之初，总总而生，林林而群。……交焉而争，睽焉而斗。……然后强有力者出而治之，往往为曹于险阻，用号令起，而君臣什伍之法立。德绍者嗣，道怠者夺。于是有圣人焉曰黄帝，游其兵车，交贯乎其内，一统类，齐制量，然犹大公之道不克建。于是有圣人焉曰尧，置州牧四岳，持而纲。立有德有功有能者，参而维之，运臂率指，屈伸把握，莫不统率。尧年老，举圣人而禅焉，大公乃克建。"④ 质言之，国家政权出于人类

---

① 《柳宗元集》，第一二六九页。
② 《柳宗元集》，第三六五至三六六页。
③ 《柳宗元集》，第六九页。
④ 《柳宗元集》，第三一页。

生存的实际需要，即，因人与人、族群与族群的利益斗争而产生。柳宗元还说：

> 夫假物者必争，争而不已，必就其能断曲直者而听命焉。其智而明者，所伏必众；告之以直而不改，必痛之而后畏；由是君长刑政生焉。故近者聚而为群。群之分，其争必大，大而后有兵有德。又有大者，众群之长又就而听命焉，以安其属，德又大者，诸侯之列又就而听命焉，以安其封。于是有方伯、连帅之类，则其争又有大者焉。德又大者，方伯、连帅之类，又就而听命焉，以安其人，然后天下会于一。是故有里胥而后有县大夫，有县大夫而后有诸侯，有诸侯而后有方伯、连帅，有方伯、连帅而后有天子。①

柳宗元认为，国家最初的基本制度是"封建制"，而"封建制"并不符合"圣人之意"，只是迫于"势"即客观形势的"不得已"之举。具体来讲，商、周时，诸侯为"招抚"而非征服的，故圣王亦无力削去其强大势力，只能让其继续"裂土而治"。他说："彼封建者，更古圣王尧、舜、禹、汤、文、武而莫能去之。盖非不欲去之也，势不可也。势之来，其生人之初乎？不初，无以有封建。封建，非圣人意也。……故封建非圣人意也，势也。"② 不过，秦、汉时的"势"发生了变化，政权为通过征服而建立，权力完全掌控在天子手中，故"郡县制"取代了"封建制"。在柳宗元看来，"郡县制"取代"封建制"具有历史必然性，因为它以"公天下"为特征，而"封建制"以"私其力"为特征。他说："夫不得已，非公之大者也，私其力于己也，私其卫于子孙也。秦之所以革之者，其为制，公之大者也；其情，私也，私其一己之威也，私其尽臣畜于我也。然而公天下之端自秦始。"③ 他的意思是，国家基本制度应以"得人"即得民心为原则，而此方为真正的"圣人之意"。柳宗元说：

> 夫天下之道，理安，斯得人者也。使贤者居上，不肖者居下，而后

---

① 《柳宗元集》，第七〇页。
② 《柳宗元集》，第七〇页。
③ 《柳宗元集》，第七四页。

可以理安。今夫封建者……将欲利其社稷，以一其人之视听，则又有世大夫世食禄邑，以尽其封略。圣贤生于其时，亦无以立于天下，封建者为之也。岂圣人之制使至于是乎？吾固曰："非圣人之意也，势也。"①

基于前述，柳宗元提出了"利于人"的为政之道。在他看来，政治举措大致可以分为"俟时"与"不俟时"两类。所谓"俟时"，指遵从自然和社会规律；所谓"不俟时"，指违背自然和社会规律。他说："凡政令之作，有俟时而行之者，有不俟时而行之者。"② 他的意思是，君王不能悖逆人性，而应顺民之性，从而利民之生。他说："安其常而得所欲，服其教而便于己，百货通行而不知所自来，老幼亲戚相保而无德之者，不苦兵刑，不疾赋力。所谓民利，民自利是也。"③ 在他看来，治民如同养树，只有"顺木之天"，才能使其茁壮成长，否则会导致"曰爱实害"的后果。他说："凡植木之性，其本欲舒，其培欲平，其土欲故，其筑欲密。既然已，勿动勿虑，去不复顾。……他植者则不然，根拳而土易，其培之者也，若不过焉则不及。……虽曰爱之，其实害之；虽曰忧之，其实雠之，故不我若也。"④ 基于此，柳宗元提出"官为民役"的思想。他说："凡吏于土者，若知其职乎？盖民之役，非以役民而已也。"⑤ 总之，为政之道应以"利于人"为原则。柳宗元说：

> 圣人之道，不穷异以为神，不引天以为高，利于人，备于事，如斯而已矣。⑥

为了实现"利于人"的为政之道，柳宗元认为道德教化非常重要。在他看来，道德乃人之所以为人者，故圣王非常重视道德教化。他说："道德之于人，犹阴阳之于天也；仁义忠信，犹春秋冬夏也。……明以鉴之，志以取之，役用其道德之本，舒布其五常之质，充之而弥六合，播之而奋百代，圣贤之事也。"⑦ 那么，如何进行道德教化呢？他反对以"怪诞邪说"为教化手段，

---

① 《柳宗元集》，第七五页。
② 《柳宗元集》，第八五页。
③ 《柳宗元集》，第四二五页。
④ 《柳宗元集》，第四七三至四七四页。
⑤ 《柳宗元集》，第六一六页。
⑥ 《柳宗元集》，第八五页。
⑦ 《柳宗元集》，第八〇页。

因为这种教化只会使"鬼怪之事"惑乱人心，使人之行为更加邪僻而失去道德约束。他说："语怪而威之，所以炽其昏邪淫惑，而为祷禳、厌胜、鬼怪之事，以大乱于人也。"① 因此，柳宗元主张，应进行正面的道德教化，即以"中道"为主要内容进行道德教化。所谓"中道"，指"中正之道"或"中庸之道"，即"五常"之道。他说："圣人之为教，立中道以示于后。曰仁、曰义、曰礼、曰智、曰信，谓之五常，言可以常行者也。"② 在他看来，以"中道"为主要内容进行道德教化乃"圣人"的"大经"。他说：

> 是故圣人为大经，以存其直道，将以遗后世之君臣，必言其中正，而去其奇邪。③

① 《柳宗元集》，第八八页。
② 《柳宗元集》，第八八页。
③ 《柳宗元集》，第八八页。

第三编 宋代儒学

弁　言

　　总的来讲，宋代儒学的动机是为儒学提供形上学基础。具体来讲，在东汉以后，在佛、道二教的冲击下，出现了"儒门淡薄，收拾不住"[①]的情形。当时流行着一种"分工论"，认为"以儒治世""以道治身""以佛治心"。[②]此种情形说明，儒学的文化主导地位受到冲击和威胁。为了自保并恢复主导地位，儒家致力汲取佛、道二教的理论，以建构儒家的形上学体系。关此，欧阳修曾说："千有余岁之间，佛之来者日益众，吾之所为者日益坏。……然则将奈何？曰：莫若修其本以胜之。昔战国之时，杨、墨交乱，孟子患之而专言仁义，故仁义之说胜，则杨、墨之学废。汉之时，百家并兴，董生患之而退修孔氏，故孔氏之道明而百家息。此所谓修其本以胜之之效也。"[③] 在这一动机之下，邵雍、周敦颐和张载开端，开拓了"天道性命"的理学理路，这一理路进而衍生出两个派别：一是以程颢、程颐和朱熹为代表的"理学"；这个派别以"理"为本体概念，并由此展开理论体系的建构。他们提出"理气论"，认为"理"为事物的本原；主张"格物致知"，通过具体事物认识事物之理。二是以陆九渊兄弟为代表的"心学"；这个派别以"心"为本体概念，并由此展开理论体系的建构。他们提出"心即理"，主张"心外无物""心外无理"，主张"自我反省""发明本心"为"先立其大者"。这两个派别不仅在本体论上观点不同，而且在功夫论上亦不相同。关于这种不同，黄宗羲将其概括为"道问学"与"尊德性"之异。[④]

---

① 张尔岐辑：《蒿庵闲话·卷之二》，北京图书馆藏清康熙徐氏真合斋磁版印本，第十八页。
② 参见刘谧《三教平心论》，民国三年合川慈善会、会善堂刻本，第一页。
③ 欧阳修著，李逸安点校：《欧阳修全集》第二册，北京：中华书局2001年，第二八九至二九〇页。
④ 参见沈善洪主编《黄宗羲全集》第五册，杭州：浙江古籍出版社1992年（下同），第二七七页。

　　尽管上述两个派别有重要不同，但它们亦有明显共性。例如，他们虽然明里批评佛家和道家，但暗里却"暗度陈仓"，从其思想中汲取了诸多有益内容，其形上学思想便有"浓重"的佛、道理论"痕迹"。就此来讲，邵雍、周敦颐的宇宙论，程朱的"理本体论"和陆九渊的"心学"都可有明证。在此意义下，可以说宋代理学乃"三教融通"或"三教合流"的"产物"。因此，梁启超说："宋儒无论哪一家，与佛都有因缘，但是表面排斥。宋儒道学，非纯儒学，亦非纯佛学，乃儒佛混合后，另创的新学派。"① 不仅如此，他们还在形式上对佛、道思想多有借鉴。例如，他们的论说趋于思辨，表达趋于体系化，理论性趋强。也正因为如此，在上述两个派别之外，作为理论的"反弹"，同时还出现了以陈亮和叶适为代表的浙东"事功学派"。他们认为，上述两个派别对佛、道思想的汲取，乃有悖于孔子儒家的传统。因此，他们反对其建构形上本体的理路，而主张"内外交相成之道"，即内在伦理与外在实践相结合。在他们看来，这才是原始儒家真正的"统绪"。

---

　　① 梁启超：《儒家哲学》，北京：北京大学出版社 2010 年，第 92 页。

第九章　邵　雍

邵雍（1011—1077 年），字尧夫，自号安乐先生、伊川翁，人亦称百源先生，谥号"康节"。生于范阳（今河北涿州大邵村），幼年随父母迁往衡漳（今河南林州康节村），后又随父母迁居到共城（今河南辉县）苏门山。宋仁宗康定元年（1040 年），邵雍将父母葬在伊水（河南境内南洛水支流）之上。曾师从李之才学《河图》《洛书》和伏羲八卦。宋仁宗皇祐元年（1049 年）定居河南府（今河南洛阳）后，以教授生徒为生。曾两度被举荐授官，均称疾未赴。

邵雍擅长"易学"，提出系统而完整的宇宙论，开拓了"天道性命"为主题的理学思想，与周敦颐并为理学开山祖，与周敦颐、张载、程颢、程颐合称"北宋五子"。其主要著作有《皇极经世》《先天图》《渔樵问对》《伊川击壤集》《梅花诗》等，后被辑为《邵雍集》《邵雍全集》等。

第一节　象数宇宙论

邵雍认为，"太极"为万物本原。他说："元有二：有生天地之始，太极也；有万物之中各有始者，生之本也。"[1] 具体来讲，宇宙生成图式为："太极"寂然不动，但有"动""静"之能，"动""静"发动产生"天""地"。他说："夫一动一静者，天地至妙者欤！"[2] 进而，"天"分"阴""阳"，"地"分"柔""刚"；"阴""阳""柔""刚"叫作"四象"。关于"四象"，他说："一气分而阴阳判，得阳之多者为天，得阴之多者为地。是故阴阳半而

---

[1]　邵雍著，郭彧等点校：《邵雍全集》叁，上海：上海古籍出版社 2016 年（下同），第一二四〇页。

[2]　邵雍著，郭彧等点校：《邵雍全集》叁，第一一五七页。

形质具焉，阴阳偏而性情分焉。形质各分，则多阳者为刚也，多阴者为柔也。性情又分，则多阳者阳之极也，多阴者阴之极也。"① "阴""阳"又分为"太阳""太阴""少阳""少阴"，此对应日、月、星、辰天之"四象"；"柔""刚"又分为"太柔""太刚""少柔""少刚"，此对应水、火、土、石地之"四象"。而且，天地之"四象"继续交错变化，遂而产生万事万物。邵雍说：

> 天，生于动者也。地，生于静者也。一动一静交而天地之道尽之矣。动之始则阳生焉，动之极则阴生焉。一阴一阳交而天之用尽之矣。静之始则柔生焉，静之极则刚生焉。一柔一刚交而地之用尽之矣。②

在邵雍看来，宇宙生成图式通过"象"和"数"来展示。所谓"象"，指形象；所谓"数"，指数量。他说："象也者，尽物之行也；数也者，尽物之体也。"③ 进而，"数"是"象"的依据，故"太极"化生万物时由"数"而"象"展开。他说："太极一也，不动；生二，二则神也。……神生数，数生象，象生器。"④ 他还说："有意必有言，有言必有象，有象必有数。数立则象生，象生则言用，言用则意显。"⑤ 如前所述，宇宙生成图式为，由"太极"而"天""地"这"两仪"，由"两仪"而"阴""阳""柔""刚""四象"，由"四象"而"八卦"，由"八卦"而万事万物。他说："阴阳生而分二仪，二仪交而生四象，四象交而成八卦，八卦交而生万物。"⑥ 在这个图式中，"太极""两仪""四象""八卦"是"象"，二、四、八、万为"数"。很显然，在邵雍，万物之中不仅包含"象"，更包含"数"及其次序。他说："万物各有太极、两仪、四象、八卦之次，亦有古今之象。"⑦ 因此，"太极"化生万物，不仅可由"象"来描述，亦可由"数"来反映。关此，邵雍说：

> 太极既分，两仪立矣。阳下交于阴，阴上交于阳，四象生矣。阳交

① 邵雍著，郭彧等点校：《邵雍全集》叁，第一一九七页。
② 邵雍著，郭彧等点校：《邵雍全集》叁，第一一四六页。
③ 邵雍著，郭彧等点校：《邵雍全集》叁，第一一五五页。
④ 邵雍著，郭彧等点校：《邵雍全集》叁，第一二三八至一二三九页。
⑤ 邵雍著，郭彧等点校：《邵雍全集》叁，第一二〇六页。
⑥ 邵雍著，郭彧等点校：《邵雍全集》叁，第一二〇〇页。
⑦ 邵雍著，郭彧等点校：《邵雍全集》叁，第一二一〇页。

于阴，阴交于阳，而生天之四象；刚交于柔，柔交于刚，而生地之四象，于是八卦成矣。八卦相错，然后万物生焉。是故一分为二，二分为四，四分为八，八分为十六，十六分为三十二，三十二分为六十四。①

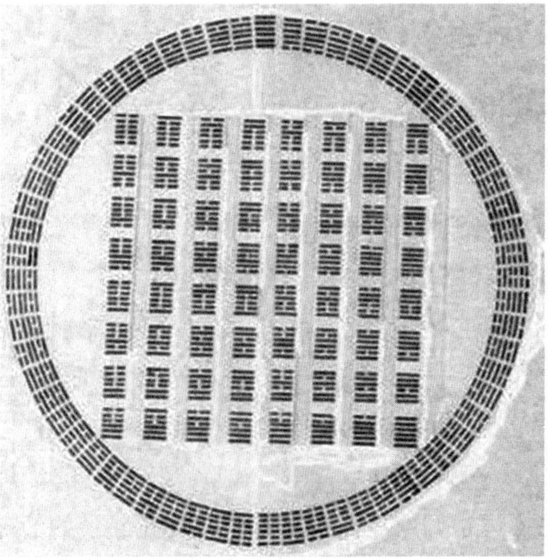

图 3 - 1　邵雍的先天图

进而，邵雍认为，整个世界是发展变化的，而发展变化依"元""会""运""世"而循环。他说："日经天之元，月经天之会，星经天之运，辰经天之世。"② 具体来讲，参照一年十二月、一月三十日、一日十二时辰、一时辰三十分、一年共有十二万九千六百分的数量，可以确定一"元"的时间及变化：一"元"十二"会"，一"会"三十"运"，一"运"十二"世"，一"世"三十年；一"元"为世界从开始到消灭的一个周期，有十二万九千六百年。一"元"结束后，新的一"元"复起，开始新一轮循环；如此循环，无穷无尽。就一"元"来讲，十二"会"分别以十二地支命名；前六"会"是生长阶段，后六"会"是衰退阶段。例如，"子会"时天生成，"丑会"时地生成，"寅会"时人生成；"戌会"时万物绝灭，"亥会"时天地终结。而且，在一个"元"的周期内，大的变化是"元""会""运""世"，小的变

---

① 邵雍著，郭彧等点校：《邵雍全集》叁，第一一九六页。
② 邵雍著，郭彧等点校：《邵雍全集》叁，第一一六九页。

化是岁、月、日、辰；它们依次重叠而形成不同名称，代表世界变化的具体时间。例如，"元之元""元之会""元之运""元之世""元之岁""元之月""元之日""元之辰"，然后再起"会之元""会之会""会之运"……；"运""世""岁""月""日""辰"依次重叠，直至"辰之辰"为止，累计共有六十四个。① 关于世界之循环变化，邵雍说：

> 《易》之数穷天地终始。或曰："天地亦有终始乎？"曰："既有消长，岂无终始？天地虽大，是亦形器，乃二物也。"②

基于前述，邵雍还探讨了人类历史发展。在他看来，在世界周期性变化内，人类历史亦是有始终的。具体来讲，在十二"会"之第三"会"时人类产生，到第六"会"时人类历史发展到顶点，这就是唐尧之世；之后，人类历史开始退化，即由"皇"而"帝"，由"帝"而"王"，由"王"而"霸"，以至在第十一"会"时人类灭亡。在他看来，"皇""帝""王""霸"的特点分别是"道""德""功""力"。即，"三皇"的治理是"以道化民"，"以道化民者，民亦以道归之，故尚自然"③；"五帝"的治理是"以德教民"，"以德教民者，民亦以德归之，故尚让"④；"三王"的治理是"以功劝民"，"以功劝民者，民亦以功归之，故尚政"⑤；"五霸"的治理是"以力率民"，"以力率民者，民亦以力归之，故尚争"⑥。关于"皇""帝""王""霸"这四种形式，邵雍认为其有普遍意义。他说："所谓皇帝王霸者，非独谓三皇、五帝、三王、五霸而已。但用无为则皇也，用恩信则帝也，用公正则王也，用智力则霸也。霸以下则夷狄，夷狄而下是禽兽也。"⑦ 邵雍还说：

> 善化天下者，止于尽道而已。善教天下者，止于尽德而已。善劝天下者，止于尽功而已。善率天下者，止于尽力而已。以道德功力为化者，乃谓之皇矣。以道德功力为教者，乃谓之帝矣。以道德功力为劝者，乃

---

① 参见邵雍著，郭彧等点校《邵雍全集》叁，第一一六九至一一七〇页。
② 邵雍著，郭彧等点校：《邵雍全集》叁，第一二三四页。
③ 邵雍著，郭彧等点校：《邵雍全集》叁，第一一五三页。
④ 邵雍著，郭彧等点校：《邵雍全集》叁，第一一五三页。
⑤ 邵雍著，郭彧等点校：《邵雍全集》叁，第一一五四页。
⑥ 邵雍著，郭彧等点校：《邵雍全集》叁，第一一五四页。
⑦ 邵雍著，郭彧等点校：《邵雍全集》叁，第一二二九页。

谓之王矣。以道德功力为率者，乃谓之霸矣。①

第二节　天人关系论

邵雍认为，"天人关系"非常重要，因为它乃普遍性问题。他说："事无巨细，皆有天人之理。修身，人也。遇不遇，天也。"② 因此，探究天人关系乃重要学问，否则不可谓学问。他说："能循天理动者，造化在我也。学不际天人，不足谓之学。"③ 具体来讲，关于天人关系，在邵雍看来，其一，"天"与"人"有很大不同。一个方面，"天"自然、自为即不依赖其他事物；"人"虽具有主观意识却须依赖"天"。他说："自然而然者，天也，唯圣人能索之。效法者，人也。若时行时止，虽人也，亦天。"④ 另一个方面，"天"有其运行规律即"天道"，"人"有其变化规律即"人道"；"天道"归结为"阴阳"，"人道"归结为"正邪"。他说："天与人相为表里。天有阴阳，人有邪正。邪正之由，系乎上之所好也。上好德则民用正，上好佞则民用邪。邪正之由，有自来矣。"⑤ 由此来讲，人类历史可分为前后两段：唐尧以前为"先天"，此时只有"天道"，故无所谓"天人关系"；唐尧以后为"后天"，此时出现了"人道"，故才有所谓"天人关系"。邵雍说："尧之前，先天也。尧之后，后天也。后天乃效法耳。"⑥

其二，虽然"天道"与"人道"不同，但二者又是相关的，只是人们缺乏意识而已。邵雍说："天虽不语人能语，心可欺时天可欺。天人相去不相远，只在人心人不知。人心先天天弗违，人身后天奉天时。身心相去不相远，只在人诚人不推。"⑦ 具体来讲，"天道"自然而然，不以人的意志为转移；"人道"须遵从"天道"，否则就会受到"惩罚"。他说："求之者人也，得之

---

① 邵雍著，郭彧等点校：《邵雍全集》叁，第一一五五页。
② 邵雍著，郭彧等点校：《邵雍全集》叁，第一二三二页。
③ 邵雍著，郭彧等点校：《邵雍全集》叁，第一二二三页。
④ 邵雍著，郭彧等点校：《邵雍全集》叁，第一二一二页。
⑤ 邵雍著，郭彧等点校：《邵雍全集》叁，第一一六三页。
⑥ 邵雍著，郭彧等点校：《邵雍全集》叁，第一二一二页。
⑦ 邵雍著，郭彧等点校：《邵雍全集》肆，第三六一页。

与否天也。得失不动心，所以顺天也。强取必得，是逆天理也。逆天理者，患祸必至。"① 邵雍的意思是，在"天道"与"人道"之间，人应该"从天不从人"。他说："变中之应，天道也，故元为变则亨应也，利为变则应之以贞。应中之变，人事也，故变则凶，应则吉；变则吝，应则悔也。悔者吉之兆也，吝者凶之本，是以君子从天不从人。"② 具体来讲，"天道"归结为"元""亨""利""贞"这"四德"，"人道"归结为"吉""凶""悔""吝"这"四事"；"四德"与"四事"虽然不同，但却是相互感应的。邵雍说："元亨利贞之德，各包吉凶悔吝之事。虽行乎德，若违于时，亦或凶矣。"③ 他还说：

> 天变而人效之，故元亨利贞，《易》之变也。人行而天应之，故吉凶悔吝，《易》之应也。以元亨为变则利贞为应，以吉凶为应则悔吝为变。④

邵雍认为，宇宙间虽充盈了万物，但唯人为万物之灵。他说："人为万物之灵，寄类于走。"⑤ 在他看来，人之所以为万物之灵，缘于如下几个方面：其一，与一般动物相比，人具有齐全的器官和高级的机能。他说："人之所以灵于万物者，谓目能收万物之色，耳能收万物之声，鼻能收万物之气，口能收万物之味。声色气味者，万物之体也；目耳鼻口者，万人之用也。"⑥ 其二，人之"象"比天地之"象"丰富，因为人乃"合天地"之精华而生。他说："天地有八象，人有十六象，何也？合天地而生人，合父母而生子，故有十六象也。"⑦ 其三，人的四肢与天地之数相应，故而可以与天地相通。他说："天有四时，地有四方，人有四肢。是以指节可以观天，掌纹可以察地。天地之理具乎指掌也，可不贵之哉？"⑧ 其四，人具有精神和魂魄。他说："心藏神，肾藏精，脾藏魂，胆藏魄。"⑨ 总之，人乃"至灵"之物。邵雍说："无

①　邵雍著，郭彧等点校：《邵雍全集》叁，第一二三二页。
②　邵雍著，郭彧等点校：《邵雍全集》叁，第一二〇七页。
③　邵雍著，郭彧等点校：《邵雍全集》叁，第一二〇九页。
④　邵雍著，郭彧等点校：《邵雍全集》叁，第一二〇六至一二〇七页。
⑤　邵雍著，郭彧等点校：《邵雍全集》叁，第一二四一页。
⑥　邵雍著，郭彧等点校：《邵雍全集》叁，第一一四八页。
⑦　邵雍著，郭彧等点校：《邵雍全集》叁，第一二〇二页。
⑧　邵雍著，郭彧等点校：《邵雍全集》叁，第一二〇二页。
⑨　邵雍著，郭彧等点校：《邵雍全集》叁，第一二〇三页。

所不能者，人也。……唯人得天地日月交之用，他类则不能也。人之生，真可谓之贵矣。天地与其贵而不自贵，是悖天地之理，不祥莫大焉。"① 他还说：

> 人者，物之至灵者也。物之灵未若人之灵，尚由是道而生，又况人灵于物者乎？是知人亦物也，以其至灵，故特谓之人也。②

在邵雍看来，人作为"至灵"之物，应该而且可以认识并利用"天道"。在邵雍看来，天地万物皆"备于人"。他说："本乎天者，分阴分阳之谓也。本乎地者，分柔分刚之谓也。夫分阴分阳、分柔分刚者，天地万物之谓也。备天地万物者，人之谓也。"③ 质言之，人一身统贯"三才之道"。他说："不欲知仲尼之所以为仲尼则已，如其必欲知仲尼之所以为仲尼，则舍天地将奚之为！……夫一动一静之间者，天地人至妙至妙者欤！是故知仲尼之所以能尽三才之道者，谓其行无辙迹也。"④ 正是因此，人可以研究"天人关系"。在他看来，研究"天人关系"的学问可区分为两类：一类是研究"天道"的"先天之学"；一类是研究"人道"的"后天之学"。他说："先天之学，心也。后天之学，迹也。"⑤ 进而，研究"天道"不是目的，研究"人道"才是目的。邵雍说："学以人事为大。今之经典，古之人事也。"⑥ 进而，人一旦认识了"天道"，就可以利用"天道"服务于"人道"。他说：

> 道之道尽之于天矣，天之道尽之于地矣，天地之道尽之于万物矣，天地万物之道尽之于人矣。人能知其天万物之道所以尽于人者，然后能尽民也。⑦

---

① 邵雍著，郭彧等点校：《邵雍全集》叁，第一二一四页。
② 邵雍著，郭彧等点校：《邵雍全集》叁，第一一六八页。
③ 邵雍著，郭彧等点校：《邵雍全集》叁，第一一七二页。
④ 邵雍著，郭彧等点校：《邵雍全集》叁，第一一五七页。
⑤ 邵雍著，郭彧等点校：《邵雍全集》叁，第一二一七页。
⑥ 邵雍著，郭彧等点校：《邵雍全集》叁，第一二二九页。
⑦ 邵雍著，郭彧等点校：《邵雍全集》叁，第一一五〇页。

第三节 性命之学

在邵雍看来，"后天之学"的实质乃"性命之学"。在此，所谓"性"，指天赋的特质。他说："资性，得之天也。学问，得之人也。资性由内出者也，学问由外入者也。自诚明，性也。自明诚，学也。"① 所谓"命"，指天赋或命令之义。他说："《易》曰：'穷理尽性，以至于命。'所以谓之理者，物之理也。所以谓之性者，天之性也。所以谓之命者，处理性者也。"② 很显然，"性"与"命"紧密相关，因为"性"由"命"而有。邵雍说："天使我有是之谓命，命之在我之谓性。"③ 因此，"尽性"可以"知命"。他说："理穷而后知性，性尽而后知命，命知而后知至。"④ 也正因为如此，"性"与"命"常常连称，以指天赋特质或天命。他说："不至于性命，不足谓之好学。"⑤ 依着邵雍的理解，天地万物莫不有"性命"。他说："天下之物莫不有理焉，莫不有性焉，莫不有命焉。"⑥ 由此来讲，人亦必然有"性命"，只是人之"性命"高于物之"性命"。他说：

> 人之类备乎万物之性。……人之神则天地之神。人之自欺，所以欺天地，可不慎哉？⑦

依着邵雍的理解，人之"性命"的本质在于德性。他说："仁配天地谓之人，唯仁者真可以谓之人矣。"⑧ 或者说，与万事万物不同者，在于"人贵有德"。他说："人贵有德。小人有才者，有之矣。故才不可恃，德不可无。"⑨ 由此来讲，人之所为人者并非知识，而乃德性。他说："智数或能施于一朝，

---

① 邵雍著，郭彧等点校：《邵雍全集》叁，第一二二四页。
② 邵雍著，郭彧等点校：《邵雍全集》叁，第一一五〇页。
③ 邵雍著，郭彧等点校：《邵雍全集》叁，第一二四〇页。
④ 邵雍著，郭彧等点校：《邵雍全集》叁，第一二二四页。
⑤ 邵雍著，郭彧等点校：《邵雍全集》叁，第一二二五页。
⑥ 邵雍著，郭彧等点校：《邵雍全集》叁，第一一七五页。
⑦ 邵雍著，郭彧等点校：《邵雍全集》叁，第一二一九页。
⑧ 邵雍著，郭彧等点校：《邵雍全集》叁，第一二一三页。
⑨ 邵雍著，郭彧等点校：《邵雍全集》叁，第一二二六页。

盖有时而穷。惟至诚表天地同久。天地无，则至诚可息。苟天地不能无，则至诚亦不息也。"① 进而，君子重义轻利，小人重利轻义；圣人则"义利兼忘"，即随心所欲不逾矩。他说："君子喻于义，贤人也。小人喻于利而已。义利兼忘者，唯圣人能之。君子畏义而有所不为，小人直不畏耳。圣人则动不逾矩，何义之畏乎？"② 他还说："圣人之难，在不失仁义忠信而成事业。"③ 在邵雍看来，人之德性状况可引发天之反应；合乎道德者可由天保佑，不合乎道德者会受天惩罚。他说："言不失仁，行不失义。自天祐之，吉无不利。言与仁背，行与义乖。天且不祐，人能行哉？"④ 因此，人生应以德性培养为本。邵雍说：

> 君子之学以润身为本。其治人应物，皆余事也。剸剧者，才力也。明辩者，智识也。宽弘者，德器也。三者不可阙一。⑤

在邵雍看来，讲"性命之学"时，"心"的作用非常重要。他说："人苟用心，必有所得。独有多寡之异，智识之有浅深也。"⑥ 具体来讲，他将"心"分成"天地之心"与"人之心"两大类。所谓"天地之心"，指"太极"之"动静"的本然之理。他说："天地之心者，生万物之本也。天地之情者，情状也，与鬼神之情状同。"⑦ 所谓"人之心"，指人具有的认识事物的能力。他说："凡言知者，谓其心得而知之也；……以心不可得知而知之，是谓妄知也。"⑧ 就"人心"而言，邵雍又把它分为"众人之心"与"圣人之心"两类；前者指人之正邪、善恶兼杂的现实之心，后者指人之纯洁、虚静的天赋本性。不过，"圣人之心"虽然高尚，但源于"众人之心"，故圣人能够尽职为民即"尽民"。他说："天之能尽物，则谓之曰昊天。人之能尽民，则谓之曰圣人。谓昊天能异乎万物，则非所以谓之昊天也。谓圣人能异乎万

---

① 邵雍著，郭彧等点校：《邵雍全集》叁，第一二二六页。
② 邵雍著，郭彧等点校：《邵雍全集》叁，第一二三二页。
③ 邵雍著，郭彧等点校：《邵雍全集》叁，第一二三一页。
④ 邵雍著，郭彧等点校：《邵雍全集》肆，第二六〇页。
⑤ 邵雍著，郭彧等点校：《邵雍全集》叁，第一二二二页。
⑥ 邵雍著，郭彧等点校：《邵雍全集》叁，第一二二三页。
⑦ 邵雍著，郭彧等点校：《邵雍全集》叁，第一二四〇页。
⑧ 邵雍著，郭彧等点校：《邵雍全集》叁，第一一四九至一一五〇页。

民，则非所以谓之圣人也。"① 总之，关于"心"的重要性，邵雍还说：

> 一国一家一身皆同。能处一身，则能处一家。能处一家，则能处一
> 国。能处一国，则能处天下。心为身本，家为国本，国为天下本。心能
> 运身。苟心所不欲，身能行乎？②

进而，邵雍提出"以物观物"的认识论。在此，"观物"乃认识事物之
义。他说："夫所以谓之观物者，非以目观之也。非观之以目，而观之以心
也。非观之以心，而观之以理也。"③ 关于认识事物，他区分了"以我观物"
与"以物观物"。所谓"以我观物"，指依照主观意愿认识事物。所谓"以物
观物"，指依照事物本性认识事物。他说："以物观物，性也。以我观物，情
也。性公而明，情偏而暗。"④ 当然，两种认识的结果是不同的。他说："任
我则情，情则蔽，蔽则昏矣。因物则性，性则神，神则明矣。"⑤ 实际上，
"以我观物"乃许多人的通病。他说："凡人为学，失于自主张太过。"⑥ 因
此，应该"以物观物"，而不应"以我观物"。不仅如此，如果想要获得真
知，还须以"相同层面""观物"，即在"道""性""心""身""物"之间，
以相同层面认识事物；唯有如此，才可认知事物本来面目，否则难免会有偏
蔽之害。他说：

> 是知以道观性，以性观心，以心观身，以身观物，治则治矣，然犹
> 未离乎害者也。不若以道观道，以性观性，以心观心，以身观身，以物
> 观物，则虽欲相伤，其可得乎？⑦

① 邵雍著，郭彧等点校：《邵雍全集》叁，第一一五〇页。
② 邵雍著，郭彧等点校：《邵雍全集》叁，第一二二五页。
③ 邵雍著，郭彧等点校：《邵雍全集》叁，第一一七五页。
④ 邵雍著，郭彧等点校：《邵雍全集》叁，第一二一八页。
⑤ 邵雍著，郭彧等点校：《邵雍全集》叁，第一二一七页。
⑥ 邵雍著，郭彧等点校：《邵雍全集》叁，第一二三〇页。
⑦ 邵雍著，郭彧等点校：《邵雍全集·伊川击壤集序》肆，第二页。

第十章 周敦颐

周敦颐（1017—1073 年），又名周元皓，原名敦实，因避宋英宗旧讳改名敦颐，字茂叔，号濂溪，谥号"元公"。晚年在庐山莲花峰下建濂溪书堂讲学，故又别称濂溪先生。北宋道州营道楼田堡（今湖南省道县）人。历任南安军司理参军、郴州县令、南昌县令、合州叛官、虔州判官等职，后擢升为广南东路转运判官，并提点刑狱。程颢、程颐曾以师礼事之，但实为学友。

周敦颐提出系统而完整的宇宙论，开拓了以"天道性命"为主题的理学思潮，与邵雍并为理学的开山祖，与邵雍、张载、程颢、程颐合称"北宋五子"。关于此，黄百家评论道："孔孟而后，汉儒止有传经之学，性道微言之绝久矣。元公崛起，二程嗣之……若论阐发心性义理之精微，端数元公之破暗也。"[1] 周敦颐的主要著作有《太极图说》（即《易说》）、《爱莲说》、《通书》（即《易通》）等，后人将其著作辑为《周元公集》《周濂溪集》《周子全书》《周敦颐集》等。

第一节 宇宙发生论

周敦颐以"太极图"来描绘宇宙生成变化，提出了一幅系统的宇宙生成图式。"太极图"本由道士陈抟传下来。《宋史·朱震传》记载："陈抟以《先天图》传种放，放传穆修，穆修传李之才，之才传邵雍。放以《河图》、《洛书》传李溉，溉传许坚，许坚传范谔昌，谔昌传刘牧。穆修以《太极图》传周敦颐，敦颐传程颢、程颐。"[2] 实际上，"太极图"的思想渊源乃《周易·

---

① 沈善洪主编：《黄宗羲全集》第三册，杭州：浙江古籍出版社 1992 年（下同），第五八六页。
② 元脱脱等：《宋史》第三七册，北京：中华书局 1977 年，第一二九〇八页。

系辞》，其有言曰："易有太极，是生两仪，两仪生四象，四象生八卦，八卦定吉凶，吉凶生大业。"① 周敦颐继承了这一思想，然后用道家的图式表示出来，从而形成著名的《太极图说》。《太极图说》包括《图》和《说》两部分；《说》是对《图》的解说，宇宙论为其主要内容。总的讲，其宇宙论图式为：其一，"无极而太极"；其二，"太极而阴阳"；其三，"阴阳而五行"和"五行而万物"。②

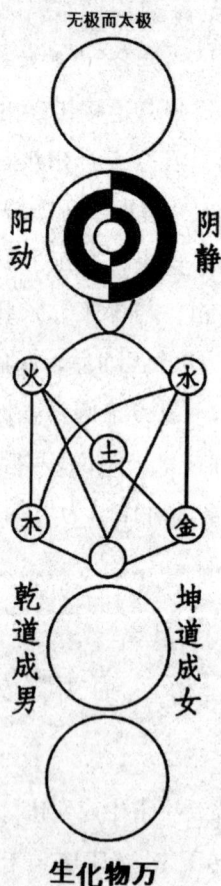

图 3 – 2　周敦颐的太极图

---

① 王弼注，孔颖达疏，李申等整理，吕绍纲审定：《周易正义》，第 289 页。
② 参见周敦颐著，陈克明点校《周敦颐集》，北京：中华书局 1990 年（下同），第三至四页。

其一，关于"无极而太极"。《太极图说》的第一句为"无极而太极"①，其中"无极"和"太极"为两个关键词。从学术史来看，"无极"一词源于道家经典，指无形无象的本体。《老子》有言："知其白，守其黑，为天下式。常得不忒，复归于无极。"② "太极"一词源于《周易·系辞》，其中有言："易有太极，是生两仪，两仪生四象，四象生八卦，八卦定吉凶，吉凶生大业。"③ 在周敦颐看来，所谓"无极而太极"，并非指"太极"之上还有一个"无极"，且"无极"生"太极"，而是说因为"太极"无形无象，所以"太极"又可名为"无极"。换言之，宇宙万物的本原为"太极"，但对"太极"的形象很难描述，故以"无极"名之。他说："五行，一阴阳也；阴阳，一太极也；太极，本无极也。"④ 很显然，周敦颐的"无极"只是对《老子》概念的借用，其含义已发生了变化。关此，朱熹解释说，"无极而太极"实指"太极""无形而有理"。他说：

> 上天之载，无声无臭，而实造化之枢纽，品汇之根柢也。故曰："无极而太极。"非太极之外，复有无极也。⑤

其二，关于"太极而阴阳"。在周敦颐看来，"太极""动"而生"阳"，"静"而生"阴"；一"动"一"静"，分"阳"分"阴"。也就是说，"阳"是"太极""动"的结果，"阴"是"太极""静"的结果。因此，有"太极"才有"动""静"，有"动""静"才有"阴""阳"；"太极"不"动"则无"阳"，"太极"不"静"则无"阴"。而且，"动""静"相互转化，"动"极复"静"，"静"极复"动"。总之，"动""静"的主体是"太极"。那么，"太极"为何能"动"、能"静"呢？原因在于"动"中有"静"，"静"中有"动"，二者实互相包含。即，"静"中有"动"，所以才能"动"；"动"中有"静"，所以才能"静"。周敦颐说："动而无静，静而无动，物也。动而无动，静而无静，神也。动而无动，静而无静，非不动不静

---

① 周敦颐著，陈克明点校：《周敦颐集》，第三页。
② 朱谦之：《老子校释》，第一一三页。
③ 王弼注，孔颖达疏，李申等整理，吕绍纲审定：《周易正义》，第289页。
④ 周敦颐著，陈克明点校：《周敦颐集》，第四页。
⑤ 周敦颐著，陈克明点校：《周敦颐集》，第三页。

也。物则不通，神妙万物。"① 关于"太极生阴阳"，他说：

> 太极动而生阳，动极而静，静而生阴。静极复动。一动一静，互为
> 其根；分阴分阳，两仪立焉。②

其三，关于"阴阳而五行"和"五行而万物"。在周敦颐看来，"太极""动""静"而化生"阴""阳"二气；"阴""阳"二气相互作用化生"水""火""木""金""土""五行"，"五行"继续错综变化、相互作用，便产生了万物；万物又生生不息，变化无穷无尽，从而形成缤纷繁复的世界。质言之，天地万物都是由"二气""五行"互相作用而化生，而"二气""五行"又源于"太极"，故万物与"太极"乃"万殊"与"一本"的关系。周敦颐说："二气五行，化生万物。五殊二实，二本则一。是万为一，一实万分。万一各正，大小有定。"③ 不过，在天地万物之中，人不仅为万物之灵，而且具有道德属性。他说："惟人也，得其秀而最灵。形既生矣，神发知矣，五性感动，而善恶分，万事出矣。"④ 关于天地万物之生成与变化，周敦颐还说：

> 阳变阴合，而生水、火、木、金、土。五气顺布，四时行焉。……
> 五行之生也，各一其性。无极之真，二五之精，妙合而凝。"乾道成男，
> 坤道成女"，二气交感，化生万物。万物生生，而变化无穷焉。⑤

第二节　"主静"的功夫论

周敦颐认为，处于不同道德层次的人，其所追求的修养目标也不一样。具体来讲，修养目标由低到高可分为三个层次，即"士希贤""贤希圣""圣希天"。他说："圣希天，贤希圣，士希贤。"⑥ 所谓"士希贤"，即"士"的

① 周敦颐著，陈克明点校：《周敦颐集》，第二六页。
② 周敦颐著，陈克明点校：《周敦颐集》，第三页。
③ 周敦颐著，陈克明点校：《周敦颐集》，第三一页。
④ 周敦颐著，陈克明点校：《周敦颐集》，第五页。
⑤ 周敦颐著，陈克明点校：《周敦颐集》，第四至五页。
⑥ 周敦颐著，陈克明点校：《周敦颐集》，第二一页。

修养以"贤"为目标，而"贤"指如伊尹、颜渊等有较高道德修养的人。他说："伊尹、颜渊，大贤也。伊尹耻其君不为尧、舜，一夫不得其所，若挞于市。颜渊'不迁怒，不贰过''三月不违仁'。志伊尹之所志，学颜子之所学。过则圣，及则贤，不及则亦不失于令名。"① 所谓"贤希圣"，即"贤人"的修养以"圣人"为目标。所谓"圣人"，指达到"诚""神""几"境界的人。周敦颐说："寂然不动者，诚也；感而遂通者，神也；动而未形、有无之间者，几也。诚精故明，神应故妙，几微故幽。诚、神、几，曰圣人。"② 所谓"圣希天"，指"圣人"的修养以"天人合一"为目标，实际上"圣人"已经达到"天人合一"的境界。关此，周敦颐引述说："故'圣人与天地合其德，日月合其明，四时合其序，鬼神合其吉凶'。"③

在周敦颐看来，"圣人"有"教化万民"的使命，而要"教化万民"，需要先"立人极"。所谓"立人极"，指明确人之为人的极致，即确立人追求的最高境界。具体来讲，"圣人"之"立人极"包括两个方面：一是明确"圣人之道"；二是明确修养功夫。所谓"圣人之道"，指"仁义"之内容；所谓修养功夫，指"主静"之功夫。关此，周敦颐说："圣人定之以中正仁义，而主静，立人极焉。"④ 关于"仁义"内容，他说："天以阳生万物，以阴成万物。生，仁也；成，义也。故圣人在上，以仁育万物，以义正万民。天道行而万物顺，圣德修而万民化。"⑤ 关于"主静"功夫，他认为，既然宇宙的本原是"太极"，而"太极"无形无象，故以"太极"为本体的修养功夫亦需"主静"。所谓"主静"，指精神专注、无私无欲之义。关此，周敦颐说："'圣可学乎'？曰：'可。'曰：'有要乎？'曰：'有。''请闻焉。'曰：'一为要。一者无欲也，无欲则静虚、动直，静虚则明，明则通；动直则公，公则溥。明通公溥，庶矣乎!"⑥ 关于"主静"的功夫，他还说：

《孟子》曰："养心莫善于寡欲，其为人也寡欲，虽有不存焉者，寡

---

① 周敦颐著，陈克明点校：《周敦颐集》，第二一至二二页。
② 周敦颐著，陈克明点校：《周敦颐集》，第十六至十七页。
③ 周敦颐著，陈克明点校：《周敦颐集》，第六页。
④ 周敦颐著，陈克明点校：《周敦颐集》，第六页。
⑤ 周敦颐著，陈克明点校：《周敦颐集》，第二二至二三页。
⑥ 周敦颐著，陈克明点校：《周敦颐集》，第二九至三〇页。

矣；其为人也多欲，虽有存焉者，寡矣。"予谓养心不止于寡焉而存耳，盖寡焉以至于无。无则诚立、明通。诚立，贤也；明通，圣也。是贤圣非性生，必养心而至之。[①]

显而易见，关于"主静"功夫，周敦颐非常强调"立诚"。那么，何谓"诚"呢？"诚"是"太极"本有的性质，指"生生不息"和"纯粹至善"的性质。他说："诚者，圣人之本。'大哉乾元，万物资始'，诚之源也。'乾道变化，各正性命'，诚斯立焉。纯粹至善者也。"[②] 在周敦颐看来，既然"诚"乃"太极"的性质，那么作为"太极"之产物的万物亦具有"诚"的性质，当然作为万物之灵的人亦应有"诚"的性质。关于人之"诚"，周敦颐认为，它虽然是"纯粹至善"的，但一旦发动便会有善恶之分。他说："诚，无为；几，善恶。"[③] 总之，一个方面，"诚"可谓一切事物的根源。他说："元、亨，诚之通；利、贞，诚之复。大哉《易》也，性命之源乎！"[④] 另一个方面，"诚"亦为一切道德的根源。他说："圣，诚而已矣。诚，五常之本，百行之源也。静无而动有，至正而明达也。五常百行，非诚，非也，邪暗，塞也。"[⑤] 因此，人们如能坚持"诚"的本性，不仅可以保持"主静"功夫，而且可以实现道德目标。周敦颐说：

> 诚则无事矣。至易而行难。果而确，无难焉。故曰："一日克己复礼，天下归仁焉。"[⑥]

依着周敦颐的理解，"圣人"要"教化万民"，仅"立人极"还不够，亦需要"礼""刑"以为辅助。他说："古者圣王制礼法，修教化，三纲正，九畴叙，百姓大和，万物咸若。"[⑦] 具体来讲，"礼"对于"教化万民"非常重要。他说："礼，理也；乐，和也。阴阳理而后和，君君、臣臣、父父、子

---

① 周敦颐著，陈克明点校：《周敦颐集》，第五〇页。
② 周敦颐著，陈克明点校：《周敦颐集》，第十二至十三页。
③ 周敦颐著，陈克明点校：《周敦颐集》，第一五页。
④ 周敦颐著，陈克明点校：《周敦颐集》，第十三页。
⑤ 周敦颐著，陈克明点校：《周敦颐集》，第十四页。
⑥ 周敦颐著，陈克明点校：《周敦颐集》，第十四至十五页。
⑦ 周敦颐著，陈克明点校：《周敦颐集》，第二七页。

子、兄兄、弟弟、夫夫、妇妇，万物各得其理，然后和。故礼先而乐后。"①
同样，"刑"对于"教化万民"也非常必要。在他看来，"阳气"运行形成春
天，"阴气"运行形成秋天；"阳气"体现"仁慈"，"阴气"体现"刑杀"。
正如春、夏、秋、冬不可或缺一样，在"礼"的教化无力时，需要以"刑"
作为辅助。他说："天以春生万物，止之以秋。……圣人之法天，以政养万
民，肃之以刑。民之盛也，欲动情胜，利害相攻，不止则贼灭无伦焉。故得
刑以治。"② 不过，无论是"礼"，还是"刑"，本身并非目的，目的在于让人
自觉，从而践履"主静"功夫，以实现道德修养目标。周敦颐说：

> 故圣人之教，俾人自易其恶，自至其中而止矣。故先觉觉后觉，暗
> 者求于明，而师道立矣。③

---

① 周敦颐著，陈克明点校：《周敦颐集》，第二四页。
② 周敦颐著，陈克明点校：《周敦颐集》，第三九页。
③ 周敦颐著，陈克明点校：《周敦颐集》，第十九页。

第十一章 张 载

张载（1020—1077 年），字子厚，祖籍大梁（今河南开封），生于长安。因久居凤翔郿县（今陕西眉县）横渠镇讲学，世称横渠先生，尊称"张子"。宋仁宗嘉祐二年（1057 年），张载进士登第，初任祁州（今河北安国）司法参军和云岩（今陕西宜川县境内）县令。熙宁二年（1069 年），被举荐为崇文院校书，后因病辞归，讲学关中，故其学派被称为"关学"。熙宁十年（1077 年），受荐担任同知太常。不久，因病归，途中病逝于临潼。

张载为学以"为天地立心，为生民立道，为去圣继绝学，为万世开太平"[①] 为宗旨，为理学的重要奠基人，与邵雍、周敦颐、程颢、程颐合称"北宋五子"。其主要哲学著作有《正蒙》、《崇文集》（已佚），还有《横渠易说》《经学理窟》及《张子语录》等，后人编为《张子钞释》《张子全书》《张载集》等。

第一节 "太虚即气"

关于世界本原，佛教主张"空""无"观念，即山河大地不过是人主观幻觉的观念。在张载看来，这种观点是错误的，因为它否定万物与气、人的知觉与外物的联系。他说："若谓万象为太虚中所见之物，则物与虚不相资，形自形，性自性，形性、天人不相待而有，陷于浮屠以山河大地为见病之说。"[②] 究其原因，在于佛教把人心知觉当作天性，依人有限的感官去"妄测"天地。即，佛教以个体生命"猜度"天地生灭，以主观偏见"妄意"天

① 章锡琛点校：《张载集》，北京：中华书局 1978 年（下同），第三七六页。
② 章锡琛点校：《张载集》，第八页。

地万物。他说："释氏妄意天性而不知范围天用，反以六根之微因缘天地。明不能尽，则诬天地日月为幻妄，蔽其用于一身之小，溺其志于虚空之大，所以语大语小，流遁失中。"① 对于看不到的事物就否定其存在，这种情况很像《庄子》所谓"夏虫不可以语冰者"②，其错误在于"以末缘本"。他说："释氏不知天命而以心法起灭天地，以小缘大，以末缘本，其不能穷而谓之幻妄，真所谓疑冰者与！"③ 依着张载的理解，佛教的"空""无"观念与道家"无中生有"的观点相通，而这个观点是错误的。他说：

> 若谓虚能生气，则虚无穷，气有限，体用殊绝，入老氏"有生于无"自然之论，不识所谓有无混一之常。④

张载认为，所谓"空""无"并非真正"空""无"，其实际上是"实""有"。在他看来，"太虚"与"天"同义，指"至大无外"的空间。他说："由太虚，有天之名。"⑤ 而且，与"天"一样，"太虚"不是绝对真空，而是"气之散"的状态。质言之，"太虚即气"。他说："气之聚散于太虚，犹冰凝释于水，知太虚即气，则无无。"⑥ 或者说，"太虚"乃"气"之本来状态，这种本来状态乃万物的本原；不仅万物由"太虚"变化而来，而且万物最终还归结于"太虚"。他说："太虚无形，气之本体，其聚其散，变化之客形尔；……太虚不能无气，气不能不聚而为万物，万物不能不散而为太虚。"⑦ 因此，无论"气"聚形成万事万物，还是"气"散消亡万事万物，都不能说"气"为"空""无"。他说："气聚则离明得施而有形，气不聚则离明不得施而无形。方其聚也，安得不谓之客？方其散也，安得遽谓之无！"⑧ 总之，"太虚"作为"气"，乃万物之本原。他说："知虚空即气，则有无、隐显、神化、性命通一无二，顾聚散、出入、形不形，能推本所从来，则深于《易》

---

① 章锡琛点校：《张载集》，第二六页。
② 郭庆藩撰，王孝鱼点校：《庄子集释》，北京：中华书局1961年，第五六三页。
③ 章锡琛点校：《张载集》，第二六页。
④ 章锡琛点校：《张载集》，第八页。
⑤ 章锡琛点校：《张载集》，第九页。
⑥ 章锡琛点校：《张载集》，第八页。
⑦ 章锡琛点校：《张载集》，第七页。
⑧ 章锡琛点校：《张载集》，第八页。

者也。"① 他还说：

> 天地以虚为德，至善者虚也。虚者天地之祖，天地从虚中来。②

张载认为，"气"是不断运动变化的，运动变化生出万事万物。他说："天惟运动一气，鼓万物而生。"③ 在他看来，不仅运动变化是永恒的，而且运动变化是有规律的。关于运动变化的永恒性，他认为，"静"其实包含着"动"，即所谓"静中有动"。既然如此，就无所谓绝对的"静"，而只有永恒的"动"。他说："天行何尝有息？正以静，有何期程？此动是静中之动，静中之动，动而不穷，又有甚首尾起灭？自有天地以来以迄于今，盖为静而动。"④ 进而，他把运动变化区分为"变"与"化"两种形式；前者指"突变"或显著变化，后者指"渐变"或逐渐变化。他说："变言其著，化言其渐。"⑤ 而且，这两种形式并非孤立无关，而是互相包含并相互转化的。他说："'变则化'，由粗入精；'化而裁之谓之变'，以著显微也。谷神不死，故能微显而不掩。"⑥ 在这两种形式之间，"化"更能体现"气"变化的神妙性。他说："天下之动，神鼓之也，辞不鼓舞则不足以尽神。……气有阴阳，推行有渐为化，合一不测为神。"⑦ 不过，尽管"化"具有神妙性，但它的根源仍是"气"。质言之，所谓"化"乃"气之化"。他说：

> 神，天德，化，天道。德，其体，道，其用，一于气而已。⑧

关于运动变化的规律性，张载认为其具有普遍性。他说："天之生物也有序，物之既形也有秩。"⑨ "事无大小，皆有道在其间。"⑩ 具体来讲，"气"之所以运动变化，在于它有内在的"动之机"，即发动的"机括"。他说："凡

---

① 章锡琛点校：《张载集》，第八页。
② 章锡琛点校：《张载集》，第三二六页。
③ 章锡琛点校：《张载集》，第一八五页。
④ 章锡琛点校：《张载集》，第一一三页。
⑤ 章锡琛点校：《张载集》，第一九八页。
⑥ 章锡琛点校：《张载集》，第一六页。
⑦ 章锡琛点校：《张载集》，第一六页。
⑧ 章锡琛点校：《张载集》，第一五页。
⑨ 章锡琛点校：《张载集》，第一九页。
⑩ 章锡琛点校：《张载集》，第三七四页。

圜转之物，动必有机；既谓之机，则动非自外也。"① 或者说，"气"之所以变化无穷，在于"阴""阳""相兼相制"。他说："若阴阳之气，则循环迭至，聚散相荡，升求相求，絪缊相揉，盖相兼相制，欲一之而不能，此其所以屈伸无方，运行不息，莫或使之，不曰性命之理，谓之何哉？"② 由此来讲，若没有"阴""阳"的对立，就不会有运动变化。他说："无无阴阳者，以是知天地变化，二端而已。"③ 不过，张载的意思是，"气"有"阴""阳""二端"；"二端"相反相成，归于合一，从而产生万物。他说："天性，乾坤、阴阳也，二端故有感，本一故能合。"④ 质言之，"仇必和而解"。他说："气本之虚则湛，一无形，感而生则聚而有象。有象斯有对，对必反其为；有反斯有仇，仇必和而解。"⑤ 基于前述，张载提出"一物两体"的观点。他说：

> 一物两体者，气也。一故神，两故化，此天之所以参也。两不立则一不可见，一不可见则两之用息。两体者，虚实也，动静也，聚散也，清浊也，其究一而已。有两则有一，是太极也。若一则有两，有两亦一在，无两亦一在。然无两则安用一？不以太极，空虚而已，非天参也。⑥

第二节　天地之性与气质之性

在张载看来，天地万物由"气"生成，人也由"气"生成，故人与物的本性是一致的。然而，因为"气"有"阴阳""清浊"之别，故人、物之性并不相同。具体来讲，得"气"之浊者为物，得"气"之清者为人；在人之间，得"气"之浊者为普通人，得"气"之清者为圣人。因此，人物之间既有共性，又有个性。他说："由太虚，有天之名；由气化，有道之名；合虚与

---

① 章锡琛点校：《张载集》，第一一页。
② 章锡琛点校：《张载集》，第一二页。
③ 章锡琛点校：《张载集》，第一〇页。
④ 章锡琛点校：《张载集》，第六三页。
⑤ 章锡琛点校：《张载集》，第一〇页。
⑥ 章锡琛点校：《张载集》，第二三三至二三四页。

气，有性之名；合性与知觉，有心之名。"① 张载认为，人性由"天地之性"和"气质之性"两部分构成。他说："形而后有气质之性，善反之则天地之性存焉。故气质之性，君子有弗性者焉。"② 他还说："和乐，道之端乎！和则可大，乐则可久，天地之性，久大而已矣。"③"天地之性"源于先天的"太虚之气"，是不变的纯善无恶，表现人在品德方面的共性；"气质之性"源于后天的"阴阳之气"，是恶的根源，表现人在德性方面的个性。他说："天性在人，正犹水性之在冰，凝释虽异，为物一也。受光有大小、昏明，其照纳不二也。"④"人之气质美恶与贵贱夭寿之理，皆是所受定分。"⑤ 关于"天地之性"与"气质之性"，张载还说：

> 人之刚柔、缓急、有才与不才，气之偏也。天本参和不偏，养其气，反之本而不偏，则尽性而天矣。性未成则善恶混，故亹亹而继善者斯为善矣。恶尽去则善因以成，故舍曰善而曰"成之者性也"。⑥

既然"天地之性"与"气质之性"不同，那么就应变化"气质之性"即"变化气质"，以恢复"天地之性"。在张载看来，"变化气质"的主要手段是"学"即道德修养。他说："变化气质。孟子曰：'居移气，养移体'，况居天下之广居者乎！居仁由义，自然心和而体正。更要约时，但拂去旧日所为，使动作皆中礼，则气质自然全好。"⑦"学至于成性"，便可恢复"天地之性"。他说："气质恶者学即能移，今人所以多为气所使而不得为贤者，盖为不知学。古之人，在乡闾之中，其师长朋友日相教训，则自然贤者多。但学至于成性，则气无由胜，孟子谓'气壹则动志'，动犹言移易，若志壹亦能动气，必学至于如天则能成性。"⑧ 然而，普通人往往缺乏道德修养自觉，终日忙碌于世俗之事。他说："人虽有功，不及于学，心亦不宜忘。心苟不忘，则虽接

① 章锡琛点校：《张载集》，第九页。
② 章锡琛点校：《张载集》，第二三页。
③ 章锡琛点校：《张载集》，第二四页。
④ 章锡琛点校：《张载集》，第二二页。
⑤ 章锡琛点校：《张载集》，第二六六页。
⑥ 章锡琛点校：《张载集》，第二三页。
⑦ 章锡琛点校：《张载集》，第二六五页。
⑧ 章锡琛点校：《张载集》，第二六六页。

人事即是实行，莫非道也，心若忘之，则终身由之，只是俗事。"① 总之，"变化气质"的关键是"自觉"即"善反"。他说："性于人无不善，系其善反不善反而已，过天地之化，不善反者也。"② 或者说，"变化气质"乃成圣的关键。张载说：

> 为学大益，在自求变化气质，不尔皆为人之弊，卒无所发明，不得见圣人之奥。故学者先须变化气质，变化气质与虚心相表里。③

在张载看来，"变化气质"的最终目标是成圣。他说："与诸生讲学，每告以知礼成性变化气质之道，学必如圣人而后已。以为知人而不知天，求为贤人而不求为圣人，此秦汉以来学者大蔽也。"④ 不过，成圣乃一个逐渐的过程，这个过程分为"君子""贤人""圣人"三个阶段。所谓"君子"，指比较有德性且勤勉的人；所谓"贤人"亦称"大人"，指有德性和智慧的人；所谓"圣人"，指有极高智慧和完美德性的人。很明显，这三个阶段表现的是道德修养趋于完善的过程，即由"自我约束"到"有意识的自觉"、再到"自由而自然"之道德修养过程。他说："君子于仁圣，为不厌，诲不倦，然且自谓不能，盖所以为能也。能不过人，故与人争能，以能病人；大则天地合德，自不见其能也。君子之道达诸天，故圣人有所不能；夫妇之智涵诸物，故大人有所不与。匹夫匹妇，非天之聪明不成其为人，圣人，天聪明之尽者尔。大人者，有容物，无去物，有爱物，无徇物，天之道然。天以直养万物，代天而理物者，曲成而不害其直，斯尽道矣。"⑤ 在张载看来，所谓"成圣"，主要特征在于达致"天人合一"的境界。张载说：

> 儒者则因明致诚，因诚致明，故天人合一，致学而可以成圣，得天而未始遗人，《易》所谓不遗、不流、不过者也。⑥

进而，张载认为，人不仅要"立己"而且要"立人"，不仅要"成己"

---

① 章锡琛点校：《张载集》，第二七二页。
② 章锡琛点校：《张载集》，第二二页。
③ 章锡琛点校：《张载集》，第二七四页。
④ 章锡琛点校：《张载集》，第三八六页。
⑤ 章锡琛点校：《张载集》，第三五页。
⑥ 章锡琛点校：《张载集》，第六五页。

而且要"成物",不仅要爱人而且要爱物。在他看来,人与万物都源于"气",天地万物具有同源性,故人应当"周知""兼爱"。他说:"性者万物之一源,非有我之得私也。惟大人为能尽其道,是故立必俱立,知必周知,爱必兼爱,成不独成。彼自蔽塞而不知顺吾理者,则亦末如之何矣。"① 进而,张载提出了"民胞物与"的观点,即,把民众都当作兄弟,把万物都看作朋友。他说:"乾称父,坤称母;予兹藐焉,乃混然中处。故天地之塞,吾其体;天地之帅,吾其性。民吾同胞,物吾与也。"② 不过,要做到"民胞物与",需要以"大其心"即"尽性"为前提。他说:"大其心则能体天下万物……圣人尽性,不以见闻梏其心,其视天下无一物非我,孟子谓尽心则知性知天以此。"③ 基于此,张载还探讨了"生死观"。关此,他的主张是,人生存时,须顺从地做事,履行社会义务;人死亡时,须宁静淡泊,安然离去。他说:

> 富贵福泽,将厚吾之生也;贫贱忧戚,庸玉汝于成也。存,吾顺事,没,吾宁也。④

第三节　"见闻之知"与"德性所知"

张载认为,人的认识是主客观结合的结果。在他看来,"万物皆有理",而认识的目的就在于"穷理"。这里,张载强调"理不在人而在物"。他说:"理不在人皆在物,人但物中之一物耳,如此观之方均。故人有见一物而悟者,有终身而悟之者。"⑤ 然而,佛、道两家却否认"理"的客观性,故"不知穷理"。他说:"万物皆有理,若不知穷理,如梦过一生。释氏便不穷理,皆以为见病所致。庄生仅能明理,反至穷极亦以为梦,故称孔子与颜渊语曰

① 章锡琛点校:《张载集》,第二一页。
② 章锡琛点校:《张载集》,第六二页。
③ 章锡琛点校:《张载集》,第二四页。
④ 章锡琛点校:《张载集》,第六三页。
⑤ 章锡琛点校:《张载集》,第三一三页。

'吾与尔皆梦也'，盖不知《易》之穷理也。"① 因此，应当抛弃佛、道两家的思想。张载说："儒者穷理，故率性可以谓之道。浮图不知穷理而自谓之性，故其说不可推而行。"② 在他看来，因为外物是感觉的对象，故认识依赖外物存在。他说："感亦须待有物，有物则有感，无物则何所感！若以闻见为心，则止是感得所闻见。亦有不闻不见自然静生感者，亦缘自昔闻见，无有勿事空感者。"③ 当然，要形成认识，人的感官也是必需的。因此，人的认识源于主观与客观的结合。张载说：

> 人谓己有知，由耳目有受也；人之有受，由内外之合也。知合内外于耳目之外，则其知也过人远矣。④

进而，张载将认识区分为两种：一种是"见闻之知"，即感官接触外物得来的感性认识。他说："见闻之知，乃物交而知。"⑤ 因为"见闻之知"是感官的功能，故并非"因身发智"的"己力"，而乃"以性成身"的"天功"。他说："成吾身者，天之神也。不知以性成身而自谓因身发智，贪天功为己力，吾不知其知也。民何知哉？因物同异相形，万变相感，耳目内外之合，贪天功而自谓己知尔。"⑥ 在张载看来，"见闻之知"是认知的开始。他说："耳目虽为性累，然合内外之德，知其为启之之要也。"⑦ 实际上，"见闻之知"不仅是认知的开始，而且还可起到"验准"的作用。他说："闻见不足以尽物，然又须要他。耳目不得则是木石，要他便合得内外之道，若不闻不见又何验？"⑧ 不过，所谓"验准"，并非指个人的"独见""独闻"，而是指众人的"共见""共闻"。他说："独见独闻，虽小异，怪也，出于疾与妄也；共见共闻，虽大异，诚也，出阴阳之正也。"⑨ 然而，因为事物无限性与感官有限性存在张力，故"见闻之知"的局限性非常明显。张载说：

---

① 章锡琛点校：《张载集》，第三二一页。
② 章锡琛点校：《张载集》，第三一页。
③ 章锡琛点校：《张载集》，第三一三页。
④ 章锡琛点校：《张载集》，第二五页。
⑤ 章锡琛点校：《张载集》，第二四页。
⑥ 章锡琛点校：《张载集》，第二五页。
⑦ 章锡琛点校：《张载集》，第二五页。
⑧ 章锡琛点校：《张载集》，第三一三页。
⑨ 章锡琛点校：《张载集》，第二〇页。

言尽物者，据其大总也。今言尽物且未说到穷理，但恐以闻见为心则不足以尽心。人本无心，因物为心，若只以闻见为心，但恐小却心。今盈天地之间者皆物也，如只据己之闻见，所接几何，安能尽天下之物？①

另一种是"德性所知"，即以理性为基础的超经验的认识。具体来讲，"德性所知"指对于"天德""天道"的认识，即所谓"穷神知化"的体认。张载说："'乐则生矣'，学至于乐则自不已，故进也。生犹进，有知乃德性之知也。吾曹于穷神知化之事，不能丝发。"② 或者说，"见闻之知"来自主客观的结合，而"德性所知"来自"天赋良知"。他说："天则无心无为，无所主宰，恒然如此，有何休歇？人之德性亦与此合，乃是己有，苟心中造作安排而静，则安能久！"③ 既然为心中固有者，那么"德性所知"便是永恒的。他说："道德性命是长在不死之物也，己身则死，此则常在。"④ 因此，"见闻之知"属于"学"的范围，而"德性所知"属于"道"的范围。他说："闻见之善者，谓之学则可，谓之道则不可。"⑤ 由此来讲，普通人以"见闻之知"为范围，圣人则以"德性所知"为范围，圣与凡、上智与下愚相差悬殊。他说："上智下愚，习与性相远既甚而不可变者也。纤恶必除，善斯成性矣；察恶未尽，虽善必粗矣。"⑥ 很显然，在两种认识当中，张载更重视"德性所知"。

那么，如何获得"德性所知"呢？在张载看来，"德性所知"不同于"见闻之知"，亦不源于"见闻之知"。他说："见闻之知……非德性所知；德性所知，不萌于见闻。"⑦ 而且，要获得"德性所知"，思虑不仅没有意义，有时反而会成为障碍。他说："'不识不知，顺帝之则'，有思虑知识，则丧其天矣。"⑧ 不过，"德性所知"是否不可后天培养呢？张载的答案是肯定的。

---

① 章锡琛点校：《张载集》，第三三三页。
② 章锡琛点校：《张载集》，第二八二页。
③ 章锡琛点校：《张载集》，第一一三页。
④ 章锡琛点校：《张载集》，第二七三页。
⑤ 章锡琛点校：《张载集》，第二七三页。
⑥ 章锡琛点校：《张载集》，第二三页。
⑦ 章锡琛点校：《张载集》，第二四页。
⑧ 章锡琛点校：《张载集》，第二三页。

他说："上智下愚不移，充其德性则为上智，安于见闻则为下愚，不移者，安于所执而不移也。"① 他的意思是，致力于"崇德"可获得"德性所知"。他说："'穷神知化'，乃养盛自致，非思勉之能强，故崇德而外，君子未或致知也。"② 质言之，获得"德性所知"的正确途径不是追求"见闻之知"，而是进行德性修养。张载说："神化者，天之良能，非人能；故大而位天德，然后能穷神知化。大可为也，大而化不可为也，在熟而已。《易》谓'穷神知化'，乃德盛仁熟之致，非智力能强也。"③ 他还说："有天德，然后天地之道可一言而尽。"④ 总之，要获得"德性所知"，需要"大其心"即"尽心"。他说：

> 大其心则能体天下之物，物有未体，则心为有外。世人之心，止于闻见之狭。圣人尽性，不以见闻梏其心，其视天下无一物非我，孟子谓尽心则知性知天以此。⑤

① 章锡琛点校：《张载集》，第三〇七页。
② 章锡琛点校：《张载集》，第一七页。
③ 章锡琛点校：《张载集》，第一七页。
④ 章锡琛点校：《张载集》，第一五页。
⑤ 章锡琛点校：《张载集》，第二四页。

第十二章　程颢、程颐

　　程颢（1032—1085 年），字伯淳，世称明道先生，谥号"纯公"，世居中山，后从开封迁至河南府（今河南洛阳）。嘉祐年间举进士后，任鄠县及上元县主簿、晋城令，后官至太子中允、监察御史里行等。曾参与王安石变法，后因反对新法，被贬至洛阳任京西路提点刑狱。宋哲宗即位，司马光执政，荐程颢为宗宁寺丞，未及行即病逝。淳祐元年（1241 年）封"河南伯"，从祀孔子庙庭。程颐（1033—1107 年），字正叔，世称伊川先生，谥号"正公"，程颢之弟。曾任国子监教授和崇政殿说书等职。因反对司马光新党执政而被贬，任西京国子监守。不久被削职，被遣送至四川涪州（今四川绵阳），交地方管制。徽宗即位后被赦免，但不久又被罢免。之后，遂遣散门徒，隐居龙门，不久病死。程颢、程颐兄弟二人曾就学于周敦颐。

　　程颢、程颐二人长期在洛阳讲学，在学术史上被称为"二程"，其学说亦被称为"洛学"。就二人的主要思想来看，程颢更强调"仁"，主张"仁者以天地万物为一体"①；程颐更强调"理"，主张"格物穷理"②。因此，在宋明时期衍生出两个学派：一是程颐开创而由朱熹完成的"理学"，被称为"程朱理学"或程朱学派；二是程颢开创而由陆九渊继续、王守仁完成的"心学"，被称为"陆王心学"或陆王学派。尽管如此，二程的为学宗旨是大致相同的。程颐曾说："我昔状明道先生之行，我之道盖与明道同。"③ 二程的主要著作包括《河南程氏遗书》《外书》《周易程氏传》《经说》《粹言》等，后被辑为《明道文集》《伊川文集》《二程全书》《二程集》等。

---

　　①　程颢、程颐著，王孝鱼点校：《二程集》，北京：中华书局1981 年（下同），第一一七九页。
　　②　参见程颢、程颐著，王孝鱼点校《二程集》，第一八八页。
　　③　程颢、程颐著，王孝鱼点校：《二程集》，第三四六页。

第一节 理本体论

就儒学史来讲，"理"乃二程所率先提倡，并且以其为理论核心。关此，程颢说："吾学虽有所受，天理二字却是自家体贴出来。"① "理"又称为"道"或"天理"。程颢说："此理，天命也。顺而循之，则道也。"② "天理云者，百理具备，元无少欠。"③ 具体来讲，"理"主要包含两方面含义：其一，人类社会的伦理纲常。二程说："道之外无物，物之外无道，是天地之间无适而非道也。即父子而父子在所亲，即君臣而君臣在所严，以至为夫妇、为长幼、为朋友，无所为而非道，此道所以不可须臾离也。"④ 他们还说："父子君臣，天下之定理，无所逃于天地之间。……为君尽君道，为臣尽臣道，过此则无理。"⑤ 其二，自然界事物之所以然即"物理"。程颐说："观物理以察己，既能烛理，则无往而不识。天下物皆可以理照，有物必有则，一物须有一理。"⑥ 他还说："所以能穷者，只为万物皆是一理，至如一物一事，虽小，皆有是理。"⑦ 实际上，在二程看来，"理"通常泛指上述两种含义。程颐说：

> 凡眼前无非是物，物物皆有理。如火之所以热，水之所以寒，至于君臣父子间皆是理。⑧

在二程看来，宇宙万物是"气"与"理"结合的产物。或者说，"气"为事物所依赖的"材料"，"理"为事物所遵循的"原理"。关于"气"，二程说："万物之始，皆气化；既形，然后以形相禅，有形化；形化长，则气化渐

---

① 程颢、程颐著，王孝鱼点校：《二程集》，第四二四页。
② 程颢、程颐著，王孝鱼点校：《二程集》，第一一页。
③ 程颢、程颐著，王孝鱼点校：《二程集》，第三二页。
④ 程颢、程颐著，王孝鱼点校：《二程集》，第七三至七四页。
⑤ 程颢、程颐著，王孝鱼点校：《二程集》，第七七页。
⑥ 程颢、程颐著，王孝鱼点校：《二程集》，第一九三页。
⑦ 程颢、程颐著，王孝鱼点校：《二程集》，第一五七页。
⑧ 程颢、程颐著，王孝鱼点校：《二程集》，第二四七页。

消。"① 不过，"气"聚成物需要遵循相应的"理"。他们说："所以谓万物一体者，皆有此理，只为从那里来。'生生之谓易'，生则一时生，皆完此理。"② 因此，事物之所以有不同种类，是因为"气"聚成物时遵循了不同的"理"。他们说："天之生物无穷，物之所成却有别。"③ 他们还说："气行到寅，则寅上有光；行到卯，则卯上有光。气充塞，无所不到。若这上头得个意思，便知得生物之理。"④ 总之，宇宙万物虽然均由"气"生成，但它们之所以为此物，在于其体现着某种"理"。他们说："观物理以察己，既能烛理，则无往而不识。天下物皆可以理照，有物必有则，一物须有一理。"⑤ 因此，要认识事物，需要穷究事物之理。他们说：

> 物理须是要穷。若言天地之所以高深，鬼神之所以幽显。若只言天只是高，地只是深，只是已辞，更有甚？⑥

依着二程的理解，尽管"气"不断地生灭，"理"却永恒地存在。程颐说："至如梦寐皆无形，只是有此理。若言涉于形声之类，则是气也。物生则气聚，死则散而归尽。"⑦ 或者说，宇宙在本质上是"日新""生生不已"的，而原因在于"日新"和"生生不已"之"理"。程颐说："屈伸往来只是理，不必将既屈之气，复为方伸之气。生生之理，自然不息。如复言七日来复，其间元不断续，阳已复生，物极必返，其理须如此。有生便有死，有始便有终。"⑧ 程颢说："'成性存存，道义之门'，亦是万物各有成性存存，亦是生生不已之意。天只是以生为道。"⑨ 既然是"生生不已"的，"理"就是永恒的。他说："百理具在，平铺放着。几时道尧尽君道，添得些君道多；舜尽子道，添得些孝道多。元来依旧。"⑩ 进而，程颐认为，永恒的"理"构成了一

---

① 程颢、程颐著，王孝鱼点校：《二程集》，第七九页。
② 程颢、程颐著，王孝鱼点校：《二程集》，第三三页。
③ 程颢、程颐著，王孝鱼点校：《二程集》，第八五页。
④ 程颢、程颐著，王孝鱼点校：《二程集》，第三六页。
⑤ 程颢、程颐著，王孝鱼点校：《二程集》，第一九三页。
⑥ 程颢、程颐著，王孝鱼点校：《二程集》，第一五七页。
⑦ 程颢、程颐著，王孝鱼点校：《二程集》，第五六页。
⑧ 程颢、程颐著，王孝鱼点校：《二程集》，第一六七页。
⑨ 程颢、程颐著，王孝鱼点校：《二程集》，第三○页。
⑩ 程颢、程颐著，王孝鱼点校：《二程集》，第三四页。

个"理世界";"理世界"尽管没有具体事物，但却充满全部的理，此可以"冲漠无朕，万象森然已具"① 来形容。他说："理则天下只是一个理，故推至四海而准，须是质诸天地，考诸三王不易之理。"② 在他们看来，无论是"伦理"还是"物理"，它们都不以人的意志为转移。程颐说：

> 天理云者，这一个道理，更有甚穷已？不为尧存，不为桀亡。人得之者，故大行不加，穷居不损。这上头来，更怎生说得存亡加减？是它元无少欠，百理具备。③

进而，二程认为，万物之理在根本上只是一个。程颐说："要在明善，明善在乎格物穷理。穷至于物理，则渐久后天下之物皆能穷，只是一理。"④ 之所以说"万理"为"一理"，在于万物的"所以然"是统一的，即，万物所遵循者均为"一阴一阳之道"。程颐说："一阴一阳之谓道。阴阳交感，男女配合，天地之常理也。"⑤ 而且，"阴阳之气"之所以能够化生万物，在于"隐密"于背物后的"理"。他们说："离了阴阳更无道，所以阴阳者是道也。阴阳，气也。气是形而下者，道是形而上者。形而上者则是密也。"⑥ 质言之，正是由于有此统一的"理"，才形成了"阴阳之气"，进而演化为天地万物。由此来讲，"理"与"万物"乃"一"与"万"的关系。二程说："一人之心即天地之心，一物之理即万物之理，一日之运即一岁之运。"⑦ 在他们看来，"理"与事物乃"形上"与"形下"的关系。程颢说："形而上为道，形而下为器，须着如此说。器亦道，道亦器，但得道在，不系今与后，己与人。"⑧ 基于前述，他们认为，"理"是天地万物的本体，"理"与"物"乃"体用关系"。程颐说：

> 《易》，变易也，随时变易以从道也。至微者理，至著者象，体用一

① 程颢、程颐著，王孝鱼点校：《二程集》，第一五三页。
② 程颢、程颐著，王孝鱼点校：《二程集》，第三八页。
③ 程颢、程颐著，王孝鱼点校：《二程集》，第三一页。
④ 程颢、程颐著，王孝鱼点校：《二程集》，第一四四页。
⑤ 程颢、程颐著，王孝鱼点校：《二程集》，第九七八页。
⑥ 程颢、程颐著，王孝鱼点校：《二程集》，第一六二页。
⑦ 程颢、程颐著，王孝鱼点校：《二程集》，第一三页。
⑧ 程颢、程颐著，王孝鱼点校：《二程集》，第四页。

源，显微无间。①

第二节 "灭私欲则天理明"

就人性论来看，二程主张人性的"二元论"，即人性有二：其一是先天之性，指"天命之性"，为"理"在人心中的体现，是根本的、绝对的善；其二是后天之性，指"气质之性"，为"气"在人心中的体现，是有善有恶的。关于前者，程颢说："言天之自然者，谓之天道。言天之付与万物者，谓之天命。"② 关于后者，程颢说："'生之谓性'，性即气，气即性，生之谓也。人生气禀，理有善恶，然不是性中元有此两物相对而生也。"③ 实际上，"天命之性"就是"理"。程颐说："理也，性也，命也，三者未尝有异。穷理则尽性，尽性则知天命矣。天命犹天道也，以其用而言之则谓之命，命者造化之谓也。"④ 进而，"天命之性"的内容为"五常"。程颐说："自性而行，皆善也。圣人因其善也，则为仁义礼智信以名之；以其施之不同也，故为五者以别之。合而言之皆道，别而言之亦皆道也。"⑤ 基于前述，程颐提出了"性即理也"的观点。他说：

> 性即理也，所谓理，性是也。天下之理，原其所自，未有不善。喜怒哀乐未发，何尝不善？发而中节，则无往而不善。凡言善恶，皆先善而后恶；言吉凶，皆先吉而后凶；言是非，皆先是而后非。⑥

二程认为，人虽然具有纯善的"天命之性"，但由于人同时具有善恶并存的"气质之性"，因此人就有善有恶。质言之，"气质之性"是恶的根源。程颢说："有自幼而善，有自幼而恶，是气禀有然也。"⑦ 程颐也

---

① 程颢、程颐著，王孝鱼点校：《二程集》，第一二〇〇页。
② 程颢、程颐著，王孝鱼点校：《二程集》，第一二五页。
③ 程颢、程颐著，王孝鱼点校：《二程集》，第一〇页。
④ 程颢、程颐著，王孝鱼点校：《二程集》，第二七四页。
⑤ 程颢、程颐著，王孝鱼点校：《二程集》，第三一八页。
⑥ 程颢、程颐著，王孝鱼点校：《二程集》，第二九二页。
⑦ 程颢、程颐著，王孝鱼点校：《二程集》，第一〇页。

说："性无不善，而有不善者才也。……才禀于气，气有清浊。禀其清者为贤，禀其浊者为愚。"① 具体来讲，因为人有"气质之性"，便自然会产生人欲，进而便会产生"恶"。程颐说："甚矣，欲之害人矣！人为不善，欲诱之矣。诱之而不知，则至于灭天理而不知反。"② 而且，"恶"的出现意味着"理"的衰微，因为"天理"与"人欲"势不两立。他们说："人于天理昏者，是只为嗜欲乱着他。庄子言'其嗜欲深者，其天机浅'，此言却最是。"③ 鉴于此，他们提出"灭私欲则天理明"的主张，即克服"人欲"，以保持"天理"。程颐说："视听言动，非理不为，即是礼，礼即是理也。不是天理，便是私欲。人虽有意于为善，亦是非礼。无人欲即皆天理。"④他还说：

> 人心私欲，故危殆。道心天理，故精微。灭私欲则天理明矣。⑤

那么，何以实现"灭私欲则天理明"呢？大致讲来，二程提出了两条路径：

其一，"识仁"。程颢认为，通过修养功夫以"识仁"，乃实现"灭私欲则天理明"的重要途径。所谓"识仁"，指觉悟"以万物为一体"的境界，实现对万物的无有不爱。他说："学者须先识仁。仁者，浑然与物同体。义、礼、智、信皆仁也。识得此理，以诚敬存之而已，不须防检，不须穷索。"⑥ 在程颢看来，之所以"以万物为一体"，在于万物之间有一种内在联系，这种内在联系即为"仁"。他说："学要在敬也、诚也，中间便有个仁，'博学而笃志，切问而近思，仁在其中矣'之意。"⑦ "仁至难言，故止曰'已欲立而立人，已欲达而达人，能近取譬，可谓仁之方也已。'欲令如是观仁，可以得仁之体。"⑧ 不过，要做到"识仁"，需要"内外两忘"或"超越内外"。他说："所谓定者，静亦定，动亦定，无将迎，无内外。

---

① 程颢、程颐著，王孝鱼点校：《二程集》，第二〇四页。
② 程颢、程颐著，王孝鱼点校：《二程集》，第一二六〇页。
③ 程颢、程颐著，王孝鱼点校：《二程集》，第四二页。
④ 程颢、程颐著，王孝鱼点校：《二程集》，第一四四页。
⑤ 程颢、程颐著，王孝鱼点校：《二程集》，第三一二页。
⑥ 程颢、程颐著，王孝鱼点校：《二程集》，第一六至一七页。
⑦ 程颢、程颐著，王孝鱼点校：《二程集》，第一四一页。
⑧ 程颢、程颐著，王孝鱼点校：《二程集》，第一五页。

苟以物为外，牵己而从之，是以性为有内外也。性为随于外，则当在外时，何者在内也？是有意于绝外诱，而不知性之无内外也。"① 关于"识仁"，程颢还说：

> 仁者以天地万物为一体，莫非我也。知其皆我，何所不尽！不能有诸己，则其与天地万物，岂特相去千万而已哉？②

其二，"诚敬"。程颐认为，所谓"诚"，乃真实无妄之义；所谓"敬"，指对"理"的敬畏。因此，"诚敬"指对"理"真实无妄地敬畏。二程说："如天理的意思，诚只是诚此者也，敬只是敬此者也，非是别有一个诚，更有一个敬也。"③ 具体来讲，"诚敬"包括消极和积极两方面的意义。就消极意义讲，"诚敬"指"闲邪"，即防范邪恶，消除妄念。他说："敬是闲邪之道。闲邪存其诚，虽是两事，然亦只是一事。闲邪则诚自存矣。天下有一个善，一个恶。去善即是恶，去恶即是善。譬如门，不出便入，岂出入外更别有一事也。"④ 就积极意义讲，"诚敬"指"主一"，即努力保持意志集中。他说："闲邪更着甚工夫？但惟是动容貌、整思虑，则自然生敬，敬只是主一也。主一，则既不之东，又不之西，如是则只是中。既不之此，又不之彼，如是则只是内。存此，则自然天理明。"⑤ 总之，"诚敬"是实现"灭私欲则天理明"的重要途径。程颐说："涵养须用敬，进学则在致知。"⑥ 关于"诚敬"，二程还说：

> 学者不必远求，近取诸身，只明人理，敬而已矣，便是约处。《易》之《乾》卦言圣人之学，《坤》卦言贤人之学，惟言"敬以直内，义以方外，敬义立而德不孤"。至于圣人，亦止如是，更无别途。⑦

---

① 程颢、程颐著，王孝鱼点校：《二程集》，第一二六三页。
② 程颢、程颐著，王孝鱼点校：《二程集》，第一一七九页。
③ 程颢、程颐著，王孝鱼点校：《二程集》，第三一页。
④ 程颢、程颐著，王孝鱼点校：《二程集》，第一八五页。
⑤ 程颢、程颐著，王孝鱼点校：《二程集》，第一四九页。
⑥ 程颢、程颐著，王孝鱼点校：《二程集》，第一八八页。
⑦ 程颢、程颐著，王孝鱼点校：《二程集》，第二〇页。

第三节　"格物致知"

二程认为，"灭私欲则天理明"的前提是"格物致知"。所谓"格物"，指感于物而识其理；所谓"致知"，指"穷理"或"尽理"。而且，"格物"与"致知"不可分离，因为"格物"不能止于物。程颢说："'致知在格物'。格，至也。或以格为止物，是二本矣。"① 也就是说，"格物"只是手段，"致知"才是目的；手段与目的是不可分离的。程颐说："格犹穷矣，物犹理也，犹曰穷其理而已也。穷其理，然后足以致之，不穷则不能致也。"② 质言之，所谓"格物致知"，即是指"即物而穷理"。在此，"理"不是指事物本身，而乃指事物的"所以然"。二程说："穷物理者，穷其所以然也。天之高，地之厚，鬼神之幽显，必有所以然者。苟曰天惟高耳，地惟厚耳，鬼神惟幽显耳，是则辞而已，尚何有哉？"③ 为了"穷理"，程颐区分了"闻见之知"与"德性之知"：前者大致指感性知识，后者大致指理性知识。他说："闻见之知，非德性之知。物交物则知之，非内也，今之所谓博物多能者是也。德性之知，不假见闻。"④ 很显然，所谓"穷理"，并不是指追求"闻见之知"，而是指追求"德性之知"。关于"格物致知"，程颐还说：

> 格，至也，如"祖考来格"之格。凡一物上有一理，须是穷致其理。⑤

二程认为，"理"与"性"是相通的。程颐说："在天为命，在义为理，在人为性，主于身为心，其实一也。"⑥ 既然如此，"穷理"与"尽性"便是相通的，即，"穷理"可以"尽性"，"尽性"可以"穷理"。在此，所谓"穷理"指"穷天理"，"尽性"指"尽人性"。因此，程颐说："穷理尽性至

---

① 程颢、程颐著，王孝鱼点校：《二程集》，第一二九页。
② 程颢、程颐著，王孝鱼点校：《二程集》，第三一六页。
③ 程颢、程颐著，王孝鱼点校：《二程集》，第一二七二页。
④ 程颢、程颐著，王孝鱼点校：《二程集》，第三一七页。
⑤ 程颢、程颐著，王孝鱼点校：《二程集》，第一八八页。
⑥ 程颢、程颐著，王孝鱼点校：《二程集》，第二〇四页。

命，只是一事。才穷理便尽性，才尽性便至命。"① 而且，"天理"主要指"伦理"。二程说："'穷理尽性以至于命'，三事一时并了，元无次序，不可将穷理作知之事。若实穷得理，即性命亦可了。"② 既然"天理"主要指"伦理"，那么"理"其实已在心中，因为人生来就有"良知"。程颐说："良能良知，皆无所由，乃出于天，不系于人。"③ 不过，人须通过"格物"才可达至"理"。程颐说："知者吾之所固有，然不致则不能得之，而致知必有道，故曰'致知在格物'。"④ 由此来讲，"格物""致知"的关键在于"反躬""自得"。程颐说：

> "致知在格物"，非由外铄我也，我固有之也。因物有迁，迷而不知，则天理灭矣，故圣人欲格之。随事观理，而天下之理得矣。天下之理得，然后可以至于圣人。君子之学，将以反躬而已矣。反躬在致知，致知在格物。学莫贵于自得，得非外也，故曰自得。⑤

二程认为，"格物致知"的具体途径有多种。从横的方面讲，既包括"读书"，亦包括"论古今人物"即研究历史，还包括"应接事物"即生活实践。程颐说："穷理亦多端：或读书，讲明义理；或论古今人物，别其是非；或应接事物而处其当，皆穷理也。"⑥ 从纵的方面讲，包括"学""思""悟"三个阶段。所谓"学"，指学习；"学"为基础，类似于"农夫之耕"——无"农夫之耕"，则"无所食""不得生"。程颐说："士之于学也，犹农夫之耕。农夫不耕则无所食，无所食则不得生。士之于学也，其可一日舍哉？"⑦ 所谓"思"，指勤于思考。程颐说："不深思则不能造于道，不深思而得者，其得易失。然而学者有无思无虑而得者，何也？曰：以无思无虑而得者，乃所以深思而得之也。以无思无虑为不思而自以为得者，未之有也。"⑧ 所谓"悟"，指融会贯通。程颐说："人要明理，若止一物上明之，亦未济事，须是集众

---

① 程颢、程颐著，王孝鱼点校：《二程集》，第一九三页。
② 程颢、程颐著，王孝鱼点校：《二程集》，第一五页。
③ 程颢、程颐著，王孝鱼点校：《二程集》，第二〇页。
④ 程颢、程颐著，王孝鱼点校：《二程集》，第三一六页。
⑤ 程颢、程颐著，王孝鱼点校：《二程集》，第三一六页。
⑥ 程颢、程颐著，王孝鱼点校：《二程集》，第一八八页。
⑦ 程颢、程颐著，王孝鱼点校：《二程集》，第一八九页。
⑧ 程颢、程颐著，王孝鱼点校：《二程集》，第三二四页。

理，然后脱然自有悟处。"① 总之，无论从"横"的方面，还是从"纵"的方面，要"格物致知"，都需要一个"积习"过程。程颐说：

> 怎生便会该通？若只格一物便通众理，虽颜子亦不敢如此道。须是今日格一件，明日又格一件，积习既多，然后脱然自有贯通处。②

进而，二程还探讨了知行关系，形成系统的"知行观"：其一，"知本行末"。在他们看来，"知"是"行"的前提；只要是真"知"，便自然会"行"。程颐说："知至则当至之，知终则当遂终之，须以知为本。知之深，则行之必至，无有知之而不能行者。知而不能行，只是知得浅。"③ 因此，应以"知"为本，以"行"为末。程颐说："君子以识为本，行次之。今有人焉，力能行之，而识不足以知之，则有异端者出，彼将流宕而不知返。"④ 其二，"知先行后"。无论在时间上，还是在逻辑上，"知"都在"行"之先。程颐说："须是识在所行之先，譬如行路，须得光照。"⑤ 其三，"行难知亦难"。程颐说："须是知得了，方能乐得。故人力行，须先要知。非特行难，知亦难也。《书》曰：'知之非艰，行之惟艰。'此固是也，然知之亦自艰。譬如人欲往京师，必知是出那门，行那路，然后可往。如不知，虽有欲往之心，其将何之？"⑥ 总之，在上述三个方面当中，"知本行末"为核心。程颐说：

> 人之学莫大于知本末终始。致知在格物，则所谓本也，始也；治天下国家，则所谓末也，终也。治天下国家，必本诸身，其身不正而能治天下国家者无之。⑦

---

① 程颢、程颐著，王孝鱼点校：《二程集》，第一七五页。
② 程颢、程颐著，王孝鱼点校：《二程集》，第一八八页。
③ 程颢、程颐著，王孝鱼点校：《二程集》，第一六四页。
④ 程颢、程颐著，王孝鱼点校：《二程集》，第三二〇页。
⑤ 程颢、程颐著，王孝鱼点校：《二程集》，第六七页。
⑥ 程颢、程颐著，王孝鱼点校：《二程集》，第一八七页。
⑦ 朱熹：《四书章句集注》，第三一六页。

第十三章 朱 熹

朱熹（1130—1200 年），字元晦，又字仲晦，号晦庵，晚称晦翁，谥号"文"，世称"朱文公""朱子"。祖籍江南东路徽州府（今属安徽省）婺源县（今江西省婺源），出生于南剑州尤溪（今属福建省尤溪县）。朱熹十九岁中进士第。二十四岁后，他师从程颢、程颐的三传弟子李侗。曾任江西南康、福建漳州知府、浙东巡抚等职。后官拜焕章阁侍制兼侍讲，为宋宁宗皇帝讲学。朱熹是唯一非孔子亲传弟子而享祀孔庙、位列大成殿十二哲中者。

朱熹继承并发展了二程的思想，并由二程上溯及孟子的脉络。他说："河南程氏两夫子出，而有以接乎孟氏之传。……虽以熹之不敏，亦幸私淑而与有闻焉。"[①] 朱熹所建构的思想体系，因他出于生福建，故其学说被称为"闽学"，其学派被称为"闽学派"；因他传承并发展二程思想并成为集大成者，故其与二程并称"程朱学派"，其思想与二程思想合称"程朱理学"。朱熹著述甚多，主要哲学著作有《四书章句集注》《太极图说解》《通书解说》《周易本义》《西铭解》等。后人将其著作辑为《晦庵先生朱文公文集》（亦称《朱子大全》《晦庵集》《朱子大全文集》《朱子文集大全》或《朱子文集》等）、《朱子语类》《朱子集语象》《朱子全书》等。

第一节 "理一分殊"

朱熹认为，万事万物均有其"理"，而"理"指事物的"性"，即此事物为此事物的"所以然"。他说："性，即理也。天以阴阳五行化生万物，气以成形，而理亦赋焉，犹命令也。于是人物之生，因各得其所赋之理，以为健

---

① 朱熹：《四书章句集注》，第二页。

顺五常之德，所谓性也。"① 也就是说，无论是自然的还是人为的，所有事物都有其"理"。《朱子语类》记载朱熹与弟子的答问道："问：'枯槁之物亦有性，是如何？'曰：'是他合下有此理，故云天下无性外之物。'因行街，云：'阶砖便有砖之理。'因坐，云：'竹椅便有竹椅之理。枯槁之物，谓之无生意，则可；谓之无生理，则不可。'……问：'枯槁有理否？'曰：'才有物，便有理。天不曾生个笔，人把兔毫来做笔。才有笔，便有理。'……问：'理是人物同得于天者。如物之无情者，亦有理否？'曰：'固是有理，如舟只可行之于水，车只可行之于陆。'"② 总之，只要有某事物，便有某事物之"理"。朱熹说："做出那事，便是这里有那理。凡天地生出那物，便都是那里有那理。"③ 或者说，有某事物，便必然有某"理"；有某"理"，便必然有某事物；事物与"理""未尝相离"。他还说：

> 形而上者，无形无影是此理；形而下者，有情有状是此器。然谓此器则有此理，有此理则有此器，未尝相离，却不是于形器之外别有所谓理。④

之所以万事万物均有"理"，在于天地万物均由"理""气"结合而成。朱熹说："天理固浩浩不穷，然非是气，则虽有是理而无所凑泊。故必二气交感，凝结生聚，然后是理有所附着。"⑤ 因此，只要有"气"的凝聚，"理"就必然在其中。朱熹说："及此气之聚，则理亦在焉。盖气则能凝结造作，理却无情意，无计度，无造作。只此气凝聚处，理便在其中。"⑥ 由此来讲，"理"与"气"是不可分的。他说："天下未有无理之气，亦未有无气之理。"⑦ 具体来讲，"理"有"动之理"，亦有"静之理"；"气"禀"动之理"则"动"，"气"禀"静之理"则"静"；"动""静"之"气"表现为"阴""阳"，"阴""阳"相互作用表现为"五行"，"五行"相互作用便产生天地

---

① 朱熹：《四书章句集注》，第一七页。
② 黎靖德编，王星贤点校：《朱子语类》第一册，第六一页。
③ 黎靖德编，王星贤点校：《朱子语类》第七册，第二五八二页。
④ 黎靖德编，王星贤点校：《朱子语类》第六册，第二四二一页。
⑤ 黎靖德编，王星贤点校：《朱子语类》第一册，第六五页。
⑥ 黎靖德编，王星贤点校：《朱子语类》第一册，第三页。
⑦ 黎靖德编，王星贤点校：《朱子语类》第一册，第二页。

万物。朱熹说:"有这动之理,便能动而生阳;有这静之理,便能静而生阴。既动,则理又在动之中;既静,则理又在静之中。……阳动阴静,……只是理有动静。理不可见,因阴阳而后知。理搭在阴阳上,如人跨马相似。才生五行,便被气质拘定,各为一物,亦各有一性。"① 总之,物的本体从"理"而来,物的形体从"气"而来。他说:

> 天地之间,有理有气。理也者,形而上之道也,生物之本也;气也者,形而下之器也,生物之具也。是以人物之生,必禀此理然后有性,必禀此气然后有形。②

进而,朱熹提出"理在气先"的观点。在他看来,在宇宙天地形成之前,关于事物与人事之理已经存在了。他说:"未有天地之先,毕竟是先有此理。动而生阳,亦只是理;静而生阴,亦只是理。……未有天地之先,毕竟也只是理。有此理,便有此天地;若无此理,便亦无天地,无人无物,都无该载了!"③ 一个方面,物理在事物之先。他说:"若在理上看,则虽未有物而已有物之理,然亦但有其理而已,未尝实有是物也。"④ 另一个方面,人事之理在人事之先。他说:"未有这事,先有这理。如未有君臣,已先有君臣之理;未有父子,已先有父子之理。不成元无此理,直待有君臣父子,却旋将道理入在里面!"⑤ 在此,需要注意的是,"理在气先"并非从时间上讲,而是从逻辑上讲。他说:"要之,也先有理。只不可说是今日有是理,明日却有是气;也须有先后。且如万一山河大地都陷了,毕竟理却只在这里。"⑥ 朱熹的意思是,在"理"与"气"之间,"理"是根本的。他说:

> 有是理便有是气,但理是本,而今且从理上说气。理未尝离乎气。然理形而上者,气形而下者。自形而上下言,岂无先后! 理无形,气便粗,有渣滓。⑦

① 黎靖德编,王星贤点校:《朱子语类》第六册,第二三七三至二三七四页。
② 朱熹撰,朱杰人等主编:《朱子全书》第二十三册,第二七五五页。
③ 黎靖德编,王星贤点校:《朱子语类》第一册,第一页。
④ 朱熹撰,朱杰人等主编:《朱子全书》第二十二册,第二一四六页。
⑤ 黎靖德编,王星贤点校:《朱子语类》第六册,第二四三六页。
⑥ 黎靖德编,王星贤点校:《朱子语类》第一册,第四页。
⑦ 黎靖德编,王星贤点校:《朱子语类》第一册,第二至三页。

在朱熹看来，"理"实乃事物之"极"即"原型"，且天地万物有一个终极"原型"，此"原型"可称为"太极"。他说："太极者，如屋之有极，天之有极，到这里更没去处，理之极至者也。"① 具体来讲，"太极"不仅是万物之理的总和，而且是万物之理的最高概括。他说："事事物物皆有个极，是道理极至。……此是一事一物之极。总天地万物之理，便是太极。太极本无此名，只是个表德。"② 而且，"太极"乃超越性质的，故亦可谓之"无极"，故亦有"无极而太极"之谓。他说："不言无极，则太极同于一物，而不足为万化之根；不言太极，则无极沦于空寂，而不能为万化之根。"③ 重要的是，"太极"虽然是宇宙全体的"理"，但它同时内在于每个事物之中。他说："太极只是个极好至善的道理。人人有一太极，物物有一太极。周子所谓太极，是天地人物万善至好底表德。"④ 关此，朱熹借用佛教"月印万川"的理论加以说明。他说："本只是一太极，而万物各有禀受，又自各全具一太极尔。如月在天，只一而已；及散在江湖，则随处而见，不可谓月已分也。"⑤ 基于此，朱熹提出了"理一分殊"的思想。他说：

> 盖能于分殊中事事物物，头头项项，理会得其当然，然后方知理本一贯。不知万殊各有一理，而徒言理一，不知理一在何处。圣人千言万语教人，学者终身从事，只是理会这个。⑥

第二节　"存天理，灭人欲"

朱熹认为，与物一样，人亦由"理"与"气"相结合而生。他说："人之所以生，理与气合而已。"⑦ 因此，既然任何具体事物都有其"理"，那么

---

① 黎靖德编，王星贤点校：《朱子语类》第六册，第二三七四页。
② 黎靖德编，王星贤点校：《朱子语类》第六册，第二三七五页。
③ 朱熹撰，朱杰人等主编：《朱子全书》第二十一册，第一五六〇页。
④ 黎靖德编，王星贤点校：《朱子语类》第六册，第二三七一页。
⑤ 黎靖德编，王星贤点校：《朱子语类》第六册，第二四〇九页。
⑥ 黎靖德编，王星贤点校：《朱子语类》第二册，第六七八页。
⑦ 黎靖德编，王星贤点校：《朱子语类》第一册，第六五页。

人亦有之所以为人的"理"，此"理"表现为人的"性"。他说："未有形气，浑然天理，未有降付，故只谓之理；已有形气，是理降而在人，具于形气之中，方谓之性。"① 基于此，朱熹区别了"天命之性"与"气质之性"；前者指禀受"天理"而成的性，后者指"理""气"混合而成的性。他说："所谓'天命之谓性'者，是就人身中指出这个是天命之性，不杂气禀者而言尔。若才说性时，则便是夹气禀而言，所以说时，便已不是性也。"② "论天地之性，则专指理言；论气质之性，则以理与气杂而言之。"③ 不过，"天命之性"与"气质之性"关非孤立无关，因为后者乃前者的"载体"。他说："天命之性，若无气质，却无安顿处。且如一勺水，非有物盛之，则水无归着。程子云：'论性不论气，不备；论气不论性，不明，二之则不是。'所以发明千古圣贤未尽之意，甚为有功。"④ 关于"天命之性"与"气质之性"的区分，朱熹认为其乃对于孟子性善论的发展。他说：

> 天命之性，本未尝偏。但气质所禀，却有偏处，气有昏明厚薄之不同。……既是此理，如何得恶！所谓恶者，却是气也。孟子之论，尽是说性善。至有不善，说是陷溺，是说其初无不善，后来方有不善耳。若如此，却似"论性不论气"，有些不备。却得程氏说出气质来接一接，便接得有首尾，一齐圆备了。⑤

具体来讲，"天命之性"乃"天理"表现于人者，故是纯善的。朱熹说："天命之性，万理完具；总其大目，则仁义礼智，其中遂分别成许多万善。"⑥ "气质之性"是"气"与"理"相杂的结果，而由于禀受"气"之"清""浊""正""偏"不同，故会产生不同的"气质之性"：若禀受"清""正"的"气质"，便会"圣"和"贤"；若禀受"浊""偏"的"气质"，便会"愚"与"不肖"。他说："天之生此人，无不与之以仁义礼智之理，亦何尝有不善？但欲生此物，必须有气，然后此物有以聚而成质。而气之为物，有

---

① 黎靖德编，王星贤点校：《朱子语类》第六册，第二四三○页。
② 黎靖德编，王星贤点校：《朱子语类》第六册，第二四三一至二四三二页。
③ 黎靖德编，王星贤点校：《朱子语类》第一册，第六七页。
④ 黎靖德编，王星贤点校：《朱子语类》第一册，第六六页。
⑤ 黎靖德编，王星贤点校：《朱子语类》第一册，第六四至六五页。
⑥ 黎靖德编，王星贤点校：《朱子语类》第七册，第二八一六页。

清浊错明之不同，禀其清明之气，而无物欲之累，则为圣；禀其清而未纯全，则未免微有物欲之累，而能克以去之，则为贤；禀其昏浊之气，又为物欲之所蔽，而不能去，则为愚，为不肖，是皆气禀物欲之所为，而性之善未尝不同也。"① 也就是说，人性本来皆善，但因为气禀不同，而有了善恶之别。他说："人之性皆善。然而有生下来善的，有生下来便恶的，此是气禀不同。"② 显而易见，通过区别"天命之性"与"气质之性"，朱熹解释了"恶"的来源，即"恶"来源于"气质之性"。关此，他说：

> 天地间只是一个道理。性便是理。人之所以有善有不善，只缘气质之禀各有清浊。③

朱熹认为，虽然"理"即是"性"，但"理"与"心"是不同的。具体来讲，"理"是"心"的主宰，而"心"是"理"的载体。他说："心固是主宰的意，然所谓主宰者，即是理也，不是心外别有个理，理外别有个心。"④ 他还说："理无心，则无着处。"⑤ 依着朱熹的理解，"心"和其他事物一样，亦乃"理"与"气"结合而成。不过，"心"却与普通物不同，它具有"神明知觉"。朱熹说："心者，人之神明，所以具众理而应万事者也。"⑥ "人之一心，湛然虚明，如鉴之空，如衡之平，以为一身之主者，固其真体之本然。"⑦ 那么，为何"心"具有"神明知觉"呢？原因在于"精爽"之气具有"神明知觉"。他说："所觉者，心之理也；能觉者，气之灵也。"⑧ 因此，"穷理"与"尽心"是一致的。他说："心包万理，万理具于一心。不能存得心，不能穷得理；不能穷得理，不能尽得心。"⑨ 总之，"理"是抽象的，"心"是具体的；"理"不能活动，而"心"能活动。他说：

---

① 朱熹撰，朱杰人等主编：《朱子全书》第二十四册，第三五九〇页。
② 黎靖德编，王星贤点校：《朱子语类》第一册，第六九页。
③ 黎靖德编，王星贤点校：《朱子语类》第一册，第六八页。
④ 黎靖德编，王星贤点校：《朱子语类》第一册，第四页。
⑤ 黎靖德编，王星贤点校：《朱子语类》第一册，第八五页。
⑥ 朱熹：《四书章句集注》，第三四九页。
⑦ 朱熹撰、朱杰人等主编：《朱子全书》第陆册，第五三四页。
⑧ 黎靖德编，王星贤点校：《朱子语类》第一册，第八五页。
⑨ 黎靖德编，王星贤点校：《朱子语类》第一册，第一五五页。

> 灵处只是心，不是性。性只是理。……不专是气，是先有知觉之理。
> 理未知觉，气聚成形，理与气合，便能知觉。譬如这烛火，是因得这脂
> 膏，便有许多光焰。所觉者，心之理也；能觉者，气之灵也。心者，气
> 之精爽。①

进而，朱熹探讨了"道心"与"人心"，并基于此提出了"存天理，
灭人欲"的主张。在他看来，"天命之性"就是"道心"，指"天理"；"气
质之性"就是"人心"，指感性情欲。他说："人自有人心、道心，一个生
于血气，一个生于义理。饥寒痛痒，此人心也；恻隐、羞恶、是非、辞逊，
此道心也。"② 正因为"人心"生于"血气"，故它便有善恶存在。他说：
"心是动的物事，自然有善恶。且如恻隐是善也，见孺子入井而无恻隐之
心，便是恶矣。离着善，便是恶。然心之本体未尝不善，又却不可说恶全
不是心。"③ 不过，"道心"与"人心"只是一个"心"，只是由于追求不同
而有了分别：追求"天理"的是"道心"，追求耳目欲望的是"人心"。朱
熹说："只是这一个心，知觉从耳目之欲上去，便是人心；知觉从义理上
去，便是道心。人心则危而易陷，道心则微而难著。"④ 既然如此，人就须
以"道心"为主宰。他说："必使道心常为一身之主，而人心每听命焉，则
危者安、微者著，而动静云为自无过不及之差矣。"⑤ 在朱熹，以"道心"
为主宰，即是指维护和弘扬"天理"，贬斥和去除"人欲"。质言之，应该
"存天理，灭人欲"。他说：

> 人之一心，天理存，则人欲亡；人欲胜，则天理灭，未有天理人欲
> 夹杂者。……人只有个天理人欲，此胜则彼退，彼胜则此退，无中立不
> 进退之理。凡人不进便退也。……只此一心，但看天理私欲之消长如何
> 尔。……学者须是革尽人欲，复尽天理，方始是学。⑥

---

① 黎靖德编，王星贤点校：《朱子语类》第一册，第八五页。
② 黎靖德编，王星贤点校：《朱子语类》第四册，第一四八七页。
③ 黎靖德编，王星贤点校：《朱子语类》第一册，第八六页。
④ 黎靖德编，王星贤点校：《朱子语类》第五册，第二〇〇九页。
⑤ 朱熹：《四书章句集注》，第一四页。
⑥ 黎靖德编，王星贤点校：《朱子语类》第一册，第二二四至二二五页。

第三节 "格物致知"

就功夫论而言，朱熹的基本主张是"格物致知"。所谓"格物"，指研究事物以认识事物。他说："格物者，格，尽也，须是穷尽事物之理。……格，犹至也，如'舜格于文祖'之'格'，是至于文祖处。"① 所谓"致知"，指通过认识事物以获得"真知"。他说："致知所以求为真知。真知，是要彻骨都见得透。"② 进而，"格物"与"致知"是手段与目的、部分与全体的关系。他说："格物，是物物上穷其至理；致知，是吾心无所不知。格物，是零细说；致知，是全体说。"③ 在朱熹看来，"万物各具一理，而万理同出一原"④；每一事物之"理"都体现"天理"，故依据个别之"理"可以体认"天理"。他说："格物穷理，有一物便有一理。穷得到后，遇事触物皆撞着这道理：事君便遇忠，事亲便遇孝。……无往而不见这个道理。"⑤ 由此来讲，所谓"格物致知"，指通过获得"分殊"的"理"，进而体验"理一"的"理"。他说："《大学》所以说格物，却不说穷理。盖说穷理，则似悬空无捉摸处。只说格物，则只就那形而下之器上，便寻那形而上之道，便见得这个元不相离，所以只说'格物'。"⑥ 关于"格物致知"，朱熹还说：

> 格，至也。物，犹事也。穷至事物之理，欲其极处无不到也。⑦

具体来讲，"格物致知"可以分为两个阶段。第一阶段是"格物"即"即物穷理"，指通过接触事物获得"分殊"之理。朱熹说："格物者，格，尽也，须是穷尽事物之理。若是穷得三两分，未便是格物。须是穷尽得到十分，方是格物。"⑧ 在这个阶段，主要任务是"格物"。他说："今日用功，且

① 黎靖德编，王星贤点校：《朱子语类》第一册，第二八三页。
② 黎靖德编，王星贤点校：《朱子语类》第一册，第二八三页。
③ 黎靖德编，王星贤点校：《朱子语类》第一册，第二九一页。
④ 参见黎靖德编，王星贤点校《朱子语类》第二册，第三九八页。
⑤ 黎靖德编，王星贤点校：《朱子语类》第一册，第二八九页。
⑥ 黎靖德编，王星贤点校：《朱子语类》第四册，第一四九八页。
⑦ 朱熹：《四书章句集注》，第四页。
⑧ 黎靖德编，王星贤点校：《朱子语类》第一册，第二八三页。

当以格物为事。不曰'穷理'，却说'格物'者，要得就事物上看教道理分明。"① 第二阶段是"致知"，指无所不知的"知至"。他说："知至，谓天下事物之理知无不到之谓。若知一而不知二，知大而不知细，知高远而不知幽深，皆非知之至也。要须四至八到，无所不知，乃谓至耳。"② 通过"格物"获得"分殊"之"理"达到一定程度后，便可"豁然贯通"而领悟到"理一"的"天理"。他说："'积习既多，自当脱然有贯通处'，乃是零零碎碎凑合将来，不知不觉，自然醒悟。其始固须用力，及其得之也，又却不假用力。"③ 总的看，"格物"的特点在"务博"，"致知"的特点在"务约"；二者之结合方为真正的"格物致知"。朱熹说："'自一身之中以至万物之理，理会得多，自当豁然有个觉处。'今人务博者却要尽穷天下之理，务约者又谓'反身而诚'，则天下之物无不在我者，皆不是。"④ 关此，朱熹还说：

> 《大学》始教，必使学者即凡天下之物，莫不因其已知之理而益穷之，以求至乎其极。至于用力之久，而一旦豁然贯通焉，则众物之表里精粗无不到，而吾心之全体大用无不明矣。此谓物格，此谓知之至也。⑤

在朱熹看来，要做到"格物致知"，有"涵养"和"致知"两种途径：前者指道德修养，以"持敬"为主；后者指获求知识，以"穷理"为主。他说："涵养是合下在先。古人从小以敬涵养，父兄渐渐教之读书，识义理。今若说待涵养了方去理会致知，也无期限。须是两下用工，也着涵养，也着致知。"⑥ 他认为，这两种途径均很重要，而且它们可"互相发明""互相促进"，故不可偏执一途。他说："学者工夫，唯在居敬、穷理二事。此二事互相发。能穷理，则居敬工夫日益进；能居敬，则穷理工夫日益密。"⑦ 尽管如此，两种途径实有主次、本末之别，因为"持敬"乃"格物致知"的前提，否则根本无所谓"格物致知"可言。质言之，"持敬"乃"格物致知"的根

---

① 黎靖德编，王星贤点校：《朱子语类》第七册，第二七五二页。
② 黎靖德编，王星贤点校：《朱子语类》第一册，第二九六页。
③ 黎靖德编，王星贤点校：《朱子语类》第二册，第三九四页。
④ 黎靖德编，王星贤点校：《朱子语类》第二册，第三九五页。
⑤ 朱熹：《四书章句集注》，第七页。
⑥ 黎靖德编，王星贤点校：《朱子语类》第二册，第四〇三至四〇四页。
⑦ 黎靖德编，王星贤点校：《朱子语类》第一册，第一五〇页。

本途径。朱熹说："主敬、穷理虽二端，其实一本。持敬是穷理之本；穷得理明，又是养心之助。学者若不穷理，又见不得道理。然去穷理，不持敬，又不得。不持敬，看道理便都散，不聚在这里。"① 在他看来，如果能够沿着这两种途径前进，便有可能达至理想的"圣人"境界。关于"圣人"境界，朱熹说：

> 圣人，太极之全体，一动一静，无适而非中正仁义之极，盖不假修为而自然也。②

所谓"持敬"，指"主一"即"收敛身心"、不放纵之义。朱熹说："敬者，主一无适之谓。"③ 不过，"持敬"并非指与外界隔绝、闭门静坐的"主静"，而是指无事时敬在心上、有事时敬在事上。他说："敬有甚物？只如'畏'字相似。不是块然兀坐，耳无闻，目无见，全不省事之谓。只收敛身心，整齐纯一，不恁地放纵，便是敬。程子只教人持敬。孔子告仲弓亦只是说'如见大宾，如承大祭'。此心常存得，便见得仁。敬，只是收敛来。"④ 很显然，"持敬"的关键是"用心"。朱熹说："'敬'字，前辈都轻说过了，唯程子看得重。人只是要求放心。何者为心？只是个敬。人才敬时，这心便在身上了。"⑤ 而且，所谓"持敬"需要时时"提撕"，否则难以保持。他说："只一个持敬，也易得做病。若只持敬，不时时提撕着，亦易以昏困。须是提撕，才见有私欲的意思来，便屏去。且谨守着，到得复来，又屏去。时时提撕，私意自当去也。"⑥ 朱熹非常重视"持敬"，认为其乃"圣门第一义"和"圣门之纲领"。他说："只是要收敛此心，莫要走作，走作便是不敬，须要持敬。尧是古今第一个人，《书》说尧，劈头便云'钦明文思'，钦，便是敬。"⑦ 他还说：

> "敬"字工夫，乃圣门第一义，彻头彻尾，不可顷刻间断。"敬"之

---

① 黎靖德编，王星贤点校：《朱子语类》第一册，第一五〇至一五一页。
② 朱熹撰，朱杰人等主编：《朱子全书》第拾叁册，第七五页。
③ 朱熹：《四书章句集注》，第四九页。
④ 黎靖德编，王星贤点校：《朱子语类》第一册，第二〇八页。
⑤ 黎靖德编，王星贤点校：《朱子语类》第一册，第二〇九页。
⑥ 黎靖德编，王星贤点校：《朱子语类》第二册，第四〇二页。
⑦ 黎靖德编，王星贤点校：《朱子语类》第七册，第二八五四页。

一字，真圣门之纲领，存养之要法。一主乎此，更无内外精粗之间。先立乎其大者。敬则万理具在。①

所谓"穷理"，指"穷尽"所追求之理。或者说，"穷理"的目标在于"穷尽"。朱熹说："所谓穷理者，事事物物，各自有个事物的道理，穷之须要周尽。若见得一边，不见一边，便不该通。穷之未得，更须款曲推明。盖天理在人，终有明处。"② 在此，"穷理"有两方面含义：其一，指穷尽事物自然之理即"所以然"；其二，指穷尽事物之人伦道德即"所当然"。朱熹说："穷理者，欲知事物之所以然，与所当然者而已。知其所以然，故志不惑；知其所当然，故行不谬。"③ 在他看来，"穷理"非常重要，因为它乃"涵养"的前提。朱熹说："万事皆在穷理后。经不正，理不明，看如何地持守，也只是空。痛理会一番，如血战相似，然后涵养将去。因自云：'某如今虽便静坐，道理自见得。未能识得，涵养个甚！'"④ 进而，读书乃"穷理"的重要途径。朱熹说："本心陷溺之久，义理浸灌未透，且宜读书穷理。常不间断，则物欲之心自不能胜，而本心之义理自安且固矣。"⑤ 当然，所读之书主要指儒家经典。他说："读书以观圣贤之意，因圣贤之意，以观自然之理。"⑥ 而且，"读书"的关键亦在于"用心"。朱熹说：

　　学者读书，多缘心不在，故不见道理。圣贤言语本自分晓，只略略加意，自见得。若是专心，岂有不见！心不定，故见理不得。今且要读书，须先定其心，使之如止水，如明镜。暗镜如何照物！⑦

朱熹还探讨了知行关系，即道德认识与道德践履的关系。其一，就先后说，"知先行后"，因为"知"乃"行"的前提。他说："为学先要知得分晓。……义理不明，如何践履？……如人行路，不见，便如何行。今人多数

① 黎靖德编，王星贤点校：《朱子语类》第一册，第二一〇页。
② 黎靖德编，王星贤点校：《朱子语类》第一册，第二八九页。
③ 朱熹撰，朱杰人等主编：《朱子全书》第贰拾叁册，第三一三六至三一三七页。
④ 黎靖德编，王星贤点校：《朱子语类》第一册，第一五二页。
⑤ 黎靖德编，王星贤点校：《朱子语类》第一册，第一七六页。
⑥ 黎靖德编，王星贤点校：《朱子语类》第一册，第一六二页。
⑦ 黎靖德编，王星贤点校：《朱子语类》第一册，第一七七页。

人践履，皆是自立标致去教人。"① 而且，只要"知"得清楚，"行"就一定是正确的。他说："既知则自然行得，不待勉强。却是'知'字上重。"② 他还说："若讲得道理明时，自是事亲不得不孝，事兄不得不弟，交朋友不得不信。"③ 其二，就轻重说，"知轻行重"，因为"知"的目的最终还是"行"。朱熹说："程子云：'涵养须用敬，进学则在致知。'分明自作两脚说，但只要分先后轻重。论先后，当以致知为先；论轻重，当以力行为重。"④ 其三，就关系说，"知行相须"。二者虽然有别，但又互相依赖，互相促进。他说："知与行，工夫须着并到。知之愈明，则行之愈笃；行之愈笃，则知之益明。二者皆不可偏废。"⑤ 若只重"知"或"行"，均会引发偏弊。他说："致知、力行，用功不可偏。偏过一边，则一边受病。"⑥ 总之，关于知行关系之上述三个方面，朱熹还说：

> 知、行常相须，如目不足不行，足无目不见。论先后，知为先；论轻重，行为重。论知之与行，曰："方其知之而行未及之，则知尚浅。既亲历其域，则知之益明，非前日之意味。"⑦

---

① 黎靖德编，王星贤点校：《朱子语类》第一册，第一五二页。
② 黎靖德编，王星贤点校：《朱子语类》第二册，第三九〇页。
③ 黎靖德编，王星贤点校：《朱子语类》第一册，第一五二至一五三页。
④ 黎靖德编，王星贤点校：《朱子语类》第一册，第一四八页。
⑤ 黎靖德编，王星贤点校：《朱子语类》第一册，第二八一页。
⑥ 黎靖德编，王星贤点校：《朱子语类》第一册，第一四八页。
⑦ 黎靖德编，王星贤点校：《朱子语类》第一册，第一四八页。

第十四章　陆九渊

陆九渊（1139—1193 年），字子静，号"象山""象山翁"，江西省抚州市金溪县青田村人。其书斋名"存"，世人称"存斋先生"；又因其常讲学于贵溪县应天山"象山精舍"，又世称"象山先生"，学界常称其陆象山。谥号"文安"。宋孝宗乾道八年（1172 年）中进士，初任隆兴府靖安县主簿，后调建宁府崇安县主簿，再后被荐为国子学正，复除敕令所删定官。后还乡讲学，"听者贵贱老少，溢塞途巷，从游之盛，未见有此"①。绍熙二年（1191 年），出任荆门军。

陆九渊"因读《孟子》而自得之"②，自称继承孟子的道统，创立了儒学史上的"心学"学派。陆九渊与朱熹在鹅湖寺论学，引发了"尊德性"与"道问学"的争论，成为宋明理学的一大公案。明代王守仁继承发展其学说，与陆九渊一起被称为"陆王学派"，学派思想被称为"陆王心学"。陆九渊著有《语录》《文集》等，后被辑为《象山先生集》《象山先生全集》《陆九渊集》《陆象山全集》等。

第一节　"心即理"

陆九渊非常重视"心"的概念。在他看来，"心"乃人之别于万物者。他说："仁，人心也。心之在人，是人之所以为人而与禽兽草木异焉者也。"③而且，"心"虽为人所具有，但它是无形的。他说："其他体尽有形，惟心无

---

① 陆九渊著，钟哲点校：《陆九渊集》，北京：中华书局 1980 年（下同），第四九九页。
② 陆九渊著，钟哲点校：《陆九渊集》，第四七一页。
③ 陆九渊著，钟哲点校：《陆九渊集》，第三七三页。

形，然何故能摄制人如此之甚?"① 很显然，在陆九渊看来，"心"亦是形而上的概念。不过，他反对关于"心"的二元论，主张"心"的一元论。他说："《书》云：'人心惟危，道心惟微。'解者多指人心为人欲，道心为天理，此说非是。心一也，人安有二心？自人而言，则曰惟危；自道而言，则曰惟微。"② 具体来讲，一个方面，"心"是先天固有的"良知"。他说："恻隐，仁之端也；羞恶，义之端也；辞让，礼之端也；是非，智之端也。此即是本心。"③ 另一个方面，"心"是先天固有的"良能"。陆九渊说："收拾精神，自作主宰。万物皆备于我，有何欠阙。当恻隐时自然恻隐，当羞恶时自然羞恶，当宽裕温柔时自然宽裕温柔，当发强刚毅时自然发强刚毅。"④ 总之，"心"是先天固有的"良知""良能"。陆九渊说：

> 孟子曰：所不虑而知者，其良知也；所不学而能者，其良能也。此天之所与我者，我固有之，非由外铄我也。故曰："万物皆备于我矣，反身而诚，乐莫大焉。"此吾之本心也，所谓安宅、正路者，此也；所谓广居、正位、大道者，此也。⑤

在陆九渊，"心"不是指个体之心，而是指"普遍之心"。他说："'人心，人伪也；道心，天理也'，非是。人心，只是说大凡人之心。"⑥ 因此，他批评忽视"心"的观点。他说："今世人浅之为声色臭味，进之为富贵利达，又进之为文章技艺。又有一般人都不理会，却谈学问。吾总以一言断之曰：胜心。"⑦ 而且，既然"心"为"普遍之心"，那么凡与此不合者均为"自沉埋""自蒙蔽"。他说："此理在宇宙间，何尝有所碍？是你自沉埋，自蒙蔽，阴阴地在个陷阱中，更不知所谓高远底。要决裂破陷阱，窥测破个罗网。"⑧ 不仅如此，"心"实可"涵盖"整个宇宙，因为"心"可以"与天同"。陆九渊说："心，只是一个心。某之心，吾友之心，上而千百载圣贤之

---

① 陆九渊著，钟哲点校：《陆九渊集》，第四四八页。
② 陆九渊著，钟哲点校：《陆九渊集》，第三九五至三九六页。
③ 陆九渊著，钟哲点校：《陆九渊集》，第四八七页。
④ 陆九渊著，钟哲点校：《陆九渊集》，第四五五至四五六页。
⑤ 陆九渊著，钟哲点校：《陆九渊集》，第五页。
⑥ 陆九渊著，钟哲点校：《陆九渊集》，第四六三页。
⑦ 陆九渊著，钟哲点校：《陆九渊集》，第四〇六页。
⑧ 陆九渊著，钟哲点校：《陆九渊集》，第四五二页。

心，下而千百载复有一圣贤，其心亦只如此。心之体甚大，若能尽我之心，便与天同。"①　基于此，陆九渊提出"宇宙便是吾心，吾心即是宇宙"的观点。他说：

> 四方上下曰宇，往古来今曰宙。宇宙便是吾心，吾心即是宇宙。千万世之前，有圣人出焉，同此心同此理也。千万世之后，有圣人出焉，同此心同此理也。东南西北海有圣人出焉，同此心同此理也。②

进而，陆九渊提出"心即理"的观点。在他看来，具体事物是无穷的，具体事物的"理"也是无穷的。他说："自古圣贤发明此理，不必尽同。如箕子所言，有皋陶之所未言；夫子所言，有文王周公之所未言；孟子所言，有吾夫子之所未言，理之无穷如此。"③　质言之，"理"是无限的。他说："塞天地一理耳，学者之所以学，欲明此理耳。此理之大，岂有限量？程明道所谓有憾于天地，则大于天地者，谓此理也。"④　在陆九渊看来，既然"心"是无限的，"理"亦是无限的；无限的"心"与无限的"理"不可能为二。他说："盖心，一心也，理，一理也，至当归一，精义无二，此心此理，实不容有二。故夫子曰：'吾道一以贯之。'孟子曰：'夫道一而已矣。'又曰：'道二，仁与不仁而已矣。'如是则为仁，反是则为不仁。仁即此心，此理也。"⑤　质言之，"心即理"。所谓"心即理"，指"心"已具足"理"。他说："宇宙内事，是己份内事。己份内事，是宇宙内事。人心至灵，此理至明，人皆有是心，心皆具是理。"⑥　关于"心即理"，陆九渊还说：

> 四端者，即此心也；天之所以与我者，即此心也。人皆有是心，心皆具是理，心即理也，故曰"理义之悦我心，犹刍豢之悦我口"。所贵夫学者，为其欲穷此理，尽此心也。⑦

---

①　陆九渊著，钟哲点校：《陆九渊集》，第四四四页。
②　陆九渊著，钟哲点校：《陆九渊集》，第二七三页。
③　陆九渊著，钟哲点校：《陆九渊集》，第三九八页。
④　陆九渊著，钟哲点校：《陆九渊集》，第一六一页。
⑤　陆九渊著，钟哲点校：《陆九渊集》，第四至五页。
⑥　陆九渊著，钟哲点校：《陆九渊集》，第二七三页。
⑦　陆九渊著，钟哲点校：《陆九渊集》，第一四九页。

陆九渊认为，"心即理"的核心在于"心"为本体。依着他的理解，虽然"心"已具足"理"，但"理"并非由外在赋予，而乃"心"所固有且完满自足。他说："道理无奇特，乃人心所固有，天下所共由，岂难知哉？"① 当然，"理"主要指"仁义道德"。他说："道塞宇宙，非有所隐遁，在天曰阴阳，在地曰柔刚，在人曰仁义。故仁义者，人之本心也。孟子曰：'存乎人者，岂无仁义之心哉？'又曰：'我固有之，非由外铄我也。'愚不肖者不及焉，则蔽于物欲而失其本心；贤者智者过之，则蔽于意见而失其本心。"② 总之，"心"包含"森然万物之理"。他说："万物森然于方寸之间，满心而发，充塞宇宙，无非此理。"③ 既然如此，发展变化之神妙亦源于"心"。也就是说，不仅世界静态之"理"源于"心"，而且世界动态之"理"亦源于"心"。陆九渊说："道未有外乎其心者。自可欲之善至于大而化之之圣，圣而不可知之神，皆吾心也。"④ 总之，"心"乃取之不尽、用之不竭的"理"之"源泉"。质言之，"心"乃天地万物之本体。他说：

> 今吾友既得其本心矣，继此能养之而无害，则谁得而御之。如木有根，苟有培浸而无伤戕，则枝叶当日益畅茂。如水有源，苟有疏浚而无壅窒，则波流当日益充积。所谓"源泉混混，不舍昼夜，盈科而后进，放乎四海"，有本者如是。⑤

第二节　"先立乎其大者"

陆九渊认为，既然"心即理"，而"心"为本体，那么道德修养便不能外求。他说："人精神在外，至死也劳攘，须收拾作主宰。收得精神在内时，当恻隐即恻隐，当羞恶即羞恶。谁欺得你？谁瞒得你？见得端的后，常涵养，

---

① 陆九渊著，钟哲点校：《陆九渊集》，第一八四页。
② 陆九渊著，钟哲点校：《陆九渊集》，第九页。
③ 陆九渊著，钟哲点校：《陆九渊集》，第四二三页。
④ 陆九渊著，钟哲点校：《陆九渊集》，第二二八页。
⑤ 陆九渊著，钟哲点校：《陆九渊集》，第九三页。

是甚次第。"① 实际上，"反省内求"为修养功夫之正途，因为"反省内求"为"学问根源"。他说："此便是学问根源也。若能无懈怠，暗室屋漏亦如此，造次必于是，颠沛必于是，何患不成。故云'君子以自昭明德'。……古之学者为己，所以自昭其明德。己之德已明，然后推其明以及天下。……今之学者，只有心于枝叶，不求实处。"② 他的意思是，"反省内求"为学问的根本。他说："凡物必有本末。且如就树木观之，则其根本必差大。吾之教人，大概使其本常重，不为末所累。然今世论学者却不悦此。"③ 因此，不能为读书而读书，因为读书本身不是目的，目的在于识得"本心"。有人问陆九渊："何不著书？"他回答说："六经注我，我注六经？"④ "学苟知本，《六经》皆我注脚。"⑤ 关于"反省内求"，陆九渊还说：

> 此天所以予我者，非由外铄我也。思则得之，得此者也；先立乎其大者，立此者也；积善者，积此者也；集义者，集此者也；知德者，知此者也；进德者，进此者也。同此之谓同德，异此之谓异端。⑥

陆九渊认为，"反省内求"的关键是"先立乎其大者"。他说："孟子曰：'先立乎大者，则其小者不能夺也。'人惟不立乎大者，故为小者所夺，以叛乎此理，而与天地不相似。"⑦ 所谓"大者"，指"心即理"之说。因此，所谓"先立乎其大者"，指先"识得本心"、先"发明本心"。他说："尊兄平日只被闲牵引，所以不能自立。今既见得此理，便宜自立。此理即是大者，何必使他人明指大者？"⑧ 在陆九渊看来，"先立乎其大者"属于"易简"功夫。他说："故正理在人心，乃所谓固有。易而易知，简而易从，初非甚高难行之事，然自失正者言之，必由正学以克其私，而后可言也。"⑨ 不过，虽然"易简"，但此功夫不仅可以认识全体，而且可以保持长久。他说："学无二事，

---

① 陆九渊著，钟哲点校：《陆九渊集》，第四五四页。
② 陆九渊著，钟哲点校：《陆九渊集》，第四四四页。
③ 陆九渊著，钟哲点校：《陆九渊集》，第四〇七页。
④ 参见陆九渊著，钟哲点校《陆九渊集》，第三九九页。
⑤ 陆九渊著，钟哲点校：《陆九渊集》，第三九五页。
⑥ 陆九渊著，钟哲点校：《陆九渊集》，第一页。
⑦ 陆九渊著，钟哲点校：《陆九渊集》，第一四二页。
⑧ 陆九渊著，钟哲点校：《陆九渊集》，第一四三页。
⑨ 陆九渊著，钟哲点校：《陆九渊集》，第一五〇页。

无二道，根本苟立，保养不替，自然日新。所谓可久可大者，不出简易而已。"① 更为重要的是，经过上述修养功夫，人可以达到"圣人"的境界。关于这个境界，陆九渊以"全知""全能"来概括。他说："无事时，只似一个全无知无能的人。及事至方出来，又却似个无所不知、无所不能之人。"② 因此，"先立乎其大者"被陆九渊视为为学宗旨。他说：

> 吾之学问与诸处异者，只是在我全无杜撰，虽千言万语，只是觉得他的在我不曾添一些。近有议吾者云："除了'先立乎其大者'一句，全无伎俩。"吾闻之曰："诚然。"③

那么，如何"反省内求"呢？在陆九渊，具体途径主要包括如下两个方面：

其一，"存养本心"。在陆九渊看来，"存养是主人，检敛是奴仆"④。他说："既知自立，此心无事时，须要涵养，不可便去理会事。"⑤ 具体来讲，所谓"存养本心"，从消极意义上说，即"求放心"，指使"本心"不被"戕贼放失"。他说："人孰无心，道不外索，患在戕贼之耳，放失之耳。古人教人，不过存心、养心、求放心。此心之良，人所固有，人惟不知保养而反戕贼放失之耳。苟知其如此，而防闲其戕贼放失之端，日夕保养灌溉，使之畅茂条达，如手足之捍头面，则岂有艰难支离之事？今日向学，而又艰难支离，迟回不进，则是未知其心，未知其戕贼放失，未知所以保养灌溉。此乃为学之门，进德之地。"⑥ 从积极意义上说，是积极地充实涵养"本心"，使其真正主宰人生践履，从而实现"天人合一"。陆九渊说："只'存'一字，自可使人明得此理。此理本天所以与我，非由外铄。明得此理，即是主宰。真能为主，则外物不能移，邪说不能惑。"⑦ 他还说："复其本心，使此一阳为主于内，造次必于是，颠沛心于是，无终食之间而违于是。"⑧ 总之，关于"存

---

① 陆九渊著，钟哲点校：《陆九渊集》，第六四页。
② 陆九渊著，钟哲点校：《陆九渊集》，第四五五页。
③ 陆九渊著，钟哲点校：《陆九渊集》，第四〇〇页。
④ 陆九渊著，钟哲点校：《陆九渊集》，第四五〇页。
⑤ 陆九渊著，钟哲点校：《陆九渊集》，第四五四页。
⑥ 陆九渊著，钟哲点校：《陆九渊集》，第六四页。
⑦ 陆九渊著，钟哲点校：《陆九渊集》，第四页。
⑧ 陆九渊著，钟哲点校：《陆九渊集》，第六页。

养本心"，陆九渊还说：

> 天降衷于人，人受中以生，是道固在人矣。孟子曰："从其大体"，
> 从此者也。又曰："养其大体"，养此者也。又曰："养而无害"，无害乎
> 此者也。又曰："先立乎其大者"，立乎此者也。居之谓之广居，立之谓
> 之正位，行之谓之正道。非居广居，立正位，行大道，则何以为大
> 丈夫？①

其二，"剥落物欲"。在陆九渊看来，虽然"良知""良能"乃人所固有，
但是"物欲"会使"本心"染上"尘埃"。他说："人之所以病道者：一资
禀，二渐习。"② 因此，人会出现"愚"和"不肖"的情况。他说："气有所
蒙，物有所蔽，势有所迁，习有所移，往而不返，迷而不解，于是为愚为不
肖。"③ 质言之，"物欲"是"恶"的来源。他说："此乃害心之本，非心之本
也，是所以蔽其本心者也。愚不肖者之蔽在于物欲，贤者智者之蔽在于意见，
高下污洁虽不同，其为蔽理溺心而不得其正，则一也。"④ 因此，"剥落物欲"
才可恢复并保持"本心"。他说："人心有病，须是剥落。剥落得一番，即一
番清明，后随起来，又剥落，又清明，须是剥落得净尽方是。"⑤ 在陆九渊看
来，"剥落物欲"如同"打叠田地净洁"，然后才可"奋发植立"。他说："学
者须是打叠田地净洁，然后令他奋发植立。若田地不净洁，则奋发植立不
得。"⑥ 或者说，"剥落物欲"如同"减担"，即减除外在负担。他说："圣人
之言自明白。且如'弟子入则孝，出则弟'，是分明说与你入便孝，出便弟，
何须得传注？学者疲精神于此，是以担子越重。到某这里，只是与他减担，
只此便是格物。"⑦ 关于"剥落物欲"，陆九渊还说：

> 吾心之良吾所固有也。吾所固有而不能以自保者，以其有以害之
> 也。……夫所以害吾心者何也？欲也。欲之多，则心之存者必寡，欲之

---

① 陆九渊著，钟哲点校：《陆九渊集》，第一八〇页。
② 陆九渊著，钟哲点校：《陆九渊集》，第四四八页。
③ 陆九渊著，钟哲点校：《陆九渊集》，第二三八页。
④ 陆九渊著，钟哲点校：《陆九渊集》，第一一页。
⑤ 陆九渊著，钟哲点校：《陆九渊集》，第四五八页。
⑥ 陆九渊著，钟哲点校：《陆九渊集》，第四六三页。
⑦ 陆九渊著，钟哲点校：《陆九渊集》，第四四一页。

寡，则心之存者必多。……欲去则心自存矣。①

第三节　朱陆之辩

宋明理学以为儒家伦理奠定本体论基础为宗旨，主要内容包括探讨道德根源、恶的来源以及修养功夫等。不过，学者们对这些内容多持不同的观点。在南宋，朱熹与陆九渊兄弟曾先后有过六次辩论，既包括"鹅湖之会"、"铅山之会"②、"南康之会"③ 的当面辩论，亦包括通过书信的间接探讨。其中，"鹅湖之会"在学术史上最为著名。宋孝宗淳熙二年（1175 年），为了调和、会通二人的思想，吕祖谦约朱熹、陆九渊兄弟前往信州鹅湖寺论学，专门讨论"教人之方"。此次"鹅湖之会"，双方辩论了三四天，分别表达了各自的为学主张，但最终并未取得共识。关于这次辩论，朱亨道记载道："鹅湖讲道切诚，当今盛事。伯恭盖虑朱与陆议论犹有异同，欲会归于一，而定其所适从……鹅湖之会，论及教人。元晦之意，欲令人泛观博览，而后归之约。二陆之意，欲先发明人之本心，而后使之博览。朱以陆之教人为太简，陆以朱之教人为支离，此颇不合。"④ 总的讲，朱熹与陆九渊兄弟基于共同的儒家宗旨，围绕"道问学"与"尊德性"、"理学"与"心学"提出诸多不同主张，形成"冰炭"不相融之势。关此，黄宗羲评论道：

> 先生（指陆九渊——引者注）之学，以尊德性为宗，谓："先立乎其大，而后天之所以与我者，不为小者所夺。夫苟本体不明，而徒致功于外索，是无源之水也。"同时紫阳之学，则以道问学为主，谓："格物穷理，乃吾人入圣之阶梯。夫苟信心自是，而惟从事于覃思，是师心之用也。"……于是宗朱者诋陆为狂禅，宗陆者以朱为俗学，两家之学各成门

---

① 陆九渊著，钟哲点校：《陆九渊集》，第三八〇页。
② 淳熙七年（1180 年），陆九渊之兄陆九龄访朱熹于铅山观音寺，二人进一步探讨了"为学之方"等问题，史称"铅山之会"。
③ 淳熙八年（1181 年），陆九渊访学南康，与朱熹再次就"为学之方"进行探讨，史称"南康之会"。
④ 陆九渊著，钟哲点校：《陆九渊集》，第四九一页。

户，几如冰炭矣。①

　　具体来讲，"朱陆之辩"的主要问题可归结为如下几个方面。

　　其一，"性即理"还是"心即理"。关此，朱、陆有不同的主张，而不同主张反映了"理学"与"心学"的根本差异。大致来讲，朱熹主张"性即理"，认为"心"与"理"为二。在他看来，"理"既是天地万物的本体，又是伦理道德的根源。他说："宇宙之间，一理而已，天得之而为天，地得之而为地，而凡生于天地之间者，又各得之以为性。其张之为三纲，其纪之为五常，盖皆此理之流行，无所适而不在。"② 而且，由于"性"乃禀受"天理"而成，故"性"即是"理"。他说："性，即理也。天以阴阳五行化生万物，气以成形，而理亦赋焉，犹命令也。于是人物之生，因各得其所赋之理，以为健顺五常之德，所谓性也。"③ 不过，"性"与"心"是不同的："性"是"心"的主宰，"心"作为"理"与"气"的结合物，乃"性"的载体。他说："理无心，则无着处。"④ "心固是主宰的意，然所谓主宰者，即是理也，不是心外别有个理，理外别有个心。"⑤ 在朱熹看来，"心"与其他物一样，亦由"理"与"气"结合而成。与朱熹不同，陆九渊则主张"心即理"，认为"心"与"理"为一。他说："盖心，一心也，理，一理也，至当归一，精义无二，此心此理，实不容有二。"⑥ 在此意义下，无论哪里的人，无论何时的人，其认识都是相同的。他说："东海有圣人出焉，此心同也，此理同也。西海有圣人出焉，此心同也，此理同也。南海北海有圣人出焉，此心同也，此理同也。千百世之上以千百世之下，有圣人出焉，此心此理，亦莫不同也。"⑦ 质言之，在陆九渊看来，"心"乃天地万物的本体，故亦即道德的根源。他说："四端者，即此心也；天之所以与我者，即此心也。人皆有是心，心皆具是理，心即理也，故曰'理义之悦我心，犹刍豢之悦我口'。所贵

①　沈善洪主编：《黄宗羲全集》第五册，第二七七页。
②　朱熹撰，朱杰人等主编：《朱子全书》第二十三册，第三三七六页。
③　朱熹：《四书章句集注》，第一七页。
④　黎靖德编，王星贤点校：《朱子语类》第一册，第八五页。
⑤　黎靖德编，王星贤点校：《朱子语类》第一册，第四页。
⑥　陆九渊著，钟哲点校：《陆九渊集》，第四至五页。
⑦　陆九渊著，钟哲点校：《陆九渊集》，第四八三页。

夫学者，为其欲穷此理，尽此心也。"① 此外，"理"与"性"是不同的，因为"理"为人伦日用之理，"性"则为"天之所命"。陆九渊说："人乃天之所生，性乃天之所命。自理而言，而曰大于天地，犹之可也。自人而言，则岂可言大于天地？"②

其二，关于"无极"和"太极"。与对"理"的不同理解紧密相关，朱熹和陆九渊还围绕"无极"和"太极"进行了辩论。关于"无极"，朱熹认为，周敦颐《太极图说》的"无极而太极"③ 之说，意指，"无极"并非"太极"之外别有一物，而只是对"太极""超越"性质的强调，故而在"太极"前加上了"无极"二字。他说："殊不知不言无极，则太极同于一物，而不足为万化之根；不言太极，则无极沦于空寂，而不能为万化之根。只此一句，便见其下语精密，微妙无穷。"④ 在朱熹看来，所谓"无极而太极"，实指"太极""无形而有理"。他说："'无极而太极'，只是说无形而有理。所谓太极者，只二气五行之理，非别有物为太极也。又云：'以理言之，则不可谓之有；以物言之，则不可谓之无。'"⑤ 陆九渊则认为，《太极图说》并非周敦颐所著，以"无极"加于"太极"之上亦有误。质言之，"太极"已有"本原"之义，故无须叠床架屋，再在之前加"无极"二字。重要的是，"无极"乃老子之语，"太极图"亦为道家之"物"，故儒家不宜取用。他说："尊兄未尝实见太极，若实见太极，上面必不更加'无极'字，下面必不更着'真体'字。上面加'无极'字，正是叠床上之床；下面着'真体'字，正是架屋下之屋。……老氏以无为天地之始，以有为万物之母，以常无观妙，以常有观窍，直将'无'字搭在上面，正是老氏之学，岂可讳也？"⑥ 关于"太极"，在朱熹看来，"太极"乃万理的总和，乃"形而上"的"实体"即"道"。他说："太极者，何也？即两仪、四象、八卦之理具于三者之先，而蕴于三者之内者也。圣人之意，正以其究竟至极，无名可名，故特谓之太极。"⑦

---

① 陆九渊著，钟哲点校：《陆九渊集》，第一四九页。
② 陆九渊著，钟哲点校：《陆九渊集》，第一六一页。
③ 周敦颐著，陈克明点校：《周敦颐集》，第三页。
④ 朱熹撰，朱杰人等主编：《朱子全书》第二十一册，第一五六〇页。
⑤ 黎靖德编，王星贤点校：《朱子语类》第六册，第二三六五 - 二三六六页。
⑥ 陆九渊著，钟哲点校：《陆九渊集》，第二七 - 二八页。
⑦ 朱熹撰，朱杰人等主编：《朱子全书》第二十一册，第一五六七页。

在陆九渊看来，"太极"则为关于世界整体的"实理"。他说："太极、皇极，乃是实字，所指之实，岂容有二！充塞宇宙，无非此理，岂容以字义拘之乎？……盖同指此理，则曰极、曰中、曰至，其实一也。"① 不过，"实理"并非"实体"，而是意指"实有其理"，因为"理"只是"实体"之"心"所具有者。他还说："夫太极者，实有是理，圣人从而发明之耳，非以空言立论，使人簸弄于颊舌纸笔之间也。其为万化根本固自素定，其足不足，能不能，岂以人之言不言之故耶？"②

其三，关于"恶"的来源。关此，朱熹与陆九渊亦有不同主张。朱熹认为，人同时有"天命之性"与"气质之性"："天命之性"由禀受"天理"而成，故是纯善无恶的；"气质之性"由禀受"气"而成，故是有善有恶的。质言之，"气质之性"乃"恶"的来源。他说："若夫人物之生，性命之正，固亦莫非天理之实，但以气质之偏，口鼻耳目四肢之好，得以蔽之，而私欲生焉。"③ 不过，在陆九渊看来，恶的来源不在"本心"，而在于外在的"物欲"。他说："此乃害心之本，非心之本也，是所以蔽其本心者也。愚不肖者之蔽在于物欲，贤者智者之蔽在于意见，高下污洁虽不同，其为蔽理溺心而不得其正，则一也。"④ 因此，朱熹批评陆九渊，认为其错误在于不知"气质之性"。他说："陆子静之学，看他千般万般病，只在不知有气禀之杂，把许多粗恶的气都把做心之妙理，合当恁地自然做将去。……看来这错处，只在不知有气禀之性。"⑤ 陆九渊则批评朱熹，认为其错误在于区分"天命之性"与"气质之性"、"天理"与"人欲"，此与儒家"天人合一"的传统相悖。他说："天理人欲之言，亦自不是至论。若天是理，人是欲，则是天人不同矣。此其原盖出于老氏。"⑥

其四，关于道德修养功夫。由于朱、陆对于道德根源和"恶"的来源持不同看法，故他们关于道德修养功夫的主张亦不相同。在朱熹看来，"理"是外在于人心的，而天下万物莫不有"理"，所以道德修养需要以"格物致知"

---

① 陆九渊著，钟哲点校：《陆九渊集》，第二八－二九页。
② 陆九渊著，钟哲点校：《陆九渊集》，第二三页。
③ 朱熹撰，朱杰人等主编：《朱子全书》第陆册，第五九二页。
④ 陆九渊著，钟哲点校：《陆九渊集》，第一一页。
⑤ 黎靖德编，王星贤点校：《朱子语类》第八册，第二九七七页。
⑥ 陆九渊著，钟哲点校：《陆九渊集》，第三九五页。

为主。他说："是以《大学》始教，必使学者即凡天下之物，莫不因其已知之理而益穷之，以求至乎其极。至于用力之久，而一旦豁然贯通焉，则众物之表里精粗无不到，而吾心之全体大用无不明矣。"① 进而，"持敬"和"穷理"乃"格物致知"的两条途径，而这两条途径可互相促进、互相发明。他说："学者工夫，唯在居敬、穷理二事。此二事互相发。能穷理，则居敬工夫日益进；能居敬，则穷理工夫日益密。"② 不过，在二者之间，"持敬"更为重要。他说："主敬、穷理虽二端，其实一本。持敬是穷理之本；穷得理明，又是养心之助。"③ 陆九渊则认为，既然"心即理"，故道德修养不必心外求知，而只需"发明本心"即可。他说："苟此心之存，则此理自明，当恻隐处自恻隐，当羞恶，当辞让，是非在前，自能辨之。"④ 在他看来，"发明本心"乃"先立乎其大者"，而扩充"本心"便为道德行为。他说："汝耳自聪，目自明，事父自能孝，事兄自能弟，本无少缺，不必他求，在乎自立而已。"⑤ 在他看来，"先立乎其大者"乃"易简功夫"。他说："正理在人心，乃所谓固有。易而易知，简而易从，初非甚高难行之事，然自失正者言之，必由正学以克其私，而后可言也。"⑥ 基于前述之不同，朱熹批评陆九渊"先立其大者"存在"尽废讲学"的"易简"之错。他说："子寿兄弟气象甚好，其病却是尽废讲学而专务践履，却于践履之中要人提撕省察，悟得本心，此为病之大者。"⑦ 陆九渊则批评朱熹的"格物致知"为"支离事业"之错。他说："吾尝与晦翁书云：'揣量模写之工，依放假借之似，其条画足以自信，其节目足以自安'，此言切中晦翁之膏肓。"⑧ 他还说："易简工夫终久大，支离事业竟浮沉。"⑨

---

①　朱熹：《四书章句集注》，第七页。
②　黎靖德编，王星贤点校：《朱子语类》第一册，第一五〇页。
③　黎靖德编，王星贤点校：《朱子语类》第一册，第一五〇页。
④　陆九渊著，钟哲点校：《陆九渊集》，第三九六页。
⑤　陆九渊著，钟哲点校：《陆九渊集》，第四〇八页。
⑥　陆九渊著，钟哲点校：《陆九渊集》，第一五〇页。
⑦　朱熹撰，朱杰人等主编：《朱子全书》第贰拾壹册，第一三五〇页。
⑧　陆九渊著，钟哲点校：《陆九渊集》，第四二〇页。
⑨　陆九渊著，钟哲点校：《陆九渊集》，第三〇一页。

第十五章　陈亮、叶适

第一节　陈　亮

陈亮（1143—1194 年），原名汝能，后改名亮，又改名同，字同甫，号龙川，世称龙川先生，谥号"文毅"。婺州永康（今浙江省永康市）人。曾以布衣身份多次上书，批评时政，后因净言等故三次入狱。晚年在家设塾，讲学著述。宋光宗绍熙四年（1193 年）五十岁时状元及第，被授签书建康府判官，但病逝于赴任途中。

陈亮是南宋"永康学派"①的创始人，也是浙东"事功学派"的代表人物。在当时，"事功学派"与"理学派""心学派"并列为南宋三大学派；三大学派虽均为儒家学派，但其义理却多相抵牾。陈亮的主要著作有《上孝宗皇帝书》《酌古论》《中兴五论》等，后所著被辑为《龙川文集》《龙川集》《陈亮集》和《陈亮集》（增订本）等。

一、"道行于事物"

关于"道器关系"，陈亮既反对理学的观点，亦批评心学的主张。关于理学的观点，他认为，理学虽作为"得之深者"，留心外界"文理密察之道"，却"肆而不约"、支离破碎，不能解决经济社会实际问题。质言之，朱熹之误在于"道"离开事物而存在的观点。关于心学的主张，他认为，心学家作为"得之浅者"，只注意个人心性培养，使心性不受事物干扰，结果使人成为

---

① "永康学派"即指南宋以陈亮为代表的学派。因陈亮为婺州永康人，故有此称。学者称陈亮为龙川先生，故此学派亦称"龙川学派"。

"枯木死灰"，对国家安危更不起作用。质言之，陆九渊之误在于"玩心于无形之表"。总之，这两种观点均脱离实际，实令人悲哀。他说："世之学者，玩心于无形之表，以为卓然而有见，事物虽众，此其得之浅者，不过如枯木死灰而止耳；得之深者，纵横妙用，肆而不约，安知所谓文理密察之道？泛乎中流，无所底止，犹自谓其有得，岂不可哀也哉！"① 而且，"道"在事物之外的观点与佛教是相通的。他说："夫'不为尧存，不为桀亡'者，非谓其舍人而为道也。若谓道之存亡非人所能与，则舍人可以为道，而释氏之言不诬矣。"② 然而，真正的学问应是关心实际问题的。陈亮说：

> 夫渊源正大之理，不于事物而达之，则孔孟子之学真迂阔矣，非时君不用之罪也。③

在陈亮看来，合理的"道器关系"是"道行于事物"，即"道"与"事""物"是统一的。在他看来，宇宙与人生日用无非"事物"，并无其他独立自存之物。他说："夫盈宇宙者无非物，日用之间无非事。"④ 而且，"事物"均是有"道"的，当然"道"主要指道德原则。他说："尧舜之所以治天下者，岂能出乎道之外哉！仁义孝悌，礼乐刑政，皆其物也。"⑤ 更为重要的是，"道"不脱离具体事物，而是存在于"事物"之中。他说："夫道之在天下，何物非道，千涂万辙，因事作则，苟能潜心玩省，于所已发处体认，则知'夫子之道，忠恕而已'非设辞也。"⑥ 也就是说，"道"并非外在独存之物，而是"流行"于具体事物之中。他说："道之在天下，平施于日用之间，得其性情之正者，彼固有以知之矣。……而其所谓平施于日用之间者，与生俱生，固不可得而离也。"⑦ 质言之，"道行于事物"。他说："天下岂有道外之事哉……夫道，非出于形气之表，而常行于事物之间者也。……天下固无道外之事也。"⑧ 因此，所谓"行道"，不过是人生日用之"事物"而已。陈亮说：

① 陈亮著，邓广铭点校：《陈亮集》（增订本），北京：中华书局1987年（下同），第三一九页。
② 陈亮著，邓广铭点校：《陈亮集》（增订本），第三四五页。
③ 陈亮著，邓广铭点校：《陈亮集》（增订本），第一〇二页。
④ 陈亮著，邓广铭点校：《陈亮集》（增订本），第一〇三页。
⑤ 陈亮著，邓广铭点校：《陈亮集》（增订本），第一一九页。
⑥ 陈亮著，邓广铭点校：《陈亮集》（增订本），第三一九页。
⑦ 陈亮著，邓广铭点校：《陈亮集》（增订本），第一〇四页。
⑧ 陈亮著，邓广铭点校：《陈亮集》（增订本），第一〇〇页。

夫道岂有他物哉，喜、怒、哀、乐、爱、恶得其正而已；行道岂有他事哉，审喜、怒、哀、乐、爱、恶之端而已。①

由"道器关系"出发，陈亮还探讨了"理欲关系"，并提出"理欲统一"的思想。在他看来，"基本物欲"乃人生存的基本条件，故"基本物欲"即所谓的"人性"。他说："耳之于声也，目之于色也，鼻之于臭也，口之于味也，四肢之于安佚也，性也，有命焉。出于性，则人之所同欲也；委于命，则必有制之者而不可违也。"② 因此，无论是古今还是圣凡，所有人都有"人欲"，"人欲"是普遍的、相同的。他说："才有人心便有许多不净洁，革道止于革面，亦有不尽概圣人之心者。"③ 由此来讲，所谓"三代"天理人欲之别只是程度不同，并无本质的差别。④ 他说："某大概以为三代做得尽者也，汉唐做不到尽者也。"⑤ 因此，唯有满足"基本物欲"，才可谓"人道完备"，否则便只能是"人道有阙"。他说："万物皆备于我，而一人之身，百工之所为具。天下岂有身外之事，而性外之物哉！百骸九窍具而为人，然而不可以赤立也，必有衣焉以衣之，则衣非外物也；必有食焉以食之，而食非外物也；……有一不具，则人道为有阙，是举吾身而弃之也。"⑥ 总之，"物欲"具有一定的合理性。陈亮说：

> 人生何为？为其有欲。欲也必争，惟日不足。粗足而休，惟君也独。抱此入土，吉不必卜。⑦

进而，陈亮还讨论了"义利关系"。所谓"义"，主要指道德；所谓"利"，主要指功利。通常来讲，儒家传统强调"义""利"之分，并且主张

---

① 陈亮著，邓广铭点校：《陈亮集》（增订本），第一〇一页。
② 陈亮著，邓广铭点校：《陈亮集》（增订本），第四二页。
③ 陈亮著，邓广铭点校：《陈亮集》（增订本），第三五二页。
④ 朱熹认为，"三代"为"天理流行"的"王道盛世"，"三代"以后为"人欲横流"的"霸道衰世"；"天理"为"义"，"人欲"为"利"。他说："若谓只'言忠信，行笃敬'便可，则自汉唐以来，岂是无此等人，因甚道统之传却不曾得，亦可见矣。"参见黎靖德编，王星贤点校《朱子语类》第二册，第四三五页。
⑤ 陈亮著，邓广铭点校：《陈亮集》（增订本），第三四八页。
⑥ 陈亮著，邓广铭点校：《陈亮集》（增订本），第四四页。
⑦ 陈亮著，邓广铭点校：《陈亮集》（增订本），第四八八页。

重"义"轻"利"。例如，孔子说："君子喻于义，小人喻于利。"① 不过，陈亮反对把二者对立起来，也反对"重义轻利"或"舍利求义"。他说："禹无功，何以成六府？《乾》无利，何以具四德？"② 在他看来，"义"与"利"是不可分离的。他说："为士者耻言文章、行义，而曰'尽心知性'；居官者耻言政事、书判，而曰'学道爱人'。相蒙相欺以尽废天下之实，则亦终于百事不理而已。"③ 在陈亮看来，不仅不能"重义轻利"，反而应该重视功利。他说："利之所在，何往而不可为哉。故朝廷立法日以密，而士大夫论其利害日以详，然终无补于事者，上下不复相恤也。"④ 正因为如此，即便是"义利双行"的观点也仍有错，因为它把"义""利"当作两件事来看。实际上，"义"与"利"是统一的，且统一于"头颅"即"利"。陈亮说：

> 诸儒自处者曰义曰王，汉唐做得成者曰利曰霸。一头自如此说，一头自如彼做；说得虽甚好，做得亦不恶；如此却是义利双行，王霸并用。如亮之说，却是直上直下，只有一个头颅做得成耳。自来十论，大抵敷广此意。⑤

二、事功思想

关于理想人格，陈亮不赞同朱熹"学为圣人"的主张，即，通过道德修养追求圣人理想人格。朱熹认为，人应"以醇儒自律"，"迁善改过"，努力追求圣人境界。他说："从事于惩忿窒欲、迁善改过之事，粹然以醇儒之道自律，则岂独免于人道之祸，而其所以培壅本根，澄源正本，为异时发挥事业之地者，益光大则高明矣。"⑥ 他还说："圣人万善皆备，有一毫之失，此不足为圣人。……圣人要求备，故大舜无一毫厘不是，此所以为圣人。不然，又安足谓之舜哉！"⑦ 不过，在陈亮看来，儒者只是一种职业；尽管这种职业

① 何晏注，邢昺疏，朱汉民整理，张岂之审定：《论语注疏》，第51页。
② 沈善洪主编：《黄宗羲全集》第五册，第二三六页。
③ 陈亮著，邓广铭点校：《陈亮集》（增订本），第二七一页。
④ 陈亮著，邓广铭点校：《陈亮集》（增订本），第一四〇页。
⑤ 陈亮著，邓广铭点校：《陈亮集》（增订本），第三四〇页。
⑥ 朱熹撰，朱杰人等主编：《朱子全书》第二十一册，第一五八一页。
⑦ 黎靖德编，王星贤点校：《朱子语类》第一册，第二三二页。

比较伟大，但"醇儒"、圣贤并非人之唯一的人格追求。他说："学者学为成人，而儒者亦一门户中之大者耳。秘书（指朱熹——引者注）不教以成人之道，而教以醇儒自律，岂揣其分量则止于此乎？不然，亮犹有遗恨也。"① 陈亮的意思是，人如果只有"德""仁""义"，而没有"才""智""勇"，尽管可能成为"无一毫走作"之"醇儒"，但此并非健全的"成人之道"。他说：

> 气不足以充其所知，才不足以发其所能，守规矩准绳而不敢有一毫走作，传先民之说而后学有所持循，此子夏所以分出一门而谓之儒也；成人之道宜未尽于此。故后世所谓有才而无德，有智勇而无仁义者，皆出于儒者之口。才德双行，智勇仁义交出而并见者，岂非诸儒有以引之乎！②

在陈亮看来，健全的"成人之道"乃"学为成人"，所谓"成人"指既有"德""仁""义"，又有"才""智""勇"的人。具体来讲，陈亮所期望的理想人格，首先是成为一个"人"，因为"人"与"天""地"并称为"三才"，而"圣人"不过是"人之极"而已，"大人"不过是"人之大"而已。他说："天地人为三才，人生只是要做个人。圣人，人之极则也。如圣人，方是成人。……谓之圣人者，于人中为圣；谓之大人者，于人中为大。"③ 因此，他批评脱离实际的学风，认为其乃"风痹不知痛痒"。他说："今世之儒士自以为得正心诚意之学者，皆风痹不知痛痒之人也。举一世安于君父之仇，而方低头拱手以谈性命，不知何者谓之性命乎！"④ 他的意思是，人的理想追求，先不要说是否成为"醇儒"，而要先成为对社会有用之人。由此来看，尽管管仲不合儒家理想，但孔子依然对其有较高评价，原因在于他对社会做出了贡献。⑤ 总之，权衡"世界轻重有无"的结论是，人不应该局限于

---

① 陈亮著，邓广铭点校：《陈亮集》（增订本），第三四一页。
② 陈亮著，邓广铭点校：《陈亮集》（增订本），第三四〇至三四一页。
③ 陈亮著，邓广铭点校：《陈亮集》（增订本），第三四六页。
④ 陈亮著，邓广铭点校：《陈亮集》（增订本），第九页。
⑤ 孔子说："管仲相桓公，霸诸侯，一匡天下，民到于今受其赐。微管仲，吾其被发左衽矣。"他还说："桓公九合诸侯，不以兵车，管仲之力也。如其仁，如其仁。"何晏注，邢昺疏，朱汉民整理，张岂之审定：《论语注疏》，第192、191页。

追求儒家理想，而应该首先做个"适用"之人。陈亮说：

> 才立个儒者名字，固有该不尽之处矣。学者，所以学成人也，而岂必其儒哉！……管仲尽合有商量处，其见笑于儒家亦多，毕竟总其大体，却是个人，当得世界轻重有无，故孔子曰"人也"。亮之不肖，于今世儒者无能为役，其不足论甚矣，然亦自要做个人，非专徇管、萧（指管仲、萧何——引者注）以下规摹也，正欲揽金银铜铁镕作一器，要以适用为主耳。①

在陈亮看来，"天下"并非少数君王的"天下"，而是天下人之"天下"。他认为，君王等统治者乃天下人中的出类拔萃者。他说："昔者生民之初，类聚群分，各相君长。其尤能者，则相率而听命焉，曰皇曰帝。"② 不过，君王的权力并非"神授"。具体来讲，君王乃由天下人"推而出之"，故其并不"据乎人民之上"，其也并非必然的统治者。他说："方天地设位之初，类聚群分，以戴其尤能者为之君长，奉其能者为之辅相。彼所谓后王君公，皆天下之人推而出之，而非其自相尊异，据乎人民之上也。乃法度既成，而君臣有定位。"③ 因此，"人心"和"民命"乃"天下"之根本。他说："夫天下之事，孰有大于人心之与民命者乎？而其要则在夫一人之心也。"④ 既然如此，君王治国理政时就须为百姓"求实利""建实功"。质言之，"人主之心不可以不仁"⑤。因此，君王需要"正其心"，即以国计民生为本。他说："一人之心，万化之原也。本原不正，其如正天下何？是故人主不可不先正其心也。"⑥ 而且，君王需要时时"操存其心"。陈亮说：

> 天下岂有道外之事哉，而人心之危不可一息而不操也。不操其心，而从容乎声、色、货、利之境，以泛应乎一日万机之繁，而责事之不效，亦可谓失其本矣。⑦

---

① 陈亮著，邓广铭点校：《陈亮集》（增订本），第三四六至三四七页。
② 陈亮著，邓广铭点校：《陈亮集》（增订本），第三三页。
③ 陈亮著，邓广铭点校：《陈亮集》（增订本），第三九页。
④ 陈亮著，邓广铭点校：《陈亮集》（增订本），第一一六页。
⑤ 陈亮著，邓广铭点校：《陈亮集》（增订本），第一九七页。
⑥ 陈亮著，邓广铭点校：《陈亮集》（增订本），第一九四页。
⑦ 陈亮著，邓广铭点校：《陈亮集》（增订本），第一〇〇页。

　　进而，陈亮认为，君王要以"实利及民而惠足以为政"。他说："考古验今，要使实利用度民而惠足以为政，其亦有可讲习乎？"① 也就是说，君王"发言立政"，唯有"顺民之心"，方可安邦、强国。他说："古之帝王独明于事物之故，发言立政，顺民之心，因时之宜，处其常而不惰，遇其变而天下安之。"② 具体来讲，陈亮反对"重农抑商"，而主张"农商并重"。在他看来，农商之间不仅不对立，而且还可以互相促进。因此，"至极之则"乃"农商并举"，实现"有无相通""求以相辅"，以使"官民农商""各安其所而乐其生"。他说："古者官民一家也，农商一事也。上下相恤，有无相通，民病则求之官，国病则资诸民。商借农而立，农赖商而行，求以相辅，而非求以相病，则良法美意何尝一日不行于天下哉。……官民农商，各安其所而乐其生。夫是以为至治之极，而非徒恃法以为防也。后世官与民不复相知，农与商不复相资以为用，求以自利，而不恤其相病。故官常以民为难治，民常以官为厉己，农商盺盺相视，以虞其龙断而已"③ 总之，在德性与功利之间，不应忽视功利，而应"本末具举"。他说：

　　　　然而高卑小大，则各有分也；可否难易，则各有辨也。徇其侈心，而忘其分不度其力，无财而欲以为悦，不得而欲以为悦，使天下冒冒焉惟美好之是趋，惟争夺之是务，以至于丧其身而不悔。然后从而告之曰："身与心内也，夫物皆外也。徇外而忘内，不若乐其内而不愿乎其外也。"是教人以反本，而非本末具举之论也。④

第二节　叶　适

　　叶适（1150—1223 年），字正则，号水心居士，谥号"忠定"（一作"文定"），故又称"叶忠定""叶文定"。浙江永嘉（现温州）人，生于浙江瑞

---

① 陈亮著，邓广铭点校：《陈亮集》（增订本），第一五五页。
② 陈亮著，邓广铭点校：《陈亮集》（增订本），第一〇三页。
③ 陈亮著，邓广铭点校：《陈亮集》（增订本），第一四〇页。
④ 陈亮著，邓广铭点校：《陈亮集》（增订本），第四四页。

安。后因定居永嘉水心村，世称水心先生。宋淳熙五年（1178 年），中进士第二名，被授予文林郎。历任平江府观察推官、太学博士、尚书左选郎、国子司业、知泉州、兵部侍郎、吏部侍郎、知建康府兼沿江制置使、宝文阁待制兼江淮制置使等，后被弹劾夺职。去世后被追赠"光禄大夫"。

叶适是"永嘉学派"①的集大成者，也是浙东"事功学派"的代表人物。在当时，"事功学派"与"理学派""心学派"并列为南宋三大学派；三大学派虽同为儒家学派，但义理却多有抵牾。叶适的主要著作有《习学记言》《习学记言序目》《水心先生文集》《水心先生别集》等，后被辑为《叶适集》。

一、"物之所在，道则在焉"

叶适反对后世儒家将"道"视为本体，因为其乃对道家思想的继承。他说："老聃本周史官，而其书尽遗万事而特言道，凡其形貌朕兆，眇忽微妙，无不悉具。……《易传》及子思、孟子亦争言道，皆定为某物，故后世之于道始有异说，而又益以庄列西方之学，愈乖离矣。"② 实际上，所谓"道学"③并非儒学传统，而乃后儒"杜撰"之作。他说："道学之名，起于近世儒者，其意曰：'举天下之学皆不足以致其道，独我能之'，故云尔，其本少差，其末大弊矣。"④ 在叶适看来，"道"并非指事物本体，而是指事物之"理"，故其最终"归之于物"。他说："物之所在，道则在焉，物有止，道无止也。非知道者不能该物，非知物者不能至道。道虽广大，理备事足，而终归之于物，不使散流。"⑤ 同样，"极"作为"理之极至"，"皇极"作为"极之极至"，亦均乃"归之于物"。他说："夫极非有物，而所以建是极者则有物也。君子必将即其所以建者而言之，自有适无，而后皇极而可得而论也。"⑥ 总之，

---

① 南宋时期，浙江永嘉（现温州）出现事功之学，代表人物为薛季宣、陈傅良和叶适等，史称"永嘉学派"。

② 叶适：《习学记言序目》，北京：中华书局 1977 年（下同），第八六页。

③ "道学"即指"理学"，意指宋代儒学承接了孟子以后中断的"道统"。程颐曾说："自予兄弟倡明道学，世方惊疑，能使学者视效而信从，予与刘质夫为有力矣。"程颢、程颐著，王孝鱼点校：《二程集》，第六四三页。朱熹也说："二先生倡明道学于孔孟既没千载不传之后，可谓盛矣。"朱熹撰，朱杰人等主编：《朱子全书》第二十四册，第三六二四页。

④ 刘公纯等点校：《叶适集》，北京：中华书局 1961 年（下同），第五五四页。

⑤ 叶适：《习学记言序目》，第七〇二页。

⑥ 刘公纯等点校：《叶适集》，第七二八页。

"道"在物中，"道"不离物；若离开物，则无所谓"道"。叶适说：

> 上古圣人之治天下，至矣。其道在于器数，其通变在于事物；其纪
> 纲、伦类、律度、曲折莫不有义，在于宗庙、朝廷、州间、乡井之
> 间……①

在叶适看来，自然界乃由"五行""八卦"所标志的事物构成。他说：
"五行之物，遍满天下，触之即应，求之即得。"② 他还说："日与人接，最著
而察者八物，因八物之交错而象之者，卦也，此君子之所用，非个人之所知
也。"③ 既然自然界由事物构成，它便没有所谓的"意志"。他说："曰'飘风
不终朝，骤雨不终日，天地尚不能久，而况人乎'。夫飘风骤雨，非天地之意
也；陵肆发达，起于二气之争。至于过甚，亦有天地所不能止矣。"④ 正因为
如此，认识不能脱离具体事物，所谓知识乃对事物的认识。他说："《中庸》
曰：'诚者物之终始，不诚无物。'是故君子不以须臾离物也。夫其若是，则
知之至者，皆物格之验也。"⑤ 他还说："夫欲折衷天下之义理，必尽考详天
下之事物而后不谬。"⑥ 更为重要的是，认识正误之标准在于事物的检验。他
说："无验于事者其言不合，无考于器者其道不化，论高而实违，是又不可
也。"⑦ 总之，就自然界而言，只讲具体事物就足够了，而不必再讲"无极"
"太极"等。叶适说：

> 五行八卦，品列纯备，道之会宗，无所变流，可以日用而无疑矣，
> 奈何反为太极无极，动静男女，清虚一大，转相夸授，自贻蔽蒙？
> 悲夫！⑧

众所周知，自然界的具体事物是丰富多彩的。对此，叶适的解释是，虽
然不同事物有不同形态，但不同形态毕竟均为事物。他说："夫形于天地之间

---

① 刘公纯等点校：《叶适集》，第六九三页。
② 叶适：《习学记言序目》，第五八〇页。
③ 叶适：《习学记言序目》，第三四页。
④ 沈善洪主编：《黄宗羲全集》第五册，第一四三页。
⑤ 刘公纯等点校：《叶适集》，第七三一页。
⑥ 刘公纯等点校：《叶适集》，第六一四页。
⑦ 刘公纯等点校：《叶适集》，第六九四页。
⑧ 叶适：《习学记言序目》，第二二〇页。

者，物也；皆一而有不同者，物之情也；因其不同而听之，不失其所以一者，物之理也；坚凝纷错，逃遁谲伏，无不释然而解，油然而遇者，由其理之不可乱也。"① 进而，自然界不仅丰富多彩，而且是变化无穷的。他说："《易》者，易也。夫物之推移，世之迁革，流行变化，不常其所，此天地之至数也。"② 具体来讲，天地万物均由"气"形成，而"气"是不断变化的，变化的原因在于"阴""阳"矛盾。他说："夫天、地、水、火、雷、风、山、泽，此八物者，一气之所役，阴阳之所分，其始为造，其卒为化，而圣人不知其所由来者也。"③ 质言之，事物变化的原因是"成于两"即内在矛盾。他说："道原于一而成于两。古之言道者必以两。凡物之形，阴、阳、刚、柔，道、顺，向、背，奇、偶，离、合，经、纬，纪、纲，皆两也。夫岂惟此，凡天下之可言者，皆两也，非一也。一物无不然，而况万物？万物皆然，而况其相禅之无穷乎！"④ 然而，许多人对此却并不重视。他说：

> 天下不知其为两也久矣，而各执其一以自遂；奇谲秘怪，塞陋而不弘者，皆生于两之不明。是以施于君者失其父之所愿，援乎上者非其下之所欲，乖迕反逆，则天道穷而人文乱也。及其为两也，则又形具而机不运，迹滞而神不化。⑤

不过，尽管叶适非常强调"成于两"，但他更为重视"中庸"。所谓"中庸"，指矛盾双方的对方统一，即"济物之两而明道之一"，亦即矛盾双方之有条理而和谐的状态。他说："彼其所以通行于万物之间，无所不可，而无以累之，传于万世而不可易，何欤？呜呼！是其所谓中庸者耶！然则中庸者，所以济物之两而明道之一者也，为两之所能依而非两之所能在者也。水至于平而止，道至于中庸而止矣。"⑥ 无论是天地，还是人生，均以"中庸"为原则。他说："日月寒暑，风雨霜露，是虽远也而可以候推，此天之中庸也；候至而不应，是不诚也。艺之而必生，凿之而及泉，山岳附之、人畜附之而不

① 刘公纯等点校：《叶适集》，第六九九页。
② 刘公纯等点校：《叶适集》，第六九五页。
③ 刘公纯等点校：《叶适集》，第六九六页。
④ 刘公纯等点校：《叶适集》，第七三二页。
⑤ 刘公纯等点校：《叶适集》，第七三二页。
⑥ 刘公纯等点校：《叶适集》，第七三二页。

倾也，此地之中庸也。是故天诚覆而地诚载。惟人亦然，如是而生，如是而死，君臣父子，仁义教化，有所谓诚然也。"① 实际上，"中庸"乃事物变化的最高目的或最后归宿。他说："古之人，使中和为我用，则天地自位，万物自育，而吾顺之者也，尧、舜、禹、汤、文、武之君臣也。夫如是，则伪不起矣。"② 那么，人如何做到"中庸"呢？在叶适看来，"中庸"与"养诚"乃"互相发明"的关系。他说：

> 诚者，何也？曰："此其所以为中庸也。"……故中和者，所以养其诚也。中和足以养诚，诚足以为中庸，中庸足以济物之两而明道之一，此孔子之所谓至也。③

二、"内外交相成"的事功思想

叶适对道、佛思想进行了批判。关于道家思想，他认为，老子的"道""以有为无"，其"乱王道"之过"罪不容诛"。他说："盖老子之微言才十数章，其有见于道者，以盈为冲，以有为无，以柔为刚，以弱为强而已。然谓尧、舜、三代之圣皆不知出此也，道遂欲尽废之而以其说行天下。呜呼！使其为藏史之老聃欤？则执异学以乱王道，罪不胜诛矣。"④ 同样，庄子既忽视"人伦"又忽视"物理"，不仅"足以亡身"，而且"足以亡天下"。叶适说："庄周之书，祸大而长存。……人道之伦颠错而不叙，事物之情遗落而不理，以养生送死，饥食渴饮之大节而付之于傥荡不羁之人，则小足以亡其身，大足以亡天下矣，可不惧哉！"⑤ 关于佛家思想，其作为"夷狄之学"，更是"亡国"的理论。他说："浮屠本以坏灭为旨，行其道必亡，虽亡不悔，盖本说然也。自梁武不能晓，用灭国之术，当身而失；至唐宪、懿，识虑又出其下，直谓崇事可增福利，悲哉！"⑥ 然而，理学家虽然批评道、佛，但实际上却深受其影响以至于"尽用其学而不自知"。叶适说：

----

① 刘公纯等点校：《叶适集》，第七三三页。
② 刘公纯等点校：《叶适集》，第七三三页。
③ 刘公纯等点校：《叶适集》，第七三三页。
④ 叶适：《习学记言序目》，第二一七页。
⑤ 刘公纯等点校：《叶适集》，第七一三页。
⑥ 叶适：《习学记言序目》，第六三〇页。

程、张攻斥老、佛至深，然尽用其学而不自知者，以《易大传》误之，而又自于《易》误解也。①

叶适不仅批判道、佛思想，而且也批评后世儒家。在他看来，子思、孟子有许多思想不符合孔子原义，因此不能说孟子传承了孔子思想。他说："然则言孔子传曾子，曾子传子思，必有谬误。……孟子言性，言命，言仁，言天，皆古人所未及……学者不足以知其统而务袭孟子之迹，则以道为新说奇论矣。"② 叶适的意思是，后世儒家的理论虽然"精微深博"，但多为疏阔无用之"空言"。他说："今世议论胜而用力寡，大则制策，小则科举，高出唐、虞，下陋秦、汉，傅合牵连，皆取则于华辞耳，非当世之要言也。虽有精微深博之论，务使天下之义理不可逾越，然亦空言也。盖一代之好尚既如此矣，岂能尽天下之虑乎！"③ 由此来讲，思、孟一系的思想实为儒学之"遗憾"。他说："自周、召既往，大道厘析，六艺之文，惟孔子能尽得其意，使上世圣贤之统可合。自子思、孟子犹有所憾，则如《经解》所言，亦其常情，但后学缘此随处不少尔。"④ 从另一个角度来看，思、孟一系的"心性之学"实乃"德之病"，因为它无助于"畜德"。他说："古人多识前言往行，谓之畜德。近世以心通性达为学，而见闻几废，为其不能畜德也。然可以畜而犹废之，狭而不充，为德之病矣。"⑤ 对于"心性之学"的长期"萌蘖泛滥"，叶适深表忧虑。他说：

噫！二千年间，萌蘖泛滥，若存若亡，而大义之难明如此！⑥

在叶适，要避免道、佛之误，要化解后世儒家"心性之学"的"泛滥"，需要揭示原始儒家的真正"统绪"，因为"统绪"乃"去蔽"的"大义"。他说："读书不知接统绪，虽多无益也；为文不能关教事，虽工无益也；笃行而不合于大义，虽高无益也；立志不存于忧世，虽仁无益也。今世之士，曰知

① 叶适：《习学记言序目》，第七五一页。
② 叶适：《习学记言序目》，第七三九页。
③ 刘公纯等点校：《叶适集》，第七五九页。
④ 叶适：《习学记言序目》，第一○五至一○六页。
⑤ 刘公纯等点校：《叶适集》，第六○三页。
⑥ 刘公纯等点校：《叶适集》，第一六七页。

学矣。夫知学未也，知学之难可也；知学之难犹未也，知学之所蔽可也。"①
因此，他主张"博探详考，知本统所由"，明确原始儒家的"统绪"。他说：
"博探详考，知本统所由，而后能标颜、曾、孟子为之传，揭《大学》、《中
庸》为之教，语学者必曰：'不如是，不足达孔子之道也。'然后序次不差而
道德几尽信矣。"② 在叶适看来，若考究原始儒家的"统绪"，需要先考究尧、
舜、禹、皋陶"上古四圣"，然后再考究文、武、周公，因为孔子儒学是以他
们为"统绪"的。他说："《书》称'若稽古'四人，孔子言'大哉尧之为君
也'，'舜有天下而不与焉'，'禹吾无间然矣'，子夏曰'舜举皋陶，不仁者
远矣'。故考德者必先四人，其次汤、伊尹，又次文、武、周公，世有差降，
德有出入，时有难易，道有屈伸，孔氏以是为学之统绪。"③ 质言之，孔子删
定"六经"即意在传承这样一个"统绪"。叶适说：

> 夫生于数千载之后，既不及亲见圣人之行事，循其言语动作而可以
> 得其心，与接闻其风声而可以知其人矣，其所以学为圣贤者，独其言在
> 耳。是故孔子录之为经以示后世，其意反覆深切，将使学者因是言而求
> 之，而可以得尧、舜、禹、汤、文、武、周公之心，与知其为人而无疑
> 也。……达者知其言也而至于道，不达者不知也，则众人而已矣，今其
> 载于书者皆是也。④

那么，原始儒家"统绪"的具体内容是什么呢？ 在叶适看来，这个"统
绪"即是"内外交相成之道"，即既重视内在道德又重视外在实践。所谓
"交相成"，指内在道德由外在实践来实现，外在实践由内在道德来指导。他
说："耳目之官不思而为聪明，自外入以成其内也；思日睿，自内出以式其外
也。故聪入作哲，明入作谋，睿出作圣，貌言亦自内出而成于外。古人来
（应为"未"——引者注）有不内外交相成而至于圣贤，故尧舜皆备诸德，
而以聪明为首。……盖以心为官，出孔子之后，以性为善，自孟子始；然后
学者尽废古人入德之条目，而专以心性为宗主，致虚意多，实力少，测知广，

---

① 刘公纯等点校：《叶适集》，第六〇七至六〇八页。
② 刘公纯等点校：《叶适集》，第一六七页。
③ 叶适：《习学记言序目》，第六〇页。
④ 刘公纯等点校：《叶适集》，第七〇九至七一〇页。

凝聚狭，而尧舜以来内外交相成之道废矣。"① 在叶适，内在道德对应"义"，外在实践对应"利"，故"内外交相成"指"义""利"并重。他说："'仁人正谊不谋利，明道不计功'，此语初看极好，细看全疏阔。古人以利与人而不自居其功，故道义光明。后世儒者行仲舒之论，既无功利，则道义者乃无用之虚语耳；然举者不能胜，行者不能至，而反以为诟于天下矣。"② 这里，叶适实际上强调"利"，因为"就利远害"乃人的本性。他说："人心，众人之同心也，所以就利远害，能成养生送死之事也。是心也，可以成而不可以安；能使之安者，道心也，利害生死不胶于中者也。"③ 关于"义""利"并重，叶适还说：

> 夫宗者，贵而贤者也，富而义者也，非是二者而拥虚器以临之，教令之所不行也。故贵而贤，富而义，则上礼异之，命为其宗；爵不必亲而疏者可畀也，田不必子而贫者可共也。施舍赒惠，惟族是与，损歌童舞女之俸，厚吊死恤孤之恩，族人依倚，特为宗主，无犯义，无干刑，相趋于实而不惟其名之徇，此今日立宗之要也。④

进而，围绕"义""利"并重，叶适提出了具体事功主张。其一，人的命运由自己主宰，而非由鬼神决定。他说："然则人力之所能为者，决非神怪之所能知；而天数所不可免者，又非神怪之所能预，真不足复顾也。"⑤ 他还说："天文、地理、人道，本皆人之所以自命，其是非得失，吉凶祸福，要当反之于身。"⑥ 其二，应该以孔子为人格典范，以天下为己任。他说："孔子以匹夫之贱，起而忧之，其规营谋虑，无一身之智而有天下之义，无一时之利而为万世之计。"⑦ 也就是说，既应该"修身"，更应该将"修身""推于天下"。他说："修其身而后推之于天下，古之帝王莫不皆然，此学之所谓大

① 叶适：《习学记言序目》，第二〇七页。
② 叶适：《习学记言序目》，第三二四页。
③ 叶适：《习学记言序目》，第五二页。
④ 叶适：《习学记言序目》，第七四七页。
⑤ 叶适：《习学记言序目》，第五一五页。
⑥ 叶适：《习学记言序目》，第三一二页。
⑦ 刘公纯等点校：《叶适集》，第六七四页。

也。"① 其三，统治者"为国之要，在于得民"②。也就是说，治国理政的关键在于"顺于民心"。他说："仁义廉耻足以维其国家，出令顺于民心，而信之所在不以利易，是要何以异于先王之意者！惟其取必于民而不取必于身，求详于法而不求详于道，以利为实，以义为名。"③ 其四，注重实际功利效果。无论是道德修养，还是治国理政，统治者都应该"成其利，致其义"。他说："《诗》《书》所谓稽古先先（"先"为衍字——引者注）民者，皆恭俭敬畏，力行不息，去民之疾，成其利，致其义，而不以身参之。"④

① 刘公纯等点校：《叶适集》，第七三〇页。
② 刘公纯等点校：《叶适集》，第六五三页。
③ 刘公纯等点校：《叶适集》，第七〇五页。
④ 叶适：《习学记言序目》，第三二二页。

第四编　明代儒学

弁　言

　　如果说宋代儒学以程朱理学和陆九渊心学两大阵营并行的话，那么，明代儒学则基本上是心学"一枝独秀"。具体来讲，陈献章和湛若水开创了明代心学的先河。之后，王守仁在反对程朱理学的基础上，以"心即理""知行合一""致良知"等思想将心学发展到极端，从而形成了陆王心学派别的高峰。之后，王艮和李贽等为代表的"泰州学派"，在继承王守仁"致良知"思想的前提下，提出"复初说""童心说"，以及"道"在人伦日用"明哲保身"等思想。此外，王艮提出的"淮南格物"、王畿提出的"即本体以为工夫"，亦为对王守仁学说的发展。之后，刘宗周作为明代最后一位儒学大师，以其"慎独说"成为明代心学的殿军。除了心学的脉络之外，罗钦顺和王廷相形成了另外一种脉络。他们继承张载的思想，主张气本体论，对于气本体论、人性论亦有探讨。不过，这个脉络的影响较小，不能与心学脉络相抗衡。就心学脉络来讲，它与程朱理学形成鲜明的对照。就本体论而言，程朱理学主张"性即理"，坚持"理本体"；明代心学主张"心即理"，坚持"心本体"。就人性论而言，程朱理学主张"存天理，灭人欲"；明代心学主张"存天理，寡人欲"。此外，尽管程朱理学和明代心学均致力于为儒学奠定形上基础，但后者的理论更为抽象，也更为思辨，系统也更为完整。

第十六章 陈献章、湛若水

第一节 陈献章

陈献章（1428—1500 年），字公甫，号石斋，别号碧玉老人、玉台居士、江门渔父、南海樵夫、黄云老人等，因曾在江门白沙村居住，人称白沙先生，世称陈白沙，谥号"文恭"。出生于广东新会都会村，年少时随祖父迁居江门白沙村。先后考中秀才、举人，明正统十三年（1448 年）考中副榜进士，进国子监读书。会试落第后拜吴与弼为师，不久回归白沙村。后长期静坐读书，终于"悟道"。成化十九年（1483 年）被授翰林检讨，最后乞终养归。万历十三年（1585 年），陈献章被准从祀孔庙。

陈献章自认以朱熹学说为宗，但实际上更多地继承了佛教禅宗思想，从而实现了由程朱理学向陆九渊心学的转变。他的这种转变，开启了有明一代心学的先河。他所创立的学派被称为"岭南学派"，又称为"江门学派"。[①]其著作后被汇编为《白沙子全集》《陈白沙全集》《陈白沙集》《陈献章集》等。

一、心本体论

陈献章对于佛教和道家思想持较为开放的态度。在他看来，虽然儒学与佛教、道家宗旨不同，但不妨它们在思想上有共同之处。他说："太虚师真无

---

① "岭南学派"指由陈献章创立、湛若水集大成的心学派别。因陈献章为江门人，故又称"江门学派"。

累于外物，无累于形骸矣。儒与释不同，其无累同也。"① 他认为，儒家与佛教、道家在理论宗旨上是不同的：儒家追求完美的道德境界，佛家追求超越生死的自然境界，道家追求永恒长生的自由境界。他说："不着丝毫也可怜，何须息息数周天？禅家更说除生灭，黄老惟知养自然。肯与蜉蝣同幻化，只应龟鹤羡长年。吾儒自有中和在，谁会求之未发前？"② 陈献章面对三家不同的理论宗旨，尽管在一些方面赞同佛教和道家的观点，但他主张维护儒家的立场。他说："近苦忧病相持，无以自遣，寻思只有虚寂一路，又恐名教由我坏，佛、老安能为我谋也？付之一叹而已。"③ 因此，他反对关于他"流于禅学"的指责。在他看来，自己并非在儒家之外"自立门户"，而仍是坚守儒家理论宗旨；自己与佛教、道家只是"迹之近似"，而非真正的实有所同。关此，他说：

> 承谕有为毁仆者，有曰："自立门户者，是流于禅学者。"甚者则曰："妄人，率人于伪者。"……姑以迹之近似者为执事陈之。孔子教人文、行、忠、信，后之学孔氏者则曰："一为要。"一者，无欲也。无欲则静虚而动直，然后圣可学而至矣。所谓"自立门户者"，非此类欤？④

在坚守儒家理论宗旨前提之下，陈献章是以程朱理学为"宗主"的。他说："吾道有宗主，千秋朱紫阳。说敬不离口，示我入德方。义利分两途，析之极毫芒。圣学信匪难，要在用心藏。善端日培养，庶免物欲戕。"⑤ 在朱熹看来，"理"先于天地万物，且为天地万物的本原；"气"作为构成万物的元素，乃形成万物的材料。受朱熹的影响，陈献章也认为，"理"乃天地万物的本原，即，天地万物由"理"所"生"，而且受"理"的支配；此乃人生之根本性的学问。他说："前日，舟中与一之谈及神理为天地万物主本，长在不灭。人不知此，虚生浪死，与草木一耳。"⑥ 而且，"气"充塞着整个宇宙，它不仅构成天地万物的"材料"，而且促成天地万物的变化。他说："天地间

---

① 孙通海点校：《陈献章集》，北京：中华书局1987年（下同），第二二五页。
② 孙通海点校：《陈献章集》，第四二三页。
③ 孙通海点校：《陈献章集》，第二三三至二三四页。
④ 孙通海点校：《陈献章集》，第一四七页。
⑤ 孙通海点校：《陈献章集》，第二七九页。
⑥ 孙通海点校：《陈献章集》，第二三四页。

一气而已，屈信相感，其变无穷。……变之未形也，以为不变；既形也，而谓之变，非知变者也。夫变也者，日夜相代乎前；虽一息变也，况于冬夏乎？"① 他还说："元气之在天地，犹其在人之身，盛则耳目聪明，四体常春。其在天地，则庶物咸亨，太和絪缊。"② 总之，"理"为天地万物的本体，而本体的"理"可称为"道"。关于"道"，陈献章说：

> 道至大，天地亦至大，天地与道若可相侔矣。然以天地而视道，则道为天地之本；以道视天地，则天地者，太仓之一粟，沧海之一勺耳，曾足与道侔哉？③

不过，在佛教禅宗的启发下，陈献章渐渐不满足于程朱理学，而开始诉求于陆九渊心学，表现出由"理"本体到"心"本体的理论转向。他说："观于天地，日月晦明，山川流峙，四时所以运行，万物所以化生，无非在我之极，而思握其枢机，端其衔绥，行乎日用事物之中，以与之无穷。"④ 既然如此，就应重新思考"心"的作用和地位。他说："人争一个觉，才觉便我大而物小，物尽而我无尽。夫无尽者，微尘六合，瞬息千古。生不知爱，死不知恶，尚奚暇铢轩冕而尘金玉耶？"⑤ 具体来讲，"理"由于为万物本体，故而可称为"一元"。然而，"一元"之"理"包含在"心"之内，而"心"的神妙从事很"至巧"，与"一元"的无穷造物相应。因此，"心"并非形而下的事物，而是与"理"一样，为形而上的"一元"。他说："天道至无心。比其著于两间者，千怪万状，不复有可及。至巧矣，然皆一元之所为。圣道至无意。比其形于功业者，神妙莫测，不复有可加。亦至巧矣，然皆一心之所致。心乎，其此一元之所舍乎！"⑥ 他的意思是，"心"与"理"应该有相通之处，而一旦达到这种境界，则其实"宇宙在我"。他说：

> 此理干涉至大，无内外，无始终，无一处不到，无一息不运。会此

① 孙通海点校：《陈献章集》，第四一至四二页。
② 孙通海点校：《陈献章集》，第一〇七页。
③ 孙通海点校：《陈献章集》，第五四至五五页。
④ 孙通海点校：《陈献章集》，第一二页。
⑤ 孙通海点校：《陈献章集》，第二四三页。
⑥ 孙通海点校：《陈献章集》，第五七页。

则天地我立，万化我出，而宇宙在我矣。得此霸柄入手，更有何事？往来古今，四方上下，都一齐穿纽，一齐收拾，随时随地，无不是这个充塞。色色信他本来，何用尔脚劳手攘？①

最终，陈献章由"理"本体转向了"心"本体。在他看来，尽管"理"无物不及，但毕竟"道在我矣"。他说："形而斯存，道在我矣。是故善求道者求之易，不善求道者求之难。"② 也就是说，尽管事物繁多，但"理"皆在"一心"之中。他说："君子一心，万理完具。事物虽多，莫非在我。此身一到，精神俱随，得吾得而得之矣，失吾得而失之耳，厌薄之心，何自而生哉？"③ 实际上，不仅"理"在于"心"中，而且"心"乃具有"生化之妙"，乃天地万物的根本。他说："此心通塞往来之机，生生化化之妙，非见闻所及，将以待世卿深思而自得之，非敢有爱于言也。"④ 既然如此，不仅人的肉体之身由"心"主宰，而且天地万物都由"心"主宰。他说："断除嗜欲想，永撤天机障。身居万物中，心在万物上。"⑤ "心寓于形而为主，主失其主，反乱于气。"⑥ "高明之至，无物不覆，反求诸身，把柄在手。"⑦ 总之，天地万物的本体不再是"理"，而是"诚"。不过，因为"诚""具于一心"，故"心"即为天地万物的本体。陈献章说：

> 夫天地之大，万物之富，何以为之也？一诚所为也。盖有此诚，斯有此物；则有此物，必有此诚。则诚在人何所？具于一心耳。心之所有者此诚，而为天地者此诚也。天地之大，此诚且可为，而君子存之，则何万世之不足开哉！⑧

---

① 孙通海点校：《陈献章集》，第二一七页。
② 孙通海点校：《陈献章集》，第一三一页。
③ 孙通海点校：《陈献章集》，第五五页。
④ 孙通海点校：《陈献章集》，第一六页。
⑤ 孙通海点校：《陈献章集》，第五一七页。
⑥ 孙通海点校：《陈献章集》，第二三七页。
⑦ 孙通海点校：《陈献章集》，第七〇四页。
⑧ 孙通海点校：《陈献章集》，第五七页。

二、为学贵在"自得"

陈献章认为，为学的根本目的是"成圣"，即成为像尧、舜、周、孔那样的圣人。他说："夫士何学？学以变化气习，求至乎圣人而后已也。"① 那么，什么样的人是圣人呢？或者说，尧、舜、周、孔何以为圣人呢？他认为，"诣乎天"的人方为"至人"即圣人。也就是说，尧、舜、周、孔等之所以为圣人，在于他们对"天道"不仅有精深体悟，而且将体悟为世人立言。他说："夫道以天为至，言诣乎天曰至言，人诣乎天曰至人。必有至人，能立至言。尧、舜、周、孔至矣，下此其颜、孟大儒欤。"② 所谓"为世人立言"，指圣人之言为万世师表。陈献章说："邈哉舜与颜，梦寐或见之。其人天下法，其言万世师。"③ 正因为如此，"成圣"才成为世人的追求目标。在陈献章看来，"成圣"不仅是应该的，而且是可能的，即"圣人"是可以学成的，此即孟子"人皆可以为尧舜"之义。他说："求至乎圣人而后已也，而奚陋自待哉？孟子曰：'人皆可以为尧舜'。"④ 当然，要学为"成圣"，不能仅有"希慕之心"，还须"毕竟要去学"，而且要"不容已"地去学。他说：

> 人要学圣贤，毕竟要去学他。若道只是个希慕之心，却恐末梢未易辏泊，卒至废驰。若道不希慕圣贤，我还肯如此学否？思量到此，见得个不容已处。虽使古无圣贤为之依归，我亦住不得，如此方是自得之学。⑤

为了"成圣"，很多人通过读书求义理以追求。对此，陈献章不以为然。他认为，读书虽可以求得义理，但此途径为"舍近求远"之途，因未得内在根本之途，故"不得其门而入"，难以进入圣贤之门。他说："《传》曰：'道在迩而求之远，事在易而求诸难。'又曰：'行之而不著焉，习矣而不察焉，终身由之而不知其道者，众矣。'圣人教人，多少直截分晓而人自不察。索之渺茫，求诸高远，不得其门而入，悲乎！"⑥ 之所以会如此，在于读书无法实现"心"与

---

① 孙通海点校：《陈献章集》，第二八页。
② 孙通海点校：《陈献章集》，第五页。
③ 孙通海点校：《陈献章集》，第二八一至二八二页。
④ 孙通海点校：《陈献章集》，第二八页。
⑤ 孙通海点校：《陈献章集》，第一三三页。
⑥ 孙通海点校：《陈献章集》，第一七六页。

"理"的吻合。他说："惟日靠书册寻之，忘寝忘食，如是者亦累年，而卒未得焉。所谓未得，谓吾此心与此理未有凑泊吻合处也。"① 在陈献章看来，读书并非绝对没用，只是要注意读书方法，因为读书方法非常关键：若"以书博我"，"释卷而茫然"；若"以我观书"，则"随处得益"。他说："学者苟不但求之书而求诸吾心，察于动静有无之机，致养其在我者，而勿以闻见乱之，去耳目支离之用，全虚圆不测之神，一开卷尽得之矣。非得之书也，得自我者也。盖以我而观书，随处得益；以书博我，则释卷而茫然。"② 陈献章的意思是，要学以"成圣"，正确途径在于"求尽性"以"养德性"。他说：

> 圣人之学，惟求尽性。性即理也，尽性至命。理由化迁，化以理定。化不可言，守之在敬。有一其中，养吾德性。③

为了"求尽性"以"养德性"，陈献章提出"学贵知疑"的主张。在他看来，读书不能迷信古人经传，徒然背诵书中章句，否则不能获得"六经"真义；不仅会贬损经典的价值，而且也难免会"玩物丧志"。他说："抑吾闻之：《六经》，夫子之书也；学者徒诵其言而忘味，《六经》一糟粕耳，犹未免于玩物丧志。"④ 为此，他主张，读书要敢于提出疑问，不能拘泥于经传章句。他说："圣人与天本无作，六经之言天注脚。百氏区区赘疣若，汗牛充栋故可削。世人闻见多尚博，恨不堆书等山岳。……读书不为章句缚，千卷万卷皆糟粕。"⑤ 陈献章的意思是，不能人云亦云，要进行独立思考；否则会迷失方向，也会失去人生价值。他说："我否子亦否，我然子亦然。然否苟由我，于子何有焉？人生寄一世，落叶风中旋。胡为不自返，浊水迷清渊。"⑥ 进而，陈献章认为，"怀疑"乃"心"之"觉悟"的表现，也是"长进"以进入圣贤之门的开始。他说："疑而后问，问而后知，知之真则信矣。故疑者，进道之萌芽也，信则有诸己矣。《论语》曰：'古之学者为己。'"⑦ 质言

---

① 孙通海点校：《陈献章集》，第一四五页。
② 孙通海点校：《陈献章集》，第二〇页。
③ 孙通海点校：《陈献章集》，第三七八页。
④ 孙通海点校：《陈献章集》，第三〇页。
⑤ 孙通海点校：《陈献章集》，第三二三页。
⑥ 孙通海点校：《陈献章集》，第二八七页。
⑦ 沈善洪主编：《黄宗羲全集》第七册，杭州：浙江古籍出版社1992年（下同），第九二页。

之，"学贵知疑"，"怀疑"乃进步的关键。他说：

> 前辈谓"学贵知疑"，小疑则小进，大疑则大进。疑者，觉悟之机
> 也。一番觉悟，一番长进。①

进而，陈献章主张为学贵在"自得"。所谓"自得"，意指不依傍教条，依靠自我体悟。他说："自得者，不累于外物，不累于耳目，不累于造次颠沛，鸢飞鱼跃，其机在我。知此者谓之善学，不知此者虽学无益也。"② 为此，他提出"静坐"的主张，即排除外界干扰，保持"心"的安静、专注。他说："为学须从静中坐养出个端倪来，方有商量处。……若未有入处，但只依此下工，不至相误，未可便靠书册也。"③ 在他看来，"静坐"乃"自得"的根本，因为"静坐"可以体悟"真实"本体。他说："夫动，已形者也，形斯实矣。其未形者，虚而已。虚其本也，致虚之所以立本也。"④ 他还说："灵台洞虚，一尘不染。浮华尽剥，真实乃见。"⑤ "由来须一静，亦足破群疑。敢避逃禅谤，全彰作圣基。"⑥ 质言之，"静坐"可以养出"心之体"的"端倪"，故实为真正的"作圣之功"。陈献章说："舍彼之繁，求吾之约，惟在静坐，久之，然后见吾此心之体隐然呈露，常若有物。日用间种种应酬，随吾所欲，如马之御衔勒也。体认物理，稽诸圣训，各有头绪来历，如水之有源委也。于是焕然自信曰：'作圣之功，其在兹乎！'"⑦ 总之，所谓为学贵在"自得"，实指为学关键在"求诸心"。他说：

> 为学当求诸心必得。所谓虚明静一者为之主，徐取古人紧要文字读
> 之，庶能有所契合，不为影响依附，以陷于徇外自欺之弊，此心学法
> 门也。⑧

---

① 孙通海点校：《陈献章集》，第一六五页。
② 沈善洪主编：《黄宗羲全集》第七册，第九三至九四页。
③ 孙通海点校：《陈献章集》，第一三三页。
④ 孙通海点校：《陈献章集》，第一三一页。
⑤ 孙通海点校：《陈献章集》，第二七五页。
⑥ 孙通海点校：《陈献章集》，第九八六页。
⑦ 孙通海点校：《陈献章集》，第一四五页。
⑧ 孙通海点校：《陈献章集》，第六八页。

第二节　湛若水

　　湛若水（1466—1560 年），初名露，字元明，号甘泉，增城（今广东省增城市）人。因家居增城之甘泉都（今新塘），世称甘泉先生。年轻时入陈献章门下。明孝宗弘治十八年（1505 年）进士及第，授庶吉士擢编修。世宗嘉靖初，任南京祭酒、礼部侍郎，后历任南京礼部、吏部、兵部三部尚书。死后受赠"太子太保"，谥号"文简"。

　　湛若水继承并发扬陈献章的思想，成为"岭南学派"的集大成者。他与王守仁同时讲学，二人各立门户，共同将明代心学推向顶峰。其主要著作有《圣学格物通》《心性图说》《真心图说》《古本大学测》《中庸论孟测》《古易经传测》《尚书问》《春秋正传》《遵道录》《非老子》《新泉问答》《杨子折衷》等，后被辑为《甘泉先生文录类选》《泉翁大全集》《甘泉先生续编大全》《湛甘泉先生文集》《湛甘泉集》等。

一、"心即理"

　　就当时的学术思想来看，"理"乃一个重要范畴。因此，湛若水对"理"进行了深入探讨。在他看来，"理"相对于人是遍在的、相同的。他说："德者，吾心之理也。人人同此心，人人同此理，况人君聪明出众者乎？"① 具体来讲，"理"的含义主要有两层：其一，指人内在的道德意识。在他看来，"理"作为人的道德意识，乃心的本然状态。在此，"本然状态"意指"本体"之义。因此，他说："夫圣学莫先于立志，立志莫先于见大；见大者非他，即天理也；天理者非他，即吾心之本体也。"② 其二，指人外在的社会规范。"理"作为社会规范是外在的，因为它是当共同遵守的规范；它不仅具有普遍性而为"天理"，而且具有客观性而为"天道"。他说："出礼则入刑，

---

① 湛若水：《圣学格物通》卷之六十九，第三页，明资政堂重刻刊本（下同）。
② 湛若水：《圣学格物通》卷之三，第五页。

出刑则入礼。礼也者，理也，天理也。天理也，天之道也。"① 尽管如此，"理"是无内外之分的，因为它既为"心"之"本体"，又"贯万事"。他说："天理者，吾心中正之本体而贯万事者也。……'天理'二字不落心事，不分内外，何者？理无内外心事之间故也。"② 因此，不能将"理"视作绝对外在之物。他说：

> 体认天理云者，知行合内外言之也，天理无内外也。……本体即实体也，天理也，至善也，物也，而谓求之外可乎？致知云者，盖知此实体也，天理也，至善也，物也，乃吾之良知良能也，不假外求也。③

进而，湛若水探讨了"心"与"理"的关系。从学术传承来讲，他继承了陆九渊"心即理"的观点。不过，他的思想比陆九渊更为彻底。在他看来，陆九渊"心即理"的观点无疑是正确的，但其"心皆具是理"④ 的说法则有"瑕疵"，因为它意味着"心"与"理"为二，而这种意味对"心即理"形成"破坏"。为了避免这种"瑕疵"，不能说"心皆具是理"，而只能说"心即理"。他说："陆九渊曰：'人心至灵，此理至明；人皆有是心，心皆具是理。'臣若水通曰：心即理也，理即心之中正也，一而已矣，而云'具'者，是二之也。"⑤ 依着他的理解，"理"乃"心"生而有之，如同"谷种"与"生生之德"，二者是一而不二的。他说："天理只是心之生理，如彼谷种，仁则其生之性，仁即是天理也。心与天理何尝有二？"⑥ 质言之，如同"生生之德"属于"谷种"，"理"乃属于"心"。他说："所谓本者，何也？人之本心也。故指孝弟以为仁之本者，盖孝弟乃人之初心也，乃人之真心也，孟子所谓'良知、良能此天理之本体也'……亲亲、仁民、爱物，无不由此本心流出。"⑦ 总之，在湛若水，"心即理"。他说：

> 天理二字，人人固有，非由外铄，不为尧存，不为桀亡。……天地

---

① 湛若水：《春秋正传·自序》，第一页，文渊阁《四库全书·经部》。
② 湛若水：《湛甘泉先生文集》（一），桂林：广西师范大学出版社 2014 年（下同），第三三四页。
③ 湛若水：《湛甘泉先生文集》（一），第二六九页。
④ 参见陆九渊著，钟哲点校《陆九渊集》，第一四九页。
⑤ 湛若水：《圣学格物通》卷之二十，第十三页。
⑥ 湛若水：《湛甘泉先生文集》（二），第五四二至五四三页。
⑦ 湛若水：《圣学格物通》卷之二十七，第九至十页。

古今宇宙内，只同此一个心，岂有二乎？初学之与圣人同此心，同此一个天理，虽欲强无之又不得。①

在湛若水看来，不仅"心即理"，而且"理即气"。在他看来，宇宙间"一气充塞流行"。他说："上下四方之宇，古今往来之宙，宇宙间只是一气充塞流行，与道为体，何莫非有，何空之云？虽天地弊坏，人物消尽，而此气此道亦未尝亡，则未尝空也。"② 然而，形而上的"理"与形而下的"气"不可分。他说："形而上者谓之道，形而下者谓之器，器即气也。气有形故曰形而下，及其适中焉即道也。夫中何形矣，故曰形而上。上下，一体也。以理气相对而言之，是二体也。"③ 进而，既然"理"与"气"不可分，而"心即理"，那么"心""理""气"三者则"合一"。质言之，"心""理""气"只不过是同一事物之不同言说而已。他说："宇宙间一气而已……自其精而神、虚灵知觉者谓之心……自其至公、至正者谓之理，自其理出于天之本然者谓之天理，其实一也。"④ 在此，所谓"气"乃对应于"事"，故"心""理""气""合一"即"心""理""事""合一"。他说："甘泉子五十年学圣人之道，于支离之余而得合一之要……合一有三要……曰心、曰事、曰理，所谓合一也。"⑤ 关于三者"合一"，他还说：

> 心与事应，然后天理见焉。天理非在外也，特因事之来随感而应耳。故事物之来体之者心也，心得中正则天理矣。⑥

依着湛若水的理解，"心""理""事"三者"合一"的基础乃"心"。他说："盖道、心、事合一者也，随时随事何莫非心。心定则何动非静，随处体认则端倪随现，何必静养？若见天理，则随处洒落即是全放下，更无他求。"⑦ 具体来讲，一个方面，"心"无内无外，"体物而不遗"。他说："日月蔽于云，非无日月也；鉴蔽于尘，非无明也；人心蔽于物，非无虚与灵也。

① 黄宗羲著，沈芝盈点校：《明儒学案》，北京：中华书局1985年（下同），第八九〇至八九一页。
② 湛若水：《湛甘泉先生文集》（一），第二二二页。
③ 湛若水：《湛甘泉先生文集》（一），第一〇二页。
④ 湛若水：《湛甘泉先生文集》（一），第一〇四页。
⑤ 湛若水：《湛甘泉先生文集》（三），第八八六至八八七页。
⑥ 湛若水：《湛甘泉先生文集》（一），第二七二至二七三页。
⑦ 湛若水：《湛甘泉先生文集》（一），第二七八页。

心体物而不遗，无内外，无始终，无所放处，亦无所放时，其本体也。"① 另一个方面，"心"还决定、化生事物，即，万事万物之根源在于"心"。他说："仁人心，义人路，孟子既重为不由不求者，哀矣！于此复致意于放心之求者，何哉？盖万事万变皆本于心。"② 基于这样两个方面，湛若水认为"心"乃"无所不贯""无所不包"的"宇宙"，并绘制了"心性图"。他说："'心无所不贯也。'……'心无所不包也。'包与贯，实非二也。故心也者，包乎天地万物之外，而贯夫天地万物之中者也。中外非二也。天地无内外，心亦无内外，极言之耳矣。故谓内为本心，而外天地万物以为心者，小之为心也甚矣。"③ 总之，"心"即为万事万物本体。他说："夫心之本体一天理而已矣，自其随感而发，则有仁义之分，然皆本于人之一心尔，实非自外至者也，我固有之者也。是故充其仁义，而天地草木咸在其中矣，故曰心体天地万物者也。"④ 他还说：

　　夫圣人之学，心学也。如何谓心学？万事万物莫非心也。⑤

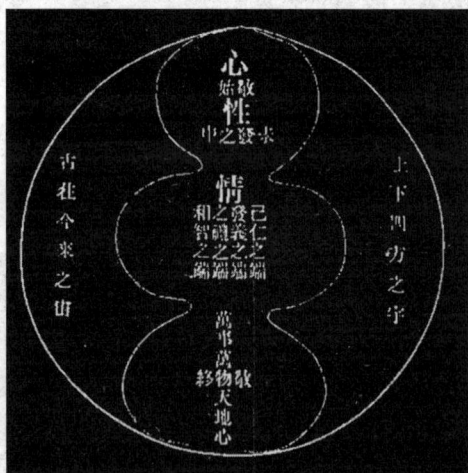

图 4 – 1　湛若水的心性图

---

① 湛若水：《湛甘泉先生文集》（四），第一二〇四页。
② 湛若水：《圣学格物通》卷之十九，第七页。
③ 湛若水：《湛甘泉先生文集》（四），第一一九二至一一九三页。
④ 湛若水：《圣学格物通》卷之二十，第十二页。
⑤ 湛若水：《湛甘泉先生文集》（四），第一一二九页。

二、"随处体认天理"

既然"心即理",那么"恶"从何而来呢? 湛若水以"初心"和"习心"之别来回答。所谓"初心",指先天的"本心""真心",即"心即理""人心本善"之"心"。他说:"初心者,善恶邪正之几也,吉凶长短于此焉判。……孟子曰'今人乍见孺子入井,有怵惕恻隐之心','乍见之心'初心也。初心善,则事无不善;事无不善,则吉与历年。反是,则凶短折至矣,可不慎其几乎!"① 因此,由"初心"引导、支配的行为,便是"善"的行为。他说:"人心一念萌动,即是初心,无有不善。如《孟子》'乍见孺子将入于井,便有怵惕恻隐之心','乍见'处亦是初心复时也。人之良心何尝不在? 特于初动时见耳。"② 所谓"习心",并非另外一个"心",而是指人因后天私欲遮蔽而"初心"不能显露的状态。他说:"虚灵不昧,心之本体,岂待人而后能之也! 气习物欲蔽之,则本体昏塞,迷而不知返,天理灭矣。"③ 质言之,"习心"乃"恶"的根源。既然如此,就需要"煎销习心",以恢复"初心"之"本体完全"。他说:

> 认得本体,便知习心,习心去而本体完全矣。不是将本体来换了习心,本体元自在,习心蔽之,故若不见耳。……故煎销习心,便是体认天理工夫。到见得天理时,习心便退听。④

为了"煎销习心"、恢复"初心",湛若水提出"随处体认天理"的主张。所谓"随处体认天理",指"体认天理"既没有内外之分,也没有动静之别。或者说,"随处体认天理"指"心"应对事物时随时、随地体认并遵从"天理"。他说:"吾之所谓随处云者,随心、随意、随身、随家、随国、随天下,盖随其所寂、所感时耳。……所寂所感不同,而皆不离于吾心中正之本体。"⑤ 之所以如此,在于"已发"和"未发"、"动"和"静"乃"体

---

① 湛若水:《圣学格物通》卷之一,第七至八页。
② 湛若水:《湛甘泉先生文集》(二),第三九一页。
③ 湛若水:《圣学格物通》卷之九,第十五页。
④ 黄宗羲著,沈芝盈点校:《明儒学案》,第八九三页。
⑤ 湛若水:《湛甘泉先生文集》(一),第二六九页。

用一源"。他说："所谓随处体认天理也，随未发已发，随动随静，盖动静皆吾心之本体，体用一原故也。如彼明镜然，其明荧光照者，其本体也；其照物与不照，任物之来去，而本体自若。心之本体，其于未发已发，或动或静，亦若是而已矣。"① 重要的是，"体认天理"与"煎销习心"是相互贯通的。他说："志如草木之根，具生意也。体认天理，如培灌此根；煎销习心，如去草以护此根，贯通只是一事。"② 在湛若水看来，"随处体认天理"作为易简功夫，乃其学术之宗旨。他说："臣所讲章，其词虽多，不过止在'体认天理'四字，至为简易易行。"③ 他还说：

> 理者，天理也。体认天理，则天理日明，德可久，业可大。盖有本者，如是也。其不及省察，乱于流俗，惑于异端，而不免千里之谬者，皆由于无随处体认天理之功尔。故体认天理，而学问之道毕矣；学问之道毕，而圣贤之事业成矣。④

在湛若水看来，要做到"随处体认天理"，一个方面要"勿忘勿助"。"勿忘勿助"为内在的"涵养"功夫，指保持心灵的本然状态。他说："天理在心，求则得之。夫子曰：'我欲仁，斯仁至矣！'但求之自有方，勿助勿忘是也。千古惟有孟子发挥出来，须不费丝毫人力。欠一毫已便不是，才添一毫亦不是，此语最是。"⑤ 依着他的理解，人之"涵养"往往有"忘不及"和"助之过"的偏颇，故而需要"勿忘勿助"以为中正之道。湛若水说："世之学者，未有不先定其志，能任重而道远者也。然而，持志有要焉：忘则不及，助则过，皆非善学也。勿忘勿助，此孟子之所以善持其志，而为学者之所当从事钦！"⑥ 进而，"心中正"亦即"主敬"。他说："心中正，则貌齐庄，不期然而然矣。不然，不失之放肆怠惰，则失之作意矜持，而中正自然之天则违矣！敬也者，中正之矩也，然则主敬之学，岂非人君之所当讲者哉？"⑦ 质

---

① 湛若水：《湛甘泉先生文集》（一），第二七八至二七九页。
② 湛若水：《湛甘泉先生文集》（二），第三六六页。
③ 湛若水：《湛甘泉先生文集》（三），第一〇三三页。
④ 湛若水：《圣学格物通》卷之二十九，第九页。
⑤ 湛若水：《湛甘泉先生文集》（二），第四二九页。
⑥ 湛若水：《圣学格物通》卷之三，第九页。
⑦ 湛若水：《圣学格物通》卷之二十二，第十八页。

言之，"勿忘勿助"主要指"主敬"之义。他说："能主敬，则众善归焉。勿忘勿助，敬之谓也。故曰：'敬者德之聚也。'此即精一功夫。"① 他还说：

> 君子必有事焉而勿正，心勿忘，勿助长，所以存天之机，而不以人力参之也。本体自然，不犯手段，积以岁月，忽不自知其机之在我，则其睟于面，盎于背，皆机之发所不能已。②

要做到"随处体认天理"，另一个方面要"格物"。"格物"为外在的"致知"功夫。湛若水说："吾之所谓随处体认天理者，格物尔，即孔子求仁造次颠沛必于是，曾子所谓仁以为己任、死而后已者也。"③ 在他看来，"格物"乃修、齐、治、平的根本。他说："夫自天下逆推，本于格物，是格物乃其本始用功之要也。又自物格顺循，其效于天下，是格物乃其本始致效之原也。经曰：'物有本末，事有终始。'物格者，其本始之谓乎。……由是言之，圣人之学，通在于格物矣，故曰有总括之义焉。"④ 那么，何谓"格物"呢？湛若水认为，所谓"格物"，乃指"体认"并保持"天理"而已。他说："格物云者，体认天理而存之也。"⑤ 不过，"格物""不假外求"，因为"物不能外"。湛若水说："天理也，至善也，物也，乃吾之良知良能也，不假外求也。但人为气习所蔽，故生而蒙，长而不学则愚。故学问、思辨、笃行诸训，所以破其愚，去其蔽，警发其良知良能者耳。"⑥ 质言之，"格物"指"心""体认"内在的"天理"而已。他还说：

> 人心与天地万物为体，心体物而不遗。认得心体广大，则物不能外矣，故格物非在外也，格之致之，心又非在外也。⑦

很显然，"涵养"和"致知"乃两种不同的修养功夫。因此，人们往往只重其中一种功夫，从而造成"涵养"与"致知"的"支离"。湛若水说：

---

① 黄宗羲著，沈芝盈点校：《明儒学案》，第八八三页。
② 湛若水：《湛甘泉先生文集》（四），第一二一一至一二一二页。
③ 湛若水：《湛甘泉先生文集》（五），第一八九八页。
④ 湛若水：《圣学格物通·序》，第十二页。
⑤ 黄宗羲著，沈芝盈点校：《明儒学案》，第八八二至八八三页。
⑥ 湛若水：《湛甘泉先生文集》（一），第二六九至二七〇页。
⑦ 黄宗羲著，沈芝盈点校：《明儒学案》，第八七九页。

"夫所谓支离者,二之之谓也。非徒逐外而忘内谓之支离,是内而非外者,亦谓之支离,过犹不及耳。必体用一原,显微无间,一以贯之,乃可免此。"① 实际上,"涵养"与"致知"乃一致的,因为它们均以"随处体认天理"为目的,故它们实是一体之两面。湛若水说:"所谓致知涵养者,察见天理而存之也,非二事也。"② 总之,要做到"随处体认天理",既要注重"涵养",亦要注重"致知";二者犹如"车之两轮",缺一不可。他说:"涵养须用敬,进学在致知,如车两轮。夫车两轮,同一车也,行则俱行,岂容有二。"③ 他还以行路时"目"和"足"的关系为喻进一步说明。他说:"鄙见以为如人行路,足目一时俱到,涵养进学岂容有二? 自一念之征以至于事为讲习之际,涵养致知一时并在,乃为善学也。"④ 关于"涵养"和"致知",湛若水还说:

> 在心为性,在事为学;尊德性为行,道问学为知。知行并进,心事合一,而修德之功尽矣。德修而道自凝矣,此圣门合一之学。⑤

---

① 湛若水:《湛甘泉先生文集》(一),第二四八页。
② 黄宗羲著,沈芝盈点校:《明儒学案》,第八八一页。
③ 湛若水:《湛甘泉先生文集》(一),第二三三页。
④ 湛若水:《湛甘泉先生文集》(一),第二三三页。
⑤ 湛若水:《圣学格物通》卷之二十七,第十八页。

第十七章　罗钦顺

罗钦顺（1465—1547 年），字允昇，号整庵，江西泰和县上模村人。明弘治六年（1493 年）中进士探花，后历任翰林编修、南京国子监司业、太常卿、吏部右侍郎、吏部尚书、礼部尚书等。后辞官，隐居乡里专心研究理学。明嘉靖二十六年（1547 年）卒，后受赠"太子太保"，谥号"文庄"。

罗钦顺早年信佛，后转向儒家理学。高攀龙曾说："先生（指罗钦顺——引者注）精思实践，笃志不迁，毅然以卫道为己任，圣贤诸书未尝一日去手。于禅学尤极探讨，发其所以不同之故，自唐以来，排斥佛氏未有若是之明且悉者。"① 在明中期，罗钦顺与王守仁分庭抗礼，成为明代理学"气学"脉络的重要代表人物，时称为"江右大儒"。罗钦顺的主要著作有《困知记》《整庵存稿》《整庵续稿》等。

第一节　气本体论

就世界本原来讲，罗钦顺反对佛教的"万法唯心"。在他看来，佛教主张"万法唯心"，认为一切"皆生于心"，即认为"心"乃天地万象的本原。他说："以万象言之，在彼经教中即万法尔，以其皆生于心，故谓之能主。然所主者实不过阴、界、入，自此之外，仰而日月星辰，俯而山河大地，近而君臣父子、兄弟夫妇朋友，远而飞潜动植，水火金石，一切视以为幻而空之矣，彼安得复有所谓万象乎哉！"② 依佛教观点，所谓"阴""界""入"，指构成众生生命要素的"五阴""十八界"及"十二入"。所谓"五阴"，指"色"

① 高攀龙：《高子遗书》卷十，第五至六页，文渊阁《四库全书》本。
② 罗钦顺著，阎韬点校：《困知记》，北京：中华书局 1990 年（下同），第九页。

"受""想""行""识"；所谓"十八界"，指"六根""六境""六识"之总称；所谓"十二入"，指"六根""六境"之总称。① 依着佛教理论，"阴""界""入"均缘于主观意识，故均在去除执着之列。关此，罗钦顺说："佛以离情遣着，然后可以入道，故欲人于见闻知觉，一切离之。离之云者，非不见不闻无知无觉也，不着于见闻知觉而已矣。"② 因此，所谓"天地万物"，不过是人"幻而空之"的现象而已。总之，罗钦顺对于佛教之理论核心不以为然。他说：

> 张子（指张载——引者注）所谓"诐淫邪遁之辞，翕然并兴，一出于佛氏之门"，诚知言矣。然造妖捏怪不止其徒，但尝略中其毒者，往往便能如此，吾党尤不可不知。③

在罗钦顺看来，世界本原不是"心"而是"气"。他认为，"气"乃遍在的，天地万物均以"气"为本原。他说："人呼吸之气，即天地之气。自形体而观，若有内外之分，其实一气之往来尔。程子云：'天人本无二，不必言合。'即气即理皆然。"④ 具体来讲，天地万物由"气"凝聚而成，天地万物死后亦归于"气"。他说："'游气纷扰，合而成质者，生人物之万殊。……'夫人物则有生有死，天地则万古如一。气聚而生，形而为有，有此物即有此理。气散而死，终归于无，无此物即无此理，安得所谓'死而不亡者'耶！"⑤ 而且，"理"并非天地万物之独立本原，只不过是"气"的属性或运行条理。他说："千条万绪，纷纭胶轕而卒不克乱，有莫知其所以然而然，是即所谓理也。初非别有一物，依于气而立，附于气以行也。"⑥ "'理须就气上认取，然认气为理便不是。'此言殆不可易也。"⑦ 同样，因为"太极"不过为"理之总名"，故不可将"太极"视为万物"主宰"。他说："或者因'《易》有太极'一言，乃疑阴阳之变易，类有一物主宰乎其间者，是不然。

---

① 参见罗钦顺著，阎韬点校《困知记》，第四八页。
② 罗钦顺著，阎韬点校：《困知记》，第四八页。
③ 罗钦顺著，阎韬点校：《困知记》，第四九页。
④ 罗钦顺著，阎韬点校：《困知记》，第四三页。
⑤ 罗钦顺著，阎韬点校：《困知记》，第三〇页。
⑥ 罗钦顺著，阎韬点校：《困知记》，第四至五页。
⑦ 罗钦顺著，阎韬点校：《困知记》，第六八页。

夫《易》乃两仪、四象、八卦之总名，太极则众理之总名也。"① 总之，天地万物的本体既不是"心"，亦不是"理"，而是"气"。罗钦顺说：

> 盖通天地，亘古今，无非一气而已。气本一也，而一动一静，一往一来，一阖一辟，一升一降，循环无已。积微而著，由著复微，为四时之温凉寒暑，为万物之生长收藏，为斯民之日用彝伦，为人事之成败得失。②

罗钦顺认为，天地万物乃是不断运动、变化的，运动和变化的源泉是事物内部"两端"的相互交感。或者说，"气"之"阴""阳"两端的对立与交感，便形成了天地、人物。他说："'游气纷扰，合而成质者，生人物之万殊。阴阳两端，循环不已者，立天地之大义。'《中庸》有两言尽之，曰：'小德川流，大德敦化。'"③ 罗钦顺的意思是，"两端"的矛盾运动为"气"所固有，其形成天地万物"循环不已"的运动；此乃"至公"之"天道"。他说："夫往者感，则来者应；来者感，则往者应。一感一应，循环无已，理无往而不存焉，在天在人一也。天道惟是至公，故感应有常而不忒。……夫感应者，气也。如是而感则如是而应，有不容以毫发差者，理也。"④ 具体来讲，天地间若是没有"阴""阳"对立，就没有事物的多样性；若没有"阴""阳"的合一，就没有事物的统一性。即，"阴""阳""分而言之则为化"，"合而言之则为神"；二者乃"一而二""二而一"的关系。罗钦顺说：

> 神化者，天地之妙用也。天地间非阴阳不化，非太极不神，然遂以太极为神，以阴阳为化则不可。夫化乃阴阳之所为，而阴阳非化也。神乃太极之所为，而太极非神也。"为"之为言，所谓"莫之为而为"者也。张子云："一故神，两故化。"盖化言其运行者也，神言其存主者也。化虽两而其行也常一，神本一而两之中无弗在焉。合而言之则为神，分而言之则为化。故言化则神在其中矣，言神则化在其中矣，言阴阳则太

---

① 罗钦顺著，阎韬点校：《困知记》，第五页。
② 罗钦顺著，阎韬点校：《困知记》，第四页。
③ 罗钦顺著，阎韬点校：《困知记》，第三〇页。
④ 罗钦顺著，阎韬点校：《困知记》，第六八页。

极在其中矣，言太极则阴阳在其中矣。一而二，二而一者也。①

基于"气本体论"，罗钦顺以程朱的"理一分殊"为基础，提出了"气一分殊"的观点，以解释万事万物的多样性。在他看来，"性命之妙"在于"理一分殊"，即，天地万物虽然"其理惟一"，但具体事物却"常在分殊之中"。他说："窃以性命之妙，无出理一分殊四字，简而尽，约而无所不通，初不假于牵合安排，自确乎其不可易也。盖人物之生，受气之初，其理惟一，成形之后，其分则殊。其分之殊，莫非自然之理，其理之一，常在分殊之中。此所以为性命之妙也。"② 不过，与程朱所谓"分殊"在"理一"之中不同，罗钦顺认为，"理一"包含于"分殊"之中，因为"理一"乃从"分殊"中抽象出来。他说："所谓理一者，须就分殊上见得来，方是真切。佛家所见亦成一片，缘始终不知有分殊，此其所以似是而非也。"③ 不仅如此，他还将其"气本体论"贯彻于宇宙论，将"理一分殊"释为"气一分殊"，以解释万事万物的差异性。他说："杨方震《复余子积书》云：'若论一，则不徒理一，而气亦一也。若论万，则不徒气万，而理也万也。'此言甚当……"④ 关于"气一分殊"，罗钦顺还说：

> 盈天地之间者惟万物，人固万物中一物耳。"乾道变化，各正性命"，人犹物也，我犹人也，其理容有二哉？然形质既具，则其分不能不殊。分殊，故各私其身；理一，故皆备于我。⑤

第二节　"理一分殊"

关于人性论，罗钦顺反对佛教的相关理论。在他看来，本来佛教"作用是性"的说法便为真理，但是佛教又"捏出"许多"鬼怪""玄妙"说法。

---

① 罗钦顺著，阎韬点校：《困知记》，第一三至一四页。
② 罗钦顺著，阎韬点校：《困知记》，第七页。
③ 罗钦顺著，阎韬点校：《困知记》，第四一页。
④ 罗钦顺著，阎韬点校：《困知记》，第四三页。
⑤ 罗钦顺著，阎韬点校：《困知记》，第二页。

他说："昔达摩弟子波罗提尝言'作用是性'，有偈云：'在胎为身，处世为人。在眼曰见，在耳曰闻，在鼻辨香，在口谈论，在手执捉，在足运奔。遍现俱该沙界，收摄在一微尘。识者知是佛性，不识唤作精魂。'识与不识，即迷、悟之谓也。'知是佛性'，即所谓正智、如如；'唤作精魂'，即所谓名相、妄想。此偈自是真实语，后来桀黠者出，嫌其浅近，乃人人捏出一般鬼怪说话，真是玄妙，真是奇特！"① 很显然，若以"有物"之"神"为"性"则"万无是处"。罗钦顺说："佛氏初不识阴阳为何物，固无由知所谓道，所谓神。但见得此心有一点之灵，求其体而不可得，则以为空寂，推其用而遍于阴、界、人，则以为神通。所谓'有物'者，此尔。以此为性，万无是处。"② 总之，"释氏之'明心见性'，与吾儒之'尽心知性'，相似而实不同"③。罗钦顺说：

> 子思吃紧为人处，复言"君子之道，造端乎夫妇"，则直穷到底矣。盖夫妇居室，乃生生化化之源，天命之性于是乎成，率性之道于是乎出。天下之至显者，实根于至微也，圣贤所言无非实事。释氏既断其根，化生之源绝矣，犹譊譊然自以为见性，性果何物也哉！④

进而，罗钦顺提出了自己的人性论思想。在他看来，与"心即理"不同，"性即理"有经典依据，符合原始儒家传统。他说："程子言'性即理也'，象山言'心即理也'。至当归一，精义无二，此是则彼非，彼是则此非，安可不明辨之！昔吾夫子赞《易》，言性屡矣，曰'乾道变化，各正性命'，曰'成之者性'，曰'圣人作《易》，以顺性命之理'，曰'穷理尽性以至于命'，但详味此数言，'性即理也'明矣。"⑤ 而且，因为"理""性"是相同的，故"性即理"。罗钦顺说："理在人则谓之性，在天则谓之命。"⑥ 在他看来，"性即理"之说为真理，故乃"千万世说性之根基"。他说："朱子尝言：'伊川'性即理也'一语，便是千万世说性之根

① 罗钦顺著，阎韬点校：《困知记》，第四九页。
② 罗钦顺著，阎韬点校：《困知记》，第五七页。
③ 罗钦顺著，阎韬点校：《困知记》，第二页。
④ 罗钦顺著，阎韬点校：《困知记》，第一二页。
⑤ 罗钦顺著，阎韬点校：《困知记》，第三七页。
⑥ 罗钦顺著，阎韬点校：《困知记》，第一一四页。

基。'……有以'性即理'为不然者，只为理字难明，往往为气字之所妨碍，才见得不合，便以先儒言说为不足信，殊不知工夫到后，虽欲添一个字，自是添不得也。"① 当然，所谓"理"主要指"仁义礼智"等伦理。总之，"仁义礼智"既是"理"，又是人性之根本。罗钦顺说："人之道，君臣父子夫妇长幼朋友为之经，喜怒哀乐为之纬，经纬不忒，而仁义礼智之实在其中矣，此德业之所以成也。"② 他还说：

> 性之理，一而已矣。名其德，则有四焉。以其浑然无间也，名之曰仁；以其灿然有条也，名之曰礼；以其截然有止也，名之曰义；以其判然有别也，名之曰智。……然其如是之浑然灿然截然判然，莫非自然而然，不假纤毫安排布置之力，此其所以为性命之理也。③

既然"性"就是"理"，"理"是纯善无恶的，那么为什么人还有善恶之异呢？关此，罗钦顺不赞成通过"一性而两名"即区分"天命之性"和"气质之性"来解释，因为它"语终未莹"。他说："然一性而两名，虽曰'二之则不是'，而一之又未能也，学者之惑，终莫之解，则纷纷之论，至今不绝于天下，亦奚怪哉！……但曰'天命之性'，固已就气质而言之矣，曰'气质之性'，性非天命之谓乎？一性而两名，且以气质与天命对言，语终未莹。"④ 在他看来，"理一分殊"的讲法比"一性而两名"更具解释力。他说："窃以性命之妙，无出理一分殊四字，简而尽，约而无所不通，初不假于牵合安排，自确乎其不可易也。"⑤ 他还说："理一分殊四字，本程子论《西铭》之言，其言至简，而推之天下之理，无所不尽。……持此以论性，自不须立天命、气质之两名，粲然其如视诸掌矣。"⑥ 具体来讲，抽象的"理"是"一"，是相同的；具体的人是"殊"，是各不相同的。他说："'天命之谓性'，理之一也。'率性之谓道'，分之殊也。'性善'，理之一也，而其言未及乎分殊，

---

① 罗钦顺著，阎韬点校：《困知记》，第六七页。
② 罗钦顺著，阎韬点校：《困知记》，第一九页。
③ 罗钦顺著，阎韬点校：《困知记》，第七一页。
④ 罗钦顺著，阎韬点校：《困知记》，第七页。
⑤ 罗钦顺著，阎韬点校：《困知记》，第七页。
⑥ 罗钦顺著，阎韬点校：《困知记》，第九页。

'有性善，有性不善'，分之殊也，而其言未及乎理一。"① 因此，抽象地讲，人人可以为尧舜；具体地讲，人则有善恶之别。他说：

> 语其一，故人皆可以为尧舜；语其殊，故上智与下愚不移。圣人复起，其必有取于吾言矣。②

基于"理一分殊"的观点，罗钦顺反对"存天理、去人欲"的主张。在他看来，与喜怒哀乐等情感一样，"人欲"乃人性中固有的，是不可去除的。他说："先儒多以'去人欲'，'遏人欲'为言，盖所以防其流者，不得不严，但语意似乎偏重。夫欲与喜怒哀乐，皆性之所有者，喜怒哀乐又可去乎？"③ 依着他的理解，虽然"理一分殊"，人性有善恶之殊，但只有"恣情纵欲而不知反"才会导致恶。他说："夫人之有欲，固出于天，盖有必然而不容已，且有当然而不可易者。于其所不容已者而皆合乎当然之则，夫安往而非善乎？惟其恣情纵欲而不知反，斯为恶耳。"④ 他还说："'欲'与'好恶'，与《中庸》'喜怒哀乐'，同谓之七情，其理皆根于性者也。……欲未可谓之恶，其为善为恶，系于有节与无节尔。"⑤ 因此，扬善去恶之关键在于节制欲望。他说："'天亦有善有恶，如日月蚀、恶星之类。'是固然矣，然日月之食、彗孛之变，未有不旋复其常者，兹不谓之天理而何？故人道所贵，在乎'不远而复'，奈何'滔滔者天下皆是也'！是则循其本而言之，天人曷尝不一？"⑥ 质言之，应该信守"中庸之道"。他说：

> 盖君子之道，乃中节之和，天下之达道也，必从事于修道之教，然后君子之道可得，而性以全。戒惧慎独，所以修道也。⑦

---

① 罗钦顺著，阎韬点校：《困知记》，第七页。
② 罗钦顺著，阎韬点校：《困知记》，第七页。
③ 罗钦顺著，阎韬点校：《困知记》，第二八页。
④ 罗钦顺著，阎韬点校：《困知记》，第二八页。
⑤ 罗钦顺著，阎韬点校：《困知记》，第八页。
⑥ 罗钦顺著，阎韬点校：《困知记》，第二八页。
⑦ 罗钦顺著，阎韬点校：《困知记》，第九页。

第三节　"物我兼照"

关于功夫论，罗钦顺对佛教的相关思想亦持否定态度。在他看来，佛教的宗旨是要人们通过静养修行，达到"了是非""灭妄想""无牵无挂"的"真空世界"，从而实现所谓"涅槃"即升入"天堂"。对此，罗钦顺不以为然。他说："今参学之人，不知是病，只管在里许头出头没，教中所谓'随识而不随智'，以故昧却本地风光，本来面目。"① 在他看来，佛教"以事为障"，"以理为障"，一味主张"静坐"，反对接触任何外界事物，其所谓"真理"只能是笼统胡说而已。罗钦顺说："其（指佛教——引者注）既以事为障，又以理为障，直欲扫除二障乃为至道，安得不为笼统、瞒盰乎？"② 或者说，"静坐"的结果只能是作为"虚灵之光景"的幻觉，而不会真的"养出"善的"端倪"。他说："今乃欲于'静中养出端倪'，既一味静坐，事物不交，善端何缘发见？遏伏之久，或者忽然有见，不过虚灵之光景耳。"③ 质言之，佛教只是教人做随波逐流的"水上葫芦"而已。罗钦顺说：

> 尝见杲（指宗杲——引者注）示人有"水上葫芦"一言，凡屡出。此颂第三句即"水上葫芦"之谓也。佛家道理真是如此。《论语》有云："君子之于天下也，无适也，无莫也，义之与比。"使吾夫子当时若欠却"义之与比"一语，则所谓"无适无莫"者，何以异于"水上葫芦"也哉！④

进而，罗钦顺对于儒家王守仁的相关思想亦有诸多评判。一个方面，批评其"心即理"的观点。在他看来，王守仁"心即理"的观点有误，因为"心"与"性"不可混同。他说："夫心者，人之神明；性者，人之生理。理之所在谓之心，心之所在谓之性，不可混而为一也。……二者初不相离，而实不容相混。"⑤ 具体来讲，"性"是先天的本体，"心"是后天的"明觉"；

① 罗钦顺著，阎韬点校：《困知记》，第六〇页。
② 罗钦顺著，阎韬点校：《困知记》，第四一页。
③ 罗钦顺著，阎韬点校：《困知记》，第四二页。
④ 罗钦顺著，阎韬点校：《困知记》，第六三页。
⑤ 罗钦顺著，阎韬点校：《困知记》，第一页。

二者乃体用关系，故不可谓"心即理"。他说："夫谓良知即天理，则天性、明觉只是一事。区区之见，要不免于二之。盖天性之真，乃其本体；明觉自然，乃其妙用。天性正于受生之初，明觉发于既生之后。有体必有用，而用不可以为体也。"① 基于"心即理"的错误认识，其以"格物"为"格心"的主张亦有误，故不可能达至"性与天道"。他说："格物之义，程朱之训明且尽矣，当为万物无疑。人之有心，固然亦是一物，然专以格物为格此心则不可。"② 进而，因为"理一分殊"，故"格物"须先识"分殊"之理，然后识得"理一"之理，如此方为"知至""知止"，亦方为"大本""达道"。罗钦顺说：

> 所贵乎格物者，正欲即其分之殊，而有见乎理之一，无彼无此，无欠无余，而实有所统会。夫然后谓之知至，亦即所谓知止，而大本于是乎可立，达道于是乎可行，自诚、正以至于治、平，庶乎可以一以贯之而无遗矣。③

另一个方面，罗钦顺还批评王守仁的"致良知说"。在他看来，"致良知说"有三方面错误：其一，把"物"归结为"意之用"，其理"终无可通之日"。他说："'物者，意之用也。格者，正也，正其不正以归于正也。'此执事（指王阳明——引者注）物格之训也。……所谓物者果何物耶？如必以为'意之用'，虽极安排之巧，终无可通之日。此愚之所不能无疑者一也。"④ 其二，把"意"强加给事物，存在理论障碍。他说："又执事尝谓，'意在于事亲，即事亲是一物。意在于事君，即事君是一物'。……试以吾意着于川之流，鸢之飞，鱼之跃，若之何'正其不正以归于正'耶？此愚之所不能无疑者二也。"⑤ 其三，"格物"在后，"致知"在先，颠倒了认识顺序。他说："又执事答人论学书有云：'吾心之良知，即所谓天理也。致吾心良知之天理于事事物物，则事事物物皆得其理矣。致吾心之良知者，致知也。事事物物各得其理者，格物也。'审如所言，则《大学》当云'格物在致知'，不当云

---

① 罗钦顺著，阎韬点校：《困知记》，第一一八页。
② 罗钦顺著，阎韬点校：《困知记》，第一一四页。
③ 罗钦顺著，阎韬点校：《困知记》，第一〇九页。
④ 罗钦顺著，阎韬点校：《困知记》，第一一二至一一三页。
⑤ 罗钦顺著，阎韬点校：《困知记》，第一一三页。

'致知在格物'；当云'知至而后物格'，不当云'物格而后知至'矣。……
果孰先乎，孰后乎？此愚之所不能无疑者三也。"① 总之，"致良知"之说与
儒家传统有悖。罗钦顺说：

> 阳明学术，以良知为大头脑，其初序《大学古本》，明斥朱子传注为
> 支离，何故却将大头脑遗下？岂其拟议之未定欤？合二序而观之，安排
> 布置，委曲迁就，不可谓不劳矣。然于《大学》本旨，恶能掩其阴离阳
> 合之迹乎！②

依着罗钦顺的理解，要确立正确的功夫论，需要正确理解"心"与
"物"的关系。在他看来，"心"是人的思维器官和意识。他说："有心必有
意，心之官则思，是皆出于天命之自然，非人之所为也。"③ 质言之，"心"
乃认识的主体，为感应自然的"神明"。他说："心也者，人之神明，而理之
存主处也。岂可谓心即理，而以穷理为穷此心哉！良心发现，乃感应自然之
机，所谓天下之至神者，固无待于思也。"④ 而且，感官见闻乃"四端之发"，
故必须要重视感官和见闻。他说："夫人之视听言动，不待思虑而知者亦多
矣，感通之妙，捷于桴鼓，何以异于恻隐、羞恶、恭敬、是非之发乎？且四
端之发，未有不关于视听言动者，是非必自其口出，恭敬必形于容貌，恶恶
臭辄掩其鼻，见孺子将入于井，辄匍匐而往救之，果何从而见其异乎？"⑤ 基
于此，罗钦顺主张，必须"物我兼照"，把"心"和"物"统一起来，才可
真正达至"性与天道"。他说：

> 学者往往溺于明心见性之说，其于天地万物之理，不复置思，故常
> 陷于一偏，蔽于一己，而终不可与入尧舜之道。二程切有忧之，于是表
> 章《大学》之书，发明格物之旨，欲令学者物我兼照，内外俱融，彼此
> 交尽，正所以深救其失，而纳之于大中。良工苦心，知之者诚亦鲜矣。⑥

---

① 罗钦顺著，阎韬点校：《困知记》，第一一三页。
② 罗钦顺著，阎韬点校：《困知记》，第九五至九六页。
③ 罗钦顺著，阎韬点校：《困知记》，第八一页。
④ 罗钦顺著，阎韬点校：《困知记》，第一一四页。
⑤ 罗钦顺著，阎韬点校：《困知记》，第一一八页。
⑥ 罗钦顺著，阎韬点校：《困知记》，第三页。

第十八章 王守仁

王守仁（1472—1529 年），幼名云，字伯安，别号阳明，谥号"文成"，故后人又称"王文成公"。浙江绍兴府余姚县（今属浙江省宁波余姚市）人，因曾筑室于会稽山阳明洞，自号阳明子，学者称之为阳明先生，亦以王阳明之名传世。明弘治十二年（1499 年）进士，历任刑部主事、贵州龙场驿丞、庐陵知县、右佥都御史、南赣巡抚、两广总督等职，晚年官至南京兵部尚书、都察院左都御史。死时，因曾经平定"宸濠之乱"① 有功，被封为"新建伯"。明隆庆年间，被追赠"新建侯"。明万历十二年（1584 年），从祀于孔庙。

王守仁虽沉浮于宦海，但不废讲学，为"陆王心学"之集大成者，他与孔子、孟子、朱熹并称为孔、孟、朱、王。其学术思想被称为"阳明心学"，传至全国、日本、朝鲜半岛以及东南亚，成为明代最有影响的思想家。其弟子及再传弟子众多，所创立的学派世称"阳明学派"；因余姚有姚江流经，故"阳明学派"又称为"姚江学派"。其主要著作包括《大学问》《传习录》《五经臆说》《朱子晚年定论》《阳明先生文录》等，后被辑成《王文成公全书》《王阳明全集》等。

第一节 "心即理"

王守仁最初笃信朱熹"格物致知"的学说，故曾"着实"践履朱熹的理论。他说："众人只说格物要依晦翁，何曾把他的说去用？我着实曾用来。"②

---

① "宸濠之乱"又称"宁王之乱""宁王叛乱"。明武宗正德十四年（1519 年），宁王朱宸濠在南昌发动叛乱，波及江西北部及南直隶西南一带，四十三天后，由南赣巡抚王守仁平定。

② 王守仁撰，吴光等编校：《王阳明全集》，上海：上海古籍出版社 1992 年（下同），第一二〇页。

但是，践履并未带来预期的结果。他说："循其序，思得渐渍洽浃，然物理吾心终若判而为二也。沉郁既久，旧疾复作，益委圣贤有分。"① 他的意思是，"格物致知"难免"心"与"理"为二之误。他说："朱子所谓'格物'云者，在即物而穷其理也。即物穷理，是就事事物物上求其所谓定理者也。是以吾心而求理于事事物物之中，析'心'与'理'而为二矣。"② 因此，他开始怀疑程朱理学，以至于在贵州龙场"居夷处困"③ 时"大悟"。他说："日夜端居澄默，以求静一；久之，胸中洒洒。……忽中夜大悟格物致知之旨，寤寐中若有人语之者，不觉呼跃，从者皆惊。始知圣人之道，吾性自足，向之求理于事物者误也。"④ 最后，他终于放弃"格物"，转而"格心"。他说："及在夷中三年，颇见得此意思，方知天下之物本无可格者。其格物之功，只在身心上做，决然以圣人为人人可到，便自有担当了。"⑤ 他还说：

> 吾心之处事物，纯乎理而无人伪之杂，谓之善，非在事物有定所之可求也。处物为义，是吾心之得其宜也，义非在外可袭而取也。格者，格此也；致者，致此也。⑥

在王守仁看来，天地万物与人是一体相通的。他说："盖天地万物与人原是一体，其发窍之最精处，是人心一点灵明。风、雨、露、雷、日、月、星、辰、禽、兽、草、木、山、川、土、石，与人原只一体。故五谷禽兽之类，皆可以养人；药石之类，皆可以疗疾：只为同此一气，故能相通耳。"⑦ 当然，在这一体当中，人乃万物之灵。他说："夫人者，天地之心。天地万物，本吾一体者也，生民之困苦荼毒，孰非疾痛之切于吾身者乎？"⑧ 在王守仁看来，所谓"物"，是与"事"相通的，均为人的意识的表现。他说："意之所用，必有其物，物即事也。……凡意之所用无有无物者，有是意即有是物，无是

---

① 王守仁撰，吴光等编校：《王阳明全集》，第一二二四页。
② 王守仁撰，吴光等编校：《王阳明全集》，第四四至四五页。
③ 明武宗正德元年（1506 年），因反对宦官刘瑾，王守仁被谪贬至贵州龙场（今贵州修文县内）当驿丞。当时，龙场地处偏远，少数民族杂居，生活条件艰苦。
④ 王守仁撰，吴光等编校：《王阳明全集》，第一二二八页。
⑤ 王守仁撰，吴光等编校：《王阳明全集》，第一二〇页。
⑥ 王守仁撰，吴光等编校：《王阳明全集》，第一五六页。
⑦ 王守仁撰，吴光等编校：《王阳明全集》，第一〇七页。
⑧ 王守仁撰，吴光等编校：《王阳明全集》，第七九页。

意即无是物矣。物非意之用乎？"① 正因为如此，"物"和"事"不能离开"人心"而存在。关此，《传习录》曾记载："先生游南镇，一友指岩中花树问曰：'天下无心外之物，如此花树，在深山中自开自落，于我心亦何相关？'先生曰：'你未看此花时，此花与汝心同归于寂。你来看此花时，则此花颜色一时明白起来。便知此花不在你的心外。'"② 进而，"物理"与"人心"是不可分离的。王守仁说：

> "专求本心，遂遗物理"，此盖失其本心者也。夫物理不外于吾心，外吾心而求物理，无物理矣；遗物理而求吾心，吾心又何物耶？心之体，性也；性即理也。③

基于上述认识，王守仁提出"心即理"的主张。在他看来，天地万物与人一体，主要指人的精神与体现于万物的精神是同一的，故而是不可分的。他说："人的良知，就是草木瓦石的良知。若草木瓦石无人的良知，不可以为草木瓦石矣。岂惟草木瓦石为然，天地无人的良知，亦不可为天地矣。"④ 也正因为如此，遂可以说"心外无事""心外无理"，即"心"与"理"是不可分的。他说："虚灵不昧，众理具而万事出。心外无理，心外无事。"⑤ 他还说："夫在物为理，处物为义，在性为善，因所指而异其名，实皆吾之心也。心外无物，心外无事，心外无理，心外无义，心外无善。"⑥ 质言之，所谓"理"，不过指"心之条理"，因此，如果没有"心"，也就没有"理"。他说："心之体，性也，性即理也。天下宁有心外之性？宁有性外之理乎？宁有理外之心乎？外心以求理，此告子'义外'之说也。理也者，心之条理也。是理也，发之于亲则为孝，发之于君则为忠，发之于朋友则为信。千变万化，至不可穷竭，而莫非发于吾之一心。"⑦ 既然"心"与"理"不可分，而"理"又内在于"心"，故便可以说"心即理"。他说：

---

① 王守仁撰，吴光等编校：《王阳明全集》，第四七页。
② 王守仁撰，吴光等编校：《王阳明全集》，第一〇八页。
③ 王守仁撰，吴光等编校：《王阳明全集》，第四二页。
④ 王守仁撰，吴光等编校：《王阳明全集》，第一〇七页。
⑤ 王守仁撰，吴光等编校：《王阳明全集》，第一五页。
⑥ 王守仁撰，吴光等编校：《王阳明全集》，第一五六页。
⑦ 王守仁撰，吴光等编校：《王阳明全集》，第二七七页。

　　心即理也。天下又有心外之事，心外之理乎？……此心无私欲之蔽，即是天理，不须外面添一分。以此纯乎天理之心，发之事父便是孝，发之事君便是忠，发之交友治民便是信与仁。①

　　在王守仁看来，"心即理"的核心指"心"为本体。具体来讲，一个方面，"心"乃"理"的根据。例如，因有"孝亲之心"，故有"孝之理"；因有"忠君之心"，故有"忠之理"。他说："有孝亲之心，即有孝亲之理；无孝亲之心，即无孝亲之理。有忠君之心，即有忠君之理；无忠君之心，即无忠君之理。理岂外于吾心邪？"② 另一个方面，"心"乃创造天地万物的"精灵"。他说："良知是造化的精灵。这些精灵，生天生地，成鬼成帝，皆从此出，真是与物无对。人若复得他完完全全，无少亏欠，自不觉手舞足蹈，不知天地间更有何乐可代。"③ 再一个方面，"心"乃衡量善恶是非的标准。王守仁说："良知只是个是非之心，是非只是个好恶，只好恶就尽了是非，只是非就尽了万事万变。"④ 因此，"心"便像个"试金石"或"指南针"。他说："这些子看得透彻，随他千言万语，是非诚伪，到前便明。合得的便是，合不得的便非。如佛家说心印相似，真是个试金石、指南针。"⑤ 王守仁说：

　　充天塞地中间，只有这个灵明，人只为形体自间隔了。我的灵明，便是天地鬼神的主宰。天没有我的灵明，谁去仰他高？地没有我的灵明，谁去俯他深？鬼神没有我的灵明，谁去辨他吉凶灾祥？天地鬼神万物离却我的灵明，便没有天地鬼神万物了。我的灵明离却天地鬼神万物，亦没有我的灵明。如此，便是一气流通的，如何与他间隔得！⑥

---

① 王守仁撰，吴光等编校：《王阳明全集》，第二页。
② 王守仁撰，吴光等编校：《王阳明全集》，第四二页。
③ 王守仁撰，吴光等编校：《王阳明全集》，第一〇四页。
④ 王守仁撰，吴光等编校：《王阳明全集》，第一一一页。
⑤ 王守仁撰，吴光等编校：《王阳明全集》，第九三页。
⑥ 王守仁撰，吴光等编校：《王阳明全集》，第一二四页。

第二节 "致良知"

在王守仁看来，作为本体的"心"实指"良知"，即人生固有的道德意识和道德情感。他说："良知者，孟子所谓'是非之心，人皆有之'者也。是非之心，不待虑而知，不待学而能，是故谓之良知。是乃天命之性，吾心之本体，自然灵昭明觉者也。"① 具体来讲，一个方面，"良知"指"心"。他说："心者身之主也，而心之虚灵明觉，即所谓本然之良知也。"② 因此，"良知"亦是判断是非的标准。他说："凡意念之发，吾心之良知无有不自知者。其善欤，惟吾心之良知自知之；其不善欤，亦惟吾心之良知自知之；是皆无所与于他人者也。"③ 另一个方面，"良知"指"理"。他说："盖良知只是一个天理，自然明觉发见处，只是一个真诚恻怛，便是他本体。"④ 就《大学》来讲，"良知"即是指"明明德"的"明德"。他说："天理即是'明德'，穷理即是'明明德'。"⑤ 再一个方面，"良知"是"体用同源"的。他说："体即良知之体，用即良知之用，宁复有超然于体用之外者乎?"⑥ 总之，"良知"是"恒照"的"心之本体"。王守仁说：

> 良知者，心之本体，即前所谓恒照者也。心之本体，无起无不起，虽妄念之发，而良知未尝不在，但人不知存，则有时而或放耳；虽昏塞之极，而良知未尝不明，但人不知察，则有时而或蔽耳，虽有时而或放，其体实未尝不在也，存之而已耳；虽有时而或蔽，其体实未尝不明也，察之而已耳。若谓良知亦有起处，则是有时而不在也，非其本体之谓矣。⑦

① 王守仁撰，吴光等编校：《王阳明全集》，第九七一页。
② 王守仁撰，吴光等编校：《王阳明全集》，第四七页。
③ 王守仁撰，吴光等编校：《王阳明全集》，第九七一页。
④ 王守仁撰，吴光等编校：《王阳明全集》，第八四页。
⑤ 王守仁撰，吴光等编校：《王阳明全集》，第六页。
⑥ 王守仁撰，吴光等编校：《王阳明全集》，第六三页。
⑦ 王守仁撰，吴光等编校：《王阳明全集》，第六一至六二页。

依王守仁的理解，"良知"人人同具，愚夫愚妇与圣人同。他说："良知为人心本体，自圣人之心以至愚夫愚妇，自一人之心以达之天下，自千万古之前以达之千万古之后，无有不同者，此心也，此良知也。"① 既然"良知"人人同具，那么，从根本上讲，圣凡相同，圣愚无间。他说："个个人心有仲尼，自将闻见苦遮迷。而今指与真头面，只是良知更莫疑。……人人自有定盘针，万化根源总在心。却笑从前颠倒见，枝枝叶叶外头寻。"② 因此，当被问及何为"异端"时，王守仁甚至说："与愚夫愚妇同的，是谓同德。与愚夫愚妇异的，是谓异端。"③ 不过，现实生活中人确实有"圣""凡"之别。对此，王守仁的解释是，这种差别不是根本性的，而是后天枝节性的。他说："圣人亦是学知，众人亦是生知。……这良知人人皆有，圣人只是保全，无些障蔽，兢兢业业，亹亹翼翼，自然不息，便也是学；只是生的分数多，所以谓之生知安行。众人自孩提之童，莫不完具此知，只是障蔽多，然本体之知自难泯息，虽问学克治也只凭他；只是学的分数多，所以谓之学知利行。"④ 关于"圣""凡"之同异，王守仁还说：

> 良知良能，愚夫愚妇与圣人同。但惟圣人能致其良知，而愚夫愚妇不能致，此圣愚之所由分也。⑤

既然不善缘于后天"障蔽"，而且人人又皆具"良知"，那么要进行道德修养，便只需"培养良知"即可。所谓"培养良知"，即非外求于物，而内求于心，体认并彰显内在"良知"。王守仁说："认得良知头脑，是当去朴实用功，自会透彻。到此便是内外两忘，又何心事不合一。"⑥ 在他看来，"培养良知"乃道德修养之根本，不会产生"支离""错杂"等问题。他说："今焉既知至善之在吾心，而不假于外求，则志有定向，而无支离决裂、错杂纷纭之患矣。"⑦ 他还说："圣人何能拘得死格？大要出于良知同，便各为说何

① 王守仁撰，吴光等编校：《王阳明全集》，第一五九三页。
② 王守仁撰，吴光等编校：《王阳明全集》，第七九〇页。
③ 王守仁撰，吴光等编校：《王阳明全集》，第一〇七页。
④ 王守仁撰，吴光等编校：《王阳明全集》，第九五页。
⑤ 王守仁撰，吴光等编校：《王阳明全集》，第四九页。
⑥ 王守仁撰，吴光等编校：《王阳明全集》，第一〇五页。
⑦ 王守仁撰，吴光等编校：《王阳明全集》，第九七〇页。

害？且如一园竹，只要同此枝节，便是大同。若拘定枝枝节节，都要高下大小一样，便非造化妙手矣。汝辈只要去培养良知。良知同，更不妨有异处。汝辈若不肯用功，连笋也不曾抽得，何处去论枝节？"① 总之，"培养良知"可实现"圣人气象"的追求。他说："若不就自己良知上真切体认，如以无星之称而权轻重，未开之镜而照妍媸，真所谓以小人之腹而度君子之心矣。圣人气象何由认得？自己良知原与圣人一般，若体认得自己良知明白，即圣人气象不在圣人而在我矣。"② 在王守仁看来，"培养良知"乃"简易透彻功夫"。他说：

> 七情顺其自然之流行，皆是良知之用，不可分别善恶，但不可有所着；七情有着，俱谓之欲，俱为良知之蔽；然才有着时，良知亦自会觉，觉即蔽去，复其体矣！此处能勘得破，方是简易透彻功夫。③

进而，王守仁提出"致良知"的主张。所谓"致良知"，主要分两个阶段而有两义。第一阶段或第一义为认识并"彰显"内在"良知"，以达到"良知"的要求。在他看来，"良知"乃"至善"。他说："天命之性，粹然至善，其灵昭不昧者，此其至善之发现，是乃明德之本体，而即所谓良知也。"④ 因此，应将"良知""至乎极"。在此，"致"为"至"义。他说："致者，至也，如云丧致乎哀之致。《易》言'知至至之'，'知至'者，知也；'至之'者，致也。'致知'云者，非若后儒所谓充广其知识之谓也，致吾心之良知焉耳。"⑤ 第二阶段或第二义为把吾心的"良知"推致于事物，以使事物合乎"良知"的要求。他说："致知必在于格物。物者，事也，凡意之所发必有其事，意所在之事谓之物。格者，正也，正其不正以归于正之谓也。正其不正者，去恶之谓也。归于正者，为善之谓也。"⑥ 在此，"致"为"推至"义，即"行"之义。他还说："所谓致知格物者，致吾心之良知于事事物物也。吾心之良知，即所谓天理也。致吾心良知之天理于事事物物，则事事物物皆得

---

① 王守仁撰，吴光等编校：《王阳明全集》，第一一二页。
② 王守仁撰，吴光等编校：《王阳明全集》，第五九页。
③ 王守仁撰，吴光等编校：《王阳明全集》，第一一一页。
④ 王守仁撰，吴光等编校：《王阳明全集》，第九六九页。
⑤ 王守仁撰，吴光等编校：《王阳明全集》，第九七一页。
⑥ 王守仁撰，吴光等编校：《王阳明全集》，第九七二页。

其理矣。致吾心之良知者，致知也。事事物物皆得其理者，格物也。"① 关于
"致良知"，王守仁认为，它可复本体之"天渊"，从而实现道德修养目标。
他说：

> 人心是天渊。心之本体无所不赅，原是一个天。只为私欲障碍，则
> 天之本体失了。心之理无穷尽，原是一个渊。只为私欲窒塞，则渊之本
> 体失了。如今念念致良知，将此障碍窒塞一齐去尽，则本体已复，便是
> 天渊了。②

在王守仁看来，"致良知"乃其"百死千难"之人生体验所得，而且其
为"究竟话头"。因此，对于"致良知"不可当作"光景玩弄"，否则会辜负
"致良知"的宗旨。他说："某于'良知'之说，从百死千难中得来，非是容
易见得到此。此本是学者究竟话头，可惜此体沦埋已久。学者苦于闻见障蔽，
无入头处。不得已与人一口说尽。但恐学者得之容易，只把作一种光景玩弄，
孤负此知耳！"③ 因此，他非常重视"致良知"的思想，以此为其为学宗旨。
他说："吾平生讲学，只是'致良知'三字。"④ 进而，他将"致良知"视作
"圣人教人第一义"。他说："良知不由见闻而有，而见闻莫非良知之用，故良
知不滞于见闻，而亦不离于见闻。……良知之外，别无知矣。故'致良知'
是学问大头脑，是圣人教人第一义。"⑤ 总之，"致良知"乃"修""齐"
"治""平"的根本途径。他说："世之君子惟务致其良知，则自能公是非，
同好恶，视人犹己，视国犹家，而以天地万物为一体，求天下无治，不可得
矣。"⑥ 质言之，"致良知"乃"圣人之学"。王守仁说：

> 圣人之学，惟是致此良知而已。自然而致之者，圣人也；勉然而致
> 之者，贤人也；自蔽自昧而不肯致之者，愚不肖者也。……是故致良知
> 之外无学矣。⑦

---

① 王守仁撰，吴光等编校：《王阳明全集》，第四五页。
② 王守仁撰，吴光等编校：《王阳明全集》，第九五至九六页。
③ 王守仁撰，吴光等编校：《王阳明全集》，第一五七五页。
④ 王守仁撰，吴光等编校：《王阳明全集》，第九九○页。
⑤ 王守仁撰，吴光等编校：《王阳明全集》，第七一页。
⑥ 王守仁撰，吴光等编校：《王阳明全集》，第七九页。
⑦ 王守仁撰，吴光等编校：《王阳明全集》，第二八○页。

第三节 "知行合一"

在"知"与"行"的关系上，王守仁反对朱熹的知行观。如前所引，朱熹认为："论先后，当以致知为先；论轻重，当以力行为重。"① 在王守仁看来，朱熹的观点分裂了"知"与"行"，误解了圣贤为"补偏救弊"之"不得已"的说法。他说："此却失了古人宗旨也。……古人所以既说一个知又说一个行者，只为世间有一种人，懵懵懂懂的任意去做，全不解思维省察，也只是个冥行妄作，所以必说个知，方才行得是；又有一种人，茫茫荡荡悬空去思索，全不肯着实躬行，也只是个揣摸影响，所以必说一个行，方才知得真。此是古人不得已补偏救弊的说话，若见得这个意时，即一言而足。"② 然而，这种误解却并非一个"小病痛"——一方面它会导致对"行"的忽视，另一方面它并不能导致"真知"的获得。他的意思是，如此所获得的"知"并非"真知"，所进行的"行"亦非"真行"。他说："今人却就将知行分作两件去做，以为必先知了然后能行，我如今且去讲习讨论做知的工夫，待知得真了方去做行的工夫，故遂终身不行，亦遂终身不知。此不是小病痛，其来已非一日矣。"③ 针对朱熹的知行观，王守仁提出"知行合一"的观点。他说：

> 某今说个知行合一，正是对病的药。又不是某凿空杜撰，知行本体原是如此。今若知得宗旨时，即说两个亦不妨，亦只是一个；若不会宗旨，便说一个，亦济得甚事？④

具体来讲，"知行合一"包含两个方面的含义。其一，"知"与"行"相互依赖。在王守仁看来，"知"乃"行"的发轫，"行"乃"知"的完成。他说："知者行之始，行者知之成；圣学只是一个工夫，知行不可分作两事。"⑤ 或者说，"知"是"意"，"行"是功夫。他还说："知是行的主意，行是知的

---

① 黎靖德编，王星贤点校：《朱子语类》第一册，第一四八页。
② 王守仁撰，吴光等编校：《王阳明全集》，第四页。
③ 王守仁撰，吴光等编校：《王阳明全集》，第四－五页。
④ 王守仁撰，吴光等编校：《王阳明全集》，第五页。
⑤ 王守仁撰，吴光等编校：《王阳明全集》，第一三页。

功夫；知是行之始，行是知之成。"① 其二，"知"与"行"相互包含。在王守仁看来，"知"已包含"行"，"行"则体现"知"；"知"与"行"是同时的，二者不能分开先后。他说："如知痛，必已自痛了方知痛；知寒，必已自寒了；知饥，必已自饥了。知行如何分得开？此便是知行的本体，不曾有私意隔断的。……若会得时，只说一个知已自有行在，只说一个行已自有知在。"② 基于这样两个方面，王守仁认为，"知""行"实乃一事。他说："凡谓之行者，只是着实去做这件事。若着实做学问思辩的工夫，则学问思辩亦便是行矣。学是学做这件事，问是问做这件事，思辩是思辩做这件事，则行亦便是学问思辩矣。"③ 或者说，"知""行"两字只是一事之两个方面，此乃"知行合一"的真义。他还说：

> 知行原是两个字说一个工夫，这一个工夫须着此两个字，方说得完全无弊病。若头脑处见得分明，见得原是一个头脑，则虽把知行分作两个说，毕竟将来做那一个工夫，则始或未便融会，终所谓百虑而一致矣。若头脑见得不分明，原看做两个了，则虽把知行合作一个说，亦恐终未有凑泊处，况又分作两截去做，则是从头至尾更没讨下落处也。④

在王守仁看来，主张"知行合一"的根本目的在于强调"真知"和"真行"。比如，学孝必须躬行孝道，学射必须拉弓放箭；否则，便不可谓真正学孝、学射。他说："夫学、问、思、辩、行，皆所以为学，未有学而不行者也。如言学孝，则必服劳奉养，躬行孝道，然后谓之学，岂徒悬空口耳讲说，而遂可以谓之学孝乎？学射则必张弓挟矢，引满中的；学书则必伸纸执笔，操觚染翰；尽天下之学，无有不行而可以言学者，则学之始固已即是行矣。"⑤ 他的意思是，对道理是否知道得深切可以从行为看出，行为的正确与否也影响对道理的理解。他说："行之明觉精察处，便是知；知之真切笃实处，便是行。若行而不能精察明觉，便是冥行，便是'学而不思则罔'，所以必须说个知；知而不能真切笃实，便是妄想，便是'思而不学则殆'，所以必须说个

---

① 王守仁撰，吴光等编校：《王阳明全集》，第四页。
② 王守仁撰，吴光等编校：《王阳明全集》，第四页。
③ 王守仁撰，吴光等编校：《王阳明全集》，第二〇八页。
④ 王守仁撰，吴光等编校：《王阳明全集》，第二〇九页。
⑤ 王守仁撰，吴光等编校：《王阳明全集》，第四五页。

行；元来只是一个工夫。"① 正因为如此，他反对只在书册、口耳上求知识，而不去切实着力用功。他说："不务去天理上着工夫，徒弊精竭力，从册子上钻研，名物上考索，形迹上比拟，知识愈广而人欲愈滋，才力愈多，而天理愈蔽。"② 为此，他提出"一念发动处即是行"的"立言宗旨"。他说：

> 我今说个知行合一，正要人晓得，一念发动处，便即是行了。发动处有不善，就将这不善的念克倒了。须要彻根彻底，不使一念不善潜伏在胸中。此是我立言宗旨。③

基于前述，王守仁以"四句教"对其"知行合一"乃至整个思想进行概括。在他看来，"知行合一"以"心即理"为根据，故而可谓"圣门之教"。他说："心，一而已。以其全体恻怛而言谓之仁，以其得宜而言谓之义，以其条理而言谓之理；不可外心以求仁，不可外心以求义，独可外心以求理乎？外心以求理，此知行之所以二也。求理于吾心，此圣门知行合一之教，吾子又何疑乎？"④ 如果坚持"圣门之教"，可根本防止恶念出现即"破心中贼"，从而产生"大丈夫不世之伟绩"。他说："某向在横水，尝寄书仕德云：'破山中贼易，破心中贼难。'区区剪除鼠窃，何足为异？若诸贤扫荡心腹之寇，以收廓清平定之功，此诚大丈夫不世之伟绩。"⑤ 进而，王守仁以四句话对其学说进行总结，此即所谓"王门四句教"。他说："无善无恶是心之体，有善有恶是意之动，知善知恶是良知，为善去恶是格物。"⑥ 王守仁对于"四句教"极其重视，认为它乃自己一生理论运思的定论，亦是自己整个学说的宗旨。关此，他说：

> 此是彻上彻下语，自初学以至圣人，只此功夫。初学用此，循循有入，虽至圣人，穷究无尽。……以后再不可更此四句宗旨。此四句中人上下无不接着。我年来立教，亦更几番，今始立此四句。⑦

① 王守仁撰，吴光等编校：《王阳明全集》，第二〇八页。
② 王守仁撰，吴光等编校：《王阳明全集》，第二八页。
③ 王守仁撰，吴光等编校：《王阳明全集》，第九六页。
④ 王守仁撰，吴光等编校：《王阳明全集》，第四三页。
⑤ 王守仁撰，吴光等编校：《王阳明全集》，第一六八页。
⑥ 王守仁撰，吴光等编校：《王阳明全集》，第一三〇七页。
⑦ 王守仁撰，吴光等编校：《王阳明全集》，第一三〇七页。

第十九章　王廷相

王廷相（1474—1544 年），字子衡，号浚川，世称浚川先生。河南仪封（今兰考）人，祖籍山西潞洲（今山西长治市）。明弘治八年（1495 年）乡试中举。弘治十五年（1508 年）中进士及第，被授庶吉士并被选入翰林院。曾任兵部给事中，后被贬为都察院副都御史并巡抚四川，后又升为兵部左、右侍郎，最后官至南京兵部尚书和太子太保。嘉靖二十年（1541 年），王廷相被罢官，遂回归乡里著书。病逝后，隆庆元年（1567 年）被诏复原职，谥号"肃敏"。

王廷相既批评程朱理学，亦批评陆王心学，而倡导独立的"气学"理论。因此，他与罗钦顺一起，共同成为明代理学"气学"脉络的代表人物。王廷相的主要哲学著作有《慎言》《雅述》《性辩》《太极辩》《横渠理气辩》《答何伯斋造化论》等，后被辑为《浚川集》《内台集》《王氏家藏集》《王浚川所著书》《王廷相集》等。

第一节　气本体论

关于天地万物的本原，王廷相对于已有观点进行了反思。其一，"理"本体论有"支离颠倒"之误。他说："南宋以来，儒者独以理言太极而恶涉于气。如曰：'未有天地，毕竟是有此理。'如曰：'源头只有此理，立乎二气五行万物之先。'……嗟乎！支离颠倒，岂其然耶？"① 其二，以"五行"为本体乃"怪诞之谈"，因为"五行"本指"五行之政"，即重视"五行"为"王政之本"，他说："此五者流行于天地之中，切于民用，不可一日而缺。……水土

---

① 王廷相著，王孝鱼点校：《王廷相集》（二），北京：中华书局 1989 年（下同），第五九六页。

平而后五行之政修，五行之政修而后庶政可举，是五行者王政之根本。自夫圣王之政衰，而异端之才起，……始有以五行论造化生人物者矣。斯皆假合傅会，迷乱至道，……浸淫为怪诞之谈而不知其非。"① 其三，以"心"为本体缺乏"实理"。他说："若曰天乃天，吾心亦天；神乃神，吾心亦神，以之取喻可矣。即以人为天，为神，则小大非伦，灵明各异，征诸实理，恐终不相类矣。"② 其四，以"神""鬼"为主宰是无稽之谈，因为"神"指"形气之妙用"，"鬼"乃"归"之义。他说："神者，形气之妙用……夫神必借形气而有者，无形气则神灭矣。"③ "鬼者，归也，散灭之义也。"④

在反思了已有本体论观点之后，王廷相对"气"的属性进行了探讨。在他看来，"气"大概有如下几个方面的属性：其一，"气"乃"实有"的。或者说，"气"虽然无形可现，但非佛、老的"虚"和"空"，而为"实"和"有"。他说："世儒类以气体为无，厥睹误矣。愚谓学者心识气本，然后可以论造化；不然，头脑既差，难与辨其余矣。"⑤ 其二，"气"是永恒的。具体来讲，"气"聚而为物，散归"太虚"；"物"虽有聚散生灭，但"气"却始终存在、不生不灭。王廷相说："有聚气，有游气。游聚合，物以之而化。化则育，育则大，大则久，久则衰，衰则散，散则无，而游聚之本，未尝息焉。"⑥ 其三，"气"乃阴阳交感的根源，而阴阳交感乃天地万物变化的原因。他说："阴阳，气也；变化，机也。机则神，是天地者，万物之大圆也。阴阳者，造化之橐钥也。"⑦ 因此，所谓变化并非源于外在主宰，而乃"气"自身的变化。王廷相说："元气之上无物，有元气即有元神，有元神即能运行而为阴阳，有阴阳则天地万物之性理备矣，非元气之外又有物以主宰之也。"⑧

进而，王廷相论述了"气"与"理"的关系。在他看来，"气"生"理"，"理"依于"气"。他说："气，物之原也。理，气之具也。器，气之

---

① 王廷相著，王孝鱼点校：《王廷相集》（二），第五九七至五九八页。
② 王廷相著，王孝鱼点校：《王廷相集》（三），第八四八页。
③ 王廷相著，王孝鱼点校：《王廷相集》（三），第九六三至九六四页。
④ 王廷相著，王孝鱼点校：《王廷相集》（三），第七五三页。
⑤ 王廷相著，王孝鱼点校：《王廷相集》（三），第九七三页。
⑥ 王廷相著，王孝鱼点校：《王廷相集》（三），第七五三页。
⑦ 王廷相著，王孝鱼点校：《王廷相集》（三），第七五四页。
⑧ 王廷相著，王孝鱼点校：《王廷相集》（二），第五一七页。

成也。《易》曰：'形而上者为道，形而下者为器。'然谓之形，以气言之矣。故曰'神与性乃气所固有者'，此也。"① 质言之，并非"道"为"气"之体，而"气"为"道"之体；否则就会落入"虚实颠越"的"老庄之谬谈"。他说："元气者，天地万物之宗统。有元气则有生，有生则道显。故气也者，道之体也；道也者，气之具也。以道能生气者，虚实颠越，老庄之谬谈也。"② 既然"理"出于"气"，那么"理"与"气"便不可分离。他说："气载乎理，理出于气，一贯而不可离，绝言之者也。故有元气，即有元道。"③ 因此，不可谓"气变"而"道不变"，实际上，如果"气"变化，"理"亦随之变化。他说："元气即道体。有虚即有气，有气即有道。气有变化，是道有变化。气即道，道即气，不得以离合论者。或谓气有变，道一而不变，是道自道，气自气，歧然二物，非一贯之妙也。"④ 总之，"气为理之本，理乃气之载"，即"气本理末"。王廷相说：

> 夫物之生，气为理之本，理乃气之载，所谓有元气则有动静，有天地则有化育，有父子则有孝慈，有耳目则有聪明是也。⑤

基于前述，王廷相认为，"气"乃天地万物的本体。在他看来，"气"乃宇宙的"造化之实体"。他说："天内外皆气，地中亦气，物虚实皆气，通极上下造化之实体也。是故虚受乎气，非能生气也；理载于气，非能始气也。"⑥ 质言之，"气"是形成天地万物的本原。他说："气不离虚，虚不离气，天地日月方形之种，皆备于内，一氤氲萌蘖而万有成质矣。"⑦ "愚尝谓天地、水火、万物皆从元气而化，盖由元气本体具有此种，故能化出天地、水火、万物。"⑧ 而且，因为"气"为天地万物本体，故"气"又可称为"元气"。他说："天地之先，元气而已矣。元气之上无物，故元气为道之本。"⑨ 由此来

---

① 王廷相著，王孝鱼点校：《王廷相集》（三），第七五一至七五二页。
② 王廷相著，王孝鱼点校：《王廷相集》（三），第八〇九页。
③ 王廷相著，王孝鱼点校：《王廷相集》（二），第五九六页。
④ 王廷相著，王孝鱼点校：《王廷相集》（三），第八四八页。
⑤ 王廷相著，王孝鱼点校：《王廷相集》（二），第五九七页。
⑥ 王廷相著，王孝鱼点校：《王廷相集》（三），第七五三页。
⑦ 王廷相著，王孝鱼点校：《王廷相集》（三），第八四九页。
⑧ 王廷相著，王孝鱼点校：《王廷相集》（三），第九七四页。
⑨ 王廷相著，王孝鱼点校：《王廷相集》（三），第八三五页。

讲，所谓"太极""太虚"实际上就是指"元气"。他说："天地未判，元气混涵，清虚无间，造化之元机也。有虚即有气，虚不离气，气不离虚，无所始，无所终之妙也。不可知其所至，故曰太极；不可以为象，故曰太虚，非曰阴阳之外有极有虚也。"① 总之，"气"乃天地万物的本体。王廷相说：

> 气者造化之本，有浑浑者，有生生者，皆道之体也。生则有灭，故有始有终；浑然者充塞宇宙，无迹无执，不见其始，安知其终？世儒止知气化而不知气本，皆于道远。②

第二节 "内外交养"的人性论

王廷相认为，"性"生于"气"，故不可"离气言性"。在他看来，所谓离"气"而在的"本然之性""天命之性"只是后儒的"杜撰"。他说："离气无性。气外有本然之性，诸儒拟议之过也。"③ 或者说，所谓"本然之性"只是对于孟子"性善论"的附会。他说："性生于气，万物皆然。宋儒只为强成孟子性善之说，故离气而论性，使性之实不明于后世，而起诸儒之纷辩，是谁之过哉？"④ 实际上，所谓"天命之性"只是就"性不离气"而"非人能之"而言。他说："谓之天命者，本诸气所从出言之也，非人能之也，故曰天也。"⑤ 进一步讲，所谓独存的"本然之性"，与佛教所谓"四大之外，别有真性"相类，纯粹是"谬幽诬怪"之论。他说："性之有无，缘于气之聚散。若曰超然于形气之外，不以聚散而为有无，即佛氏所谓'四大之外，别有真性'矣，岂非谬幽之论乎？"⑥ 实际上，"性"起于人生，无生则无性。他说："是故太虚者，性之本始也；天地者，性之先物也；夫妇父子君臣，性之后物

---

① 王廷相著，王孝鱼点校：《王廷相集》（三），第七五一页。
② 王廷相著，王孝鱼点校：《王廷相集》（三），第七五五页。
③ 王廷相著，王孝鱼点校：《王廷相集》（三），第八一四页。
④ 王廷相著，王孝鱼点校：《王廷相集》（三），第八三七页。
⑤ 王廷相著，王孝鱼点校：《王廷相集》（二），第五一九页。
⑥ 王廷相著，王孝鱼点校：《王廷相集》（二），第六〇二页。

也；礼义者，性之善也，治教之中也。"① 质言之，不可"离气言性"。王廷相说：

> 此儒者之大惑也……人有生，斯有性可言，无生则性灭矣，恶乎取而言之？故离气言性，则性无处所，与虚同归；离性论气，则气非生动，与死同途。是性之与气，可以相有，而不可相离之道也。②

进而，王廷相以"生之理"释"性"，即，所谓"性"只是"生之理"。他说："人有二性，此宋儒之大惑也。夫性，生之理也。"③ 具体来讲，人的生命源于"气质"之"凝"，人的"性"源于"气质"之"灵"。他说："气质合而凝者，生之所由得也；气质合而灵者，性之所由得也。"④ 既然"性"为"生之理"，那么"性"便不会是纯善无恶。换言之，所禀"气"之清浊决定了人之圣凡善恶之别。他说："性之善者，莫有过于圣人，而其性亦惟具于气质之中，但其气之所禀清明淳粹，与众人异，故其性之所成，纯善而无恶耳，又何有所超出也哉？圣人之性，既不离乎气质，众人可知矣。气有清浊粹驳，则性安得无善恶之杂？"⑤ 不过，"善"乃其中的"中和之性"。他说："性不可为人之中，善可为人之中。气有偏驳，而善则性之中和者也。"⑥ 总之，因为"气"有"精浊粹驳"，故"性"必然有"善恶之杂"。王廷相说：

> 余以为人物之性无非气质所为者……主于气质，则性必有恶，而孟子性善之说不通矣。……气有清浊粹驳，则性安得无善恶之杂？故曰："惟上智与下愚不移。"是性也者，乃气之生理，一本之道也。⑦

基于前述，王廷相还探讨了"人心""道心"。在他看来，"人心"和"道心"皆人性所固有；"人心"指人之本能方面的欲求，"道心"指人之道

---

① 王廷相著，王孝鱼点校：《王廷相集》（三），第七五二页。
② 王廷相著，王孝鱼点校：《王廷相集》（二），第六〇九页。
③ 王廷相著，王孝鱼点校：《王廷相集》（二），第五一八页。
④ 王廷相著，王孝鱼点校：《王廷相集》（三），第七五四页。
⑤ 王廷相著，王孝鱼点校：《王廷相集》（三），第七六八页。
⑥ 王廷相著，王孝鱼点校：《王廷相集》（二），第五一八页。
⑦ 王廷相著，王孝鱼点校：《王廷相集》（二），第五一八页。

德方面的要求。他说："谓之人心者，自其情欲之发言之也；谓之道心者，自其道德之发言之也。二者，人性所必具者。"① 不过，"人心"与"道心"的作用并不相同。他说："人心、道心，皆天赋也。人惟循人心而行，则智者、力者、众者无不得其欲矣；……自其道心者，定之以仁义，齐之以礼乐，禁之以刑法，而名教立焉。由是智愚、强弱、众寡，各安其分而不争，其人心之堤防乎？"② 因此，发扬"道心"，以"堤防""人心"，就显得尤为必要。他说："养性以成其德，应事而合乎道，斯可谓学问矣。气质弗变，而迷谬于人事之实，虽记闻广博，词藻越众，而圣哲不取焉。"③ 而且，发扬"道心"的目标是"止于至善"。他说："化之太和者，天地之中也；性之至善者，人道之中也。故曰'惟精惟一，允执厥中'，求止于至善而已矣。"④ 正因为如此，圣人才出而"立教"。王廷相说：

> 圣人缘生民而为治，修其性之善者以立教，名教立而善恶准焉。是故敦于教者，人之善者也；戾于教者，人之恶者也。为恶之才能，善者亦具之；为善之才能，恶者亦具之。然而不为者，一习于名教，一循乎情欲也。夫性之善者，固不俟乎教而治矣；其性之恶者，方其未有教也。⑤

依着王廷相的理解，人性虽然由"气禀"而成，但人性是可以改变的。他说："生也、性也、道也，皆天命也，无教则不能成。老、庄任其自然，大乱之道乎！"⑥ 因此，人之善恶与后天环境紧密相关。他说："性之本然，吾从大舜焉，'人心惟危，道心惟微'而已；并其才而言之，吾从仲尼焉，'性相近也，习相远也'而已。"⑦ 他还说："凡人之性成于习，圣人教以率之，法以治之，天下古今之风以善为归，以恶为禁，久矣。"⑧ 不过，人性乃"合内外而一之道"，即"内"与"外"即"寂而未感"之"静"与"感而遂

① 王廷相著，王孝鱼点校：《王廷相集》（三），第八五一页。
② 王廷相著，王孝鱼点校：《王廷相集》（三），第七八四页。
③ 王廷相著，王孝鱼点校：《王廷相集》（三），第七七九页。
④ 王廷相著，王孝鱼点校：《王廷相集》（三），第七六八页。
⑤ 王廷相著，王孝鱼点校：《王廷相集》（三），第七六五页。
⑥ 王廷相著，王孝鱼点校：《王廷相集》（三），第八四〇页。
⑦ 王廷相著，王孝鱼点校：《王廷相集》（三），第七六六页。
⑧ 王廷相著，王孝鱼点校：《王廷相集》（二），第五一九页。

通”之“动”是一致的。他说：“静，寂而未感也；动，感而遂通也，皆性
之体也。”① 他还说：“性者，合内外而一之道也。动以天理者，静必有理以
主之；动以人欲者，静必有欲以基之。静为天性，而动即逐于人欲，是内外
心迹不相合一矣，天下岂有是理！”② 既然如此，在进行道德修养时，就应该
“内外交养”，即以“义理”“养心”，以“礼乐”“养体”。他说：

> 古人之学，先以义理养其心，“志于道，据于德，依于仁”是也。复
> 以礼乐养其体，声音养耳，彩色养目，舞蹈养血脉，威仪养动作是也。
> 内外交养，德性乃成，由是动合天则，而与道为一矣。③

第三节　“知行兼举”的功夫论

王廷相认为，所谓的先天的“德性之知”根本就不存在，因为知识和道
德均源于后天培养。他说：“世之儒者乃曰思虑见闻为有知，不足为知之至，
别出德性之知为无知，以为大知。嗟乎！其禅乎！不思甚矣。……德性之知，
其不为幽闭之孩提者几希矣。禅学之惑人每如此。”④ 而且，王廷相也否认存
在先验的“未发之中”。他说：“余所谓圣愚一贯者，以其性未发，皆不可得
而知其中也。”⑤ 在他看来，如果说“未发”皆“中”，那么“发”就不能有
不“中”，否则就会自相矛盾。他说：“人心未发，皆有天然之中，何至应事
便至迷瞀偏倚？此则体用支离，内外心迹判然不照，非理之所有也。”⑥ 总之，
由此来讲，程朱理学“徒讲说”，陆王学派“徒守心”；前者“虚讲”而不能
“尽故”，后者“臆度”而不能“熟故”，均因忽视实践而于“道”有害。
他说：

---

① 王廷相著，王孝鱼点校：《王廷相集》（三），第八六四页。
② 王廷相著，王孝鱼点校：《王廷相集》（三），第八五三页。
③ 王廷相著，王孝鱼点校：《王廷相集》（三），第八一四页。
④ 王廷相著，王孝鱼点校：《王廷相集》（三），第八三六页。
⑤ 王廷相著，王孝鱼点校：《王廷相集》（二），第五一九页。
⑥ 王廷相著，王孝鱼点校：《王廷相集》（二），第五二○页。

近世学者之弊有二：一则徒为泛然讲说，一则务为虚静以守其心，皆不于实践处用功，人事上体验。往往遇事之来，徒讲说者，多失时措之宜，盖事变无穷，讲论不能尽故也；徒守心者，茫无作用之妙，盖虚寂寡实，事机不能熟故也。……晚宋以来，徒为讲说，近日学者崇好虚静，皆于道有害。①

依着王廷相的理解，真知须"内外而一之"。在他看来，任何事物均有其"理"，而"理"必然各不相同，因此，不能只讲"理一"，也应当讲"理万"。他说："天地之间，一气生生，而常而变，万有不齐，故气一则理一，气万则理万。世儒专言理一而遗理万，偏矣。天有天之理，地有地之理，人有人之理，物有物之理，幽有幽之理，明有明之理，各各差别。"② 实际上，所谓知识即是对于事物之"理"的认识。因此，要获得知识，必须要先"体察"事物。他说："传经讨业，致知固其先务矣，然必体察于事会而后为知之真。"③ 或者说，唯有经验过的知识方为"真知"。他说："讲得一事即行一事，行得一事即知一事，所谓真知矣。徒讲而不行，则遇事终有眩惑。"④ 在此意义下，"体察"事物就是"格物"，"格物"就是"正物"，"正物"然后就可以"致知"。他说："格物者，正物也，物各得其当然之实，则正矣。物物而能正之，知岂有不至乎?"⑤ 质言之，知识乃"内外""物我"相结合的结果。王廷相说：

喜怒哀乐其理在物，所以喜怒哀乐其情在我，内外而一之道也。在物者感我之机，在我者应物之实。不可执以为物，亦不可执以为我，故内外合而言之，方为道真。⑥

在王廷相看来，要获取真知，须将"见闻"与"思虑"结合起来。他认为，"见闻"与"思虑"为认识的两个阶段。他说："夫神性虽灵，必借见闻

---

① 王廷相著，王孝鱼点校：《王廷相集》（二），第四七八页。
② 王廷相著，王孝鱼点校：《王廷相集》（三），第八四八页。
③ 王廷相著，王孝鱼点校：《王廷相集》（二），第六〇五页。
④ 王廷相著，王孝鱼点校：《王廷相集》（二），第四七八页。
⑤ 王廷相著，王孝鱼点校：《王廷相集》（三），第七七五页。
⑥ 王廷相著，王孝鱼点校：《王廷相集》（三），第八五四页。

思虑而知。积知之久，以类贯通，而上天下地，入于至细至精，而无不达矣，虽至圣莫不由此。"① 具体来讲，"见闻"为知识的开端，但其有明显的局限性。他说："见闻梏其识者多矣，其大有三：怪诞梏中正之识，牵合傅会梏至诚之识，笃守先哲梏自得之识。三识梏而圣人之道离矣。"② 因此，要获得真知，须进一步而发挥"思虑"的作用。他说："心者栖神之舍，神者知识之本，思者神识之妙用也。"③ 如果只重"见闻"，不重"思虑"，就难以获得真知。他说："广识未必皆当，而思之自得者真。"④ 而且，如果不重视"思虑"，其实是对"天与之神"的"自弃"。他说："故君子之学，游心于造化之上，体究乎万物之实，求中立至诚之理而执之，闻也、见也、先哲也，参伍之而已矣。……具神明之性者，学道之本也。天不畀之以神明，命也。天与之神矣，而不学以充之，是自弃者也。"⑤ 总之，所谓真知，不过是"思与见闻之会而已"。王廷相说：

> 夫圣贤之所以为智者，不过思与见闻之会而已。……殊不知思与见闻必由吾心之神，此内外相须之自然也。⑥

基于前述，王廷相提出了"知行兼举"的主张。在他看来，"知"与"行"是不可分的。一个方面，"行"是"知"的来源。他说："赤子生而幽闭之，不接习于人间，壮而出之，不辩（应为"辨"——引者注）牛马矣，而况君臣、父子、夫妇、长幼、朋友之节度乎？而况万事万物，几微变化，不可以常理执乎？"⑦ 另一个方面，"行"是"知"的目的。他说："世有闭户而学操舟之术者，何以舵，何以招，何以橹，何以帆，何以引筀同，乃罔不讲而预也；乃夫出而试诸山溪之滥，大者风水夺其能，次者滩濑汩其智，其不缘而败者几希。何也？风水之险，必熟其几者，然后能审而应之，虚讲而臆度，不足以擅其工矣。夫山溪且尔，而况江河之澎洶，洋海之渺茫乎？彼

---

① 王廷相著，王孝鱼点校：《王廷相集》（三），第八三六页。
② 王廷相著，王孝鱼点校：《王廷相集》（三），第七七〇页。
③ 王廷相著，王孝鱼点校：《王廷相集》（三），第八三六页。
④ 王廷相著，王孝鱼点校：《王廷相集》（三），第七七六页。
⑤ 王廷相著，王孝鱼点校：《王廷相集》（三），第七七〇页。
⑥ 王廷相著，王孝鱼点校：《王廷相集》（三），第八三六页。
⑦ 王廷相著，王孝鱼点校：《王廷相集》（二），第六〇四页。

徒泛讲而无实历者，何以异此?"① 因此，王廷相强调"知行兼举"，即"致知"与"履事"相结合。他说："学之术二：曰致知，曰履事，兼之者上也。察于圣途，谙于往范，博义之力也；练于群情，达于事几，体事之功也。……精于仁义之术，优入尧舜之域，必知行兼举者能之矣。"② 具体来讲，"致知之道"主要包括"博闻强记""审问明辩""精思研究"，"力行之道"主要包括"深省密察""笃行实践""改过徙义"。他说：

> 君子之学，博文强记，以为资借也；审问明辩，以求会通也；精思研究，以至自得也。三者尽而致知之道得矣。深省密察，以审善恶之机也；笃行实践，以守义理之中也；改过徙义，以极道德之实也。三者尽则力行之道得矣。③

---

① 王廷相著，王孝鱼点校：《王廷相集》(二)，第六○五页。
② 王廷相著，王孝鱼点校：《王廷相集》(三)，第七八八页。
③ 王廷相著，王孝鱼点校：《王廷相集》(三)，第七七八页。

第二十章　王艮、王畿、李贽

第一节　王　艮

王艮（1483—1541年），初名银，王守仁替他改名为艮，字汝止，号心斋。南直隶泰州安丰场（今江苏东台市安丰镇）人，人称王泰州。王艮出身于盐场工人，当过小商贩。三十八岁时从学于王守仁。王艮独立讲学时，门徒多达数百人，其中包括徐樾、颜钧、王栋、王襞、罗汝芳、何心隐等。

王艮为传承阳明心学的"泰州学派"的创始人。其主要著作包括《复初说》《明哲保身论》《乐学歌》《天理良知说》《孝悌箴》以及《安定书院讲学别言》《格物要旨》《勉仁方》《与南都诸友》《王道论》等，后被辑为《王心斋语录》《王心斋先生全集》《王文贞公集》《王心斋全集》等。

一、"复初说"

王艮认为，所谓"良知"，乃人所固有的本性。他说："'良知'者，不虑而知、不学而能者也。惟其不虑而知、不学而能，所以为天然自有之理；惟其天然自有之理，所以不虑而知、不学而能也。"① 他还说："'良知在人，信天然自足之性，不须人为立意做作'。足见知之真，信之笃，从此更不作疑念否。知此者谓之知道，闻此者谓之闻道，修此者谓之修道，安此者谓之圣也。"② 而且，无论是圣贤，还是凡人，"良知"作为本性乃"人人具足"。他

---

① 陈祝生等校点：《王心斋全集》，南京：江苏教育出版社2001年（下同），第31—32页。
② 陈祝生等校点：《王心斋全集》，第49页。

说："愚夫愚妇与知能行，便是道。与鸢飞鱼跃同一活泼泼地，则知性矣。"①
具体来讲，"人伦日用"不过是吃饭、穿衣这些欲求，而这些欲求是"天经地
义"的。他说："即事是学，即事是道。人有困于贫而冻馁其身者，则亦失其
本而非学也。夫子曰：'吾岂匏瓜也哉，焉能系而不食？'"② 或者说，"道"即
在人伦日用之间。他说："圣人经世，只是家常事。"③ 他还说："百姓日用条
理处，即是圣人之条理处。圣人知，便不失；百姓不知，便会失。"④ 因此，
不能只谈"天理""性命"而忽视人伦日用。他说："圣人之道，无异于'百
姓日用'。凡有异者，皆谓之'异端'。"⑤ 总之，"良知"乃"人人具足"。
他还说：

> 良知天性，往古来今人人具足，人伦日用之间举措之耳，所谓大行
> 不加，穷居不损，分定故也。但无人为意见参搭其间，则天德王道至
> 矣哉。⑥

既然"良知""人人具足"，那么就须发挥"良知"的作用，克服私欲之
弊。王艮说："知得良知却是谁，良知原有不须知。而今只有良知在，没有良
知之外知。"⑦ 具体来讲，既然"良知"乃人的本体，故道德修养只须"反求
诸己"即可。他说："行有不得于心，然后反己也。格物然后知反己，反己是
格物的功夫。反之如何？正己而已矣。"⑧ 也就是说，道德修养的根源乃"良
知"。他说："良知一点，分分明明，亭亭当当，不用安排思索，神圣之所以
经纶变化而位育参赞者，皆本诸此也。"⑨ 质言之，"良知"作为主体，乃
"不假安排""当下即是"。他说："'天理'者，天然自有之理也，才欲安排
如何，便是'人欲'。"⑩ 王艮的意思是，人只要发挥"良知"，就可以成就德

---

① 陈祝生等校点：《王心斋全集》，第6页。
② 陈祝生等校点：《王心斋全集》，第13页。
③ 陈祝生等校点：《王心斋全集》，第5页。
④ 陈祝生等校点：《王心斋全集》，第10页。
⑤ 陈祝生等校点：《王心斋全集》，第10页。
⑥ 陈祝生等校点：《王心斋全集》，第47页。
⑦ 陈祝生等校点：《王心斋全集》，第57页。
⑧ 陈祝生等校点：《王心斋全集》，第35页。
⑨ 陈祝生等校点：《王心斋全集》，第43页。
⑩ 陈祝生等校点：《王心斋全集》，第10页。

行。他说："良知之体，与鸢飞鱼跃同一活泼泼地。当思则思，思通则已。如'周公思兼三王'，'夜以继日，幸而得之，坐以待旦'，何尝缠绕？要之自然天则，不着人力安排。"① 关于"良知"，王艮还说：

> 人心本自乐，自将私欲缚。私欲一萌时，良知还自觉。一觉便消除，人心依旧乐。乐是乐此学，学是学此乐。②

进而，王艮对"格物致知"进行了独到解释。③ 在他看来，"格"应解释为"絜矩"，即衡量事物之义。他说："'格'如'格式'之格，即'后絜矩'之谓。"④ 因此，所谓"格物"，指用标准去度量、评价，从而知其"本""末"。他说："身与天下国家一物也，惟一物，而有'本末'之谓。'格'，絜度也，度于本末之间，而知'本乱而末治者否矣'，此'格物'也。'物格'，'知本'也；'知本'，'知之至'也。"⑤ 很显然，在王艮，"絜矩"对应的是主体，万物对应的是客体；故人是"本"，万物是"末"；个人行为端正可保证国家、天下安宁。他说："吾身是个'矩'，天下国家是个'方'，矩则知方之不正，由矩之不正也，是以只去正矩，却不在方上求。矩正则方正矣。方正则成格矣。故曰'物格'。吾身对上下、前后、左右是'物'，絜矩是'格'也。"⑥ 质言之，人乃万物主宰。他说："'虚明之至，无物不覆'，'反求诸身'，'把柄在手'。合观此数语，便是宇宙在我，万化生身矣。若能握其机，何必窥陈编《白沙》之意？"⑦ 因此，王艮强调人的主体性。他说：

---

① 陈祝生等校点：《王心斋全集》，第11页。
② 陈祝生等校点：《王心斋全集》，第54页。
③ 王艮对于"格物"的解释不同于朱熹和王守仁，因王艮是泰州人，而泰州地处淮南，故其关于"格物"的思想被称为"淮南格物"。黄宗羲说："先生（指王艮——引者注）以'格物，即物有本末之物。身与天下国家一物也，格知身之为本，而家国天下之为末，行有不得者，皆反求诸己。反己，是格物的工夫，故欲齐治平在于安身。《易》曰：'身安而天下国家可保也。'身未安，本不立也，知身安者，则必爱身、敬身。爱身、敬身者，必不敢不爱人、不敬人。能爱人、敬人，则人必爱我、敬我，而我身安矣。一家爱我敬我，则家齐，一国爱我敬我，则国治，天下爱我敬我，则天下平。故人不爱我，非特人之不仁，己之不仁可知矣。人不敬我，非特人之不敬，己之不敬可知矣。'此所谓淮南格物也。"黄宗羲著，沈芝盈点校：《明儒学案》，第七一〇页。
④ 陈祝生等校点：《王心斋全集》，第34页。
⑤ 陈祝生等校点：《王心斋全集》，第34页。
⑥ 陈祝生等校点：《王心斋全集》，第34页。
⑦ 陈祝生等校点：《王心斋全集》，第10页。

知修身是天下国家之本，则以天地万物依于己，不以己依于天地万物。①

基于前述，王艮认为，"安身"乃"立天下之大本"。他说："'安身'者，'立天下之大本'也。本治而末治，正己而物正也，'大人之学'也。是故身也者，天地万物之本也，天地万物，末也。"② 既然"安身"为"立天下之大本"，那么接下来的问题便是"修身立本"。他说："学不足以为人师，皆'苟道'也。故必修身为本，然后师道立，而善人多矣。如身在一家，必修身立本以为一家之法，是为一家之师矣。身在一国，必修身立本以为一国之法，是为一国之师矣。身在天下，必修身立本以为天下之法，是为天下之师矣。"③ 实际上，所谓"修身立本"，即是指"致良知"。具体来讲，治天下之本在于"身"，而"身"之本在于"心"。因此，所谓"端本"就是"诚心"，"诚心"就是"致良知"，"致良知"就是"复其初"。他说："治天下有本，身之谓也。本必端。端本，诚其心而已矣。诚心，复其不善之动而已矣。不善之动，妄也。妄复，则无妄矣。无妄，则诚矣。诚，则无事矣。故诚者，圣人之本。'圣，诚而已矣。'是学至圣人，只复其不善之动而已矣。知不善之动者，良知也。知不善之动而复之，乃所谓'致良知'，以复其初也。"④

二、"明哲保身"

王艮继承了儒家的"孝悌"思想。在他看来，"孝悌"不但有利于家庭稳定，而且有利于国家、天下稳定，故家、国、天下均以"孝悌为本"。他说："'孝弟之至，通于神明，光于四海，无所不通。'故上焉者，老吾老以及人之老，治天下可运之掌上。又曰人人亲其亲，长其长，而天下平。下焉者，事父孝，故忠可移于君。又曰：孝者，所以事君也。是上下皆以孝弟为本也。"⑤ 由此来讲，"孝悌"可以说是国家的"元气"。他说："盖孝者，人之性也，

①　陈祝生等校点：《王心斋全集》，第 6 页。
②　陈祝生等校点：《王心斋全集》，第 33 页。
③　陈祝生等校点：《王心斋全集》，第 39 页。
④　陈祝生等校点：《王心斋全集》，第 28 页。
⑤　陈祝生等校点：《王心斋全集》，第 50 页。

天之命也，国家之元气也。"① 既然"孝悌"如此重要，那么就应该重视"孝悌"，把其作为道德修养的基础。他说："入室先须升此堂，圣贤学术岂多方？念头动处须当谨，举足之间不可忘。莫因简易成疏略，务尽精微人细详。孝弟家邦真可乐，通乎天下路头长。"② 总之，"孝悌"非常重要，其乃"万世之至训"，为"尧舜之道"。王艮说：

> 以孝弟为先，诚万世之至训也。盖闻天地之道，先以化生，后以形生。化生者天地，即父母也；形生者父母，即天地也。是故仁人孝子，事亲如事天，事天如事亲，其义一也。……尧舜之道，孝弟而已矣。③

进而，王艮认为，不仅应"孝悌"，而且应"爱人"。即，不仅应该爱自己的亲长，而且应该爱其他所有人。依着他的理解，"爱人"是人应有的品德，因为唯有"爱人"，方可被人爱。他说："夫仁者爱人，信者信人，此'合内外之道'也。于此观之，不爱人，不仁可知矣；不信人，不信可知矣，故爱人者人恒爱之，信人者人恒信之，此'感应之道'也。于此观之，人不爱我，非特人之不仁，己之不仁可知矣。人不信我，非特人之不信，己之不信可知矣。"④ 而且，不仅自己应该"爱人"，而且还要引导别人"爱人"；唯有如此，才可真正地推行"爱人"。他说："爱人直到人亦爱，敬人直到人亦敬，信人直到人亦信，方是'学无止'法。"⑤ 很明显，在王艮，"爱人"的目的是"爱己"。他的意思是，因为人与人是平等的，故只有"爱人"，别人才能"爱我"。他说："能爱身，则不敢不爱人。能爱人，则人必爱我。人爱我，则我身保矣。能爱人，则不敢恶人。不恶人，则人不恶我，人不恶我，则吾身保矣。此'仁'也，'万物一体之道'也。"⑥ 总之，"爱人"与"爱己"乃"本末一贯"之道。王艮说：

> 如保身而不知爱人，必至于适己自便，利己害人。人将报我，则吾

---

① 陈祝生等校点：《王心斋全集》，第51页。
② 陈祝生等校点：《王心斋全集》，第58页。
③ 陈祝生等校点：《王心斋全集》，第50页。
④ 陈祝生等校点：《王心斋全集》，第30页。
⑤ 陈祝生等校点：《王心斋全集》，第4页。
⑥ 陈祝生等校点：《王心斋全集》，第29页。

身不能保矣。吾身不能保，又何以保天下国家哉？此自私之辈，不知本末一贯者也。

基于前述，王艮提出了"明哲保身"的主张。在他看来，人乃家、国、天下之本。他说："'大人者，正己而物正者也'，故立吾身以为天下国家之本，则'位、育'，有'不袭时位'者。"① 由此来讲，只有"保身"，才能"保家""保国""保天下"。他说："吾身保，然后能保一家矣。……吾身保，然后能保一国矣。……吾身保，然后能保天下矣。……吾身不能保，又何以保天下国家哉？……吾身不能保，又何以保君父哉？"② 质言之，人身是非常宝贵的，故凡是对身有害的事都不可做。他说："仕以为禄也，或至于害身，仕而害身，于禄也何有？仕以行道也，或至于害身，仕而害身，于道也何有？君子不以养人者害人，不以养身者害身，不以养心者害心。"③ 进而，他认为，"良知"因"不虑而知"，故为"明哲"；"良能"因"不学而能"，故可"保身"，故而"明哲保身"为必可得出之结论。他说："'明哲'者，'良知'也。'明哲保身'者，'良知'、'良能'也。所谓'不虑而知'，'不学而能'者也，人皆有之，圣人与我同也。知保身者，则必爱身如宝。"④ 质言之，"明哲保身"实乃追求成圣的途径。他说：

> 此"仁"也，所谓"至诚不息"也，"一贯之道"也。人之所以不能者，为"气禀""物欲"之偏；"气禀""物欲"之偏，所以与圣人异也。与圣人异，然后有学也。学之如何？明哲保身而已矣。⑤

三、"王道社会"的理想

王艮还探讨了理想社会之道。在他看来，理想社会指所谓的"王道社会"，即人人都有高尚道德、刑罚可以搁置不用的社会。他说："孔子曰：'如有王者必有世而后仁。'《书》曰：'刑期于无刑，此王道也。'夫所谓王道

---

① 陈祝生等校点：《王心斋全集》，第4页。
② 陈祝生等校点：《王心斋全集》，第29页。
③ 陈祝生等校点：《王心斋全集》，第8页。
④ 陈祝生等校点：《王心斋全集》，第29页。
⑤ 陈祝生等校点：《王心斋全集》，第29页。

者，存天理，遏人欲而已矣。……存天理，则人欲自遏，天理必见。是故尧舜在位，比屋可封；周公辅政，刑措不用，是其验也。"① 在"王道社会"，君主基于"万物一体"思想施以"万物一体之政"；既然君主会像尧、舜一样爱民，人民也会像尧、舜时代的人民一样忠心。他说："以万物一体之仁而竭心思焉，斯有万物一体之政。是故出则必使是君为尧舜之君，使是民为尧舜之民，其程可以前定。"② 质言之，"王道社会"的实质在于"天地位而万物育"。他说："夫仁者，以天地万物为一体，一物不获其所，即己之不获其所也，务使获所而后已。是故'人人君子，比屋可封'，'天地位而万物育'，此予之志也。"③ 既然如此，圣君明主就应该依此施政。他说：

> 为人君者，体天地好生之心，布先王仁民之政，依人心简易之理，因祖宗正大之规，象阴阳自然之势，以天下之治天下，斯沛然矣。④

进而，王艮认为，要实现"王道社会"，主要途径有两个方面：一是"养之有道"；二是"教之有方"。他说："苟养之有道，教之有方，则衣食足而礼义兴，民自无恶矣。刑将安施乎？"⑤ 他还说：

> 夫养之有道而民生遂，教之有方而民行兴。率此道也，以往而攸久不变，则仁渐义磨，沦肤浃髓，道德可一，风俗可同，刑措不用，而三代之治可几矣。⑥

所谓"养之有道"，主要是指经济方面的措施。具体来讲，"养之有道"有两个方面：一个方面要"务本"，即制定合理的土地制度，发展农业生产；另一个方面是"节用"，即"制用有节"，限制"奢靡之风"。在王艮看来，唯有"田有定制"，才能实现"风俗淳"。否则，如果"田制不定"，加上"风俗奢靡"，土地问题会引发社会动乱。他说："今天下田制不定，而游民众多，制用无节而风俗奢靡。所谓一人耕之，十人从而食之；一人蚕之，百人

---

① 陈祝生等校点：《王心斋全集》，第64页。
② 陈祝生等校点：《王心斋全集》，第47—48页。
③ 陈祝生等校点：《王心斋全集》，第30页。
④ 陈祝生等校点：《王心斋全集》，第66页。
⑤ 陈祝生等校点：《王心斋全集》，第64页。
⑥ 陈祝生等校点：《王心斋全集》，第66页。

从而衣之。欲民之无饥寒不可得也。饥寒切身，而欲民之不为非，亦不可得也。"① 为了解决土地问题，王艮提出土地的"均分"原则，以确保百姓的"安居乐业"。文献记载："时安丰场灶产不均，贫者多失业，奏请摊平，几十年不决。会运佐王公、州守陈公共理其事，乃造先生谋。先生竭心经划，二公喜得策，一均之事定，民至今乐业。"② 关于"养之有道"，王艮还说：

> 然养之道，不外乎务本节用而已。古者田有定制，民有定业，均节不忒而上下有经，故民志一而风俗淳，众皆归农，而冗食游民无所容于世。③

所谓"教之有方"，主要是指道德教化方面的措施。王艮认为，要解决"养之有道"的问题，需要具备一个先决条件，即要有良好的道德风尚。他说："其三代贡助彻之法，后世均田、限田之议，口分世业之制，必俟人心和洽，方可斟酌行之。"④ 具体来讲，经济改革端赖于良好的道德风尚，而良好的道德风尚端赖于道德教化。他说："所谓人心和洽，又在教之有方，而教之有方，唐虞三代备矣。昔者尧舜在上，忧民之逸居无教而近于禽兽也，使契为司徒，教以人伦三代之学，皆所以明人伦也。"⑤ 在王艮看来，道德教化乃治国的根本。他说："……精神意思惟以德行为主。使天下之人晓然，知德行为重，六艺为轻。如此，则士皆争自刮磨砥砺，以趋于道德仁义之域，而宾兴可行矣。"⑥ 由此来讲，道德教化实乃实现理想社会的"根本"。如果不明此理，只"惟末流是务"，则只会收"一时之效"，而不会实现理想的"王道社会"。他说：

> 苟不知从事于此，而惟末流是务，则因陋就简，补弊救偏，虽不无一时欢虞之效，随世以就功名，终归于苟焉而已，非王道之大也。⑦

---

① 陈祝生等校点：《王心斋全集》，第 64 页。
② 陈祝生等校点：《王心斋全集》，第 75 页。
③ 陈祝生等校点：《王心斋全集》，第 64 页。
④ 陈祝生等校点：《王心斋全集》，第 64 页。
⑤ 陈祝生等校点：《王心斋全集》，第 64 页。
⑥ 陈祝生等校点：《王心斋全集》，第 66 页。
⑦ 陈祝生等校点：《王心斋全集》，第 66 页。

第二节　王　畿

王畿（1498—1583年），字汝中，号龙溪，学者称龙溪先生，浙江山阴（今绍兴）人。嘉靖二年（1523年）起受业于王守仁。嘉靖五年（1526年）会试中武，未参加廷试，仍协助王守仁指导后学。嘉靖十三年（1534年）中进士，后官至南京兵部主事，曾任南京武选郎中，不久被黜。被罢官后，来往江、浙、闽、越等地讲学达四十余年，成为"阳明心学"的重要传承者。

王畿继承了王守仁的思想，但主张以"四无说"修正其"四句教"。其主要著作包括《自讼》《留都会记》《水西会语》《华阳会语》《心泉说》《三山丽泽录》等，后被辑为《王龙溪语录》《王龙溪全书》《龙溪全集》《龙溪王先生全集》《王畿集》等。

一、良知本体论

王畿继承了王守仁的思想，以"良知"作为本体。在他看来，"良知"是万事万物的根源。他说："良知如太虚，万变纷纭隐见于太虚之中，而太虚之体廓然无碍，其机只在一念人微取证。"① 因此，"良知"即是本体。他说："何谓良知？心之本体。良知者，性之灵。性无不善，故知无不良。良知即是未发之中，只此二字，足以尽天下之道。"② 这里，王畿强调，"良知"作为本体有两种特性：其一，"良知"是先天的。他说："良知本来具足，本无生死，吾人将意识承受，正是无始以来生死之本，不可不辨也。"③ 因此，不论人的后天情况如何，"良知"是"万劫常存"的。他说："吾人从生至死，只有此一点灵明本心为之主宰。……一点灵明，与太虚同体，万劫常存，本未尝有生，未尝有死也。"④ 其二，"良知"是绝对的。他说："良知即是独知，

---

① 王畿：《龙溪王先生全集》卷之十二，明万历四十三年张汝霖校刊本（下同），第二十页。
② 王畿：《龙溪王先生全集》卷之十，第廿五页。
③ 王畿：《龙溪王先生全集》卷之六，第十六页。
④ 王畿：《龙溪王先生全集》卷之七，第十七页。

独知即是天理。"① 因此，不论人的意念如何变化，"良知"总是永恒的"天理"。他说："夫独知者，非念动而后知也，乃是先天灵窍，不因念有，不随念迁，不与万物作对。譬之清净本地，不待洒扫而自然无尘者也。"② 总之，"良知"是本体，此乃"千古圣神""斩关立脚"的"真话头"。他说：

> 独知之体，本是无声无臭，本无所知识，本是无所粘滞拣择，本是彻上彻下。独知便是本体，慎独便是功夫。此是千古圣神斩关立脚真话头，便是吾人生身受命真灵窍，亦便是入圣入神真血脉路。③

在王畿看来，"良知"虽然是绝对的"独知"，但它却"流行"于万事万物。他说："先师谓'未发在已发之中，已发在未发之中'，不论有事无事，只是一个致良知工夫统括无遗。物是良知感应之实事，良知即是心之本体，未发之中也。"④ 也就是说，"良知"虽为"独知"，但它"妙应随缘""照彻千古"。他说："良知虚体不变，而妙应随缘；玄玄无辙，不可执寻；净净无瑕，不可污染；一念圆明，照彻千古。"⑤ 因此，"良知"既为"无"，又为"有"；"无"指其"未发"，"有"指其"已发"。他说："遇缘而生，若以为有，而实未尝生；缘尽而死，若以为无，而实未尝死；通昼夜，一死生，不坠有无二见，未尝变也。惟其随缘，易于凭物，时起时灭，若存若亡，以无为有，则空里生华，以有为无，则水中捞月。"⑥ 而且，因其"无"，凡人才可成圣；因其"有"，圣人才可入世。他说："自其不变言之，凡即为圣；自其随缘言之，圣即为凡；冥推密移，决诸当念，入圣入凡，更无他物，不可不慎也。"⑦ 总之，"良知"与万事万物是相通的。王畿说：

> 物是天下国家之实事，由良知感应而始有。致知在格物，犹云欲致良知，在天下国家实事上致之云尔。知外无物，物外无知。⑧

---

① 王畿：《龙溪王先生全集》卷之十，第四十二页。
② 王畿：《龙溪王先生全集》卷之十，第四十五页。
③ 王畿：《龙溪王先生全集》卷之十，第四十二至四十三页。
④ 王畿：《龙溪王先生全集》卷之十，第十四页。
⑤ 王畿：《龙溪王先生全集》卷之十一，第十页。
⑥ 王畿：《龙溪王先生全集》卷之十一，第十页。
⑦ 王畿：《龙溪王先生全集》卷之十一，第十页。
⑧ 王畿：《龙溪王先生全集》卷之一，第十四页。

进而，王畿认为，"良知"作为本体，是"周流变动，出入无时"的。他说："良知是心之本体，潜天而天，潜地而地，根底造化，贯串人物，周流变动，出入无时，如何禁绝得他？"① 具体来讲，"良知"作为本体"无可无不可"，而具体事物却有"可"与"不可"之别。质言之，"良知"是"无能而无所不能"的。他说："无可无不可者，良知也；有可有不可者，意见也。良知变动周流，惟变所适；意见可为典要，即有方所。"② 或者说，"良知"是"无知无不知"的。所谓"无知"，指它不同于一般的知识之知；所谓"无不知"，指"良知"又可以知晓一切。他说："良知本无知，凡可以知知、可以识识，是知识之知，而非良知也。良知本无不知，凡待闻而择之从之、待见而识之，是闻见之知，而非良知也。"③ 正因为如此，"良知""如明镜之照物"，能分辨一切善恶、美丑。他说："良知无知而无不知，是学问大头脑。良知如明镜之照物，妍丑黑白，自然能分别，未尝有丝毫影子留于镜体之中。"④ 在王畿看来，认识"良知"的上述特性非常重要，甚至为"入圣之机"。他说：

> 良知本无知，如鸢之飞，鱼之跃，莫知其然而然。即此便是必有事，即此便是入圣之机。精彩无可逞处，气魄无可用处，知识无可凑泊处。略涉精彩气魄、知识商量，便非无声无臭宗旨。⑤

基于此，王畿主张将王守仁"四句教"修订为"四无说"。如前所述，王守仁以"无善无恶是心之体，有善有恶是意之动，知善知恶是良知，为善去恶是格物"⑥ 四句话概括其学说。不过，王畿认为，"四句教"乃"从意上立根"，修养功夫也"转觉繁难"。实际上，"良知"虽是"虚寂"的，但流行于万物。他说："良知是性之灵窍，本虚本寂，虚以适变，寂以通感，一毫无所假于外。譬之规矩之出方圆，规矩在我，则方圆不可胜用。"⑦ 因此，既

---

① 王畿：《龙溪王先生全集》卷之七，第四页。
② 王畿：《龙溪王先生全集》卷之十一，第卅三页。
③ 王畿：《龙溪王先生全集》卷之十三，第十四页。
④ 王畿：《龙溪王先生全集》卷之十，第卅二页。
⑤ 王畿：《龙溪王先生全集》卷之十二，第三页。
⑥ 王守仁撰，吴光等编校：《王阳明全集》，第一三〇七页。
⑦ 王畿：《龙溪王先生全集》卷之十一，第十三页。

然"心"无善无恶，而"心""意""知""物"只是一事，故"意""知""物"均无善无恶。他说："若悟得心是无善无恶之心，意即是无善无恶之意，知即是无善无恶之知，物即是无善无恶之物。"① 在王畿看来，相对照于"四句教"而言，此"四无说"乃"从心上立根"，故不仅在义理上"通贯"，而且修养功夫也"易简省力"。他说："从心上立根，无善无恶之心即是无善无恶之意，先天统后天，上根之器也；若从意上立根，不免有善恶两端之抉择，而心亦不能无杂，是后天复先天，中根以下之器也。"② 质言之，"四无说"可将"良知"贯彻始终。关于"四无说"，王畿还说：

> 吾人一切世情、嗜欲，皆从意生。心本至善，动于意，始有不善。若能在先天心体上立根，则意所动，自无不善；一切世情、嗜欲，自无所容；致知功夫，自然易简省力；所谓后天而奉天时也。若在后天动意上立根，未免有世情、嗜欲之杂，才落牵缠，便费斩截；致知功夫，转觉繁难；欲复先天心体，便有许多费力处。③

二、"即本体以为功夫"

王畿认为，"良知"本体是至善的。他说："天之所以与我，人之所以异于禽兽，惟此一点灵明，不容自昧，所谓本心也。心之本体未尝不善，高明广大，变化周流，古今圣凡之所同也。"④ 不过，"良知"在流行时便会形成善、恶之分。他说："性无不善，故知无不良。善与恶相对待之义，无善无恶是谓至善，至善者心之本体也。性有所感，善恶始分。"⑤ 具体来讲，"良知"在接触外物而表达"意"时，便会出现善、恶的两歧。王畿说："意者，心之所发。心本至善，动于意始有善有不善。"⑥ 即，"意"有"本心自然之用"与"离心而起意"两种；前者为"良知"本体之"直用"，仍保有本心、至善，故其"发用"无不善；后者为"良知"之"曲用"，已失落本心、至善，

① 王畿：《龙溪王先生全集》卷之一，第一页。
② 王畿：《龙溪王先生全集》卷之十，第十三至十四页。
③ 王畿：《龙溪王先生全集》卷之一，第十四至十五页。
④ 王畿：《龙溪王先生全集》卷之二，第四十页。
⑤ 王畿：《龙溪王先生全集》卷之五，第三十二页。
⑥ 王畿：《龙溪王先生全集》卷之八，第四页。

故其"发用"会产生善、恶之别。王畿说:"意者,本心自然之用,如水鉴之应物,变化云为,万物毕照,未尝有所动也。唯离心而起意则为妄,千过万恶,皆从意生。"① 既然如此,修养功夫就显得十分必要,而且修养功夫应针对"意"展开。他说:

> 不起意是塞其过恶之原,所谓防未萌之欲也。不起意则本心自清自明,不假思为,虚灵变化之妙用固自若也。②

关于修养功夫,王畿反对程朱理学"格物致知"的主张。在他看来,"格物致知"有两个方面的错误:一为"支离",二为"虚妄"。他说:"后儒以推极知识为致知,以穷至事物之理为格物,是为求助于外,或失则支。使人各诚其意,各正其心,为明明德于天下,是为取必于效,或失则诞。支与诞,其去道也,远矣。"③ "格物致知"之所以有误,在于其基于"后天之学",而非基于"先天之学";前者为"见闻之知",后者为"德性之知"。他说:"夫良知之与知识,差若毫厘,究实千里。同一知也,如是则为良,如是则为识;如是则为德性之知,如是则为见闻之知,不可以不早辨也。良知者,本心之明,不由学虑而得,先天之学也。知识则不能自信其心,未免假于多学亿中之助,而已入于后天矣。"④ 质言之,"先天之学"重"正心","后天之学"重"诚意"。他说:"道在心传,是谓先天之学,才涉意见即属后天。道不属见,见不能及,著见即非道。"⑤ "正心,先天之学也;诚意,后天之学也。"⑥ 在王畿,"先天之学"即是指王守仁的"致良知"。他说:

> 悟而不修,玩弄精魂;修而不悟,增益虚妄。二者名号种种,究而言之,致良知三字尽之。良知是本体,于此能日著日察,即是悟;致知是工夫,于此能勿忘勿助,即是修。⑦

---

① 王畿:《龙溪王先生全集》卷之五,第十六页。
② 王畿:《龙溪王先生全集》卷之五,第十六页。
③ 王畿:《龙溪王先生全集》卷之五,第十七页。
④ 王畿:《龙溪王先生全集》卷之六,第一页。
⑤ 王畿:《龙溪王先生全集》卷之一,第十三页。
⑥ 王畿:《龙溪王先生全集》卷之一,第十四页。
⑦ 王畿:《龙溪王先生全集》卷之四,第十八页。

王畿认为，所谓"致良知"，乃指"识得当下本体"。他说："子常教人须识当下本体，更无要于此者。……于此得个悟入，方是无形象中真面目，不着纤毫力中大着力处也。"① 而且，"良知"只是"一念灵明"，故需时时保守此"念"。他说："一念灵明，便是入圣真种子，便是做人真面目，时时保守此一念，便是熙缉真脉路，无待于外求也。"② 质言之，于此"一念灵明"即"良知"下手，便是"入圣之机"即成圣的关键。他说："致知无巧法，无假外求，只在一念入微处讨真假。一念神感神应，便是入圣之机。"③ 进而，王畿认为，"致良知"应"只求日减，不求日增"；"日减"以至于穷尽，便可成为圣人。他说："良知不学不虑，终日学，只是复他不学之体；终日虑，只是复他不虑之体。无工夫中真工夫，非有所加也。工夫只求日减，不求日增；减得尽，便是圣人。后世学术，正是添的勾当，所以终日勤劳，更益其病。果能一念惺惺，冷然自然，穷其用处，了不可得，此便是究竟语。"④ 总之，"致良知"可以"备万物之用"。王畿说：

> 古人之学，只求日减，不求日增，减得尽，便是圣人。一点虚明，空洞无物，故能备万物之用。⑤

在王畿看来，"致良知"即是"知行合一"，因为识得"良知"的功夫与"良知"的"发用"是"二而一"的。他说："知至者，良知也；至之者，致知也，致知则其几常审，故曰：可与几也。知终者，良知之不息也；终之者，不息其致之之功也。"⑥ 具体来讲，"良知"与"格物"是统一的。他说："然欲立定命根，不是悬空做得，格物正是致知下手实地，故曰在格物。格是天则，良知所本有，犹所谓天然格式也。若不在感应上参勘得过，打叠得下，终落悬空，对境终有动处。良知本虚，格物乃实，虚实相生，天则常见，方是真立本也。"⑦ 因此，所谓"致良知"，即实指"犯手做作"。他说："学者

① 王畿：《龙溪王先生全集》卷之四，第十九至二十页。
② 王畿：《龙溪王先生全集》卷之二，第卅九页。
③ 王畿：《龙溪王先生全集》卷之九，第卅七页。
④ 王畿：《龙溪王先生全集》卷之六，第十七页。
⑤ 王畿：《龙溪王先生全集》卷之七，第十三页。
⑥ 王畿：《龙溪王先生全集》卷之二，第廿三页。
⑦ 王畿：《龙溪王先生全集》卷之九，第三页。

果能日加点检，如痛痒之切身，实犯手做，无一毫遮饰其间，虽分未发已发亦不妨，有用力处，久久悟入，自当忘见。"① 基于此，王畿认为，"即本体以为功夫"即是"圣人之学"的要旨。他说："即本体以为功夫，圣人之学也。悟得时，只止至善一句已是道尽。"② 他还说：

> 知行有本体，有功夫。如眼见得是知，然已是见了，即是行；耳闻得是知，然已是闻了，即是行。要之，只此一个知，已自尽了。……知非见解之谓，行非履蹈之谓，只从一念上取证。知之真切笃实即是行，行之明觉真察即是知。知行两字，皆指工夫而言，亦原是合一的。③

第三节 李 贽

李贽（1527—1602 年），初姓林，名载贽，后改姓李，名贽，字宏甫，号卓吾，别号温陵居士、百泉居士等。福建泉州人。祖父曾航海经商，父亲靠教书为生。明嘉靖三十一年（1552 年）考中举人。历任共城知县、国子监博士，万历年产间任姚安知府。不久弃官，后寄寓于黄安、湖北麻城芝佛院。在麻城讲学时，从者数千人。晚年被诬下狱，后自刎而死。

李贽是"泰州学派"的重要代表人物，其主要著作包括《焚书》《续焚书》《藏书》《续藏书》等，后被辑为《李贽文集》《李贽全集》等。

一、"童心说"

李贽早年反对宗教。他说："余自幼倔僵难化，不信学，不信道，不信仙释，故见道人则恶，见僧则恶。"④ 不过，他后来却接受了佛教思想。他说："五十以后，大衰欲死，因得朋友劝海，翻阅贝经，幸于生死之原窥见斑

---

① 王畿：《龙溪王先生全集》卷之九，第十六页。
② 王畿：《龙溪王先生全集》卷之八，第二页。
③ 王畿：《龙溪王先生全集》卷之七，第十五至十六页。
④ 张建业主编：《李贽全集注》第十八册，北京：社会科学文献出版社 2010 年（下同），第482 页。

点。"① 在佛教的影响下，他反对执着"伦物"，而主张超越"伦物"，于"伦物"上识"真实"。他说："学者只宜于伦物上识真空，不当于伦物上辨伦物。故曰：'明于庶物，察于人伦。'于伦物上加明察，则可以达本而识真源；否则只在伦物上计较忖度，终无自得之日矣。支离、易简之辨，正在于此。明察得真空，则为由仁义行；不明察，则为行仁义，入于支离而不自觉矣。"② 在他看来，"伦物"之上还有"清净本原"；"清净本原"与"伦物"是"被显现"与"显现"的关系。他说："若无山河大地，不成清净本原矣。故谓山河大地即清净本原，可也。若无山河大地，则清净本原为顽空无用之物，为断灭空不能生化之物，非万物之母矣，可值半文钱乎？"③ 李贽认为，"清净本原"也就是"妙明真心"，故"伦物"即是"妙明真心"的表现。他说：

> 吾之色身洎外而山河，遍而大地，并所见之太虚空等，皆是吾妙明真心中一点物相耳。④

进而，李贽提出了"童心说"。在他看来，所谓"童心"，指"赤子之心"或人之"最初一念之本心"，为人之所以为人即"真人"的依据。他说："夫童心者，真心也。若以童心为不可，是以真心为不可也。夫童心者，绝假纯真，最初一念之本心也。若失却童心，便失却真心；失却真心，便失却真人。人而非真，全不复有初矣。"⑤ 既然如此，人就不可失却"童心"，而"读书""识理"的目的就在于保持"童心"。然而，后天的"闻见""道理"却常导致"童心"的丧失，而"闻见""道理"多来自"读书""识理"。因此，如果"读书""识理"会导致"童心"丧失，那么就不如不"读书""识理"。他说："童子者，人之初也；童心者，心之初也。夫心之初曷可失也！然童心胡然而遽失也？盖方其始也，有闻见从耳目而入，而以为主于其内而童心失。其长也，有道理从闻见而入，而以为主于其内而童心失。……夫道理闻见，皆自多读书识义理而来也。"⑥ 在此意义下，所谓儒家经典实际

① 张建业主编：《李贽全集注》第三册，第196页。
② 张建业主编：《李贽文集》第一卷，北京：社会科学文献出版社2000年（下同），第4页。
③ 张建业主编：《李贽文集》第一卷，第160页。
④ 张建业主编：《李贽文集》第一卷，第127页。
⑤ 张建业主编：《李贽文集》第一卷，第91—92页。
⑥ 张建业主编：《李贽文集》第一卷，第92页。

上并非"童心"的表达，故亦无助于保持"童心"。李贽说：

> 《六经》、《语》、《孟》，乃道学之口实，假人之渊薮也，断断乎其不
> 可以语于童心之言明矣。呜呼！吾又安得真正大圣人童心未曾失者而与
> 之一言文哉！①

基于"童心说"，李贽认为，尽管许多人不自觉，实际上人人都是"生知"。他说："天下无一人不生知，无一物不生知，亦无一刻不生知者，但自不知耳，然又未尝不可使之知也。"② 正因为人人都是"生知"，故人人都是平等的，并无所谓"圣""凡"之别。因此，勿需对圣人"高视"。他说："人但率性而为，勿以过高视圣人之为可也。尧舜与途人一，圣人与凡人一。"③ 实际上，人人都有其用，人之价值并不取决于孔子。否则，孔子出世之前人之价值便不可解释。他说："夫天生一人，自有一人之用，不待取给于孔子而后足也。若必待取足于孔子，则千古以前无孔子，终不得为人乎？"④ 在李贽看来，孔子被神圣化不过是后人口耳相传的误解而已。他说："因前犬吠形，亦随而吠之。若问以吠声之故，正好哑然自笑也已。"⑤ 他还说："人皆以孔子为大圣，吾亦以为大圣；皆以老、佛为异端，吾亦以为异端。人人非真知大圣与异端也，以所闻于父师之教者熟；父师非真知大圣与异端也，以所闻于儒先之教者熟也。儒先亦非真知大圣与异端也，以孔子有是言也。"⑥ 总之，孔子不过是个普通人，因此并没有教人以自己为榜样。李贽说

> 孔子未尝教人之学孔子，而学孔子者务舍己而必以孔子为学，……
> 真可笑矣。⑦

在李贽看来，"六经"等儒家经典实际上并不"权威"。一个方面，它们往往出自后人"褒崇""赞美"或"断章取义"，故并不可靠。另一个方面，

---

① 张建业主编：《李贽文集》第一卷，第93页。
② 张建业主编：《李贽文集》第一卷，第1页。
③ 张建业主编：《李贽全集注》第十四册，第260页。
④ 张建业主编：《李贽文集》第一卷，第15页。
⑤ 张建业主编：《李贽全集注》第三册，第196页。
⑥ 张建业主编：《李贽全集注》第三册，第309页。
⑦ 张建业主编：《李贽文集》第一卷，第15页。

即使它们出自圣人，亦是圣人针对当时问题而发，故并非"万世之至论"。他说："夫《六经》、《语》、《孟》，非其史官过为褒崇之词，则其臣子极为赞美之语。又不然，则其迂阔门徒，懵懂弟子，访忆师说，有头无尾，得后遗前，随其所见，笔之于书。后学不察，便谓出自圣人之口也，决定目之为经矣，孰知其大半非圣人之言乎？纵出自圣人，要亦有为而发，不过因病发药，随时处方，以救此一等懵懂弟子，迂阔门徒云耳。药医假病，方难定执，是岂可遽以为万世之至论乎？"① 因此，不能以孔子所论为是非标准。李贽的意思是，是非问题是不断变化的，故不可以固定标准来应对变化的问题。他说："前三代，吾无论矣。后三代，汉、唐、宋是也。中间千百余年，而独无是非者，岂其人无是非哉？咸以孔子之是非为是非，故未尝有是非耳。然则予之是非人也，又安能已！夫是非之争也，如岁时然，昼夜更迭，不相一也。昨日是而今日非矣，今日非而后日又是矣。虽使孔夫子复生于今，又不知作如何非是也，而可遽以定本行罚赏哉！"② 质言之，是非问题是相对的，没有固定的标准。他说：

> 人之是非，初无定质。人之是非人也，亦无定论。无定质，则此是彼非并育而不相害；无定论，则是此非彼亦并行而不相悖矣。然则今日之是非，谓予李卓吾一人之是非，可也。谓为千万世大贤大人之公是非，亦可也。谓予颠倒千万世之是非，而复非是予之所非是焉，亦可也。则予之是非，信乎其可矣。③

二、利己主义的人性论

李贽认为，传统社会多以"德礼刑政"为治国理念，但"德礼刑政"实乃束缚人民的工具。他说："有条教之繁，有刑法之施，而民日以多事矣。"④ 然而，道学家们却奢谈"德礼刑政"，口口声声"为人""利他"。实际上，其所行并非其所讲。他说："试观公之行事，殊无甚异于人者。人尽如此，我

① 张建业主编：《李贽文集》第一卷，第93页。
② 张建业主编：《李贽文集·藏书世纪列传总目前论》第二、三卷，第7页。
③ 张建业主编：《李贽文集·藏书世纪列传总目前论》第二、三卷，第7页。
④ 张建业主编：《李贽文集》第一卷，第82页。

亦如此，公亦如此。……及乎开口谈学，便说尔为自己，我为他人；尔为自
私，我欲利他；我怜东家之饥矣，又思西家之寒难可忍也；某等肯上门教人
矣，是孔、孟之志也，……以此而观，所讲者未必公之所行，所行者又公之
所不讲，其与言顾行、行顾言何异乎？"① 质言之，道学家们只为自己打算，
故与"伪君子"无异。李贽说："周、程、张、朱者皆口谈道德而心存高官，
志在巨富；既已得高官巨富矣，仍讲道德，说仁义自若也；又从而哓哓然语
人曰：'我欲厉俗而风世。'"② 由此来讲，他们反而不如市井之人，因为市井
之人不口是心非。他说："翻思此等，反不如市井小夫，身履是事，口便说是
事。"③ 总之，所谓"德礼刑政"，实乃"扰民""害民"之举。李贽说：

> 夫天下之人得所也久矣，所以不得所者，贪暴者扰之，而"仁者"
> 害之也。"仁者"以天下之失所也而忧之，而汲汲焉欲贻之以得所之域。
> 于是有德礼以格其心，有政刑以繋其四体，而人始大失所矣。④

在李贽看来，空谈"天理"或"良知"于国家没有任何实际用处。他
说："嗟乎！平居无事，只解打恭作揖，终日匡坐，同于泥塑，以为杂念不
起，便是真实大圣大贤人矣。其稍学奸诈者，又搀入良知讲席，以阴博高官。
一旦有警，则面面相觑，绝无人色，甚至互相推委，以为能明哲。盖因国家
专用此等辈，故临时无人可用。"⑤ 之所以会出现这种现象，源于"道在事
外"的观点，即，"道"超越具体事物且为具体事物根源的观点。然而，犹如
"水之在地"一样，并非"道在事外"，而是"道在事中"。李贽引用他人的
话说："道之在人，犹水之在地也。人之求道，犹之掘地而求水也。然则水无
不在地，人无不载道也审矣。而谓水有不流，道有不传可乎？"⑥ 具体来讲，
万物并非以"道"为根源，反而"道"以万物为根源，故不可空谈"道"或
"理"。他说："夫妇，人之始也。有夫妇然后有父子，有父子然后有兄弟，有
兄弟然后有上下。夫妇正，然后万事无不出于正。夫妇之为物始也如此。极

---

① 张建业主编：《李贽文集》第一卷，第 28 页。
② 张建业主编：《李贽文集》第一卷，第 44 页。
③ 张建业主编：《李贽文集》第一卷，第 28 页。
④ 张建业主编：《李贽文集》第一卷，第 15—16 页。
⑤ 张建业主编：《李贽文集》第一卷，第 147 页。
⑥ 张建业主编：《李贽文集》第二、三卷，第 595 页。

而言之，天地一夫妇也，是故有天地然后有万物。……故吾究物始，而见夫妇之为造端也。是故但言夫妇二者而已，更不言一，亦不言理。"①

进而，李贽认为，天地万物均源于"阴""阳"二气，所谓二气之上的"理"并不存在，更不存在所谓天地之先的"太极"。因此，所谓"天理"乃无稽之谈。他说："天下万物皆生于两，不生于一，明矣。而又谓一能生二，理能生气，太极能生两仪，何欤？夫厥初生人，惟是阴阳二气，男女二命，初无所谓一与理也，而何太极之有？以今观之，所谓一者果何物？所谓理者果何在？所谓太极者果何所指也？"② 实际上，所谓"人伦物理"，并非道学家所讲的虚玄道理，而是类似于"穿衣吃饭"的普通事情，即人与人的关系及规则。质言之，"穿衣吃饭"即是"人伦物理"。他说："穿衣吃饭，即是人伦物理；除却穿衣吃饭，无伦物矣。世间种种皆衣与饭类耳，故举衣与饭而世间种种自然在其中，非衣饭之外更有所谓种种绝与百姓不相同者也。"③ 既然如此，就不仅不应该"灭人欲"，反而应当追求"富贵利达"。李贽说：

> 富贵利达所以厚吾天生之五官，其势然也。是故圣人顺之，顺之则安之矣。④

基于上述观点，李贽提出了利己主义的人性论。在他看来，"势利之心"即自私自利是人的天性。他说："'虽大圣人不能无势利之心。'则知势利之心，亦吾人禀赋之自然也。"⑤ 即使像孔子这样的圣人，其人性亦无不同；此乃自然而普遍的道理。李贽说："虽有孔子之圣，苟无司寇之任，相事之摄，必不能一日安其身于鲁也决矣。此自然之理，必至之符，非可以架空而臆说也。"⑥ 具体来讲，追求"好货""好色"等"治生产业"之事乃人类社会的真实情况。他说："如好货，如好色，如勤学，如进取，如多积金宝，如多买田宅为子孙谋，博求风水为儿孙福荫，凡世间一切治生

① 张建业主编：《李贽文集》第一卷，第84—85页。
② 张建业主编：《李贽文集》第一卷，第84—85页。
③ 张建业主编：《李贽文集》第一卷，第4页。
④ 张建业主编：《李贽文集》第一卷，第16页。
⑤ 张建业主编：《李贽文集》第七卷，第358页。
⑥ 张建业主编：《李贽文集》第二、三卷，第626页。

产业等事，皆其所共好而共习，共知而共言者，是真迩言也。"① 既然"势利之心"乃人的天性，那么统治者就应顺应天性，尽量保证每个人满足愿望。他说："是故贪财者与之以禄，趋势者与之以爵，强有力者与之以权，能者称事而官，懦者夹持而使。有德者隆之虚位，但取具瞻；高才者处以重任，不问出入。各从所好，各骋所长，无一人之不中用。"② 总之，"夫私者人之心也"，李贽说：

> 夫私者人之心也，人必有私而后其心乃见，若无私则无心矣。③

① 张建业主编：《李贽文集》第一卷，第36页。
② 张建业主编：《李贽文集》第一卷，第16页。
③ 张建业主编：《李贽文集》第二、三卷，第626页。

第二十一章　刘宗周

刘宗周（1578—1645 年），初名宪章，字起东，号念台，因讲学于"蕺山书院"，后人称其为蕺山先生。浙江山阴（今浙江绍兴）人。因父亲刘坡早逝，刘宗周自幼随母生活于外祖父家。万历二十九年（1601 年），刘宗周考中进士。明万历三十二年（1604 年），被封为行人，任太仆寺少卿。明天启时，被削籍。明思宗继位后，封刘宗周为顺天（今北京）府尹。明崇祯年间，官至工部左侍郎。明福王朱由崧登极于南京后，刘宗周任左都御史，后因被黜回归乡里。清顺治二年（1645 年），清军攻陷杭州后，刘宗周绝食而死。

刘宗生长期致力于讲学和著述，创建"证人书院"。其著述宏富，约三十多种，后被辑为《刘子全书》《刘子全书遗编》《刘宗周文编》《刘宗周全集》等。

第一节　"盈天地皆心"

刘宗周对"心体"进行了探讨。在他看来，一个方面，"心体"是绝对的，故为"独"。即，"心体"乃主体自身的根本，为不可再推求的"隐微之地"，是至尊无上的绝对，故可以称作"独"。他说："自身而本之心，本之意，本之知，本至此，无可推求，无可揣控，而其为己也隐且微矣。隐微之地，是名曰独。"① 另一个方面，"心体"为"天"。他说："天者，无外之名，盖心体也。心生之谓性，心率之谓道，心修之谓教。"② 之所以"心体"为"天"，在于"心体"与"天"一样为"虚"，而"虚"可以生"实"。他说：

---

① 吴光主编：《刘宗周全集》第一册，杭州：浙江古籍出版社 2007 年（下同），第六四九页。
② 吴光主编：《刘宗周全集》第二册，第四〇九页。

"惟天太虚，万物皆受铸于虚，故皆有虚体。非虚则无以行气，非虚则无以藏神，非虚则无以通精。即一草一木皆然，而人心为甚。人心，浑然一天体也。"① 再一个方面，"心体"与"天""地"是相通的。他说："人心之体，气行而上，本天者也；形丽而下，本地者也；知宅其中，本人者也；三才之道备矣。"② 由这样三个方面可见，"心体"实乃天下的主宰。刘宗周说：

> 本心湛然，无思无为，为天下主。过此一步，便为安排。③

在刘宗周看来，"心体"本无动静却有动静潜能。一个方面，"心体"是无动静的。他说："发与未发，只是一个。时时发，时时未发，正是阴阳互藏其宅，通复互为其根。后人执名相以疏动静，乌识心体本然之妙乎？心体本无动静，性体亦本无动静，即以谓未发为性，已发为情，尤属后人附会。"④ 另一个方面，"心体"又具有动静潜能。他说："心体本无动静，动静者所乘之机也。"⑤ 由此来讲，"心体"既"静"又"动"；"静"指"心体"本身，"动"指"心体"之用；因此，"动""静"合一，"体用一源"。他说："功夫只在静，故云主静立人极，非偏言之也。……动中求静，是真静之体；静中求动，是真动之用。体用一源，动静无端，心体本是如此。"⑥ 总之，"心体"虽无动静，却蕴含"动之机"。刘宗周说："独者，静之神、动之机也。动而无妄，曰静，慎之至也。是谓主静立极。"⑦ 他还说：

> 心体尝寂，而流行之机无一刻间断，与天运一般。⑧

进而，刘宗周认为，"心体"是纯粹至善的。具体来讲，"心体"既是"圆满"的，又是"明觉"的，故是纯粹至善的。他说："心本明也，故曰'明德'，其理则至善是也。学者，觉也，亦曰效也。效心而觉，觉此者也，

---

① 吴光主编：《刘宗周全集》第二册，第四一〇页。
② 吴光主编：《刘宗周全集》第二册，第四三六页。
③ 吴光主编：《刘宗周全集》第二册，第四三五页。
④ 吴光主编：《刘宗周全集》第二册，第四五五页。
⑤ 吴光主编：《刘宗周全集》第二册，第四五四页。
⑥ 吴光主编：《刘宗周全集》第二册，第三七四页。
⑦ 吴光主编：《刘宗周全集》第二册，第三六一页。
⑧ 吴光主编：《刘宗周全集》第二册，第五一八页。

故《中庸》亦曰'明善'。善之理一，而散于物有万殊。"① 而且，"心体"的纯粹至善是"自有知"。他说："独自有知，知不离独，致自之知，格自之物，只是无不敬，俨若思而已。"② 在刘宗周看来，所谓"自有知"，不仅指"自诚明"，亦指"自明诚"；前者指"心体"自身就能够明白善性，后者指明白了善性便可达至"心体"。他说："心是鉴察官，谓之良知，最有权。"③他还说："《大学》言至善，《中庸》言至德、至道、至圣、至诚及天载之至，皆指出独中消息。《易》曰：'知至至之，可与几也。'"④ 这里，刘宗周强调的是，无论是"自诚明"，还是"自明诚"，都是"独"即"心体"的发用。因此，他说："离独一步，便是人伪。"⑤ 总之，"心体"是纯粹至善的，故它"与天地合德"，"与日月合明"，"与四时合序"，"与鬼神合吉凶"。刘宗周说：

> 心之体乃见其至尊而无以尚，且如是其洁净精微，纯净至善，而一物莫之或撄也。惟其至尊而无以尚也，故天高地下，万物散殊，惟心之所位置而不见其跡。惟其洁净精微，纯粹至善，而一物莫之或撄也，故大人与天地合德，日月合明，四时合序，鬼神合吉凶，惟心之所统体而不尸其能。⑥

基于前述，刘宗周提出"盈天地皆心"的观点。在他看来，"道""性""理"等范畴相类，可统摄"器""物""气"等概念。因此，可以说"盈天地间皆道""盈天地间皆性"等。不过，这些说法均不是根本性的，因为"道""性""理"都统摄于"心"。他说："盈天地间道也，而统之不外乎人心。人之所以为心者，性而已矣。以其出于固有而无假于外铄也，故表之为'天命'，云：'维天之命，于穆不已，天之所以为天也。'天即理之别名。"⑦之所以如此，在于"心体"乃造化的根源。他还说："盈天地间，皆道也，而

---

① 吴光主编：《刘宗周全集》第二册，第二八四页。
② 吴光主编：《刘宗周全集》第一册，第六六二页。
③ 吴光主编：《刘宗周全集》第二册，第四三三页。
④ 吴光主编：《刘宗周全集》第二册，第四二〇页。
⑤ 吴光主编：《刘宗周全集》第二册，第三九八页。
⑥ 吴光主编：《刘宗周全集》第二册，第二八五至二八六页。
⑦ 吴光主编：《刘宗周全集》第二册，第二九九页。

归管于人心为最真，故慈湖有'心易'之说。太极、阴阳、四象、八卦而六十四卦，皆人心之撰也。圣人近取诸身如此，既而远取诸物如此，大取诸天地亦如此，方见得此理平分，物我无间，无大无小，直是活泼泼地，令人不可思议。"① 也就是说，万有万象之所以存在，根源在于"心体"。他说："心体浑然至善。以其气而言，谓之虚；以其理而言，谓之无。至虚，故能含万象；至无，故能造万有。"② 总之，若从根本言之，可以说"盈天地间皆心"。刘宗周说：

> 余尝著《人极图说》，以明圣学之要，因而得《易》道焉。盈天地间，皆易也；盈天地间之易，皆人也。人外无易，故人外无极。……惟人心之妙，无所不至，而不可以图象求，故圣学之妙，亦无所不至，而不可以思议入。学者苟能读《易》而见吾心焉，盈天地间，皆心也。③

第二节　"慎独"功夫

刘宗周对于宋明理学提出质疑，认为程朱理学与阳明心学均有"支离"之误。他说："致知在格物，则物必是物有本末之物，知必是知所先后之知。……乃后儒解者，在朱子则以物为泛言事物之理，竟失知本之旨；在王门则以知为直指德性之旨，转驾明德之上，岂《大学》训物有二物？知有二知邪？"④ 不仅如此，他甚至认为，阳明心学"粗且浅""不见道"。他说："然则阳明之学，谓其失之粗且浅、不见道则有之，未可病其为禅也。"⑤ 实际上，刘宗周对阳明心学有一个认识过程：最初疑其"近禅"，中间相信其为"圣学"，最终认定其失之"粗且浅"，故对其"辩难不遗余力"。据文献记载："先生于阳明之学，凡三变：始疑之，中信之，终而辩难不遗余力。始疑之，疑其近禅也。中信之，信其为圣学也。终而辩难不遗余力，谓其言良知，

---

① 吴光主编：《刘宗周全集》第二册，第四〇七页。
② 吴光主编：《刘宗周全集》第二册，第四一〇页。
③ 吴光主编：《刘宗周全集》第二册，第一二二页。
④ 吴光主编：《刘宗周全集》第二册，第四四一页。
⑤ 吴光主编：《刘宗周全集》第三册，第三五九页。

以孟子合《大学》，专在念起念灭用工夫，而于知止一关全未勘入，失之粗且浅也。"① 之所以谓阳明心学"粗且浅"，在于其忽略"知止"即达至至善，故其"总属支离"。文献记载：

> 先生（指刘宗周——引者注）平日所见一一与先儒牴牾，晚年信笔直书，姑存疑案，仍不越诚意、已未发、气质、义理、无极、太极之说，于是断言之曰："从来学问只有一个工夫，凡分内分外，分动分静，说有说无，劈成两下，总属支离。"又曰："……凡此皆吾夫子所不道也。呜呼！吾舍仲尼奚适乎？"②

基于前述，刘宗周根据《中庸》的"慎独"思想③提出了"慎独说"。他说："《大学》言'慎独'，《中庸》亦言'慎独'，慎独之外，别无学也。"④文献记载："（刘宗周）尝曰：'此心绝无凑泊处，从前是过去，向后是未来，逐外是人分，搜里是鬼窟，四路把截，就其中不容发处，恰是此心真凑泊处。此处理会得分明，则大本达道皆从此出。'于是有慎独之说焉。"⑤ 在刘宗周看来，所谓"慎"，为警惕、审慎之义。他说："君子乌得不戒慎恐惧、兢兢慎之！慎独而见独之妙焉。"⑥ 所谓"独"，即指"心体"。刘宗周说："莫见乎隐，亦莫隐乎见；莫显乎微，亦莫微乎显，此之谓无隐见、无显微。无隐见、显微之谓独，故君子慎之。不睹不闻，天之命也；亦睹亦闻，性之率也；即睹即不睹，即闻即不闻，独之体也。"⑦ 刘宗周认为，无论是"动""静"，都不可离却"慎独"。他说："独无动静也者，其有时而动静焉；动亦慎，静亦慎也，而静为主。"⑧ 同样，讲本体、功夫都不可离"慎独"。他说：

> 推之而不见其始，引之而不见其终，体之动静显微之交而不见其有

---

① 吴光主编：《刘宗周全集》第六册，第四六四页。
② 吴光主编：《刘宗周全集》第二册，第四六四至四六五页。
③ 《中庸》有言："君子戒慎乎其所不睹，恐惧乎其所不闻。莫见乎隐，莫显乎微，故君子慎其独也。"郑玄注，孔颖达疏，龚抗云整理，王文锦审定：《礼记正义》，第1422页。
④ 吴光主编：《刘宗周全集》第一册，第六五〇页。
⑤ 吴光主编：《刘宗周全集》第六册，第八一页。
⑥ 吴光主编：《刘宗周全集》第二册，第二九九页。
⑦ 吴光主编：《刘宗周全集》第二册，第三九二页。
⑧ 吴光主编：《刘宗周全集》第一册，第六五〇页。

罅隙之可言，亦可为奥衍神奇，极天下之至妙者矣，而约其旨不过曰
"慎独"。独之外，别无本体；慎独之外，别无工夫，此所以为《中庸》
之道也。①

在刘宗周看来，"主敬"乃"慎独"的关键。他说："敬之一字，自是千
圣相传心法，至圣门只是个慎独而已。其后伊、洛遂以为单提口诀，朱子承
之，发挥更无余蕴。儒门榜样，于斯为主。后之学者，宜服膺而弗失也。"②
那么，何为"主敬"呢？所谓"主敬"，指将"放失之心"收回来，以虔敬
之心涵养心性，使内心端正而符合道义。他说："学以为己，己以内又有己
焉。只此方寸之中作得主者，是此所谓真己也。必也主敬乎？是为学人第二
关。"③ 质言之，所谓"主敬"，指无私欲之杂，专一于义理之正。他说：
"'主敬'二字，古人大有分晓，正无所以杂之漏之之谓耳……故曰：'反身
而诚，乐莫大焉。'是故，主敬所以存诚也，存诚所以诚身也，诚身要矣，主
敬亟焉。"④ 依着他的理解，若要破"迷悟关"，进而学以成圣，必须由"主
敬"入。他说："由主敬而入，方能觌体承当，其要归于觉地，故终言迷悟。
学者阅过此关而学成。"⑤ 否则，便有可能流于佛禅。他说："为学之要，一
诚尽之矣，而主敬其功也。敬则诚，诚则天。若良知之说，鲜有不流于禅
者。"⑥ 因此，关于"主敬"，刘宗周还说：

> 以心为主及主敬之说，最为谛当。⑦

刘宗周进而认为，"慎独"乃"圣学"或"君子之学"的要旨。其一，
"慎独"是学问的"第一义"。他说："慎独是学问第一义。言慎独，而身、
心、意、知、家、国、天下一齐俱到，故在《大学》为格物下手处，在《中
庸》为上达天德统宗，彻上彻下之道也。"⑧ 其二，"慎独"乃修身、践履的

---

① 吴光主编：《刘宗周全集》第二册，第三〇〇页。
② 吴光主编：《刘宗周全集》第二册，第二一三页。
③ 吴光主编：《刘宗周全集》第二册，第二〇〇页。
④ 吴光主编：《刘宗周全集》第三册，第三六五页。
⑤ 吴光主编：《刘宗周全集》第二册，第二一四页。
⑥ 吴光主编：《刘宗周全集》第六册，第四八三至四八四页。
⑦ 吴光主编：《刘宗周全集》第二册，第二四二页。
⑧ 吴光主编：《刘宗周全集》第二册，第三九六至三九七页。

功夫。他说："君子之学，慎独而已矣。无事，此慎独即是存养之要；有事，此慎独即是省查之功。独外无理，穷此之谓穷理，而读书以体验之；独外无身，修此之谓修身，而言行以践履之。其实一事而已。"① 其三，"慎独"乃"致中和""位育"之道。他说："君子由慎独以致吾中和，而天地万物无所不本，无所不达矣。达于天地，天地有不位乎？达于万物，万物有不育乎？天地此中和，万物此中和，吾心此中和，致则俱致，一体无间。"② 总之，"慎独"不仅可以"立大本"，而且可以开出"天下达道"。他说："隐微者，未发之中；显见者，已发之和。莫见乎隐，莫显乎微，故中为天下之大本。慎独之功，全用之以立大本，而天下之达道行焉，此亦理之易明者也。"③ 正因为如此，应该重视"慎独"。刘宗周说：

> 孔门之学，其精者见于《中庸》一书，而"慎独"二字最为居要，即《太极图说》之张本也。乃知圣贤千言万语，说本体，说工夫，总不离"慎独"二字。"独"即天命之性所藏精处，而"慎独"即尽性之学。④

---

① 吴光主编：《刘宗周全集》第四册，第一一八页。
② 吴光主编：《刘宗周全集》第二册，第二〇〇页。
③ 吴光主编：《刘宗周全集》第二册，第三七二页。
④ 吴光主编：《刘宗周全集》第二册，第二五八页。

第五编　清代儒学

弁　言

清代儒学在中国儒学史上处于历史转折时期——"辛亥革命"的爆发，不仅结束了 2000 多年的封建专制，而且也终结了儒学的意识形态地位。历史地看，先秦儒学为"实存道德描述形态"，宋明儒学为"形上学形态"，清代儒学为"形上道德实践形态"。清代儒学形态不仅综合并超越了前两个形态，而且开启了后来的现代新儒学思潮。① 具体来讲，在清初，黄宗羲以继承陆王心学为前提，努力调和程朱理学。其最著名的观点为"工夫所至，即其本体"，将本体与功夫融合一体。当然，他批判君主专制制度在儒学史上亦独树一帜。方以智在由"气本体论"转到"心本体论"的基础上，对于辩证法、知识论都有超越前人的论述。顾炎武认为儒学乃"务本原之学"，强调儒学的"经世致用"倾向。王夫之建立了一个庞大哲学体系：他不仅探讨了本体论，提出"气者理之依"的观点，而且对人性论、知识论和历史观亦有详细探讨。与上述南方儒者相呼应，北方的"颜李学派"标举"实学"，力矫晚明儒学"颓习"，主张"知行迭进"，强调"力行"。戴震实为清初儒学向晚清儒学的过渡人物。他反对程朱理学的"理本体论"，而主张"气本体论"。此外，他提出了"理者存乎欲者"的观点。在晚清，儒学的代表人物是龚自珍和魏源。就具体内容内容来看，二人的哲学思想表现出两个方面的共性：其一，强调意志的能动性；另一个方面，强调学问的"经世致用"。

---

① 参见程志华《"中断性"语境下的儒学"三期说"》，《学习论坛》2006 年第 10 期。

第二十二章 黄宗羲

黄宗羲（1610—1695 年），字太冲，一字德冰，号南雷，别号梨洲老人、梨洲山人、蓝水渔人、鱼澄洞主、双瀑院长、古藏室史臣等，学者称梨洲先生。浙江绍兴府余姚县人。其父黄尊素为东林党人，因弹劾宦官被下狱致死。黄宗羲曾从学于刘宗周，后与东林党子弟组成"复社"，参与反阉党斗争，后被指为东林党余孽而被捕入狱。清兵南下时，曾组织"世忠营"武装抵抗。明亡后，屡拒清廷征召，隐居著述讲学。后来，清康熙帝邀其赴京主持《明史》编辑，他以年老多病而辞。晚年，黄宗羲恢复"证人书院"，并于其中讲学。

黄宗羲是"浙东学派"或"浙东史学"的代表人物，与顾炎武、王夫之并称"明末清初三大思想家"或"明末清初三大儒"；与顾炎武、方以智、王夫之、朱舜水并称为"明末清初五大家"。其一生著述宏富，涉及哲学、史学、历法、数学、地理等诸多领域，代表性著作包括《明儒学案》《宋元学案》《明夷待访录》《孟子师说》《破邪论》《易学象数论》《南雷诗文集》等，后被辑为《黄梨洲文集》《黄宗羲全集》等。

第一节 "盈天地皆心"

黄宗羲认为，天地万物是"同体"的，"同体"的基础是"气"。他说："覆载之间，一气所运，皆同体也。何必疾痛疴痒，一膜之通，而后为同耶？吹为风，呵为雾，唾为湿，呼为响，怒为惨，喜为舒，皆吾身之气也。"[①] 也就是说，天地万物均由"气"构成。他说："夫大化之流行，只有一气充周无

---

① 沈善洪主编：《黄宗羲全集》第一册，杭州：浙江古籍出版社 1985 年（下同），第五二页。

间。……其在人而为恻隐、羞恶、辞让、是非之心，同此一气之流行也。……苟非是气，则天地万物之为异体也决然矣。"① 进而，由于所禀"气"的清浊、薄厚不同，故形成了天地万物的差异。他说："天以气化流行而生人物，纯是一团和气。人物禀之即为知觉，知觉之精者灵明而为人，知觉之粗者昏浊而为物。人之灵明，恻隐羞恶辞让是非，合下具足，不囿于形气之内；禽兽之昏浊，所知所觉，不出于饮食牡牝之间，为形气所锢，原是截然分别。"② 这里，黄宗羲强调人亦是禀"气"而生。他说："天地间只有一气充周，生人生物。人禀是气以生，心即气之灵处，所谓知气在上也。"③ 基于此，黄宗羲提出了"盈天地皆气"的宇宙论命题。他说：

> 盈天地间皆气也，其在人心，一气之流行，诚通诚复，自然分为喜怒哀乐。仁义礼智之名，因此而起者也，不待安排品节，自能不过其则，即中和也。④

进而，黄宗羲探讨了理气关系。关此，黄宗羲认为，程朱理学认为"理生气"，把"理""气"歧为二物，此乃有误。他说："若应事接物，而不当于理，则不可谓之觉矣。觉外求仁，是觉者一物，理又一物。朱子所以终身认理、气为二也。"⑤ 在黄宗羲看来，所谓"理"，乃"气"流行之条理，故它统一并依附于"气"。他说："天地之间，只有气，更无理。所谓理者，以气自有条理，故立此名耳。"⑥ 因此，"气"有变化，"理"也随之变化。他说："不以已往之气为方来之气，亦不以已往之理为方来之理，不特气有聚散，理亦有聚散也。"⑦ 质言之，"气"指"沉浮升降"的主体，"理"则为"沉浮升降"的规则。因此，"理"是"气"的主宰，"气"是"理"的"流行"。他说："阳，刚也，生也；阴，柔也，成也，皆气也，即其理也。仁，阳也，爱也；义，阴也，敬也，皆气也，即其理也。古人曰阴阳，曰仁义，

---

① 沈善洪主编：《黄宗羲全集》第十册，杭州：浙江古籍出版社1993年（下同），第一四六页。
② 沈善洪主编：《黄宗羲全集》第一册，第一一一页。
③ 沈善洪主编：《黄宗羲全集》第一册，第六〇页。
④ 沈善洪主编：《黄宗羲全集》第八册，第八九〇页。
⑤ 沈善洪主编：《黄宗羲全集》第四册，第一七二页。
⑥ 沈善洪主编：《黄宗羲全集》第八册，第四八七页。
⑦ 沈善洪主编：《黄宗羲全集》第七册，第一二一页。

一而已。后人和合孔、孟之言性，乃立理气之名，学者勿泥其词而析其源，不可废理而存气也。"① 质言之，"理""气"虽有二名，但并非就是二物，而不过是"一物二名"而已。黄宗羲说：

> 理气之名，由人而造。自其沉浮升降者而言，则谓之气；自其浮沉升降不失其则而言，则谓之理。盖一物而两名，非两物而一体也。②

黄宗羲还探讨了心物关系。他认为，天地万物虽不因主体而存在，但却因为主体的存在而被认知。因此，他说："孟子以为有我而后有天地万物，以我之心区别天地万物而为理，苟此心之存，则此理自明，更不必沿门乞火也。"③ 而且，"忠""孝"等伦理道德范畴皆因主体而立名，皆因主体的实际践履赋予其含义。他说："盈天地间无所谓万物，万物皆因我而名。如父便是吾之父，君便是吾之君，君父二字，可推之为身外乎？然必实有孝父之心，而后成其为吾之父；实有忠君之心，而后成其为吾之君。此所谓'反身而诚'，才见得万物非万物，我非我，浑然一体，此身在天地间，无少欠缺，何乐如之？"④ 由此来讲，若天地万物离开主体，则无所谓天地万物。总之，"心"与"物"不可分离。他说："夫心以意为体，意以知为体，知以物为体。意之为心体，知之为意体，易知也；至于物之为知体，则难知也。"⑤ 很显然，在"心"与"物"的关系上，黄宗羲强调的是"心"。他说：

> 吾心之大，包罗天地，贯彻古今，故但言尽心，则天地万物皆举之矣。学者误认区区之心，眇焉在胸膈之内，而纷纷之事，杂焉在形骸之外，故逐外专内，两不相入，终不足以入道矣。⑥

基于前述，黄宗羲认为，天地万物的"理"与主体心中的"理"是相通的。他说："人与天虽有形色之隔，而气未尝不相通。知性知天，同一理

---

① 沈善洪主编：《黄宗羲全集》第八册，第四六八页。
② 沈善洪主编：《黄宗羲全集》第八册，三五五至三五六页。
③ 沈善洪主编：《黄宗羲全集》第一册，第一三四页。
④ 沈善洪主编：《黄宗羲全集》第一册，第一四九至一五〇页。
⑤ 沈善洪主编：《黄宗羲全集》第十册，第一九四页。
⑥ 沈善洪主编：《黄宗羲全集》第七册，第五四五页。

也。"① 黄宗羲的意思是，天地万物虽然各具"物理"，但"物理"与"天理"是相通的，而"天理"即在于心中，故天下之理皆非心外之物。质言之，"人心之理"即是"天地万物之理"。他说："孟子言万物皆备于我，言我与天地万物一气流通，无有碍隔。故人心之理，即天地万物之理，非二也。若有我之私未去，堕落形骸，则不能备万物矣。不能备万物，而徒向万物求理，与我了无干涉，故曰理在心，不在天地万物，非谓天地万物竟无理也。"② 不过，"人心之理"与"天地万物之理"并非直接同一，而是"一本万殊"的关系。因此，黄宗羲以"心"作为本体概念，提出了"盈天地皆心"的本体论命题。他说："盈天地皆心也，变化不测，不能不万殊。……故穷理者，穷此心之万殊，非穷万物之万殊也。"③ 这里，需要注意的是，"盈天地皆气"为宇宙论命题，而"盈天地皆心"为本体论命题。关此，他还说：

> 盈天地皆心也。人与天地万物为一体，故穷天地万物之理，即在吾心之中。后之学者错会前贤之意，以为此理悬空于天地万物之间，吾从而穷之，不几于义外乎？此处一差，则万殊不能归一。夫苟工夫著到，不离此心，则万殊总为一致。④

第二节　"工夫所至，即其本体"

关于人性论，黄宗羲反对程朱理学的"性二元论"，即，人性分为"义理之性"与"气质之性"；"义理之性"纯善无恶，"气质之性"有善有恶。在黄宗羲看来，"气"乃"视听言动"，而"性"指"视听言动"的流行之则。他说："夫耳目口体，质也；视听言动，气也；视听言动流行而不失其则者，性也。流行而不能无过不及，则气质之偏也，非但不可言性，并不可言气质也。"⑤ 既然"性"乃"气"流行之则，故可以说"气质即性"。他说："气

---

①　沈善洪主编：《黄宗羲全集》第一册，第一四八页。
②　沈善洪主编：《黄宗羲全集》第七册，第五九四页。
③　沈善洪主编：《黄宗羲全集·自序》第七册，第三页。
④　沈善洪主编：《黄宗羲全集》第十册，第七五页。
⑤　沈善洪主编：《黄宗羲全集》第八册，第二六六页。

质之外无性，气质即性也。第气质之本然是性，失其本然者非性，此毫厘之辨，而孟子之言性善，即不可易也。"① 进而，"义理"是在"气质"上立名的，故只有"气质之性"，并无独立的"义理之性"。他说："人生堕地，分父母以为气质，从气质而有义理，则义理之发源，在于父母。阳明言以此纯乎天理之心，发之事父便是孝；不知天理从父母而发，便是仁也。"② 总之，只有"气质之性"；否则，无异于"臧三耳之说"。关此，黄宗羲说：

> 夫盈天地间，止有气质之性，更无义理之性，谓有义理之性不落于气质者，臧三耳之说也。③

在黄宗羲看来，"气质"与"性"虽然是统一的，但二者却具有不同属性。也就是说，"气质"是流行的，"性"是主宰的；"气质"流行会出现偏差，而"中正之性"未尝不在。他说："夫气之流行，不能无过不及，故人之所禀，不能无偏。气质虽偏，而中正者未尝不在也。犹天之寒暑，虽过不及，而盈虚消息，卒归于太和。……盖横渠之失，浑气质于性。"④ 在黄宗羲看来，"浑气质于性"会易导致对"人性"与"物性"的混淆。他说："盖天地之生物万有不齐，其质既异，则性亦异，牛犬之知觉，自异乎人之知觉；浸假而草木，则有生意而无知觉矣；浸假而瓦石，则有形质而无生意矣。若一概以笼统之性言之，未有不同人道于牛犬者也。"⑤ 质言之，人禀的是"有理之气"，物禀的是"无理之气"。他说："在人虽有昏明厚薄之异，总之是有理之气；禽兽之所禀者，是无理之气，非无理也，其不得与人同者，正是天之理也。"⑥ 在此意义下，"性"乃"气""流行"之"无过不及"的"中体"；虽然整个"流行"因包含"过不及"而不可谓"善"，但"流行"的"无过不及"的"中体"却是善的。黄宗羲说：

> 人之气禀，虽有清浊强弱之不齐，而满腔恻隐之心，触之发露者，

---

① 沈善洪主编：《黄宗羲全集》第七册，第七五七页。
② 沈善洪主编：《黄宗羲全集》第十册，第五〇三页。
③ 沈善洪主编：《黄宗羲全集》第十册，第五二页。
④ 沈善洪主编：《黄宗羲全集》第八册，第一八二页。
⑤ 沈善洪主编：《黄宗羲全集》第一册，第一三三页。
⑥ 沈善洪主编：《黄宗羲全集》第一册，第一三五页。

则人人所同也。……人之气本善，故加以性之名耳。如人有恻隐之心，亦只是气。因其善也，而谓之性。①

显而易见，虽言"人性善"，但现实生活的人却是善恶有别的。对此，黄宗羲的解释是，人的善恶有别源于"气质之偏"，而造成"气质之偏"的原因有两个方面：其一，所禀之"气"的不同，产生了"圣""贤""愚""不肖"之别。他说："盖此气虽有条理，而其往来屈伸，不能无过不及。圣贤得其中气，常人所受，或得其过，或得其不及，以至万有不齐。"② 其二，后天"习染"的不同，产生了不同的德行。他说："盖气质之偏，大致从习来，非气质之本然也。"③ 就这两个方面来看，黄宗羲更强调第二个方面，即后天"习染"的重要性。具体来讲，"人性善"是先天的，而"人性恶"是后天的，因此人们在"习"时不可不谨慎。他说："性者善也，习有善与恶也。习久不变，然后善恶定也。卒而为君子，卒而为小人，皆所以取之道也，是故习不可不慎也。"④ 关于"习"，黄宗羲的主张是"去人欲而纯天理"。他说："尽天理而无人欲，得至善而止也。……去人欲而复天理，求至善而止也。"⑤他还说：

> 气质人心，是浑然流行之体，公共之物也。人欲是落在方所，一人之私也。天理人欲，正是相反，此盈则彼绌，彼盈则此绌。故寡之又寡，至于无欲，而后纯乎天理。⑥

为了"去人欲而纯天理"，黄宗羲还讨论了本体与功夫问题。在他看来，功夫不可离却本体，否则功夫会失去宗旨，本体亦不可离却功夫，否则本体不可展现。他说："夫求识本体，即是工夫，无工夫而言本体，只是想象卜度而已，非真本体也。"⑦ 质言之，"心"之本体与"事"之践履不可分。他说："事之体强名曰心，心之用强名曰事，其实只是一件，无内外彼此之分也。故

---

① 沈善洪主编：《黄宗羲全集》第八册，第四八七页。
② 沈善洪主编：《黄宗羲全集》第七册，第七〇一页。
③ 沈善洪主编：《黄宗羲全集》第八册，第二六六页。
④ 沈善洪主编：《黄宗羲全集》第三册，第七〇页。
⑤ 沈善洪主编：《黄宗羲全集》第六册，第三六四页。
⑥ 沈善洪主编：《黄宗羲全集》第十册，第一五三页。
⑦ 沈善洪主编：《黄宗羲全集》第八册，第八四三页。

未有有心而无事者，未有有事而无心者，故曰'必有事焉'，又曰'万物皆备于我'。故充塞宇宙皆心也，皆事也，物也。"① 因此，黄宗羲赞同"功夫即本体"的观点。他说："'工夫即本体'，此言本自无弊，乃谓'本体光明，犹镜也；工夫，刮磨此镜者也'。若工夫即本体，谓刮磨之物即镜，可乎？此言似是而非。夫镜也，刮磨之物也，二物也，故不可以刮磨之物即镜。若工夫本体，同是一心，非有二物，如欲歧而二之，则是有二心矣。其说之不通也。"② 质言之，"本体"与"功夫"实乃为一，即"工夫所至，即其本体"。他说：

> 盈天地皆心也，变化不测，不能不万殊。心无本体，工夫所至，即其本体。故穷理者，穷此心之万殊，非穷万物之万殊也。③

第三节　对君主专制的批判

黄宗羲对于政治问题亦有较多思考。他通过对比"三代"前后的政治状况，探讨了君主职责、君臣关系、学校议政等问题。质言之，在君主制的前提下，他希望确立更加合理、完善的社会制度。具体来讲，其政治思想包括如下几个方面。

其一，君主"为天下之大害"。在黄宗羲看来，君主的职责应是为人民"兴公利""除公害"。由此来看，"三皇""五帝"为民众操劳办事，而秦汉以降的帝王却截然相反。他说："有人者出，不以一己之利为利，而使天下受其利；不以一己之害为害，而使天下释其害。此其人之勤劳必千万于天下之人。……后之为人君者不然。以为天下利害之权皆出于我，我以天下之利尽归于己，以天下之害尽归于人，亦无不可。"④ 而且，在打天下时，专制君主通过"屠毒天下之肝脑，离散天下之子女"，以"为子孙创业"。在取得天下

---

① 沈善洪主编：《黄宗羲全集》第七册，第五四五页。
② 黄宗羲著，沈芝盈点校：《明儒学案》，北京：中华书局1985年，第一五五页。
③ 沈善洪主编：《黄宗羲全集·自序》第七册，第三页。
④ 沈善洪主编：《黄宗羲全集》第一册，第二页。

后，他们将生杀予夺作为"产业之花息"，以满足"一人之淫乐"。① 很显然，这种现象非常不合理、不公正。黄宗羲说："古者天下之人爱戴其君，比之如父，拟之如天，诚不为过也。今也天下之人怨恶其君，视之如寇仇，名之为独夫，固其所也。……岂天地之大，于兆人百姓之中，独私其一人一姓乎?"② 由此来讲，天下还不如没有君主，因为君主实乃"天下之大害"。黄宗羲说：

> 然则为天下之大害者，君而已矣。向使无君，人各得自私也，人各得自利也。呜呼，岂设君之道固如是乎!③

其二，"天下为主，君为客"。在黄宗羲看来，之所以君主为"天下之大害"，在于其颠倒了君民关系。古代人们所以爱戴君主，是由于君主"公天下"，把人民视为主人。然而，后世君主却把"公天下"变成"私天下"，把人民变成了奴役对象，故天下便"不得安宁"。他说："古者以天下为主，君为客，凡君之所毕世而经营者，为天下也。今也以君为主，天下为客，凡天下之无地而得安宁者，为君也。"④ 此外，君主集大权于一身，认为"臣为君而设"，把本应为民服务的官吏变成君主独裁的"附属物"。他说："故我之出而仕也，为天下，非为君也；为万民，非为一姓也。……世之为臣者昧于此义，以谓臣为君而设者也。君分吾以天下而后治之，君授吾以人民而后牧之，视天下人民为人君囊中之私物。"⑤ 因此，即使官吏尽心尽力辅佐君主，甚至取得天下，也有悖于真正的"臣道"。他说："为臣者轻视斯民之水火，即能辅君而兴，从君而亡，其于臣道固未尝不背也。"⑥ 总之，万民之忧乐方为国家治乱兴衰的标准。他说：

> 盖天下之治乱，不在一姓之兴亡，而在万民之忧乐。是故桀、纣之亡，乃所以为治也；秦政、蒙古之兴，乃所以为乱也；晋、宋、齐、梁之兴亡，无与于治乱者也。⑦

---

① 参见沈善洪主编《黄宗羲全集》第一册，第二至三页。
② 沈善洪主编：《黄宗羲全集》第一册，第三页。
③ 沈善洪主编：《黄宗羲全集》第一册，第三页。
④ 沈善洪主编：《黄宗羲全集》第一册，第二页。
⑤ 沈善洪主编：《黄宗羲全集》第一册，第四页。
⑥ 沈善洪主编：《黄宗羲全集》第一册，第五页。
⑦ 沈善洪主编：《黄宗羲全集》第一册，第五页。

其三，制定"天下之法"。黄宗羲认为，"三代以上之法"作为"天下之法"，其实质乃"无法之法"。即，从人民的利益出发，不是从君主一人或一家一姓的利益出发，这样的法制肯定会有良好效果。他说："三代之法，藏天下于天下者也。山泽之利不必其尽取，刑赏之权不疑其旁落，贵不在朝廷也，贱不在草莽也。在后世方议其法之疏，而天下之人不见上之可欲，不见下之可恶，法愈疏而乱愈不作，所谓无法之法也。"① 然而，后世君主却将法制作为"一家之法"，其实质乃"非法之法"，因为它只有利于君主专制，而有害于天下人民。他说："后世之法，藏天下于筐箧者也。利不欲其遗于下，福必欲其敛于上；用一人焉则疑其自私，而又用一人以制其私；行一事焉则虑其可欺，而又设一事以防其欺。天下之人共知其筐箧之所在，吾亦鳃鳃然日唯筐箧之是虞，故其法不得不密。法愈密而天下之乱即生于法之中，所谓非法之法也。"② 因此，应该恢复"先王之法"即"天下之法"。他说：

> 使先王之法而在，莫不有法外之意存乎其间。其人是也，则可以无不行之意；其人非也，亦不至深刻罗网，反害天下。故日有治法而后有治人。③

其四，废除科举，学校议政。黄宗羲认为，科举制度存在严重弊端。他说："取士之弊，至今日制科而极矣。"④ 具体来讲，一个方面，科举制度不能保证录用真正有才能的人。他说："究竟功名气节人物，不及汉唐远甚，徒使庸妄之辈充塞天下。岂天之不生才哉？则取之之法非也。"⑤ 另一个方面，科举制度败坏了学风，不少儒生因此沦落成"庸儒""腐儒"。他说："自科举之学盛，世不复知有书矣。《六经》子史，亦以为冬华之桃李，不适于用。先儒谓传注之学兴，蔓词衍说，为经之害，愈降愈下。传注再变而为时文，数百年亿万人之心思耳目，俱用于揣摩剿袭之中，空华臭腐，人才阘茸，至于细民亦皆转相模锓，以取衣食。"⑥ 因此，应该改革科举制度，拓宽选拔人

---

① 沈善洪主编：《黄宗羲全集》第一册，第六页。
② 沈善洪主编：《黄宗羲全集》第一册，第六至七页。
③ 沈善洪主编：《黄宗羲全集》第一册，第七页。
④ 沈善洪主编：《黄宗羲全集》第一册，第一四页。
⑤ 沈善洪主编：《黄宗羲全集》第一册，第一七页。
⑥ 沈善洪主编：《黄宗羲全集》第十册，第一三〇页。

才的途径。他说："吾故宽取士之法，有科举，有荐举，有太学，有任子，有郡县佐，有辟召，有绝学，有上书，而用之之严附见焉。"[1] 同时，应该提倡"清议"，并重视学校的"议政"功能。他说："清议者，天下之坊也。夫子议臧氏之窃位，议季氏之旅泰山，独非清议乎？清议熄，而后有美新之上言，媚奄之红本，故小人之恶清议，犹黄河之碍砥柱也。"[2] 他还说：

> 学校，所以养士也。然古之圣王，其意不仅此也，必使治天下之具皆出于学校，而后设学校之意始备。……天子之所是未必是，天子之所非未必非，天子亦遂不敢自为非是，而公其非是于学校。[3]

① 沈善洪主编：《黄宗羲全集》第一册，第一七页。
② 沈善洪主编：《黄宗羲全集》第八册，第七二六至七二七页。
③ 沈善洪主编：《黄宗羲全集》第一册，第一〇页。

第二十三章　方以智

方以智（1611—1671 年），字密之，号曼公，又号鹿起、龙眠愚者等。安徽桐城（今安庆枞阳人）。崇祯十三年（1640 年）中进士，被选为庶吉士。后任工部观政、翰林院检讨、皇子定王和永王的讲官。曾参与"复社"活动，与侯方域、陈定生、冒辟疆被称为"明季四公子"。明亡后，流亡岭南，秘密组织反清复明活动。后来，为避清兵搜捕，削发为僧，改名大智，字无可，别号弘智、药地、浮山愚者等。康熙十年（1671 年）被捕，在押解至广州途中死于江西万安惶恐滩。

方以智在学术上博采众长，主张儒、释、道三教归一。同时，他借鉴西方质测之学，推动发展格致实学。方以智著述颇丰，但多有散佚，代表作包括《浮山集》《物理小识》《通雅》《药地炮庄》《易余》《洪言》《东西均》等，其著作后被辑为《方以智全书》等。

第一节　由"气本体论"到"心本体论"

方以智认为，整个宇宙是由"物"构成的，因此可谓"盈天地间皆物"。他说："盈天地间皆物也。人受其中以生，生寓于身，身寓于世，所见所用，无非事也，事一物也。圣人制器利用以安其生，因表理以治其心。器固物也，心一物也。深而言性命，性命一物也。通观天地，天地一物也。推而至于不可知，转以可知者摄之。以费知隐，重玄一实，是物物神神之深几也。"[①] 既然"盈天地间皆物"，那么"物"的本原是什么呢？在方以智看来，天地万

物的本原乃"气"。他说："一切物，皆气所为也。空，皆气所实也。"① 具体来讲，不仅"实"乃"气"，"虚"亦"固是气"；"实"与"虚"乃"气"的不同形式。他说："虚固是气，实形亦气所凝成者，直是一气而两行交济耳。"② 进而，"气"通过"五行"化生为天地万物之不同形态。因此，天地万物既有"独性"即"个性"，亦有"公性"即"共性"。他说："气行于天曰五运，产于地曰五材。七曜列星，其精在天，其散在地，故为山为川，为鳞羽毛介草木之物，声色臭味，别其端几。黄帝论人，亦以五五约之，正谓独性各别，而公性则一。"③ 关此，方以智还说：

> 一切物皆气所为也，空皆气所实也，物有则，空亦有则。以费知隐，丝毫不爽，其则也，理之可征者也。④

在方以智看来，作为天地万物本原的"气"是永恒的。他说："考其实际，天地间凡有形者皆坏，惟气不坏。人在气中，如鱼在水；地在天中，如豆在脬，吹气则豆正脬中，故不坠。"⑤ 不过，虽然"气"是永恒的，但它的存在却是多样性的。具体来讲，"气"有"气""形""光""声"四种状态。所谓"气"，指"气""未凝""未发"之状态；所谓"形"，指"气"凝结成的形体；所谓"光"，指"气"蕴发的光；所谓"声"，指"气"振动的声音。他说："气凝为形，发为光声，犹有未凝形之空气与之摩荡嘘吸，故形之用止于其分，而光声之用常溢于其余。气无空隙，互相转应也。"⑥ 在他看来，"气""形""光""声"乃自然界最基本的形态，故可称为"四几"。在此，"几"指运动根源或运动开始的状态。方以智说："气凝为形，蕴发为光，窍激为声，皆气也。而未凝、未发、未激之气尚多，故概举气、形、光、声为四几焉。"⑦ 总之，尽管天地万物不断变化，但"气"本身却是永恒的。他说：

---

① 方以智录：《物理小识》，第三页。
② 方以智录：《物理小识》，第一一页。
③ 方以智录：《物理小识·总论》，第一页。
④ 方以智录：《物理小识》，第三页。
⑤ 方以智著，庞朴注释：《东西均注释》，北京：中华书局 2001 年（下同），第219—220 页。
⑥ 方以智录：《物理小识》，第五页。
⑦ 方以智录：《物理小识》，第一一页。

气凝为形，畜为光，发为声。声为气之用，出入相生，器世色笼，时时轮转。其曰总不坏者，通论也；质核凡物皆坏，惟声、气不坏，以虚不坏也。天地之生死也，地死而天不死。气且不死，而况所以为气者乎？①

那么，"气"如何化生万物呢？方以智认为，"火"是万物运动变化的根本原。也就是说，在"五行"当中，"火"具备"生化"的功能。他说："满空皆火，物物之生机皆火也。火具生物、化物、照物之用，而有焚害之祸。"②因此，就"五行"来看，"火"虽是"虚气"，但是根本的元素。他说："空无非火，火无非烧，而除其桑薪，禁其吹薤，几时各安生理耶？"③具体来讲，"火"为"阳"，而"阳"乃"动"之源，亦即"生化"的主宰。他说："天道以阳气为主，人身亦以阳气为主。阳统阴阳，火运水火也。生以火，死以火，病生于火，而养身者亦此火。"④进而，"火"之所以具备"生化"功能，在于其"内阴外阳而主动"⑤。即，"火"有"君火""相火"的对立，双方互相作用促生了天地万物。他说："天恒动，人生亦恒动，皆火之为也。……天非此火不能生物，人非此火不能自生。……天与火同，火传不知其尽。故五行尊火曰'君'，畜觉发机曰'相'。……火无体而因物为体，人心亦然。……明乎满空皆火，'君'、'相'道合者，生死性命之故，又孰得而欺之！"⑥关于"火"的作用，方以智还说：

气动皆火，气凝皆水，凝积而流，动不停运。⑦

不过，方以智在晚年皈依佛门，在佛教的影响下，其本体论由"气本体论"转变为"心本体论"。起初，他主张"心""物"不相离。他说："有生

---

① 方以智著，庞朴注释：《东西均注释》，第226页。
② 方以智著，张永义等校点：《药地炮庄》，北京：华夏出版社2011年（下同），第157页。
③ 方以智原著，张昭炜整理：《象环寤记易余一贯问答：方以智著作选》，北京：九州出版社2015年（下同），第五四六页。
④ 方以智录：《物理小识》，第一五页。
⑤ 方以智录：《物理小识》，第一四页。
⑥ 方以智录：《物理小识》，第一四至一五页。
⑦ 方以智录：《物理小识》，第七九页。

来无非物也，离物无心，离心无物；费隐交格，如液入渣。"① 后来，他转而认为"物因心生"。他说："气生血肉而有清浊，气息心灵而有性情。本一气耳，缘气生'生'；所以为气，呼之曰'心'。……世无非物，物因心生。"② 这样，他就由"离物无心"转到"离心无物"。质言之，"心"成了天地万物的本原。他说："通言之，则偏满者性，即遍满者心，未有天地，先有此心；……以其无所不禀，则谓之为命；以其无所不生，则谓之为心；以其无所不主，则谓之为天。"③ 当然，"心"不是个体之心，而是指普遍的"公心"。他说："心大于天地，一切因心生者，谓此所以然者也。谓之心者，公心也，人与天地万物俱在此公心中。"④ 在方以智，所谓"公心"，也就是"太极"。他说："太极者，先天地万物，后天地万物，终之始之，……自古及今，无时不存，无处不有，即天也，即性也，即命也，即心也。"⑤ 关于"心本体论"，方以智还说：

> 天地生人，人有不以天地为征者乎？人本天地，地本乎天，以天为宗，此枢论也。天以心予人，人心即天，天以为宗即心以为宗也。⑥

第二节 "相因者皆极相反"

基于其本体论，方以智探讨了事物的具体变化，并提出了"尽天地古今皆二"的观点。在他看来，教化思想出于为当权者辩护，往往回避"矛盾"；科学探索因为要求事物真相，故通常承认"矛盾"。他说："设教之言必回护，而学天地者可以不回护；设教之言必求玄妙，恐落流俗，而学天地者不必玄妙；设教之言惟恐矛盾，而学天地者不妨矛盾。"⑦ 实际上，无论承认与否，

① 方以智著，庞朴注释：《东西均注释》，第42页。
② 方以智著，庞朴注释：《东西均注释》，第67—68页。
③ 方以智著，庞朴注释：《东西均注释》，第166页。
④ 方以智著，庞朴注释：《东西均注释》，第204—205页。
⑤ 方以智著，庞朴注释：《东西均注释》，第46—47页。
⑥ 方以智著，庞朴注释：《东西均注释》，第217页。
⑦ 方以智原著，张昭炜整理：《象环寤记易余一贯问答：方以智著作选》，第六六六页。

"矛盾"是无法回避的，因为任何事物都由对立面组成。他说："可见不可见，待与无待，皆反对也，皆贯通也。一不可言，言则是二。一在二中，用二即一。"① 即，"一而二"的现象是普遍的，即"尽天地古今皆二也"。他说："一不可量，量则言二，曰有曰无，两端是也。虚实也，动静也，阴阳也，形气也，道器也，昼夜也，幽明也，生死也，尽天地古今皆二也。"② 他还说："凡天地间皆两端，而圣人合为一端。盖两端而知无先后之先以统后也，扶阳抑阴以尊天也。……吾一以贯之：其先阴者，阳藏阴中，阴拱含阳，由静而动，破阴而出，所谓奇冲偶为参两，天贯地中而周乎地外者也。"③ 总之，"相因者皆极相反"乃"天地间之至理"。方以智说：

> 吾尝言天地间之至理，凡相因者皆极相反。何其颠倒古今而臆说乎？此非我之臆，天地之臆也。④

在方以智看来，矛盾双方不仅是对立的，而且是统一的。也就是说，矛盾双方不仅是"一而二"，而且是"二而一"的。他说："有一必有二，二皆本于一，岂非天地间之至相反者，本同处于一原乎哉？则善恶是非之未分，可窥露矣。上尊号曰混沌，诚哉不诬。"⑤ 之所以"二而一"，在于矛盾双方既"相反"又"相因"，即双方互为原因。他说："吾每绎子思代明、错行二语，而悟相害者乃并育也，相悖者乃并行也。"⑥ 例如，射箭时对弓要"张之尽其用"，必须"弛之养其力"。而且，在使用时"张多乎弛"，在不使用时则"弛多乎张"。可见，"张"与"弛"便是"相反"并"相因"的。⑦ 不仅如此，社会领域"危"与"安"、"亡"与"存""相反相因"的现象亦是普遍的。他说："有小人乃以磨砺君子，刀兵祸患为有道之钻锤。故曰：危之乃安，亡之乃存，劳之乃逸，屈之乃伸。怨怒可致中和，奋迅本于伏忍。"⑧ 正因为如此，不仅不可"丧二求一"，否则便如同"头上安头"；而且也不可

---

① 方以智著，张永义等校点：《药地炮庄》，第 101 页。
② 方以智著，庞朴注释：《东西均注释》，第 39—40 页。
③ 方以智著，庞朴注释：《东西均注释》，第 100 页。
④ 方以智著，庞朴注释：《东西均注释》，第 87 页。
⑤ 方以智著，庞朴注释：《东西均注释》，第 89 页。
⑥ 方以智著，庞朴注释：《东西均注释》，第 90 页。
⑦ 参见方以智著，庞朴注释：《东西均注释》，第 196 页。
⑧ 方以智著，庞朴注释：《东西均注释》，第 90 页。

"执二迷一"，否则便如同"斩头求活"。总之，两种做法均为有误。方以智说：

> 一切法皆偶也。丧偶者，执一奇耶？奇与偶对，亦偶也。丧之，当立何处耶？莫是一往自迷头耶？莫堕混沌无记空耶？丧二求一，头上安头。执二迷一，斩头求活。[1]

依着方以智的理解，矛盾双方不仅可以互为原因，而且可以相互颠倒、转化。例如，所谓"前"与"后"乃相对而言；如果改变了参照系，"前"与"后"便会发生变化。他说："推现在之前际，即过去之后际；推现在之后际，即未来之前际；此一天地未生前，即前一天地已死后；此一念未生前，即前一念已死后；今日之子时前，即昨日之亥时后。"[2] 而且，对立面双方可以相互转化。例如，如同"春生"转化为"秋杀"，"秋杀"又转化为"春生"，"生"与"死"、"吉"与"凶"、"动"与"静"等无不相互转化。他说："四时之行，雨露而霜雪，春生而秋杀。吉凶祸福，皆相倚。生死之几，能死则生，徇生则死。静沉动浮，理自冰炭，而静中有动，动中有静，静极必动，动极必静。"[3] 总之，矛盾双方相互作用为"交"，相互转化为"轮"；"交"和"轮"乃矛盾双方的变化规律。方以智说：

> 交也者，合二而一也；轮也者，首尾相衔也。凡有动静往来，无不交轮，则真常贯合于几，可征矣。无终始而有终始，以终即始也。[4]

基于前述，方以智进而讨论了"有对待"和"无对待"。在他看来，在相对的、"有对待"的具体事物之外，还存在超越"有对待"的"无对待"之事物。他说："有天地对待之天，有不可对待之天；有阴阳对待之阳，有不落阴阳之阳；有善恶对待之善，有不落善恶之善。……无对待在对待中，然不可不亲见此无对待者也。"[5] 不过，"无对待"虽然超越"有对待"，但它"统贯""有对待"。他说："真天统天地，真阳统阴阳，真一统万一，太无统

---

① 方以智著，张永义等校点：《药地炮庄》，第124页。
② 方以智著，庞朴注释：《东西均注释》，第51页。
③ 方以智著，庞朴注释：《东西均注释》，第89页。
④ 方以智著，庞朴注释：《东西均注释》，第57页。
⑤ 方以智著，庞朴注释：《东西均注释》，第94页。

有无，至善统善恶。统也者，贯也。"① 更为重要者，"无对待"乃"有对待"的根本原因。他说："因对待谓之反因，无对待谓之大因。然今所谓无对待之法，与所谓一切对待之法，亦相对反因者也，但进一层耳。"② 进而，方以智借用禅宗的"圆伊""∴"来表示"无对待"与"有对待"的关系：下面二点表示相反相因的"有对待"，上面一点表示"统贯""有对待"且为原因的"无对待"。他说："大一分为天地，奇生偶而两中参，盖一不住一而二即一者也。圆∴之上统左右而交轮之，旋四无四，中五无五矣。"③ 他还说：

> 圆∴三点，举一明三，即是两端用中，一以贯之。盖千万不出于奇偶之二者，而奇一偶二即参两之原也。上一点为无对待、不落四句之太极，下二点为相对待、交轮太极之两仪。……设象如此，而上一点实贯二者而如环，非纵非横而可纵可横。④

第三节　"质测通几"

方以智认为，人的认识活动乃"心物交格"即"心"与"物"交感的过程。在此，"心"代表认识主体，指大脑为思维器官。他说："人之智愚，系脑之清浊。"⑤ 他还说："质而稽之，有生之后，资脑髓以藏受也。髓清者聪明易记而易忘，若印版之摹字。髓浊者愚钝难记亦难忘，若坚石之镌文。"⑥ "物"代表认识客体，既包括人事，亦包括事物。因此，人不仅要读书，而且要"尽人事""学天地"。他说："人在此天地间，则学天地而已矣。尽人事以不负天地，则言人事而天地之道可推矣；人能尽其所见见之事，而不可见者坐见之，则往来之道可推矣；知天地、人事之往来，而昼夜、生死、呼吸

---

① 方以智著，庞朴注释：《东西均注释》，第94页。
② 方以智著，庞朴注释：《东西均注释》，第94页。
③ 方以智著，庞朴注释：《东西均注释》，第36页。
④ 方以智著，庞朴注释：《东西均注释》，第65—66页。
⑤ 方以智录：《物理小识》，第七五页。
⑥ 方以智录：《物理小识》，第八一页。

一矣。"① 具体来讲，无论是"尽人事"，还是"学天地"，其要在于"辨物则"即认识"物理"，而"物理"寓于事物之中。他说："至理不测，因物则以征之。医固一大物理之橐籥也，喙者、跂者、核者、柯者，皆可以任督荣卫观之，皆可以好恶制化穷之。"② 质言之，认识活动乃"觉悟交通"的过程。方以智说：

> 学也者，觉悟、交通、诵习、躬效而兼言之者也。心外无物，物外无心，道以法用，法以道用，全用全体，吾人本具者也。③

进而，方以智提出了"质测即藏通几"的观点。在他看来，学问分"质测""通几""宰理"三类。具体来讲，"质"指具体实物，"测"即考察研究，故"质测"指研究具体实物之"故"。"通"是通观，"几"指深奥道理，故"通几"指探究整个世界之"故"。关于"质测"和"通几"，他说："寂感之蕴，深究其所自来，是曰通几；物有其故，实考究之，大而元会，小而草木蠡蠕，类其性情，征其好恶，推其常变，是曰质测。"④ 而且，"质测"是"通几"的基础，"质测"与"通几"相互促进，故不可偏废于"质测"或"通几"。他说："质测即藏通几者也，有竟扫质测而冒举通几以显其宥密之神者，其流遗物，谁是合外内、贯一多而神明者乎？"⑤ "以通几护质测之穷。"⑥ "或质测，或通几，不相坏也。"⑦ 所谓"宰理"，指探究社会治理和道德教化之"故"。他说："汉儒解经，类多臆说：宋儒惟守宰理，至于考索物理时，制不达其实，半依前人。"⑧ 关于这三种学问，方以智还说：

> 考测天地之家，象数、律历、声音、医药之说，皆质之通者也，皆物理也。专言治教，则宰理也。专言通几，则所以为物之至理也，皆以

① 方以智著，庞朴注释：《东西均注释》，第 134 页。
② 方以智录：《物理小识》，第一○七页。
③ 方以智：《通雅》卷一，文渊阁《四库全书·子部》（下同），第二页。
④ 方以智：《物理小识·自序》，第一页。
⑤ 方以智：《物理小识·自序》，第一页。
⑥ 愚者大智撰，兴磐等编：《青原愚者智禅师语录》卷三，第十二页，见蓝古富主编《禅师全书·语录部（三十）》，台北：文殊文化有限公司 1990 年。
⑦ 方以智录：《物理小识·总论》，第三页。
⑧ 方以智：《通雅》卷首一，第三至四页。

通而通其质者也。①

方以智还探究了具体认识方法。其一，要兼顾"偏"与"全"，做到既专一又渊博。他说："凡学非专门不精，而专必偏，然不偏即不专。惟全乃能偏。偏而精者，小亦自全；然不可昵小之足全，而害大之周于全也。容专门之自精，而合并统之，是曰公全。"② 其二，要兼顾"公性"与"独性"，将"共性"与"个性"结合起来。他说："有公心，有独心；有公性，有独性。独心则人身之兼形、神者，公心则先天之心而寓于独心者也；公性则无始之性，独性则水火草木与人物各得之性也。"③ 其三，要兼顾"多识"与"一贯"。他说："一是多中之一，多是一中之多。一外无多，多外无一，此乃真一贯者也。一贯者，无碍也。……一多相即，便是两端用中；举一明三，便是体统相用。若一多相离，体用两橛；则离一贯之多识，多固是病；离多识之一贯，一亦是病。"④ 其四，要"善疑"，即，不可泥于成见，亦不可泥于古人，而应做一个"善疑者"。所谓"善疑"，并非指"疑人之所疑"，而指"疑人之所不疑"。方以智说：

> 善疑者，不疑人之所疑，而疑人之所不疑。善疑天下者，其所疑，决之以不疑；疑疑之语，无不足以生其至疑。新可疑，旧亦可疑；险可疑，平更可疑。……旧而新者，新遂至于无可新；平而险者，险遂至于无可险，此最上善疑者，入此谓之正疑。⑤

无论是"质测""通几"，还是"宰理"，均涉及真理标准问题。关于此，方以智提出"以实事征实理"的观点。他认为，所谓"真理"，乃"格通外内"并"外内合致"的知识。他说："夫气为真象，事为真数，合人于天，而真理不灿然于吾前乎？天地之象至，定不定者，气蒙之也。天地之数至，定不定者，事乱之也。达者始终古今，深观时变，仰察蒙气，俯识乱事而权

① 方以智：《通雅》卷首三，第一六页。
② 方以智著，庞朴注释：《东西均注释》，第 140 页。
③ 方以智著，庞朴注释：《东西均注释》，第 167 页。
④ 方以智原著，张昭炜整理：《象环寤记易余一贯问答：方以智著作选》，第六六六至六六八页。
⑤ 方以智著，庞朴注释：《东西均注释》，第 266 页。

衡其理，则天官备矣。"① 或者说，所谓"真理"，乃"名副其实"的知识；所谓"是非"，实指"名"与"实"的"当"与"不当"。他说："有实即有名，犹有形即有影。天地既分，物物而名之，事事而名之。称其名使知其实，因有名实；名实当、不当，因有是非；是非相乱，因有虚名。"② 因此，"名实关系"乃"是非"之判准。他说："拘者守所见，不在目前，则戛戛乎不信。子休言大，乾毒之言更大，大者寓也。未尝非寓，而人竟不信天地间之大，则非也。愚不寓言，请以实征。"③ 质言之，真理的标准在于"以实事征实理"。方以智说：

> 吾以实事征实理，以后理征前理，有不爽然信者乎？信之矣，则此等之虚喻征虚理，又何不可信耶？弄丸闲往来者，因果可以不问，而轮回听其自有，信得及否？可以参矣。④

① 方以智录：《物理小识》，第二页。
② 方以智著，庞朴注释：《东西均注释》，第 250 页。
③ 方以智著，庞朴注释：《东西均注释》，第 26 页。
④ 方以智著，庞朴注释：《东西均注释》，第 29—30 页。

第二十四章　顾炎武

顾炎武（1613—1682 年），原名绛，字忠清。南直隶（清改江南省）苏州府昆山县（今江苏省苏州市昆山）人。曾参加复社，议论朝政。明亡后，参加抗清斗争。因仰慕文天祥学生王炎午之为人，改名炎武，字宁人，亦自署蒋山佣。因故居旁有亭林湖，学者尊其为亭林先生。

顾炎武学问渊博，于经史百家、音韵训诂、天文、政治等都有研究，主张治学与经世为一。他与黄宗羲、王夫之被并称"明末清初三大儒"或"明末清初三大思想家"。主要著作包括《日知录》《历代帝王宅京记》《圣安本纪》《明季三朝野史》《南明野史》《肇域志》《官田始末考》《建康古今记》《与施愚山书》《天下郡国利病书》等，后被辑为《亭林遗书》《顾炎武文选》《顾亭林诗文集》《顾炎武全集》等。

第一节　"盈天地皆气"

在世界本原问题上，顾炎武对佛教持坚决否定态度。他认为，如果事物不死、不灭，世界终将有无法容纳之时；而且事物是变化的，变化前后的事物是不同的，因此佛教的"轮回说"乃无稽之谈。他引用他人的话说："陈无己以'游魂为变'为轮回之说，吕仲木辨之曰：'长生而不化，则人多，世何以容？长死而不化，则鬼亦多矣。夫灯熄而燃，非前灯也；云霓而雨，非前雨也。死复有生，岂前生邪？'"[1] 进而，所谓"鬼"，无非是"气"散入无形的"归宿"而已。即，"鬼"为"归"，即"气之归"。他说："鬼者，归也。

---

[1] 顾炎武著，黄汝成集释，栾保群等校点：《日知录集释》，上海：上海古籍出版社 2006 年（下同），第三九页。

张子曰：'气之为物，散入无形，适得吾体。'此之谓归。"① 所谓"神"，不过是"气之盛者"，其实就是"天地之气"或"人之心"而已。他说："气之盛者为神。神者，天地之气而人之心也。"② 因此，所谓"怪力乱神"乃"无稽之言"，这些说法不仅"有损于己"，而且"无益于人"。顾炎武说："若夫怪力乱神之事，无稽之言，剿袭之说，谀佞之文，若此者，有损于己，无益于人，多一篇，多一篇之损矣。"③ 他还说：

> 善恶报应之说，圣人尝言之矣。……岂真有上帝司其祸福，如道家所谓天神察人善恶，释氏所谓地狱果报者哉！善与不善，一气之相感，如水之流湿，火之就燥，不期然而然，无不感也，无不应也。④

在顾炎武看来，不仅"鬼""神"为"气之归""气之盛"，而且整个宇宙的本体即是"气"。具体来讲，"气"之聚散导致了物的生灭，故"气"的运行创生了大千世界。进而，人亦是由"气"生成，故人死后会有"气发扬于上"。他说："'精气为物'，自无而之有也；'游魂为变'，自有而之无也。夫子之答宰我曰：'骨肉毙于下阴，为野土。其气发扬于上，为昭明，焄蒿凄怆。'所谓'游魂为变'者，情状具于是矣。……张子《正蒙》有云：'太虚不能无气，气不能不聚而为万物，万物不能不散而为太虚。……'"⑤ 不仅如此，人事亦与"气"相关。他说："理之所至，气亦至焉。是以含章中正，而'有陨自天'。匪正之行，而'天命不祐'。"⑥ 质言之，所谓事物乃"气"之聚，所谓"变化"乃"气"之散。如果对此不知，便会导致"佛""道"的错误。他说："邵氏《简端录》曰：'聚而有体谓之物，散而无形谓之变。唯物也，故散必于其所聚。唯变也，故聚不必于其所散。是故聚以气聚，散以气散。'昧'于散者，其说也佛；荒于聚者，其说也仙。"⑦ 总之，"气"乃天地万物的本原。顾炎武说：

---

① 顾炎武著，黄汝成集释，栾保群等校点：《日知录集释》，第三九页。
② 顾炎武著，黄汝成集释，栾保群等校点：《日知录集释》，第四〇页。
③ 顾炎武著，黄汝成集释，栾保群等校点：《日知录集释》，第一〇七九页。
④ 顾炎武著，黄汝成集释，栾保群等校点：《日知录集释》，第六六页。
⑤ 顾炎武著，黄汝成集释，栾保群等校点：《日知录集释》，第三八至三九页。
⑥ 顾炎武著，黄汝成集释，栾保群等校点：《日知录集释》，第三七八页。
⑦ 顾炎武著，黄汝成集释，栾保群等校点：《日知录集释》，第四〇页。

　　　　盈天地之间者，气也。①

　　进而，顾炎武具体探讨了天地万物的变化。在他看来，天地万物的"造化流行"是永不停息的。他引用他人的话说："造化流行，无一息不运，人得之以为心，亦不容一息不运，心岂空寂无用之物哉！"② 因此，天地万物是不断变化的。他说："'数往者顺'，造化人事之迹有常而可验，顺以考之于前也。'知来者逆'，变化云为之动日新而无穷，逆以推之于后也。圣人神以知来，知以藏往，作为《易》书，以前民用。"③ 不仅自然界如此，社会亦是不断变化的。他说："知封建之所以变而为郡县，则知郡县之弊而将复变。"④ 因此，应当针对社会弊端，实行社会变革。他说："法不变，不可以救今已。居不得不变之势，而犹讳其变之实，而姑守其不变之名，必致于大弊。"⑤ 也就是说，要观时达变，与时俱进。他说："日往月来，月往日来，一日之昼夜也。寒往暑来，暑往寒来，一岁之昼夜也。小往大来，大往小来，一世之昼夜也。子在川上曰：'逝者如斯夫，不舍昼夜。'通乎昼夜之道而知，则终日乾乾，与时偕行，而有以尽乎《易》之用矣。"⑥ 关于变化，顾炎武还说：

　　　　观哀、平之可以变而为东京，五代之可以变而为宋，则知天下无不可变之风俗也。《剥·上九》之言"硕果"也，阳穷于上，则复生于下矣。⑦

　　顾炎武还探讨了"道器关系"。在他看来，"天"乃"自然之天"，"天道"即为万物之"性"。他说："'维天之命，于穆不已'，继之者善也。'天下雷行，物与无妄'，成之者性也。……'天地纲缊，万物化醇。'善之为言，犹醇也。"⑧ 而且，"性""天道"并非超越之物，而是存在于人伦事物之中。顾炎武说："夫子之教人'文、行、忠、信'，而性与天道在其中矣，故曰

---

①　顾炎武著，黄汝成集释，栾保群等校点：《日知录集释》，第四〇页。
②　顾炎武著，黄汝成集释，栾保群等校点：《日知录集释》，第三二页。
③　顾炎武著，黄汝成集释，栾保群等校点：《日知录集释》，第四五页。
④　顾炎武著，华忱之点校：《顾亭林诗文集》，北京：中华书局1983年（下同），第一二页。
⑤　顾炎武著，华忱之点校：《顾亭林诗文集》，第一二二页。
⑥　顾炎武著，黄汝成集释，栾保群等校点：《日知录集释》，第四一页。
⑦　顾炎武著，黄汝成集释，栾保群等校点：《日知录集释》，第七五八页。
⑧　顾炎武著，黄汝成集释，栾保群等校点：《日知录集释》，第四一至四二页。

'不可得而闻'。……所以教人学《易》者，无不在于言行之间矣。"① 顾炎武的意思是，"性""天道"与人伦事物并非歧离关系，其实人伦事物即是"性""天道"。因此，"道"与"器"虽然也分"形上""形下"，但二者并非截然的割裂，也并非抽象的绝对统一。在他看来，"道"寓于"器"中，"器"乃"道"的载体。因此，要认识"道"，就必须致力于认识自然和社会。顾炎武说：

> "形而上者谓之道，形而下者谓之器。"非器则道无所寓，说在乎孔子之学琴于师襄也。已习其数，然后可以得其志；已习其志，然后可以得其为人。是虽孔子之天纵，未尝不求之象数也，故其自言曰："下学而上达。"②

第二节 儒学乃"务本原之学"

顾炎武对陆王心学进行了分析批判。在他看来，"心学"并非儒学正统，其为孔孟"所不道"。他说："古之圣人所以教人之说，其行在孝、弟、忠、信，其职在洒扫、应对、进退，其文在《诗》、《书》、《礼》、《易》、《春秋》，其用之身在出处、去就、交际，其施之天下在政令、教化、刑罚。虽其'和顺积中而英华发外'，亦有体用之分，然并无用心于内之说。"③ 实际上，"心学"并非儒学脉络，而乃源于佛家理路，故其比"图谶之文"还要错误。他说："举图谶之文，一归之'性与天道不可得闻'。而今百世之下，晓然皆悟其非。今之所谓内学，则又不在图谶之书，而移之释氏矣。"④ 历史地看，"心学"理路源于陆九渊。顾炎武说："象山则自立一说，以排千五百年之学者，而其所谓'收拾精神，扫去阶级'，亦无非禅之宗旨矣。后之说者递相演述，大抵不出乎此。"⑤ 由此来讲，"心学"远离了儒学宗旨。他引用别人的

---

① 顾炎武著，黄汝成集释，栾保群等校点：《日知录集释》，第三九九至四〇〇页。
② 顾炎武著，黄汝成集释，栾保群等校点：《日知录集释》，第四二页。
③ 顾炎武著，黄汝成集释，栾保群等校点：《日知录集释》，第一〇四五至一〇四六页。
④ 顾炎武著，黄汝成集释，栾保群等校点：《日知录集释》，第一〇四七页。
⑤ 顾炎武著，华忱之点校：《顾亭林诗文集》，第一三一至一三二页。

话说："近世喜言心学，舍全章本旨而独论人心、道心，甚者单撦'道心'二字，而直谓'即心是道'，盖陷于禅学而不自知，其去尧、舜、禹授受天下之本旨远矣。"① 顾炎武认为，"心学"的"泛滥""迷众之罪大"。他说：

> 王门高弟为泰州、龙溪二人。泰州之学，一传而为颜山农，再传而为罗近溪、赵大洲。龙溪之学，一传而为何心隐，再传而为李卓吾、陶石篑。昔范武子论王弼、何晏二人之罪深于桀、纣，以为一世之患轻，历代之害重，自丧之恶小，迷众之罪大。②

顾炎武还批判了程朱理学。在他看来，因其视"理"为玄虚的道德范畴，故程朱理学亦不免流于"禅学"。他说："今之言学者必求诸《语录》，《语录》之书始于二程，前此未有也。今之《语录》几于充栋矣，而淫于禅学者实多，然其说盖出于程门。"③ 同样，程朱理学流于"禅学"亦会贻害很深。他引述别人的话说："夫子述六经，后来者溺于训诂，未害也。濂洛言道学，后来者借以谈禅，则其害深矣。"④ 依着顾炎武的理解，虽然可言"理具于吾心""心统宗此理"，但"理"并非超越之物，而与具体事物相结合。一个方面，"理"须"验于事物"，另一个方面，"理"又乃"贤否""治乱"的判准。他引述他人的话说："心不待传也，流行天地间，贯彻古今而无不同者，理也。理具于吾心，而验于事物。心者，所以统宗此理而别白其是非。人之贤否，事之得失，天下之治乱，皆于此乎判。此圣人所以致察于危微精一之间，而相传以执中之道，使无一事之不合于理，而无有过不及之偏者也。"⑤ 实际上，"理"为"治国平天下"的准则。顾炎武说：

> 圣贤之学，自一心而达之天下国家之用，无非至理之流行，明白洞达，人人所同，历千载而无间者。⑥

基于前述，顾炎武对整个宋明儒学颇有微词。在他看来，"性与天道"并

① 顾炎武著，黄汝成集释，栾保群等校点：《日知录集释》，第一〇四八页。
② 顾炎武著，黄汝成集释，栾保群等校点：《日知录集释》，第一〇六五页。
③ 顾炎武著，华忱之点校：《顾亭林诗文集》，第一三一页。
④ 顾炎武著，黄汝成集释，栾保群等校点：《日知录集释》，第四〇一至四〇二页。
⑤ 顾炎武著，黄汝成集释，栾保群等校点：《日知录集释》，第一〇四九页。
⑥ 顾炎武著，黄汝成集释，栾保群等校点：《日知录集释》，第一〇四九页。

非孔孟儒学正统，故儒学不应以"性与天道"为务。他说："命与仁，夫子之所罕言也；性与天道，子贡之所未得闻也。……是故性也、命也、天也，夫子之所罕言，而今之君子之所恒言也；出处、去就、辞受、取与之辨，孔子、孟子之所恒言，而今之君子所罕言也。"① 如果以"性与天道"为核心，儒学必然会"堕于禅学"。他说："樊迟问仁，子曰：'居处恭，执事敬，与人忠。'司马牛问仁，子曰：'仁者，其言也讱。'由是而充之，'一日克己复礼'，有异道乎？今之君子学未及乎樊迟、司马牛，而欲其说之高于颜、曾二子，是以终日言性与天道，而不自知其堕于禅学也。"② 顾炎武的主张是，儒学不能以"性与天道"为务，而应以"国家治乱之源，生民根本之计"③ 为怀。在他看来，"人之有私"乃人之常情。他说："天下之人各怀其家，各私其子，其常情也。"④ 质言之，"人之有私"应为天下之"公理"。他说："天下之私，天子之公也。公则说，信则人任焉。"⑤ 因此，满足"天下之私"乃"所以为王政"。他说：

> 自天下为家，各亲其亲，各子其子，而人之有私，固情之所不能免矣，故先王弗为之禁。非惟弗禁，且从而恤之。建国亲侯，胙土命氏，画井分田，合天下之私以成天子之公，此所以为王政也。⑥

总之，顾炎武认为，儒学发展到宋明时代的"理学"，实乃对原始儒学的"异化"。一个方面，"儒学"本没有"理学"之名；另一个方面，"理学"的实质乃"禅学"。实际上，儒学正统是"经学"，其核心乃《论语》《春秋》等经典。由此来讲，宋明儒学实乃"不知本"之说。他说："理学之传，自是君家弓冶。然愚独以为，理学之名自宋人始有之。古之所谓理学，经学也，非数十年不能通也。故曰：'君子之于《春秋》，没身而已矣'。今之所谓理学，禅学也，不取之五经而但资之语录，较诸帖括之文而尤易也。又曰：

---

① 顾炎武著，华忱之点校：《顾亭林诗文集》，第四〇至四一页。
② 顾炎武著，黄汝成集释，栾保群等校点：《日知录集释》，第四〇一页。
③ 顾炎武著，华忱之点校：《顾亭林诗文集》，第二三八页。
④ 顾炎武著，华忱之点校：《顾亭林诗文集》，第一四页。
⑤ 顾炎武著，华忱之点校：《顾亭林诗文集》，第一五页。
⑥ 顾炎武著，黄汝成集释，栾保群等校点：《日知录集释》，第一四八页。

'《论语》，圣人之语录也。'舍圣人之语录，而从事于后儒，此之谓不知本矣。"① 因此，应当考察儒学之"源流"，区别其"异同离合"，从而恢复儒学之正统。他说："经学自有源流，自汉而六朝而唐而宋，必一一考究，而后及于近儒之所著，然后可以知其异同离合之指。"② 总之，儒学应从宋明理学中超越出来，返回到原始儒学之"经学"。即，摒弃"离经而讲道"的"后儒之学"，恢复"依经而讲道"的"经学"，此乃"务本原之学"。他说：

> 至于鄙俗学而求六经，舍春华而食秋实，则为山覆篑，当加进往之功；祭海先河，尤务本原之学。③

第三节　经世致用之"实学"

在顾炎武看来，天下是人民共同的天下，故"天下兴亡，匹夫有责"。他说："知保天下，然后知保其国。保国者，其君其臣肉食者谋之；保天下者，匹夫之贱与有责焉耳矣。"④ 基于此，他认为，学问不能是空谈性理，而应该强调"经世致用"。所谓"经世"，指传世长久。他引用说："此乃先皇所立，一时之至感，非经世之远制，使可罢祀。"⑤ 所谓"致用"，指致其功用。他亦引用说："圣人之道，所谓备物以致用，守器以为智者，其可非也邪？"⑥ 进而，顾炎武不承认"生而知之"，而主张"学而知之"。他说："夫仁与礼，未有不学问而能明者也。"⑦ "《孟子》言：'所不虑而知者，其良知也。'下文明指是爱亲敬长。若夫因严以教敬，因亲以教爱，则必待学而知之者矣。"⑧ 那么，"学"什么呢？在他看来，"学"不单纯是向书本求知，而且还包含经验积累。他说："所谓圣人之道者如之何？曰'博学于文'，曰'行己有耻'。

---

① 顾炎武著，华忱之点校：《顾亭林诗文集》，第五八页。
② 顾炎武著，华忱之点校：《顾亭林诗文集》，第九一页。
③ 顾炎武著，华忱之点校：《顾亭林诗文集》，第九○页。
④ 顾炎武著，黄汝成集释，栾保群等校点：《日知录集释》，第七五七页。
⑤ 顾炎武著，黄汝成集释，栾保群等校点：《日知录集释》，第八二七页。
⑥ 顾炎武著，黄汝成集释，栾保群等校点：《日知录集释》，第一二二九页。
⑦ 顾炎武著，黄汝成集释，栾保群等校点：《日知录集释》，第四三八页。
⑧ 顾炎武著，黄汝成集释，栾保群等校点：《日知录集释》，第一○五八页。

自一身以至于天下国家，皆学之事也；自子臣弟友以至出入、往来、辞受、取与之间，皆有耻之事也。"① 他的意思是，不仅应刻苦读书，获得间接知识；而且应走出门户，获取直接经验。否则，即使像子羔、原宪那样的贤能，最终也会"无济于天下"。他说：

> 若既不出户，又不读书，则是面墙之士，虽子羔、原宪之贤，终无济于天下。②

顾炎武非常重视"格物致知"，即通过接触事物获得知识。他说："观本朝有嘉靖之事，至于入庙称宗，而后知圣人制礼，别嫌明微之至也。永叔博闻之儒，而未见及此。学者所以贵乎格物。"③ 不过，不能将"格物致知"局限于"物理"，因为"物理"只为"知识之末"。他说："以格物为'多识于鸟兽草木之名'，则末矣。知者无不知也，当务之为急。听论者，'与国人交'之一事也。"④ 在他看来，仁义道德乃"知识之本"，故为"格物致知"的根本。他说："致知者，知止也。知止者何？为人君止于仁，为人臣止于敬，为人子止于孝，为人父止于慈，与国人交止于信，是之为谓'止'，知止然后谓之'知'。至君臣、父子、国人之交，以至于'礼仪三百，威仪三千'，是之谓'物'。"⑤ 顾炎武认为，仁义道德非常重要，它关系着天下兴亡。因此，应该重视仁义道德，否则就不仅会"亡国"，还会"亡天下"。他说："有亡国，有亡天下，亡国与亡天下奚辨？曰：易姓改号，谓之亡国；仁义充塞，而至于率兽食人，人将相食，谓之亡天下。魏、晋人之清谈，何以亡天下？是《孟子》所谓杨、墨之言，至于使天下无父无君而入于禽兽者也。"⑥

不过，顾炎武并非主张空谈仁义道德，而是主张"求实学"，而"实学"即为"经世致用"之学。他说："士当求实学，凡天文、地理、兵农、水土，及一代典章之故不可不熟究。"⑦ 具体来讲，"经世致用"之"实学"包括两

---

① 顾炎武著，华忱之点校：《顾亭林诗文集》，第四一页。
② 顾炎武著，华忱之点校：《顾亭林诗文集》，第九〇页。
③ 顾炎武著，黄汝成集释，栾保群等校点：《日知录集释》，第三二二页。
④ 顾炎武著，华忱之点校：《顾亭林诗文集》，第三七七页。
⑤ 顾炎武著，华忱之点校：《顾亭林诗文集》，第三七六页。
⑥ 顾炎武著，华忱之点校：《顾亭林诗文集》，第七五六页。
⑦ 顾炎武著，华忱之点校：《顾亭林诗文集》，第一五五页。

类：一是指通过研究自然获取知识。因此，他反对把"彝伦"局限于"人伦"，而认为其内涵包括"天地人之常道"。他说："'彝伦'者，天地人之常道，如下所谓五行、五事、八政、五纪、皇极、三德、稽疑、庶征、五福、六极皆在其中，不止《孟子》之言人伦而已。能尽其性，以至能尽人之性，尽物之性，则可以赞天地之化育，而彝伦叙矣。"① 二是指通过研究社会历史获得知识。在他看来，历史知识乃"救世"的学问，为君子为学之不可少的内容。他说："君子之为学，以明道也，以救世也。"② "引古筹今，亦吾儒经世之用。"③ 因此，他盛赞司马迁说："盖自古史书兵事地形之详，未有过此者。太史公胸中固有一天下大势，非后代书生之所能几也。"④ 在顾炎武看来，"求实学"非常重要，它事关家、国、天下兴亡。他说：

> 以明心见性之空言，代修己治人之实学，股肱惰而万事荒，爪牙亡而四国乱，神州荡覆，宗社丘墟。⑤

进而，顾炎武还探讨了治国之道。在他看来，君主并非至高无上的绝对权威，而是与公、侯等一样的高级官员。因此，君主不能"肆于民上以自尊"，亦不能"厚取于民以自奉"。他说："为民而立之君，故班爵之意，天子与公、侯、伯、子、男一也，而非绝世之贵。……是故知'天子一位'之义，则不敢肆于民上以自尊；知禄以代耕之义，则不敢厚取于民以自奉。"⑥ 而且，君主不能独裁，而应当实行"共治"。他说："人君之于天下，不能以独治也。独治之而刑繁矣，众治之而刑措矣。"⑦ 所谓"共治"，指分掌君主的权力，让各级官吏共同执政，即"以天下之权，寄之天下之人"。在他看来，实行"共治"，实更益于君主统治。他说："所谓天子者，执天下之大权者也。其执大权奈何？以天下之权寄之天下之人，而权乃归之天子。自公卿大夫至于百里之宰，一命之官，莫不分天子之权，以各治其事，而天子之权

---

① 顾炎武著，黄汝成集释，栾保群等校点：《日知录集释》，第九一页。
② 顾炎武著，华忱之点校：《顾亭林诗文集》，第九八页。
③ 顾炎武著，华忱之点校：《顾亭林诗文集》，第九三页。
④ 顾炎武著，黄汝成集释，栾保群等校点：《日知录集释》，第一四二八页。
⑤ 顾炎武著，黄汝成集释，栾保群等校点：《日知录集释》，第四〇二页。
⑥ 顾炎武著，黄汝成集释，栾保群等校点：《日知录集释》，第四三三页。
⑦ 顾炎武著，黄汝成集释，栾保群等校点：《日知录集释》，第三六六页。

乃益尊。"① 为了实行"共治"，顾炎武提出的具体办法是"寓封建于郡县之中"，即扩大地方官的权力，并恢复宗法世袭制。他说：

> 知封建之所以变而为郡县，则知郡县之敝而将复变。然则将复变而为封建乎？曰，不能。有圣人起，寓封建之意于郡县之中，而天下治矣。②

---

① 顾炎武著，黄汝成集释，栾保群等校点：《日知录集释》，第五四一页。
② 顾炎武著，华忱之点校：《顾亭林诗文集》，第一二页。

第二十五章　王夫之

王夫之（1619—1692 年），字而农，号姜斋、又号夕堂，或署一瓢道人、双髻外史。后亦自署船山病叟、南岳遗民，学者遂称船山先生，湖广衡州府衡阳县（今湖南省衡阳县）人。早年中秀才，后考中湖广乡试第五名，但因时局动荡，未参加最后一科的会试。之后，王夫之投身反清斗争，以失败告终，后曾投奔南明永历政权。晚年隐居衡阳石船山潜心学问。

王夫之与顾炎武、黄宗羲并称"明末清初三大思想家"或"明末清初三大儒"。谭嗣同对王夫之评价颇高，认为"五百年来学者，真通天人之故者，船山一人而已"①。王夫之晚年对自己一生概括道："抱刘越石之孤愤而命无从致，希张横渠之正学而力不能企。"② 其著述宏富，主要著作包括《周易内传》《周易外传》《读四书大全说》《张子正蒙注》《思问录》《尚书引义》《诗广传》《老子衍》《庄子解》《庄子通》《春秋世论》《黄书》《噩梦》《读通鉴论》《宋论》等书，后被辑为《船山遗书》《船山全书》等。

第一节　"气者理之依"

在本体论上，王夫之反对佛、老的思想。在他看来，佛、老以"虚""空"为本，实际上"虚""空"乃是实在的。因此，老庄言"虚无"，佛家言"寂灭"，其共同错误在于否认万物的"实有"。他说："视之而见，听之而闻，则谓之有；目穷于视，耳穷于听，则谓之无；功效可居，则谓之实；

---

① 参见梁启超撰，朱维铮导读《清代学术概论》，上海：上海古籍出版社 1998 年（下同），第 19—20 页。

② 王夫之著，船山全书编辑委员会编校：《船山全书》第十五册，长沙：岳麓书社 1996 年（下同），第二二八页。

顽然寂静，则谓之虚。故老氏以两间为橐籥，释氏以法界为梦幻，知有之有而不知无之有，知虚之虚而不知虚之实，因谓实不可居而有为妄。"① 其实，万物之"实有"是真实无妄的，故可谓之"诚"。在此，"诚"有两层含义：其一，"诚"是"实有"，此乃感官所证明之事实。他说："夫诚者实有者也，前有所始，后有所终也。实有者，天下之公有也，有目所共见，有耳所共闻也。"② 其二，"诚"是"实理"，此乃人所可证明之理。他说："诚者，天之实理；明者，性之良能。性之良能出于天之实理，故交相致，而明诚合一。"③ 总之，不可否认万物之"实有"。

进而，"实有"的万物由"气"生成。王夫之说："天地之产，皆精微茂美之气所成。人取精以养生，莫非天也。气之所自盛，诚之所自凝，理之所自给；推其所自来，皆天地精微茂美之化。"④ 反过来讲，无"气"则一切皆无。王夫之说："盖言心、言性、言天、言理，俱必在气上说，若无气处则俱无也。"⑤ 因此，"气"不会随物体而损益。他说："于太虚之中具有而未成乎形，气自足也，聚散变化，而其本体不为之损益。"⑥ 也就是说，具体人物有生死，"气"则没有生死。例如，秋、冬时草木虽然枯槁，但仍有生命力，因为"生气"潜藏于其中。他说："以天运物象言之，春夏为生，为来，为伸，秋冬为杀，为往，为屈，而秋冬生气潜藏于地中，枝叶槁而根本固荣，则非秋冬之一消灭而更无余也。"⑦ 再如，木柴燃烧后虽然消失了，但"气"并未彻底消灭，只是人不可见而已。他说："车薪之火，一烈已尽，而为焰，为烟，为烬，木者仍归木，水者仍归水，土者仍归土，特希微而人不见尔。……有形者且然，况其缊缊不可象者乎！……故曰往来，曰屈伸，曰聚散，曰幽明，而不曰生灭。"⑧ 总之，"气"乃天地万物的"本体"。他还说：

凡天地之间，流峙动植，灵蠢华实，利用于万物者，皆此气机自然

---

① 王夫之著，船山全书编辑委员会编校：《船山全书》第十二册，第三六二页。

② 王夫之著，船山全书编辑委员会编校：《船山全书》第二册，第三〇六页。

③ 王夫之著，船山全书编辑委员会编校：《船山全书》第十二册，第三七二页。

④ 王夫之著，船山全书编辑委员会编校：《船山全书》第十二册，第四二〇页。

⑤ 王夫之著，船山全书编辑委员会编校：《船山全书》第六册，第一一〇九页。

⑥ 王夫之著，船山全书编辑委员会编校：《船山全书》第十二册，第一七页。

⑦ 王夫之著，船山全书编辑委员会编校：《船山全书》第十二册，第二一页。

⑧ 王夫之著，船山全书编辑委员会编校：《船山全书》第十二册，第二一至二二页。

之感为之。盈于两间，备其蓄变，"益无方"矣。而其无方者，惟以时行而与偕行……无时不施，则无时不生。①

在王夫之看来，"运动"是永恒的，"静止"是暂时的。所谓"运动"，指本体即"气"亦即"太虚""太极"的运动。他说："太虚者，本动者也。动以入动，不息不滞。其来也，因而合之；其往也，因往而听合。"② 具体来讲，"太极""动""静"如门之"开""合"，"开"与"合"都是"动"，故"动""静"其实都是"动"。他说："太极动而生阳，动之动也；静而生阴，动之静也。废然无动而静，阴恶从生哉！一动一静，阖辟之谓也。由阖而辟，由辟而阖，皆动也。废然之静，则是息矣。"③ 正因为"气"本体永恒运动，故天地万物亦变化日新。他说："人见形之不变而不知其质之已迁，则疑今兹之日月为邃古之日月，今兹之肌肉为初生之肌肉，恶足以语日新之化哉！"④ 不过，唯有人可以彰显天地万物变化。他说："天地之化、天地之德，本无垠鄂，唯人显之。人知寒，乃以谓天地有寒化；人知暑，乃以谓天地有暑化；人贵生，乃以谓'天地之大德曰生'。"⑤ 总之，变化日新乃天地万物的规律。王夫之说：

> 天地之德不易，而天地之化日新。今日之风雷非昨日之风雷，是以知今日之日月非昨日之日月也。⑥

王夫之认为，天地万物变化的具体根源在于内在矛盾。他说："《易》者，互相推移以摩荡之谓。……纯《乾》纯《坤》，未有《易》也，而相峙以并立，则《易》之道在。"⑦ 在他看来，任何事物内部都包含着"两端"矛盾。他说："两端者，虚实也，动静也，聚散也，清浊也，其究一也。实不窒虚，知虚之皆实。静者静动，非不动也。聚于此者散于彼，散于此者聚于彼，浊

---

① 王夫之著，船山全书编辑委员会编校：《船山全书》第一册，第三四九页。
② 王夫之著，船山全书编辑委员会编校：《船山全书》第一册，第一〇四页。
③ 王夫之著，船山全书编辑委员会编校：《船山全书》第十二册，第四〇二页。
④ 王夫之著，船山全书编辑委员会编校：《船山全书》第十二册，第四五四页。
⑤ 王夫之著，船山全书编辑委员会编校：《船山全书》第六册，第七〇四页。
⑥ 王夫之著，船山全书编辑委员会编校：《船山全书》第十二册，第四三四页。
⑦ 王夫之著，船山全书编辑委员会编校：《船山全书》第一册，第四一页。

入清而体清，清入浊而妙浊，而后知其一也，非合两而以一为之纽也。"① 恰是"两端"的相互对立促生了变化，从而形成"物我万象"。他说："一气之中，二端既肇，摩之荡之而变化无穷，是以君子体之，仁义立而百王不同法，千圣不同功。"② 他还说："二气之动，交感而生，凝滞而成物我之万象，虽即太和不容已之大用，而与本体之虚湛异也。"③ 质言之，事物变化源于"物极必反"。他说："待动之极而后静，待静之极而后动，其极也唯恐不甚，其反也厚集而怒报之……两间日构而未有宁矣。此殆夫以细人之衷测道者与！"④ 不过，虽然"物极必反"，但最终必归于"太虚"即"气"。王夫之说：

> 以气化言之，阴阳各成其象，则相为对。刚柔、寒温、生杀，必相反而相为仇；乃其究也，互以相成，无终相敌之理，而解散仍返于太虚。⑤

进而，王夫之探讨了"理气"关系。关此，他反对程朱理学的"气"外之"理"。他说："天下岂别有所谓理，气得其理之谓理也。气原是有理的，尽天地之间无不是气，即无不是理也。"⑥ 也就是说，没有离开"气"而独存的"理"。他说："理只是以象二仪之妙，气方是二仪之实。健者，气之健也；顺者，气之顺也。天人之蕴，一气而已。从乎气之善而谓之理，气外更无虚托孤立之理也。"⑦ 为了说明"理气"关系，他探讨了"道器"关系。在他看来，没有离开"器"而独存的"道"，因为"道"乃"器"之"道"，故可以说"天下惟器"。他说："天下惟器而已矣。道者器之道，器者不可谓之道之器也。无其道则无其器，人类能言之。虽然，苟有其器矣，岂患无道哉！……无其器则无其道，人鲜能言之，而固其诚然者也。"⑧ 与"道器"关系相同，"理"在"气"中，"理"依于"气"，而不可言"理"离乎"气"。他说："理便在气里面，故《易》曰'一阴一阳之谓道'，又曰'形而上者谓

① 王夫之著，船山全书编辑委员会编校：《船山全书》第十二册，第四一一页。
② 王夫之著，船山全书编辑委员会编校：《船山全书》第十二册，第四二页。
③ 王夫之著，船山全书编辑委员会编校：《船山全书》第十二册，第四〇至四一页。
④ 王夫之著，船山全书编辑委员会编校：《船山全书》第十二册，第四三一页。
⑤ 王夫之著，船山全书编辑委员会编校：《船山全书》第十二册，第四一页。
⑥ 王夫之著，船山全书编辑委员会编校：《船山全书》第六册，第一〇五八页。
⑦ 王夫之著，船山全书编辑委员会编校：《船山全书》第六册，第一〇五二页。
⑧ 王夫之著，船山全书编辑委员会编校：《船山全书》第一册，第一〇二八页。

之道'。形而上者，不离乎一阴一阳也。"① 质言之，"气者理之依"。王夫之
还说：

> 气者，理之依也。气盛则理达。天积其健盛之气，故秩叙条理，精
> 密变化而日新。②

第二节 性一元论

关于人性，王夫之反对程、朱的"性二元论"，即分"性"为"气质之
性""天命之性"。他说："疑恶之所自生以疑性者，从恶而测之尔。志于仁
而无恶，安有恶之所从生而别为一本哉!"③ 之所以会出现"性二元论"，原
因在于歧离"理""气"二者。他说："离理于气而二之，则以生归气而性归
理，因以谓初生有命，既生而命息；初生受性，既生则但受气而不复受性，
其亦胶固而不达于天人之际矣。"④ 与"性二元论"不同，王夫之主张"性一
元论"。具体来讲，他肯定"性即理"，而"理"在"气"中，因此，"性"
便亦不是独立之物，它亦存在于"气"中。他说："夫性即理也，理者理乎气
而为气之理也，是岂于气之外别有理以游行于气中者乎?"⑤ 总之，"气"为
人的生命基础，此即所谓"函气以生"；"性"虽为人之本质，但它却在
"气"中。因此，人只存在"气质之性"，而"气质之性"即为人的"本然之
性"。关于"气质之性"，王夫之说：

> 所谓"气质之性"者，犹言气质中之性也。质是人之形质，范围著
> 者生理在内；形质之内，则气充之。而盈天地间，人身以内、人身以外，
> 无非气者，故亦无非理者。理，行乎气之中，而与气为主持分剂者也。
> 故质以函气，而气以函理。质以函气，故一人有一人之生；气以函理，

---

① 王夫之著，船山全书编辑委员会编校：《船山全书》第六册，第一〇七六页。
② 王夫之著，船山全书编辑委员会编校：《船山全书》第十二册，第四一九页。
③ 王夫之著，船山全书编辑委员会编校：《船山全书》第十二册，第四二六页。
④ 王夫之著，船山全书编辑委员会编校：《船山全书》第六册，第一〇七七页。
⑤ 王夫之著，船山全书编辑委员会编校：《船山全书》第六册，第一〇七六页。

一人有一人之性也。……自人言之，则一人之生，一人之性，而其为天之流行者，初不以人故阻隔，而非复天之有。是气质中之性，依然一本然之性也。①

那么，人何以会有"气质之性"呢？王夫之认为，"气化生人"，"人生则性成"。他说："气之化而人生焉，人生而性成焉。由气化而后理之实著，则道之名亦因以立。是理唯可以言性，而不可加诸天也，审矣。就气化之流行于天壤，各有其当然者，曰道。就气化之成于人身，实有其当然者，则曰性。"② 不过，虽然人、物均禀"气"而生，但"人性"并不同于"物性"，因为人、物所禀之"气"不同。他说："性是二气五行妙合凝结以生的物事，此则合得停匀，结得清爽，终留不失，使人别于物之蒙昧者也。德者有得之谓，人得之以为人也。"③ 进而，"性"与"命"实是同一的，只因言说角度不同才有不同概念。他说："自天之与人者言之，则曰命；自人之受于天者言之，则曰性。命者，命之为性；性者，以所命为性，本一致之词也。"④ 质言之，人"受命"的过程即是"气化为性"的过程。他说："圣人说命，皆就在天之气化无心而及物者言之。天无一日而息其命，人无一日而不承命于天。故曰'凝命'，曰'受命'。"⑤ 总之，"天命之谓性"。他还说：

> 天日命之，人日受之。命之自天，受之为性。终身之永，终食之顷，何非受命之时？皆命也，则皆性也。天命之谓性，岂但初生之独受乎？⑥

那么，"人性"到底是什么呢？在王夫之，"性"乃一物区别于他物的特质。他说："凡物皆太和絪缊之气所成，有质则有性，有性则有德，草木鸟兽非无性无德，而质与人殊，则性亦殊，德亦殊尔。"⑦ 因此，不同物有不同的"气质"，而不同"气质"决定着不同的"性质"。他说："禽兽有天明而无己

① 王夫之著，船山全书编辑委员会编校：《船山全书》第六册，第八五七至八五八页。
② 王夫之著，船山全书编辑委员会编校：《船山全书》第六册，第一一一一页。
③ 王夫之著，船山全书编辑委员会编校：《船山全书》第六册，第三九五页。
④ 王夫之著，船山全书编辑委员会编校：《船山全书》第八册，第九三二页。
⑤ 王夫之著，船山全书编辑委员会编校：《船山全书》第六册，第六七七页。
⑥ 王夫之著，船山全书编辑委员会编校：《船山全书》第二册，第三〇一页。
⑦ 王夫之著，船山全书编辑委员会编校：《船山全书》第十二册，第一九五页。

明，去天近，而其明较现。人则有天道而抑有人道，去天道远，而人道始持权也。"① 人不仅有"天道"，而且有"人道"，故优越于万物。他说："若人之异于禽兽，则自性而形，自道而器，极乎广大，尽乎精微，莫非异者。"② 进而，对于"人性"的具体内涵，可从"生"和"生之理"两个层面把握：就前者讲，"人性"指人的生命存在。他说："且夫所云'生'者，犹言'性'之谓也。未死以前，均谓之生。"③ 就后者讲，"人性"指人的"生之理"。他说："命日降，性日受。性者生之理，未死以前皆生也，皆降命受性之日也。"④ 不过，就王夫之所论来看，"人性"的内涵主要指"生之理"。他说：

> 天以其阴阳五行之气生人，理即寓焉而凝之为性。故有声色臭味以厚其生，有仁义礼智以正其德，莫非理之所宜。声色臭味，顺其道则与仁义礼智不相悖害，合两者而互为体也。⑤

王夫之认为，人初生时便禀有"性"，故"性"常以"命"言之。他说："夫天之生物，其化不息。初生之顷，非无所命也。何以知其有所命？无所命，则仁、义、礼、智无其根也。"⑥ 不过，先天的"命"需要在后天展开；既然"命"需要在后天展开，"人性"便必然"日生而日成"。他说："形日以养，气日以滋，理日以成；方生而受之，一日生而一日受之。受之者有所自授，岂非天哉？故天日命于人，而人日受命于天。故曰：性者生也，日生而日成之也。"⑦ 由此来讲，"人性"是不断变化的，没有一成不变的"人性"。他说："夫性者生理也，日生则日成也。……未成可成，已成可革。性也者，岂一受成型，不受损益也哉？"⑧ 而且，正因为"人性"是不断变化的，故道德修养就显得尤为必要。他说："唯学者向明德上做工夫，而后此心

---

① 王夫之著，船山全书编辑委员会编校：《船山全书》第六册，第八五〇页。
② 王夫之著，船山全书编辑委员会编校：《船山全书》第六册，第一〇二六页。
③ 王夫之著，船山全书编辑委员会编校：《船山全书》第六册，第八五二页。
④ 王夫之著，船山全书编辑委员会编校：《船山全书》第十二册，第四一三页。
⑤ 王夫之著，船山全书编辑委员会编校：《船山全书》第十二册，第一二一页。
⑥ 王夫之著，船山全书编辑委员会编校：《船山全书》第二册，第二九九至三〇〇页。
⑦ 王夫之著，船山全书编辑委员会编校：《船山全书》第二册，第三〇〇页。
⑧ 王夫之著，船山全书编辑委员会编校：《船山全书》第二册，第二九九至三〇一页。

之体立，而此心之用现。若夫未知为学者，除却身便是意，更不复能有其心矣。"① 关于道德修养方法，他不赞成"静"的方法，而强调"动"的方法。他说："与其专言静也，无宁言动。何也？动静无端者也，故专言静，未有能静者也。性之体静而效动，苟不足以效动，则静无性矣。既无性，又奚所静邪？性效于情，情效于才，情才之效，皆效以动也。"② 所谓"动"，乃"积极作为"之义。关于此，王夫之说：

> 圣人之志在胜天，不容不动也。……圣人贞其大常，存神以御气，则为功于变化屈伸之际，物无不感而天亦不能违之。③

就人之道德修养来讲，"理欲关系"乃不可回避的问题。关此，王夫之不赞成将"理""欲"对立起来，而主张将二者统一起来。在他看来，"天理"在"人欲"中，离开"人欲"也就无"天理"。他说："礼虽纯为天理之节文，而必寓于人欲以见。虽居静而为感通之则，然因乎变合以章其用。唯然，故终不离人而别有天，终不离欲而别有理也。"④ 因此，不能推行"禁欲主义"，而应肯定欲望的必要性。他说："人欲之大公，即天理之至正矣。"⑤ "礼者，天理之节文也。识得此礼，则兵农礼乐无非天理流行处。……倘须净尽人欲，而后天理流行，则但带兵农礼乐一切功利事，便于天理窒碍，叩其实际，岂非'空诸所有'之邪说乎？"⑥ 不过，"天理"虽然不能脱离"人欲"，但"人欲"亦不能无节制，"人欲"亦应受"天理"裁制，因为"天理"乃人的共同欲望。他说："奚以知人之终为禽狄也？遽而已矣。饮食男女之欲，人之大共也。共而别者，别之以度乎！君子舒焉，小人劬焉，禽狄驱焉；君子宁焉，小人营焉，禽兽奔焉。"⑦ 质言之，应在"理"与"欲"之间求得平衡。王夫之说：

> 圣人有欲，其欲即天之理。天无欲，其理即人之欲。学者有理有欲，

---

① 王夫之著，船山全书编辑委员会编校：《船山全书》第六册，第八九三页。
② 王夫之著，船山全书编辑委员会编校：《船山全书》第三册，第三四六页。
③ 王夫之著，船山全书编辑委员会编校：《船山全书》第十二册，第四四页。
④ 王夫之著，船山全书编辑委员会编校：《船山全书》第六册，第九一一页。
⑤ 王夫之著，船山全书编辑委员会编校：《船山全书》第七册，第一三七页。
⑥ 王夫之著，船山全书编辑委员会编校：《船山全书》第六册，第七六三页。
⑦ 王夫之著，船山全书编辑委员会编校：《船山全书》第三册，第三七五至三七六页。

理尽则合人之欲，欲推即合天之理。于此可见：人欲之各得，即天理之大同；天理之大同，无人欲之或异。①

第三节   "能必副其所"

"心物关系"也是王夫之探讨的重要问题。不过，对于这个问题，他是通过借用佛教"能""所"概念探讨的。那么，什么是"能"和"所"呢？所谓"能"，是"能知"，指以外在环境为对象的认识功能。所谓"所"，是"所知"，指作为认识对象的外在环境。他说："境之俟用者曰'所'，用之加乎境而有功者曰'能'。'能''所'之分，夫固有之，释氏为分授之名，亦非诬也。"② 具体来讲，自然现象和社会伦理都是"所"，耳目心思的认识功能都是"能"。显然，"能"与"所"有内、外之别。他说："'所'著于人伦物理之中，'能'取诸耳目心思之用。'所'不在内，故心如太虚，有感而皆应。'能'不在外，故为仁由己，反己则必诚。"③ 在他看来，"能"与"所"的区分是必然的。他说："所孝者父，不得谓孝为父；所慈者子，不得谓慈为子；所登者山，不得谓登为山；所涉者水，不得谓涉为水。"④ 总之，"所"必然有它的实体，"能"必然有它的作用。王夫之说：

> 乃以俟用者为"所"，则必实有其体；以用乎俟用而可有功者为"能"，则必实有其用。⑤

"能"与"所"虽然有别，但它们并非截然无关。关于"能""所"关系，佛教主张"所"不离"能"，即，"消'所'以入'能'，而谓'能'为'所'"⑥。对此，王夫之不以为然。在他看来，有"所"才能引发

---

① 王夫之著，船山全书编辑委员会编校：《船山全书》第六册，第六三九页。
② 王夫之著，船山全书编辑委员会编校：《船山全书》第二册，第三七六页。
③ 王夫之著，船山全书编辑委员会编校：《船山全书》第二册，第三八〇页。
④ 王夫之著，船山全书编辑委员会编校：《船山全书》第二册，第三七九页。
⑤ 王夫之著，船山全书编辑委员会编校：《船山全书》第二册，第三七六页。
⑥ 王夫之著，船山全书编辑委员会编校：《船山全书》第二册，第三七七页。

"能"，"能"与"所"相符才能产生知识。因此，追求知识须从外在对象出发，而不能仅仅依靠主观功能。他说："'人生而静'以上，既非彼所得见矣，偶乘其聪明之变，施丹垩于空虚，而强命之曰体。聪明给于所求，测万物而得其影响，则亦可以消归其用而无余，其邪说自此逞矣。则何如求之'感而遂通'者，日观化而渐得其原也哉！"① 换言之，应该将"能"与"所"结合起来，而不能仅仅依靠"能"。他说："有即事以穷理，无立理以限事。故所恶于异端者，非恶其无能为理也，囷然仅有得于理，因立之以概天下也。"② 具体来讲，应从现象出发发现"本体"，而不能主观臆测"本体"来统摄"现象"。他说："善言道者，由用以得体；不善言道者，妄立一体而消用以从之。"③ 总之，"能""所"关系可以"能必副其所"来概括。王夫之说：

> 体俟用，则因"所"以发"能"；用乎体，则"能"必副其"所"。体用一依其实，不背其故，而名实各相称矣。④

在王夫之看来，"能"的作用包括两个层面。其一为"格物"，指通过感官接触外物产生感性认识。他说："盖格物者知性之功，而非即能知其性。"⑤ 他认为，感性认识依赖"感官""心"和"事物"三个条件。他说："形也，神也，物也，三相遇而知觉乃发。"⑥ 不过，"心"是"感官"的主宰。他说："一人之身，居要者心也。而心之神明，散寄于五脏，待感于五官。"⑦ 也就是说，如果不依靠"感官"，"心"不能辨别事物；如果不依赖"心"，"感官"也不能发挥作用。他说："声色之丽耳目，一见闻之而然。……岂如心之愈思而愈得，物所已有者无不表里之具悉，物所未有者可使之形著而明动哉！"⑧ 其二为"致知"，指运用"心官""加工"感性材料，从而产生理性认识。因此，如果说"格物"以"学问"为主，那么"致知"则以"思辨"

---

① 王夫之著，船山全书编辑委员会编校：《船山全书》第一册，第八六二页。
② 王夫之著，船山全书编辑委员会编校：《船山全书》第五册，第五八六页。
③ 王夫之著，船山全书编辑委员会编校：《船山全书》第一册，第八六二页。
④ 王夫之著，船山全书编辑委员会编校：《船山全书》第二册，第三七六页。
⑤ 王夫之著，船山全书编辑委员会编校：《船山全书》第六册，第一一〇五页。
⑥ 王夫之著，船山全书编辑委员会编校：《船山全书》第十二册，第三三页。
⑦ 王夫之著，船山全书编辑委员会编校：《船山全书》第二册，第四一二页。
⑧ 王夫之著，船山全书编辑委员会编校：《船山全书》第六册，第一〇八八页。

为主。他说："大抵格物之功，心官与耳目均用，学问为主，而思辨辅之，所谓所辨者皆其所学问之事。致知之功则唯在心官，思辨为主，而学问辅之，所学问者乃以决其思辨之疑。"① 而且，如果"格物"与"致知"二者"相济"，那么便可获得知识。他说：

> 夫知之方有二，二者相济也，而抑各有所从。博取之象数，远证之古今，以求尽乎理，所谓格我也。虚以生其明，思以穷其隐，所谓致知也。……二者相济，而不容不各致焉。②

在知行观上，王夫之主张"知行相资为用"。所谓"行"，主要指"应事接物"的活动；所谓"知"，主要指"讲求义理"的活动。他说："知行之分，有从大段分界限者，则如讲求义理为知，应事接物为行是也。"③ 很显然，"知""行"是不同的。其一，就难易程度来看，"行难知易"。王夫之说："'知之非艰，行之惟艰'，千圣复起，不易之言也。夫人，近取之而自喻其甘苦者也。子曰：'仁者先难'，明艰者必先也。先其难，而易者从之易矣。"④ 其二，"知"以"行"为目的，而"行"非以"知"为目的。他说："知也者，固以行为功者也。行也者，不以知为功者也。行焉可以得知也，知焉未可以得行之效也。"⑤ 其三，由"行"可"兼知"，而"知"不可"兼行"。他说："行可兼知，而知不可兼行。……君子之学，未尝离行以为知也必矣。"⑥ 尽管如此，不可歧离"知"与"行"。他说："乃讲求之中，力其讲求之事，则亦有行矣；应接之际，不废审虑之功，则亦有知矣。是则知行终始不相离，存心亦有知行，致知亦有知行，而更不可分一事以为知而非行，行而非知。"⑦ 总之，"知""行"二者"相资为用"乃"定理"。他说：

> 知行相资以为用，唯其各有致功而亦各有其效，故相资以互用，则

---

① 王夫之著，船山全书编辑委员会编校：《船山全书》第六册，第四〇四页。
② 王夫之著，船山全书编辑委员会编校：《船山全书》第二册，第三一二至三一三页。
③ 王夫之著，船山全书编辑委员会编校：《船山全书》第六册，第五六二页。
④ 王夫之著，船山全书编辑委员会编校：《船山全书》第二册，第三一一至三一二页。
⑤ 王夫之著，船山全书编辑委员会编校：《船山全书》第二册，第三一四页。
⑥ 王夫之著，船山全书编辑委员会编校：《船山全书》第二册，第三一四页。
⑦ 王夫之著，船山全书编辑委员会编校：《船山全书》第六册，第五六二至五六三页。

于其相互，益知其必分矣。同者不相为用，资于异者乃和同而起功，此定理也。①

第四节 进步的历史观

关于历史观，宋明儒家多认为，"唐虞三代"是最好的时期，以后一代不如一代。王夫之则不赞同这种看法，而认为上古社会"文明未开"，人类还处于愚昧状态。他说："故吾所知者，中国之天下，轩辕以前，其犹夷狄乎！太昊以上，其犹禽兽乎！禽兽不能全其质，夷狄不能备其文。……所谓饥则呴呴，饱则弃余者，亦植立之兽而已矣。"② 这个时期民族文明基本上没有确立，直到孔子才确立起文明准则。他说："唐、虞以前，无得而详考也，然衣裳未正，五品未清，婚姻未别，丧祭未修，狉狉獉獉，人之异于禽兽无几也。……至于春秋之世，弑君者三十三，弑父者三，卿大夫之父子相夷、兄弟相杀、姻党相灭，无国无岁而无之……孔子成《春秋》而乱贼始惧，删诗、书，定礼、乐，而道术始明。"③ 很显然，"后世之民"比"三代之民"要文明，故国家治理起来要容易得多。他说："然则治唐、虞、三代之民难，而治后世之民易，亦较然矣。"④ 总之，历史是不断发展的，后世要胜于往古。王夫之说：

> 以太宗为君，魏徵为相，聊修仁义之文，而天下已帖然受治，施及四夷，解辫归诚，不待尧、舜、汤、武也。垂之十余世而虽乱不亡，事半功倍，孰谓后世之天下难与言仁义哉？⑤

王夫之认为，人类历史发展是有规律可循的，此规律具体表现为"理"和"势"。所谓"理"，指历史发展的内在根据和合理性。因此，"理"乃不

---

① 王夫之著，船山全书编辑委员会编校：《船山全书》第四册，第一二五六页。
② 王夫之著，船山全书编辑委员会编校：《船山全书》第十二册，第四六七页。
③ 王夫之著，船山全书编辑委员会编校：《船山全书》第十册，第七六三页。
④ 王夫之著，船山全书编辑委员会编校：《船山全书》第十册，第七六三页。
⑤ 王夫之著，船山全书编辑委员会编校：《船山全书》第十册，第七六四页。

可违背者。他说："理者，天所昭著之秩序也。时以通乎变化，义以贞其大常，风雨露雷无一成之期，而寒暑生杀终于大信。君子之行藏刑赏，因时变通而协于大中，左宜右有，皆理也，所以在帝左右也。"① 不过，"理"并非现成之物，故人对其并不易把握。他说："理本非一成可执之物，不可得而见；气之条绪节文，乃理之可见者也。"② 所谓"势"，即社会发展所呈现的不可阻挡的进程。他说："一动而不可止者，势也。太上以道处势之先，而消其妄，静而自正也。其次坦然任之，不得已而后应，澄之于既波之后，则亦可以不倾。"③ 因此，"势"亦为不可违背者。他说："凡言势者，皆顺而不逆之谓也；从高趋卑，从大包小，不容违阻之谓也。"④ 同样，要把握"势"也甚为困难，因为"势"往往表现得很微妙。他说："善审势者，取彼与我而置之心目之外，然后笼举而规恢之，则细微之变必察；耳目骛于可见之形，而内生其心，则智役于事中，而变生于意外。"⑤ 总之，与人类历史一样，任何事物都有其自身法则。王夫之说：

> 生有生之理，死有死之理，治有治之理，乱有乱之理，存有存之理，亡有亡之理。天者，理也；其命，理之流行者也。⑥

王夫之认为，虽然"理""势"不同，但它们却紧密相关，相关性表现在两个方面：其一，"理成势"，即"势"以某种"理"为根据。他说："理与气不相离，而势因理成，不但因气。气到纷乱时，如飘风骤雨，起灭聚散，回旋来去，无有定方，又安所得势哉！凡言势者，皆顺而不逆之谓也；从高趋卑，从大包小，不容违阻之谓也。夫然，又安往而非理乎？知理势不可以两截沟分。"⑦ 或者说，"理"乃"势"得以形成的前提。他说："势者事之所因，事者势之所就，故离事无理，离理无势。势之难易，理之顺逆为之也。理顺斯势顺矣，理逆斯势逆矣。"⑧ 其二， "势成理"，即"势"成就了

---

① 王夫之著，船山全书编辑委员会编校：《船山全书》第十二册，第一三六页。
② 王夫之著，船山全书编辑委员会编校：《船山全书》第六册，第九九二页。
③ 王夫之著，船山全书编辑委员会编校：《船山全书》第十册，五八二至五八三页。
④ 王夫之著，船山全书编辑委员会编校：《船山全书》第六册，第九九二页。
⑤ 王夫之著，船山全书编辑委员会编校：《船山全书》第十册，长沙：第二三八页。
⑥ 王夫之著，船山全书编辑委员会编校：《船山全书》第十册，第九三四页。
⑦ 王夫之著，船山全书编辑委员会编校：《船山全书》第六册，第九九二页。
⑧ 王夫之著，船山全书编辑委员会编校：《船山全书》第二册，第三三五页。

"理"。因此，"势"是"理"的表现，"理"通过"势"表现出来。反过来讲，如果没有"势"，"理"就不能表现出来。他说："顺逆者，理也，理所制者，道也；可否者，事也，事所成者，势也。以其顺成其可，以其逆成其否，理成势者也。循其可则顺，用其否则逆，势成理者也。"① 总之，没有脱离"势"的"理"，也没有不表现"理"的"势"。王夫之说：

> 言理势者，犹言理之势也，犹凡言理气者，谓理之气也。……故其始之有理，即于气上见理；迨已得理，则自然成势，又只在势之必然处见理。②

王夫之还认为，历史发展的动力不是"神"而是"人"。在他看来，在天地万物中，"人"乃最具能动性和创造性的生灵。他说："天地之大德者生也，珍其德之生者人也。……人者天地之所以治万物也；……人者天地之所以用万物也。"③ 正因为如此，人可"相天"，即，认识和利用自然。他说："语相天之大业，则必举而归之于圣人。乃其弗能相天与，则任天而已矣。鱼之泳游，禽之翔集，皆其任天者也。人弗敢以圣自尸，抑岂曰同禽鱼之化哉？……故天之所死，犹将生之；天之所愚，犹将哲之；天之所无，犹将有之；天所乱，犹将治之。"④ 人不仅可以"相天"，而且可以"造命"，即主宰自身的命运。他说："君相可以造命，邺侯之言大矣！进君相而与天争权，异乎古之言俟命者矣。……推致其极，又岂徒君相为然哉！……修身以俟命，慎动以永命，一介之士，莫不有造焉。"⑤ 基于前述，王夫之认为，"人"乃历史变化的动因。他说：

> 吉凶之消长在天，动静之得失在人。天者人之所可待，而人者天之所必应也。物长而穷则必消，人静而审则可动。故天常有递消递长之机，以平天下之险阻，而恒苦人之不相待。⑥

① 王夫之著，船山全书编辑委员会编校：《船山全书》第三册，第四二一页。
② 王夫之著，船山全书编辑委员会编校：《船山全书》第六册，第九九二页。
③ 王夫之著，船山全书编辑委员会编校：《船山全书》第一册，第一〇三四页。
④ 王夫之著，船山全书编辑委员会编校：《船山全书》第五册，第六一七页。
⑤ 王夫之著，船山全书编辑委员会编校：《船山全书》第十册，第九三四至九三五页。
⑥ 王夫之著，船山全书编辑委员会编校：《船山全书》第十册，第一一七页。

第二十六章 颜元、李塨

第一节 颜 元

颜元（1635—1704 年），原字易直，更字浑然，号习斋，直隶（今河北省）博野县北杨村人。年轻时家境贫寒，以农耕为生，后以教书、行医为生。晚年曾主持肥乡漳南学院，终生未仕。

颜元致力于恢复并弘扬"孔子之学"，成为"颜李学派"的创始人。李塨说："乃孔孟没而二千年余，入于蚓窍，杂于鬼国，而圣人之道几亡。习斋起而躬肩之，大声疾呼。"[①] 他的思想由学生李塨继承并发展。其主要著述为《四存编》《习斋记余》《四书正误》《学乐录》《朱子语类评》《习斋先生言行录》《辟异录》等，后被辑为《颜元集》《颜李丛书》等。

一、人性一元论

颜元认为，天地万物的化生源于"气"和"理"。他说："为寒热风雨，生成万物者气也；其往来代谢、流行不已者，数也；而所以然者，理也。"[②] 具体来讲，"气"为生成万物的"材料"，"理"为生成万物的"所以然"。或者说，"气"是本体，"理"是"气"的"良能"。他说："象万物之化生也，莫不交通，莫不化生也，无非是气是理也。"[③] 他还说："万物之性，此理之赋也；万物之气质，此气之凝也。正者此理此气也，间者亦此理此气也，交

---

① 陈山榜等点校：《李塨集》下，北京：人民出版社 2014 年（下同），第 1382 页。
② 颜元著，王星贤等点校：《颜元集》，北京：中华书局 1987 年（下同），第六二八页。
③ 颜元著，王星贤等点校：《颜元集》，第二一页。

杂者莫非此理此气也；高明者此理此气也，卑暗者亦此理此气也，清厚者此理此气也，浊薄者亦此理此气也，长短、偏全、通塞莫非此理此气也。至于人，则尤为万物之粹。"① 相较而言，"气"具有基本地位，而"理"处于从属地位。他说："不知若无气质，理将安附？且去此气质，则性反为两间无作用之虚理矣。"② 在颜元看来，"气"指"阴阳"二气，"理"指"元""亨""利""贞""四德"；"二气""四德"共同作用促生了天地万物。他说：

> 知理气融为一片，则知阴阳二气，天道之良能也；元、亨、利、贞四德，阴阳二气之良能也；化生万物，元、亨、利、贞之良能也。知天道之二气，二气之四德，四德之生万物莫非良能也。③

在颜元，人虽为"万物之灵"，但并不脱离万物。他说："天地一我也，我一天地也；万物一我也，我一万物也。既分形而为我，为天地万物之灵，则我为有作用之天地万物，非是天地万物外别有一我也。"④ 而且，与万物一样，人亦由"二气""四德"化生。他说："天道浑沦，譬之棉桃：壳包棉，阴阳也；四瓣，元、亨、利、贞也；轧、弹、纺、织，二气四德流行以化生万物也；成布而裁之为衣，生人也。"⑤ 不过，作为"万物之灵""万物之秀"的人，不仅是天地的"肖子"，而且是天地的"孝子"。他说："天地者，万物之大父母也；父母者，传天地之化者也。而人则独得天地之全，为万物之秀也。得全于天地，斯异于万物而独贵；惟秀于万物，斯役使万物而独灵。独贵于万物而得全于天地，则无亏欠于天地，是谓天地之肖子；独灵于万物而为秀于天地，则有功劳于天地，是谓天地之孝子。"⑥ 换言之，因为人为天地之"肖子"和"孝子"，而人具有道德属性，故"天"亦具有道德属性。他说："上天仁爱，必将笃生圣哲，划荆棘，而兴尧、舜以来中庸之道，断不忍终此元会。"⑦ 因此，人类与"天"可以相互"感应"。他说：

① 颜元著，王星贤等点校：《颜元集》，第二一页。
② 颜元著，王星贤等点校：《颜元集》，第三页。
③ 颜元著，王星贤等点校：《颜元集》，第二一页。
④ 颜元著，王星贤等点校：《颜元集》，第六八〇页。
⑤ 颜元著，王星贤等点校：《颜元集》，第三页。
⑥ 颜元著，王星贤等点校：《颜元集》，第五一一页。
⑦ 颜元著，王星贤等点校：《颜元集》，第四一页。

　　吾心作善念，吾身作善事，则一身之气理皆善，善与善召，而气、数之善气皆来集，此"降百祥"之说也。吾心作不善念，吾身作不善事，则一身之气理皆不善，恶与恶召，而气、数之恶气皆来集，此"降百殃"之说也。①

　　进而，人的"形"与"性"是统一的，故"舍形无性"。颜元说："形，性之形也；性，形之性也，舍形则无性矣，舍性亦无形矣。"② 之所以如此，在于人有"形"后才有"性"。他说："夫'性'字从'生心'，正指人生以后而言。"③ 具体来讲，"形"是"性"的载体。他说："吾身之百体，吾性之作用也，一体不灵则一用不具。天下之万物，吾性之措施也，一物不称其情则措施有累。"④ 因此，不能视"形"为"性"的"累害"。他说："心性非精，气质非粗；不惟气质非吾性之累害，而且舍气质无以存养心性。"⑤ 而且，若"尽性"则必须通过"尽形"。他说："失性者据形求之，尽性者于形尽之，贼其形则贼其性矣。"⑥ 或者说，"求道"不过是"尽性"，而"尽性"不可"舍形"。他说："吾愿求道者尽性而已矣，尽性者实征之吾身而已矣，征身者动与万物共见而已矣。"⑦ 在此意义下，男女之情既是人的"真情"，又是人的"至性"。他说："禽有雌雄，兽有牝牡，昆虫蝇蜢亦有阴阳。岂人为万物之灵而独无情乎？故男女者，人之大欲也，亦人之真情至性也。"⑧ 总之，"形""性"不二，二者不可分离。颜元说：

　　　　形、性不二，孔门一片工夫。故告颜子非礼勿视、听、言、动。治耳目即治心思也。孟子"先立其大"，似与孔门微别。⑨

　　基于前述，颜元反对人性"二元论"。他说："程、张（指二程、张载——引

---

① 颜元著，王星贤等点校：《颜元集》，第六四三页。
② 颜元著，王星贤等点校：《颜元集》，第一二八页。
③ 颜元著，王星贤等点校：《颜元集》，第六页。
④ 颜元著，王星贤等点校：《颜元集》，第一二九页。
⑤ 颜元著，王星贤等点校：《颜元集》，第三二页。
⑥ 颜元著，王星贤等点校：《颜元集》，第一二八页。
⑦ 颜元著，王星贤等点校：《颜元集》，第一二九页。
⑧ 颜元著，王星贤等点校：《颜元集》，第一二四页。
⑨ 颜元著，王星贤等点校：《颜元集》，第二三八页。

者注）原知二之则不是，但为诸子、释氏、世俗所乱，遂至言性有二矣。既云'天地之性浑是一善，气质之性有善有恶'，非两种性而何？"① "二元论"不仅自身有理论矛盾，而且悖于孔、孟之道。他说："噫！气质非天所命乎？抑天命人以性善，又命人以气质恶，有此二命乎？然则程、张诸儒气质之性愈分析，孔、孟之性旨愈晦蒙矣。"② 人只有"气质之性"，并不存在所谓的"义理之性"。他说："若谓气恶，则理亦恶；若谓理善，则气亦善。盖气即理之气，理即气之理，乌得谓理纯一善而气质偏有恶哉！"③ 具体来讲，人性本善，恶缘于后天的"引蔽习染"。他说："惟先儒既开此论，遂以恶归之气质而求变化之，岂不思气质即二气四德所结聚者，乌得谓之恶！其恶者，引蔽习染也。"④ 很显然，"引蔽习染"所引发者并非"本色"，反而是对"本色"的"外染"。他说："然则恶何以生也？则如衣之著尘触污，人见其失本色而厌观也，命之曰污衣，其实乃外染所成。"⑤ 在颜元看来，"引蔽习染"主要来自"人欲"。他说："人欲，污心之尘垢也；天理，洗心之清凉也；而持敬，则净拭之润巾也。"⑥ 因此，应该"去人欲""存天理"。他说：

> 要之，"克己复礼"，吾人《春秋》之精义也。胡氏之论《春秋》曰："遏人欲于横流，存天理于既灭。"真得《春秋》之旨也夫！⑦

二、"救弊之道在实学"

颜元认为，宋明儒者空谈性理，如"镜花水月"一样，没有任何实际用处。他说："洞照万象，昔人形容其妙曰'镜花水月'，宋、明儒者所谓悟道，亦大率类此。吾非谓佛学中无此意也，亦非谓学佛者不能致此也，正谓其洞照者无用之水镜，其万象皆无用之花月也。不至于此，徒苦半生，为腐朽之

① 颜元著，王星贤等点校：《颜元集》，第一六至一七页。
② 颜元著，王星贤等点校：《颜元集》，第二〇页。
③ 颜元著，王星贤等点校：《颜元集》，第一页。
④ 颜元著，王星贤等点校：《颜元集》，第二页。
⑤ 颜元著，王星贤等点校：《颜元集》，第三页。
⑥ 颜元著，王星贤等点校：《颜元集》，第六九四页。
⑦ 颜元著，王星贤等点校：《颜元集》，第六八二页。

枯禅；不幸而至此，自欺更深。"① 由于"假学"似是而非，故其比"异学"危害更大。他说："天下宁有异学，不可有假学；异学能乱正学，而不能灭正学，有似是而非之学，乃灭之矣。"② 就其危害性而言，宋明儒学可谓"杀人之学"。他说："噫！果息王学而朱学独行，不杀人耶！果自朱学而独行王学，不杀人耶！今天下百里无一士，千里无一贤，朝无政事，野无善俗，生民沦丧，谁执其咎耶！吾每一思斯世斯民，辄为泪下！"③ 之所以谓宋明儒学为"假学"，在于其悖于"孔子之学"。他说："见理已明而不能处事者多矣，有宋诸先生便谓还是见理不明，只教人明理。孔子则只教人习事，迨见理于事，则已彻上彻下矣。此孔子之学与程朱之学所由分也。"④ 颜元还说：

> 夫尧、舜之道而必以"事"名，周、孔子之学而必以"物"名，俨若预烛后世，必有离事离物而为心口悬空之道，纸墨虚华之学。⑤

颜元还认为，读书乃"生民之祸"的重要原因。他说："天下无不弱之书生，无不病之书生，一事不能做。……生民之祸，未有甚于此者也。"⑥ 在他看来，"读书人便愚，多读便愚，但书生必自智，其愚却益深"⑦。因此，他不仅反对读书，而且反对著书。他说："今即著述尽是，不过宋儒为误解之书生，我为不误解之书生耳，何与于儒者本业哉？"⑧ 实际上，读书引发"生民之祸"由来已久。他说："书之病天下久矣，使生民被读书者之祸，读书者自受其祸。"⑨ 那么，为何读书会引发"生民之祸"呢？原因在于，只从读书得来的知识犹如"望梅""画饼"，没有任何实际用处。他说："但凡从静坐、读书中讨来识见议论，便如望梅、画饼，靠之饥食渴饮不得。"⑩ 由此来讲，"读书愈多愈惑，审事机愈无识，办经济愈无力"⑪。不过，需要注意的是，

---

① 颜元著，王星贤等点校：《颜元集》，第一二九页。
② 颜元著，王星贤等点校：《颜元集》，第七八三页。
③ 颜元著，王星贤等点校：《颜元集》，第四九四页。
④ 颜元著，王星贤等点校：《颜元集》，第七一页。
⑤ 颜元著，王星贤等点校：《颜元集》，第四三九页。
⑥ 颜元著，王星贤等点校：《颜元集》，第二七二页。
⑦ 颜元著，王星贤等点校：《颜元集》，第一六八页。
⑧ 颜元著，王星贤等点校：《颜元集》，第七八八页。
⑨ 颜元著，王星贤等点校：《颜元集》，第六五五页。
⑩ 颜元著，王星贤等点校：《颜元集》，第六六页。
⑪ 颜元著，王星贤等点校：《颜元集》，第二五二页。

颜元并不绝对地反对读书，而是反对把读书作为唯一之事。他说："使为学为教，用力于讲读者一二，加工于习行者八九，则生民幸甚，吾道幸甚！"① 颜元的意思是，"知"不应该专注于书本，而应该"以物为体"，即专注于具体事物。他说：

> "知"无体，以物为体，犹之目无体，以形色为体也。故人目虽明，非视黑视白，明无由用也。人心虽灵，非玩东玩西，灵无由施也。②

颜元还探讨了"义""利"关系。关此，宋明儒家多强调"义""利"之别，重"义"轻"利"。颜元对此却不以为然，认为重"义"轻"利"导致了社会衰落。他说："宋人但见料理边疆，便指为多事；见理财，便指为聚敛；见心计材武，便憎恶斥为小人，此风不变，乾坤无宁日矣！"③ 在他看来，"义"与"利"并非不相容，反而是相互助长的。实际上，儒家圣贤都是讲功利的，不讲功利者乃"腐儒"，乃佛、老之"异端"。具体来讲，"利"是"义"的目的，"义"乃"利"之和。他说："世有耕种，而不谋收获者乎？世有荷网持钩，而不计得鱼者乎？抑将恭而不望其不侮，宽而不计其得众乎？这'不谋、不计'两'不'字，便是老无、释空之根；惟吾夫子'先难后获'、'先事后得'、'敬事后食'三'后'字无弊。盖'正谊'便谋利，'明道'便计功，是欲速，是助长；全不谋利计功，是空寂，是腐儒。"④ 正因为"义""利"可以相互助长，故颜元反对"正谊不谋利""明道不计功"，而主张"正谊谋利""明道计功"。他说：

> 以义为利，圣贤平正道理也。……利者，义之和也。……义中之利，君子所贵也。后儒乃云"正其谊，不谋其利"，过矣！……予尝矫其偏，改云"正其谊以谋其利，明其道而计其功"。⑤

其于前述，颜元提倡"实学"。他说："救弊之道在实学，不在空言。"⑥

---

① 颜元著，王星贤等点校：《颜元集》，第四二页。
② 颜元著，王星贤等点校：《颜元集》，第一五九页。
③ 颜元著，王星贤等点校：《颜元集》，第七八一页。
④ 颜元著，王星贤等点校：《颜元集》，第六七一页。
⑤ 颜元著，王星贤等点校《颜元集》，第一六三页。
⑥ 颜元著，王星贤等点校：《颜元集》，第七五页。

所谓"实学",指"身实学之,身实习之"的学问,具体包括"实文、实行、实体、实用,卒为天下造实绩"等方面。① 在他看来,"实学"乃儒学的"学宗"即宗旨。他说:"孔子开章第一句,道尽学宗。思过,读过,总不如学过。一学便住也终殆,不如习过。习三两次,终不与我为一,总不如时习方能有得。'习与性成',方是'乾乾不息'。"② 在"实学"当中,颜元强调的是"习行"。他说:"人之为学,心中思想,口内谈论,尽有千百义理,不如身上行一理之为实也。"③ "吾辈只向习行上做工夫,不可向言语、文字上着力。"④ 为此,他将"格"解释为"犯手捶打搓弄"。他说:"'格物'之'格',王门训'正',朱门训'至',汉儒训'来',似皆未稳。……元谓当如史书'手格猛兽'之'格','手格杀之'之'格',乃犯手捶打搓弄之义,即孔门六艺之教,是也。"⑤ 在他看来,只有"习行"才能真正认识事物。他说:"譬如欲知乐,任读乐谱几百遍,讲问、思辨几十层,总不能知。直须搏拊击吹,口歌身舞,亲下手一番,方知乐是如此,知乐者斯至矣。是谓'物格而后知至'。"⑥ 更为重要的是,"习行"乃真正的道德修养功夫,故可言"力行近乎仁"。他说:"吾用力农事,不遑食寝,邪妄之念,亦自不起。若用十分心力,时时往天理上做,则人欲何自生哉?信乎'力行近乎仁'也。"⑦ 因此,应该"敏而慎"地"力行"。颜元说:

> 盖人之尚口者,只因不"为"耳;人之易言、躁言,只因为之不难耳。耻躬不逮则自言之不出,言顾行,行顾言。君子胡不慥慥?此难字即"先难"难字,所谓力行近乎仁也,敏而慎也。⑧

---

① 参见颜元著,王星贤等点校《颜元集》,第四七至四八页。
② 颜元著,王星贤等点校:《颜元集》,第六六八页。
③ 颜元著,王星贤等点校:《颜元集》,第六八九页。
④ 颜元著,王星贤等点校:《颜元集》,第六六三页。
⑤ 颜元著,王星贤等点校:《颜元集》,第四九一页。
⑥ 颜元著,王星贤等点校:《颜元集》,第一五九页。
⑦ 颜元著,王星贤等点校:《颜元集》,第四二四页。
⑧ 颜元著,王星贤等点校:《颜元集》,第二一一页。

第二节 李 塨

李塨（1659—1733 年），字刚主，号恕谷，直隶（今河北省）蠡县人。21 岁时拜颜元为师。清康熙二十九年（1690 年）中举人。60 岁时被选授通州学政，不久便以母老告归，辞官返乡。归乡后乃修学舍，开始讲学，并行医、著述。清雍正八年（1730 年），李塨受任《畿辅通志》总裁。

李塨继承并发展了颜元的思想，成为"颜李学派"的代表人物之一。钱穆曾评价李塨说："颜氏之学至恕谷而大，亦遂至恕谷而失。"① 其主要著作包括《四书传注》《周易传注》《传注问》《小学稽业》《大学辨业》《圣经学规纂》《论学》《拟太平策》等，后被辑为《恕谷后集》《李塨集》《李塨文集》《颜李丛书》等。

一、气一元论

李塨反对程朱理学"理在气先"的观点，认为此实乃歧"理"与"气"为二。他说："后儒改圣门不言性天之矩，日以理气为谈柄，而究无了义。曰'理气不可分而为二'，又曰'先有是理后有是气'，则又是二矣。"② 在他看来，"气"实指"阴""阳"，即"乾""坤"二气，故古人多直接讲"阴""阳"二气，而很少只讲一个"气"字。他说："《易》则不多言气，惟曰'乾，阳物；坤，阴物。'"③ 所谓"理"，实指事物的"条理"。他说："圣经言道，皆属虚字，无在阴阳伦常之外，而别有一物曰道曰理者。……在天在人通行者名之曰道，……理字则圣经甚少，《中庸》'文理'与《孟子》'条理'同，言道秩然有条，犹玉有脉理，亦虚字也。"④ 他还说："'理'字圣经罕见，惟《易》'穷理'、《中庸》'文理'、《孟子》'理也'三言，乃指道之

---

① 钱穆：《中国近三百年学术史》（一），载《钱宾四先生全集》（16），台北：联经出版事业公司 1998 年，第二五三页。

② 陈山榜等点校：《李塨集》上，第 690 页。

③ 陈山榜等点校：《李塨集》上，第 15 页。

④ 陈山榜等点校：《李塨集》上，第 690 页。

条理。"① 他的意思是，"气"之流行生成具体事物，"理"则为具体事物的"条理"。他说："今曰'性理精也，本也；伦物粗迹也，末也'，毋乃枝指乎？以致捉风捕影之徒，群趋蜗窍鬼国，喧嚣性天，而异端扫伦灭物，无极冥中，若火燎原，莫可扑熄矣！吾儒论道不实，不并分其罪欤！"② 由此来讲，并非"理在气先"，而乃"气在理先"；"理"依附于"气"，不存在"气外之理"。他说：

> 孔子曰"一阴一阳之谓道"，以其流行谓之道，以其有条理谓之理，非气外别有道理也。③

与"理气关系"紧密相关，李塨还探讨了"理事关系"和"道器关系"。关于"理事关系"，在他看来，所谓"事"，指具体事物；所谓"理"，即具体事物之理。因此，"理事关系"的实质乃并非"理在事上""理在事外"，而乃"理在事中"或"理事合一"，即"理"不能离开"事"，"理"与"事"是统一的。他说："夫事有条理曰理，即在事中。今曰理在事上，是理别为一物矣。理，虚字也，可为物乎？天事曰天理，人事曰人理，物事曰物理。《诗》曰'有物有则'，离事物何所谓理乎？"④ 关于"道器关系"，李塨认为，"道"关指"阴""阳"二气，而"器"指实际具体事物；"器"先于"道"而存在，"道"由"器"派生出来。质言之，"阴""阳"二气存在于具体事物之中，即"道"寓于"器"之中。正因为如此，圣人"开物成务""制器立言"。他说："一阴一阳之道，模诸天地而汇于圣人，伏羲、尧、舜、禹、汤、文武、周公、孔子、孟子其选也。肖铸阴阳，开物成务，制器立言，以扶持天地，牖启民生。"⑤ "是故形象而上，则一阴一阳谓之道；形象而下，则书契、衣裳等谓之器。"⑥ 由此来讲，不可离"器"言"道"，否则，就会背离儒家传统而落入"老庄之说"。李塨说："即以理代道字，而气外无理。……未有阴阳之外，仁义之先，而别有一物为道者。有之，是老庄之说，

---

① 陈山榜等点校：《李塨集》上，第713页。
② 陈山榜等点校：《李塨集》下，第1482页。
③ 陈山榜等点校：《李塨集》下，第1769页。
④ 陈山榜等点校：《李塨集》上，第707页。
⑤ 陈山榜等点校：《李塨集》下，第1382页。
⑥ 陈山榜等点校：《李塨集》上，第178页。

非周孔之道也。"①

李塨还探讨了鬼神问题。一般来讲，宋明儒者或以"理"为本，或以"心"为本，故多否认鬼神存在。而且，因为否认鬼神存在，不仅灭绝了"天人之学"，而且灭绝了"幽明之学"。李塨引用说："宋儒以理注天，且云：'心中自有天。'似讳言苍苍者，则贯天人之学绝。又率不信鬼神，似以心外无鬼神者，则格幽明之学绝。"② 与宋明儒者不同，李塨相信鬼神的存在。他说："物体即鬼神，则鬼神可度矣，不须言格矣。盖天地之中，人物之外，实有鬼神，上下两间。"③ 那么，何谓"鬼神"呢？所谓"鬼神"，实乃"阴""阳"二气交互作用的产物。他说："夫以鬼神为二气，自可，何者？一阴一阳之谓道，鬼神岂得出阴阳外？"④ 因此，不能怀疑鬼神之存在。他说："门有神，山有神，岂天而无主宰之神乎？"⑤ 正因为如此，经典记载了鬼神存在。他说："《诗》曰'在帝左右'，《书》曰'予畏上帝'，非有而何？"⑥ 不仅如此，鬼神能够福善祸淫，故人对鬼神要敬，而不可轻肆。文献记载：

> （李塨）夜卧，思天地间无处无鬼神，人无处可离敬。如此卧也，焉知无鬼视，无神凭？敬耶，神钦鬼敛；肆也，神慢鬼陵。敬肆，福祸之机也，奈之何不懔。⑦

二、"善本于性"的人性论

在人性问题上，李塨反对程朱理学将人性分为"义理之性"和"气质之性"的"性二元论"。他说："宋儒教人，以性为先，分义理之性为善，气质之性为有不善，是庸人得以自诿，而牟利、渔色、弑夺之极祸，皆将谓由性而发也。"⑧ 依着他的理解，"性"不是"二元"的，而是"一元"的；而

---

① 陈山榜等点校：《李塨集》上，第 713 页。
② 陈山榜等点校：《李塨集》下，第 1748 页。
③ 陈山榜等点校：《李塨集》上，第 715 页。
④ 陈山榜等点校：《李塨集》下，第 1697 页。
⑤ 陈山榜等点校：《李塨集》下，第 1740 页。
⑥ 陈山榜等点校：《李塨集》下，第 1740 页。
⑦ 陈山榜等点校：《李塨集》下，第 1733 页。
⑧ 陈山榜等点校：《李塨集》下，第 1755 页。

且，他赞同孟子的"性善论"，主张"一元"的"性"是善的。他说："于是孟子性善之旨始著，而吾性中作圣之本体，庶不为异说所乱而得存矣。"① 为此，他提出"善本于性"的观点。他说："善本于性，而性即见于事物，故《大学》言明亲止善，虑而后得。"② 那么，"恶"由何而来呢？李塨反对"以人心为私欲"的观点，因为虽然"人心惟危"，但"人心"并非即是"私欲"。他说："先儒指人心为私欲，皆误。'人心维危'，谓易引于私欲耳，非即私欲也。"③ 依着他的理解，"恶"并非源于先天，而乃缘于后天的"引蔽习染"。他说："动而善者，意之自然也；动而恶者，后起之引蔽习染也。"④ "伊尹曰'习与性成'，孟子曰'陷溺'，则恶之咎在习，非性之才情有不善也。亮哉斯言！"⑤ 质言之，"恶"并非本性所固有，而是源于后天的"引蔽习染"。李塨说：

> 今指己之耳目而即谓之"私欲"，可乎？外之物，声色是也。今指工歌美人而即谓之"私欲"，可乎？其失在"引蔽"二字，谓耳目为声色所引蔽而邪僻也。不然，形色天性，岂私欲耶？⑥

很明显，虽然李塨认为"善本于性"，但由于后天的"引蔽习染"，故人性实际上必然有差别。他说："修其天爵以要人爵，周末取士流弊也。然尚必修其天爵以要之，胜今之全不必修天爵而得人爵者多矣。"⑦ 在他看来，既然存在这种差别，就应正视差别的存在，这样才会对社会有利。一个方面，在婚姻问题上，李塨持等级分明的态度，主张婚姻应当"门当户对"。他说："惟农工商为匹夫匹妇。后世天子仍宜遵古制，聘贤女立之。而冢宰管寺人以考察之，有失，则辅天子正之。"⑧ 因此，他反对帝王子女与平民通婚，认为这违反了伦理纲常。他说："明选驸马于民间，不伦也。凡帝下嫁，宜择大臣

① 陈山榜等点校：《李塨集》下，第 1755 页。
② 陈山榜等点校：《李塨集》下，第 945 页。
③ 陈山榜等点校：《李塨集》下，第 947 页。
④ 陈山榜等点校：《李塨集》下，第 947 页。
⑤ 陈山榜等点校：《李塨集》下，第 1415 页。
⑥ 陈山榜等点校：《李塨集》下，第 947 页。
⑦ 陈山榜等点校：《李塨集》下，第 984 页。
⑧ 陈山榜等点校：《李塨集》下，第 1218 页。

子弟贤者，令媒通之，而事舅姑，顺夫子，如士民礼。"① 另一个方面，他认同"士农工商"即"四民"有别的观点，主张"士""农""工""商"的区别应世世代代不变。因此，不能混淆"四民"，为使百姓"皆明明德"，而用"教士"的方法"教民"。他说："若曰使民皆明明德以新之，是以教士者一概教民，非古人士之子恒为士、农工商之子恒为农工商之法也。"② 很显然，在李塨心目中，"士"居于社会上层，具有教化普通百姓的义务。他说：

> 孝弟忠信，四民所同也。兵农礼乐，士所独也。何者？士固储其学以待为民上而任经世之责者，非若农工商，徒自善而可已也。③

不仅如此，李塨还特别强调"三纲"的重要性。在他看来，所谓"君为臣纲"，要求臣子对君主绝对忠诚，尽心竭力辅佐君主；即使君主有错，也不能加以冒犯。因此，"非道事君""迁转欺君""善不归君""过不归己""不以尧舜期君，不以三代待民"等做法乃对君主的"大不敬"。④ 所谓"父为子纲"，指子女对父母行孝乃理所当然，因为父母乃长辈、尊者。而且，在家尽孝的人，在外才能忠君报国。因此，一个人无论地位尊卑、财产多寡，都应该孝敬父母。为此，他列举了"疾行先长""出入不禀命""侍疾不谨"等诸多不孝敬的情形加以批判。⑤ 所谓"夫为妻纲"，指夫妻之间应该"男尊女卑"。为此，李塨主张建立"家法"。他说："家法不立，致家人怠肆。"⑥ 他甚至提出"刑妻"的主张。他说："人不能刑妻，必不能齐家。妇人不孝不睦，必己之孝友不纯。"⑦ 总之，关于"三纲"，李塨引用说："子曰：'于止，知其所止，可以人而不如鸟乎？'《诗》云：'穆穆文王，于缉熙敬止！'为人君，止于仁；为人臣，止于敬；为人子，止于孝；为人父，止于慈；与国人交，止于信。"⑧ 他还说：

---

① 陈山榜等点校：《李塨集》下，第 1223 页。
② 陈山榜等点校：《李塨集》上，第 708 页。
③ 陈山榜等点校：《李塨集》下，第 964 页。
④ 参见陈山榜等点校《李塨集》下，第 1348—1349 页。
⑤ 参见陈山榜等点校《李塨集》下，第 1345—1348 页。
⑥ 陈山榜等点校：《李塨集》下，第 1349 页。
⑦ 陈山榜等点校：《李塨集》下，第 1785 页。
⑧ 陈山榜等点校：《李塨集》下，第 936 页。

"明明德以及于天下"也，是君子用极之道也。极者，何也？即至善也。……所谓知止，而君臣父子以至与国人交，各得至善者也。①

三、"知行迭进"的知行观

在李塨看来，宋明儒学之"空谈性天"，不仅为汉唐儒学所无，而且也悖于"孔子之言"。他说："汉后二氏学兴，宋儒又少闻其说，于是所谓'存心养性'者，杂以静坐内视，浸淫释老，将孔门不轻与人言一贯性天之教，一概乖反。"② 在他看来，"空谈性天"不仅导致"生民涂炭"，而且会导致亡国、亡天下。他说："至于扶危定倾，大经大猷，则拱手推之粗悍豪侠，其自负直接孔孟者，仅此善人书生之学而已。……目明之末也，朝庙无一可倚之臣，天下无复办事之官。坐大司马堂，批点《左传》；敌兵临城，赋诗进讲。其习尚至于将相方面，觉建功奏绩俱属琐屑，日夜喘息著书，曰：'此传世业也。'以致天下鱼烂河决，生民涂毒。呜呼！谁实为此？"③ 李塨的意思是，只重视形上探索，忽视现实事务，是宋明儒学的"致命"缺点。因此，他说："纸上之阅历多，则世事之阅历少；笔墨之精神多，则经济之精神少。宋明之亡，此物此志也，望贤者勿溺。"④ 也就是说，尽管"心性"有其作用，但其作用不能离开"万物"。他说：

> 《孟子》曰："形色，天性也。"未有去事物而能全心性者也，夫万物皆备于我矣，去万物尚可为心性乎？然非心性，则备万物者何在乎？⑤

基于前述，李塨对于"格物致知"进行了新诠。在他看来，"格物致知"非常重要，其乃修身处事的前提。他说："明德，本也；亲民，末也；格致，始也；诚意以至天下平，终也。"⑥ 因此，修身处事时，应该从"格物致知"开始。他说："圣人曰'下学而上达'、'志学'、'立'、'不惑'、而始'知

---

① 陈山榜等点校：《李塨集》下，第937页。
② 陈山榜等点校：《李塨集》下，第1401页。
③ 陈山榜等点校：《李塨集》下，第1401页。
④ 陈山榜等点校：《李塨集》下，第1751页。
⑤ 陈山榜等点校：《李塨集》下，第984页。
⑥ 陈山榜等点校：《李塨集》下，第938页。

天命'。今格物致知之后，诚意、正心、修身、齐家、治国、平天下，皆下学事也。下学尚未尽而欲先知天命，不已逆乎？"① 具体来讲，"格物致知"有两层意思：一为"格物"，二为"致知"；前者为手段，后者为目的。他说："致知之功在于格物。"② 因此，李塨着重对"格物"进行了新诠。在他看来，"格"为"学"义，即由浅入深、臻于完善的学习过程。他说："然不曰'学'，而曰'格'，何也？学有浅有深，皆可谓学；格者，于所学之物由浅及深、无所不到之谓也。"③ "物"指"大学之道"，即"明明德""亲民""止于至善"。他说："通篇言，大学之道在善、明、亲；诚、正、修，本也；齐、治、平，由本以及末也。先后秩然，此格物致知者之所有事也。"④ 因此，所谓"格物"，即学习《大学》的内容和道理。他说：

> 格，至也，学习之谓也；物，即《大学》中之"物"。格者，学此而已。⑤

进而，李塨提出"知行迭进"的观点。在他看来，通常来讲可以说"知先行后"而不可说"行先知后"，因为"学"乃"行"的前提。他说："从来圣贤之道，行先以知，而知在于学。"⑥ "知先行后"犹如"问路"与"走路"一样，必先知路然后才可行走。他说："然究是二事，究是知在行先，如问燕京路是问，行燕京路是行。《中庸》'好学近知，力行近仁'。知之一，行之一，明分为二事是也。必先问清路，然后可行。"⑦ 不过，"知"亦离不开"行"，因为与不"知"无"行"一样，不"行"亦无"真知"。他说："不知不能行，不行不可谓真知，故《中庸》谓'道不行，由于不明；道不明，由于不行。'如适燕京者，不知路向北往，如何到燕京？至燕京行熟，则知其路方真。"⑧ 李塨的意思是，虽然通常讲是"知先行后"，但"知"与"行"实乃"迭进焉"。他说："《说命》曰：'知之匪艰，行之为艰。'世固

---

① 陈山榜等点校：《李塨集》下，第 943—944 页。
② 陈山榜等点校：《李塨集》下，第 939 页。
③ 陈山榜等点校：《李塨集》下，第 939 页。
④ 陈山榜等点校：《李塨集》下，第 953 页。
⑤ 陈山榜等点校：《李塨集》下，第 930 页。
⑥ 陈山榜等点校：《李塨集》下，第 939 页。
⑦ 陈山榜等点校：《李塨集》下，第 946 页。
⑧ 陈山榜等点校：《李塨集》下，第 946 页。

有学而不行者，行自更重于学矣；然此乃学而不行之过，非学胜行、学先行之过也。故谓学犹故法，行乃躬行，分轻重可；谓学属小务，行为大图，分轻重不可也。"① 他还说：

> 非谓尽知乃行也。今日学一礼，遇其礼当行即行之；明日又学一礼，遇其礼当行即行之。知固在行先，而亦一时并进，且迭进焉，非列其臺也。②

---

① 陈山榜等点校：《李塨集》下，第960页。
② 陈山榜等点校：《李塨集》下，第990页。

第二十七章　戴　震

戴震（1723—1777 年），字慎修，又字东原，号杲溪。安徽休宁（今安徽黄山市）人。曾中乡举，以教书为生。晚年由乾隆特招入馆任《四库全书》纂修官，赐同进士出身，授翰林院庶吉士，后死于编修《四库全书》任内。戴震师承经学家、音韵学家江永，考据学家段玉裁、王念孙等则是戴震的弟子。

戴震对于音韵学、训诂学颇有研究，是"乾嘉汉学"的代表人物之一。他与章学诚一起促进了清代儒学由"尊德性"向"道问学"的转向。他晚年自称："仆生平论述最大者，为《孟子字义疏证》一书，此正人心之要。"①其主要著作包括《原善》《孟子私淑录》《孟子字义疏证》《答彭进士允初书》《声韵考》《声类表》《方言疏证》《水经注》等，后被辑为《戴氏遗书》《戴震文集》《戴震集》《戴震全集》《戴震全书》等。

第一节　"气化即道"

在本体论上，戴震批评程朱理学的"理本体论"。在他看来，"理"只是天地、事物之"理"。他说："理者，察之而几微必区以别之名也，是故谓之分理；在物之质，曰肌理，曰腠理，曰文理；得其分则不条而不紊，谓之条理。"②然而，程朱理学却把"理""分离"出来，将其"夸大"成永恒的实体，进而说成是天地、事物的本原。实际上，这样的"理"是不存在的。他说："举凡天地、人物、事为，求其必然不可易，理至明显也。从而尊大之，

---

① 戴震撰，张岱年主编：《戴震全书》（六），合肥：黄山书社 1995 年（下同），第五四三页。
② 戴震撰，张岱年主编：《戴震全书》（六），第一五一页。

不徒曰天地、人物、事为之理，而转其语曰'理无不在'，视之'如有物焉'，将使学者皓首茫然，求其物不得。"① 在他看来，程朱理学的"理本体论"实质上与佛、老的思想相通。他说："其（指程朱理学——引者注）以理为气之主宰，如彼（指佛、老——引者注）以神为气之主宰也。以理能生气，如彼以神能生气也。以理坏于形气，无人欲之蔽则复其初，如彼以神受形而生，不以物欲累之则复其初也。皆改其所指神识者以指理，徒援彼例此，而实非得之于此。"② 或者说，"理本体论"乃对佛、老"真宰""真空"的"抄袭"。他说：

> 盖程子、朱子之学，借阶于老、庄、释氏，故仅以理之一字易其所谓真宰真空者而余无所易。③

关于天地万物本原，戴震主张"气本体论"。他说："天地之气化，流行不已，生生不息，其实体即纯美精好；人伦日用，其自然不失即纯美精好。"④ 具体来讲，其一，天地万物源于"阴阳之气"。即，天地万物并非由"理"或"心"派生，而是"阴阳之气"自然运化的结果。他说："天地间百物生生，无非推本阴阳。《易》曰：'精气为物。'曾子曰：'阳之精气曰神，阴之精气曰灵，神灵者，品物之本也。'"⑤ 其二，天地万物由于分有"阴阳之气"不齐，故"成性各殊"。即，天地万物由"阴阳之气""杂糅"而生，而"杂糅"乃"一本"到"万殊"的过程，即由相同的"气"形成了不同的万物。他说："凡有生，即不隔于天地之气化。阴阳五行之运而不已，天地之气化也，人物之生生本乎是，由其分而有之不齐，是以成性各殊。"⑥ 其三，天地万物生成以后，各以其类而滋生。即，天地万物生长各循其道，故世界总体上可"井然有序"。他说："气化生人生物以后，各以类滋生久矣，然类之区别，千古如是也，循其故而已矣。"⑦ 总之，天地万物均本于"气"之变化即

---

① 戴震撰，张岱年主编：《戴震全书》（六），第一六五页。
② 戴震撰，张岱年主编：《戴震全书》（六），第一七九页。
③ 戴震撰，张岱年主编：《戴震全书》（六），第一七二页。
④ 戴震撰，张岱年主编：《戴震全书》（六），第一〇四页。
⑤ 戴震撰，张岱年主编：《戴震全书》（六），第一七〇页。
⑥ 戴震撰，张岱年主编：《戴震全书》（六），第一八二页。
⑦ 戴震撰，张岱年主编：《戴震全书》（六），第一七九页。

"阴阳气化"。戴震说：

> 人物之生，分于阴阳气化，据其限以所分谓之命，据其为人物之本始谓之性。后儒求其说而不得，于是创言理气之辨，其于天道也，先歧而二之。苟知阴阳气化之为天道，则知性矣。①

进而，戴震提出了"气化即道"的命题。在他看来，所谓"道"，指气之流行不息或运动变化。他说："道，言乎化之不已也。"② 或者说，"道"所彰显者在于"气化流行""生生不息"。他说："道，犹行也；气化流行，生生不息，是故谓之道。《易》曰：'一阴一阳之谓道。'……行亦道之通称。"③具体而言，"气"是"实体"，"道"是"流行"；"气"与"道"乃体用关系。他说："谓之气者，指其实体之名；谓之道者，指其流行之名。"④ 基于此，戴震认为，"气化"即"道"是"形而上"的，具体的"器"是"形而下"的。质言之，"形而上"指"气化之谓"，"形而下"指"品物之谓"。他说："气化之于品物，则形而上下之分也。形乃品物之谓，非气化之谓。……一阴一阳，流行不已，夫是之谓道而已。"⑤ 因此，《易传》所谓"形而上者谓之道，形而下者谓之器"⑥，并不意在说明"道""器"的，而是意在区分"形而上"与"形而下"："形而上"指形成有形的实体以前，"形而下"形成有形的实体以后。他说："《易》'形而上者谓之道，形而下者谓之器'，本非为道、器言之，以道、器区别其形而上形而下耳。形，谓已成形质；形而上犹曰形以前，形而下犹曰形以后。阴阳之未成形质，是谓形而上者也，非形而下明矣。"⑦ 关于"气化即道"，他还说：

> 人道，人伦日用身之所行皆是也。在天地，则气化流行，生生不息，是谓道；在人物，则凡生生所有事，亦如气化之不可已，是谓道。⑧

---

① 戴震撰，张岱年主编：《戴震全书》（六），第三七页。
② 戴震撰，张岱年主编：《戴震全书》（六），第七页。
③ 戴震撰，张岱年主编：《戴震全书》（六），第一七五页。
④ 戴震撰，张岱年主编：《戴震全书》（六），第三七页。
⑤ 戴震撰，张岱年主编：《戴震全书》（六），第三八页。
⑥ 王弼注，孔颖达疏，李申等整理，吕绍纲审定：《周易正义》，第292页。
⑦ 戴震撰，张岱年主编：《戴震全书》（六），第三八至三九页。
⑧ 戴震撰，张岱年主编：《戴震全书》（六），第一九九页。

在戴震看来，"气化"过程的实质乃"生生"。他说："《易》曰：'天地之大德曰生。'气化之于品物，可以一言尽也，生生之谓欤！"① 不过，"气化"之"生生"的过程并不紊乱，而是具有一定"条理"。他说："一阴一阳，流行不已，生生不息。……其流行，生生也，寻而求之，语大极于至钜，语小极于至细，莫不显呈其条理。"② 反过来讲，正因为有"条理"，运动变化才会流行不已；如果没有"条理"，运动变化也就中断了。他说："在天为气化之生生，……在天为气化推行之条理，……惟条理，是以生生；条理苟失，则生生之道绝。"③ 由此来讲，"生生而条理"乃天地万物之根本。他说："一阴一阳，其生生乎，其生生而条理乎！以是见天地之顺，故曰'一阴一阳之谓道'。生生，仁也，未有生生而不条理者。"④ 那么，何谓"条理"呢？在戴震看来，"条理"即天地万物之"理"，即事物相互区别的规定性。他说："分之，各有其不易之则，名曰理；……是故明理者，明其区分也。"⑤ 质言之，天地万物之"生生"均有其"理"。他说：

> 天地、人物、事为，不闻无可言之理者也，《诗》曰"有物有则"是也。物者，指其实体实事之名；则者，称其纯粹中正之名。⑥

第二节　"理者存乎欲者"

"理欲之辨"乃宋明儒学的重要内容，其基本主张是"存理去欲"。对此，戴震则认为，宋明儒学的"理欲之辨"惑于"无欲之议"，简直就是佛、老观点的"翻版"。他说："老、释之学，则皆贵于'抱一'，贵于'无欲'；宋以来儒者，盖以理说之。共辨乎理欲，犹之执中无权；举凡饥寒愁怨，饮食男女、常情隐曲之盛，则名之曰'人欲'，故终其身见欲之难制；共所谓

---

① 戴震撰，张岱年主编：《戴震全书》（六），第九页。
② 戴震撰，张岱年主编：《戴震全书》（六），第八八页。
③ 戴震撰，张岱年主编：《戴震全书》（六），第二〇五至二〇六页。
④ 戴震撰，张岱年主编：《戴震全书》（六），第八至九页。
⑤ 戴震撰，张岱年主编：《戴震全书》（六），第一五三页。
⑥ 戴震撰，张岱年主编：《戴震全书》（六），第一六四页。

'存理'，空有理之名，究不过绝情欲之感耳。"① 然而，宋明儒学之"理"并非儒家经典之所重。他说："六经、孔、孟之言以及传记群籍，理字不多见。今虽至愚之人，悖戾恣睢，其处断一事，责诘一人，莫不辄曰理者，自宋以来始相习成俗，则以理为'如有物焉，得于天而具于心'，因以心之意见当之也。"② 实际上，"理"成了位高权重者的"工具"。他说："及其责以理也，不难举旷世之高节，着于义而罪之，尊者以理责卑，长者以理责幼，贵者以理责贱，虽失，谓之顺；卑者、幼者、贱者以理争之，虽得，谓之逆。……人死于法，犹有怜之者；死于理，其谁怜之！"③ 由此来讲，"理欲之辨"简直成了"以理杀人"的工具。戴震说："此理欲之辨，适成忍而残杀之具，为祸又如是也。"④ 他还说：

> 圣人之道，使天下无不达之情，求遂其欲而天下治。后儒不知情之至于纤微无憾，是谓理。而其所谓理者，同于酷吏之所谓法。酷吏以法杀人，后儒以理杀人，浸浸乎舍法而论理。死矣！更无可救矣！⑤

那么，戴震如何理解"理欲关系"呢？这得先了解他如何理解"理"和"欲"。关于"理"，如前所述，其乃事物相互区别的规定性。他说："理者，察之而几微必区以别之名也，是故谓之分理。"⑥ 就人来讲，"理"即是"人性"，而"人性"即指"气质之性"。因此，他反对人性"二元论"，即区分"义理之性"与"气质之性"，而主张"自然人性"的"性一元论"。他说："古人言性，但以气禀言，未尝明言理义为性，盖不待言而可知也。"⑦ 基于此，所谓"欲"，其指人的本能欲望。戴震说："人生而后有欲，有情，有知，三者，血气心知之自然也。给于欲者，声色臭味也，而因有爱畏；发乎情者，喜怒哀乐也，而因有惨舒；辨于知者，美丑是非也，而因有好恶。"⑧ 由此来讲，"欲"有其"性"和"天"之根据。他说："人分于阴阳五行以成性，而

---

① 戴震撰，张岱年主编：《戴震全书》（六），第二一六页。
② 戴震撰，张岱年主编：《戴震全书》（六），第一五四页。
③ 戴震撰，张岱年主编：《戴震全书》（六），第一六一页。
④ 戴震撰，张岱年主编：《戴震全书》（六），第二一六页。
⑤ 戴震撰，张岱年主编：《戴震全书》（六），第四九六页。
⑥ 戴震撰，张岱年主编：《戴震全书》（六），第一五一页。
⑦ 戴震撰，张岱年主编：《戴震全书》（六），第一五七页。
⑧ 戴震撰，张岱年主编：《戴震全书》（六），第一九七页。

其得之也全。喜怒哀乐之情，声色臭味之欲，是非美恶之知，皆根于性而源于天。"① 因此，"欲"不仅是个体的"生养之道"，而且是整体的"天下之事"。他说："饮食男女，生养之道也，天地之所以生生也。……是故去生养之道者，贼道者也。"② 他还说："生养之道，存乎欲者也；感通之道，在乎情者也；二者自然之符，天下之事举矣。"③

进而，戴震认为，"理者存乎欲者"，故"无欲则无理"。他说："天下必无舍生养之道而得存者，凡事为皆有于欲，无欲则无为矣；有欲而后有为，有为而归于至当不可易之谓理；无欲无为又焉有理！"④ "理"就在"日用饮食"之中，离开"日用饮食"，便无所谓"理"。他说："物者，事也；语其事，不出乎日用饮食而已矣；舍是而言理，非古贤圣所谓理也。"⑤ 而且，"欲"指具体物事，"理"则为物事之则。他说："欲，其物；理，其则也。"⑥ 进而，"欲"是"自然"，"理"是"必然"；"必然"出于"自然"，"必然"是"自然"的实现；二者"非二事"，而乃统一者。他说："欲者，血气之自然……由血气之自然，而审察之以知其必然，是之谓理义；自然之与必然，非二事也。就其自然，明之尽而无几微之失焉，是其必然也。如是而后无憾，如是而后安，是乃自然之极则。"⑦ 因此，不能简单地以"欲"为恶，将其与"理"对立起来。他说："非以天理为正，人欲为邪也。天理者，节其欲而不穷人欲也。是故欲不可穷，非不可有；有而节之，使无过情，无不及情，可谓之非天理乎！"⑧ 总之，戴震认为，"无欲则无理"。他说：

> 古贤圣所谓仁义礼智，不求于所谓欲之外，不离乎血气心知，而后儒以为别如有物凑泊附着以为性，由杂乎老、庄、释氏之言，终昧于六经、孔、孟之言故也。⑨

① 戴震撰，张岱年主编：《戴震全书》（六），第一〇三页。
② 戴震撰，张岱年主编：《戴震全书》（六），第二七页。
③ 戴震撰，张岱年主编：《戴震全书》（六），第一〇页。
④ 戴震撰，张岱年主编：《戴震全书》（六），第二一六页。
⑤ 戴震撰，张岱年主编：《戴震全书》（六），第一五三页。
⑥ 戴震撰，张岱年主编：《戴震全书》（六），第一六〇页。
⑦ 戴震撰，张岱年主编：《戴震全书》（六），第一七一页。
⑧ 戴震撰，张岱年主编：《戴震全书》（六），第一六二页。
⑨ 戴震撰，张岱年主编：《戴震全书》（六），第一八四页。

既然"无欲则无理",就不仅应肯定人的欲望,而且应尽量满足人的欲望。他说:"'民之质矣,日用饮食',无非人道所以生生者。一人遂其生,推之而与天下共遂其生,仁也。"① 而且,唯有"遂欲达情"方为"道德之盛"。他说:"天下之事,使欲之得遂,情之得达,其已矣。……遂己之欲者,广之能遂人之欲;达己之情者,广之能达人之情。道德之盛,使人之欲无不遂,人之情无不达,斯已矣。"② 不过,"欲"并非指少数人的欲望,而是指多数人的欲望。他说:"以己絜之人,则理明。孟子对齐王好货好色,曰:'与百姓同之',非权辞也。好货、好色,欲也。'与百姓同之',即理也。"③ 质言之,唯有"天下之所同欲"方为"理"。他说:"及其感而动,则欲出于性。一人之欲,天下人之所同欲也,故曰'性之欲'。"④ 戴震进而认为,如果不能"遂其生",便是"不仁"。他说:"人之生也,莫病于无以遂其生。欲遂其生,亦遂人之生,仁也;欲遂其生,至于戕人之生而不顾者,不仁也。不仁,实始于欲遂其生之心;使其无此欲,必无不仁矣。"⑤ 质言之,"遂民之欲"乃"王道"与"仁政"的核心。他说:

> 圣人治天下,体民之情,遂民之欲,而王道备。……孟子告齐、梁之君,曰"与民同乐",曰"省刑罚,薄税敛",曰"必使仰足以事父母,俯足以畜妻子",曰"居者有积仓,行者有裹粮",曰"内无怨女,外无旷夫",仁政如是,王道如是而已矣。⑥

第三节　"去私""解蔽"

戴震认为,人亦是由"阴阳之气"所化生的。他说:"人之血气心知,原

---

① 戴震撰,张岱年主编:《戴震全书》(六),第二○五页。
② 戴震撰,张岱年主编:《戴震全书》(六),第一九七页。
③ 戴震撰,张岱年主编:《戴震全书》(六),第五四一页。
④ 戴震撰,张岱年主编:《戴震全书》(六),第一五二页。
⑤ 戴震撰,张岱年主编:《戴震全书》(六),第一五九页。
⑥ 戴震撰,张岱年主编:《戴震全书》(六),第一六一至一六二页。

于天地之化者也。"① 不过，人类乃天地的"至盛之征"。他说："卉木之生，接时能芒达已矣；飞走蠕动之俦，有觉以怀其生矣；人之神明出于心，纯懿中正，其明德与天地合矣。……是故人也者，天地至盛之征也，惟圣人然后尽其盛。"② 作为天地的"至盛之征"，人具有特殊的认识能力。他说："有血气，夫然后有心知，有心知，于是有怀生畏死之情，因而趋利避害。……故人莫大乎智足以择善也，择善则心之精爽进于神明，于是乎在。"③ 而且，这种认识能力乃人生而天然具有。他说："人之血气心知本乎阴阳五行者，性也。如血气资饮食以养，其化也，即为我之血气，非复所饮食之物矣；心知之资于问学，其自得之也亦然。"④ 然而，个人认识能力却是"可分""不齐"的。他说："阴阳五行，道之实体也；血气心知，性之实体也。有实体，故可分；惟分也，故不齐。"⑤ 之所以"可分""不齐"，重要原因在于后天的"培养"。他说："人之血气心知，其天定者往往不齐，得养不得养，遂至于大异。"⑥ 他还说：

> 就人言之，有血气，则有心知；有心知，虽自圣人而下，明昧各殊，皆可学以牖其昧而进于明。⑦

在戴震看来，人具有"感知"和"心知"两种认识能力。所谓"感知"，指凡"血气之属"即人和动物皆有的感觉、知觉能力；这种能力因强调"精确""明了"而可谓"精爽"。他说："凡血气之属，自有生则能知觉、运动，而由其分于阴阳五行者殊，则知觉、运动亦殊。"⑧ 然而，"感知"存在较大的局限性。他说："凡血气之属，皆有精爽。其心之精爽，钜细不同，如火光之照物，光小者，其照也近，所照者不谬也，所不照斯疑谬承之。"⑨ 所谓"心知"，指人所特有的思考和理解能力。他说："性者，血气心知本乎阴阳五

---

① 戴震撰，张岱年主编：《戴震全书》（六），第一九三页。
② 戴震撰，张岱年主编：《戴震全书》（六），第一五页。
③ 戴震撰，张岱年主编：《戴震全书》（六），第一六页。
④ 戴震撰，张岱年主编：《戴震全书》（六），第一五九页。
⑤ 戴震撰，张岱年主编：《戴震全书》（六），第一七五页。
⑥ 戴震撰，张岱年主编：《戴震全书》（六），第一五九页。
⑦ 戴震撰，张岱年主编：《戴震全书》（六），第一七〇页。
⑧ 戴震撰，张岱年主编：《戴震全书》（六），第一一六页。
⑨ 戴震撰，张岱年主编：《戴震全书》（六），第一一九页。

行，人物莫不区以别焉是也，而理义者，人之心知，有思辄通，能不惑乎所行也。"① "心知"能力因强调"融会贯通"可谓"神明"。他说："孟子曰：'耳目之官不思，心之官则思。'是思者，心之能也。精爽有蔽隔而不能通之时，及其无蔽隔，无弗通，乃以神明称之。"② 很显然，"感知"之"精爽"与"心知"之"神明"不在一个层面。他说："心能使耳目鼻口，不能代耳目鼻口之能，彼其能者各自具也，故不能相为焉。"③ 不过，二者是可以贯通的，而且"心知"乃"感知"的主宰。戴震说：

> 耳目鼻口之官，臣道也；心之官，君道也；臣效其能而君正其可否。理义非他，可否之而当，是谓理义。④

具体来讲，"感知"的作用是辨别声、色、臭、味，而"心知"的作用是辨别"理义"。戴震说："味也、声也、色也在物，而接于我之血气；理义在事，而接于我之心知。血气心知，有自具之能：口能辨味，耳能辨声，目能辨色，心能辨乎理义。"⑤ 也就是说，"感知"只可认知声、色、臭、味，而"心知"则可认知"理义"。他说："味与声色，在物不在我，接于我之血气，能辨之而悦之；……理义在事情之条分缕析，接于我之心知，能辨之而悦之。"⑥ 由此来讲，只有人才不仅具有"感知"之"精爽"能力，而且具有"心知"之"神明"能力，故人不仅可以感知事物，而且可以辨析"理义"。他说："理义非他，所照所察者之不谬也。何以不谬？心之神明也。人之异于禽兽者，虽同有精爽，而人能进于神明也。理义岂别若一物，求之所照所察之外；而人之精爽能进于神明，岂求诸气禀之外哉！"⑦ 毋庸置疑，"心知"作用非常重要，这种作用犹如"火光照物"，可以辨析事物之"理义"。他说：

> 就事物言，非事物之外别有理义也；"有物必有则"，以其则正其物，如是而已矣。就人心言，非别有理以予之而具于心也；心之神明，于事

---

① 戴震撰，张岱年主编：《戴震全书》（六），第一八三页。
② 戴震撰，张岱年主编：《戴震全书》（六），第一五六页。
③ 戴震撰，张岱年主编：《戴震全书》（六），第五七页。
④ 戴震撰，张岱年主编：《戴震全书》（六），第一五八页。
⑤ 戴震撰，张岱年主编：《戴震全书》（六），第一五五至一五六页。
⑥ 戴震撰，张岱年主编：《戴震全书》（六），第一五六页。
⑦ 戴震撰，张岱年主编：《戴震全书》（六），第一五六页。

物咸足以知其不易之则，譬有光皆能照，而中理者，乃其光盛，其照不谬也。①

戴震认为，认识的根本目的在于获得"理义"。他说："物之得于天者，亦非专禀气而生，遗天地之德也，然由其气浊，是以锢塞不能开通。理义也者，心之所通也。"② 为此，他区分了"理义"与"意见"：人人所共同承认的道理称为"理义"，少数人主观臆断的道理称为"意见"。他说："心之所同然始谓之理，谓之义；则未至于同然，存乎其人之意见，非理也，非义也。凡一人以为然，天下万世皆曰'是不可易也'，此之谓同然。"③ 不过，人们探求知识时往往受制于"私"和"蔽"。他说："余尝谓学之患二：曰私，曰蔽。"④ 所谓"私"，指追求个人利益；所谓"蔽"，指认识的片面性。他说："天下古今之人，其大患，私与蔽二端而已。私生于欲之失，蔽生于知之失；欲生于血气，知生于心。"⑤ 既然如此，要获得"理"，就须"去私"和"解蔽"。他说："欲之失为私，私则贪邪随之矣；……知之失为蔽，蔽则差谬随之矣。不私，则其欲皆仁也，皆礼义也；……不蔽，则其知乃所谓聪明圣智也。"⑥ 那么，如何"去私"和"解蔽"呢？在戴震看来，"恕"与"学"乃对应的两条途径。他说：

> 去私莫如强恕，解蔽莫如学，得所主莫大乎忠信，得所止莫大乎明善。⑦

① 戴震撰，张岱年主编：《戴震全书》（六），第一五八页。
② 戴震撰，张岱年主编：《戴震全书》（六），第九一页。
③ 戴震撰，张岱年主编：《戴震全书》（六），第一五三页。
④ 戴震撰，张岱年主编：《戴震全书》（六），第三九六页。
⑤ 戴震撰，张岱年主编：《戴震全书》（六），第一六〇页。
⑥ 戴震撰，张岱年主编：《戴震全书》（六），第一九七页。
⑦ 戴震撰，张岱年主编：《戴震全书》（六），第二三页。

第二十八章　龚自珍

龚自珍（1792—1841 年），又名易简、巩祚，字尔玉，又字璱人，号定庵，又号羽琌山民，浙江仁和（今浙江杭州市）人，自幼跟从外祖父、考据学家段玉裁学习文字训诂，后又从今文经学家①刘逢禄学习《春秋公羊传》。他还曾师从江沅等人学佛，信奉佛教天台宗。清道光九年（1829 年）考中进士，后曾任内阁中书、宗人府主事和礼部主事等官职。清道光十九年（1839年）辞官返回原籍，后病逝于江苏丹阳云阳书院。

龚自珍是"常州学派"②的重要代表人物。其思想儒佛兼蓄，在本体论上依佛，在政治上依儒，主张"更法""改图"。其主要著作包括《定庵文集》《续集》《补》《己亥杂诗》等，后被辑为《定庵全集》《龚定庵全集》《龚自珍全集》等。

第一节　"人心者，世俗之本"

在龚自珍看来，人虽为动物，但又别于一般动物。他把人叫作"倮虫""倮人"，把其他动物叫作"毛人""羽人""角人"等；作为"倮人"的人是"文明动物"，而"毛人"等则为"未开化动物"。他说："众人也者，骈

---

① 两汉经学有"今文经学"和"古文经学"之分：以秦始皇"焚书坑儒"为界，用先秦"古文"书写的儒家经书称为"古文经"，训释、研究"古文经"的学问称为"古文经学"；汉初由儒生口传、并用隶书记录下来的经籍称为"今文经"，训释、研究"今文经"的学问称为"今文经学"。"古文经学"崇奉周公，重视《周礼》，重视训诂，与现实政治联系较弱。"今文经学"崇奉孔子，认为"六经"皆孔子所作，重视《春秋公羊传》，注重阐发经文的"微言大义"，主张通经致用。至清代，今、古文经学之争再起，"古文经学"的代表为"乾嘉学派"和章太炎，"今文经学"的代表则为"常州学派"，以康有为影响最大。

② 清代乾隆、嘉庆年间，以庄存与、庄述祖、庄绶甲、刘逢禄为代表，形成研究《春秋公羊传》的今文经学派。由于上述早期代表人物都是常州府人，故此学派得名"常州学派"。

化而群生，无独始者。有倮人已，有毛人，有羽人，有角人，有肖翘人。毛人、羽人、角人、肖翘人也者，人自所造，非圣造，非天地造。其匹也，杂不部居。倮人之不与毛、角者匹。"① 正因为这种差别，"倮人"作为天地万物的"生灵"，使得人类社会"旋转簸荡"，天地万物生生不息。他说："古人之世，倏而为今之世；今人之世，倏而为后之世；旋转簸荡而不已。万状而无状，万形而无形，风之本义也有然。……客曰：从虫之义，可得闻乎？曰：不从虫，则余无以知之矣。且吾与子何物？固曰：倮虫。文积虫曰虫。天地至顽也，得倮虫而灵；天地至凝也，得裸虫而散；然而天地至老寿也，得倮虫而死；天地犹旋转簸荡于虫，矧虫之自为旋转而簸荡者哉？"② 关于人与一般动物的差别，龚自珍还引用他人的话说：

> 谓天地之有死，疑者半焉；谓天地古今之续为虫之为，平心察之弗夺也。③

进而，龚自珍认为，人与其他动物的根本区别在于，人具有意志力量即"心力"。龚自珍认为，所谓"心力"，其实就是佛教的"愿"或"愿力"。他说："依经论说，行是车船，愿是马楫，有船无楫，难可到也。……我若不以今生坐大愿船，自鼓愿揖，尽诸后身，终成蹉忽，负恩无极，是谓枉得人身，虚闻佛法。是故欲修檀者，发心为先。"④ 基于此，他认为，一个方面，"心力"是行为的决定力量。也就是说，正因为有"心力"，才促生了人类行为。他说："心无力者，谓之庸人。报大仇，医大病，解大难，谋大事，学大道，皆以心之力。司命之鬼，或哲或悟，人鬼之所不平，卒平于哲人之心。哲人之心，孤而足恃，故取物之不平者恃之。"⑤ 另一个方面，"心力"是是非的评判主体。也就是说，正因为有"心力"，才得以进行价值判断。他说："虽天地之久定位，亦心审而后许其然。苟心察而弗许，我安能颔彼久定之云？"⑥ 由这样两个方面言之，"人心"即"我"乃"世俗之本"。在此，所谓"世

---

① 龚自珍著，王佩净校：《龚自珍全集》，上海：上海人民出版社 1975 年（下同），第一三页。
② 龚自珍著，王佩净校：《龚自珍全集》，第一二八页。
③ 龚自珍著，王佩净校：《龚自珍全集》，第一二八页。
④ 龚自珍著，王佩净校：《龚自珍全集》，第三九二页。
⑤ 龚自珍著，王佩净校：《龚自珍全集》，第一五至一六页。
⑥ 龚自珍著，王佩净校：《龚自珍全集》，第四一八页。

俗"，为"俗世"即"人世间"之含义。龚自珍说：

> 人心者，世俗之本也；世俗者，王运之本也。人心亡，则世俗坏；世俗坏，则王运中易。王者欲自为计，盍为人心世俗计矣。①

在龚自珍看来，正是由于众人有"心力"，人不仅创造了天地万物，而且创造了"书""数"等文明。他说："我光造日月，我力造山川，我变造毛羽肖翘，我理造文字言语，我气造天地，我天地又造人，我分别造伦纪。"② 具体来讲，"我"具有记忆能力，为了帮助记忆，便创造了文字；"我"能测量、分辨，于是创造出数字，进而产生了天文、历法；因"民我性善病"，于是便产生了医药学；因"民我性能类"，于是便产生了礼法制度。可见，天地万物、文字语言、人伦制度等文明，无不出于"我"的创造。他说："民我性能记，立强记之法，是书之始。……民我性能测，立测之法，是数之始。……民我性能分辨，立分辨之法有四：名之曰东西南北。……民我性善病，……于是别草木之性以杀虫，是医之始。……民我性能类，故以书画其所生。……民我性不齐，夫以裸人食毛羽人，及男女不相部，名之为恶矣；其不然者，名为善矣，是名善恶之始。"③ 正因为如此，人应该"尊心"，树立"大人之志"。他说："是故欲为史，若为史之别子也者，毋瓤毋喘，自尊其心。心尊，则其官尊矣；心尊，则其言尊矣。官尊言尊，则其人亦尊矣。尊之之所归宿如何？曰：乃又有所大出入焉。"④ 他还说：

> 蠢也者，灵所借力者也；暂也者，常所借力者也；逆旅也者，主人所借力者也。生亦多矣，大人恃者此生；身亦多矣，大人恃者此身。恃焉尔，欲其留也；留焉尔，欲其有为也；有为焉尔，不欲以更多也。是之谓大人之志。⑤

基于前述，龚自珍认为，世界和历史并非由"神圣"创造，而乃由人类自己创造。一个方面，天地万物非由"神圣"创造，而是由人创造。他说：

① 龚自珍著，王佩净校：《龚自珍全集》，第七八页。
② 龚自珍著，王佩净校：《龚自珍全集》，第一二至一三页。
③ 龚自珍著，王佩净校：《龚自珍全集》，第一四页。
④ 龚自珍著，王佩净校：《龚自珍全集》，第八一页。
⑤ 龚自珍著，王佩净校：《龚自珍全集》，第二〇页。

"天地，人所造，众人自造，非圣人所造。圣人也者，与众人对立，与众人为无尽，众人之宰，非道非极，自名曰我。"① 而且，所谓"神祇"，其实不过是人的"创造物"。他说："天神，人也；地祇，人也；人鬼，人也。"② 另一个方面，历史也是由人"谱写"的。他说："自周而上，一代之治，即一代之学也；一代之学，皆一代王者开之也。"③ 不过，所谓世界和历史由"人"创造，并非指个人之创造，而是指人类之创造。在龚自珍看来，个人之间在智慧、才能方面确实不等。他说："既有世已，于是乎有世法。民我性不齐，是智愚、强弱、美丑之始。"④ 尽管如此，人类又确有诸多共性，而根本共性在于"心力"。正是因此，天地万物和人类社会乃"人所造"。龚自珍说：

> 后政也者，先小而后大。五人主为政，十人主为政，十十人主为政，百十人主为政，人总至，至于万，为其大政。有众人已，有日月；有日月已，有旦昼。日月旦昼，人所造，众人自造，非圣人所造。⑤

第二节　人性"无善无不善"

关于人性论，龚自珍对已有人性论进行了辨析。在他看来，孟子看到桀与尧均有人性善良的一面，故而提出"性善论"。他说："知桀之本不异尧，孟氏之辩兴矣。"⑥ 荀子看到尧与桀均有人性丑恶的一面，故而提出"性恶论"。他说："知尧之本不异桀，荀卿氏之言起矣。"⑦ 很显然，无论是"性善论"，还是"性恶论"，它们均有理论上的片面性。龚自珍说："为尧矣，性不加菀；为桀矣，性不加枯。为尧矣，性之桀不亡走；为桀矣，性之尧不亡走；不加菀，不加枯，亦不亡以走。是故尧与桀互为主客，互相伏也，而莫

---

① 龚自珍著，王佩诤校：《龚自珍全集》，第一二页。
② 龚自珍著，王佩诤校：《龚自珍全集》，第一三页。
③ 龚自珍著，王佩诤校：《龚自珍全集》，第四页。
④ 龚自珍著，王佩诤校：《龚自珍全集》，第一四页。
⑤ 龚自珍著，王佩诤校：《龚自珍全集》，第一三页。
⑥ 龚自珍著，王佩诤校：《龚自珍全集》，第一二九页。
⑦ 龚自珍著，王佩诤校：《龚自珍全集》，第一二九页。

相偏绝。"① 扬雄看到人性可善可恶，故提出较为全面的"善恶混"的主张。不过，扬雄未能深入一步，溯及人性本体。龚自珍说："扬雄不能引而申之，乃勉强名之曰：'善恶混。'雄也窃言，未湮其原；盗言者雄，未离其宗。"② 相较而言，告子则深入一步，溯及人性本体，提出"性无善无不善"的主张。然而，告子"发端未竟"，未能将"性无善无不善"观点贯彻到底。他说："告子知性，发端未竟。"③ 尽管如此，龚自珍仍以告子的观点为宗旨。他说：

> 龚氏之言性也，则宗无善无不善而已矣，善恶皆后起者。夫无善也，则可以为桀矣；无不善也，则可以为尧矣。④

基于告子的"性无善无不善"观点，龚自珍认为，人性最初都是一样的，本来并没有善恶之分；所谓善、恶均非先天之说，而是后天形成的。他说："善非固有，恶非固有，仁义、廉耻、诈贼、很忌非固有。"⑤ 具体来讲，"人性"乃可以"雕琢""塑造"的材料；后天习行既可以使"人性"向善，也可以使"人性"向恶。因此，善、恶并不是"人性"本身，而是"人性"的外在表现。在此意义下，"性"是通过善、恶表现和界定的。他说："告子曰：'性无善，无不善也。'又曰：'性，犹杞柳也，仁义，杯棬也。以性为仁义，以杞柳为杯棬。'……是故性不可以名，可以勉强名；不可似，可以形容似也。"⑥ 因此，惩善扬恶只是调整善、恶，并不能调整"人性"本身。他说："攻劖彼为不善者耳，曾不能攻劖性；崇为善者耳，曾不能崇性；治人耳，曾不治人之性；有功于教耳，无功于性；进退卑亢百姓万邦之丑类，曾不能进退卑亢性。"⑦ 总之，所谓真与妄、善与恶本质上并不存在差别，它们都统一于人的自然本性，即不真不妄、不善不恶、体用一如的"人性"。他说：

> 或问圣众以何为依止？答以心为依止。真心耶？妄心耶？答以妄心

---

① 龚自珍著，王佩净校：《龚自珍全集》，第一二九页。
② 龚自珍著，王佩净校：《龚自珍全集》，第一二九页。
③ 龚自珍著，王佩净校：《龚自珍全集》，第一二九页。
④ 龚自珍著，王佩净校：《龚自珍全集》，第一二九页。
⑤ 龚自珍著，王佩净校：《龚自珍全集》，第一八页。
⑥ 龚自珍著，王佩净校：《龚自珍全集》，第一二九页。
⑦ 龚自珍著，王佩净校：《龚自珍全集》，第一二九页。

为依止，全妄即真故。①

尽管龚自珍主张"性无善无不善"，但他亦承认人的自然本性无不"怀私"。在他看来，无论是"圣帝哲后"，还是"寡妻贞妇"，他们"无不有私"。他说："圣帝哲后，明诏大号，劬劳于在原，咨嗟于在庙，史臣书之。究其所为之实，亦不过曰：庇我子孙，保我国家而已，何以不爱他人之国家，而爱其国家？何以不庇他人之子孙，而庇其子孙？……忠臣何以不忠他人之君，而忠其君？孝子何以不慈他人之亲，而慈其亲？寡妻贞妇何以不公此身于都市，乃私自贞私自葆也？"② 实际上，"怀私"乃普遍的，因此，即使是天地日月，亦"无不有私"。他说："天有闰月，以处赢缩之度，气盈朔虚，夏有凉风，冬有燠日，天有私也；地有畸零华离，为附庸闲田，地有私也；日月不照人床闼之内，日月有私也。"③ 总之，人人都有追求私欲的本心，"怀私"乃整个世界的普遍现象。他说："夫急公者，古人之义也；怀私者，古人之情也。"④ 他还说："民之生，尽黄帝、炎帝之后也，尽圣者之后也。蔀而有国，淯而有家，各私其子孙。"⑤ 关于人性之"怀私"，龚自珍还说：

> 上古不讳私，百亩之主，必子其子；其没也，百亩之亚旅，必臣其子；余子必尊其兄，兄必养其余子。父不私子则不慈，子不业父则不孝，余子不尊长子则不悌，长子不赡余子则不义。⑥

龚自珍认为，不仅人性无不"怀私"，而且"情"也属于人的"自然本性"。他说："夫我也，则发于情，止于命而已矣。"⑦ 而且，既然"情"亦为"自然本性"，那么对其不仅不应加以抑制，反而应当"尊情"即尊重"情"。他说："情之为物也，亦尝有意乎锄之矣；锄之不能，而反宥之；宥之不已，而反尊之。龚子之为《长短言》何为者耶？其殆尊情者耶！"⑧ 在龚自珍看

---

① 龚自珍著，王佩诤校：《龚自珍全集》，第三七七页。
② 龚自珍著，王佩诤校：《龚自珍全集》，第九二页。
③ 龚自珍著，王佩诤校：《龚自珍全集》，第九二页。
④ 龚自珍著，王佩诤校：《龚自珍全集》，第一六八页。
⑤ 龚自珍著，王佩诤校：《龚自珍全集》，第二三〇页。
⑥ 龚自珍著，王佩诤校：《龚自珍全集》，第四九页。
⑦ 龚自珍著，王佩诤校：《龚自珍全集》，第八五页。
⑧ 龚自珍著，王佩诤校：《龚自珍全集》，第二三二页。

来，凡是没有限定范围、没有强制依附、无限广大及蕴含深沉的"情"都应该"尊"。他说："情孰为尊？无住为尊，无寄为尊，无境而有境为尊，无指而有指为尊，无哀乐而有哀乐为尊。"① 质言之，应该"尊"的"情"主要指"六九童心"。所谓"六九"，指"阴阳"，意指自然；所谓"童心"，指儿童般的心；故，所谓"六九童心"，指人的自然之心。龚自珍说："少年哀乐过于人，歌泣无端字字真。既壮周旋杂痴黠，童心来复梦中身。"② 他还说："黄金华发两飘萧，六九童心尚未消。叱起海红帘底月，四厢花影怒于潮。"③

第三节　今文经学思想

龚自珍自幼师从段玉裁学习，所以对"小学"非常重视。他说："小学者，子弟之学；学之以侍父兄师保之侧，以侍父兄师保之顾问者也。……小学之事，与仁、爱、孝、弟之行，一以贯之已矣。"④ 不过，"小学"只是"入门之学"，它不能囊括全部学问。而且，"小学"之文字训诂极耗精力，于世却往往无大裨益。他说："于是君子有忧之，忧上达之无本，忧逃其难者之非正。……算师畴人，则积数十年之功，始立一术。书师则繁称千言，始晓一形一声之故。"⑤ 因此，学问不能止于"小学"，而应代之以"经世致用"的"大学"。在他看来，"常州学派"的"今文经学"即是这样的"大学"，故他非常重视"春秋公羊学"。不过，他的研究并不限于"春秋公羊学"，而是树立起广泛的视野。他说："经不可执家法求也。……五经大师，不专治博士说，亦不专治古文说，诗称毛而兼称三家，《春秋》称左而兼称公羊、谷梁，余经可例推。"⑥ 基于此，龚自珍渐渐形成了自己的今文经学思想。关此，魏源曾说：

---

① 龚自珍著，王佩诤校：《龚自珍全集》，第二三二页。
② 龚自珍著，王佩诤校：《龚自珍全集》，第五二六页。
③ 龚自珍著，王佩诤校：《龚自珍全集》，第四九六页。
④ 龚自珍著，王佩诤校：《龚自珍全集》，第九三页。
⑤ 龚自珍著，王佩诤校：《龚自珍全集》，第一九五页。
⑥ 龚自珍著，王佩诤校：《龚自珍全集》，第二六〇页。

　　　　君名自珍……于经通《公羊春秋》，于史长西北舆地。其文以六书、小学为入门，以周、秦诸子、吉金乐石为崖郭，以朝章、国故、世情、民隐为质干。晚尤好西方之书，自谓造深微云。①

　　具体来讲，龚自珍的今文经学思想包括三个方面。

　　其一，龚自珍反对以"阴阳灾异说"附会儒家经书。在汉代，董仲舒对《公羊春秋》加以附会，提出了"天能赏罚"的"天人感应论"。龚自珍对此不以为然，认为"天人感应"绝不能与天象推测相提并论。他说："自古以阴阳五行占论灾异，与推步家术绝不相同，不能并为一家之言。"② 在他看来，干旱、水涝、疾疫等都是自然现象，由此可见"天"并不神秘。他说："夫天，寒、暑、风、雨、露、雷必信，则天不高矣；寒、暑、风、雨、露、雷必不信，则天又不高矣。"③ 再如，天上的星象亦是自然现象，而且有其规律可循。他说："近世推日月食精矣，惟慧星之出，古无专书，亦无推法，足下何不请于郑亲王，取钦天监历来慧星旧档案汇查出，推成一书？则此事亦有定数，与日食等耳。"④ 总之，天象可以"推步"，但人事不可"推步"，故天象与人事实不相干。他说："诚可步也，非凶灾；诚凶灾也，不可以步。……于是又有恒旸而旱，恒雨而潦，恒燠恒寒而疵疠，当儆人君，人君反不忌，虽箕子所寒心，孔子所危言，反坐诬与谤。"⑤ 因此，应该还《周易》《洪范》等之本来面目，避免以灾异迷信解经。他说：

　　　　自珍最恶京房之《易》，刘向之《洪范》，以为班氏《五行志》不可作也。此书（指龚自珍之著作——引者注）成，可以摧烧汉朝天士之谬说矣。⑥

　　其二，龚自珍主张"经世致用"之学。关于"经世致用"之学，梁启超曾说："所谓'经世致用'之一学派，其根本观念，传自孔孟，历代多倡道

----

① 魏源全集编辑委员会编校：《魏源全集》第十二册，长沙：岳麓书社 2004 年（下同），第 245—246 页。
② 龚自珍著，王佩诤校：《龚自珍全集》，第三四六页。
③ 龚自珍著，王佩诤校：《龚自珍全集》，第八三页。
④ 龚自珍著，王佩诤校：《龚自珍全集》，第三四六页。
⑤ 龚自珍著，王佩诤校：《龚自珍全集》，第九页。
⑥ 龚自珍著，王佩诤校：《龚自珍全集》，第三四六页。

之，而清代之启蒙派晚出派，益扩张其范围。此派所揭櫫之旗帜，谓学问所当讲求者，在改良社会增其幸福，其通行语所谓'国计民生'者是也。故其论点，不期而趋集于生计问题。"① 在龚自珍看来，学术应该经世治国，应该安定民生。因此，他批评文人学者不敢讲真话，写书著文只为了养家糊口。他有诗曰："牢盆狎客操全算，团扇才人踞上游。避席畏闻文字狱，著书都为稻粱谋。"② 因此，他非常注意研究社会现实，主张"学术"与现实相结合。文献记载："先生（指龚自珍——引者注）与……诸君搜讨典籍……由是益肆意著述，贯串百家，究心经世之务。"③ 龚自珍自己亦说："友朋之贤者也，皆语自珍曰：曷不写定《易》、《书》、《诗》、《春秋》？方读百家，好杂家之言，未暇也。……又有事天地东西南北之学，未暇也。"④ 在此，所谓"东西南北之学"，就是指"经世致用"之学。关于"经世致用"，龚自珍还说：

> 龚子渊渊夜思，思所以掸简经术，通古近，定民生，而未达其目也。⑤

其三，龚自珍主张变易进化的思想。他依据"公羊三世说"思想，认为人类社会发展是一个"由乱到治""由治到乱"的反复过程，具体分为"治世""乱世""衰世"三个阶段。他说："吾闻深于《春秋》者，其论史也，曰：书契以降，世有三等，三等之世，皆观其才；才之差，治世为一等，乱世为一等，衰世别为一等。"⑥ 对照地看，他把上古作为"据乱世"，商朝为"升平世"，周朝为"太平世"。在龚自珍看来，之所以把人类社会分为"三世"，在于"一而立，再而反，三而如初"乃万物之必然规律。他说："万物之数括于三：初异中，中异终，终不异初。……万物一而立，再而反，三而如初"⑦。依照"三世说"，龚自珍认为，清朝已经到了"将萎之华，惨于槁木"⑧ 的"衰世"，而"衰世"预示着新社会的到来。不过，新旧社会的更迭

---

① 梁启超撰，朱维铮导读：《清代学术概论》，第106—107页。
② 龚自珍著，王佩净校：《龚自珍全集》，第四七一页。
③ 龚自珍著，王佩净校：《龚自珍全集》，第五九九页。
④ 龚自珍著，王佩净校：《龚自珍全集》，第二五页。
⑤ 龚自珍著，王佩净校：《龚自珍全集》，第四九页。
⑥ 龚自珍著，王佩净校：《龚自珍全集》，第六页。
⑦ 龚自珍著，王佩净校：《龚自珍全集》，第十六页。
⑧ 龚自珍著，王佩净校：《龚自珍全集》，第七页。

并非"骤变"，而乃"渐变"。他说："可以虑矣！可以虑，可以更，不可以骤。"① "甚矣！风气之变之必以渐也。"② 总之，在龚自珍看来，人类社会历史是不断进化的，而进化是有一定规律的。他说：

> 自珍少读历代史书及国朝掌故，自古及今，法无不改，势无不积，事例无不变迁，风气无不移易，所恃者，人才必不绝于世而已。③

---

① 龚自珍著，王佩诤校：《龚自珍全集》，第七九页。
② 龚自珍著，王佩诤校：《龚自珍全集》，第三四四页。
③ 龚自珍著，王佩诤校：《龚自珍全集》，第三一九页。

第二十九章　魏　源

魏源（1794—1857 年），原名远达，字默深、墨生、汉士，号良图，法名承贯，湖南邵阳人。清嘉庆二十五年（1820 年）全家迁居江苏扬州新城。早年师从胡承珙学习汉儒经典，后又师从今文经学家刘逢禄学习《春秋公羊传》。鸦片战争爆发后，魏源任两江总督的幕府参谋。清道光二十五年（1845年）中进士，后任江苏东台县、兴化县知县和高邮州知州等。太平天国运动爆发后，被免职。后先居兴化整理著述，继居于杭州"寄僧舍"，潜心佛学。清咸丰七年（1857 年）病逝于杭州僧舍。

魏源主张论学以"经世致用"为宗旨，主张抗击西方国家的入侵，并提出"师夷长技以制夷"① 的主张。其主要著作包括《书古微》《诗古微》《默觚》《老子本义》《圣武记》《公羊古微》《曾子发微》《子思子发微》《孝经集传》《孔子年表》《孟子年表》《小学古经》《大学古本发微》《两汉古文家法考》《春秋繁露注》和《海国图志》等，后被辑为《魏源集》《魏源全集》等。

第一节　"君子以天为家"

魏源认为，与万事万物一样，人亦有其"根本"。在他看来，人乃"以天为本""以天为归"。即，人不仅均生自"天"，而且死后也均归"天"。他说："万事莫不有本，众人与圣人皆何所本乎？人之生也，有形神、有魂魄。于魂魄合离聚散，谓之生死；于其生死，谓之人鬼；于其魂魄、灵蠢、寿夭、苦乐、清浊，谓之升降；于其升降，谓之劝戒。虽然，其聚散、合离、升降、

---

① 魏源全集编辑委员会编校：《海国图志原叙》第 1 页，载《魏源全集》第四册。

劝戒，以何为本，以何为归乎？曰：以天为本，以天为归。……大本本天，大归归天，天故为群言极。"① 正因为如此，在唐、虞以及"三代"时期，人们皆"敬天""畏天"。他说："圣人之言敬也，皆敬天也，'昭事上帝'，顾谊明命也。"② 圣贤不仅自己"敬天""畏天"，而且教导万民"敬天""畏天"。他说："黄帝、尧、舜、文王、箕子、周公、仲尼、傅说，其生也自上天，其死也反上天。其生也教民，语必称天，归其所本，反其所自生，取舍于此。"③ 既然人之"根本"在"天"，那么君子应该"以天为家"。魏源说：

> 君子以天为家，以德为本，以道为域；身躯由地而来，向地而归，灵魄由天而来，向天而归。④

然而，"三代"以后，"天"与"人"日远，人们开始"不信天""不敬天"。魏源说："中古以后，地天之通绝矣，天与人日远矣，人且膜视乎天，且渐不信天敬天。"⑤ 之所以如此，在于许多人认为，孔子不言"天道""性""命"。例如，《论语》记载："夫子之文章，可得而闻也。夫子之言性与天道，不可得而闻也已矣。"⑥ "子罕言利与命与仁。"⑦ 魏源对"天与人日远"深表忧虑，因为实际上孔子非常重视"天与人合"。他说："一阴一阳者天之道，而圣人常扶阳以抑阴；一治一乱者天之道，而圣人必拨乱以反正；何其与天道相左哉？"⑧ 而且，孔子在《易传》中多次提及"仁""命""利"，而这些思想均与"天道"相关。魏源说："仁其性乎？命其天道乎？利其天人之参乎？圣人利、命、仁之教，不谆谆于《诗》、《书》、《礼》而独谆谆于《易》。《易》其言利、言命、言仁之书乎？"⑨ 在魏源看来，"利"实为"天"与"人"沟通的媒介。他说："世疑天人之不合一久矣，惟举天下是非、臧否、得失一决之于利不利，而后天与人合。故曰：'乾始能以美利利天下，不

---

① 魏源全集编辑委员会编校：《魏源全集》第十二册，第4—5页。
② 魏源全集编辑委员会编校：《魏源全集》第十二册，第13页。
③ 魏源全集编辑委员会编校：《魏源全集》第十二册，第5页。
④ 魏源全集编辑委员会编校：《魏源全集》第七册，1866页。
⑤ 魏源全集编辑委员会编校：《魏源全集》第十二册，第20页。
⑥ 何晏注，邢昺疏，朱汉民整理，张岂之审定：《论语注疏》，第61页。
⑦ 何晏注，邢昺疏，朱汉民整理，张岂之审定：《论语注疏》，第111页。
⑧ 魏源全集编辑委员会编校：《魏源全集》第十二册，第11页。
⑨ 魏源全集编辑委员会编校：《魏源全集》第十二册，第20页。

言所利，大矣哉！'"① 因此，人们应该关心"利"。他说：

> 甚哉，是非之与利害一也，天道之与人事一也！知是非与利害一，而后可由利仁以几于安仁；知天道之与人事一，而后可造命立命以成其安命。②

在魏源看来，天下事物均是矛盾存在，即，"天下物无独必有对"。不过，对立双方并非平等、并在，而乃"一主一辅"，犹如"乾尊坤卑"一样。他说："天下物无独必有对，而又谓两高不可重，两大不可容，两贵不可双，两势不可同，重、容、双、同，必争其功。何耶？有对之中必一主一辅，则对而不失为独。乾尊坤卑，天地定位，万物则而象之，此尊无二上之谊焉。"③ 在魏源看来，因为事物中包含着矛盾，矛盾双方斗争会引起变化，故不存在永恒不变的事物。而且，无论是自然现象，还是社会现象，沧海桑田，一切都在发展变化之中。他说："租、庸、调变而两税，两税变而条编。变古愈尽，便民愈甚，虽圣王复作，必不舍条编而复两税，舍两税而复租、庸、调也；乡举里选变而门望，门望变而考试，丁庸变而差役，差役变而雇役，虽圣王复作，必不舍科举而复选举，舍雇役而为差役也。"④ 事物的变化是有规律的，而变化规律乃"物极则反"。他说：

> 暑极不生暑而生寒，寒极不生寒而生暑。屈之甚者信必烈，伏之久者飞必决。故不如意之事，如意之所伏也；快意之事，忤意之所乘也。⑤

魏源还探讨了鬼神问题。首先，他反对否认鬼神的观点。在他看来，否认鬼神与儒家"六经"相悖。他说："圣人敬鬼神而远之，非辟鬼神而无之也。"⑥ 而且，梦境乃鬼神存在的证明，因为"梦中之境"即是"游魂为变"。他说："寐时之梦，寤时之心景也。夜者昼之景，死者生之景，鬼神者

---

① 魏源全集编辑委员会编校：《魏源全集》第十二册，第20页。
② 魏源全集编辑委员会编校：《魏源全集》第十二册，第20页。
③ 魏源全集编辑委员会编校：《魏源全集》第十二册，第26页。
④ 魏源全集编辑委员会编校：《魏源全集》第十二册，第49页。
⑤ 魏源全集编辑委员会编校：《魏源全集》第十二册，第18页。
⑥ 魏源全集编辑委员会编校：《魏源全集》第十二册，第3页。

人之景。梦中之境，游魂为变，鬼神之情状也。"① 其次，相信鬼神存在还具有实际意义。一个方面，鬼神之说"有益于人心"。因此，如果真的无鬼，不仅使宗庙祭祀失去了意义，而且会使小人作恶肆无忌惮。他说："无鬼非圣人宗庙祭祀之教，徒使小人为恶无忌惮，则异端之言反长于儒者矣。"② 另一个方面，宣扬鬼神还有利于维护统治。他说："鬼神之说，其有益于人心，阴辅王教者甚大，王法显诛所不及者，惟阴教足以慑之。"③ 总之，魏源不仅主张人之"自造自化"，而且相信鬼神存在；不仅主张"人道设教"，而且主张"神道设教"。在儒家经典当中，《诗经》《尚书》《礼记》等以"人道设教"为主，《易经》则以"神道设教"为主。而且，卜筮作为沟通天人的渠道，是"神教设教"的实现途径。魏源说：

> 使非空空然叩诸卜筮，受命如响，鬼神来告，曷以舍其偏是偏非，而信吉凶、悔吝易知、易从哉？故卜筮者，天人之参也，地天之通也。《诗》、《书》、《礼》皆人道设教，惟《易》则以神道设教。④

第二节　人之"自造自化"

魏源认为，作为天地万物的"生灵"，人乃"仁气"之积聚体。他说："人者，天地之仁也。人之所聚，仁气积焉；人之所去，阴气积焉。……人气所缊，横行为风，上泄为云，望气吹律而吉凶占之。……'天地之性人为贵'，……《诗》曰：'无竞惟人，四方其训之。'"⑤ 而且，人的"仁气"即是天地的"仁气"。他说："'用志不分，乃凝于神'，己之灵爽，天地之灵爽也。"⑥ 正因为人乃"仁气"的积聚体，故人具有一种与生俱生的"灵觉之光明"。他说："夫岂离人人灵觉之本明而别有光明也哉？'天之生斯民也，使先

---

① 魏源全集编辑委员会编校：《魏源全集》第十二册，第32页。
② 魏源全集编辑委员会编校：《魏源全集》第十二册，第4页。
③ 魏源全集编辑委员会编校：《魏源全集》第十二册，第3页。
④ 魏源全集编辑委员会编校：《魏源全集》第十二册，第20页。
⑤ 魏源全集编辑委员会编校：《魏源全集》第十二册，第44—45页。
⑥ 魏源全集编辑委员会编校：《魏源全集》第十二册，第6页。

觉觉后觉’，而觉之小、大、恒、暂分焉。大觉如日，明觉如月，独觉如星，偏觉如燎炬，小觉如灯烛，偶觉如电光，妄觉如磷火。日光，圣也；月，贤也；星，君子也；燎，豪杰也；灯，儒生也；电，常人也；磷，小黠也。"①此"光明"不仅与人的生命同生同灭，而且也是万事万物的本原。因此，火缺少它不能发光，金属脱离它不会锋利。魏源说：

> 人赖日月之光以生，抑知身自有其光明与生俱生乎？灵光如日，心也；神光如月，目也。光明聚则生，散则死；寤则昼，寐则夜；全则哲，昧则愚。火非此不明，水非此不清，金非此不莹，木石非此，火则不生成。故光明者，人生之元神也。②

然而，人们却往往"损质以益名"，遮蔽了人的"性分"。他说："草木之长，不见其有予而日修，为善日益也似之；？磨之砥，不见其有夺而日薄，为不善日损也似之。然则君子无损乎？曰：君子损文以益质，小人损质以益名。"③因此，应该"损文以益质"，恢复固有的"性分"。所谓"损文益质"，指摒除本无之物欲，恢复固有之本性。他说："气禀物欲，皆为性分所本无。去本无以还其固有，损之又损，以至于无。始而以道德战纷华，既而以中行绳过、不及，内御日强，外侮日退，则人我一矣，则自身之异端尽矣。"④进而，"损文益质"可以"回光反照"来形容，即，指恢复人的本性，使其"烛照"万物。他说："神聚于心而发于目，心照于万事，目照于万物。……回光反照，则为独知独觉；彻悟心源，万物备我，则为大知大觉；自非光明全复，乌能'与天地合德，与日月合明'哉！"⑤在魏源看来，"缉熙"乃实现"回光反照"的有效方法。所谓"缉熙"，就是发现、收拢本性之意。他说："人人可以为日，可以为月乎？……缉熙不缉熙而已。《诗》曰：'日就月将，学有缉熙于光明。'"⑥总之，不能"忘本"，即忘记人的"性分"。他说：

---

① 魏源全集编辑委员会编校：《魏源全集》第十二册，第14页。
② 魏源全集编辑委员会编校：《魏源全集》第十二册，第13—14页。
③ 魏源全集编辑委员会编校：《魏源全集》第十二册，第7页。
④ 魏源全集编辑委员会编校：《魏源全集》第十二册，第2页。
⑤ 魏源全集编辑委员会编校：《魏源全集》第十二册，第14页。
⑥ 魏源全集编辑委员会编校：《魏源全集》第十二册，第14页。

万事莫不有其本，守其本者常有余，失其本者常不足。……祸莫大于不知足，不知足莫大于忘本。①

进而，魏源非常强调"人心"的能动作用。在他看来，"事必本夫心"，"物必本夫我"。他说："事必本夫心。玺一也，文见于朱者千万如一，有玺籀篆而朱鸟迹者乎？有朱籀篆而玺鸟迹者乎？……物必本夫我。……善言我者，必有乘于物矣。"② 魏源的意思是，意识、观念、身心等可以支配外在事物。他说："意之所构，一念一虑皆物焉；心之所构，四端五性皆物焉；身之所构，五事五伦皆物焉；家国天下所构，万几百虑皆物焉。"③ 不过，这并非意味着万事万物只处于被动状态，实际上，如同权衡与轻重关系一样，意识、观念、身心亦受制于外在事物。他说："然无星之秤不可以程物，故轻重生权衡，非权衡生轻重。"④ 尽管如此，魏源仍然主张"万物皆备于我"。他说："人之心其白日乎！人知心在身中，不知身在心中也。'万物皆备于我矣'，是以神动则气动，气动则声动，以神召气，以母召子，不疾而速，不呼而至。大哉神乎！一念而赫日，一言而雷霆，一举动而气满大宅。"⑤ 总之，魏源认为，人之心可以通天彻地，人可以参赞天地之化育。他说：

敏者与鲁者共学，敏不获而鲁反获之；敏者曰鲁，鲁者曰敏。岂天人之相易耶？曰：是天人之参也。⑥

进而，魏源强调意志的能动性。在他看来，即使是普通人，只要有坚强的意志，亦可成为"立命之君子"。他说："匹夫确然其志，天子不能与之富，上帝不能使之寿，此立命之君子，岂命所拘者乎？"⑦ 具体来讲，如果发挥主观能动性即"逆"，人便可能在拼搏中实现理想，从而最终达到人生成功。否则，做事情可能半途而废，做人也终难成大业。他说："真人逆精以反气，圣人逆情以复性，帝王逆气运以拨乱反治。逆则生，顺则夭矣；逆则圣，顺则

---

① 魏源全集编辑委员会编校：《魏源全集》第十二册，第23页。
② 魏源全集编辑委员会编校：《魏源全集》第十二册，第193—194页。
③ 魏源全集编辑委员会编校：《魏源全集》第十二册，第4页。
④ 魏源全集编辑委员会编校：《魏源全集》第十二册，第193—194页。
⑤ 魏源全集编辑委员会编校：《魏源全集》第十二册，第13页。
⑥ 魏源全集编辑委员会编校：《魏源全集》第十二册，第6页。
⑦ 魏源全集编辑委员会编校：《魏源全集》第十二册，第21页。

狂矣。草木不霜雪，则生意不固；人不忧患，则智慧不成。大哉《易》之为逆数乎！"① 而且，即使是圣贤，也并非"生而知之"，其成就亦源于后天努力。魏源说："圣其果生知乎，安行乎？孔何以发愤而忘食？……孔何以假年而学《易》乎？……假年学《易》，可无大过，小过虽圣人不免焉。……故惟圣人然后能知过，惟圣人然后能改过。"② 总之，人的命运并非天定，而乃由人自己掌握。他说："人定胜天，既可以转贵富寿为贫贱夭，则贫贱夭亦可转为贵富寿。……祈天永命，造化自我，此造命之君子，岂天所拘者乎？"③质言之，人是"自造自化"的。魏源说：

> 技可进乎道，艺可通乎神；中人可易为上智，凡夫可以祈天永命；
> 造化自我立焉。……何微之不入？何坚之不劖？何心光之不废乎？是故
> 人能与造化相通，则可自造自化。④

第三节　今文经学思想

魏源对"宋学""汉学"多有批评。他认为，"宋学"之擅长在"空谈心性"，而"空谈心性"于"王道"根本无用。他说："使其口心性，躬礼义，动言万物一体，而民瘼之不求，吏治之不习，国计边防之不问；一旦与人家国，上不足制国用，外不足靖疆圉，下不足苏民困，举平日胞与民物之空谈，至此无一事可效诸民物，天下亦安用此无用之王道哉？"⑤ 同样，乾嘉之际的"汉学"，不仅为烦琐"无用之一途"，而且"锢天下聪明智慧"。他说："自乾隆中叶后，海内士大夫兴汉学，而大江南北尤盛。……争治训诂音声，爪剖釽析，……锢天下聪明智慧使尽出于无用之一途。"⑥ 由此来讲，"宋学家"和"汉学家"乃贻误天下的"腐儒""庸儒"。他说："所陈诸上者，无非肤

---

① 魏源全集编辑委员会编校：《魏源全集》第十二册，第39页。
② 魏源全集编辑委员会编校：《魏源全集》第十二册，第9页。
③ 魏源全集编辑委员会编校：《魏源全集》第十二册，第21页。
④ 魏源全集编辑委员会编校：《魏源全集》第十二册，第6页。
⑤ 魏源全集编辑委员会编校：《魏源全集》第十二册，第36页。
⑥ 魏源全集编辑委员会编校：《魏源全集》第十二册，第283页。

瑣不急之谈，纷饰润色之事；以宴安鸩毒为培元气，以养痈贻患为守旧章，以缄默固宠为保明哲。"① 进而，魏源提倡"以经术为治术"②、以"微言大义"为宗旨的"今文经学"，以化解"宋学"和"汉学"的弊端，从而真正助于实现治国平天下。他说：

> 且夫文质再世而必复，天道三微而成一著。今日复古之要，由诂训、声音以进于东京典章制度，此齐一变至鲁也；由典章、制度以进于西汉微言大义，贯经术、故事、文章于一，此鲁一变至道也。③

具体来讲，魏源从三个方面阐述了其"今文经学"思想。

其一，主张学问的"经世致用"。魏源认为，当时国家民族已经到了"病入膏肓"的地步。他说："江海惟防倭防盗，不防西洋，夷烟蔓宇内，货币漏海外，病漕、病鹾、病吏、病民之患，前代未之闻焉。"④ 面对如此危难，国家之急需乃"经世致用"的学问。他说："曷谓道之器？曰'礼乐'；曷谓道之断？曰'兵刑'；曷谓道之资？曰'食货'。道形诸事谓之治，以其事笔之方策，俾天下后世得以求道而制事，谓之经。"⑤ 质言之，所有道德、政事均须以解决现实社会问题为目的。他说："文之用，源于道德而委于政事，百官万民，非此不丑；君臣上下，非此不牖；师弟友朋，守先待后，非此不寿。夫是以内疄其性情而外纲其皇极，缊之也有源，其出之也有伦，其究极之也动天地而感鬼神。文之外无道，文之外无治也。"⑥ 因此，一个方面，要祛除"人心之寐患"；另一个方面，要祛除"人才之虚患"；只有这样，才能真正做到"经世致用"，才能切实挽救时政。他说：

> 此凡有血气者所宜愤悱，凡有耳目心知者所宜讲画也。去伪、去饰、去畏难、去养痈、去营窟，则人心之寐患祛，其一；以实事程实功，以实功程实事，艾三年而蓄之，网临渊而结之，毋冯河，毋画饼，则人才

---

① 魏源全集编辑委员会编校：《魏源全集》第十二册，第 65 页。
② 魏源全集编辑委员会编校：《魏源全集》第十二册，第 23 页。
③ 魏源全集编辑委员会编校：《魏源全集》第十二册，第 137 页。
④ 魏源全集编辑委员会编校：《魏源全集》第十二册，第 195—196 页。
⑤ 魏源全集编辑委员会编校：《魏源全集》第十二册，第 23 页。
⑥ 魏源全集编辑委员会编校：《魏源全集》第十二册，第 8 页。

之虚患祛，其二。寐患去而天日昌，虚患去而风雷行。①

其二，强调躬行践履的重要性。魏源认为，躬行践履乃获得知识的前提，否则就不可能获得真知。他说："'及之而后知，履之而后艰'，乌有不行而能知者乎？……披五岳之图以为知山，不如樵夫之一足；谈沧溟之广以为知海，不如估客之一瞥；疏八珍之谱以为知味，不如庖丁之一啜。"② 也就是说，"亲历诸身"乃是知识的来源。他说："读父书者不可与言兵，守陈案者不可与言律，好剿袭者不可与言文；善琴弈者不视谱，善相马者不按图，善治民者不泥法；无他，亲历诸身而已。"③ 若只凭空玄想，不亲自经历，验诸实事，就会出现"闭门造车""方枘圆凿"的情况。他说："以匡居之虚理验诸实事，其效者十不三四；以一己之意见质诸人人，其合者十不五六。古今异宜，南北异俗，自非设身处地，乌能随盂水为方圆也？自非众议参同，乌能闭户造车，出门合辙也？历山川壮游览而不考其形势，阅井疆但观市肆而不察其风俗，揽人才但取文采而不审其才德，一旦身预天下大事，利不知孰兴，害不知孰革，荐黜委任不知孰贤不肖，自非持方枘纳圆凿而何以哉？"④ 因此，士大夫若要治国平天下，"必自其勤访问始"。魏源说：

夫士而欲任天下之重，必自其勤访问始，勤访问，必自其无事之日始。⑤

其三，继承了"公羊学"的历史进化观念。魏源认为，不仅自然界在变化、发展着，而且人类社会也是不断变化的。他说："夫万物自化，则任其自生自息而已。自生自息而气运日趋于文，将复有欲心萌作于其间。苟无以镇之，则太古降为三代，三代降为后世，其谁止之？"⑥ 就人类历史来讲，"三大端"已证明后世胜过"三代"，因此不能美化古代，"言必称三代"。他说："后世之事，胜于三代者三大端：文帝废肉刑，三代酷而后世仁也；柳子非封

① 魏源全集编辑委员会编校：《海国图志原叙》第2页，《魏源全集》第四册。
② 魏源全集编辑委员会编校：《魏源全集》第十二册，第7页。
③ 魏源全集编辑委员会编校：《魏源全集》第十二册，第49页。
④ 魏源全集编辑委员会编校：《魏源全集》第十二册，第36页。
⑤ 魏源全集编辑委员会编校：《魏源全集》第十二册，第36页。
⑥ 魏源全集编辑委员会编校：《魏源全集》第二册，第689页。

建，三代私而后代公也；世族变为贡举，与封建之变为郡县何异？三代用人，世族之弊，贵以袭贵，贱以袭贱，与封建并起于上古，皆不公之大者。"① 实际上，历史是不断进化的。他说："故气化无一息不变者也，其不变者道而已，势则日变而不可复者也。"② 质言之，变化发展乃不可阻挡的"势"。他说："天下大势所趋，圣人即不变之，封建亦必当自变。……此运会所趋，即祖宗亦不能不听其自变。……以人治不复以天治，虽天地亦不能不听其自变。"③ 因此，应该善于掌握和利用"势"。魏源说：

　　　圣人乘天下之势，犹蛟龙之乘云雾，不崇朝雨天下而莫知谁尸其权。大哉神器，亿万生灵之所托命也，而智可暗奸，而力可觊图乎？④

---

① 魏源全集编辑委员会编校：《魏源全集》第十二册，第 59 页。
② 魏源全集编辑委员会编校：《魏源全集》第十二册，第 48 页。
③ 魏源全集编辑委员会编校：《魏源全集》第二册，第 353—355 页。
④ 魏源全集编辑委员会编校：《魏源全集》第十二册，第 44 页。

中国儒学史

下　册

程志华　著

人民出版社

第六编　近代儒学

弁　言

西方文化的大规模东渐及由此所引发的中西文化激烈碰撞构成了中国近代文化的最大特色。正因为如此，西方哲学的大规模东渐开启了传统儒学近代化的进程。在中西文化交汇的早期，近代历史上出现了许多杰出人物，他们对于中西文化的碰撞、中国文化的发展进行了诸多反思。其中，许多儒学思想家的努力构成了其中的重要部分，他们不仅从社会实际层面进行了探讨，而且从哲学层面进行了思考，对儒学之概念、义理及理论体系进行了诸多理论建构。就儒学的发展历程来看，恰恰就是这些理论建构开启了中国近代儒学的历史进程。在一定意义上说，这个时代是儒家思想史上又一个"能动"的时代——即创造性的时代，涌现出了一批名留青史的思想家，主要代表人物包括严复、康有为、谭嗣同、章太炎、梁启超和王国维等。由这些思想家的理论路径来看，他们致力于对西方哲学的译介和对传统儒学的反思，在吸取西方哲学思想的基础上充实、改造传统儒学，从而使儒学形成了明显有别于古代的特征，奠定了具有近代特征的儒学思想。概括地讲，这个时期的儒学思想有如下几个方面的特征。

首先，本体论作为近代儒学的基本问题，表现出明显的科学化特征。自19世纪后期起，一些启蒙思想家开始吸取西方近代自然科学成果，改造传统儒学的本体论范畴。严复以牛顿力学和达尔文的进化论为框架，建立了一个近代意义的儒学体系。康有为以"公羊三世说"和"大同"理想为框架，创立了一个内容独到的哲学体系。无论是严复，还是康有为，本体论均是其哲学思想当中的基本问题。严复提出了"自己而已"的气一元论，康有为建立了"元气——仁本体论"。之后，章太炎也对世界本原问题作了探讨，认为"气"即是"以太""传光气"，认为它们是原始的物质始基。不过，在章太炎看来，无论是"以太"，还是"传光气"，还是"气"，都不是宇宙最终的本体，最终的本体是"真如"。梁启超虽然不赞成西方哲学的"唯物""唯心"之说，提出了"非唯"的主张，但他明显进入了与西方哲学本体论的对话，认为"心物关系"是哲学的基本问题。不过，从他对心物关系的论述可见，其主张仍是明显的"心本体论"。总之，从严复、康有为开始，近代儒学的本体论建构多用"以太""阿屯"等自然科学概念阐释传统儒学的本体范畴，从而表现出明显的哲学本体论科学化特征。

其次，认识论作为近代儒学的"晚出"问题，表现出明显的"外来"特征。认识论是近代西方哲学的核心内容，无论是大陆唯理论，还是英国经验论，都是围绕着认识论而展开的。在西方哲学的冲击下，原本在中国哲学中没有地位的认识论思想在近代儒学中渐渐凸显出来，并成为一个重要的哲学问题。就儒学的内容来看，原来与认识论相关的问题只有体用、本体与工夫问题，并没有严格意义的探讨知识来源问题的认识论思想。在这个时期，严复首先向国内介绍了英国的经验论思想，提出经验是知识唯一来源的思想，并详细探究了"内籀"和"外籀"即归纳和演绎两种逻辑方法。谭嗣同以"仁本体论"为基础提出了"转识成智"的认识论思想。这一思想虽以佛教思想为基础，但它明显受到了西方哲学经验论东渐的激发。而且，谭嗣同的"破对待"思想也具有明显的认识论特征。章太炎以佛教唯识宗为依据探讨了真理的获得问题。之后，王国维主张学问的目的是"尽真""求是"，主张做学问不能尽以圣人之言为标准，而应以"无证不信"为原则。总的看，王国维的主张虽主要是治学方法层面的内容，但也具有了近代认识论的特征。

再次，历史观作为近代儒学的"热门"问题，表现出明显的"中西结合"特征。近代中国的深重危机使历史观成为一个急迫的学术问题。环绕这一问题，有两个重要思想当然地成为了这个时期儒者的理论助援：一个是刚刚传入中国的达尔文的生物进化论及斯宾塞的社会达尔文主义；另一个是儒家传统的变易思想，即"公羊三世说"、《周易》及相关变易的思想。具体来讲，严复首先向国内介绍了达尔文的生物进化论和斯宾塞的社会达尔文主义，并阐述了其对中国社会发展所具有的"惊心动魄"意义。康有为以"大同"社会为理想目标，基于传统儒学之"常变"思想，将"公羊三世说"与"大同""小康"思想结合起来，提出了独特的社会历史观。梁启超在"公羊三世说"的基础上提出了"三世六别"的历史进化论，探讨了地理环境对人类文明的决定性影响，并探讨了英雄人物对历史发展的作用。与上述诸位不同的是章太炎，他在介绍并阐释生物进化论的同时，提出了"俱分进化论"的思想，认为人类社会之进化是"善恶并进"的，即，在人类进化的过程中，善在进化的同时，恶也在扩张；乐在增加的同时，苦也在增加。历史地看，这种观点实是一种具有前瞻性的观点，其意义即使在今天也不容抹杀。

当然，除了上述三个方面的问题之外，对于中外文化的比较研究也是这个时期的研究热点。泛泛地讲，上述三个方面的问题都可归结为文化问题。具体地讲，一些儒者专门研究了中西文化比较问题。比如，严复不仅从道德观、经济观、学术思想以及政治观念等方面比较了中西文化差异，而且还具体探讨了西方文化的精髓，认为西方文化的核心在"崇真"和"为公"两个概念。梁启超则更深一层，他首先探讨了"文化"的定义，认为文化"乃人类心能所开积出来之有价值的共业"，即文化是人的"心力"所创造成果的总和。在他看来，"心力"有两种机能：一种是"创造"，另一种是"模仿"。这两种机能的共同作用构成了人类的文化系统。其次，梁启超认为，对照地看，中国文化重视精神生活，而西方文化重视物质文明。由此出发，他认为，将来人类的发展必是中西文化"结婚"之时代：中西文化之融合代表着人类文化发展的方向。此外，康有为等亦对中西文化比较有诸多的探讨。

第三十章　严　复

严复（1853—1921年），原名宗光，字又陵，又字几道，晚号瘉壄老人，福建省侯官县（今闽侯县）人。1867年考入福州船政学堂，毕业后在海军任职。1877年被清政府选派到英国留学。1879年回国，后长期担任北洋水师学堂总教习、总办等职。中日"甲午战争"失败后，严复疾呼变法维新。1897年在天津创办《国闻报》。"戊戌变法"失败后，思想发生转折，逐渐转向传统学术。后任京师大学堂附设译书局总办、复旦公学校长。"辛亥革命"后，先后任京师大学堂校长、总统府外交法律顾问、约法会议议员、宪法起草委员、参政员等。后参与袁世凯（1859—1916年）复辟帝制活动，为"筹安会"成员。1921年病逝于福州。

严复不仅是维新变法中的启蒙思想家，而且也是我国近代系统介绍西学的主要代表。其代表性论著有：《论世变之亟》《原强》《救亡决论》《辟韩》《严几道诗文钞》《瘉壄堂诗集》《严几道文集》等。此外，严复还翻译了西方的一些重要著作，如，赫胥黎（Thomas Henry Huxley，1825—1895年）的《天演论》，亚当·斯密（Adam Smith，1723—1790年）的《原富》，约翰·穆勒（John Stuart Mill，1806—1873年）的《群己权界论》《名学》，甄克斯（Edward Jenks，1861—1939年）的《社会通诠》，孟德斯鸠（Charles de Secondat，Baron de Montesquieu，1689—1755年）的《法意》，斯宾塞（Herbert Spencer，1820—1903年）的《群学肄言》，耶芳斯（W. s. Jevons，1835—1882年）的《名学浅说》等。其著译编为《侯官严氏丛刊》《严译名著丛刊》《严侯官先生全集》《严复集》。

第一节　"自己而已"的气一元论

关于宇宙的本原，严复主张"自己而已"。他说："造物立其一本，以大力运之，而万类之所以底于如是者，咸其自己而已，无所谓创造者也。"① 那么，这个"自己而已"的本原是什么呢？严复认为是"气"。他说："通天地人禽兽昆虫草木以为言，以求其会通之理，始于一气，演成万物。"② 就宇宙的形成与演变而言，"气"是天地万物的本原。那么，什么是"气"呢？"气"即是西方哲学中的"以太"，是"最清气名伊脱（以太——引者注）者"③。因此，"气"是由基本粒子构成的物，它不仅具有物理质量，可以被感知；它还含有吸力与斥力即"爱力"与"拒力"两种力量。他说："今夫气者，有质点有爱拒力之物也，其重可以称，其动可以觉。"④ 很显然，在严复看来，"气"既不同于"迷蒙腾吹，块然太虚"的"气"，也不同于作为"理"之载体的"气"，它是与"理""质""鼎立对待"的物。他说：

> 中国所谓气者非迷蒙腾吹、块然太虚之谓，盖已包举前指诸品
> 而并名之，以与理、质二者鼎立对待矣。⑤

严复认为，"气"本身所内含的吸力和斥力是宇宙万物演化的动力。他说："大宇之内，质力相推，非质无以见力，非力无以呈质。"⑥ 在此，"质"即指作为物的"气"，"力"即运动和变化。那么，"质力相推"如何促成宇宙万物的演化呢？严复认为其中的关键是"翕""辟"二道。他说："天演者，翕以聚质，辟以散力。方其用事也，物由纯而之杂，由流而之凝，由浑而之画，质力杂糅，相剂为变者也。"⑦ 所谓"翕以聚质"，是指"气"由相

---

① 王栻主编：《严复集》（第五册），北京：中华书局1986年（下同），第1325页。
② 《严复集》（第一册），第17页。
③ 《严复集》（第五册），第1377页。
④ 参见耶方斯著，严复译《名学浅说》，北京：商务印书馆1981年，第18页。
⑤ 穆勒著，严复译：《穆勒名学》，北京：商务印书馆1981年，第302页。
⑥ 《严复集》（第五册），第1320页。
⑦ 《严复集》（第五册），第1327页。

互间的吸力而凝聚成物体；所谓"辟以散力"，则指"气"在凝聚过程中对热、光等各种能量的耗散，它是斥力的表现。由于"翕""辟"的相互作用，宇宙间的事物逐渐由简单到复杂，由混沌到分明，形成无穷无尽的"天演"。严复举例说："即如日局太始，乃为星气，名涅菩剌斯，布濩六合，其质点本热至大，其抵力亦多，过于吸力。继乃由通吸力收摄成珠，太阳居中，八纬外绕，名各聚质，如今是也。"① 初始时，由于斥力大于吸力，太阳系只是太空中的一团星云；后来由于星云之气的吸力作用，遂凝聚成为现在这样一个以太阳为中心的行星系统。不过，这些天体自凝成以来便在消耗其能量，待能量耗尽时，它们便会归于消灭。因此，宇宙万物的"翕""辟"运动是循环往复、无穷无尽的。

严复认为，不仅自然之物是"气"构成和演化的结果，而且人类也是由"气"构成并演化而来的。他说："近代学者，皆知太初质房为生之始，其含生蓄变之能，皆于此而已具。"② 所谓"质房"就是细胞，根据当时的科学发现，它是所有生命的起源。然而，严复认为，从根本上讲，细胞并不是生命的终极本原，终极本原仍然是"气"。他说："通天地人禽兽昆虫草木以为言，以求其会通之理，始于一气，演成万物。继乃论生学、心学之理，而要其归于群学焉。"③ "朱子主理居气先之说，然无气又何从见理？赫胥黎氏以理属人治，以气属天行，此亦自显诸用者言之。若自本体而言，亦不能外天而言理也。"④ 基于此，严复反对基督教的"上帝创世说"。他说："自达尔文出，知人为天演中一境，且演且进，来者方将，而教宗抟土之说，必不可信。"⑤ 所谓"教宗抟土之说"，即是指基督教关于上帝捏土创造人类的说教。

严复认为，生物界的多样性是从"同"到"异"的进化结果。他说："知有生之物，始于同，终于异。"⑥ 万物虽同出于"气"，按照进化法则却渐渐演变成了有机界的不同生物，人类的多样性的形成也是如此。

---

① 《严复集》（第五册），第 1327 页。
② 《严复集》（第一册），第 18 页。
③ 《严复集》（第一册），第 17 页。
④ 《严复集》（第五册），第 1389 页。
⑤ 《严复集》（第五册），第 1325 页。
⑥ 《严复集》（第五册），第 1325 页。

第二节　经验论思想

　　严复在介绍西学的过程中，接受了英国的经验论思想。首先，他接受了洛克（John Locke，1632—1704 年）的"白板说"。他说："智慧之生于一本，必体如白甘，而阅历为采和，无所谓良知者矣。"① 所谓"白甘"，就是洛克所谓的"白板"。洛克认为，人的心灵生来就像一块白板，意识是后天得来的。或者说，人后天的经验就如同在一张白板上画各种色彩，根本不存在所谓的天赋观念和先验良知。因此，"良知良能诸说，皆洛克、穆勒之所屏"②。其次，严复把认识区分为"元知"和"推知"两种。所谓"元知"，是指"觉性"，即感性直接得来的认识。所谓"推知"，是指从已有知识推演而来的认识。这两种知识不可混淆，它关系到认识的真伪问题。他说："勿以推知为元知，此事最关诚妄。"③ 再次，在"元知"和"推知"之间，严复认为要重视读"无字之书"，即重视"元知"。他说："吾人为学穷理，志求登峰造极，第一要知读无字之书。"④ 重视读"无字之书"，是指重视直接经验。那么，为什么"第一要知读无字之书"呢？

　　严复认为，经验是知识的唯一来源，知识限于感觉的范围之内。他说："可知者止于感觉"⑤，而"理至见极，必将不可思议"⑥。所谓知识只不过是"意验相符"而已，因此，超出经验范围去追求知识是"更骛高远"之无当的奢望。他说："人之知识，止于意验相符。如是所为，已足生事。更骛高远，真无当也。"⑦ 之所以如此，在于超出感觉的"物自体"是人不可认识的。他说："心物之接，由官觉相，而所觉相，是'意'非物。'意'物之

---

① 《严复集》（第四册），第 1050 页。
② 《严复集》（第四册），第 1051 页。
③ 《严复集》（第四册），第 1028 页。
④ 《严复集》（第一册），第 93 页。
⑤ 《严复集》（第四册），第 1036 页。
⑥ 《严复集》（第四册），第 1040 页。
⑦ 《严复集》（第五册），第 1378 页。

际，常隔一尘。物因'意'果，不得迳同。故此一生，纯为意境。"① 物体虽是通过认识主体产生"意相"的原因，但由于认识主体无法超越"意相"范围，所以"意相"使得人与外在事物隔着一道屏障；人们认识到的只是事物的"影子"，而不是"影子"背后的真相。他又说："自特嘉尔（笛卡尔——引者注）倡尊疑之学，而结果于惟意非幻。于是世间一切可以对待论者，无往非实；但人心有域，于无对待者不可思议已耳。"② 依照笛卡尔（René Descartes，1596—1650 年）的理论，只有"我"及我之感觉才是实在的；如果超出"我"的感觉范围，即使有物，人也是不可得知的。

在此基础上，严复对"内籀"和"外籀"两种逻辑方法进行了介绍与阐释。他说："内籀云者，察其曲而知其全者也，执其微以会其通者也。外籀云者，据公理以断众事者也，设定数以逆未然者也。"③ 所谓"内籀"，即指归纳法；所谓"外籀"，即指演绎法。在这两种方法当中，严复对"内籀"非常重视，将其称为"一切法之法"，因为它可以验证知识的真伪。他说："所以称逻辑者，以如贝根（培根——引者注）言，是学为一切法之法，一切学之学。"④ "今夫理之诚妄，不可以口舌争也，其证存乎事实。歌白尼（即哥白尼——引者注）、奈端（牛顿——引者注）之言天运，其说所不可复摇者，以可坐数千万年过去未来之厘度而无秒忽之差也。"⑤ 但是，严复并不否认"外籀"的作用，他认为"外籀"的依据是"公例"，而"公例"具有普遍有效性。不过，归根到底，"公例"还得通过归纳经验的反复检验。他说：

> 一理之明，一法之立，必验之物物事事而皆然，而后定之为不易。其所验也贵多，故博大；其收效也必恒，故悠久；其究极也，必道通为一，左右逢原，故高明。⑥

站在经验论的立场上，严复对于传统儒学的"古书成训"和"心成之说"进行了批判。所谓"古书成训"，就是一切从经典、教条出发，以圣人之

---

① 《严复集》（第五册），第 1377 页。
② 《严复集》（第四册），第 1036 页。
③ 《严复集》（第五册），第 1319—1320 页。
④ 《严复集》（第四册），第 1028 页。
⑤ 亚当·斯密著，严复译：《原富·译事例言》，北京：商务印书馆 1981 年，第 10 页。
⑥ 《严复集》（第一册），第 45 页。

言之是非为是非，而不是从现实出发。他说："中土之学，必求古训。古人之非，既不能明，即古人之是，亦不知其所以是。记诵词章既已误，训诂注疏又甚拘，江河日下，以至于今日之经义八股，则适足以破坏人材，复何民智之开之与有耶！……所以审核物理，辨析是非者，胥无有焉。以是为学，又何怪制科人十九鹘突于人情物理，转不若农工商贾之有时而当也。"① 所谓"心成之说"，就是主观臆造的意思，在此所指为儒家之心性之学。严复说："旧学之所以多无补者，其外籀非不为也，为之又未尝不如法也，第其所本者大抵心成之说，持之似有故，言之似成理，嫒姝者以古训而严之，初何尝取其公例而一考其所推概者之诚妄乎？此学术之所以多诬，而国计民生之所以病也。"② 严复认为，陆王心学就是这种"心成之说"的集中代表，因此，他对陆王之说进行了批判。严复说：

> 夫陆王之学，质而言之，则直师心自用而已。……盖陆氏于孟子，独取良知不学、万物皆备之言，而妄言性求故、既竭目力之事，惟其自视太高，所以强物救我。……其为祸也，始于学术，终于国家。……王氏窗前格竹，七日病生之事，若与西洋植物家言之，当不知几许轩渠，几人齿冷！③

第三节　进化论思想

严复通过翻译赫胥黎的《天演论》向国内介绍了达尔文（Charles Robert Darwin，1809—1882 年）的生物进化论。他认为，生物进化论非常重要，"其一新耳目，更革心思，甚于奈端氏之格致天算，殆非虚言"④。在他看来，生物的产生与演化并非如基督教所宣扬的上帝"创世说"，而是其自身不断"天演"的过程。他说：

---

① 《严复集》（第一册），第29—30 页。
② 《严复集》（第四册），第1047 页。
③ 《严复集》（第一册），第44—46 页。
④ 《严复集》（第一册），第16 页。

> 物竞、天择二义，发于英人达尔文。达著《物种由来》一书，以考论世间动植种类所以繁殖之故。……造物主其一本，以大力运之，而万类之所以底于如是者，咸其自己而已，无所谓创造者也。①

严复认为，生物进化论的思想集中于两点：一是"物竞"，二是"天择"。他说："以天演为体，而其用有二：曰物竞，曰天择。此万物莫不然，而于有生之类为尤著。物竞者，物争自存也。以一物以与物物争，或存或亡，而其效则归于天择。天择者，物争焉而独存。"② 在严复看来，"自己而已"的气一元论是"天演"的根本，而"物竞"、"天择"则是"天演"的核心，即生物进化的核心。在生物界，生物为了自己的生存而相互竞争，恰就是这种竞争促进了生物自身的进化。因此，"种与种争，群与群争，弱者常为强肉，愚者常为智役"③。在严酷的竞争之下，"优胜劣汰"，适者得以生存下来，不适者则被淘汰"出局"。这就是生物界"天演"的规律。不过，生物之间的进化并非昼夜之间的巨变，而是一个漫长的渐变过程。他说：

> 历验各种殭石，知动植庶品，率皆递有变迁，特为变至微，其迁极渐。即假吾人彭聃之寿，而亦由暂观久，潜移弗知。④

严复认为，"物竞""天择"不仅是一般动植物进化的重要原因，而且也是人类社会发展的规律。他说："天演之事，不独见于动植二品中也。实则一切民物之事，与大宇之内日局诸体，远至于不可计数之恒星，本之未始有始以前，极之莫终有终以往，乃无一焉非天之所演也。"⑤ "物竞""天择"是整个生物界的普遍规律，即使人类社会的文化发展也莫不如此。他说："达尔文曰：'物各竞存，最宜者立'。动植如是，政教亦如是也。"⑥ 因此，严复不仅推崇达尔文的生物进化论，而且特别推崇斯宾塞的社会达尔文主义。他说：斯宾塞"宗天演之术，以大阐人伦治化之事。号其学曰'群学'，犹荀卿言人

---

① 《严复集》（第五册），第 1325 页。
② 《严复集》（第五册），第 1324 页。
③ 《严复集》（第一册），第 16 页。
④ 《严复集》（第五册），第 1324 页。
⑤ 《严复集》（第五册），第 1326—1327 页。
⑥ 《严复集》（第一册），第 26—27 页。

之贵于禽兽者，以其能群也，故曰'群学'"①。斯宾塞把达尔文的生物进化论引入人类社会，认为它同样支配着人类社会的进化过程，人与人之间、民族与民族之间、国与国之间都是一种"生存竞争"关系。严复对斯宾塞之思想评价颇高，他说：

> 斯宾塞尔者，与达（达尔文——引者注）同时，亦本天演著《天人会通论》，举天、地、人、形气、心性、动植之事而一贯之，其说尤为精辟宏富。其第一书开宗明义，集格致之大成，以发明天演之旨。第二书以天演言生学。第三书以天演言性灵。第四书以天演言群理。最后第五书，乃考道德之本源，明政教之条贯，而以保种进化之公例要术终焉。呜乎！欧洲自有生民以来，无此作也。②

严复认为，"天演"思想对于中国尤有"惊心动魄"之意义。严复虽然非常赞赏斯宾塞的思想，但对于他"任天而治"③的思想却不赞成。所谓"任天而治"，是指在"天演"这个规则之下，人类只能顺从"天演"，任其自然地优胜劣汰。严复认为，在中国面临亡种灭国的历史关头，国人不应坐等灭亡，而应积极革新，自强图存。他说："事既如此矣，则吾岂能塞耳涂目，而不为我同胞者垂涕泣而一指其实也哉！"④那么，何谓严复所指之"实"呢？他说："若夫君臣之相治，刑礼之为防，政俗之所成，文字之所教，吾儒所号为治道人道，尊天柱而立地维者，皆譬诸夏葛冬裘，因时为制，目为不变，去道远矣！"⑤若以为"天不变，道亦不变"，那不仅不是"实"，而实离"实"远矣！"实"是指，不仅一般物种之间的生存竞争十分激烈，而且人类种族之间的生存竞争也是十分残酷的。因此，必须顺应"天演"之规律，已有成法不仅可以变，而且必须变；否则，中国就会成为"岁月悠悠，四邻眈眈，恐未及有为，而已为印度、波兰之续；将锡彭塞（即斯宾塞——引者注）之说未行，而达尔文之理先信，况乎其未必能遂然也"⑥。他说：

① 《严复集》（第一册），第16页。
② 《严复集》（第五册），第1325页。
③ 《严复集》（第五册），第1321页。
④ 《严复集》（第一册），第23页。
⑤ 《严复集》（第一册），第51页。
⑥ 《严复集》（第一册），第9页。

　　嗟夫！物类之生乳者至多，存者至寡，存亡之间，间不容发，其种愈下，其存弥难。此不仅物然而已，墨、澳二洲，其中土人日益萧瑟，此岂必虔刘胺削之而后然哉！资生之物所加多者有限，有术者既多取之而丰，无具者自少取焉而啬；丰者近昌，啬者邻灭。此洞识知微之士，所为惊心动魄。①

第四节　中西文化比较

　　严复对中西文化进行了具体比较，认为中西文化存在着明显差异。首先，中西文化的道德观不同：中国人主张"爱有差异"，西方人主张人人平等。他说："中国最重三纲，而西人首明平等；中国亲亲，而西人尚贤；中国以孝治天下，而西人以公治天下；中国尊主，而西人隆民。"② 其次，中西文化的经济观不同：中国人重视"勤俭持家"，西方则主张"勤劳致富"。他说："其于财用也，中国重节流，而西人重开源。"③ 再次，中西文化的学术思想也不同：中国人重视空谈华饰，西方人注重探求新知。严复说："其于为学也，中国夸多识，而西人尊新知。"④ 再次，中西文化的政治观念也不相同：西方是民主制度，中国是专制制度。在严复看来，西方"以自由为体，以民主为用"⑤，打破了森严的等级制度，扫除了忌讳的思想隔阂，"人人得其意，申其言，上下之势不相悬隔，君不甚尊，民不甚贱，而联若一体"⑥。中国却恰恰相反，君尊民贱，上下等级森严；因为缺乏自由和民主，人人不得不噤若寒蝉。严复认为，概括地看，西方文化是创造的、发展的；中国文化是守旧的、停滞的。他说：

　　尝谓中西事理，其最不同而断乎不可合者，莫大于中之人好古

　　① 《严复集》（第五册），第 1331 页。
　　② 《严复集》（第一册），第 3 页。
　　③ 《严复集》（第一册），第 3 页。
　　④ 《严复集》（第一册），第 3 页。
　　⑤ 《严复集》（第一册），第 23 页。
　　⑥ 《严复集》（第一册），第 22 页。

而忽今，西之人力今以胜古；中之人以一治一乱、一盛一衰为天行人事之自然，西之人以日进无疆，既盛不可复衰，既治不可复乱，为学术政化之极则。①

严复认为，西学的核心在"崇真""为公"两个概念。他说："敝扼要而谈，不外于学术则黜伪而崇真，于刑政则屈私以为公而已。"② 所谓"崇真"，就是崇尚科学精神及科学方法，尤其重视经验论的归纳法。所谓"为公"，主要指自由、平等观念及民主制度。严复特别推崇西方的天赋自由观念论，认为这恰是中学所忽略、欠缺的。他说："夫自由一言，真中国历古圣贤之所深畏，而从未尝立以为教者也。彼西人之言曰：惟天生民，各具赋畀，得自由者乃为全受。故人人各得自由，国国各得自由，第务令毋相侵损而已。侵人自由者，斯为逆天理，贼人道。其杀人伤人及盗蚀人财物，皆侵人自由之极致也。故侵人自由，虽国君不能，而其刑禁章条，要皆为此设耳。"③ 在严复看来，"崇真"与"为公"二者不是各不相干，而是相互联系的。他说："且格致之事，以道眼观一切物，物物平等，本无大小、久暂、贵贱、善恶之殊。庄生知之，故曰道在屎溺，每下愈况。"④ 正因为如此，"格物致知"的方法不兴，会阻碍天赋自由观念之弘扬；等级之"私"未除，也会贻误民主政治之发展。他说：

> 格致之事不先，偏颇之私未尽，生心害政，未有不贻误家国者也。⑤

在严复看来，造成中西文化区别的原因有两个方面：其一，地理环境的不同影响了民族文化的差异。在严复看来，欧洲地形"华离破碎"，其地势"利于为分而不利于为合"，不利于形成统一国家；中国四周环山绕水，其地势"利于为合而不利于为分"，利于形成大一统的国家。因此，欧洲各国"各

---

① 《严复集》（第一册），第 1 页。
② 《严复集》（第一册），第 2 页。
③ 《严复集》（第一册），第 3 页。
④ 《严复集》（第一册），第 46 页。
⑤ 《严复集》（第一册），第 17 页。

立君长，种族相矜，互相砥砺，以胜为荣，以负为辱"①。长此以往，"始于相忌，终于相成，日就月将，至于近今百年，其富强之效，遂有非余洲所可及者"②。中国情况则明显不同，其"大一统"的政治只求"御四夷、绥百姓，而求所谓长治久安者"③，且"凡其作民厉学之政，大抵皆去异尚同"④。长此以往，形成了中国人只求谨守礼法、相生相养而不求富强的习性。其二，中国封建文化的影响过于深重，导致了社会发展的停滞不前。严复认为，长期的封建统治导致了中国社会生产力低下，人口增长过快，而且导致了中国社会的持续动乱。他说："由于文化未开，则民之嗜欲必重而虑患必轻。嗜欲重，故亟亟于昏嫁，虑患轻，故不知予筹其家室之费而备之。……谬种流传，代复一代。……积数百年，地不足养，循至大乱，积骸如莽，流血成渠。时暂者十余年，久者几百年，直杀至人数大减，其乱渐定。……二十四史之兴亡治乱，以此券矣。"⑤

严复批判了中国几千年来的传统专制文化，主张以西学之长改造中学之短。他认为，历朝历代皇帝根本不是什么"天子"，其实只是"窃国大盗"而已。他说："秦以来之为君，正所谓大盗窃国者耳。国谁窃？转相窃之于民而已。"⑥ 在他看来，唯有人民才是国家、天下的真正主人，因此，必须保障人民的主权，保障人民的自由，而民主制度则是实现这种保障的手段。他说："苟求其故，则彼自由为体，以民主为用。"⑦ 在向西方学习的问题上，严复不赞成"中学为体，西学为用"的观点，主张"自由为体，民主为用"。他认为，体用是不可分割的，要采用西方先进的科学技术，必须同时学习其民主政治制度。因此，中国要实现富强，不仅必须在政治上给人民以民主自由权利，而且在经济上要允许自由贸易、自由竞争。不过，严复认为，中国立即实行民主政治的条件还不成熟，只能暂时采取君主立宪制，实行"君民共主"。为此，他提出了"鼓民力，开民智，新民德"的具体改革方案。所谓

① 《严复集》（第一册），第66页。
② 《严复集》（第一册），第66页。
③ 《严复集》（第一册），第66页。
④ 《严复集》（第一册），第66页。
⑤ 《严复集》（第一册），第87页。
⑥ 《严复集》（第一册），第35页。
⑦ 《严复集》（第一册），第23页。

"鼓民力"，主要指反对封建陋习，提高人民健康水平。所谓"开民智"，是指开办新式学堂，发展文化教育，提高人民的文化水平。所谓"新民德"，则是指设立议院，建立君主立宪的政治制度，用民主、自由、平等思想取代封建伦理道德。

第三十一章　康有为

康有为（1858—1927 年），又名祖诒，字广厦，号长素，广东省南海县人。1888 年在北京参加科举考试时上书光绪帝（1871—1908 年）请求变法。1891 年在广州创办“万木草堂”，收徒讲学，弟子有梁启超（1873—1929 年）、陈千秋（1869—1895 年）等。1895 年领导在京应试的 1300 名举人“公车上书”，倡导改革。当年 5 月，第三次上书，得到了光绪帝的赞许。1897 年德国占领胶州湾，康有为再次上书请求变法。1898 年光绪帝下“明定国是”诏书，宣布变法，康有为等维新派参与新政。“戊戌变法”失败后，康有为逃亡海外。之后，组织“保皇会”，并开始从事孔教会活动，曾任孔教会会长。1917 年参与了张勋（1854—1923 年）拥戴清废帝的复辟活动。1927 年病逝于青岛。

康有为作为维新变法思潮的代表人物，提出了一整套维新变法的理论。其一生著作甚丰，累计达 139 种，主要著作有《新学伪经考》《孔子改制考》《大同书》和《戊戌奏稿》等。此外还包括《康子篇》《春秋董氏学》《日本变政考》《欧洲十一国游记》《广艺舟双楫》《礼运注》《中庸注》等。其著作由后人辑成《康南海先生遗著汇刊》《万木草堂遗稿》《万木草堂遗稿外编》《康有为全集》等。

第一节　元气——仁本体论

康有为认为，天地万物的本原是“元气”。也就是说，无论是天、地、万物，还是人以及所有动植物，它们虽然有大小之不同，但都是得“元气”而生的。他说："万物之生，皆本于元气。人于元气中，但动物之一种耳。"①
他还说："天地万物，同资于乾元，本为一气，及变化而各正性命，但为异
形。"② 康有为还借用"康德——拉普拉斯星云说"来解释其元气思想："德
之韩图（康德——引者注）、法之立拉士（拉普拉斯——引者注）发星云之
说，谓各天体创成以前，是朦胧之瓦斯体，浮游于宇宙之间，其分子互相引
集，是谓星云，实则瓦斯之一大块也。"③ 也就是说，天体其实也是由"元
气"所构成的。在康有为看来，"元气"与天地万物的关系就如同果子与果
树、鸡蛋与鸡崽的关系一样。他说："《易》称'大哉乾元'，乃统天，天地
之本皆运于气。……孔子之道运本于元，以统天地，故谓为万物本，终始天
地。孔子本所从来以发育万物，究极混茫，如繁果之本于一核，萌芽未启，
如群鸡之本于一卵，元黄已具。而核、卵之本尚有本焉，属万物而贯于一，
合诸始而源其大。"④ 因此，康有为说：

> 夫浩浩元气，造起天地。天者一物之魂质也，人者亦一物之魂
> 质也，虽形有大小，而其分浩气于太元，把涓滴于大海，无以
> 异也。⑤

在康有为看来，所谓"元气"，也就是本原之气的意思。他说："元为万
物之本，人与天同本，于元犹波涛与沤同起于海，人与天实同起也。"⑥ 康有
为把"元"形容为"无臭无声，至精至奥"⑦ 之万物之本。在他看来，作为
万物之本的"元"其实就是婆罗门教的至上神"梵天"、道家作为天地万物
之始的"道"和基督教的至上神"耶和华"，因为它们都具有本原之义。康
有为说："孔子发此大理，托之《春秋》第一字，故改'一'为'元'焉。
此第一义也。老子所谓道、婆罗门所谓大梵天王、耶教所谓耶和华近之。"⑧

---

①　康有为：《康有为大同书二种》，北京：生活·读书·新知三联书店1998年（下同），第353
页。

②　《康有为全集》（第六集），北京：中国人民大学出版社2007年（下同），第424页。

③　《康有为全集》（第十二集），第20页。

④　《康有为全集》（第二集），第372—373页。

⑤　《康有为大同书二种》，第49页。

⑥　《康有为全集》（第二集），第373页。

⑦　《康有为全集》（第二集），第373页。

⑧　《康有为全集》（第九集），第10页。

在康有为看来，此作为万物之本的"元"就是气。他说："元者气也。"① 不过，此"气"虽然类似于光、电，但它不同于光、电，因为它是具有精神属性的。他说："知气者，灵魂也，略同电气，物皆存之，而团聚尤灵而有知，亦曰性。"② 因为具有精神属性，此"元气"并非一般光、电，而是"神气""知气"，其实就是灵魂。

既然天地万物都起源于"元气"，那么，物我、天人在本原意义上便是"物我一体"。他说："物我一体，无彼此之界。天人同气，无内外之分。水之周于全地，电之遍于长空。……物即己而己即物，天即人而人即天。"③ 正因为"物我一体"，不仅可以说天地万物皆是平等的，而且亦可以说天地万物均具有精神属性。"盖天之生物，人物皆为同气，故众生皆为平等"④；"山河大地，皆吾遍现；翠竹黄花，皆我英华。"⑤ 进而，康有为用电来解释"元气"，并用电来解释人的知觉、意识等精神现象。他说："神者，有知之电也。……无物无电，无物无神。夫神者，知气也，魂知也，精爽也，灵明也，明德也，数者异名而同实。"⑥ 这就是说，"元气"即"神"，即"灵明"与"精爽"之物，它们都如同"电"一样是万物所同具的。当然，康有为在此所强调的并非是"电"本身，而是"元气"所具有的精神属性。在他看来，这一点非常重要，是根本之见，因为"魂灵"是"清明光洁，端庄粹一"，"卓然立青云之上，不物于物而造物"的主宰。⑦ 他说：

> 魂用事者为大人，魄用事者为小人。……故大人者，在先养其魂灵，统御其体魄而已。《大学》言"在明明德"，《诗》言"予怀明德"，《书》言"克明峻德"，以及佛氏之"明心见性"，皆先养其魂灵也。⑧

由于"元气"具有精神属性，康有为进而提出了"以仁为本"的思想。

---

① 《康有为全集》（第二集），第372页。
② 《康有为全集》（第五集），第558页。
③ 《康有为全集》（第五集），第384页。
④ 《康有为大同书二种》，第364页。
⑤ 《康有为全集》（第五集），第384页。
⑥ 《康有为大同书二种》，第49页。
⑦ 《康有为全集》（第五集），第438页。
⑧ 《康有为全集》（第五集），第438页。

在康有为看来，所谓"仁"就是"不忍人之心"，是"人人皆有之"的"爱质"；既然是"爱质"，它就属于知觉，而有知觉就如同磁石一样有"吸摄力"。他说："仁者，在天为生生之理，在人为博爱之德。"① "有觉知则有吸摄，磁石犹然，何况于人！不忍者，吸摄之力也。"② 人的"不忍人之心"就是"吸摄力"，它来源于人的"不忍之爱质"，即来源于有知的电、有知的"以太"。因此，"不忍人之心、仁也，电也，以太也"③。因此，孔子（前551—前479 年）所开创的儒家非常"贵仁"。康有为说："孔子本天，以天为仁人，受命于天，取仁于天。凡天施、天时、天数、天道、天志，皆归之于天。故《尸子》谓：孔子贵仁。孔子立教宗旨在此。"④ 在康有为看来，人人有"不忍之心"，故人类文化与文明以至人类之进化发展皆源于"仁"。他说：

> （仁）为万化之海，为一切根，为一切源。一核而成参天之树，一滴而成大海之水。人道之仁爱，人道之文明，人道之进化，至于太平大同，皆从此出。⑤

正因为如此，人类应该相亲相爱，崇尚"博爱之德"。他说："生于大地，则大地万国之人类，皆吾同胞之异体也。……于万国之元老、硕儒、名士、美人，亦多执手、接茵、联袂、分羹，而致其亲爱矣。"⑥

第二节　变易思想

康有为认为，天地万物是"常变"的，故"常变"乃"天道"。他说："盖天以变为运，人以变为体。"⑦ 他还说：

---

① 《康有为全集》（第五集），第379 页。
② 《康有为大同书二种》，第49 页。
③ 《康有为全集》（第五集），第414 页。
④ 《康有为全集》（第二集），第375 页。
⑤ 《康有为全集》（第五集），第414 页。
⑥ 《康有为大同书二种》，第49—50 页。
⑦ 《康有为全集》（第六集），第454 页。

盖变者天道也。天不能有昼而无夜，有寒而无暑，天以善变而能久。火山流金，沧海成田，历阳成湖，地以善变而能久。人自童幼而壮老，形体颜色气貌，无一不变，无刻不变。《传》曰：逝者如斯。故孔子系《易》，以变易为义。又曰：时为义大。①

正因为如此，孔子才发出"逝者如斯夫"② 的感慨。在康有为看来，天地万物之所以"常变"，在于"随时变易。穷则变，变则通"③；变化是事物得以生存和发展的途径，此乃物之自然之理。他说："物新则壮，旧则老；新则鲜，旧则黯；新则洁，旧则败；天之理也。"④ 因此，才有所谓"顺天者兴""逆天者亡"之说，即，顺天之变才兴，逆天之变而亡。当然，面对此自然之理，人应该"顺天"，而不能"逆天"。康有为说："何谓鼓天下之气也？天下之为物，譬犹器也，用其新而弃其陈，病乃不存。水积为淤，流则不腐；户闭必坏，枢则不蠹。"⑤

关于"常变"的原因，康有为认为是"一必有二""知物必有两"。他说："天地之气合而为一，分为阴阳"⑥；"原本天道，知物必有两，故以阴阳括天下之物，理未有能出其外者"⑦。例如：枝与干、明与暗、冷与热等都是互相对立的两个方面，而这些方面都可以用"阴阳"来加以概括，因此"阴阳"是统括一切事物对立面的最大范畴。康有为进一步认为，事物变化的原因并非是"太极"，而是"一阴一阳"之相互作用。他说："元与太极、太一不可得而见也，其可见、可论者，必为二矣。故言阴阳不言太极。……不知生物之始，一形一滋，阴阳并时而著。所谓天道之常，一阴一阳。凡物必有合也。"⑧ 这就是说，所谓"太极"是就事物的本原来讲的，如不探讨本原问题，而万物则将不成为万物；然而，"太极"作为本体是内在的，乃不可见的。所谓"一阴一阳"是就事物变化来讲的，如不知"一必有二""物必有

---

① 《康有为全集》（第四集），第35页。
② 《论语·子罕》。
③ 《康有为全集》（第三集），第263页。
④ 《康有为全集》（第三集），第263页。
⑤ 《康有为全集》（第二集），第33页。
⑥ 《康有为全集》（第二集），第373页。
⑦ 《康有为全集》（第二集），第374页。
⑧ 《康有为全集》（第二集），第374页。

两"，则不知事物变化的原因；"阴阳"作为本体之外在表现，则是可见的。他说：

> 物不可不定于一，有统一而后能成；物不可不对为二，有对争而后能进。①

在康有为看来，不仅自然界是"常变"的，而且人类社会也是不断变化的。实际上，就康有为的整体思想来看，其探讨"常变"的宗旨就在于强调人类社会的变化。因此，他非常重视《公羊春秋》的"公羊三世"说，并以此为据阐明人类社会的进化。所谓"三世说"，本是指《春秋》所记242年历史中有"所见世""所闻世""所传闻世"之差，后来何休（129—182年）在注《春秋公羊传》时将其发挥成对应的"据乱世""升平世""太平世""三世说"。康有为借鉴"公羊三世"说，并将其与《礼运》中的"大同"、"小康"观念结合起来，提出"三世进化"是孔子托古改制的主张。他认为，不仅仅是鲁国经历了"三世"的进化，整个人类的历史亦是经由"据乱世"到"升平世"再到"太平世"而发展的："盖自据乱进为升平，升平进为太平，进化有渐，因革有由；验之万国，莫不同风。"② 这个由"据乱"而"升平"而"太平"的"三世"愈改而愈进，其实质是"由君主而渐为立宪，由立宪而渐为共和"③，最终经由"小康"而实现"大同"社会。康有为说：

> "三世"为孔子非常大义，托之《春秋》以明之。所传闻世为据乱，所闻世托升平，所见世托太平。据乱者，文教未明也。升平者，渐有文教，小康也。太平者，大同之世，远近大小如一，文教全备也。……此为《春秋》第一大义。④

为了最终实现"大同"理想，康有为大声疾呼维新变革，认为是否变革是国家存亡、兴败的关键。他说："观万国之势，能变则全，不变则亡，全变则强，小变仍亡。"⑤ 在康有为看来，社会不仅要变革，而且要彻底变革；因

---

① 《康有为全集》（第六集），第396页。
② 《康有为全集》（第六集），第393页。
③ 《康有为全集》（第六集），第393页。
④ 《康有为全集》（第二集），第324页。
⑤ 《康有为政论集》，北京：中华书局1981年（下同），第211页。

为不变革和不彻底的变革都无济于事。不过，康有为认为，社会变革并非"革命式"的"骤变"，而是"进化有渐"的"渐变"。因此，变革社会必须是逐步进行的，而"不能躐等"，"不能飞越"。他说："进化之理，有一定之轨道，不能超度。既至其时，自当变通"①。一味求变，违背了进化的阶段，不仅不利于国家，还会贻害于社会。就其"三世说"来看，即是必须经由"据乱"到"升平"，再进到"太平"。相应地，维新变革只能经由"君主"到"君民共主"，再过渡到君主立宪才能最终进到民主。他说："生当乱世，道难躐等，虽默想太平，世犹未升，乱犹未拨，不能不盈科乃进，循序而行。"② 为此，康有为又把每一世划为"小三世"，"小三世"的每一世再划为更小的三世，"展转三重，可至无量数，以待世运之变，而为进化之法"③。由此看来，康有为的历史观虽强调变易、进化，但实质是一种改良主义路径。

第三节　人性论

从元气——仁本体论的思想出发，康有为阐发了其人性论思想。既然天地万物是由"元气"构成的，而"元气"与"仁"又是相通的，那么，"仁"就是天之本性；既然"仁"是天之本性，而人与天又是相通的，故它又内在于人，亦是人的本性。康有为说："仁者，天性之元德。"④ "盖仁为己有，非由外铄，况志之所至，气亦赴之，金石可贵，鬼神可动。而况近取诸身，至易至简乎？"⑤ 当然，在天之"仁"与在人之"仁"在表现上是不同的："仁者，在天为生生之理，在人为博爱之德。"⑥ 就人来讲，"仁"本体的表现是"博爱"："仁者，元德博爱，人道之备也。"⑦ 在康有为，既然人都先验地具

---

①　《康有为全集》（第五集），第 388 页。
②　《康有为全集》（第五集），第 553 页。
③　《康有为全集》（第五集），第 387 页。
④　《康有为全集》（第六集），第 472 页。
⑤　《康有为全集》（第六集），第 404 页。
⑥　《康有为全集》（第五集），第 379 页。
⑦　《康有为全集》（第六集），第 434 页。

有"仁"，那么，"天下之人，本皆天生，同此天性，自同为兄弟也"①，故人应该"爱其生也，爱其类也"②。所谓"爱其类"，即指人类之间的相亲相爱；而所谓"爱其生"，则指泛爱一切众生。"爱其类"与"爱其生"是两个不同的层面，两者相加即是"博爱"，而"博爱"即是"仁"之本义。康有为说："盖人者仁也，取仁于天，而仁也以博爱为本。"③ 既然"仁"表现为"博爱"，那么，"仁"就属于人道。康有为说：

> 有仁而后人道立，有仁而后文为生；苟人而不仁，则非人道。盖礼者仁之节，乐者仁之和；不仁则无其本，和节皆无所施。④

那么，人道的原则是什么？康有为认为，所谓"人道"即是"依人之道"，而"依人之道"的本质是"去苦求乐"。他说：

> 故夫人道只有宜不宜，不宜者苦也，宜之又宜者乐也。故夫人道者，依人以为道。依人之道，苦乐而已。为人谋者，去苦以求乐而已，无他道矣。⑤

因此，康有为将"贫穷之苦""天灾之苦""人道之苦""人治之苦"等一一列出，并将其一概归之于应去之列，而且，以自然人性之快乐作为基础提出了自由、平等的理想。他说："生人之乐趣，人情所愿欲者何？口之欲美饮食也，居之欲美宫室也，身之欲美衣服也，目之欲美色也，鼻之欲美香泽也，耳之欲美声音也。行之欲灵灵捷舟车也，用之欲使美机器也，知识之欲学问图书也……精神洋洋，览乎大荒，纵乎八极，徜徉乎世表。此人之大愿至乐，而大同之世人人可得之者也。"⑥ 不过，实际上，"人道"是分层次的，在所有的"去苦求乐"之中，"文明平等"乃其中之"正道"。他说："人道有正道，文明、平等、自立、仁心、公理，正道也。"⑦ 他还说："人人平等，

---

① 《康有为全集》（第六集），第 473—474 页。
② 《康有为大同书二种》，第 226 页。
③ 《康有为全集》（第六集），第 394 页。
④ 《康有为全集》（第六集），第 394 页。
⑤ 《康有为大同书二种》，第 51 页。
⑥ 《康有为大同书二种》，第 91 页。
⑦ 《康有为全集》（第六集），第 310 页。

人人自立，远近大小若一，仁之至也。"① 在此，康有为一方面在儒家仁学中注入了自然人性论，从而扬弃了传统人性论所包含的禁欲成分；另一方面又为自然人性论确立了方向，从而也为可能带来的纵欲思想施以约束和限制。

关于人性善恶问题，康有为既不赞同性善论，也不赞同性恶论，而是主张告子（生卒年月不详）的性无善无不善之说。他认为，人只是自然界的一种动物而已，其本性亦就是饮食男女等自然属性，就是满足自己之身心情愿的需要。康有为说："人于元气中，但动物一种耳。"② "人生而有欲，天之性哉！"③ 因此，所谓的性善与性恶皆是基于后天的气质而言，而不能进行先验层面的区分。他说：

> 孟子性善之说，有为而言。荀子性恶之说，有激而发。……实则性全是气质，所谓义理，自气质出，不得强分也。④

既然性善、性恶皆出于后天之气质，故告子的观点才是真切之论。康有为说："告子生之谓性，自是确论"⑤，"性者，生之质也，未有善恶"⑥。如果没有后天的约束，无人可以为善。也就是说，人可善，亦可恶，其关键唯视其修养之正当与否。质言之，人性之善并非得之于天，而得之于后天的努力。因此，"善出于性，而性不可谓善"⑦。当然，因为人生而有善之质，故可经道德培养而趋于完善："不忍人之心，仁也，电也，以太也，人人皆有之，故谓人性皆善。"⑧ 正因为如此，个人可有德性之进展，社会亦能日进以至完善，最终实现"大同"之理想。他说：

> 以其本有爱质而扩充之，因以裁成天道，辅相天宜，而止于至善，极于大同，乃能大众得其乐利。⑨

---

① 《康有为全集》（第六集），第17页。
② 《康有为大同书二种》，第353页。
③ 《康有为大同书二种》，第90页。
④ 《康有为全集》（第一集），第341页。
⑤ 《康有为全集》（第一集），第341页。
⑥ 《康有为全集》（第二集），第166页。
⑦ 《康有为全集》（第五集），第427页。
⑧ 《康有为全集》（第五集），第414页。
⑨ 《康有为大同书二种》，第351页。

第四节 "大同"理想

康有为认为，人类有史以来的社会充满着各种各样的痛苦，而造成这些痛苦的原因是种种界限和差别。在他看来，世界就是一个"大苦海"，人之苦难累计大约有 38 种，例如"投胎之苦""火灾之苦""孤独之苦""刑狱之苦""富人之苦"等。不过，这些苦难的根源并不在于人本身，而在于界限和差别："一览生哀，总诸苦之根源，皆因九界而已。"① 这"九界"分别是："一曰国界，分疆土、部落也；二曰级界，分贵贱、清浊也；三曰种界，分黄、白、棕、黑也；四曰形界，分男女也；五曰家界，私父子、夫妇、兄弟之亲也；六曰业界，私农、工、商之产也；七曰乱界，有不平、不通、不同、不公之法也；八曰类界，有人与鸟兽虫鱼之别也；九曰苦界，以苦生苦，传种无穷无尽，不可思议。"② 既然苦的根源是"九界"，那么"救苦"之途径唯有"破九界"而已。他说：

> 何以救苦？知病即药，破除其界，非其缠缚……吾救苦之道，即在破除九界而已。"然而，"普天之下，有生之徒，皆以求乐免苦而已，无他道矣。③

康有为以此为前提，依着经过他改造的"公羊三世说"的逻辑，参照西方工业社会的发展，提出了一套社会理想——"大同"社会。"大同"社会的具体内容为："去国界合大地""去级界平民族""去种界同人类""去形界保独立""去家界为天民""去产界公生业""去乱界治太平""去类界爱众生""去苦乐至极乐"。

康有为认为，在"大同"之世，生产力是高度发达的，物质生活是非常美好的。在他看来，在"大同"社会，机械化完全取代了手工作业，不仅生产效率大大提高，而且人们的生活质量也大大提高，劳动已然成为人们的享

---

① 《康有为大同书二种》，第 101—102 页。
② 《康有为大同书二种》，第 102 页。
③ 《康有为大同书二种》，第 53 页。

受。康有为说:"凡百举动皆有机器"①,"一人之用,可代古昔百人之劳。其工皆学人,有文学知识者也。太平之世,人既日多,机器日新,足以代人之劳、并人之日力"②;"其作工之数时,不过等于逸士之灌花,英雄之种菜,隐者之渔钓,豪杰之弋猎而已"③。在这样一个生产力水平之下,人们的生活水平是相当高的。例如,衣则"藏热反光,得养生之要";食则"饮事日精","听人择取";住则"珠玑金碧,光采陆离";行则"飞屋飞船","如御风焉"。此外,还有"沐浴之乐"、"医视疾病之乐"、"炼形神仙之乐"以及"灵魂之乐"等。④ 总之,衣食住行是非常理想的,生活是十分美满的,精神是十分愉快的。康有为甚至说:

> 大同之世,什器精奇,机轮飞动,不可思议。床几案榻,莫不藏乐,屈伸跃动,乐声铿然,长短大小惟其意。……其溷厕,悉以机激水,淘荡秽气,花露喷射,薰香扑鼻。⑤

在"大同"社会,文化、教育是高度发达的,道德风尚也是非常高尚的。康有为认为,"大同"世界不是"任人唯亲",而是"选贤任能"。因此,"大同"社会重视人才培养,重视学校教育。他说:"太平世之开人智为主,最重学校。……其学人之进化,过今不止千万倍矣。"⑥ "大同"社会还鼓励创新与发明,对创新者予以荣誉和奖励。他说:"当太平之世,……所奖励者惟智与仁而已。智以开物成务、利用前民,仁以博施济众、爱人利物,自智仁以外无以为荣。"⑦ 因此,"盖太平之世无所竞争,其争也必于创新乎? 其竞也必在奖智乎?"⑧ 届时,人人都会积极地追求创新与发明。在"大同"社会,不仅提倡"竞美""奖智",尤其注重"奖仁",以引导良好的社会风尚,故人们都能自觉遵守社会公德。因此,人人相亲相爱,"无所用其私",丧失劳动能力和无人养育的成员亦能得到良好的扶养。概言之,在这样的社会中,

---

① 《康有为大同书二种》,第 307 页。
② 《康有为大同书二种》,第 310 页。
③ 《康有为大同书二种》,第 307 页。
④ 参见康有为《康有为大同书二种》,第 361—369 页。
⑤ 《康有为大同书二种》,第 365—366 页。
⑥ 《康有为大同书二种》,第 343 页。
⑦ 《康有为大同书二种》,第 340 页。
⑧ 《康有为大同书二种》,第 339 页。

人人都应从事劳动，通过风俗教化和改良人种，都能养成"去私为公"和舍己助人的高贵品质。他说：

> 当太平之世，人性既善，才明过人，惟相与鼓舞踊跃于仁智之事，新法日出，公施日多，仁心日厚，知识日莹。全世界人共至于仁寿极乐善慧无边之境而已，非乱世之人所能测已。①

质言之，康有为认为，"大同"社会的核心是自由和平等。他说："夫人类之生，皆本于天，同为兄弟，实为平等，岂可妄分流品，而有所轻重，有所摈斥哉？"②然而，各种各样的不平等造成了人类的现实苦难，因此，"大同"社会必须去除这些根源，恢复人类之自由和平等。康有为说："大同"社会一切皆本"公理"，而这"公理"即是"人人皆公"③，"人人皆同"④。具体来讲，"大同"社会不仅没有国界、家界和身界，而且一切压迫和歧视都消除了。他说："大同"社会"无贵贱之分，无贫富之等，无人神之殊，无男女之异"⑤。在康有为看来，人权与平等是"大同"社会最重要的政治权利，唯有它能够保证人们去其疾苦，得其享乐。因此，在"大同"社会，君主制度被废除了，国家不再是一人一家的私产，而是全体社会成员的"公共同有之器"。他说："太平之世，人人平等，无有臣妾奴隶，无有君主统领，无有救主教皇。……有欲为帝王君长者，则反叛平等之理，皆为大逆不道第一罪恶……凡成一人之尊，必失公众太平之乐也。"⑥他还说：

> 吾采得大同、太平、极乐长生、不生不灭、行游诸天无量无极之术，欲以度我全世界之同胞而永救其疾苦焉，其惟天予人权、平等独立哉！其惟天予人权、平等独立哉！⑦

---

① 《康有为大同书二种》，第342页。
② 《康有为大同书二种》，第162页。
③ 《康有为大同书二种》，第152页。
④ 《康有为大同书二种》，第222页。
⑤ 《康有为全集》（第五集），第555页。
⑥ 《康有为大同书二种》，第350页。
⑦ 《康有为大同书二种》，第315页。

第五节 "孔教说"

康有为认为，宗教是一个民族文化所必需之内容。在他生活的时代，在西方文化冲击以及国内形势的双重压力下，儒学面临着严重危机。为了拯救儒学，也为了拯救整个中国文化，康有为从今文经学出发，试图开出一条儒学宗教化的路子。梁启超曾对此评论说：（康有为）"以为生于中国，当先救中国；欲救中国，不可不因中国人之历史习惯而利导之。又以为中国人公德缺乏，团体散涣，将不可以立于大地，欲从而统一之，非择一举国人所同戴而诚服者，则不足以结合其感情，而光大其本性，于是乎以孔教复原为第一著手。"① 在康有为看来，宗教具有统合民心、振奋精神的重要作用。这是康有为所非常关心者，因为它可为推行变法直接提供精神支持。他说："凡今各国，虽信教自由，而必有其国教独尊焉。……信教自由，与特尊国教，两不相妨，而各自有益……吾国宪法，宜用丹（即丹麦——引者注）、班（即西班牙——引者注）之制，以一条为'信教自由'，以一条'立孔教为国教'，庶几人心有归，风俗有向，道德有定，教化有准，然后政治乃可次第而措施也。"② 此外，康有为还认为，宗教作为人类文化之部分，具有重要的道德教化作用：它不仅可使国家摆脱野蛮进到文明，而且可使个人摆脱丑恶进到善良，因此，立国不能无教，立人亦不能无教。他说：

> 无教之国，即为野蛮。无教之人，近于禽兽。故先圣尤重教焉。③

康有为认为，已有之宗教并不是他理想中的宗教。就中国的情形来看，中国文化不仅缺乏西方的宗教传统，而且已有宗教观念亦是"多神论"。这种"多神论"是低层次之宗教，故常被西方国家所耻笑，视为"蛮俗"而已。

---

① 梁启超：《饮冰室合集》（文集之六），第67页。
② 《康有为政论集》，第846—848页。
③ 《康有为全集》（第五集），第496页。

他说："道教主长生，天下安有长生者。"[①] 因此，"欧、美游者，视为野蛮，拍象传观，以为笑柄，等中国于爪哇、印度、非洲之蛮俗而已"[②]。就外来的宗教来看，基督教、佛教等并不适合中国情况，因此并没有与中国文化相融合，从而发挥宗教应有之作用。他说："耶教博爱可尊，无如吾俗难废祠墓，佛教养魂可尚，无如吾俗难尽出家。"[③] 在他看来，实际上中国早就存在着另一种宗教，只是人们没有发现而已——这就是以孔子为教主的孔教。他说："汉武时儒学一统，二教败亡，孔子为中国教主，乃定一尊。"[④] 中国自汉代以来已开始尊奉孔教，只因"多神论"影响了对于孔教的"专奉"，故孔教未获得正式的宗教地位。康有为说：

> 窃维孔子之圣，光并日月，孔子之经，流亘江河，岂待臣愚，有所赞发。唯中国尚为多神之俗，未知专奉教主，以发德心。[⑤]

为"复原"孔教，康有为致力于从学理上创立孔教理论体系。概括地看，其理论创建主要包括三个方面：一是重塑孔子形象。他认为，"六经"皆孔子假托先王所写。因此，孔子不仅是"素王"，实际上乃"万世教主"，其所创之儒教教义最完善、最合理。他说："臣今所编撰，特发明孔子为改制教主，六经皆孔子所作，俾国人知教主，共尊信之。"[⑥] 二是赋予儒学以民主、自由、博爱观念。对此，梁启超概括道："先生者，孔教之马丁·路德也，其所以发明孔子之道者，不一而足，约其大纲，则有六义：一、孔教者，进步主义，非保守主义；二、孔教者，兼爱主义，非独善主义；三、孔教者，世界主义，非国别主义；四、孔教者，平等主义，非督制主义；五、孔教者，强立主义，非巽懦主义；六、孔教者，重魂主义，非爱身主义。"[⑦] 三是创立普通宗教之形式。康有为借鉴世界性宗教，力图创建孔教之教规、教会、教律及礼拜形式。例如，他曾主张："每逢庚子日大会，会中士夫衿带陈经行礼，诵经一

---

① 《康有为政论集》，第1108页。
② 《康有为政论集》，第280页。
③ 《康有为政论集》，第958页。
④ 《康有为政论集》，第282页。
⑤ 《康有为政论集》，第279页。
⑥ 《康有为政论集》，第282页。
⑦ 梁启超：《饮冰室合集》（文集之六），第67页。

章，以昭尊敬。其每旬庚日，皆为小会，听人士举行，庶以维持圣教，正人心而绝未萌。"① 四是结合"大同说"奠立起一个彼岸世界。在康有为看来，彼岸世界是任何宗教所不可或缺者，因此，他也设计了一个儒家式的"大同"理想世界。

康有为认为，他所"复原"的孔教不仅不再是"蛮俗"之教，而且是优于其他宗教的。在他看来，孔教之优势有两个方面：一个方面，孔教为"人道教"，其他宗教是"神道教"；"人道教"重人，"神道教"尚鬼；在文明之世，"人道教"当然是优于"神道教"的。他说："人之生世，不能无教，教有二：有人道教，有神道教"②；"太古草蒙尚鬼，则神教为尊；近世文明重人，则人道为重。故人道之教，实从神道而更进焉"③。作为"人道教"，孔教"敬天而爱人，尚公而亲亲，忠孝信义，爱国亲上"④。相反，其他宗教却不近人事，甚至"寡及父母，言仁而寡言孝，尊魂而少言修身"⑤。换言之，其他宗教只强调教化作用，而无关于天下兴亡；孔教则不同，它作为"人道教"最切人事，具有明显的人类命运担当。另一个方面，孔教内涵广博，"无一不举"，可以包容其他宗教。康有为说：孔教"自人伦、物理、国政、天道，本末精粗，无一而不举也。……故自鬼神、山川、昆虫、草木，皆在孔教之中，故曰范围天地而不过，曲成万物而不遗也"⑥；"凡圆颅方趾号为人者，不能出孔子之道外者也"⑦。而且，他甚至断言孔教亦适用于其他有生命的天体。基于此，康有为主张孔教应像其他宗教一样赴世界各地传教，以传播、弘扬孔教之教旨、教义。

---

① 《康有为政论集》，第188页。
② 《康有为政论集》，第1107页。
③ 《康有为全集》（第九集），第346页。
④ 《康有为全集》（第五集），第125页。
⑤ 《康有为政论集》，第1100页。
⑥ 《康有为全集》（第十集），第16页。
⑦ 《康有为全集》（第十集），第93页。

第三十二章 谭嗣同

谭嗣同（1865—1898 年），字复生，号壮飞，湖南省浏阳县人，出生于北京。父亲曾任清政府户部郎中、甘肃道台、湖北巡抚等职。谭嗣同幼年时开始钻研儒家典籍，喜好今文经学，并致力于自然科学学习。1894 年中日"甲午战争"爆发后，在湖南组织新式学校"算学社"。1896 年以父命到南京候差时，跟从杨文会（1837—1911 年）研究佛学。1897 年协助湖南巡抚陈宝箴创办"时务学堂"，筹办内河轮船、开矿、修筑铁路等。1898 年创建"南学会"，主办《湘报》等，积极宣传变法。"戊戌变法"开始后，被擢四品卿衔"军机章京"参与新政，成为"军机四卿"之一。"戊戌变法"失败后，被捕下狱并遭杀害，是"戊戌六君子"之一。

谭嗣同的哲学思想较为庞杂，糅合了儒家与佛家、中学与西学、科学与哲学等不同内容。其主要著作包括：《学篇》《思篇》《报贝元征书》《仁学》《以太说》《论全体学》等，后人将他的著作辑为《谭嗣同全集》。

第一节 "仁"本体论

谭嗣同认为，"元气"是形成天地万物的根本。在他看来，宇宙充满着"元气"，"元气"凝固起来，便形成各种物质元素，然后形成各种天体和人物。他说："元气絪缊，以运为化生者也"[①]；"天以其浑沌磅礴之气，充塞固结而成质，质立而人物生焉。"[②] 进而，谭嗣同又把"元气"归结、等同为"以太"。他说："原质犹有六十四之异，至于原质之原，则一以太而已矣"[③]；

---

① 《谭嗣同全集》（增订本），北京：中华书局 1981 年（下同），第 127 页。
② 《谭嗣同全集》（增订本），第 128 页。
③ 谭嗣同：《仁学》，北京：华夏出版社 2002 年（下同），第 35 页。

"剖某质点一小分，以至于无，察其为何物所凝结，曰惟以太。"① 不过，在谭嗣同看来，"元气"和"以太"实质上也就是"仁"。他说："以太""精而言之，夫亦曰'仁'而已矣"。② 他还说：

> 遍法界、虚空界、众生界，有至大、至精微，无所不胶粘、不贯洽、不筦络、而充满之一物焉。……名之曰"以太"。其显于用也：孔谓之"仁"。③

谭嗣同认为，"元气""以太"和"仁"是二而一的："元气""以太"之功能的显现是"仁"；"仁"所显现者乃"元气""以太"。因此，"仁"也就是天地万物的本原。不过，"元气""以太"为天地万物之本，是从"体"的角度言之；"仁"为天地万物之原，则是从"用"的角度言之。他说：

> 天地间亦仁而已矣。④
> 仁为天地万物之源。⑤

在谭嗣同看来，既然"仁"为天地万物之本原，那么，"心"就具有了相应的核心地位，因为"仁"具有明显的精神属性。他说："仁为天地万物之源，故唯心，故唯识。"⑥ 在谭嗣同看来，通常来讲，"心"其实就是所谓的"灵魂"。他说："灵魂，智慧之属也。……智慧生于仁。……仁为天地万物之源，故唯心。"⑦ 然而，从根本上讲，"心"其实是佛教所谓的"藏识"。他说：

> 佛之所谓藏，孔子所谓心。藏识转然后前五识不待转而自转。故曰："欲修其身者，必先正其心。"心一有所，即不得其正，亦即有不在焉。藏识所以为无覆无记。心正者无心，亦无心所，无在而

---

① 谭嗣同：《仁学》，第12页。
② 《谭嗣同全集》（增订本），第434页。
③ 谭嗣同：《仁学》，第12页。
④ 谭嗣同：《仁学》，第19页。
⑤ 谭嗣同：《仁学》，第6页。
⑥ 谭嗣同：《仁学》，第6页。
⑦ 谭嗣同：《仁学》，第6页。

无不在，此之谓大圆镜智。①

在佛教，"藏识"也就是"阿赖耶识"，指含藏一切善恶因果种子之识，它是佛教唯识宗最根本的精神本体。唯识宗认为，"阿赖耶识"通过第七识"末那识"的联系，产生人的意识和眼、耳、鼻、舌、身等感觉，然后又产生各种"相分"——天地万物。这是说，天地万物以至人自身及其意识都是"藏识"的产物，"藏识"是天地万物的最后根源。

在这样一种认识之下，谭嗣同依照佛教理论推断，天地万物之成、毁均源于唯一真实之"心"。他说：

> 一切惟心所造。②
>
> 唯一心是实。心之力量虽天地不能比拟，虽天地之大可以由心成之、毁之、改造之。③

既然外物只是"心"所"变现"出来的，故它们都不过是虚假的"相分"；即使作为天地万物之本的"以太"亦是"心"所变幻出来的假相，故它实际上也是"无"。谭嗣同说："以太者，亦唯识之相分，谓无以太可也。"④ 在他看来，唯有"心"是不生不灭、永恒存在的，因此，才有佛教所谓的"因果报应"、"生死轮回"等说教。谭嗣同认为，"因果报应"和"生死轮回"等说教不仅是真实的，而且也是有实际意义的：它可以使人面对死亡时无所畏惧，且可以用来警人与自励，从而迁恶以从善。

第二节　"转识成智"的认识论

谭嗣同认为，仅凭感觉不可能真正认识世界，感觉不仅不能得到事物之"真形"，甚至连所得到的影像也是不真实的。在他看来，人们通常是通过感觉来认识世界的，而且认为其所得之认识是真实可靠的。他说："耳目之所搆

---

① 谭嗣同：《仁学》，第86页。
② 谭嗣同：《仁学》，第48页。
③ 《谭嗣同全集》（增订本），第460页。
④ 谭嗣同：《仁学》，第85页。

接，口鼻之所摄受，手足之所持循，无所往而非实者。即彼流质气质，以至太虚洞窅之际，莫不皆有实理实物。"① 既然如此，一切认识均应验之以"实"，而不能验之以"名教"。然而，感觉具有明显的相对性，它对于对象的把握并不是确定无疑的。谭嗣同说："夫目能视色，迨色之至乎目，而色既逝矣；耳能听声，迨声之至乎耳，而声既逝矣。"② 而且，人的感觉器官只有眼、耳、鼻、舌、身五种，其所接触者仅色、声、香、味、触五者；而实际世界之范围远不止此五者，故仅以五种感官来衡断世界是远远不够的，因此人的感觉是十分有限的。他说："眼耳鼻舌身所及接者，曰色声香味触五而已。以法界虚空界众生界之无量无边，其间所有，必不止五也明矣。仅凭我所有之五，以妄度无量无边，而臆断其有无，奚可哉！"③ 他还说：

> 恃五以接五，犹不足以尽五，况无量无边之不止五。④

那么，如何真正地认识世界呢？谭嗣同非常赞同佛教的认识论思想。他认为，人的意识既非产生于心脏，亦非产生于大脑："夫人固号为有知矣，独是所谓知者，果何等物也？谓知出乎心，心司红血紫血之出纳，乌睹所谓知耶？则必出于脑，割脑而察之，其色灰败，其质脂，其形洼隆不平，如核桃仁；于所谓知，又无有也。"⑤ 那么，人的认识究竟为何物所生呢？谭嗣同认为，认识产生于佛教所谓之"藏识"。他说："吾大脑之所在，藏识之所在也。"⑥ 他还说：

> 其动者，意识也，大脑之用也。为大脑之体者，藏识也。其使有法之动者，执识也，小脑之体也。为小脑之用者，前五识也。⑦

在此，"藏识"也就是"心"，它不仅是天地万物的本原，又是人的意识"本体"。因此，归根结底，人的认识无非是"藏识"自己对自己的认识而

① 《谭嗣同全集》（增订本），第436页。
② 谭嗣同：《仁学》，第53页。
③ 谭嗣同：《仁学》，第55页。
④ 谭嗣同：《仁学》，第56页。
⑤ 谭嗣同：《仁学》，第44页。
⑥ 谭嗣同：《仁学》，第83页。
⑦ 谭嗣同：《仁学》，第154—155页。

已。正因为如此，谭嗣同主张贵知而不贵行。他说："吾贵知，不贵行也。知者，灵魂之事也；行者，体魄之事也。孔子曰：'知之为知之，不知为不知，是知也。'知亦知，不知亦知。是行有限而知无限，行有穷而知无穷也。且行之不能及知，又无可如何之势也。"①

因此，常人要获得对世界的真知，就必须"转识成智"，即，转舍世俗的心识，成就超越的智慧。具体来说，就是遵照佛教唯识宗的理论，将眼、耳、鼻、舌、身"五识"通过意识、"末那识"最终转变成摄藏万有的"阿赖耶识"，从而能够透过纷繁复杂之现象而达到"一多相容""三世一时"的顿悟。他说："唯识之前五识，无能独也，必先转第八识；第八识无能自转也，必先转第七识；第七识无能遽转也，必先转第六识；第六识转而为妙观察智，《大学》所谓致知而知至也。"② 在谭嗣同看来，能否"转识成智"是能否融通时空、消除差别、从而获得绝对真理的关键：一旦"转识成智"，便可获得对世界的"真知"；因这种"知"由"藏识"转变而来，故是"无穷""无限"的。他说：

> 苟不以眼见，不以耳闻，不以鼻嗅，不以舌尝，不以身触，乃至不以心思，转业识而成智慧，然后"一多相容"、"三世一时"之真理乃日见乎前，任逝者之逝而我不逝，任我之逝而逝者卒未尝逝。③

第三节　"破对待"说

谭嗣同不赞成天地万物静止不变的观点，认为天地万物是变动不居的。他说："吾身所附丽之地球，本变动不居，而凡泥不变之说者为逆天矣。"④正是这种不断变化，才造就了"天地以日新"，天地万物才有生命力。他

---

① 谭嗣同：《仁学》，第 164 页。
② 谭嗣同：《仁学》，第 85 页。
③ 谭嗣同：《仁学》，第 56 页。
④ 《谭嗣同全集》（增订本），第 400 页。

认为：

> 天地以日新，生物无一瞬不新也。①

因此，如果没有变化、更新，宇宙万物将归于毁灭。谭嗣同说："天不新，何以生？地不新，何以运行？日月不新，何以光明？四时不新，何以寒燠发敛之迭更？草木不新，丰缛者歇矣；血气不新，经络者绝矣；以太不新，三界万法皆灭矣。②因此，认识到此变化的言论才为"无憾之言"。他说："言新必极之于日新，始足以为盛美而无憾，执此以言治言学，固无往不贵日新矣。"③反之，如果认识不到这种变化，其言论则是"逆天"之说；如果否认这种变化，其人则为"守旧之鄙生"，即庄子（约前369—前286年）所谓那种"心死"之人。④总之，如果不懂得"日新"的道理，就是"自断其方生之化机"，而"终将成为极旧极敝、一残朽不灵之废物而已矣"。⑤

关于事物变化的根源，谭嗣同主张"对待"之"异同攻取"的观点。在他看来，事物变化的根源虽在于"元气"，但直接原因却在于"元气"之两相"对待"因素的互相接引，即"异同攻取"。他说："振微明玄，参伍错综，而有有矣。有有之生也，其惟异同攻取乎？"⑥如同雷是由正负两种电相遇而引发的一样，万物的产生也是由于两相"对待"的因素所引发的。他说：

> 日新乌乎本？曰：以太之动机而已矣。独不见夫雷乎？虚空洞
>
> 杳，都无一物，忽有云雨相值，则合两电，两则有正有负，正负则
>
> 有异有同，异则相攻，同则相取，而奔崩轰掤发焉。⑦

在谭嗣同，所谓"对待"是指两相对立与排斥的情况。他说："有此则有彼，无独而有偶焉，不待问而知之，辨对待之说也。"⑧进而，谭嗣同认为事物的生灭是相对的、相互联系的，此诚如陶器与土之关系。他说："譬于陶

---

① 《谭嗣同全集》（增订本），第458页。
② 谭嗣同：《仁学》，第58页。
③ 《谭嗣同全集》（增订本），第417页。
④ 《庄子·田子方》。
⑤ 谭嗣同：《仁学》，第58页。
⑥ 谭嗣同：《仁学》，第82页。
⑦ 谭嗣同：《仁学》，第62页。
⑧ 谭嗣同：《仁学》，第55页。

埴，失手而碎之，其为器也毁矣。然陶埴，土所为也。方其为陶埴也，在陶埴曰成，在土则毁；及其碎也，还归乎土，在陶埴曰毁，在土又以成。"①

在谭嗣同，其"辨对待"是为了"破对待"，即，通过"破对待"以求作为万物本体之"仁"。那么，如何"破对待"呢？他主张"无彼复无此，此即彼，彼即此"的"破对待之说"。②谭嗣同认为，事物之"对待"往往是主观妄生的，是主体自己所引发的。他说："对待生于彼此，彼此生于有我。我为一，对我者为人，则生二；人我之交，则生三。……一切对待之名，一切对待之分别，淆然哄然。其瞒也，其自瞒也，不可以解矣。"③既然如此，若想"破对待"，只需在主观上不起"对待"，则外在事物之"对待"当"自破"；而不起"对待"的最好办法是不去与纷繁世界接触，而通过"转识成智"直接诉诸心本体，因为外在世界只是"心"之"相分"而已。谭嗣同说：

> 苟不以眼见，不以耳闻，不以鼻嗅，不以舌尝，不以身触，乃至不以心思，转业识而成智慧，然后"一多相容"、"三世一时"之真理乃日见乎前……真理出，其对待不破以自破。④

在谭嗣同看来，事物的变化归根到底是刹那生灭的过程，事物都是随生随灭的，没有绝对的稳定性。他说："日析为时，时析为刻，刻析为分，分析为秒忽，秒忽随生而随灭，确指某秒某忽为今日，某秒某忽为今日之秒忽，不能也。"⑤而且，万物都可以分为无数之"质点"，而"每分之质点，又各有无数之分，穷其数可由一而万万也"，所以根本不能确指万物的存在。⑥构成事物的"质点"每时每刻都在生灭，生灭之间的差别也微乎其微，因此，生和灭之间也是相对的。然而，在谭嗣同，具体事物之生灭的相对性却说明了"生灭"本身是"不生不灭"的。他说："旋生旋灭，即生即灭。生与灭相授之际，微之又微，至于无可微；密之又密，至于无可密。夫是以融化为

---

① 谭嗣同：《仁学》，第 37 页。
② 谭嗣同：《仁学》，第 55 页。
③ 谭嗣同：《仁学》，第 54 页。
④ 谭嗣同：《仁学》，第 56 页。
⑤ 谭嗣同：《仁学》，第 51 页。
⑥ 谭嗣同：《仁学》，第 51—52 页。

一，而成乎不生不灭。成乎不生不灭，而所以成之之微生灭，固不容掩焉矣。"① 由此看来，事物之差别归根到底只是由于"质点"的数量不同而已，其本体并没有质的差别。在谭嗣同，认识至此即是识得了本体之"仁"；既识得了本体之"仁"，"对待"也便"破"掉了。他说：

> 仁一而已，凡对待之词，皆当破之。②

第四节　人道主义

谭嗣同批判了几千年来的封建专制政体，认为这是世界上"至不平等"的制度。在谭嗣同看来，统治者把自己说成是"天子"，其实是"挟一天以压制天下"③，用"天命"来愚弄人民；封建社会的法律也只是为了叫人民俯首贴耳，坐受酷刑之苦。他认为，君主本来是人民"共举"出来的，先有民而后有君；不是君择民，而是民择君；君主好比大家推选出来的办事员，如果他不称职，就应该"人人得而戮之"，根本无所谓"叛逆"之说；所谓"叛逆"一语，只是封建帝王捏造出来恫吓人民的。质言之，封建统治者颠倒了君民关系，将主人视为奴仆，将奴仆视为主人。因此，封建专制制度其实是穷竭人民之膏血，以供帝王一人之享乐。既然如此，还把服从君主统治美其名为"忠义"，这岂不是"真不知人间有羞耻事！"④ 因此，此时的问题应该是："此食毛践土者之分然也。夫果谁食谁之毛？谁践谁之土？"⑤ 在这种情况之下，农民起来造反是因为"政法之不善"，是完全可以理解并值得同情的。谭嗣同说：

> 洪、杨之徒，见苦于君官，挺而走险，其情良足悯焉。在西国

---

① 谭嗣同：《仁学》，第49页。
② 谭嗣同：《仁学》，第7页。
③ 谭嗣同：《仁学》，第89页。
④ 谭嗣同：《仁学》，第90页。
⑤ 谭嗣同：《仁学》，第109页。

刑律，非无死刑，独于谋反，虽其已成，亦仅轻系数月而已。①

谭嗣同还批判了为封建等级制度辩护的纲常名教。他认为，名教既非"天命"，又非"天理"，纯粹是君主用来压制人民的工具。他说："君以名桎臣，官以名轭民，父以名压子，夫以名困妻，兄弟朋友各挟一名以相抗拒，而仁尚有少存焉者得乎。"② 纲常名教对于人民简直就是"桎梏"，其惨烈程度犹如毒药一般："数千年来，三纲五伦之惨祸烈毒，由是酷焉。"③ 就"三纲"来看，其所讲之理不仅迫害了人的身体，而且禁锢了人们的思想：君主本是人民中的一分子，人民之间无相互为死之理，人民更无为君主尽忠死节的道理；父母和子女都是天的儿子，父子的关系是"平等"的，孝是次要的；男人和女人"同为天地之菁英"，夫妇关系是"平等"的，故"重男轻女"是世界上"至暴乱无礼之法"。④ 就"五伦"来看，其中只有朋友一伦没有流弊，它体现了平等、自由和自主的原则；其他"四伦"都应在抛弃或调整之列。因此，谭嗣同认为，两千年来的"旧学"都是荀学和"乡愿"；中国虽"自命为礼义之邦"，实际上却是"人间地狱"。他说：

> 法人之改民主也，其言曰："誓杀尽天下君主，使流血满地球，以泄万民之恨。"朝鲜人亦有言曰："地球上不论何国，但读宋、明腐儒之书，而自命为礼义之邦者，即是人间地狱。"⑤

谭嗣同提倡自由、平等和博爱的人道主义，以"仁"为人类的最高理想。他认为，"仁"出于人的本性，它是"人性善"。因此，自由、平等和博爱之总称即是"仁"，或者说，"仁学"的实质就是人道主义。具体地，谭嗣同在人道的意义上解释了"仁"的含义。按照他的解释，"仁"有四个方面的含义：一是"上下通"，即打破在上的和在下的界限，如君民之界限、贵贱之差别；二是"中外通"，即打破中国和外国的界限，与西方国家"通教""通学""通政""通商"；三是"男女内外通"，即打破男女之界限和宗族之界

---

① 谭嗣同：《仁学》，第 117 页。
② 谭嗣同：《仁学》，第 23 页。
③ 谭嗣同：《仁学》，第 23 页。
④ 谭嗣同：《仁学》，第 31 页。
⑤ 谭嗣同：《仁学》，第 113 页。

限；四是"人我通"，即打破别人和自己的界限，人与人之间要"相亲相爱"①。在谭嗣同看来，一旦打破了这些界限，人类便实现了自由、平等和博爱，便可按着"仁"的原则建立起理想的"大同"世界。在这个"大同"世界，"人人能自由"，既无国界，又无战争；"彼我亡，平等出"，"千里万里，一家一人"。他说：

> 地球之治也，以有天下而无国也。……人人能自由，是必为无国之民。无国则畛域化，战争息，猜忌绝，权谋弃，彼我亡，平等出；且虽有天下，若无天下矣。君主废，则贵贱平；公理明，则贫富均。千里万里，一家一人。②

---

① 谭嗣同：《仁学》，第 154 页。
② 谭嗣同：《仁学》，第 161 页。

第三十三章　章太炎

章太炎（1869—1936 年），初名学乘，字枚叔，又名绛，号太炎，后又改名炳麟，以号行世，浙江省余姚县人。1891 年入杭州"诂经精舍"师从汉学家俞樾（1821—1907 年）学习古文经学。1894 年后，参加"强学会"，并成为《时务报》主笔。"戊戌变法"失败后，为躲避通缉，避地台湾，任《台湾日日新报》记者。1903 年因发表《驳康有为论革命书》和为邹容（1885—1905 年）《革命军》作序被清政府下狱 3 年。1906 年出狱后又赴日本，担任同盟会机关报《民报》主编。撰有《中华民国解》，为"中华民国"国号的创始者。"辛亥革命"后回国，主编《大共和日报》，并任孙中山（1866—1925 年）总统府枢密顾问。后又反对袁世凯复辟帝制，参加"护法运动"。晚年主要在上海一带讲学，并在苏州开设"章氏国学讲习会"。1936年病逝于苏州。

章太炎的哲学思想内容庞杂，不但包括汉学、佛学、诸子百家等传统中国学术思想，而且涉及苏格拉底（Socrates，前 469—前 399 年）、康德（Immanuel Kant，1724—1804 年）、黑格尔（Georg Wilhelm Friedrich Hegel，1770—1831 年）等西方哲学家的著作。他还主张"以国粹激励种性"，"以宗教激励热情"，积极参与"国粹主义运动"。其主要著作包括《訄书》《儒术新论》《订孔》，还有《新方言》《文始》《小学答问》《国故论衡》等。译作包括《斯宾塞尔文集》（合译）《社会学》。其著作合编为《章氏丛书》《章氏丛书续编》《章氏丛书三编》《章太炎全集》等。

第一节　"真如"本体说

章太炎认为，宇宙万物均为自然造化之物，而非"创造"之物。他说：

"物生于日，而其为祝福，则日勿与焉。若夫天与帝，则未尝有矣。"[①] 在章太炎看来，天地万物因"离心力"和"向心力"之相互作用而产生，并不依赖于"天"即所谓"苍苍者"的主宰，亦并非由基督教所宣称的上帝创造。他说："自景教之兴，则宠神上帝，以为造万物"[②]，然而，"及其求上帝所自出，而卒不可得也。于上帝不能求其所自出，则虽谓日无所自出也可矣！何必上帝！"[③] 他还说："夫大钧播物，气各相摄，月摄于地，地摄于日，日复摄于列宿，其所以鼓之舞之旋之折之者，其用大矣。安事此苍苍者为?"[④] 在章太炎看来，不仅天体是自然造化之物，即使是光、热、电等现象也归于物。他说："即如光、热、电三者，虽不能得其质点，而终与湛然不动者有殊……动则速矣，力则厚矣，而亦与极顽之日星同类，宁能超出万有耶?"[⑤] 既然如此，何必言上帝主宰万物呢？因此，

> 知实而无乎处，知长而无本剽，则上帝灭矣，孰能言其造人与其主予夺殊庆耶?[⑥]

章太炎认为，宇宙天地万物均是由"气"产生的。在章太炎看来，天本来是没有的，因此不能说天生万物；天只是聚集的"气"，"气"来源于地球，地球产生于太阳，太阳是自生的。他说："惟天未尝有，故'无'之为字，从'天'，诎之以指事。天萃于气，气生于地，地生于日。凡大块之成，品庶之所以每生，惟日是赖。故曰郊之祭也，大报天而主日。"[⑦] 那么，构成万物的"气"又是何物呢？章太炎认为，此"气"即是"传光气"，即是"以太"或"阿屯"；它不但能穿透物体，在运动速度上还有快慢。他说："然以太即传光气，能过玻璃实质，而其动亦因光之色而分迟速。彼其实质，即曰阿屯，以一分质分为五千万分，即为阿屯大小之数。"[⑧] 在此，"阿屯"即"原子"（atom）的英文汉译。因此，"阿屯"即是宇宙万物的始基，即，

---

① 《章太炎全集》（三），上海：上海人民出版社 1982 年（下同），第 20 页。
② 《章太炎全集》（三），第 18 页。
③ 《章太炎全集》（三），第 18 页。
④ 《章太炎政论选集》，北京：中华书局 1977 年（下同），第 125 页。
⑤ 《章太炎政论选集》，第 134 页。
⑥ 《章太炎政论选集》，第 127 页。
⑦ 《章太炎全集》（三），第 18 页。
⑧ 《章太炎政论选集》，第 134 页。

天地万物均是由"阿屯"构成的。他说："凡物之初，只有阿屯，而其中万殊。"① 在章太炎，无论"阿屯"，还是"以太""传光气"，都不是精神性的，而是有形体、有质量的物体。因此，他不赞成将"以太"认定为精神的观点。他说："原质有形，即以太亦有至微之形，固不必以邈无倪际之性海言也。"②

那么，如何解释生命现象这种特殊的"物"呢？章太炎亦依着"气"的理论来阐释，他认为一切生命皆起源于细胞。在他看来，"原形质"作为细胞存在的基础，其本身具有新陈代谢和自我繁殖的机能。他说："今夫庶物莫不起于细胞，细胞大抵皆球形，其中有核，核中液体充满，名曰核液。液分染色物、非染色物二者。凡细胞诸种，皆自原形质成立。原形质似卵白质，赫胥黎氏称之曰生命之本原。而卵白质无同化、增殖二力，原形质有同化、增殖二力。"③ 进而，章太炎认为，人体不过是氮、氧、碳、氢、钙等诸种元素的合成体，物质性的肌体承载其精神性的人性；而人体一旦死亡，其肌体的诸种物质元素即发生分解和转化，精神性的人性也就不复存在了。他说：

> 今人之死也，则淡、养、炭、轻诸气，盐、铁、磷、钙诸质，各散而复其流定之本性，而人之性亡矣。④

然而，在章太炎看来，所谓宇宙万物以"气"为本体，这并不是终极性的解释。他认为，无论是作为"气"的"阿屯""以太""传光气"，还是作为"气"的细胞，它们终究是依主观"缘起"的，而非终极的本体；若就终极本体说，它们都只不过是人的"心力""缘生"之物。章太炎说："执为无厚，离于色、声、香、味、触等感觉所取之外，唯其中心力存。此虽胜于极细之说，然未见有离于五尘之力，亦未见有离力之五尘。力与五尘，互相依住，则不得不谓之缘生。既言缘生，其非本体可知。"⑤ 不仅有形的"色相"为"缘生"，即使人们通常所具有的"畏死心""拜金心""奴隶心""退屈心""德色心"之"五心"，就其根源来看，也来源于"我见""我执"，而

---

① 《章太炎政论选集》，第 131 页。
② 《章太炎政论选集》，第 134 页。
③ 章太炎：《儒术真论》，手改抄清稿，第 8 页，国家图书馆藏。
④ 《章太炎政论选集》，第 133—134 页。
⑤ 《章太炎全集》（四），第 406 页。

非"真相"。因此，他说：

> 万法惟心。一切有形的色相，无形的法尘，总是幻见幻想，并
> 非实在真有。[1]

正因为如此，必须抛却"我见""我执"，才能获知终极性的本体。

那么，世界的终极本体是什么呢？章太炎认为，世界的"终极本体"是
"真如"。依着佛教的理论，在所谓眼、耳、鼻、舌、身、意、末那、阿赖耶
"八识"中，其他"识"不过是主观的幻见幻想，唯有"阿赖耶识"才是根
本"藏识"。章太炎继承了这一思想，他说："阿赖耶识，无始时来，有种种
界，如蜀黍聚。即此种种界中，有十二范畴相，有色空相，有三世相，乃至
六识种子，皆在阿赖耶识中。"[2] "阿赖耶识"永恒存在于无限时空之中，它
包含着宇宙万有的一切"种子"，是宇宙万有的终极本原。他说："舍阿赖耶
识而外，更无他物。此识是真，此我是幻，执此幻者以为本体，是第一倒见
也。"[3] 此外，"阿赖耶识"即是"圆成实性"。所谓"圆成实性"，是对应着
"遍计所执"、"依他起"二性而言的；后二者对应着诸识妄加分别而产生幻
象世界，前者所对应的才是幻象背后的真实本体。在章太炎看来，"圆成实
性"与"阿赖耶识"是等值的：由性而言谓"圆成实"，由识而言则谓"阿
赖耶"；它们就是终极本体即"真如"。他说：

> 真如即是惟识实性，所谓圆成实也。而此圆成实者，太冲无象，
> 欲求趋入，不得不赖依他。[4]

第二节 "俱分进化论"

章太炎用进化论的观点来解释生物的形成与演化，而不赞成基督教的

---

① 《章太炎政论选集》，第 274 页。
② 《章太炎全集》（四），第 414 页。
③ 《章太炎全集》（四），第 406 页。
④ 《章太炎全集》（四），第 414 页。

"创世说"。他认为，所有生物不过是自然环境生存竞争的结果，而非上帝所创造。有人认为，生长在冰雪天地里的苔藓类植物紫脱是有灵性的。章太炎认为，紫脱并非有什么灵性，只不过它比一般植物更耐寒而已。如同海象、海马能在水中呼吸一样，生物性能的不同是其与自然生存竞争的结果。他说："人谓紫脱华于层冰，其草最灵。紫脱非最灵也，其能寒过于款冬已。鼠游于火，忍热甚也。海有象马，嘘吸善也。物苟有志，强力以与天地竞，此古今万物之所以变。"① 由于这种生存竞争，促进了生物的进化，以至于"变至于人"，最后产生出动物界的高等动物——人类。他说："赭石赤铜箸乎山，菭藻浮乎江湖，鱼浮乎薮泽，果然玃狙攀援乎大陵之麓，求明昭苏，而渐为生人。人之始，皆一尺之鳞也。"② 因此，

> 因气而生，种类相产，万物生天地之间，皆一实也。传曰："天地不故生人，人偶自生。"③

在章太炎看来，生物进化的动因在于生存竞争，适者生存，否者淘汰。一方面，自然环境对生物的进化发生着巨大影响。因此，由于自然环境的变化，在过去对生物是有用的东西，现在则可能变得完全没有用。例如，从类人猿到人类的进化过程中，皮肤上的毛因变得无用而逐渐脱落了。他说："昔之有用者，皆今之无用者也。冰期之世非茸毛不足与寒气格战。至于今，则须发为无用，凑理之上，遂无短毳矣。"④ 章太炎将此称为"蜕其故用而成其新用"，不过这种蜕变是"道其日益"，而不是"道其日损"。⑤ 另一方面，物种之间的生存竞争对物种变化的影响更为巨大。章太炎说："寒暑燥湿之度变，物之与之竞者，其体亦变。且万族之相轧，非直寒暑燥湿之比者也。"⑥ 所以，生物不但要适应自然环境的变化，而且更要适应物种之间的竞争。他说："鲸有足而不以歰，殺有角而不以触，马爵有翼而不以飞，三体勿能用，

---

① 《章太炎全集》（三），第26—27页。
② 《章太炎全集》（三），第21页。
③ 参见《章太炎全集》（三），第21页。
④ 《章太炎全集》（三），第27页。
⑤ 《章太炎全集》（三），第28页。
⑥ 《章太炎全集》（三），第27页。

久之则将失其三体。"① 鲸有足而不用爬行, 公羊有角而不用来牴物, 鸵鸟有翼而不用来飞翔, 结果导致这些器官在它们身上逐渐失去了作用。

章太炎还重点探讨了人类的进化。在他看来, 人类的进化与一般动物既有相同之处, 又有特殊之处。其特殊之处有三点: 其一, "竞争以器"。即, 工具在人类进化中具有重要作用, 甚至可以说工具是人类进化程度的一个重要尺度。章太炎说: "人之相竞也, 以器。"② 因此, "石也, 铜也, 铁也, 则瞻地者以其刀辨古今之期者也"③。其二, "知群之道"。"群"即社会性在人类进化中发生了重要作用。在他看来, 合群则存立, 丧群而亡种; 知群之道, 虽小不能害; 不群之道, 虽大而将亡, 因此, 他不赞同 "避世离俗" 的思想。其三, "浸益其智"。即, 增益智力在人类进化中具有重要作用, 因此, 需要十分重视智力的发展, 否则人类就会退化, 以至于退化到猿类状态。章太炎说: "故知人之怠用其智力者, 萎废而为虒蜼, 人迫之使入于幽谷, 夭阏天明, 令其官骸不得用其智力者, 亦萎废而为虒蜼。"④

更为重要的一点是, 章太炎提出了 "俱分进化论" 的观点, 认为人类社会的进化是善恶 "双方并进" 的。也就是说, 在人类进化的过程中, 善在进化的同时, 恶也在扩张。他说: "太古草昧之世, 以争巢窟、竞水草而相杀者, 盖不可计, 犹以手足之能, 土丸之用, 相抵相射而止。国家未立, 社会未形, 其杀伤犹不能甚大也。即而团体成矣, 浸为戈矛剑戟矣, 浸为火器矣, 一战而伏尸百万, 蹀血千里, 则杀伤已甚于太古。纵令地球统一, 弭兵不用, 其以智谋攻取者, 必尤甚于畴昔。何者? 杀人以刃, 固不如杀人以术。……此固虎豹所无, 而人所独有也。由是以观, 则知由下级之乳哺动物, 以至人类, 其善为进, 其恶亦为进也。"⑤ 不仅善恶如此 "双方并进", 苦乐亦是 "双方并进" 的: "是不亦乐之愈进者, 其苦亦愈进乎?"⑥ 总之, 人类文明愈进步, 而对于人道的践踏则愈甚。章太炎说:

---

① 《章太炎全集》(三), 第 28 页。
② 《章太炎全集》(三), 第 27 页。
③ 《章太炎全集》(三), 第 27 页。
④ 《章太炎全集》(三), 第 28 页。
⑤ 《章太炎全集》(四), 第 387 页。
⑥ 《章太炎全集》(四), 第 389 页。

> 进化之所以为进化者，非由一方面直进，而必由双方并进，专
> 举一方，惟言智识进化可尔。若以道德言，则善亦进化，恶亦进化；
> 若以生计言，则乐亦进化，苦亦进化。双方并进，如影之随形，如
> 罔两之逐影。①

因此，进化虽是一种不可回避的事实，但对进化必须保持清醒的认识：
"进化之实不可非，而进化之用无所取，自标吾论曰《俱分进化论》。"② 于
是，章太炎主张在物质文明之外寻求出路，他说："第一、是用宗教发起信
心，增进国民的道德；第二、是用国粹激动种性，增进爱国的热肠。"③

第三节　孔子之真面目

在历史上，孔子长期被尊奉为圣人、"素王"，儒家思想也因此受到独尊，
先秦诸子的地位不可比拟。章太炎对此不以为然。他认为，孔子被奉为圣人
和"素王"是被后人"涂"上去的色彩，真实的孔子并不如此。在他看来，
孔子不过是先秦诸子之一，并非什么圣人。他说：

> 孔氏，古良史也。辅以丘明而次《春秋》，料比百家，若旋机玉
> 斗矣。谈、迁嗣之，后有《七略》。孔子死，名实足以伉者，汉之
> 刘歆。④

孔子不过是与司马谈（？—前110年）、司马迁（约前145—前90年）
乃至刘歆（约前50—23年）一样的历史学家。但是，孔子和儒家思想却长期
受到过高的尊奉，这带来了许多弊端。章太炎说："盖中国学说，其病多在汗
漫。春秋以上，学说未兴。汉武以后，定一尊于孔子，虽欲放言高论，犹必
以无碍孔氏为宗，强相援引，妄为皮傅，愈调和者愈失其本真，愈附会者愈

---

① 《章太炎全集》（四），第386页。
② 《章太炎全集》（四），第387页。
③ 《章太炎政论选集》，272页。
④ 《章太炎全集》（三），第135页。

违其解故。"① 儒家的许多纲常之理根本不着边际，只是为了维护统治者的利益而进行的附会。因此，"定一尊于孔子"实是中国学术思想之祸根。他引用别人的话说：

> 孔子之出于支那，实支那之祸本也。夫差第《韶》、《武》，制为邦者四代，非守旧也。处于人表，至岩高，后生自以瞻望弗及，神葆其言，革一义，若有刑戮，则守旧自此始。故更八十世而无进取者，咎亡于孔氏。祸本成，其胙尽矣。②

在章太炎看来，孔子及儒家思想有诸多应该批判之处。

首先，"儒家者流，热中趋利"③。章太炎认为，对真理的追求当是学问的终究目的，然而，孔子所思考者却只有"官"和"富贵利禄"，其学问只注重实用和"取时"、"趋时"，而鲜有对真理的热情。他说："其教弟子也，惟欲成就吏材，可使从政"④，因此，"孔子之教，惟在趋时，其行义从时而变。故曰：'言不必信，行不必果'"⑤。章太炎认为，以富贵利禄观念腐蚀人心是儒家最大的弊病。他说，儒家"苦心力学，约处究身"，全是为了"湛心荣利"，待价而"沽身"。⑥ 因此，质言之，"儒家之病，在以富贵利禄为心"。⑦ 在章太炎看来，儒家的富贵利禄之心不仅会压抑追求真理的热情，而且会削弱革命的理想，影响革命的前程。他说：

> 孔教最大的污点，是使人不脱富贵利禄的思想。自汉武帝专尊孔教以后，这热中于富贵利禄的人，总是日多一日。我们今日想要实行革命，提倡民权，若夹杂一点富贵利禄的心，就像微虫霉菌，可以残害全身，所以孔教是断不可用的。⑧

---

① 《章太炎学术史论集》，北京：中国社会科学出版社 1997 年（下同），第 170 页。
② 《章太炎全集》（三），第 134 页。
③ 章太炎：《中国现代学术经典·章太炎卷》，石家庄：河北教育出版社 1996 年（下同）；第 489 页。
④ 章太炎：《中国现代学术经典·章太炎卷》，第 483 页。
⑤ 《章太炎学术史论集》，第 173 页。
⑥ 参见章太炎《中国现代学术经典·章太炎卷》，第 483 页。
⑦ 《章太炎学术史论集》，第 173 页。
⑧ 《章太炎政论选集》，第 272—273 页。

其次，孔子及其后学善于权术，哗众取宠。章太炎认为，由于儒家注重富贵利禄等实用目的，故常注重通过权谋以至不择手段以实现目标。他说："儒家者流，热衷趋利，故未有不兼纵横者。……儒家不兼纵横，则不能取富贵。"① 因此，他引用《墨子》与《庄子》的话，批评孔子"污邪诈伪"：平日道貌岸然，高谈礼义，席不端弗坐，割不正弗食，但饥饿时就苟取以活身，不问肉之所由来而食。他还引《庄子·盗跖》的话说孔子为"巧伪人""不耕而食，不织而衣，摇唇鼓舌，擅生是非，以迷天下之主"。② 章太炎认为，孔学本出于老子（前600—前470年），但孔子恐怕老子揭其老底，所以孔子更加嫉妒，于是把老子逼走了。老子西出函谷关是被孔子逼迫的，其著《道德经》也与孔子的逼迫有关。因此，孔子是玩弄权术的能手。他说：

> 老子以己权术授孔子，而征藏故书，亦悉为孔子诈取。孔子之权术，乃有过于老子。③

再次，孔子之中庸思想是有甚于"乡愿"的"国愿"。章太炎说："用儒家之道德，故坚苦卓厉者绝无，而冒没奔竞者皆是……用儒之理想，故宗旨多在可否之间，论议止于函胡之地。彼耶稣教、天方教崇奉一尊，其害在堵塞人之思想；而儒术之害，则在淆乱人之思想。此程、朱、陆、王诸家，所以有权而无实也。"④ 儒学为害之根本在于"有权无实"，在于搅乱了人们的思想。章太炎认为，如果貌似谨厚，而实与流俗合污的伪善者乃"乡愿"，那么提倡"无过无不及"，以"不偏不倚"相标榜的中庸之道则是"国愿"。然而，孔子却只反"乡愿"而不反"国愿"，因此是"大伪君子"。章太炎说：

> 所谓中庸，实无异于乡愿。彼以乡愿为贼而讥之。夫一乡皆称愿人，此犹没身里巷，不求仕宦者也。若夫"缝依浅带，矫言伪行，以迷惑天下之主"，则一国皆称愿人。所谓中庸者，是国愿也，有甚于乡愿者也。孔子讥乡愿，而不讥国愿，其湛心利禄，又可知也。⑤

---

① 《章太炎学术史论集》，第178—179页。
② 《中国现代学术经典·章太炎卷》，第483页。
③ 《章太炎学术史论集》，第175页。
④ 《章太炎学术史论集》，第174页。
⑤ 《章太炎学术史论集》，第174页。

　　不过，章太炎对孔子和儒家并没有完全否定，而亦有诸多肯定之言。他说："孔氏之功则有矣，变玑祥神怪之说而务人事，变畴人世官之学而及平民，此其功亦绝千古。"① 在孔子的学说当中，"德化"虽非他所专有，但却是其核心价值所在；若对此视而不见则是对儒家学说的玷污。在他看来，孔子之思想以及《论语》二十篇，克己复礼等普通教告之语，关于德行政事的思想无所不备。儒学较佛学更加切近于人事，故儒家学说在改良社会风俗方面具有独到价值，这是佛、老等所不及之处：孔子之道从"出世"的角度讲能达及"真如"，从"入世"的角度则能"经纬人事"。儒家与佛、老各有侧重，若要救世，只依佛、老是不可的，须以儒、佛、老相结合才可。章太炎说："居贤善俗，仍以儒术为佳。虽心与佛相应，而形式不可更张。"② 基于此，章太炎把孔子视为与文王（生卒年不详）、老子、庄子平起平坐的"域中四圣"，认为孔子是中华文化的传人，若没有孔子，中华文化将灭绝，中华民族亦难列于各民族之林。他说：

　　　　孔子于中国，为保民开化之宗，不为教主。世无孔子，则宪章不传，学术不起，国沦戎狄而不复，民居卑贱而不升，欲以名号列于宇内通达之国难矣。③

第四节　唯识之理想宗教

　　章太炎认为，理想的宗教需要具备两个条件：其一是形上层面的"不失真"，其二是形下层面的"有益于生民之道德"。他说："宗教之高下胜劣，不容先论。要以上不失真，下有益于生民之道德为其准的。"④ 所谓"不失真"，是指无神论的宗教。章太炎反对有神论的宗教，因为宗教之神或者根本不能证明，或者只是人心中的概念而已。他说："执一实以为神者，其失固不

　　① 《章太炎政论选集》，第 291 页。
　　② 《章炳麟论学集》，北京：北京师范大学出版社 1982 年，第 382 页。
　　③ 《章太炎政论选集》，第 692 页。
　　④ 《章太炎全集》（四），第 408 页。

胜指。转而谓此神者，冒世界万有而为言，然则此所谓有，特人心之概念耳。"① 例如，基督教作为影响最大的一神论宗教，其"创世说"在逻辑上就陷入了恶性推论："若万物必有作者，则作者亦更有作者，推而极之，至于无穷。然则神造万物，亦必被造于他，他又被造于他。此因明所谓犯无穷过者。以此断之，则无神可知已。"② 章太炎也不赞同泛神论，认为泛神论实质上就是无神论的一种说法。他说："近世斯比诺莎（即斯宾诺莎——引者注）所立泛神之说，以为万物皆有本质，本质皆神。……不立一神，而以神为寓于万物，……既曰泛神，则神名亦不必立"。③ 总之，在章太炎看来，无论是一神论，还是泛神论，都是"已失真"的宗教，故在应抛弃之列。他说：

> 此心是真，此神是幻，执此幻者以为本体，是第三倒见也。④

章太炎认为，理想的宗教还须在形下层面"有益于生民之道德"。那么，什么样的宗教可实现此使命呢？在章太炎，佛教即是这样的宗教。他说："如吠息特（即费希特——引者注）之言曰：'由单一律观之，我惟是我；由矛盾律观之，我所谓我，即彼之他，我所谓他，即他之我；由充足律观之，无所谓他，即惟是我。'此以度脱众生为念者，不执单一律中之我，而未尝尽断充足律中之我。"⑤ 在费希特（Johann Gottlied Fichte，1762—1814 年）看来，"自我意识"有三个基本原则：自我设定自身，自我设定非我，自我和非我统一；这三个原则分别对应形式逻辑的同一律、矛盾律和排中律。章太炎继承了这一思想，认为佛教教义与这些原则是相一致的，为提高生民道德提供了理论依据。他说："及其失也，或不免偏于我见。然所谓我见者，是自信，而非利己（宋儒皆同，不独王学），犹有厚自尊贵之风。"⑥ 因此，若将佛教道德加以提倡，则有利于人的"奋矜之气"，有利于中国之前途。他说：

> 排除生死，旁若无人，布衣麻鞋，径行独往，上无政党猥贱之

---

① 《章太炎全集》（四），第 409 页。
② 《章太炎全集》（四），第 398—399 页。
③ 《章太炎全集》（四），第 400—401 页。
④ 《章太炎全集》（四），第 407 页。
⑤ 《章太炎全集》（四），第 415 页。
⑥ 《章太炎学术史论集》，第 88—89 页。

操，下作懦夫奋矜之气，以此揭橥，庶于中国前途有益。①

然而，章太炎并非肯定所有的佛教派别，而是认为只有唯识宗即法相宗符合上述两原则，故为理想的宗教。而且，唯识宗与中国传统文化相符一致，故更具备了加以弘扬的基础。在章太炎看来，中国传统文化的核心是"自贵其心"。他说："至中国所以维持道德者，孔氏而前，或有尊天敬鬼之说（墨子虽生孔子后其所守乃古道德）。孔氏而后，儒、道、名、法，变易万端，原其根极，惟依自不依他一语。"② 所谓"依自不依他"，就是"自贵其心，不以鬼神为奥主"③。而唯识宗即是"自贵其心，不援鬼神"，也即"依自不依他"。④ 不过，章太炎看到，在佛教派别当中，禅宗亦重视"自贵其心"。但是，他认为禅宗的宗旨过于"简易"，故其只可用于"艰难危急之一时"，而于近代学术之需要则不逮。他说："法相或多迂缓，禅宗则自简易。至于自贵其心，不依他力，其术可用于艰难危急之时则一也。明代气节之士，非能研精佛典，其所得者，无过语录。简单之说，是岂今人所不能行乎？然仆所以独尊法相者，则自有说。盖近代学术，渐趋实事求是之途，自汉学诸公分条析理，远非明儒所能企及。逮科学萌芽，而用心益复缜密矣。是故法相之学，于明代则不宜，于近代则甚适，由学术所趋然也。"⑤ 因此，章太说：

今之立教，惟以自识为宗。⑥

---

① 《章太炎学术史论集》，第 89 页。
② 《章太炎学术史论集》，第 85—86 页。
③ 《章太炎学术史论集》，第 83 页。
④ 《章太炎学术史论集》，第 83 页。
⑤ 《章太炎学术史论集》，第 84 页。
⑥ 《章太炎全集》（四），第 414 页。

第三十四章 梁启超

梁启超（1873—1929 年），字卓如，号任公，别号饮冰室主人等，生于广东省新会县。1890 年赴京参加会试，落第后成为康有为的及门弟子，在广州的万木草堂学习。1895 年协助康有为发动了震惊全国的"公车上书"，并参与建立"强学会"。1896 年赴上海与黄遵宪（1848—1905 年）等筹办《时务报》，任总撰述。1898 年参与"戊戌变法"，失败后流亡日本。1902 年在日本横滨创办《新民丛报》。1915 年赴广西参与发动"护国运动"，反对袁世凯复辟帝制。1918 年至 1920 年以"巴黎和会"中国代表团会外顾问之名前往欧洲各国游历。1925 年受聘为清华大学国学研究院教授，成为该院"四大导师"之一；并担任京师图书馆馆长。1929 年病逝于北京。

梁启超的学术研究涉猎广泛，在哲学、文学、史学、经学、法学、伦理学、宗教学等领域均有建树，以史学研究成绩最著。主要著作有：《清代学术概论》《中国历史研究法》《中国近三百年学术史》《新民说》《饮冰室主人自说》《中国文化史》《李鸿章传》《曾国藩传》等。其著作主要被收到《饮冰室文集类编》《饮冰室合集》《饮冰室文集》及《饮冰室诗话》等之中。后人将其著作辑为《梁启超全集》。

第一节 心物关系论

梁启超认为，哲学问题虽然非常复杂，但其中却贯穿着一个根本问题，这个根本问题便是心物关系。不过，关于心物之具体关系，他不赞成流行于当时思想界的"唯物""唯心"之争。他说："近来学界最时髦的话头是'唯……主义''唯……主义'等，……我以为人生是最复杂的最矛盾的，真理即在复杂矛盾的中间，换句话说，真理是不能用'唯'字表现的。凡讲'唯什么'的都不是真理。"① 在他看来，由于人生的复杂性，故哲学研究不能采取"唯一"的办法定于一端，而应秉持一种开放的态度。然而，唯物论和唯心论都采取"恶执一"的"唯一"办法，是两个极端，故都不能正确地说明世界与人生的问题。因此，应超越唯物论和唯心论，在二者之间找一个"非唯"的折中点。在梁启超看来，这个"非唯"的折中点便是"心物关系"，因为"心物关系"是人生所面对的基本问题。他说："人类从心界物界两方面调和结合而成的生活，叫做'人生'。"② 他还说：

> "唯什么""唯什么"的名目很多，最主要者莫如"唯物论"和"唯心论"。其实人生之所以复杂矛盾，也不过以心物相互关系为出发点。所以我的"非唯"论，就从这唯物唯心两派"非"起。③

那么，什么是他所理解的"心物关系"呢？梁启超认为，一个方面，"心"受着许多外在因素的制约。他说："心的进展，时或被物的势力所堵截而折回，或为所牵率而入于其所不预期之歧路，直待渐达心物相应的境界。"④ "心"必须与物"相应"，得到物质条件的许可，才可发挥其应有的作用；若离开了物质条件的许可，"心"则无法达到预期的目的。因此，唯心论的主张是有局限性的，故不能在"心"前加一个"唯"字。梁启超说："唯心论""将所有物质的条件和势力一概否认，才算贯彻，然而事实上哪里能做到。自然界的影响和限制且不必论……生活条件的大部分是物质，既生活便不能蔑视他了"⑤。另一个方面，认识来自于人的主观感受和意志。在他看来，人的认识中，除了先验的部分之外，其余均来自于人的自身感受。他说："才之为物，由于天授者半，由于自成者半。"⑥ 而"自成者"之认识是各不相同的，究其原因，缘于主观的感受不同。他举例说，牛顿（Isaac Newton, 1643—1727 年）之所以能从苹果落地而提出万有引力定律，乃是由于他所具有的特别的主观感受和领悟能力。同样，"同一夜月"，有的人"有余乐"，有的人

---

① 梁启超：《饮冰室合集》（文集之四十一），第 81—82 页。
② 梁启超：《饮冰室合集》（文集之四十），第 23 页。
③ 梁启超：《饮冰室合集》（文集之四十一），第 82 页。
④ 梁启超：《饮冰室合集》（专集之七十三），第 121 页。
⑤ 梁启超：《饮冰室合集》（文集之四十一），第 82—83 页。
⑥ 梁启超：《饮冰室合集》（文集之二十九），第 89 页。

"则有余悲"；面对"同一风雨"，有的人"有余兴"，有的人"则有余闷"，究其原因，唯在于其个人心境之不同，故生出不同感触。① 因此，"其分别不在物而在我，故曰三界惟心。"② 梁启超说：

> 三界惟心之真理，此一语道破矣。……亿万人乃至无量数人同受此感触，而其心境所现者亿万焉，乃至无量数焉；然则欲言物境之果为何状，将谁氏之从乎？仁者见之谓之仁，智者见之谓之智，忧者见之谓之忧，乐者见之谓之乐。③

由上述可见，梁启超所理解的"心物关系"其实是一种有条件的"心决定论"。在他看来，"心力是宇宙间最伟大的东西，而且含有不可思议的神秘性。人类所以在生物界占特别位置者就在此"④；"人类和其他动物之所以不同者，其他动物至多能顺应环境罢了，人类则能改良或创造环境，拿什么去改良创造，就是他们的心力。若不承认这一点心力的神秘，便全部人类进化史都说不通了"⑤。因此，在理论与实际之关系上，他认为定先有理论，然后才有实际，也就是说，理论是决定性的力量。他说："天下必先有理论然后有实事，理论者实事之母也；凡理论皆所以造实事，虽高尚如宗教家之理论，渊远如哲学家之理论，其目的之结果，要在改良人格。"⑥ 同样，精神相对于物质亦是决定性的："文明者，有形质焉，有精神焉。求形质之文明易，求精神之文明难。精神既具，则形质自生；精神不存，则形质无附。"⑦ 既然如此，在根本上看，"心"是决定者，而"物"是被决定者。梁启超说："物者何？谓与心对待的环境"⑧；"境者心造也。一切物境皆虚幻，惟心所造之境为真实"⑨。基于此，在唯物论与唯心论二者之间，他实际上更倾向于唯心论。他说：

① 梁启超：《饮冰室合集》（专集之二），第45页。
② 梁启超：《饮冰室合集》（专集之二），第45页。
③ 梁启超：《饮冰室合集》（专集之二），第45—46页。
④ 梁启超：《饮冰室合集》（文集之四十一），第82页。
⑤ 梁启超：《饮冰室合集》（文集之四十一），第83页。
⑥ 梁启超：《饮冰室合集》（文集之七），第104页。
⑦ 梁启超：《饮冰室合集》（文集之三），第61页。
⑧ 梁启超：《饮冰室合集》（专集之七十三），第121页。
⑨ 梁启超：《饮冰室合集》（专集之二），第45页。

　　哲学亦有两大派：曰唯物派，曰唯心派。唯物派只能造出学问，
唯心派时亦能造出人物。①

　　基于如上之心物关系论，梁启超非常赞赏意志自由的思想。他认为，康
德的意志自由论"可贵耶"，"举百千万亿大千世界，无一物可与比其价值者
也"②。按照康德的说法，人的肉体生命属于现象，受必然法则支配，属于
"他律"；人的精神生命属于"物自体"，不受任何物质条件的制约，是自由、
"自律"的。梁启超认为，康德的哲学与王阳明（1472—1529 年）的"良知
说"有共性之处，都体现出强烈的自由意志精神，因此可以相互发明。康德
哲学不仅抑制了 18 世纪以来的"快乐主义"，而且亦可以防止法国大革命那
样的"暴民政治"。因此，"康德者实百世之师，而黑暗时代之救世主"③。与
此相类，王阳明的"良知说"乃"高尚纯美，优入圣域"④，"其一字一句，
皆懔然为今日吾辈说法"⑤。而且，康德的哲学与佛教的思想还可"互相印
证"。比如，康德之"人为自然立法"就是佛教所说的"一切唯识所现"；康
德之"一切之物，皆随眼镜之色以为转移"与佛教"譬彼病目，见空中华"
意义相同。⑥ 概言之，在梁启超看来，康德、王阳明以及佛教思想在意志自由
方面的共性，表明了"东海西海有圣人，此心同，此理同"⑦。

第二节　"新史学"

　　梁启超反对旧史学，而提倡"新史学"。他认为，原来的史学家只注重
"君统"，而完全忽视了"民统"；原来的历史只是"帝王将相的家谱"和
"墓志铭"，所记述的只不过是"有权力者兴亡隆替之事"，完全忽视了国家
和人民群众。因此，依照原来的历史，人们"知有朝廷而不知有国家"，"知

---

①　梁启超：《饮冰室合集》（文集之九），第 45 页。
②　梁启超：《饮冰室合集》（文集之十三），第 62 页。
③　梁启超：《饮冰室合集》（文集之十三），第 49 页。
④　梁启超：《饮冰室合集》（专集之四），第 140 页。
⑤　梁启超：《饮冰室合集》（专集之四），第 137 页。
⑥　梁启超：《饮冰室合集》（文集之十三），第 51—52 页。
⑦　梁启超：《饮冰室合集》（专集之四），第 139 页。

有个人而不知有群体"，"知有陈迹而不知有今务"，"知有事实而不知有理想"。① 而且，"旧史学"还衍生出两种"弊病"：一种是"能铺叙而不能别裁"，另一种是"能因袭而不能创作"。② 因此，梁启超主张以"新史学"代替"旧史学"。那么，什么是他所提倡的"新史学"呢？梁启超认为，"新史学"与"旧史学"完全不同，它以"民统"替代了"君统"，所探讨的并非只是"朝廷"的更迭史，而是国家意识和民族精神的演化史，即民族演化的精神动力。具体来讲，"新史学"不仅要记载"人群"进化的历史事实，而且要发掘各事实之间的相互关系。也就是说，史学家研究历史必须要有"哲学的理想"，通过具体事实探究历史形态的普遍性。梁启超的"新史学"包括如下几个方面的内容。

其一，历史研究的目的是要寻求"公理公例"。他说："历史者叙述人群进化之现象而求得其公理公例者也。"③ 梁启超认为，史学是由"客体"和"主体"二者结合而成的。所谓"客体"，是指"过去现在之事实是也"；所谓"主体"，是指"作史读史者心识中所怀之哲理是也"。④ 因此，在从事历史研究时不能只执其一端：只有"客观"而无"主观"，所研究之结果将"有魄无魂"；只有"主观"而无"客观"，所研究结果至多为"一家之言"。他说："有客观而无主观，则其史有魄无魂，谓之非史焉可也（偏于主观而略于客观者，则虽有佳书亦不过为一家言，不得谓之为史）。是故善为史者，必研究人群进化之现象，而求其公理公例之所在，于是有所谓历史哲学者出焉。历史与历史哲学虽殊科，要之，苟无哲学之理想者，必不能为良史，有断然矣。"⑤ 凡是执其一端的历史均非"良史"，所谓"良史"是指基于史实以求"公理公例之所在"之历史。梁启超认为，从事真正的"良知"研究，此乃历史学家之对人类社会的历史责任。他说：

> 所以必求其公理公例者，非欲以为理论之美观而已，将以施诸实用焉，将以贻诸来者焉。历史者，以过去之进化，导未来之进化

① 参见梁启超《饮冰室合集》（文集之九），第3—4页。
② 梁启超：《饮冰室合集》（文集之九），第5页。
③ 梁启超：《饮冰室合集》（文集之九），第10页。
④ 梁启超：《饮冰室合集》（文集之九），第10页。
⑤ 梁启超：《饮冰室合集》（文集之九），第10页。

者也。吾辈食今日文化之福，是为对于古人已得之权利，而继续此文明、增长此文明、孳殖此文明，又对于后人而不可不尽之义务也。而史家所以尽此义务之道，即求得前此进化之公理公例，而使后人循其理率其例以增幸福于无疆也。史乎！史乎！其责任至重，而其成就至难！①

其二，人类历史的发展是依"三世六别"渐次递进的。在梁启超看来，人类历史是不断进化的。他说："数千年之历史，进化之历史；数万里之世界，进化之世界也。"② 之所以如此，可由两个方面得以验证："一、人类平等及人类一体的观念，的确一天比一天认得真切，而且事实上确也著著向上进行。二、世界各部分人类心能所开拓出来的'文化共业'，永远不会失掉，所以我们积储的遗产，的确一天比一天扩大 。"③ 因此，"进化之公理，而世界人民所公认也，其轨度与事实，有确然不可假借者"④。然而，历史的进化绝不是"一治一乱"的循环论，而是"生长"不已、发展"无极"的向前发展。具体来讲，梁启超发展了康有为的"三世说"，提出了"三世六别"说。他认为，人类社会是依"三世"之顺序不断进化的；"三世"分别代表着三种政治，即"一曰多君为政之世，二曰一君为政之世，三曰民为政之世"⑤；这三种政治又分别区分为前后两个阶段，这样，"三世"就分为了"六别"：他说："多君世之别又有二：一曰酋长之世，二曰封建及世卿之世；一君世之别又有二：一曰君主之世，二曰君民共主之世；民政世之别亦有二：一曰有总统之世，二曰无总统之世。"⑥ 在梁启超看来，"三世六别"是依次递进的，且其顺序是不能躐越的。他说：

　　此三世六别者，与地球始有人类以来之年限，有相关之理，未及其世，不能躐之，既及其世，不能阏之。⑦

---

① 梁启超：《饮冰室合集》（文集之九），第 11 页。
② 梁启超：《饮冰室合集》（文集之六），第 114 页。
③ 梁启超：《饮冰室合集》（文集之四十），第 6—7 页。
④ 梁启超：《饮冰室合集》（专集之二），第 8 页。
⑤ 梁启超：《饮冰室合集》（文集之二），第 7 页。
⑥ 梁启超：《饮冰室合集》（文集之二），第 7 页。
⑦ 梁启超：《饮冰室合集》（文集之二），第 7 页。

其三，人类历史的进步是由英雄人物推动的。梁启超不仅接受了生物进化论的思想，而且亦接受了社会达尔文主义。他认为，归根结底，人类历史无非是人种竞争之优胜劣败的结果。他说："盖生存竞争，天下万物之公理也。既竞争则优者必胜，劣者必败，此又有生以来不可避之公例也。"① 因此，他非常重视英雄人物的历史作用，认为人类历史其实就是由前后相继的英雄人物而写就的。他说："历史者，英雄之舞台也，舍英雄几无历史"②；"世界果藉英雄而始成立乎？信也。吾读数千年中外之历史，不过以百数十英雄之传记磅礴充塞之"③。世界因英雄人物的存在而得以成立，因为英雄人物是人类社会的引领者，其他人物不过是"趋附者"而已。他说："世界者何？豪杰而已矣，舍豪杰则无有世界。一国虽大，其同时并生之豪杰，不过数十人乃至数百人止矣，其余四万万人，皆随此数十人若数百人之风潮而转移奔走趋附者也。"④ 进而，梁启超将英雄分为两类：一类是"先时"之人物，是造时势的英雄；另一类是"应时"之人物，是时势所造的英雄。在这两类英雄中，前者"如鸡之鸣，先于群动；如长庚之出，先于群星"⑤，故是"社会原动力"⑥，因为"凡先时人物所最不可缺之德性有三端：一曰理想，二曰热诚，三曰胆气"⑦。总之，在梁启超，英雄与时势"形影相随"，不可分离。他说：

> 英雄固能造时势，时势亦能造英雄，英雄与时势。二者如形影
> 之相随，未尝少离；既有英雄，必有时势，既有时势，必有英
> 雄。……故英雄之能事，以用时势为起点，以造时势为究竟。英雄
> 与时势，互相为因，互相为果；造因不断，斯结果不断。⑧

---

① 梁启超：《饮冰室合集》（专集之二），第33页。
② 梁启超：《饮冰室合集》（文集之九），第3页。
③ 梁启超：《饮冰室合集》（专集之二），第84页。
④ 梁启超：《饮冰室合集》（专集之二），第33页。
⑤ 梁启超：《饮冰室合集》（文集之六），第87页。
⑥ 梁启超：《饮冰室合集》（文集之六），第58页。
⑦ 梁启超：《饮冰室合集》（文集之六），第59页。
⑧ 梁启超：《饮冰室合集》（专集之二），第10页。

第三节　文化观

梁启超认为，"文化者，人类心能所开积出来之有价值的共业也"①。在他看来，文化源于人之两种"心能"：一是"创造"，二是"模仿"。他说："人类有创造、模仿两种'心能'，都是本着他的自由意志，不断的自动互发，因以'开拓'其所欲得之价值，而'积厚'其所已得之价值，随开随积，随积随开，于是文化系统以成。"② 那么，什么是"创造"呢？梁启超说："创造者，人类以自己的自由意志选定一个自己所想要到达的地位，便用自己的'心能'闯进那地位去。"③ 人类之所以能"创造"，缘于"自由意志"："他是绝对不受任何因果律之束缚限制，时时刻刻可以为不断的发动，便时时刻刻可以为不断的创造。人类能对于自然界宣告独立开拓出所谓文化领域者，全靠这一点。"④ 什么是"模仿"呢？他说："模仿是复性的创造，有模仿才有共业。"⑤ 也就是说，"模仿"是对于他人"创造"的"学习"。因此，"创造"体现出文化的个性，属于"开拓"；"模仿"则体现出文化的共性，属于"积厚"。梁启超认为，文化的内容主要包含物质文化和精神文化两个方面：物质文化指人类生存发展的基本物质条件，如衣食住行及各类工具、器械等；精神文化则指言语、伦理、政治、学术、美感、宗教等精神生活的要素及产品。他说："这两部分拢合起来，便是文化的总量。"⑥

在梁启超看来，地理环境对人类文化的形成具有决定性作用。他说："均是土地也，均是人类也，而文明程度之高下，发达之迟速，莫或相等者。"⑦ 那么，其中的原因是什么呢？他认为，地理与文化之关系犹如肉体与精神之关系："有健全之肉体，然后活泼之精神生焉；有适宜之地理，然后文明之历

---

① 梁启超：《饮冰室合集》（文集之三十九），第98页。
② 梁启超：《饮冰室合集》（文集之三十九），第102页。
③ 梁启超：《饮冰室合集》（文集之三十九），第100页。
④ 梁启超：《饮冰室合集》（文集之三十九），第100页。
⑤ 梁启超：《饮冰室合集》（文集之三十九），第101页。
⑥ 梁启超：《饮冰室合集》（专集之三十九），第103页。
⑦ 梁启超：《饮冰室合集》（文集之十），第106页。

史出焉。"① 也就是说，自然环境是文化生成的母体，文化乃生长于环境之上的附属物。例如，居于热带的民族，由于得衣食太易，故不思进取；居于寒带的民族，由于得衣食太难，而不能进取；居于温带的民族，由于有四时之迁，苟非劳作，则不足以自给；唯有劳作，才能自给自足，故人类文明多发于温带地区。此外，在高原地带，居民"逐水草而居"，生活极不安定，故文明生长缓慢，不能形成统一的国家；在平原地区，土壤肥沃，农业发达，家庭政治易变为封建政治，统一的国家很早就形成了；居于海滨之民族，由于交通便利，故易成为人类文明的又一发源地。因此，"土地高低，亦与文明之发达有比例；区而分之，可为三种：一曰高原，二曰平原，三曰海滨"②。进而，梁启超认为，近世以来的中国及整个亚洲之所以趋于衰败，亦与地理环境关系甚密。他说：

> 亚细亚虽有创生文明之力，而无发扬文明之力，盖由各地孤立，故生反对保守之恶风，抱惟我独尊之妄见。以地理不便故无交通，无交通故无竞争，无竞争故无进步，亚洲所以弱于欧洲，其大源在是。③

梁启超认为，中国文化范围虽然广博，但以儒家文化为主体。他说："诚然儒家以外，还有其他各家。儒家哲学，不算中国文化全体。但是若把儒家抽去，中国文化，恐怕没有多少东西了。中国民族之所以存在，因为中国文化存在；而中国文化，离不了儒家。……中国文化，以儒家道术为中心，所以能流传到现在。"④ 在梁启超看来，儒家的"道术"主要包括三个方面的内容：其一，言"天下相与之际"，即所谓"性"与"天道"，此是儒学之形上学的内容，属于哲学的范围。其二，言"立身处世之道"，此是儒学之内圣学的内容，此属于伦理学、心理学、教育学的范围。其三，言"治国平天下之道"，此是儒学之外王学的内容，属于政治学、社会学、经济学的范围。在儒家，上述三个方面均包含"道"和"术"两个层面："道是讲道之本身，术

---

① 梁启超：《饮冰室合集》（文集之十），第 106 页。
② 梁启超：《饮冰室合集》（文集之十），第 107 页。
③ 梁启超：《饮冰室合集》（文集之十），第 110 页。
④ 梁启超：《饮冰室合集》（专集之一百三），第 7 页。

是讲如何做去，才能圆满。儒家哲学，一面讲道，一面讲术；一面教人应该做什么事，一面教人如何做去。"① 概言之，儒家哲学的基本内涵是"修己安人"，最高宗旨是"内圣外王"。梁启超说：

> 儒家哲学，范围广博。概括说起来，其用功所在，可以《论语》"修己安人"一语括之。其学问最高目的，可以《庄子》"内圣外王"一语括之。做修己的功夫，做到极处，就是内圣；做安人的功夫，做到极处，就是外王。②

梁启超认为，中国文化的重心在精神文化，而西方文化的重心在物质文化。他说："东方的人生观，无论中国印度，皆认物质生活为第二位；第一，就是精神生活。物质生活，仅视为补助精神生活的一种工具，求能保持肉体生存为已足；最要，在求精神生活的绝对自由。"③ 因此，若对照地看，中国文化之所短在"格致学"，即"科学"，即"根据经验的事实分析综合求出一个近真的公例以推论同类事物"④ 的学问。他说："吾中国之哲学、政治学、生计学、群学、心理学、伦理学、史学、文学等，自二三百年以前皆无以逊于欧西，而其所最缺者则格致学也。"⑤ 不过，在梁启超看来，由科学所导致的"物质文明这样东西，根柢脆薄得很，霎时间电光石火一般发达，在历史上原值不了几文钱"⑥。因此，尽管科学为人类做出了巨大贡献，但在经历了一段时间的发展之后，"科学万能的迷梦"已经破产了。他说："当时讴歌科学万能的人，满望着科学成功黄金世界便指日出现。如今功总算成了，一百年物质的进步，比从前三千年所得还加几倍。我们人类不惟没有得着幸福，倒反带来许多灾难……欧洲人作了一场科学万能的大梦，到如今却叫起科学破产来。"⑦ 而恰恰在这方面，中国文化应该施以"援手"，尽中国人的一份责任。梁启超说：

---

① 梁启超：《饮冰室合集》（专集之一百三），第5页。
② 梁启超：《饮冰室合集》（专集之一百三），第2—3页。
③ 梁启超：《饮冰室合集》（文集之四十），第12页。
④ 梁启超：《饮冰室合集》（文集之四十），第23页。
⑤ 梁启超：《饮冰室合集》（文集之十一），第3页。
⑥ 梁启超：《饮冰室合集》（文集之四十），第6页。
⑦ 梁启超：《饮冰室合集》（专集之二十三），第12页。

我们人数居全世界人口四分之一，我们对于人类全体的幸福，该负四分之一的责任。不尽这责任，就是对不起祖宗，对不起同时的人类，其实是对不起自己。①

不过，梁启超并没有完全否认西方文化，而认为中西文化之融合将是人类文化发展的方向。因此，他一方面宣传西学，主张变法；另一方面并不否定中国传统。也就是说，他虽"心醉西风"，但不蔑弃"吾数千年之道德学术风俗，以求伍于他人"。② 在他看来，中西文化其实并无优劣之分，其所存在者只是先后问题。他说："泰西与支那，诚有天渊之异，其实只有先后，并无低昂。而此先后之差，自地球视之，犹旦暮也。"③ 因此，中西文化应该互相砥砺。他说：

> 盖大地今日只有两文明：一泰西文明，欧美是也；二泰东文明，中华是也。二十世纪，则两文明结婚之时代也。吾欲我同胞张灯置酒，迓轮俟门，三揖三让，以行亲迎之大典。彼西方美人，必能为我家育宁馨儿以亢我宗也。④

为此，梁启超提出了中西文化融合的"四步骤"："第一步，要人人存一个尊重爱护本国文化的诚意；第二步，要用那西洋人研究学问的方法去研究他，得他的真相；第三步，把自己的文化综合起来，还拿别人的补助他，叫他起一种化合作用，成了一个新文化系统；第四步，把这新系统往外扩充，叫人类全体都得着他好处。"⑤ 在他看来，若依此发展，"二十世纪之中国，必雄飞于宇内，无可疑也"⑥！

---

① 梁启超：《饮冰室合集》（专集之二十三），第37—38页。
② 梁启超：《饮冰室合集》（专集之四），第7页。
③ 梁启超：《饮冰室合集》（文集之一），第109页。
④ 梁启超：《饮冰室合集》（文集之七），第4页。
⑤ 梁启超：《饮冰室合集》（专集之二十三），第37页。
⑥ 梁启超：《饮冰室合集》（文集之九），第59页。

第四节　"新民说"

梁启超认为，中国近世以来之所以落伍于西方，"戊戌变法"之所以失败，关键原因在于国民素质低下。他说："浅识者流，徒见夫江河日下之势，极于今时，因以为中国之弱，值此数年间事耳，不知其积弱之源，远者在数千百年以前，近者亦在数十年之内，积之而愈深，引之而愈长。"① 中国"积弱之源"其实不只在今时，而久已在数千百年以前。因此，要强国，须先"新民"。他说："欲其身之长生久视，则摄生之术不可不明；欲其国之安富尊荣，则新民之道不可不讲。"② 在此，梁启超继承了儒家传统的"新民"思想。"新民"是《大学》中的一个重要概念，它强调儒家经世的核心在于道德修养和对人的革新。《大学》曰："大学之道在明明德，在亲民，在止于至善。"为此，梁启超说："取《大学》新民之义，以为欲维新吾国，当先维新吾民。中国所以不振，由于国民公德缺乏，智慧不开，故……专对此病而药治之，务采合中西道德以为德育之方针，广罗政学理论，以为智育之原本。"③ 那么，何以谓"新民"之"新"呢？他认为，所谓"新"，一个方面是基于中国文化之本而发掘其时代价值；另一个方面是汲取其他文化所长而补中国文化所短，这两个方面均不可或缺。他说：

> 新民云者，非欲吾民尽弃其旧以从人也。新之义有二：一曰淬厉其所本有而新之，二曰采补其所本无而新之；二者缺一，时乃无功。④

在梁启超看来，"新民"的关键是用"公德"来改造传统的"私德"。他认为，中国传统文化非常重视道德修养，但它所强调的仅仅是个人自我修养

　① 梁启超：《饮冰室合集》（文集之五），第13页。
　② 梁启超：《饮冰室合集》（专集之四），第1页。
　③ 参见丁文江、赵丰田编《梁启超年谱长编》，上海：上海人民出版社1983年（下同），第272页。
　④ 梁启超：《饮冰室合集》（专集之四），第5页。

的"私德"。那么，何谓"私德"呢？梁启超说："人人独善其身者谓之私德。"① "私德"的根本内容是君臣、父子、兄弟等伦理关系，所注重的是个人与个人的关系，而不涉及个人与群体、社会和国家的关系，也不注重个人的社会责任和义务。因此，"私德"根本无法适应社会发展的需要。那么，何谓"公德"呢？"公德"指的是那些促进群体凝聚力的道德。梁启超说："人人相善其群者谓之公德。"② 他还说："公德者何？人群之所以为群，国家之所以为国，赖此德焉以成立者也。人也者，善群之动物也。人而不群，禽兽奚择，而非徒空言高论曰群之群之，而遂能有功者也。必有一物焉贯注而联络之，然后群之实乃举，若此者谓之公德。"③ 当然，"公德"与"私德"并非各自独立无干，而是一本于人之道德本体的。梁启超说："道德之本体一而已，但其发表于外，则公私之名立焉。……二者皆人生所不可缺之具也。"④ 具体来讲，用"公德"改造"私德"的内容包含如下三个方面。

其一，重视民权思想。梁启超认为，民权不仅是道德法律得以建立的基础，也是国家独立、民族强盛的基础。因此，民权是不可放弃之权利；若放弃了这种权利，不仅个人无法立足于社会，而且国家富强也将成为泡影。他说："吾国民一分子也。凡国民皆有监督其公仆之权利，吾不敢放弃此权利。"⑤ 在梁启超看来，欧美各国之所以发达进步，根本原因在于民权思想发达。他说："岂知彼所谓英、法、德、美诸邦，其进于今日之治者，不过百年数十年间事耳，而其所以能进者，非有他善巧……民权之效，一至于此。"⑥ 然而，对照地看，中国自古以来则缺乏民权思想，"故步自封，少见多怪，曾不知天地间有所谓'民权'二字"⑦。在梁启超看来，中国社会强调"私德"，这固然有其合理的方面，但却主张放弃民权，不仅造成了法治不健全，而且亦造成了国家的积贫积弱、落后挨打。他说："国民无权利思想者以之当外

① 梁启超：《饮冰室合集》（专集之四），第 12 页。
② 梁启超：《饮冰室合集》（专集之四），第 12 页。
③ 梁启超：《饮冰室合集》（专集之四），第 12 页。
④ 梁启超：《饮冰室合集》（专集之四），第 12 页。
⑤ 梁启超：《饮冰室合集》（文集之十一），第 35 页。
⑥ 梁启超：《饮冰室合集》（文集之三），第 75 页。
⑦ 梁启超：《饮冰室合集》（文集之三），第 76 页。

患，则槁木遇风雨之类也。"① 因此，要实现国家的强盛，必须重视和倡导民权思想。他说：

> 国者何？积民而成也。国政者何？民自治其事也。爱国者何？民自爱其身也。故民权兴则国权立，民权灭则国权亡。为君相者而务压民之权，是之谓自弃其国；为民者而不务各伸其权，是之谓自弃其身。故言爱国必自兴民权始。②

其二，重视"独立之德"。他说："独立者何？不依赖他力，而常昂然独往独来于世界者也。《中庸》所谓中立而不倚，是其义也。人之所以异于禽兽者以此，文明人所以异于野蛮者以此。"③ 然而，在中国传统社会中，人们往往自卑、自弃，缺乏个性独立之精神，心甘情愿地居于奴隶地位："中国自秦汉以来，数千年之君主，皆以奴隶视其民，民之自居奴隶，固无足怪焉。"④ 即使到了近代社会，中国人只在物质技术、政治制度等方面谈维新、谈变法，而根本不谈道德革命，不谈个性独立。他说："今世士夫谈维新者，诸事皆敢言新，惟不敢言新道德，此由学界奴性未去，爱群、爱国、爱真理之心未诚也。"⑤ 中国之所以不能屹立于强国之林，缺乏个性独立精神是一个重要原因："国者积民而成体者也。国能保其独立之威严，必其国民先富于独立之性质。我中人以服从闻于天下也久矣。二千余年俯首蜷伏于专制政体之下，以服从为独立一无二之天职，抚我而后也。"⑥ 梁启超还说：

> 吾中国所以不成为独立国者，以国民乏独立之德而已。言学问则倚赖古人，言政术则倚赖外国，官吏倚赖君主，君主倚赖官吏，百姓倚赖政府，政府倚赖百姓，乃至一国之人，各各放弃其责任，而惟倚赖之是务。⑦

---

① 梁启超：《饮冰室合集》（专集之四），第39页。
② 梁启超：《饮冰室合集》（文集之三），第73页。
③ 梁启超：《饮冰室合集》（文集之五），第44—45页。
④ 梁启超：《饮冰室合集》（文集之三），第71页。
⑤ 梁启超：《饮冰室合集》（专集之四），第15页。
⑥ 梁启超：《饮冰室合集》（文集之十四），第6页。
⑦ 梁启超：《饮冰室合集》（文集之五），第44页。

其三，重视自由精神。何谓自由呢？梁启超说："自由者，权利之表证也。凡人所以为人者有二大要件：一曰生命，二曰权利，二者缺一，时乃非人，故自由者亦精神界之生命也。"① 在梁启超看来，"自由"包含两层含义：一是指个人思想自由、观念自由，即个体自由。他说："思想则惟有自由耳。思想不自由，民智更无进步之望矣。"② 二是指国家、民族的自由，即团体自由。他说："自由云者，团体之自由，非个人之自由也。"③ 由这两层含义来看，自由的基本规定虽是个体自由，但个体自由又必须以不侵犯别人的自由为前提。他说："自由之界说曰：人人自由，而以不侵人之自由为界。"④ 因此，在强调自由的基础上，梁启超又强调"服从"。他说："先生所示自由服从二义，弟子以为行事当兼二者。"⑤ 所谓"服从"，就是服从真理，服从法律，服从多数人的意见。他说："真自由之国民，其常要服从之点有三：一曰服从公理；二曰服从本群所自定之法律；三曰服从多数之决议。"⑥ 在梁启超看来，自由是人之为人的本性。他说："人之所异于群物者安在乎？凡物之动力，皆无意识；人之动力，则有意识。无意识者何？不知其然而然者是也。亦谓之不能自主。有意识者何？有所为而为之者是也，亦谓之能自主。"⑦ 因此，他认为：

> 自由者，天下之公理，人生之要具，无往而不适用者也。⑧

---

① 梁启超：《饮冰室合集》（文集之五），第45页。
② 参见丁文江、赵丰田编《梁启超年谱长编》，第278页。
③ 梁启超：《饮冰室合集》（专集之四），第44页。
④ 梁启超：《饮冰室合集》（专集之四），第44页。
⑤ 参见丁文江、赵丰田编《梁启超年谱长编》，第278页。
⑥ 梁启超：《饮冰室合集》（文集之五），第46页。
⑦ 梁启超：《饮冰室合集》（文集之十），第52页。
⑧ 梁启超：《饮冰室合集》（专集之四），第40页。

第三十五章　王国维

　　王国维（1877—1927 年），字静安，又字伯隅，晚号观堂，亦号永观，浙江省海宁县人。1893 年中秀才，1899 年进上海《时务报》，1901 年赴日本入东京物理学校，次年因病回国。1903 年起任教于通州（今南通）师范学堂、江苏师范学堂。1907 年北上任学部图书馆编译、名词馆协修。1911 年再渡扶桑。1916 年回到上海讲学，兼任仓圣明智大学教授，并参加纂修《浙江通志》。1922 年受聘北京大学国学门通讯导师。1923 年应逊帝溥仪（1906—1967 年）之召，北上就任"南书房行走"。1925 年应聘为清华大学国学研究院教授，成为该院"四大导师"之一。1927 年自沉于颐和园昆明湖。

　　王国维在哲学、文学、古文字、考古学等多领域均成就卓著。就其从事学术研究的历史来看，其一生"为学三变"：早年醉心于西学尤其是西方哲学；后觉得"哲学上之说，大都可爱者不可信，可信者不可爱"[①]，转而研究文学艺术；晚年又尽弃前学专攻经史。王国维著述甚丰，有《红楼梦评论》《宋元戏曲考》《人间词话》《观堂集林》《古史新证》《曲录》《殷周制度论》《流沙坠简》《静安文集》等。其著作被后人辑为《王静安先生遗书》《王国维文集》《王观堂先生全集》《王国维先生全集》等。

第一节　哲学观

　　王国维认为，哲学的产生有其必然性，因为人是一种"形而上学的动物"。他说："宇宙之变化，人事之错综，日夜相迫于前，而要求吾人之解释，不得其解，则心不宁。叔本华谓人为形而上学之动物，洵不诬也。哲学实对

[①] 《王国维文集》（第三卷），北京：中国文史出版社 1997 年（下同），第 473 页。

此要求，而与吾人以解释。"① 那么，什么是"哲学"呢？他说："今夫人之心意，有知力，有意志，有感情；此三者之理想，曰真，曰善，曰美。哲学实综合此三者而论其原理者也。"② 可见，哲学作为关于宇宙人生的学问，就其研究对象来讲，只会出现不同的派别，而无所谓古今、中外哲学之别。他说："知力人人之所同有，宇宙人生之问题，人人之所不得解也。具有能解释此问题之一部分者，无论其出于本国或出于外国，其偿我知识上之要求而慰我怀疑之苦痛者，则一也。同此宇宙，同此人生，而其观宇宙人生也，则各不同。以其不同之故，而遂生彼此之见，此大不然者也。"③ 因此，不能夸大哲学派别之间的差别，而应"唯真理是从"。王国维说："故不研究哲学则已，苟研究哲学则必博稽众说而唯真理之是从。"④ 而且，由于宇宙人生之"变迁无穷"，哲学作为人类所必需，故"人心一日存，则哲学一日不亡"⑤。他说：

> 殊如理想上之问题，乃随吾人之进步而变迁无穷者，决不能见最后之决定。此哲学上之研究所以终无穷期，而教育思想之所以不能固定也。⑥

在王国维看来，"哲学"一词虽来自日本，但"哲学"作为一门学问乃"中国固有之学"。就中国哲学的起源来看，可追溯至《易经》与《中庸》。他说："儒家之有哲学，自《易》之《系辞》、《说卦》二传及《中庸》始。……至于宋代，此书遂为诸儒哲学之根柢。……亦古今儒家哲学之渊源也。"⑦ 无论是诸子之学，还是"六经"与宋明儒学，它们皆是儒家的哲学。质言之，"夫哲学者，犹中国所谓理学云尔"⑧。而且，就中国哲学的发展史看，"夫周秦与宋代，中国哲学最盛之时也"⑨。因此，"哲学"是不能废除之学问，若废除之，即是废除了"中国固有之学"："今之欲废哲学者，实坐不

---

① 《王国维文集》（第三卷），第4页。
② 《王国维文集》（第三卷），第4页。
③ 《王国维文集》（第三卷），第39页。
④ 《王国维文集》（第三卷），第4页。
⑤ 《王国维文集》（第三卷），第4页。
⑥ 《王国维文集》（第三卷），第9页。
⑦ 《王国维文集》（第三卷），第44页。
⑧ 《王国维文集》（第三卷），第3页。
⑨ 《王国维文集》（第三卷），第3页。

知哲学为中国固有之学故。今姑舍诸子不论，独就六经与宋儒之说言之。夫六经与宋儒之说，非著于功令而当时所奉为正学者乎？周子'太极'之说，张子'正蒙'之论，邵子之《皇极经世》，皆深入哲学之问题。"① 不过，中国哲学也确有自己的特点。王国维说："披我中国之哲学史，凡哲学家无不欲兼为政治家者"②，故中国哲学并非西方式的"纯粹哲学"。他还说：

> 我国无纯粹之哲学，其最完备者，唯道德哲学，与政治哲学耳。
> 至于周、秦、两宋间之形而上学，不过欲固道德哲学之根柢，其对
> 形而上学非有固有之兴味也。其于形而上学且然，况乎美学、名学、
> 知识论等冷淡不急之问题哉！③

王国维认为，哲学并非有害之学，而实乃有"无用之用"。在西学之东的过程中，有人认为哲学有害于政体的稳定。王国维反驳道，对政体发生直接影响的是政治和法律，而不是哲学，因此，不能将"罪过"归于哲学。他说："夫言哲学之害，必自其及于政治上者始矣。……今不以此说之故，而废直接之政治法律，何独于间接之哲学科而废之。"④ 在他看来，哲学不仅无害，而是具有"无用之用"之"大用"。他认为，人类生活包括两个层面：一是现实物质生活，二是知识、感情之需要；就前者来看，哲学似乎没有什么价值，但就后者来看，哲学的作用非常重大。具体来讲，人作为一种"形而上学的动物"，哲学作为人类所必需，其作用在于满足超越于物质生活的精神生活之需要。王国维说："夫人类岂徒为利用而生活者哉，人于生活之欲外，有知识焉，有感情焉。感情之最高之满足，必求之文学、美术，知识之最高之满足，必求诸哲学。叔本华所以称人为形而上学的动物而有形而上学的需要者，为此故也。"⑤ 正因为如此，哲学不仅不应废除，而应大力提倡。他说：

> 今若以功用为学问之标准，则经学文学等之无用亦与哲学等，
> 必当在废斥之列。……就国家言之，则提倡最高之学术，国家最大

---

① 《王国维文集》（第三卷），第5页。
② 《王国维文集》（第三卷），第7页。
③ 《王国维文集》（第三卷），第7页。
④ 《王国维文集》（第三卷），第69页。
⑤ 《王国维文集》（第三卷），第69—70页。

之名誉也。……即令一无所用，亦断无废之之理，况乎其有无用之用哉。①

王国维还认为，中外哲学不仅是相通的，而且是相助的。由于研究对象的同一性，中学与西学之间并不是毫不相干之物，而是一种"盛则俱盛"、"衰则俱衰"的关系。他说："中西二学，盛则俱盛，衰则俱衰，风气既开，互相推动。且居今日之世，讲今日之学，未有西学不兴，而中学能兴者；亦未有中学不兴，而西学能兴者。……故一学既兴，他学自从之，此由学问之事，本无中西。"② 既然如此，对于中国哲学之不足之处，就必须借助于西方哲学以改造。例如，中国古书庞杂、散乱、残缺、无系统，其哲学真理"幽而不显"；相反，西方哲学具有形而上学根据，而且建立起理论化、系统化的哲学体系。因此，要使儒家哲学奠立起形而上学之根据，并获得一个"哲学的系统"，与西方哲学会通是最佳的选择。他说："苟通西洋之哲学以治吾中国之哲学，则其所得当不止此。异日昌大吾国固有之哲学者，必在深通西洋哲学之人，无疑也。"③ 他还说：

> 苟儒家之说而有价值也，则因研究诸子之学而益明其无价值也，虽罢斥百家，适足滋世人之疑惑耳。……若夫西洋哲学之于中国哲学，其关系亦与诸子哲学之于儒教哲学等。……异日发明光大我国之学术者，必在兼通世界学术之人，而不在一孔之陋儒固可决也。④

第二节　儒家之天道观

王国维认为，在儒家，"天"之观念可分为两种：一为"有形之天"，二为"无象之天"。所谓"有形之天"，是指"形体之天"，即天地上下之间阴阳消长、寒暑往来之自然界。所谓"无象之天"，是指"观念之天"，它又可

---

① 《王国维文集》（第三卷），第70页。
② 《王国维文集》（第四卷），第367页。
③ 《王国维文集》（第三卷），第5页。
④ 《王国维文集》（第三卷），第71页。

分为"主宰之天""自然之理法""宇宙之本原"和"命"四者。关于"主宰之天",指类如上帝之主宰。王国维说:"主宰者,谓一神灵之物,管理命令一切万物之义也。如上帝、皇天、神、造物主等,皆为神秘不可知者也。"①"主宰之天"起源于人类"智识尚未发达"时对自然现象之恐惧所产生的一种以为天有灵力的观念。关于"自然之理法",指天地万物之规律,即"时间""空间"及"因果律"。王国维说:"浩浩乎无涯无际之天地间,气化生生流行不息,一切之现象界,皆被时间空间之二形式,与原因结果之律此三者所管理者也。"② 关于"宇宙之本原",是指超于"时间""空间"以外而为现象界之根据的世界本体。他说:"'理'为充满宇宙之生生活泼的本原……自其超绝一切现象界,统括管理此等之力观之,即名'天理',即宇宙之本原。"③ 关于"命",是指"自然之理法"在人身上的具体表现。王国维说:"'命'者何?自然之理之实现,而分配于人之运命也。"④

王国维认为,天人合其德,故"天人合一"。在他看来,依据"自然之理法"以立"人道",即是"仁义"。他说:"仁配阴柔,义合阳刚,准据天地之自然的法则以立人道,即仁义。然从此说,则仁义毕竟为客观的,他律的。"⑤ 在此意义上,"人道"亦是客观的,人间之道德根据亦是客观的,因为其根据在于"自然之理法"。他说:"阴阳为天地间自然流行之气,化万物成其性,在人则成男女性,自然有道德的性故。"⑥ 不过,从自然之作用以生成道德,进而为客观之次序,是需要一定的"桥梁"来"沟通"的。在儒家,这"桥梁"便是"性"。王国维说:"天地间自然之气化流行,生生化化,行于其间,成自然之性。性之根原即天。究理则知性,知性即知天,是为宋儒性命穷理说之渊源。"⑦ 由于"性"的"沟通",天人遂合其德;既然天人合其德,故"天人合一"。王国维说:"至其根本原理则信天命,自天道

① 《王国维文集》(第三卷),第111页。
② 《王国维文集》(第三卷),第112页。
③ 《王国维文集》(第三卷),第114页。
④ 《王国维文集》(第三卷),第116页。
⑤ 《王国维文集》(第三卷),第120页。
⑥ 《王国维文集》(第三卷),第121页。
⑦ 《王国维文集》(第三卷),第121页。

绎之而得'仁'，即从'天人合一'观以立人间行为之规矩准绳。"① 他还说：

> 吾人之道德性自先天有之，决非后天者也。故宇宙之根本原理
> 之绝对的"诚"，能合天人为一。天道流行而成人性，人性生仁义。
> 仁义在客观则为法则，在主观则为吾性情。故性归于天，与理相合。
> 天道即诚，生生不息，宇宙之本体也。至此儒教之天人合一观始
> 大成。②

在王国维，儒家虽言"天道"，但更重"人道"，而"人道"之核心即
"仁"。在他看来，所谓"仁"，自客观的观之，即为"天道"；自主观的观
之，即具于吾性之"仁"也。不过，虽言有上述"客观""主观"之别，但
"天道"与"人道"二者是合一的，即"仁"乃"贯穿"于"天""人"之
间的。王国维说："融合天人，以'仁'贯之。"③ 因此，在王国维看来，
"仁"乃一种绝对观念。他说："抑绝对者，何谓也？绝对云者，超乎相对或
差别之境，以抵不变不灭之域，必无我自然，始能至之。此理想的天，即仁
之观念。达此境地时，中心浩瀚，无所为而行者（无）不合于道。"④ 或者
说，"仁"与"天"实同为一物，"仁"之观念即"生生之理"，它即普遍于
万物。那么，人如何达及"仁"呢？王国维认为，达及"仁"的方法为"忠
恕"：所谓"忠"，为尽我心；所谓"恕"，为及于人之道；依着"忠恕"之
道，便可达及"仁"之境地。他说：

> 能超然解脱，悠然乐者，即得达此仁之理想之人，安心立命之
> 地，皆自此理想把持之。……顺应自然之理法，笃信天命，不为利
> 害所乱，无窒无碍，绰绰裕裕，浑然圆满，其言如春风和气。至人
> 如此，能不言夫子"仁"之观念为最高尚远大者乎！⑤

在王国维看来，围绕着"命"可分为"自由意志论"和"宿命论"两种
主张。"自由意志论"主张，人的意志是自由的，它不受天命之限制，人力是

---

① 《王国维文集》（第三卷），第108页。
② 《王国维文集》（第三卷），第122页。
③ 《王国维文集》（第三卷），第123页。
④ 《王国维文集》（第三卷），第123页。
⑤ 《王国维文集》（第三卷），第122页。

人自己命运的主宰。王国维认为，"自由意志论"有其所长，即，利于积极进取；但亦有所短，即易导致争名趋势，因为它主张为善亦自由，为恶亦自由。"宿命论"则正相反，它主张宇宙万物一切皆由天之所命，皆受天所限制；人虽有意志，决不能自由。"宿命论"有其所长，即，利于各安其分；但亦有所短，即易导致保守退步。他说："若从宿命说，死生既于先天中定之，富贵亦从先天中定之，毕竟后天之人力归于无用，不得不陷于委靡也。"① 因此，王国维既不完全赞成"自由意志论"，也不完全赞成"宿命论"，而是主张孔子之"中庸"态度，即，要顺"自然之理法"，实行吾意志之可成则为善，不可能则守其分；当可以进时则进，不可以进时则退；概言之，一切如道理而行之。王国维说：

> 比较前所言，则孔子之说，既非极端之宿命说，亦非极端之自由说，盖居于此二者之间，尽吾人力，即顺自然理法之道以行动云为者也。即可进则进，若不能则已，安吾素以乐吾道，极平和之说也。②

第三节　生活的本质是欲望

王国维认为，生活的本质就是欲望。在他看来，无论是个人，还是种族，其生存的目的都是为了延续生命。他说："夫生者，人人之所欲"③；"顾吾人虽各有特别之性质，而有横于人人性质之根柢者，则曰生活之欲"④。"欲望"也是政治、科学、文化不断发展的动力。他说："故科学上之成功，虽若层楼杰观，高严巨丽，然其基址则筑乎生活之欲之上，与政治上之系统立于生活之欲之上无以异。然则吾人理论与实际之二方面，皆此生活之欲之结果也。"⑤在王国维看来，"欲望"是先天的，"生活之欲之先人生而存在，而人生不过

---

① 《王国维文集》（第三卷），第 119 页。
② 《王国维文集》（第三卷），第 120 页。
③ 《王国维文集》（第一卷），第 1 页。
④ 《王国维文集》（第三卷），第 60 页。
⑤ 《王国维文集》（第一卷），第 3 页。

此欲之发现也"①。正因为如此,"生活之本质何?'欲'而已矣"②。进而,王国维指出,"欲望"的本质是不满足。他说:"欲之为性无厌,而其原生于不足。不足之状态,苦痛是也。"③ 不满足会导致痛苦,即使欲望得到了满足,其所产生的厌倦也是一种痛苦:"即使吾人之欲望悉偿,而更无所欲之对象,倦厌之情即起而乘之。于是吾人自己之生活,若负之而不胜其重。故人生者,如钟表之摆,实往复于苦痛与倦厌之间者也。"④ 这样,由于生活的本质是"欲望",而欲望无论满足与否都会导致痛苦,因此,生活、欲望与痛苦三者是"三而一"的关系。王国维说:

> 人生之所欲,既无以逾于生活,而生活之性质又不外乎苦痛,故欲与生活、与苦痛,三者一而已矣。⑤

那么,如何解脱人生的痛苦呢?在王国维看来,科学技术的发展能够带来物质的丰富,而物质的丰富则会引发人们欲望的提高,与之相伴,人的痛苦会越来越深。因此,用发展物质财富的途径无异于饮鸩止渴,根本不能解脱痛苦。同样,科学知识也不能助人解脱痛苦,因为知识是产生于欲望并服务于欲望的。他说:"吾人之知识,遂无往而不与生活之欲相关系,即与吾人之利害相关系。就其实而言之,则知识者,固生于此欲,而示此欲以我与外界之关系,使之趋利而避害者也。"⑥ 那么,人的痛苦究竟能否解脱呢?王国维认为,答案是肯定的,不过,此"物"须"使人易忘物我之关系"⑦。他说:"吾人之知识与实践之二方面,无往而不与生活之欲相关系,即与苦痛相关系。兹有一物焉,使吾人超然于利害之外,而忘物与我之关系。"⑧ 何为此"物"呢?王国维认为是宗教、哲学和美术,因为它们"使吾人离生活之欲,而入于纯粹之知识"⑨,从而进入纯粹的快乐境地,并最终摆脱人生之痛苦。

---

① 《王国维文集》(第一卷),第7页。
② 《王国维文集》(第一卷),第2页。
③ 《王国维文集》(第一卷),第2页。
④ 《王国维文集》(第一卷),第2页。
⑤ 《王国维文集》(第一卷),第2页。
⑥ 《王国维文集》(第一卷),第2页。
⑦ 《王国维文集》(第一卷),第4页。
⑧ 《王国维文集》(第一卷),第3页。
⑨ 《王国维文集》(第一卷),第5页。

不过，在他看来，宗教为下层社会解脱痛苦之途径，而哲学和美术为上层社会解脱痛苦之途径。王国维说：

> 吾人之奖励宗教，为下流社会言之，此由其性质及位置上有不得不如是者。……美术者，上流社会之宗教也。彼等苦痛之感无以异于下流社会，而空虚之感则又过之。此等感情上之疾病，固非干燥的科学与严肃的道德之所能疗也。感情上之疾病，非以感情治之不可。……故宗教之慰藉，理想的，而美术之慰藉，现实的也。①

在王国维看来，哲学和美术以探究真理为天职，它有助于人们摆脱欲望，从而实现"完全之人物"的人格理想。那么，什么是"完全之人物"呢？他认为，人之能力分为两个方面：一曰身体之能力，一曰精神之能力。就人的发展来看，仅仅发达其身体而萎缩其精神，或发达其精神而罢敝其身体，皆非所谓"完全"者也；唯有精神与身体二者达至"无不发达且调和是也"②，才是"完全之人物"。当然，在王国维看来，身体之能力与精神之能力两个方面的地位和作用是不相同的。他说："夫精神之于物质，二者孰重？且物质上之利益，一时的也；精神上之利益，永久的也。"③ 王国维进而认为，精神之能力又分为三个部分：知力、感情及意志；此三者分别对应于"真""美""善"之理想："真"者知力之理想，"美"者感情之理想，"善"者意志之理想。因此，所谓"完全之人物"也即是指具备"真""美""善"之人物。正因为如此，以"真""美""善"三者为研究对象的哲学与美学便具有了崇高地位与重要作用。他说：

> 天下有最神圣、最尊贵而无与于当世之用者，哲学与美学是已。……夫哲学与美术之所志者，真理也。真理者，天下万世之真理，而非一时之真理也。其有发明此真理（哲学家）或以记号表之（美术）者，天下万世之功绩，而非一时之功绩也。唯其为天下万世之真理，故不能尽与一时一国之利益合，且有时不能相容，此即其

---

① 《王国维文集》（第三卷），第 25 页。
② 《王国维文集》（第三卷），第 57 页。
③ 《王国维文集》（第三卷），第 63 页。

神圣之所存也。①

不过，哲学和美术的价值需要圣哲的教化才可发挥出来。在王国维看来，哲学和美术虽有克服欲望之功能，但它在有些人身上可能并不起作用。因此，才有了古今圣哲之所"垂教"者，从而帮助人们认识并获得解脱痛苦之道。他说："唯非常之人，由非常之知力，而洞观宇宙人生之本质，始知生活与苦痛之不能相离，由是求绝其生活之欲，而得解脱之道"②；"于是天才者出，以其所观于自然人生中者复现之于美术中，而使中智以下之人，亦因其物之与己无关系，而超然于利害之外"③。古今圣哲之所谆谆教诲者，就在于助人"超然于利害关系"，从而实现节制欲望、解脱痛苦的目的。他说："古今圣哲之所以垂教者，无非欲限制此动机而已。"④ 比如，"立人之道，曰仁与义"⑤，认为"仁"是最高尚的、积极的道德理想；"己欲立而立人，己欲达而达人；能取近譬，可谓仁之方也"⑥，主张自觉地节制个人的欲望。诸如此类，均是圣哲有益之教导。不仅如此，王国维认为，就一个社会来讲，还必须有能制约欲望的社会机制，比如政治与法律等。他说："政治与法律，宗教与教育，由此而起乎？"⑦ 在他看来，圣哲的教化是要培养人克服欲望的德性，而政治和法律则是要惩戒过度之欲望的行为；二者均不可或缺。

第四节　儒学之发展

王国维认为，儒学的特性是"重实际"，缺乏思辨的"形而上学"。之所以如此，源于儒家创始人一开始就奠定了方向。他说："周末时之二大思潮，可分为南北二派。北派气局雄大，意志强健，不偏于理论而专为实行。南派反之，气象幽玄，理想高超，不涉于实践而专为思辨。是盖地理之影响使然

---

① 《王国维文集》（第三卷），第 6 页。
② 《王国维文集》（第一卷），第 8 页。
③ 《王国维文集》（第一卷），第 3 页。
④ 《王国维文集》（第三卷），第 60 页。
⑤ 《易经·说卦》。
⑥ 《论语·雍也》。
⑦ 《王国维文集》（第三卷），第 60 页。

也。今吾人欲求其例，则于楚人有老子，思辨之代表也；于鲁人有孔子，实践之代表也。"① 儒学的这一特征在西方哲学的"映衬"下也明显地暴露出来。王国维说："泰西之伦理，皆出自科学，惟骛理论，不问实行之如何。泰东之伦理，则重修德之实行，不问理论之如何。此为实行的，彼为思辨的也。"② 因此，西方哲学以理论哲学见长，而儒家哲学则以解决实际问题为主，是一种只关乎实际的哲学。事实上，在王国维看来，儒家哲学不仅缺乏思辨精神，而且也缺乏形而上学之理论体系。他说：

> 我国人之特质，实际的也，通俗的也；西洋人之特质，思辨的也，科学的也，长于抽象而精于分类，对世界一切有形无形之事物，无往而不用综括（Generalization）及分析（Specification）之二法，故言语之多，自然之理也。吾国人之所长，宁在于实践之方面，而于理论之方面则以具体的知识为满足，至分类之事，则除迫于实际之需要外，殆不欲穷究之也。③

不仅如此，在王国维看来，儒家还是保守的，缺乏创新精神。他认为，学术研究本来应是开放的，但儒家的"道统说"却限制并束缚了儒学的发展。他高度评价战国时期的百家争鸣和学术繁荣，把这个时代称作"中国思想之能动时代"。他说："自周之衰，文王、周公势力之瓦解也，国民之智力成熟于内，政治之纷乱乘之于外，上无统一之制度，下迫于社会之要求，于是诸子九流各创其学说，于道德政治文学上，灿然放万丈之光焰，此为中国思想之能动时代。"④ 然而，儒家思想却渐渐趋于保守，后世儒家泥守孔子之思想，固守其师说，而缺乏思想之创新。王国维说："自汉以后，……儒家唯以抱残守缺为事，其为诸子之学者，亦但守其师说，无创作之思想，学界稍稍停滞矣。"⑤ 至六朝隋唐，"佛教之东"，"极千古之盛"，"儒门淡薄"，儒家哲学更没有"出色"的表现。到了宋明清诸代，除了宋儒在"受动之时代出而稍

---

① 《王国维文集》（第三卷），第 108 页。
② 《王国维文集》（第三卷），第 107 页。
③ 《王国维文集》（第三卷），第 40 页。
④ 《王国维文集》（第三卷），第 36 页。
⑤ 《王国维文集》（第三卷），第 36 页。

带能动之性质"外，儒家思想之停滞略同于两汉，此为"吾国思想受动之时代"。① 因此，王国维不仅批判了作为"官方哲学"的程朱理学，认为它在维护封建专制制度方面发挥了重要作用；而且也批判了陆九渊（1139—1192年）的学术理路，认为其"六经注我"的理路导致了学术被政治的滥用。

王国维主张，儒学要发展，必须要坚持"唯真理之是从"② 的宗旨。在他看来，一切学说、制度、风俗皆有其存在和变化的原因，而学术研究的目的就在于探究这些原因。他说："一切行为，必有外界及内界之原因。此原因不存于现在，必存于过去；不存于意识，必存于无意识。而此种原因，又必有其原因，而吾人对此等原因，但为其所决定，而不能加以选择。"③ 尽管我们无法选择此等原因，但我们却可以去探究此等原因。因此，"欲知古人，必先论其世；欲知后代，必先求诸古。欲知一国之文学，非知其国古今之情状学术不可也。"④ 就是说，对于历史人物和事件，既要研究其社会背景，又要追溯其历史渊源，必须"考之史事与制度文物以知其时代之情状"⑤。因此，王国维既反对跟在古人后面亦步亦趋，又反对完全否定古书；他既不做排斥古书的"疑古派"，也不做任意篡改古籍的"托古改制派"，而主张一切以"尽真"、"求是"为原则，即以"事物必尽其真，而道理必求其是"⑥。他说：

> 凡吾智之不能通，而吾心所不能安者，虽圣贤言之，有所不信焉；虽圣贤行之，有所不慊焉。⑦

王国维认为，儒学要获得发展，必须要坚守学术独立的品格。他认为，不能将学术夹杂于政治、宗教、种族之见，更不能将学术作为政治、宗教、种族的附庸。他说："学术之所争，只有是非真伪之别耳。于是非真伪之别外，而以国家、人种、宗教之见杂之，则以学术为一手段，而非以为一目的也。未有不视学术为一目的而能发达者，学术之发达，存于其独立而已。然

---

① 《王国维文集》（第三卷），第 36 页。
② 《王国维文集》（第三卷），第 4 页。
③ 《王国维文集》（第三卷），第 269 页。
④ 《王国维文集》（第一卷），第 545 页。
⑤ 《王国维文集》（第四卷），第 110 页。
⑥ 《王国维文集》（第四卷），第 366 页。
⑦ 《王国维文集》（第四卷），第 366 页。

则吾国今日之学术界，一面当破中外之见，而一面毋以为政论之手段，则庶可有发达之日欤?"① 学术之本质在于"去伪存真"，因此，学术之"发达"必须以学术本身为目的，保持学术本身的独立性；若在学术中夹杂了国家利益、种族习惯、宗教信仰，学术的独立性将被取消，学术"发达"的梦想也将成为泡影。因此，他说："若夫忘哲学、美术之神圣，而以为道德、政治之手段者，正使其著作无价值者也。愿今后之哲学美术家，毋忘其天职，而失其独立之位置，则幸矣!"② 为此，王国维还检讨并批评了历史上为政治目的而从事学术的现象，认为如此不仅不能助于学术发展，反而是对学术的亵渎。他说：

> （康）氏之于学术非有固有之兴味，不过以之为政治上之手段，《荀子》所谓"今之学者以为禽犊者也"。……如此者，其亵渎哲学与文学之神圣之罪，固不可逭，欲求其学说之有价值，安可得也!故欲学术之发达，必视学术为目的，而不视为手段而后可。③

---

① 《王国维文集》（第三卷），第 39 页。
② 《王国维文集》（第三卷），第 8 页。
③ 《王国维文集》（第三卷），第 37—38 页。

第七编 现代儒学（上）

弁　言

在 20 世纪 20—40 年代，西方文化的强劲冲击使得儒学向何处去成为了一个问题。就当时国内的思想界来看，西方的哲学思潮可分为两类：一类是实用主义、新实在主义、生命哲学以及以"科学万能论"为核心的科学主义等；另一类是经由苏联所传入的辩证唯物论。这两股思潮虽有诸多不同，但它们在对待中国传统文化方面惊人地一致：认为要在中国传播其思想，就必须扫除中国的传统文化这一"障碍"。在种种内因外缘的共同作用下，于是在中国出现了"五四"新文化运动。这一运动的主题是"科学"与"民主"，而实现这两个主题的前提则是"打倒孔家店"，彻底颠覆以儒学为核心的中国传统文化。面对这两类哲学思潮的共同冲击，出于对中国传统文化的使命感，一批学者以复兴传统儒学为目标，以兼容西方哲学为助援，在儒学之概念和义理方面进行了诸多理论创制。由于其理论创制的相通性，这些学者被后人称为一个学派——"现代新儒家"。"现代新儒家"的早期代表人物包括马一浮、熊十力、梁漱溟、张君劢四人，其中，前三人被称为新儒家的"现代三圣"。稍晚一些的代表人物还有冯友兰、贺麟、钱穆等。

"现代新儒家"的思想称为"现代新儒学"，它是新儒家应对时代问题时的理论展开，因此也即是指"现代"这一时间概念意义上的儒学。尽管"现代新儒家"的内部存在不同的学术主张，以至于有些人并不被认为是"现代新儒家"或自认为不是"现代新儒家"，但历史的机缘使他们共同担负起了复兴儒学的历史使命。历时性地看，历史上的儒家学派是就儒学内部之不同主张而言说的。如，孔子死后，儒家一分为八。之后，又有孟子"性善论"与荀子"性恶论"之别。到了宋明时代，儒学出现了程朱理学与陆王心学之两大派别的分立。然而，"现代新儒家"作为一个学派则主要是就儒学与外来思潮的冲突与互动而言说的。总的看,"现代新儒家"的学术理路是:在会通西方哲学的基础上,重新诠释儒学的经典著作,重建儒家的价值系统,进而以谋求整个中国文化的现代化。很明显,这一理路与东渐而来的两类西方哲学思潮迥然有异。因此,在1949年以前,"现代新儒家"与西方哲学两类思潮处于对垒的冲突与互动之中。在这种格局之下,如果说西方哲学表现为一种"激进主义"的话,那么,"现代新儒家"则表现为一种"保守主义"。

具体来看,这个时期的"现代新儒学"在理论方面表现出如下几个方面的特征:

首先,维护儒学"道统",开启儒学现代价值。现代新儒家虽然承认中国文化具有明显的不足,但他们不赞成"全盘西化"和"打倒孔家店"式的激进主义。他们主张,儒家文化仍有其现代价值,但它需要复兴;而要复兴,则必须要汲取西方文化之所长,在科学与民主方面有所弥补和发展。但是,这种弥补和发展不能采取"颠覆"传统的方式。他们认为,中国的传统文化不仅不与科学民主相抵触,而且还应是科学民主发展的统领者。在他们看来,儒家心性之学所具有的基本理论,如性与理的合一、内圣与外王的合一、本体与工夫的合一、知行的合一等,不仅是传统儒学的"道统",而且也是儒学"开新"的依据。具体来讲,心性之学不仅是传统儒家思想的核心,也是儒学开出科学与民主的根据,更为重要的是,它代表着人类文化发展的方向。正因为如此,马一浮提出以"六艺论"作为整个人类文化的统领和方向,张君劢提出以儒家文化为基础复兴中国文化,钱穆提出未来世界文化以中国文化为"宗主",贺麟提出以哲学化、宗教化和艺术化"三化"为内容的"儒家思想的新开展"。很明显,这些均既是对儒学"道统"的承续,又是对儒学现代价值的开启。

其次,理性地辨析中国文化的优缺点。西方文化的输入使得中国文化有了一个明确的参照系——这在中国历史上是不曾有过的。在这个参照系的对照下,中国文化第一次被"放"在天平上加以考量。就现代新儒家来看,他们认为中国文化的优点主要有两方面:1. 历史意识强,文化悠久不衰。在历史的长河中,许多古老文明因各种原因渐渐"销声匿迹"了,唯有中国文化"一枝独秀"。究其原因,一在于其注重上及千古、下通万世的历史意识;二在于其求安、求久的整体意识。2. 人文精神强,可以领导人类文化。中国文化以儒家为骨干，而儒家以道德为核心，因此，中国文化具有明显的人文特征。钱穆曾说："中国文化较之近代西方，其短处自在自然科学，其长处则在人文政教。"① 而且，中国文化对"天下"概念情有独钟，因此，中国文化具有真正的世界意识和天下意识。基于此，中国文化能够克服种种偏狭思想，担当起领导人类文化的责任。不过，现代新儒家认为，在西方文化的对照下，中国文化也确实存在着不足：1. 中国文化注重价值理性，掩盖了为求知而求知的科学理性，因此导致了历史上的科学不兴，技术也只停留在师傅教徒弟的层面上。2. 中国文化偏重道德人格，不重视政治人格；偏重家庭伦理，不重视社会伦理，因此造成了历史上民主制度的不兴。

再次，哲学地建立儒学体系，启动了儒学哲学化的进程。在西方哲学的"映衬"下，儒学在形上学方面的不足明显地暴露出来。这种不足所反映出的问题是严重的：一种缺乏本体论的思想在理论上一定是"独断论"的，而"独断论"的思想不仅不能称为哲学，故不能与西方哲学同日而语，而且，"独断论"的理论是缺乏说服力的，因为它没有理论"根基"。为了弥补这种不足，现代新儒家纷纷致力于"哲学地"研究儒学，尤其在本体论方面进行了诸多理论创制。马一浮建立了"心本体论"，并以"知能合一"与"性修不二"为框架、以"六艺论"为统领"搭建"起一个哲学系统。熊十力借助于佛教思想建构起"心本体论"，并以"大海"和"众沤"为喻阐述了"体用不二"和"翕辟成变"思想，从而完成了其宇宙论的解释，进而成就了其"新唯识论"。贺麟则以继承陆王心学为理路，同时汲取康德、黑格尔的思想，成就了其"新心学"的儒学体系，并明确提出儒学"哲学化"的主张。冯友兰以"理"为本体，以"人生四境界说"为框架，建构起"最哲学底哲学"，并提出"以哲学代宗教"的主张。尽管上述诸位所遵循的理路有"心学"、"理学"之别，但他们都是在"哲学"的框架下展开的理论研究。总地看，他们的努力使儒学开始摆脱传统经学而步入了哲学之门。

---

① 钱穆：《世界局势与中国文化》，载《钱宾四先生全集》（43），台北：联经出版事业公司1998年（下同），第239页。

第三十六章　马一浮

马一浮（1883—1967 年），原名浮，又字一佛，幼名福田，号湛翁、被揭，晚号蠲叟、蠲戏老人，浙江绍兴县人。1899 年赴上海学习外语。1901 年与马君武（1881—1940 年）、谢无量（1884—1964 年）合办《翻译世界》。19 岁丧妻，终身未娶。1903 年远赴美国学习，1904 年转赴德国，后去日本学习西方哲学。1911 年回国后，潜心国学研究。抗日战争爆发后，任浙江大学教授。1939 年夏在四川建立"复性书院"，任院长兼主讲。1953 年任浙江文史馆馆长，1964 年任中央文史馆副馆长。任第二、第三届全国政协特邀代表。"文革"期间受冲击。1967 年在杭州市逝世。

马一浮是现代新儒学的早期代表人物之一，与熊十力、梁漱溟同被称为新儒学的"现代三圣"。他还是马克思主义传入中国的发轫者。其一生著述宏富，有"儒释哲一代宗师"之称。代表作有《泰和宜山会语合刻》《复性书院讲录》《尔雅台答问》《尔雅台答问续编》《濠上杂著初集》《蠲戏斋诗前集》《避寇集》《蠲戏斋诗编年集》《老子道德经注》《蠲戏斋佛学论著》等。其著作被后人辑为《马一浮集》等。

第一节　心本体论

在理气关系上，马一浮主张理、气并非两物，而是"体用一源"。他认为，理和气这两个概念都是人造的，是同一个事物的不同名称，并非指两个事物。他说："抑知理气之名，由人而造。自其浮沉升降而言，则谓之气；自其浮沉升降不失其则而言，则谓之理。盖一物而两名，非两物而一体也。"①
在他看来，理气本来是一个东西，其"体用一源，显而无间，不是元初有此
两个物事相对"②。因此，在"冲漠无朕""万象森然已具"的"纯乎理"的
状态或阶段并非无气，只是未见而已；即使到了"见气"的阶段上，理也未
消失，"气见而理即行乎气之中"。③ 也就是说，理气是同时存在的，在时间
上并无先后之分；人们之所以把理气分为先后，只是一种逻辑表达上的方便，
并不表示实际上的先后。事实上，理气同时而具，本无先后，如同动静无端、
阴阳无始一样。他说：

> 邵康节云："流行是气，主宰是理。"不善会者每以理气为二元，
> 不知动静无端，阴阳无始，理气同时而具，本无先后，因言说乃有
> 先后。（两字不能同时并说。）就其流行之用而言谓之气，就其所以
> 为流行之体而言谓之理，用显而体微，言说可分，实际不可分也。④

不过，在马一浮，无论是理还是气，都不是宇宙万物的本体，"心"才是
万事万物的本原。他认为，普通人有一种看法，认为人的一生都是由环境决
定的，换句话说，也就是被物所决定的。其实，这是人与物之关系的颠倒，
因为它抹煞了人的主宰性、自由性。实际上，不是物决定人，而是人决定物，
环境都是由人心所创造出来的。因此，马一浮对唯物论的观点不以为然。在
他看来，在心物关系上，唯物论者往往不理解物是心所生，即"心之象"，故
执迷于"心外有物"，见物不见心，见"器"不见"道"。事实上，如果没有
心，也就无所谓物，因为"不是离心而别有，总该万有，不出一心"⑤，"心
外无物，事外无理，事虽万殊，不离一心"⑥。不论是佛学理论还是圣贤教训，
都强调了"心"作为本体的意义，然而人们却往往"随顺习气"，执迷不悟。
马一浮说："世人迷执心外有物，故见物而不见心，不知物者是心所生，即心

① 马一浮：《默然不说声如雷——马一浮新儒学论著辑要》，北京：中国广播电视出版社 1995 年
（下同），第 513 页。
② 马一浮：《默然不说声如雷——马一浮新儒学论著辑要》，第 44 页。
③ 马一浮：《默然不说声如雷——马一浮新儒学论著辑要》，第 44 页。
④ 马一浮：《默然不说声如雷——马一浮新儒学论著辑要》，第 44 页。
⑤ 马一浮：《默然不说声如雷——马一浮新儒学论著辑要》，第 509 页。
⑥ 马一浮：《默然不说声如雷——马一浮新儒学论著辑要》，第 126 页。

之象，汝若无心，安得有物？"① 可以说"一切唯心造"，而不可说一切"唯物造"。他还说：

> 从来学者都被一个"物"字所碍，错认物为外因，而再误复认理为外。今明心外无物，事外无理，事虽万殊，不离一心。（佛氏亦言当知法界性，一切唯心造。心生法生，心灭法灭。万行不离一心，一心不违万行。所立法者即事物异名。）一心贯万事，即一心具众理。②

进而，马一浮提出"心统性情"的观点。他反对"心即理"的观点，认为这一观点只承认"理"与"性"，却遗漏了"气"与"情"，在"心"中排除了"气"与"情"的位置。马一浮说："心统性情即赅理气，理行乎气中，性行乎情中。但气有差忒，则理有时而不行，情有流失，则性隐而不现耳。故言心即理，则'情'字没安放处。"③ 在此意义上，只能说"性即是理"，而不能说"心即理"。也就是说，性是理，无有不善；气则有善有不善，因此，说"性即理"则可，说"心即理"则不恰当。他说："阳明心即理说得太快，末流之弊便至误认人欲为天理。心流性情合理气，言具理则可，言即理则不可。"④ 在此分析的基础上，马一浮提出了"心统性情"的观点，以涵括"理""气"或"性""情"两个方面，从而避免"心即理"太直截的流弊。他说："心统性情，性是理之存，情是气之发，存谓无乎不在，发则见之流行。"⑤ 马一浮认为，"心统性情"可以佛教"一心二门"说来解读。按此"法门"，心具理气，性、理是体，情、气是用；前者是"真如门"，后者是"生灭门"，二者虽不同，但均由"心"所开出。他说：

> 依《起信论》一心二门，性是心真如门，情是心生灭门，乃有觉与不觉二义。随顺真如元无不觉，即是性其情；随顺无明乃成不

---

① 马一浮：《默然不说声如雷——马一浮新儒学论著辑要》，第 300 页。
② 马一浮：《默然不说声如雷——马一浮新儒学论著辑要》，第 125—126 页。
③ 马一浮：《默然不说声如雷——马一浮新儒学论著辑要》，第 474 页。
④ 马一浮：《默然不说声如雷——马一浮新儒学论著辑要》，第 406 页。
⑤ 马一浮：《默然不说声如雷——马一浮新儒学论著辑要》，第 23 页。

觉，即是情其性。①

马一浮认为，心本体本来是湛然虚明的，只是由于"气质之偏"和"后天习染"才导致"不善"的出现。在他看来，"义理之性"就如同泉水，当其发于山谷之时是本"清明"的，只是流入田野渗入许多泥沙之后才混浊了。因此，须下一番功夫将泥沙滤净，才可恢复水之清明。因此，马一浮反对人云亦云的"乡愿"即"现实主义"习气，而主张经由"变化气质"的工夫，以"明心性""去蔽复初"。在他看来，人性是具足的，要"明心性"毋需外求。他说："人人自性本来具足，但为习气缠缚，遂至汩没，不得透露。所以从上圣贤只是教人识取自性，从习气中解放出来。习气廓落，自性元无欠少，除得一分习气，便显得一分自性。"② 反之，如果认识不到这一点，便不会求得"湛然"之本体。他说："向外求知是谓俗学，不明心性是谓俗儒，昧于经术是谓俗吏，随顺习气是谓俗人。"③ 然而，"势力是一时的，有尽的，正义公理是永久的，是必申的"④，因此，展开"去蔽工夫"以恢复心本体不仅是必要的，而且是必然的。

第二节 "知能合一"与"性修不二"

马一浮认为，"空谈名相"和"专恃见闻"不能求得或恢复心性本体。所谓"名相"，主要指言相，即对义理的文字解释。他说："名言是能诠，义理是所诠，诠表之用，在明其相状，故曰名相。名相也就是言象，道理譬如一个人名，是这个人的名字，相即状貌，譬如其人之照相。"⑤ 所谓"见闻"，主要指读书求知，其特点在多闻而止，而非穷理尽性。在他看来，无论是"空谈名相"，还是"专恃见闻"，因对"穷理尽性"圣贤之学有所旁落，不仅不能求得心性本体，而且因为"于自己身心无涉"，还会贻误了对心性本体

---

① 马一浮：《默然不说声如雷——马一浮新儒学论著辑要》，第388页。
② 马一浮：《默然不说声如雷——马一浮新儒学论著辑要》，第93页。
③ 马一浮：《默然不说声如雷——马一浮新儒学论著辑要》，第370页。
④ 马一浮：《默然不说声如雷——马一浮新儒学论著辑要》，第59页。
⑤ 马一浮：《默然不说声如雷——马一浮新儒学论著辑要》，第42页。

的求得。依此理路，即使偶尔识见心性本体，亦无益于根本。他说：

> 今人每以散乱心读书，求知识其志亦仅在多闻而止。此与圣贤穷理尽性之学觌体相反，纵使多闻，于自己身心全无交涉。以散乱心应事接物，其于事物当然之理决不能得，即或偶中亦是义袭，而取其涸可立而行也。①

在马一浮看来，"义理本人心所同具，然非有悟证，不能显现"②。也就是说，要求得、恢复心性本体，唯一的"正途"是"悟证"。在此，所谓"悟证"即是"道德自证"，即是"于自己身心交涉"之"穷理尽性"的圣贤之学。

在马一浮，"知能合一"是"穷理尽性"之圣贤之学的重要内容。在此，所谓"知"，是指本于心本体的自觉、自证，而非"见闻之知"。因此，此"知"是"亲知"，是"自我证悟"。所谓"能"，即是"行"，是指道德修养和道德实践。在马一浮看来，"知"是对于"德"之知，"能"是对于"德"之行；二者作为"德"之"内外"两面，是统一而不可割裂的。他说："德为内外之名，在心为德，践之于身为行；德是其所存，行是其所发；自其得于理者言之则谓之德，自其见于事者言之则谓之行，非有二也。"③ 因此，所谓"知能合一"，即"穷理即是尽性之事，尽性即是践形之事"④。具体来讲，"穷理"时不能仅对心性作文字上的解释，那仍是"空谈名相"；而应"每以性相对举，先是依性说性，后要会相归性"⑤，即通过自觉、自证工夫，将性与相互印证。不仅如此，马一浮认为，"知"即是"性"，"能"即是"修"，因此，"知能合一"也就是"性修不二"。而且，"知能合一"作为圣贤之学，乃"全提"之"简易之教"。他说："全提云者，乃明性修不二，全性起修，全修在性，方是简易之教。"⑥ 他还说：

---

①　马一浮：《默然不说声如雷——马一浮新儒学论著辑要》，第367—368页。

②　马一浮：《默然不说声如雷——马一浮新儒学论著辑要》，第42页。

③　马一浮：《默然不说声如雷——马一浮新儒学论著辑要》，第133页。

④　马一浮：《默然不说声如雷——马一浮新儒学论著辑要》，第83页。

⑤　马一浮：《默然不说声如雷——马一浮新儒学论著辑要》，第43页。

⑥　马一浮：《默然不说声如雷——马一浮新儒学论著辑要》，第47页。

　　人受天地之中以生，凡属有心自然皆具知能二事。……其言知能实本孔子《易传》。在《易传》谓之易简，在孟子谓之良，就其理之本然则谓之良，就其理气合一则谓之简易。故孟子之言是直指，而孔子之言是全提。①

　　显而易见，马一浮的"知能合一""性修不二"是对王阳明"知行合一"思想的继承。他十分赞赏王阳明"知行合一"的理论。他认为，如果把圣人教导只当作一种知解而不肯笃行，则不仅辜负了自己，也辜负了先圣；在这方面，只有"王阳明知行合一之说见得此意"②。马一浮说："圣人说个言忠信行笃敬，真是彻上彻下，此外更有何事为学。须实下功夫，不是资口说，要看自家言行实能与道相应否？毋徒事知解便谓为足。"③ 不过，马一浮的思想与王阳明的思想又有所不同。他说："知是本于理性所现，起之观照自觉自证境界，亦名为见地。能是随其才质发见于事为之著者，属于履边事，亦名为行。"④ 在此，"能"含有功用的意思，即要求"知"发生功用，此与王阳明"知行合一"已有不同。另外，马一浮认为，"知"与"能"虽为"不二"之关系，但它们并非"混淆"之一物，而是存在着"内外""存发""理事"之别的。他说："在心为德，践之于身为行；德是其所存，行是其所发；自其得于理者言之则谓之德，自其见于事者言之则谓之行。"⑤ 然而，王阳明之"即知即行"却以知代行，完全"混淆""抹杀"了二者的区别。

　　马一浮倡导"知能不二""性修不二"的目的在于强调主体的道德自证和道德践履。他认为，因为人自性具足，故只要充分发挥主体的自觉、自证工夫，达到"豁然贯通"的境界，就能够真正实现"致知"，即可获得"真知"。他说："知若是从闻见得来，总不亲切。不亲切便不是真知，是自己证悟的方是亲切，方是真知。"⑥ 然而，道德自证却类似于"如人饮水，冷暖自知"⑦，纯乃个人之事，是他人所不可替代的。他说："学是自学，问是问人，

---

① 马一浮：《默然不说声如雷——马一浮新儒学论著辑要》，第47页。
② 马一浮：《默然不说声如雷——马一浮新儒学论著辑要》，第385页。
③ 马一浮：《默然不说声如雷——马一浮新儒学论著辑要》，第385—386页。
④ 马一浮：《默然不说声如雷——马一浮新儒学论著辑要》，第48页。
⑤ 马一浮：《默然不说声如雷——马一浮新儒学论著辑要》，第133页。
⑥ 马一浮：《默然不说声如雷——马一浮新儒学论著辑要》，第48页。
⑦ 马一浮：《默然不说声如雷——马一浮新儒学论著辑要》，第126页。

自学是要自己证悟，如饮食之于饥饱，衣服之于寒暖，全凭自觉，他人代替不得。"① 在此，马一浮所强调的是，道德自证即是指道德践履，它唯有在个人体验中才能真正致知穷理。故，个人实践是道德践履的真工夫，也是立身行己的最切要功夫。正因为如此，学者不能只记他人言语，而须切己用力；不能只在岸上看人"操舟"，而须自己"下船摇桨"。概言之，人要获得真正的学问，完成自己的道德修养，必须从自身的言行做起。马一浮说：

> 学者分上唯须就自己知行上勘验，困勉之初，学利是中，生安是后。从生至熟，此乃有似于渐，及其知之成功一也，方了得是顿。②

第三节　涵养与致知

涵养与致知是马一浮所强调的两种修养方法。关于涵养，他认为"主敬为涵养之要"③，故"涵养须用敬"④。在他看来，敬则自然虚静，故能深思；敬则自然和乐，故能神气安定。因此，圣人所以能动容周旋，莫不中礼，"皆居敬之功"；常人所以憧憧往来，起灭不停，以至于妄想成病，"皆不敬之过"。⑤ 关于致知，并非指"闻见之知"，而是指"德性之知"。所谓"闻见之知"，是通过后天学习而获得的"外在之知"，即对外界事物的具体认识；所谓"德性之知"，是不假他求的"本分之知"，是对自我心性本体的认识。"闻见之知"不能认识心性本体，故不是"真知"；"德性之知"是主体自我的"性之知"，而"性之知"方是"真知"。那么，怎样才能"致知"呢？马一浮认为，"穷理为致知之要"⑥，而"穷理"之要即是"格物"。因此，由"格物"而"穷理"，由"穷理"而"致知"。当然，"致知"并非一个简单

---

① 马一浮：《默然不说声如雷——马一浮新儒学论著辑要》，第69页。
② 马一浮：《默然不说声如雷——马一浮新儒学论著辑要》，第419页。
③ 马一浮：《默然不说声如雷——马一浮新儒学论著辑要》，第122页。
④ 马一浮：《默然不说声如雷——马一浮新儒学论著辑要》，第123页。
⑤ 马一浮：《默然不说声如雷——马一浮新儒学论著辑要》，第124页。
⑥ 马一浮：《默然不说声如雷——马一浮新儒学论著辑要》，第122页。

过程，而是一个反复的漫长过程。他说：

> ——反之自心，仔细体究，随事察识，不等闲放过，如人学射，久久方中。①

在马一浮看来，涵养与致知具体体现为"顿教"与"渐教"之不同。"顿教"与"渐教"本是佛教的一对概念。所谓"顿教"，又称"顿悟"，是指众生无须长期修习，一旦把握佛教真理，则会顿然觉悟，当即成佛。所谓"渐教"，又称"渐悟"，指须经长期修习才能把握佛教真理，才可觉悟成佛。马一浮认为，不仅佛教示教之言有"顿渐"之分，"儒者示教之言亦有顿渐"② 之分。比如，王阳明主"尊德性"，强调涵养的作用，其特点是"就自家得力处说"，即是"顿教"之方法。朱熹（1130—1202 年）主"道问学"，强调致知的作用，其特点是明先后次第，即是"渐教"之方法。因此，"涵养"与"致知"的不同也就体现在"顿""渐"之差别上。进而，马一浮认为，就涵养而言，它教人悟取自性，反身而诚，直下承当，简明易快，然而这只有"上根之人"才能做到；"中根之人"往往易为"习气缠缚"，以至汩没自性，故不经过一番致知工夫就无法"识取自性"。

马一浮认为，涵养与致知虽有不同，但它们均是心性本体之用，故"如车两轮"，实则互相依存。他说："涵养致知，直内方外，亦如车两轮，如鸟两翼，用则有二，体唯是一。"③ 也就是说，涵养与致知是一体二用的关系，其目的只在"明心见性"。马一浮说："儒佛等是闲名，自家心性却是实在，尽心知性亦得，明心见性。亦得，养本亦得，去障亦得，当下便是亦得，渐次修习亦得，皆要实下功夫。"④ 他还说："生知之圣亦假于学。无顿非渐，无渐非顿，生知是顿，学知是渐；生知而学，于顿示渐；学知至圣，即渐成顿；及其知之，顿渐一也。"⑤ 马一浮还借用佛教"止观"思想来解释涵养与致知之关系，主张"止观双运"以互相发明。所谓"止"，意为"止寂"；所谓"观"，意为"智慧或观察"。马一浮说：

---

① 马一浮：《默然不说声如雷——马一浮新儒学论著辑要》，第 126 页。
② 马一浮：《默然不说声如雷——马一浮新儒学论著辑要》，第 94 页。
③ 马一浮：《默然不说声如雷——马一浮新儒学论著辑要》，第 95 页。
④ 马一浮：《默然不说声如雷——马一浮新儒学论著辑要》，第 471 页。
⑤ 马一浮：《默然不说声如雷——马一浮新儒学论著辑要》，第 81 页。

主敬是止，致知是观。彼之止观双运，即是定慧兼修，非止不能得定，非观不能发慧。然观必先止，慧必由定，亦如此言涵养始能致知，直内乃可方外。言虽先后，道则俱行。虽彼法所明事相与儒者不同，而其功夫途辙理无有二。比而论之，实有可以互相助发之处。①

第四节　"六艺论"

马一浮认为，"国学"即"六艺"。在他看来，所谓"学"，是通过名言的诠表使人"开通"，从而明了事物所包含的义理。所谓"国学"，古代是指的"国立大学"之意。如今，人们往往"为依他起"，为了区别中外学术，把我国固有学术统称为"国学"。马一浮认为，若如此定义"国学"，其内涵会失于宽泛笼统。在他看来，"国学"这一概念应指"六艺"，即，应以"六艺"来界定"国学"。马一浮说：

今先楷定国学名义，举此一名，该摄诸学，唯六艺足以当之。②

所谓"六艺"，亦即儒家的《诗》《书》《礼》《乐》《易》《春秋》这六部经典。他之所以不称这六部经典为"六经"，而称之为"六艺"，是因为它分别代表着六门学问。他说："经者常也，以道言谓之经。艺犹树艺，以教言谓之艺。"③也就是说，"六艺"要比"六经"所包含的意蕴更广，它不仅概指儒家的这六部经典，而且还包括儒家的其他经典。在这个意义上，"六艺"可代表一切固有学术，其他学术不过是它的支流而已。对此，马一浮还有具体的详细论述。

第一，"六艺"赅摄一切中国传统学术。马一浮说：

何以言六艺该摄一切学术？约有二门：一、六艺统诸子，二、

---

① 马一浮：《默然不说声如雷——马一浮新儒学论著辑要》，第95页。
② 马一浮：《默然不说声如雷——马一浮新儒学论著辑要》，第12页。
③ 马一浮：《默然不说声如雷——马一浮新儒学论著辑要》，第14页。

六艺统四部。①

所谓"六艺统诸子"，是指"诸子出于六艺"。马一浮认为，孔子"祖述尧舜""宪章文武"，其所删述之六经，先王之道一以贯之；而老子得于《易》为多，而其失也多；庄子得于《乐》为多，而其失也多；墨子（约前480—前420年）于《礼》《乐》得少失多；法家于《礼》与《易》得少而失多；名家与杂家同是得少失多；纵横家无所得，而兼有诬与乱之失；农家、阴阳家出于《礼》与《易》，但皆卑陋不足判。因此，先秦诸子之学皆可统于"六艺"。所谓"六艺统四部"，是指经、史、子、集之四种学术都赅摄于"六艺"之下。马一浮认为，就"经部"来看，若按佛教判别佛书的标准，举凡六经以及《论语》《孟子》《说文》《尔雅》等皆可入"宗经论"或"释经论"，经学、小学之名可不立。"史部"自《史记》以降，凡编年纪事者皆出于《春秋》，多存议论者则出于《尚书》，记典制者出于《礼》，而史学之名可不立也。"子部"已见"六艺统诸子"。"集部"文章类型虽然繁多复杂，但皆统于《诗》《书》，而集部之名可不立也。既然诸子与"四部"均统于"六艺"，当然"六艺"则赅摄一切中国传统学术。

第二，"六艺"还统摄西方一切学术。马一浮说：

六艺不唯统摄中土一切学术，亦可统摄现在西来一切学术。②

他认为，西方学术尽管学科分类日盛，但均可由自然科学和社会科学二类所涵盖；就其研究对象看，亦都可归属于儒家"六艺"。具体来看，自然科学之数学与物理学，其言源于象数，其用在于制器，所以可看作是《易》之支与流裔；社会科学之史学、社会学等，其研究人类文明之发展治乱、盛衰，颇近于《春秋》之比事、属辞。马一浮说："自然科学可统于《易》，社会科学（或人文科学）可统于《春秋》。因《易》明天道，凡研究自然界一切现象者皆属之；《春秋》明人事，凡研究人类社会一切组织形态者皆属之……文学、艺术，统于《诗》《乐》，政治、法律、经济，统于《书》《礼》，此最易知。宗教虽信仰不同，亦统于《礼》，所谓之于礼者之礼也。哲学思想派别虽

---

① 马一浮：《默然不说声如雷——马一浮新儒学论著辑要》，第15页。
② 马一浮：《默然不说声如雷——马一浮新儒学论著辑要》，第25页。

殊，浅深大小亦皆各有所见。大抵本体论近于《易》，认识论近于《乐》……凡言宇宙观者，皆有《易》之意，言人生观者，皆有《春秋》之意。"①

第三，"六艺"之道皆根于心。马一浮认为，明了"六艺赅摄一切学术"只是"始条理"，还不是"终条理"。"始条理"讲的是"统类是一"，为"智之事"；"终条理"讲的则是"本末一贯"，为"圣之事"。所以，仅明了"六艺赅摄一切学术"还不够，还必须明了"终条理"，这样才能"言必归宗，期于圣人之言，无所乖畔"。② 在马一浮看来，所谓"终条理"，即是"六艺统摄于一心"。他认为，吾人本来自性具足，"六艺"之道就是从此自性中自然"流"出来的，所以"性外无道""心统性情"。因此，要改变善恶之气质，使人自易其恶，复其"本然之善"，则需要"六艺"，而"六艺"统摄于一心。这里，马一浮所强调者有两个方面：一方面，性与情是心之体与用，故"六艺"即一心之全体大用；另一方面，心外无理、性外无道，故"六艺"之根在于心。他说：

> 六艺者，即此天德王道之所表现。故一切道术皆统摄于六艺，而六艺实统摄于一心，即是一心之全体大用也。③

第四，"六艺"代表着人类文化的发展方向。马一浮认为，儒家和道家对"六艺"之旨都有探讨：孔子是就人而说，其目的在于人本身的提升与完善；"六艺"不仅教人能属辞、比事，也教人恭俭、庄敬，人的知识与道德的发展是全面的。庄子是就道而说，其所致力者是人的理想与志向、人对自然与事物的认识、人的关系与秩序，其所谓"六艺"之道亦是完全的。可见，无论就人而言，还是就道而言，"六艺"之目标皆在使人获得知识与道德的全面发展，并最终成为品格完美的人。马一浮说："六艺本是吾人性分内所具的事，不是圣人旋安排出来"④，"全部人类之心灵其所表现者，不能离乎六艺也；全部人类之生活其所演变者，不能外乎六艺也"⑤。可见，马一浮弘扬"六艺"的目的并不是为了"保存国粹"，而是出自对人类文明发展的责任担当。

---

① 马一浮：《默然不说声如雷——马一浮新儒学论著辑要》，第25—26页。
② 马一浮：《默然不说声如雷——马一浮新儒学论著辑要》，第30—31页。
③ 马一浮：《默然不说声如雷——马一浮新儒学论著辑要》，第23页。
④ 马一浮：《默然不说声如雷——马一浮新儒学论著辑要》，第22页。
⑤ 马一浮：《默然不说声如雷——马一浮新儒学论著辑要》，第26页。

在他看来，人类文明自近代以来已日堕暴力与功利之中，人心陷溺日深，痛苦日甚，唯一拯救之途即是弘扬"六艺"之道。他说：

> 吾敢断言：天地一日不毁，人心一日不灭，则六艺之道炯然常存，世界人类一切化最后之归宿，必归于六艺，而有资格为此文化之领导者，则中国也。①

---

① 马一浮：《默然不说声如雷——马一浮新儒学论著辑要》，第27—28页。

第三十七章　熊十力

　　熊十力（1885—1968 年），原名继智、升恒、定中，号子真，晚号漆园老人，湖北省黄冈县人。十三、十四岁时父母相继病故。1905 年考入湖北陆军特别学堂。1911 年参加武昌起义，后曾被任命为湖北军政府参谋。1917—1918 年参加孙中山领导的"护法运动"。后因"念党人竞权争利，革命终无善果"①，"又自察非事功之材，不足领人，又何可妄随人转？于是始决志学术一途"②。先后在武昌文华大学、天津南开中学、北京大学、中央大学、浙江大学任教。1949 年后，担任北京大学教授，并以"特别邀请人士"身份参加首届全国政治协商会议，后当选为全国政协第二、第三、第四届委员。1954 年迁居上海，专事著述。1968 年逝世于上海。

　　熊十力是现代新儒学的早期代表人物之一，与马一浮、梁漱溟同被称为新儒学的"现代三圣"。熊十力是现代新儒家之实际的开山人物。《大英百科全书》称"熊十力为中国当代哲学之杰出人物"。面对西学的冲击，为了重建中国文化的主体性，熊十力致力于建构儒学的本体论，建立起"新唯识论"体系。主要著作有《新唯识论》《论六经》《原儒》《体用论》《明心篇》《佛家名相通识》《乾坤衍》等。后人将其著作辑为《现代新儒学的根基：熊十力新儒学论著辑要》《熊十力学术文化随笔》《熊十力全集》等。

第一节　心本体论

　　熊十力主张"物不离心"，"境不离心"。他说，通常来讲，人要生活就

---

　　①　《熊十力全集》（第一卷），武汉：湖北教育出版社 2001 年（下同），第 659 页。
　　②　熊十力：《十力语要》，上海：上海书店出版社 2007 年（下同），第 293 页。

必须资取万物作为生活资料，因此不知不觉地承认瓶、盆等物是离心而实有的，因而认为宇宙万物是客观存在的。可是，这种很盛行的观点并不是真理，而只是一种"俗见"。他说：

> 试就瓶来说，看着他，只是白的，并没有整个的瓶；触着他，只是坚的，也没有整个的瓶。我们的意识，综合坚和白等形相，名为整个的瓶。在执有粗色境的人，本谓瓶境是离心实有的，但若以实事求是的态度来审核他，将见这瓶境，离开了眼识看的白相和身识触的坚相，以及意识综合的作用，这个瓶还有什么东西在那里呢？由此可知，瓶境在实际上说全是空无的。①

在此，所谓"境"，是指成为"心"之对象的世界，即由"物"所构成的世界。在熊十力看来，所谓"物"不过是人的意识对感觉进行综合的结果而已，因此，物必"待心"而呈现，"境"也必"待心"而呈现。不仅如此，在熊十力看来，人的感觉还具有相对性，故对物的把握会因主体、视角不同而不同。基于这样两个方面，在他看来，物是从属于心的，"境"也是从属于心的；离开了心，就没有物，也就没有"境"。

进而，熊十力认为，因为"妄执的心"和"取境的识"是空的，故引发了人们对物和"境"的误解。依着佛教的"缘生"理论，物都是互为"缘起"而现的，所以物都是没有"自体"的，即物实际上空无所有的。如麦禾，通常以为是有"自体"的，但麦禾只是许多"缘"互相"藉待"而现起的一种相状：种子为因缘，水土、人功、岁时等均为助缘，这些缘互相"藉待"才有了麦禾的相状现起；若将所有的缘都除去，也就没有麦禾了。不仅如此，在熊十力看来，人们通常之所以认为有离心实在的外物，是因为把"妄执的心"和"取境的识"看成实有的缘故，实际上，"妄执的心"或"取境的识"也是空无所有的。他说："妄执的心""就是许多的缘互相藉待而现起的一种相貌，当然不是有自体的，不是实在的。若把众多的缘一一拆除，这个心在何处呢？实际上可以说他是毕竟空、无所有的"②。既然"妄执的心"不是独

---

①　熊十力：《新唯识论》，北京：中华书局 1985 年（下同），第 258 页。

②　熊十力：《新唯识论》，第 279 页。

立实在的，那么由此心"妄执"的"识"也是无"自体"的。熊十力说：

> 这个取境的识，他本身就是虚妄的，是对境起执的，他根本不
> 是本来的心，如何可说不空？如果把妄执的心，当做了本来的心，
> 说他不是空无的，那便与认贼作子为同样的错误。①

在熊十力看来，心和物两者"本是具有内在矛盾的发展底整体"②；在这个"整体"之中，心是决定者、主宰者。有人问熊十力："境"能影响于心，物质条件能影响人的意识，故应当说"唯境"，不当说"唯心"。他回答说："意识虽受物质条件的影响，而改造物质条件，使适于生活，毕竟待意识的自觉。"③ 心虽受物质条件的影响，但从根本上讲，还是心决定物。"所以，着重心的方面而说唯心，不言唯境。"④ 在熊十力看来，心与物的关系与能、质关系是相通的，因此，尽管"能质不二"，但二者"亦有分"，即，"能为质始"，"质本于能"。他说："能质本不二而亦有分，虽分，而能为质始，究不二。……质无固定性，故知其为能之所凝，即能之别一形式也。此非余一人之创说，由《大易》坤元统于乾元之原理而推之，自是质本于能。"⑤ 因此，他说：

> 唯识的旨趣，是把境来从属于心，即显心是运用一切境而为其
> 主宰的，是独立的，是不役于境的。⑥

熊十力认为，虽然物和"境"都是空无的，但整个宇宙不是空无的，必须承认有宇宙本体的存在。他说："（如果）不承认宇宙有他的本体，那么，这个宇宙便同电光石火一般绝无根据，人生在实际上说便等若空华了。"⑦ 他还说：

> 如果只承认有万变不穷的宇宙，而不承认他有本体，那么，这

---

① 熊十力：《新唯识论》，第 256 页。
② 熊十力：《新唯识论》，第 270 页。
③ 熊十力：《新唯识论》，第 271—272 页。
④ 熊十力：《新唯识论》，第 272 页。
⑤ 熊十力：《新唯识论》（壬辰删定本），北京：中国人民大学出版社 2006 年（下同），第 1 页。
⑥ 熊十力：《新唯识论》，第 275 页。
⑦ 熊十力：《新唯识论》，第 312 页。

个万变的宇宙是如何而有的呢？他岂是从空无中突然而有的吗？[①]

那么，什么是熊十力所认为的宇宙本体呢？他说，宇宙本体有六个方面的特征："一、本体是备万理、含万德、肇万化，法尔清净本然。……二、本体是绝对。若有所对，便不名为一切行之本体。三、本体是实有，而无形相可得；虽无形相，而是实有。四、本体是恒久，无始无终。此中恒久，不是时间义。五、本体是全的，圆满无缺，不可剖割。六、若说本体是不变易，却已是变易的；若说本体是变易，却是不变易的。"[②] 从本体是无形相、超时空、绝对、清静圆满、不变等方面讲，它可以说是无，是无为；但若从本体备万理、含万德、肇万化等方面讲，它又是有，是无不为。因此，本体不是绝对的无，而是无与有、无为与有为的统一。

那么，具有上述特征的本体到底是什么呢？熊十力认为，既言宇宙本体，它就是绝对的、唯一的。他说："本体是万理赅备之全体，而无一毫亏乏的。如其有所亏乏，便不成为本体。须知本体是圆满至极，德无不全，理无不备。"[③] 而且，这个绝对的本体并非独立的外物，而是与万物为一体的：它显现为万物，而每一事物又都显现着本体，这就是所谓"体无差别，用乃万殊"[④]。因此，天地万物是平等的，它们以并育不害为原则。而且，本体是不可分的，人与天地万物具同一本体。在熊十力看来，能够具有如上特征的唯有人心。他说："一切物的本体，非是离自心外在境界，及非知识所行境界"[⑤]；"夫言心，则已备物……故夫智周万物者，未尝置物于心外也"[⑥]。正因为如此，本体就在我心中，本体就是人的本心。他说：

> 本体不是离我的心而外在的……唯吾人的本心，才是吾身与天地万物所同具的本体。[⑦]

在熊十力看来，本心就是宇宙的本体和"万化之原"。然而，一般人却不

① 熊十力：《新唯识论》，第 308 页。
② 熊十力：《新唯识论》（壬辰删定本），第 64 页。
③ 熊十力：《新唯识论》，第 536 页。
④ 熊十力：《新唯识论》，第 384 页。
⑤ 熊十力：《新唯识论》，第 247 页。
⑥ 熊十力：《十力语要》，第 158 页。
⑦ 熊十力：《新唯识论》，第 251 页。

能认识到此，而到心外去逐物，此乃"愚夫"耳！他说："唯愚夫一向沉溺现实生活中者，则视万物为心外实有，而追求不已耳"。① 他还说："吾之心，即天地之心，而凡夫不悟者，因凡情承认有一己之个体与天地万物相对待……物我同体，吾身之主宰即天地万物之主宰。"②

第二节 "体用不二"与"翕辟成变"

熊十力认为，从事哲学研究须首先对根本问题有一"正解"，否则，即使创建一套理论亦无实际意义。他说："治哲学者须于根本处有正确了解始得。若根本不清，即使能成一套理论，亦于真理无干，只是戏论。"③ 那么，什么是哲学的根本问题呢？他说："哲学上的根本问题，就是本体与现象，此在《新论》即名之为体用。"④ 然而，以往的哲学家不仅没有意识到此问题，而且对于体用关系亦多有误解。在熊十力看来，其"新唯识论"的"旨趣"便是对体用问题的探讨，其根本思想便是主张"体用不二"。他说："吾于此，苦究二十年，直至年将半百而后敢毅然宣布《新论》，以体用不二立言。"⑤ "体用不二"是熊十力毕数十年之时间"潜思"之结果，是其"自家体贴出来的"。在他看来，西方哲学、印度哲学通常视本体超脱于现象之上或隐于现象界之后，还有一些哲学主张多重本体，这些思想都割裂了体用之关系；实际上，二者是"即体即用""即流行即主宰"之"体用不二"之关系。他说：

> 潜思十余年，而后悟即体即用，即流行即主宰，即现象即真实，即变即不变，即动即不动，即生灭即不生灭。是故即体而言，用在体；即用而言，体在用。⑥

熊十力认为，所谓"体用不二"，即是不可将体、用析成"二片"。在熊

---

① 熊十力：《十力语要》，第158页。
② 熊十力：《十力语要》，第296页。
③ 熊十力：《新唯识论》，第464页。
④ 熊十力：《新唯识论》，第464页。
⑤ 熊十力：《新唯识论》，第467页。
⑥ 熊十力：《十力语要》，第40页。

十力看来，本体是无形相、无为的，然而又是至真、至实、无不为的；本体是没法子一下子"直说出"的，它要通过无量无边之功用和宇宙万象而显现的。因此，日常生活中的桌子、椅子、人、兽乃至一切物事和精神现象都不过是本体的显现，是本体的功用。然而，不可将这些物事与现象看作是本体之外的"别物"。在他看来，用是体之用，用即是体，非与体对待之别一物；体是用之体，只是通过用，无形相、无为的体才能显现。此即是"即体即用"，既非"有异体而独存之用"，又非"有异用独存之体"。① 也就是说，体是唯一的，无形相的；用是万殊的，有形相的，然而，不可将体用看作二物。熊十力以大海与众沤之关系为例来说明"体用不二"：大海水全体现作众沤，不能在众沤外另觅大海水；众沤以大海水为其体，不是离大海水各有自体；大海水与众沤虽有差别，但大海水与众沤"不二"。因此，熊十力认为：

> 用，就是体的显现。体，就是用的体。无体即无用，离用元无体。②

熊十力认为，万物都处在不断的变化过程中，此乃"大用流行"。在他看来，世界上没有常住的东西，万物有成必有毁，有生必有死。他说："大化流行，刹那刹那蜕其故而创新。一切物都在蜕故创新的历程中。"③ 而且，一切物才生即灭，没有定形可守，诸物其实是刹那间顿变的，由此看来简直是又"奇"又"怪"："每一刹那顷，都是顿变，造化就是这样的新新不住，可谓奇怪极矣！"④ 因此，事物之成毁、生灭是互相依存、相反相成的。熊十力说："说生便涵着灭，说灭便涵着生……方生方灭，方灭方生，才成变化。"⑤ 在此意义之下，世俗所见的一切物其实不过是一种"虚假相"而已。他说："物质即非实，动相自是假虚的"，"实际上无所谓物，更无所谓物之动"。⑥ 不过，在这虚假相的背后，本体却是真实的；因此，所谓物之变化其实是本体之"大化流行"。他说："大化流行，时时更新，故曰日新，灭故所以生新，

---

① 熊十力：《新唯识论》，第 463 页。
② 熊十力：《新唯识论》，第 302 页。
③ 熊十力：《新唯识论》，第 338 页。
④ 熊十力：《新唯识论》，第 343 页。
⑤ 熊十力：《新唯识论》，第 338—339 页。
⑥ 熊十力：《新唯识论》，第 342 页。

大化无有穷尽，森然万象，皆一真的显现也。"① 生灭不过是现前非实有事物的生灭，是本体的流行；而本体本身是无所谓生灭的。熊十力说：

> 总之，吾以翕辟说明变易，而即于变易中见不变易。名为谈变易，实则变易即是不变易。②

在熊十力看来，"大用流行"、万物变化的根据是"翕辟成变"。他认为，本体虽无所谓生灭，是不变的，但本体是能变的，故本体可称之为"恒转"。在他看来，本体"恒转"的法则是"相反相成"。他说："一切事物，均不能逃出相反相成的法则。"③ 进而，熊十力将这一法则具体化为"翕辟成变说"：本体自身包含着"翕"和"辟"两种"势用"，其相互作用便构成了本体的"大化流行"，进而引发了非实有事物的生灭。所谓"翕"，指的是本体的一种"摄聚"势用。由于这种势用，无形相、无质碍的本体在流行过程中形成实物，建立起物质宇宙；若无"翕"的势用，无形相的本体就是浮游无据的，因此，"翕"可以"假说为物"④。所谓"辟"，指的是本体的一种"非物化"的势用，是本体在流行过程中的自主宰。熊十力说："辟"的势用"是能运于翕之中而自为主宰，于以显其至健，而使翕随己转的。这种刚健而不物化的势用，就名之为辟"⑤。因此，"辟"可以"假说为心"⑥。他说："所谓辟者，亦名为宇宙的心。我们又不妨把辟名为宇宙精神。"⑦ 在他看来，"如果只有翕而没有辟，那便是完全物化，宇宙只是顽固坚凝的死物"⑧。

不过，尽管"翕"和"辟"有如此不同，但它们"不是可以剖析的两片事物"⑨。熊十力认为，"翕""辟"两者"本非异体"，它们只是本体所具有的两种不同"势用"。或者说，"翕"、"辟"是相反相成的，二者是浑一而不可分的整体，唯有其共同作用才可构成变化。在熊十力看来，"辟"对应于

① 熊十力：《新唯识论》，第 348 页。
② 熊十力：《新唯识论》，第 173 页。
③ 熊十力：《新唯识论》，第 323 页。
④ 熊十力：《新唯识论》，第 319 页。
⑤ 熊十力：《新唯识论》，第 318 页。
⑥ 熊十力：《新唯识论》，第 319 页。
⑦ 熊十力：《新唯识论》，第 328 页。
⑧ 熊十力：《新唯识论》，第 321 页。
⑨ 熊十力：《新唯识论》，第 320 页。

心，"翕"对应于物，因此，"翕""辟"关系也就是心物关系；而心物之间是相反相成的，不可分的。然而，唯物论和唯心论只承认心或物之一方面的"势用"，而将另一个方面"消纳"掉，因此二者均是有偏颇的，均不合"新唯识论"之要旨。他说：

> 唯心和唯物诸论者，均不了解一翕一辟是相反相成的整体。至我之所谓唯心，只是着重于心之方面的意思，并不是把翕的势用，完全消纳到辟的方面去。现在有些盛张辩证法的唯物论者，他们又把辟消纳到翕的方面去，不知物和心是相反相成的，不可只承认其一方面，而以他方面消纳于此的。①

不过，在熊十力看来，"翕""辟"在变化过程中所处的地位并不等同：在"翕""辟"的矛盾对立中，"辟"起主导作用，它主宰着"翕"、运用着"翕"。即，"辟"的势用弥漫于"翕"之中而又运用此"翕"。

第三节　"性智"与"量智"

熊十力认为，宇宙间唯有本体是实在的，作为本体显现的万物则是非实在的。这样，世界其实就被分为两层：一层是本体，另一层是现象。基于这种区分，熊十力把学问亦分为哲学和科学两种。他认为，哲学所研究的对象是本体，所凭借的是"性智"；科学所研究的对象是本体所显现的现象，所凭借的是"量智"。因此，哲学作为一门学问，是关于对本体的认识理论，它探求宇宙之本体、万化之根源和人生之真理。科学作为一门学问，是关于对作为本体之显现的事物的认识理论。熊十力认为，历史地看，哲学最初是无所不包的，研究的范围十分广泛，即使科学也是包括在哲学当中的。但是，后来科学不仅自身从哲学中分离出来，而且还夺走了哲学的不少"阵地"，以至于由于科学对人类物质文明的贡献，它的思维方式和研究方法反过来对于哲学也产生了重要影响。不过，哲学之本体论是科学永远也夺不去的，因为科

---

① 熊十力：《新唯识论》，第323页。

学所凭借的"量智"是不可能得本体的；要识得本体，必须凭借"性智"。

很显然，"性智"与"量智"是理解熊十力认识论思想的关键。那么，什么是"性智"呢? 熊十力认为，"性智者，即是真的自己底觉悟。此中真的自己一词，即谓本体。在宇宙论中，赅万有而言其本原，则云本体。……即此真己，在量论中说名觉悟，即所谓性智。"① 那么，什么是"量智"呢? "量智""是思量和推度，或明辨事物之理则，及于所行所历，简择得失等等的作用故，故说名量智，亦名理智"②。可见，"性智"是心本体的自我认识，而"量智"则是"性智"的发用，是心体通过官能去认识事物。因此，要获得对本体的认识，就必须由"量智"返折回"性智"，仅仅凭借"量智"无法识得。熊十力说："穷理到极至的地方，是要超脱思议，而归趣证会。"③ 在此，所谓"证会"即是"性智"。这样，熊十力给"量智"从而亦给科学划定了界限：只能认识具体事物，不能认识本体。他说：

> （量智）只是一种向外求理的工具。这个工具，若仅用在日常生活的宇宙即物理的世界之内，当然不能谓之不当，但若不慎用之，而欲解决形而上的问题时，也用他作工具，把本体当做外在的境物以推求之，那就大错而特错了。④

不过，熊十力认为，虽然人人皆有本体之心，但要识得本体并非易事，因为人们往往被习心、情见所蔽锢，从而妄执著物。他说："既习心乘权，则本心恒蔽锢而不显。是以吾人一切见闻觉知，只是于境物上生解，终不获见自本性。"⑤ 比如一条麻绳，若执著"绳相"，是不能识得它的本体的；只有"空"了"绳相"，才识得它的本质是麻。在这种情况下，修养工夫就成为必要的条件，否则本心就难以显露现起。熊十力坚信，只要能痛下一番工夫，本心就能显露，而且这种显露只在一念之间。他非常赞同王阳明学派之"即工夫即本体"一言，认为它"一言而抉天人之蕴。东土诸哲，传心之要皆不

---

① 熊十力：《新唯识论》，第 249 页。
② 熊十力：《新唯识论》，第 249 页。
③ 熊十力：《新唯识论》，第 356 页。
④ 熊十力：《新唯识论》，第 254 页。
⑤ 熊十力：《新唯识论》，第 554 页。

外此旨也"①。他说：

> 工夫诚至，即本体呈显。若日用间工夫全不得力，则染习炽，
> 邪妄作，斯以障碍本体而丧失其真矣。故曰"即工夫即本体"，此尽
> 人合天之极则也。②

在熊十力看来，这种修养工夫是向内的反身自求，因此，其所得不是关于物理的知识，而是心性本体的自我呈现。

然而，对本体的认识不是一次可以完成的，它是一个"无有穷极"的过程。在熊十力看来，若认识了本心，那就能超越物我、内外、同异之分别，从而达到天人合一的境地。而且，若认识了本心，就能导欲归正，使欲皆从理。他说："盖必保任本心，即固有性智，而勿失之，则中有主宰，而一切下劣的本能或欲望自受裁制，而不至横溢为患。如是，欲皆从理，无有迷妄。"③然而，这种天人合一的本体之境是至难达到的，它需要不断地"涤除情识"，不断地体认才能够实现。而且，本体是通过用显现的，所以本心的显发是一个不断的创造过程。熊十力说："吾人以知本而创新，创新而返本。"④而且，为了保持本心，还必须"精进不已""创新不已"。因此，那种以为认识了本心，"便安于寂，可坐享现成，无所事事"的想法，是"明季王学末流之弊，甚可戒也"⑤。他说：

> 勇悍精进，如箭射空，箭箭相承，上达穷霄，终无殒退，如是
> 精进不已，是谓创新不已。如是创新不已，实即本体呈露，其德用
> 流出，无有穷极。故修为进进，即是本体显在无穷。⑥

"量智"虽然不能获得哲学上的真理，但它是必需的，不可废绝的。也就是说，本心虽万理赅备，是一切知识的最终来源，但若辨析事物之理，毕竟得依靠经验得来的知识。熊十力说："以经验界之知识为依据者，若注重质测

---

①　熊十力：《新唯识论》，第565页。
②　熊十力：《新唯识论》，第566页。
③　熊十力：《新唯识论》，第243页。
④　熊十力：《新唯识论》，第584页。
⑤　熊十力：《新唯识论》，第585页。
⑥　熊十力：《新唯识论》，第584页。

之术，以矫空想之弊，则虽不足以深穷万化之原，而于物理世界必多所发明，即可由此以发展科学。"① 在熊十力看来，不仅不能废绝"量智"，而且还应重视"质测"之学，因为"量智"之实际价值并不可否认。他说："极万有之散殊，而尽异可以观同；察众理之通贯，而执简可以御繁；研天下之几微，而测其将巨；穷天下之幽深，而推其将著。思议的能事，是不可胜言的。并且思议之术日益求精。稽证验以观设臆之然否，求轨范以定抉择之顺违，其错误亦将逐渐减少，我们如何可废思议？"② "性智"与"量智"二者之结合可更好地获得本体之知，即，二者"相资为用"，才可识得本体。熊十力说："吾意，西哲思辨，须与东圣修养冶于一炉，始可得到本体。"③ 他还说：

> 玄学亦名哲学，是固始于思，极于证或觉，证而仍不废思。亦可说：资于理智思辨，而必本之修养以达于智体呈露，即超过理智思辨境界，而终亦不遗理智思辨。④

第四节　内圣外王

熊十力认为，心本体不仅是宇宙万物的本体，而且也是一切价值的源头。他说："在宇宙论中，赅万有而言其本原，则云本体。即此本体，以其为吾人所以生之理而言，则亦名真的自己。"⑤ 在他看来，此"真的自己"也就是"仁"，而"仁"也就是价值之源。熊十力说："仁者本心也，即吾人与天地万物所同具之本体也。"⑥ 由于有"仁"这个价值源头作保障，人生才有意义，国家社会才可安定，"大同"理想才可实现。他说："圣人言治，必根于仁，易言之，即仁是治之体也。本仁以立治体，则宏天地万物一体之量，可以节物竞之私，游互助之宇。塞利害之门，建中和之极。行之一群则群固，

① 熊十力：《新唯识论》，第640页。
② 熊十力：《新唯识论》，第357页。
③ 熊十力：《新唯识论》，第690页。
④ 熊十力：《新唯识论》，第692页。
⑤ 熊十力：《新唯识论》，第249页。
⑥ 熊十力：《新唯识论》，第567页。

行之一国则国治，行之天下而天下大同。"① 这里，熊十力所强调的不是
"仁"作为道德规范的至上性，而是其作为价值源泉的本根性。他说："吾人
一切纯真、纯善、纯美的行，皆是性体呈露，故云全行是性。"② 由于"仁"
乃价值本体，且具有如此重要之意义，故以"仁"为核心的儒学之价值亦被
凸显出来了。熊十力说：

> 识得孔氏意思，便悟得人生有无上底崇高的价值，无限的丰富
> 意义，尤其是对于世界，不会有空幻的感想，而自有改造的勇气。③

基于"体用不二"的思想，熊十力强调内圣外王的并重。在他看来，内
圣外王并重、道德事功并重是儒家入世哲学的基本精神。他说："内圣学，解
决宇宙人生诸大问题。《中庸》所谓成己之学是也。外王学，解决社会政治诸
大问题。《中庸》所谓成物之学是也。"④ 不过，所谓"内圣""外王"之名
只是"强作分别"，因为"己和物，本来是一体，成己、成物，本来是一
事"。⑤ 也就是说，在儒家，内圣外王本是一贯之学，二者"实则内外不可
分"⑥。因此，"内圣"应当通过"外王"得以贯彻，只有这样，才不致流于
"有体无用"的空疏。然而，儒家的这一精神在后来并未得到发扬光大，内圣
外王并重的精神在宋明以后渐渐式微。熊十力说："孔子内圣外王的精神，庄
子犹能识之。至宋明诸师而外王之学遂废。自此，民族愈益式微，此非我辈
今日之殷鉴耶？"⑦ 如今，中华民族"膺巨难而濒于危"，面临着生死存亡的
考验，此时，应重畅儒家之内圣外王并重之精神。他说：

> 今世变愈亟，社会政治问题日益复杂，日益迫切，人类之忧方
> 大，而吾国家民族亦膺巨难而濒于危。承学之士，本实即不可拨
> （本实谓内圣之学），作用尤不可无（作用谓外王或致用之学，与俗
> 以机智名作用者异旨）。实事求是，勿以空疏为可安，深知人生责任

① 《熊十力全集》（第三卷），第581页。
② 熊十力：《新唯识论》，第389页。
③ 熊十力：《新唯识论》，第348页。
④ 《熊十力全集》（第七卷），第676页。
⑤ 《熊十力全集》（第七卷），第676页。
⑥ 《熊十力全集》（第七卷），第594页。
⑦ 熊十力：《十力语要》，第178页。

所在，必以独善自私为可耻（释迦牟尼为一大事因缘出世。王船山
先生自题其座右曰"吾生有事"。此是何等胸怀！吾人可不猛醒！）。
置身群众之外而不与合作，乃过去之恶习；因任事势所趋而不尽己
责，尤致败之原因。①

熊十力不仅佩服西方在"质测"之学方面的发达，也很欣赏西方的社会
改造理论。他说："西洋改造之雄与夫著书立说、谈群理究治术之士，皆以其
活泼泼的全副精神，上下古今与历观万事万物，而推其得失之由，究夫万变
之则，其发明真理，持以喻人，初若奇说怪论，久而知其无以易也。如君民
问题、贫富问题、男女问题乃至种种皆是也。"② 相比之下，"宋儒反身工夫
甚密，其于察世变，皆极肤也"③，"西洋社会与政治等等方面，许多重大改
革，而中国几皆无之"④。因此，在中国，"数千年来君主政治，时或遇着极
昏暗，天下自然生变，到变乱起时，也只任互相杀伐，俟其间有能者出来才
得平定，仍然作君主。此便是顺事势自然，不加人力改造。若是肯用人力改
造局面时，他受了君主政治许多昏暗之祸，自然会想到民治制度，用来大改
造一番。西洋人便是这样"⑤。因此，中国的内圣之学应吸收西方的科学民主
精神作为补充，唯此方可实现天下太平之社会理想。熊十力说：

> 审于得失者，必知天下之势，不可偏重，而求执其中也。明于
> 利弊者，必知天下之利，不可私专，而协于公也。公之明，乃以处
> 之当。则本仁心以行仁政，而治功成矣。⑥

进而，熊十力提出了一套理想的社会政治理论。就其论述来看，主要内
容有三点：一是理想社会应以"仁"为宗旨。在理想社会，"仁心"是整个
社会的根本原则，在这一原则之下"仁政""仁道"才可实现。他说："圣人
言治，必根于仁。易言之，即仁是治之体也。……行之一群而群固，行之一

---

① 熊十力：《十力语要》，第 167 页。
② 熊十力：《十力语要》，第 178 页。
③ 熊十力：《十力语要》，第 178 页。
④ 《熊十力全集》（第四卷），第 253 页。
⑤ 熊十力：《十力语要》，第 168 页。
⑥ 熊十力：《读经示要》，北京：中国人民大学出版社 2006 年（下同），第 18 页。

国而国治，行之天下而天下大同。"① 二是理想社会应以公有制而非私有制为基本经济制度。熊十力说："不均平，则弱者鱼肉，而强者垄断，横肆侵剥。……'《周官》言治之要，不外均平二字。'《论语》'不患寡而患不均'，《大学》以理财归之平天下。……通古今万国，经济学说，经济政策，格以吾群经均平之大义，而其得失可知也。"② 三是理想社会应以礼治而非法治为原则。在他看来，法治乃以法律之外在的强制性约束人的行为，而礼治则由启发人内在的"物我为一"之性以共循"天秩"。显然，礼治的原则更为理想，法治的原则则次之。熊十力说："礼议之治，高矣美矣，人类如蕲向太平大同，舍礼让其奚由哉？"③

---

① 熊十力：《读经示要》，第18页。
② 熊十力：《读经示要》，第19页。
③ 熊十力：《读经示要》，第30页。

第三十八章　张君劢

张君劢（1887—1969 年），原名嘉森，字士林，号立斋，江苏省宝山县（今上海市宝山区）人。1906 年赴日本早稻田大学留学，1910 年毕业后由清政府授予翰林院庶吉士。1913 年赴德国柏林大学留学，1915 年回国后任《时事新报》总编辑。1918 年赴德国师从倭铿（Rudolf Christoph Eucken, 1846—1926 年）学习哲学。1923 年在上海创办政治大学。同年，在清华学校讲演人生观问题，引发"科玄论战"。后执教于北京大学、燕京大学和德国耶拿大学。1933 年与张东荪（1886—1973 年）等人创建国家社会党，后与民主党合并为中国民主社会党，被推举为主席。1935 年在广东创办学海书院。1939 年在云南创办民族文化书院。1945 年出席联合国会议。1947 年主导起草《中华民国宪法》。1949 年赴印度讲学，1951 年移居美国。1958 年元旦与牟宗三、徐复观、唐君毅联名发表现代新儒家的纲领——《为中国文化敬告世界人士宣言——我们对中国学术研究及中国文化与世界文化前途之共同认识》。1969 年病逝于美国旧金山。

张君劢作为现代新儒学早期代表人物之一，坚持以理学传统作为复兴儒学的起点，对于推动儒学走向世界作出了重要贡献。其新儒学思想有一个发展演变过程："五四"时期：批评科学主义，主张意志自由；20 世纪三四十年代：探索文化出路，弘扬民族精神；20 世纪五六十年代：阐发儒家思想，倡导儒学复兴。其主要著作有：《人生观之论战》《民族复兴之学术基础》《明日之中国文化》《义理学十讲纲要》《儒家哲学之复兴》《中国哲学家——王阳明》《中西印哲学文集》《新儒家思想史》《中国专制君主制之评议》《中国与欧洲的人生问题》（合著）等。其著作被后人辑为《张君劢集》《张君劢新儒学著作集》。

第一节　由心物二元到心一元论

张君劢认为，唯物论与唯心论都只执著于一边，因此都是偏颇、不全的思想。关于唯物主义，他认为，其思想的核心是以物质为基础来解释精神现象，其最终目的是"消心于物"。他说："唯物一元者，以物之语释心，必求去心而后已。"① 实际上，人类之心不可由物质构成，"论理学"② 之公例不可由物质来解释，伦理学之善恶标准也不可由物质确定，政俗、宗教以及学问条理等亦非由物质可得解释。除此以外，唯物主义还有许多解释不了的现象。因此，张君劢认为，唯物主义一元论实际上"可谓已破产矣"③。关于唯心主义，张君劢认为，唯心主义的理路其实是与唯物主义一致的，都是以"唯一"来解释整个世界，只不过其"唯一"的基础不同而已。他说："唯心一元者，以心之语释物，必求去物而后已。"④ 然而，物质的存在是显而易见的，"日月星辰之大，飞潜动植之众"，岂可"谓为吾心所造成"？因此，唯心主义否定物质的存在，与唯物主义一样也是"受蔽"⑤ 之说。

在上述基础上，张君劢主张将唯物论、唯心论结合起来。在他看来，心物作为宇宙间的两种根本"元素"，二者是并立的，而不是"互通为一"的。张君劢说："心与物二者，为宇宙间之根本原素，两相对立，决不易互通为一。"⑥ 他认为，无论是验之以逻辑、心理，还是验之以生物、历史诸方面，无不是心物对立、心物二元。既然如此，就既不能"以物统心"，也不能"以心统物"，而应该二者并立。张君劢说："故一人之身，心与物兼而有之者也；心有心之良能，故以心释身可焉；心之为用，有时表现于生理，故以身释心亦无不可。"⑦ 在他看来，心物二元乃融通全部哲学的关键，它不仅可以化解

① 张君劢：《中西印哲学文集》，台北：学生书局1981年（下同），第87页。
② 即逻辑学，乃逻辑学的旧称。
③ 张君劢：《中西印哲学文集》，第90页。
④ 张君劢：《中西印哲学文集》，第87页。
⑤ 张君劢：《中西印哲学文集》，第90页。
⑥ 张君劢：《中西印哲学文集》，第91页。
⑦ 张君劢：《中西印哲学文集》，第94页。

主观与客观、理性与经验之对立，而且可以将全部哲学串通起来，融贯于一个系统。他说："以我观之，不若明认心物二者为最终之元素。换词言之，曰确立二元主义而已。本此立言，全部哲学，可以豁然贯通。"① 既然如此，唯物论与唯心论就不应互相攻讦，而应"平衡物心两方，而不至偏物忘心，或偏心忘物"②，进而"取同一学术中之两派，从而调和之"③。不过，张君劢并非主张将唯物论与唯心论"融通"起来，而是主张二者"俱存""两利"。他说：

> 吾人以为其甲乙之互非，不若两利而俱存。④

然而，从根本上讲，张君劢并非主张心、物完全平等，而是主张以心为主。在他看来，人类心理活动是主观自生的，决不能由物质推而上以至于心，那么，只能由心推而下以至于物，因此，"心者应视为宇宙之根本也，非自物质流出者也，非物质世界中寄宿之旅客也"⑤。他引用康德的话说："与其谓吾人之感知与外物相符合，不如谓外物与吾人之感知相符合，此即谓感觉虽由外而来，而范畴早具于思想之中，且赖有自觉性之统一作用，而后有知识之可言也。"⑥ 他还说："外在世界里决没有一个概念，一个经验，一个知识在那里存在，以备我们官觉的传达。所以认识上决不能不承认思想作用。"⑦ 因此，应该"以人为主动，不以外物为主动"⑧。由此看来，主体、客体虽有区别，其实本出于一途。也就是说，虽言心物二元，实际上二者是有先后主次之分的。他说：

> 心物虽并存，而其主客先后之分，吾惟有答曰：心先而已，心为主而已。⑨

---

① 张君劢：《中西印哲学文集》，第 92 页。
② 张君劢：《中西印哲学文集》，第 529 页。
③ 张君劢：《中西印哲学文集》，第 98 页。
④ 张君劢：《中西印哲学文集》，第 94 页。
⑤ 张君劢：《中西印哲学文集》，第 101 页。
⑥ 张君劢：《中西印哲学文集》，第 48 页。
⑦ 张君劢：《中西印哲学文集》，第 1274 页。
⑧ 张君劢：《中西印哲学文集》，第 48 页。
⑨ 张君劢：《中西印哲学文集》，第 107 页。

　　既然如此，就哲学之将来发展的角度看，唯物、唯心之争应当泯合，未来世界之新哲学应该综合各派之长而"熔于一炉"。在张君劢看来，这"熔于一炉"的未来之新哲学将是"始于认识，而终于心力左右宇宙之形上学"①。

　　就人类历史的发展来看，张君劢认为其中起主导作用的亦是"心"，即人的精神性的"意力"。他认为，社会发展本没有规律可循，所谓规律只是人类"意力"加于客观环境而发生的一种"函变"作用。这种"函变"作用表现为两个方面：一方面，"意力固须因循外物之情势而措施"；另一方面，"客观环境不过是吾人的参照与运用的资料"，意力的"自动性与主宰性仍一贯而不变"。② 很明显，在这种"函变"关系中，起主宰作用的是人类精神之"意力"，它是人类避免"物化"的主宰力量。张君劢说："主宰者"是"人类精神方面之意力；由此意力，才成那种加工的组织关系，有目的性的功能。客观环境是意力所组织所运用的"③。基于此，张君劢还非常强调英雄人物在历史发展中的作用。他说："一线光明，时时照耀，以系吾人之希望者，独此思想界行为界之少数革命豪杰耳。"④ 既然人类精神之"意力"如此重要，因此谓"唯心"亦无不可。这样，张君劢就由心物二元论转向了心一元论。他说：

　　　　于其自我作主而不物化，我们说人类精神是主宰原则。于此即说唯心亦不妨。盖吾人早说过，"唯"者殊特意，并非惟独意。"唯心"是只言"心"于此关系中居主宰地位，并非抹杀外物。⑤

第二节　"自由意志"的人生观

　　张君劢认为，所谓人生观，是指关于人生目的、态度、价值和理想的根本观点，它主要回答什么是人生、怎样对待人生和实现人生价值等问题。他

---

　　① 张君劢：《中西印哲学文集》，第116页。
　　② 《中国现代学术经典——张君劢卷》，石家庄：河北教育出版社1996年（下同），第1284—1285页。
　　③ 张君劢：《中西印哲学文集》，第1284页。
　　④ 张君劢：《中西印哲学文集》，第308页。
　　⑤ 张君劢：《中西印哲学文集》，第1285页。

说："我对于我以外之物与人，常有所观察也，主张也，希望也，要求也，是之谓人生观。"① 在他看来，人生观主要包括九个方面的内容：我与我之亲族之关系、我与我之异姓之关系、我与我之财产之关系、我对于社会制度之激渐态度、我之心灵与在外物之关系、我与我所属之全体之关系、我与他我总体之关系、我对于世界之希望、我对于世界背后有无造物主之信仰。② 概括起来看，这九个方面可归结为三个大的方面：其一，人与人类社会的关系，包括人与亲族、异性及人类全体之关系。其二，人与外在世界的关系，包括人与财产、心灵与物质之关系。其三，人与神的关系，即人对于世界背后有无造物主之信仰。在张君劢看来，人生观的特点有如下几个方面："曰主观的，曰直觉的，曰综合的，曰自由意志的，曰单一性的。"③ 其中，核心是意志自由，即，人生观不过是人的主观精神的变化过程。他说：

> （人生观）若去其外壳，而穷其精核，可以一言蔽之，曰自由意志问题是矣！④

张君劢认为，人生观与科学是根本不同的。他说："科学之中，有一定之原理原则，而此原理原则，皆有证据"；然而，"同为人生，因彼此观察点不同，而意见各异，故天下古今之最不统一者，莫若人生观"。⑤ 具体地讲，科学与人生观有如下几个方面的区别：第一，科学为客观的，人生观为主观的。第二，科学为逻辑的方法所支配，而人生观则起于直觉。第三，科学可以以分析方法下手，而人生观则为综合的。第四，科学为因果律所支配，而人生观则为自由意志的。第五，科学起于对象之相同现象，而人生观起于人格之单一性。质言之，人生观是自由意志的体现，它不受客观规律的支配，因此是科学所无能为力的。张君劢说："科学上之因果律，限于物质，而不及于精神"⑥，而"凡为科学方法所支配者，必其为固定之状态，纯粹心理，顷刻万

---

① 《精神自由与民族文化——张君劢新儒学论著辑要》，北京：中国广播电视出版社1995年（下同），第33—34页。
② 《中国现代学术经典——张君劢卷》，第598—599页。
③ 《精神自由与民族文化——张君劢新儒学论著辑要》，第7页。
④ 《精神自由与民族文化——张君劢新儒学论著辑要》，第99页。
⑤ 《精神自由与民族文化——张君劢新儒学论著辑要》，第1页。
⑥ 《精神自由与民族文化——张君劢新儒学论著辑要》，第102页。

变，故非科学方法所能支配"①。就是说，科学方法只能在科学领域里起作用，而不能解决人生观问题。他说：

> 科学无论如何发达，而人生观问题之解决，决非科学所能为力，惟赖诸人类之自身而已。②

张君劢认为，科学的功用不是万能的，要探究人生观之真谛，须依赖于哲学或"玄学"。在他看来，物质和精神是人类生活必须面对的两类现象，而这两类现象是大不相同的：物质世界是"凝滞不进"的，而精神世界则是"变动不居"的。然而，这两类现象又是相互联系的，因为客观世界之变化源于人的主观意志。他说："人之生于世也，内曰精神，外曰物质。内之精神变动而不居，外之物质凝滞而不进。所谓物质者，凡我以外者皆属之。如大地山河，如衣服田宅，则我以外之物也；如父母妻子，如国家社会，则我以外之人也。我对于我以外之物之人，常求所以变革之，以达于至善至美之境。虽谓古今以来之大问题，不出此精神物质之冲突可也。"③ 既然如此，若要探讨客观世界之变化，探讨人生观之真谛，都需"返求诸己"，求助于哲学或"玄学"。他说："盖人生观，既无客观标准，故惟有返求之于己，而决不能以他人之现成之人生观，作为我之人生观者也。"④ 他还说：

> 科学决不能支配人生，乃不能不舍科学而别求一种解释于哲学或玄学中（或曰形上学）。⑤

进而，张君劢区分了"善"与"恶"两种人生观，认为"善"者是精神的表现，"恶"者则与物质相联系。他说："人生者，介于精神与物质之间者也；其所谓善者，皆精神之表现，如法制，宗教，道德，美术学问之类也；其所谓恶者，皆物质之接触，如奸淫掳掠之类也。"⑥ 进而，他又把"善"的人生观归结到唯心主义，"恶"的人生观归结到唯物主义。他认为，如果站在

---

① 《精神自由与民族文化——张君劢新儒学论著辑要》，第38页。
② 《中国现代学术经典——张君劢卷》，第602—603页。
③ 《精神自由与民族文化——张君劢新儒学论著辑要》，第33页。
④ 《精神自由与民族文化——张君劢新儒学论著辑要》，第8页。
⑤ 《精神自由与民族文化——张君劢新儒学论著辑要》，第59页。
⑥ 《精神自由与民族文化——张君劢新儒学论著辑要》，第38页。

唯心主义的立场，自然承认人性是善的，所以能相亲相爱，能有道德，能顾全大体；反之，如果站在唯物主义的立场，则会认为人性是恶的，只知追求物质和争权夺利，从而不仅会破坏道德，而且亦会破坏政治。在此区分之下，他认为中国文化是"精神文明"，西方文化则是"物质文明"。他说："自孔孟以至宋元明之理学家，侧重内心生活之修养，其结果为精神文明。三百年来之欧洲，侧重以人力支配自然界，故其结果为物质文明。"① 张君劢认为，西方的"物质文明"到底不足以解决人生观问题，唯有中国的"精神文明"才足以担此重任。

第三节　儒家哲学之特质

面对唯物主义与唯心主义之争，张君劢认为，儒家哲学所秉持的是另一种理路。在他看来，心物关系、精神与物质的关系是唯物主义与唯心主义的共同出发点，而这两种哲学思想都是有偏颇的：唯物主义认为只有物质而无精神，唯心主义则认为只有精神而无物质，从而二者均陷入了心物对立的"陷阱"。他说，唯物主义"除物之外不知有他"②，其最终目的是"消心于物"。他说："唯物一元者，以物之语释心，必求去心而后已。"③ 唯心主义其实与唯物主义遵循着同样的理路，只不过是"以心释物"，其最终目的是"消物于心"。他说："唯心一元者，以心之语释物，必求去物而后已。"④ 与此"唯一"之论不同，儒家哲学从不怀疑天地万物之存在。他说："儒家自孔孟以来，无不肯定天地间万物之有，而未尝有怀疑之意。"⑤ 具体来讲，无论形上形下、精神物质，儒家皆将它们置于同一水平之上。所谓"置于同一水平"，意指儒家既承认形下物质之存在，亦承认形上精神之存在，其本体论其实是一种"多元"的存在论。西方哲学中的新实在论既承认"共相"为实

① 《精神自由与民族文化——张君劢新儒学论著辑要》，第 7 页。
② 张君劢：《中西印哲学文集》，第 83 页。
③ 张君劢：《中西印哲学文集》，第 87 页。
④ 张君劢：《中西印哲学文集》，第 87 页。
⑤ 张君劢：《儒家哲学之复兴》，北京：中国人民大学出版社 2006 年（下同），第 18 页。

在，也承认具体事物为实在，即，不仅承认形上之精神存在，也承认形下之物质存在。张君劢认为，在此方面，新实在论与儒家哲学的思想是相契的。

基于上述存在论，在儒家哲学，形上与形下是相通的，或者说是"天人合一"的。按照西方哲学的传统，人与自然、人与上帝是相对峙的。按照基督教的教义，上帝按照自己的形象创造了人类；人类有"原罪"，因此只有皈依基督，才可得到救赎。这样，现实世界的人与超越世界的上帝是"二分"的。基于此，西方哲学还形成了人与自然的"二分"，主张认识并征服自然。马克思（Karl Heinrich Marx，1818—1883 年）即认为："哲学家们只是用不同的方式解释世界，问题在于改变世界。"① 儒家的思想则明显不同。张君劢认为，在儒家，虽然也可以分为形下世界与形上世界，但形上世界与形下世界不是互相隔绝、对立的，而是以形下为基础然后可达于形上的。他说："儒家认形下形上之相通，必以形下为基，然后进而达于形上。"② 儒家这种思想的形成亦有其原因，即儒家重视理性，而少谈信仰。他说："吾国哲人富于理性，少谈信仰。……因此养成吾国学者之传统，或重义理或事考证。而与印度、近东、与欧西承受耶教后之发挥宗教信仰者大不相同。"③ 因为缺乏宗教传统，故儒家思想没有天国与人事的对立，故其追求超越之路亦是人事的。张君劢说：儒家"所谓成仁取义，以求社会之改善。其所以死者，为正义之所归。与欧西人与犹太人之迷信所谓弥赛亚降临者，迥乎不同"④。

另外，在张君劢看来，以"心"为基础的"致知穷理"是儒家哲学的重要特征。早在春秋战国时期，孟子（前372—前289年）、荀子（前313—前238年）就提出"官觉"与"心"不可分离的观点，认为人之所以知全赖乎"心"；而"心"之所以能知，一方面是由于"官觉"，另一方面由于"心思"，这两个方面结合才可成就知识。不过，孟子、荀子所开创的理路并不相同：孟子是个理性主义者，荀子则是个经验主义者。孟子所说"心之所同然"⑤ 者乃指"理"，强调的是人的道德理性；荀子所讲的"缘耳而知声，缘

---

① 马克思、恩格斯：《马克思恩格斯选集》（第一卷），北京：人民出版社1995年，57页。
② 张君劢：《儒家哲学之复兴》，第21页。
③ 张君劢：《儒家哲学之复兴》，第169页。
④ 张君劢：《儒家哲学之复兴》，第169页。
⑤ 《孟子·告子上》。

目而知形"①，强调的是人的感觉经验。张君劢认为，孟子、荀子的这种不同各有短劣，亦各有优长。他说："理性派之长在于承认理知自身之能力与先天命题之具有确实性……经验主义之长在乎自然科学之成绩。"② 正因为"心"具有如此重要的作用，儒家哲学最大的兴趣则是对心灵的"控制"，周敦颐（1017—1073 年）的"无欲"、朱熹的"致知"和"专心"、王阳明的"知行合一"，是实现心灵"控制"从而达到真理的三条路径。③ 总之，张君劢说：

> 儒家承认天地万物之存在，然同时以为天地万物之理，必经由心乃能知，乃能通其理。④

张君劢认为，从根本上讲，儒家哲学是一种道德价值学说。在他看来，人共有一些先天的倾向，此即孟子所谓的"四端"："恻隐之心，仁之端也；羞恶之心，义之端也；辞让之心，礼之端也；是非之心，智之端也。"⑤ 由此出发并以此为主要课题，儒家学者建立了一套道德学说，并进而推及社会秩序。张君劢说："儒家认定己与人之间，有其彼此共同之点，可名曰精神感召，或心心相印。因此有语言、有学术、有社会构造。"⑥ 道德是儒家考虑所有问题的基础和前提，而其道德的基本主张是"推己及人"。而且，儒家哲学不是一种纯粹思辨的哲学，而是一种关于道德践履的生命学问。他说："东西哲学相去甚远之中，实有一大问题在。此问题中，简单言之，包含三点：一、东方注重人生，西方注重物理世界；二、东方注重'是非善恶'，即西方所谓价值，而西方认为次要；三、东方将道德置之智识之上，西方将智识置之道德之上。"⑦ 基于此，张君劢认为，儒家哲学实是一种"道德至上"的人生哲学。他说：

> 吾以为中西哲学思想有其根本上之异点：……吾国哲学家意在于求善，其所祈向者为一种价值论。以吾国名词言之，为是非善恶

① 《荀子·正名》。
② 张君劢：《儒家哲学之复兴》，第 93 页。
③ 《中国现代学术经典——张君劢卷》，第 28—29 页。
④ 张君劢：《儒家哲学之复兴》，第 19 页。
⑤ 《孟子·公孙丑上》。
⑥ 张君劢：《儒家哲学之复兴》，第 20—21 页。
⑦ 张君劢：《儒家哲学之复兴》，第 2 页。

之所归。①

在张君劢看来，儒家哲学缺乏科学精神，但与民主精神是不相违的。关于科学精神，张君劢认为，由于坚持"道德至上"，儒家哲学忽略了知识，压制了科学精神的形成。在此方面，儒家哲学的不足之处表现在：其一，只知有"六艺"，而没有确立学问的分科；其二，缺乏"定义"的方法，故不仅没有学科的分界，也影响了学科体系的建立；第三，由于过分强调道德的价值，导致了对外界事物的忽略，实验知识在中国被淹没长达2000年之久，从而也影响了科学精神的形成。② 关于民主精神，张君劢认为，儒家思想与民主思想是不矛盾的。他说：儒家"有一大原则，曰以善恶义利是非之辨，直接诉诸各人之良心，使其知所以身体而力行者是矣"③。这一思想与古希腊政治思想很相类似，都主张以德治为政治基础，二者"在根本上可谓出于同根"④。因此，不能说儒家思想不存在民主思想的"种子"。他认为，儒家思想包含着奠定民主政治的"种子"：其一，儒家推崇汤武革命，合乎美国《独立宣言》所阐述的人民有权推翻暴政、建立新政府的思想。其二，儒家比较重视民意，与民主思想有相通之处。其三，儒家主张选贤任能，与民主选举制度相一致。其四，儒家有言论自由的传统，是民主思想的内在要求。其五，儒家反对天下为私，主张天下为公，与民主思想相一致。⑤

第四节　中国文化之复兴

张君劢认为，欧洲文化中的重要元素有三个方面：即古代希腊罗马文化、中世纪基督教文化和文艺复兴以至于今日之现代文化。在这三个因素的共同作用下，欧洲文化表现出明显的特征：一是"民族国家之成立"⑥。张君劢认

---

① 张君劢：《儒家哲学之复兴》，第169页。
② 张君劢：《儒家哲学之复兴》，第87—88页。
③ 张君劢：《中西印哲学文集》，第552页。
④ 张君劢：《中西印哲学文集》，第376页。
⑤ 参见张君劢《新儒家思想史》，北京：中国人民大学出版社2006年，第579—582页。
⑥ 张君劢：《明日之中国文化》，北京：中国人民大学出版社2006年（下同），第49页。

为，"民族国家之成立"是非常重要的，其价值"实远在文艺复兴与科学发展之上"①，因为在世界实现"大同"以前，"民族国家实为各民族之最高组织，有之则存，无之则亡。欧洲各民族对于现代文明之贡献，自不能离弃其各族所爱护之国家"②。二是"民主政治之发展"③。在专制统治下，政治皆以一人之好恶为出发点；在民主政治下，人人享有同等之公民权利，生命和财产亦皆有法律为其保障，而且人民能够真正参与政治，在选举时可以表示其赞成或反对之态度。三是"知识之爱好"④。"知识之爱好"促进了科学的发达，"欧人求智欲之发展，在世界学术史中，不谓为千载一时之盛不可得也"⑤。四是"道德观念之变更"⑥，即功利主义居于思想观念之支配地位。

关于印度文化，张君劢认为，它与欧洲文化相比不仅具有不同的历史，而且在现实层面上亦有明显不同。概括地看，印度文化具有三个显著特点：其一，印度文化无历史观念。印度人只爱好哲学，故只有众多的宗教哲学著作，而无自古迄今之历史著作，即使"偶有叙述，时期与记事亦多颠倒舛误"⑦。因此，印度远古社会的真面目并没有被记录下来。其二，印度文化政治组织能力不强。历史地看，印度不像中国有一套自上而下的政治制度，而且印度从来没有实现过真正的国家统一。这说明印度文化在政治组织方面的能力不及中国文化。其三，印度文化宗教观念发达。这是印度文化区别于其他文化的最显著特征。透过其宗教观念所体现出的是，否定现世成为其人生观的重要内容。因此，其文化"以天上为最乐，以世间为痛苦也"⑧。张君劢认为，虽然印度的佛教在历史上曾对中国文化产生过重要影响，但时至今日，印度文化在中国文化中的重要位置已被欧洲文化取代了。

关于中国文化，张君劢把中国文化的纵向发展分为三个时期：秦汉及以前为第一期，自魏晋至唐宋为第二期，自元至清为第三期。其中，第一期是

①　张君劢：《明日之中国文化》，第50页。
②　张君劢：《明日之中国文化》，第50页。
③　张君劢：《明日之中国文化》，第51页。
④　张君劢：《明日之中国文化》，第53页。
⑤　张君劢：《明日之中国文化》，第55页。
⑥　张君劢：《明日之中国文化》，第55页。
⑦　张君劢：《明日之中国文化》，第20页。
⑧　张君劢：《明日之中国文化》，第27页。

中国文化大发展的时代。"秦汉两朝内部统一，乃能立功异域，举塞外与西域诸国而臣属之，实为汉族全盛之日"①。在这个时期，在政治制度方面，封建时代的官制、兵制、税制和家族制度都基本形成；在思想文化领域，儒、道、墨、法、名诸家并起，形成了百家争鸣的局面；在自然科学方面，古代相传的天文学和医学有了很大发展。由此可以看出，中国文化源于汉民族的"自造"，而非如有些西方学者所言之"中国文化外来说"。就第二期而言，张君劢认为，这个时期的文化有两个明显特征：一是民族融合。魏晋以来民族长期融合的自然结果，便是形成了隋唐两代中国民族活力的极大发展。二是外来思想的"入侵"。佛教的传入对中国文化产生了巨大影响。至于第三期，这是中华民族活力比较"消沉"的时期。在这个时期，文化发展缓慢，除几大古典名著和考据学外，没有什么可称道的地方；而考据学不过是一种文字学，根本无助于民族思想的发挥。

进而，张君劢认为，从横向上看，中国文化具有如下几个方面的特点：第一，在政治方面，实行的是君主专制政治。这种政治，一方面有利于民族统一国家的建立和巩固；另一方面又易造成国民愚昧无知、奴颜婢膝等恶习，从而忽视了人民的权利。第二，在社会方面，其最大特点是"家族主义"。这种特点，其优点是家族成员能彼此互助，有利于维护社会稳定；其弊端表现为不仅易造成人口增长过速，而且易使个人失其独立价值。第三，在学术方面，总体上呈日趋衰落之势。春秋战国时期，诸子百家各立门户，相互争鸣，学术空气十分活跃。但，自秦之后则日趋消沉，以至到近世落得个"半死不活"的地步："但有支离琐碎的考据，思想天才不发展，更少伟大的思想系统。"② 第四，在宗教方面，强调"天人合一"。在中国文化中，论人不离天，论天不离人；言人事必推本于天道，言天道必求其效验于人事。因此，中国人对外来之宗教不仅不排斥，反而恭迎之。这一方面还深深影响了中国的艺术传统，中国人从事艺术均将"天人合一"作为追求的最高境界。

关于中国文化的复兴，张君劢认为应以"造成以精神自由为基础之民族文化"为中国未来文化的"总纲领"。③ 具体来讲，其一，要发挥精神上的自

---

① 张君劢：《明日之中国文化》，第62页。
② 张君劢：《明日之中国文化》，第84页。
③ 张君劢：《明日之中国文化》，第85—86页。

由。在他看来，精神自由在个人为自由的发展，在社会则为全民族文化的养成。他说："此精神自由之表现，在日积月累之中，以形成政治、道德、法律，以维持其民族之生存。故因个人自由之发展，而民族之生存得以巩固。此之谓民族文化。"① 其二，要树立民族自信心。在他看来，自信心是中华民族复兴的前提，"自尊自信之心不立，则万事都无从说起，不但学术不能自立，即政治亦无希望"②。其三，要强化儒家伦理的教育。他说："民族复兴，先则须从教养入手，俾三万万九千万人民，咸认识其为中华民族之人民，乃当今根本问题。"③ 因此，若离开了儒家思想的传统，就根本谈不上中国文化的复兴。其四，要向西方学习，沟通东西思想。中国的旧文化存在着许多弊端，因此，应该用外来的"血清剂""注射"一下。在他看来，中西文化之融合不仅会促进中国文化而且会促进整个人类文化的发展。他说：

> 儒家哲学与西方哲学之交流与互为贯通，不独可以补益东方，或者可以产生一项交配后之新种也。④

---

① 张君劢：《明日之中国文化》，第86页。
② 张君劢：《民族复兴之学术基础》，北京：中国人民大学出版社2006年（下同），第98页。
③ 张君劢：《民族复兴之学术基础》，第248页。
④ 张君劢：《儒家哲学之复兴》，第80页。

第三十九章 梁漱溟

梁漱溟（1893—1988 年），原名焕鼎，字寿铭，又字漱溟，后以字行世，祖籍广西省桂林县，生于北京。"辛亥革命"时期，参加同盟会京津支部，后任《民国报》编辑、记者。青年时潜心佛学研究，后逐步转向儒学。1916年，任国民政府司法部机要秘书。1917 年，受蔡元培之聘任北京大学讲师，后升为教授。1924 年辞去北大教职，到山东菏泽办高中和山东乡村建设研究院，推行"乡村建设运动"。抗日战争爆发后，在重庆北碚办勉仁书院。1939年发起组织"统一建国同志会"。1940 年参与发起"中国民主同盟"，次年赴香港办"民盟"机关报《光明报》。1946 年参加重庆政治协商会议，并代表"民盟"参与国共两党的和谈。1949 年任中国人民政治协商会议委员。1950年后任全国政协常委、中国孔子研究会顾问、中国文化书院院务委员会主席等职。1955 年后主要在家从事学术研究。1988 年逝世于北京。

梁漱溟是现代新儒学早期代表人物之一，与马一浮、熊十力同被称为新儒学的"现代三圣"。梁漱溟在会通中、西、印思想的基础上提出了"新孔学"思想，为儒学的现代开展作出了重要贡献。主要著作包括：《印度哲学概论》《究元决疑论》《唯识述义》《东西文化及其哲学》《中国民族自救运动之最后觉悟》《乡村建设理论》《朝话》《中国文化要义》《人心与人生》《东方学术概观》等。其著作被后人辑为《梁漱溟全集》。

第一节 意欲本体论

梁漱溟认为，宇宙是一个大生命，而人则是这个生命的核心。在他看来，宇宙不过是生命的表现形式而已，即，宇宙的终极依据是生命本体。他说：

"说宇宙大生命者，是说生命通乎宇宙万有而为一体也。"① 宇宙是现象，生命是本体；宇宙是静态的"宛在"，生命是动态的"相续"。进而，他认为，人则是这个宇宙大生命的核心，宇宙中"唯一代表此生命本性者，今唯人类耳。——人之大不同乎一般生物者在此"②。他说："宇宙本来在'我'，——每一生命为一中心，环之之宇宙皆其所得而宰制。"③ 因此，人与宇宙其实就是泯合一体的。梁漱溟说："人的生命，本与宇宙大生命为整个一体，契合无间，无彼此相对，无能观与所观。"④ 然而，"世间至可宝贵者莫如人，人之可贵在此心"⑤。这样，梁漱溟在肯定宇宙是一大生命的同时，又将人心置于了宇宙这一大生命的核心。他说：

> 宇宙为一大生命，了解生命就了解宇宙。虽然到处是生命之所表著，可是有一个地方是宇宙大生命的核心，这个地方就是"人"。生命是活的，宇宙最活的就是人心，果能体认人心，就可体认出宇宙的生命来了。⑥

然而，在梁漱溟看来，人心可归结为"意欲"，因此，"意欲"是整个宇宙的本体。他认为，"生命"与"生活"是"纯然一回事"⑦，只不过"生命"是"体"，而"生活"是"用"。那么，"生活"又是什么？他说："生活即是在某范围内的'事的相续'。这个'事'是什么？……凡刹那间之一感觉或一念皆为一问一答的'事'。"⑧ 可见，"事"就是指感觉和意识活动，因此，"生活"也就是感觉和意识的"相续"。梁漱溟认为，"事"的发生是以眼、耳、鼻、舌、身、意等感官为工具的，而"在这些工具之后则有为此等工具所自产生而操之以事寻问者，我们叫他大潜力、或大要求、或大意欲——没尽的意欲"⑨。因此，

---

① 《梁漱溟全集》（第三卷），济南：山东人民出版社1990年（下同），第571页。
② 《梁漱溟全集》（第三卷），第569页。
③ 《梁漱溟全集》（第五卷），济南：山东人民出版社1992年（下同），第88页。
④ 《梁漱溟全集》（第二卷），济南：山东人民出版社1990年（下同），第131页。
⑤ 《梁漱溟全集》（第三卷），第633页。
⑥ 《梁漱溟全集》（第七卷），济南：山东人民出版社1993年，第686页。
⑦ 《梁漱溟全集》（第二卷），第92页。
⑧ 《梁漱溟全集》（第一卷），第376—377页。
⑨ 《梁漱溟全集》（第一卷），第377页。

生活就是没尽的意欲（Will）——此所谓"意欲"与叔本华所谓"意欲"略相近，——和那不断的满足与不满足罢了。①

那么，"意欲"是什么呢？在梁漱溟看来，它是人对于外界刺激的反应，即"探问"。梁漱溟认为，"意欲"是无尽的，因为人在"探问"时会遇到"碍"；为了克服此"碍"，必须付出种种努力；一旦破除了"碍"，又会复归于新的"意欲"。因此，"生活"的真实内容便是由"意欲"到"碍"再到"意欲"的无限过程。概言之，在梁漱溟，"意欲"产生并操纵"事"，"事"构成"生活"，"生活"等同于"生命"，"生命"即为"宇宙"，因此，"意欲"也就是宇宙的本体。

进而，梁漱溟解释了其宇宙生成论。在他看来，"意欲"作为宇宙的本体，不仅同于叔本华的"意欲"，而且，它其实也就是佛教唯识宗的"阿赖耶识"。在叔本华，整个世界分为两个部分：一是"表象"，二是"意欲"；"意欲"是宇宙的本体，"表象"则是"意欲"的客观化。因此，宇宙天地万物即是"意欲"的外在表现而已。同样，依着唯识宗的理论，每个人所面对的"殆成定局的宇宙"其实是"表层的""影像"，也即现象，而造成"殆成定局的宇宙"的终极原因则来自"阿赖耶识"，亦即"意欲"。梁漱溟解释说："所变现影象何自来呢？与此之本质皆在阿赖耶识……唯一的物件只此阿赖耶识，东看西看，上看下看，内看外看，所碰到的都是他。"② 在佛教，以"阿赖耶识"为本，经由"末那识"，从"末那识"再到生物感官，在生物感官寻求的过程中变现出现象世界，这就是唯识宗之宇宙生成论。在梁漱溟看来，此生成论与叔本华之生成论是相同的，它们同时也就是梁漱溟之宇宙生成论。

梁漱溟认为，不仅整个宇宙的生成可归结为"意欲"，而且宇宙的发展也可归结为"意欲"。他把主体叫做"现在的意欲"或"现在的我"，把与主体相对的现象世界叫做"前此的我"或"已成的我"，因为现象世界是主体活动所留下来的"陈迹"，是以往人类"意欲"活动的结果。他说："这个差不多成定局的宇宙——真异熟果——是由我们前此的自己而成功这样的；这个

① 《梁漱溟全集》（第一卷），第352页。
② 《梁漱溟全集》（第一卷），第412页。

东西可以叫做'前此的我'或'已成的我',而现在的意欲就是'现在的我'。所以我们所说小范围生活的解释即是'现在的我'对于'前此的我'之一种奋斗努力。所谓'前此的我'或'已成的我'就是物质世界能为我们所得到的……而这时有一种看不见,听不到,摸不着的非物质的东西,就是所谓'现在的我',这个'现在的我'大家或谓之'心'或'精神',就是当下向前的一活动,是与'已成的我'——物质——相对待的。"① 当下的人类"意欲"即"现在的我"对于"已成的我"的奋斗,就构成了宇宙的延续发展。那么,人类为什么要对"已成的我""奋斗"呢? 在梁漱溟看来,因为"现在的我"要向前活动,"前此的我"会成为我当前的"碍";"现在的我"为了"生活",就必须突破当前的"碍"。这样,对"碍"的不断克服构成了"事"的相续,也构成了"生活"的延续,从而也就构成了宇宙的发展。正因为此,梁漱溟说:

> 宇宙是一大生命。从生物的进化史,一直到人类社会的进化史,一脉下来,都是这个大生命无尽无已的创造。……故人类生命的意义在创造。②

第二节 "现量""比量"与"非量"

梁漱溟的认识论思想集中体现在其对佛教唯识宗继承改造基础上的"三量说"。他认为,一切知识皆由"现量""比量""非量"三种作用所构成。他说:"知识之构成,照我们的意思,即由于此三量。此三量是心理方面的三种作用,一切知识皆成于此三种作用之上。"③ 他还说:

> 以上所说是构成知识的三种工具。一切知识都是由这三种作用构成。虽然各种知识所含的三种作用有成分轻重的不同,但是非要

---

① 《梁漱溟全集》(第一卷),第377页。
② 《梁漱溟全集》(第二卷),第94页。
③ 《梁漱溟全集》(第一卷),第397页。

具备这三种作用不可，缺少一种就不能成功的。①

那么，什么是"现量""比量"和"非量"呢？其作用又各是什么呢？

所谓"现量"，是指"得法自性"，即指感觉。在梁漱溟的思想体系中，"现量"就是对"性境"的认识。他说："此时我们所指的'现量'只是唯识家所谓对'性境'的那一种认识作用。"② 所谓"性境"，即相当于感觉的对象、过程等。在他看来，"现量"的作用只是"单纯"的感觉，"白"之感觉是由视神经对外界刺激的反应；至于物本身是白非白，我们无从而知。所以，"白实出主观所造，非布固有。然必有布；始生白觉。"③ "白"虽出于主观，但"布"还是存在的。也就是说，"现量"虽是主观的，但"性境"却是不可否认的，即是客观的。他认为，"性境"具备两个条件：第一，"有影"、"有质"；第二，"影必如质"。④ 梁漱溟说：

> 所谓"现量"就是感觉（Sensation）。譬如我喝茶时所尝到的茶味，或我看桌上的白布所得到的白色，都是"现量"。却是此处要声明，感觉时并不晓得什么是茶味或白色，只是由味觉和视觉所得到的茶或白色的感觉而无茶味或白色所含的意义。⑤

所谓"比量"又称"比量智"，是指"比度而知"，即是指理智。在梁漱溟看来，"现量"所得来的只是一些零乱的影像，还不能形成概念，因此，就需要另外一种作用即"比量"来对其进行综合简别。他认为，"比量"具有两方面的作用：一是"简"，即"分析""比较"；二是"综"，即"综合""归纳"。"简""综"这两种作用是互相渗透、共同作用的。他说："当简别时，即综合时，实无先后。"⑥ 梁漱溟认为，"比量"的结果是形成概念，即所谓"共相"。不过，无论是"概念"，还是"共相"，它们与"性境"是不同的，不是"有影有质"而是"有影无质"的，其是只存在于人心中的，是

---

① 《梁漱溟全集》（第一卷），第401页。
② 《梁漱溟全集》（第一卷），第397页。
③ 《梁漱溟全集》（第一卷），第398页。
④ 《梁漱溟全集》（第一卷），第398页。
⑤ 《梁漱溟全集》（第一卷），第397页。
⑥ 《梁漱溟全集》（第一卷），第399页。

主观的。他说："概念"是"非藉于客观之物才变生的，而是我心所自生私有的"①。质言之，"比量"是认识过程中的重要环节。梁漱溟说：

> 我们构成知识第一须凭藉现量，但如单凭藉现量——感觉——所得的仍不过杂多零乱的影象，毫没有一点头绪，所以必须还有比量智将种种感觉综合其所同、简别其所异，然后才能构成正确明了的概念。所以知识之成就，都借重于现量、比量的。②

所谓"非量"，是指"现量"与"比量"中间的认识阶段，即指"直觉"。梁漱溟认为，单靠"现量"和"比量"的作用还不足以形成知识。他说："从现量的感觉到比量的抽象概念，中间还须有'直觉'之一阶段；单靠现量与比量是不成功的。这个话是我对于唯识宗的修订。"③ 那么，什么是"直觉"呢？他说："直觉所认识的只是一种意味精神、趋势或倾向。"④ 梁漱溟举例说，我们看某一个人的书法时，虽可得其意味或精神，但初却甚难以语人；但当自己闭目沉思之后，其意味或精神则"跃然"也，此即"直觉"。那么，"直觉"与对象是什么关系呢？他认为，"直觉"所认识的是一种"带质境"，其"影"一半出于主观，一半出于客观；出于客观者指"影"有其"质"，出于主观者谓"影"是主观之所增。正因为此，"直觉"才称为"非量"。梁漱溟说：

> 所以直觉就是"非量"，因为现量对于本质是不增不减的；比量亦是将如此种种的感觉加以简、综的作用而不增不减得出的抽象的意义，故此二者所得皆真，虽有时错，然非其本性；唯直觉横增于其实则本性既妄，故为非量。⑤

梁漱溟认为，"现量""比量"不能认识本体，要识得本体必须依靠"非量"。在他看来，"现量""着眼研究者在无生本体"，"比量""着眼研究者在外界物质"，二者的对象是静态的、部分的、表层的；只有"非量""着眼研

---

① 《梁漱溟全集》（第一卷），第 399 页。
② 《梁漱溟全集》（第一卷），第 399 页。
③ 《梁漱溟全集》（第一卷），第 400 页。
④ 《梁漱溟全集》（第一卷），第 400 页。
⑤ 《梁漱溟全集》（第一卷），第 401 页。

究者在内界生命"即生命本体，其对象是动态的、整体的、深层的。他说："先着眼研究者在外界物质，其所用的是理智；次则着眼研究者在内界生命，其所用的是直觉；再其次则着眼研究者将在无生本体，其所用的是现量。"① 很明显，"现量"和"比量"之特征限制了其对于本体的认识；"非量"作为联系"内里生命"与"宇宙生命"的"窗户"，成为识得本体的唯一途径。梁漱溟说："要认识本体非感觉理智所能办，必方生活的直觉才行。"② 在梁漱溟看来，以往的哲学多重视"比量"，而轻视"非量"。然而，既然要识得本体非经由"非量"不可，哲学必须实现由重"比量"到重"非量"之转向，而"非量"则是中国哲学之所长。因此，"现在的世界直觉将代理智而兴"③。他说：

> 现在的哲学采色不但是东方的，直接了当就是中国的——中国哲学的方法为直觉，所着眼研究者在"生"。在此过渡时代还不大很同样，愈往下走，我将见其直走入那一条线上去！④

第三节 "文化三路向"说

以"意欲"本体论为基础，梁漱溟阐述了他的"文化三路向说"。他认为，人们在实现"意欲"时所遇到的"为碍之物"大致可分为三类：一类是人与物的关系。对于这类"碍"，人经过生命活动的奋斗是可以满足的；它表现为"我"这个精神实体对物质方面的追求。第二类是人与人的关系。对于这类"碍"，人虽经过生命活动的奋斗，但满足与否是不可定的；它多存在于人的社会行为如人与人之交往之中。第三类是人与自身生命的关系。对于这类"碍"，人虽经过生命活动的奋斗，但是永远无法克服的，如人的生老病死、命运对人的捉弄等。对于这三类"为碍之物"，人们通常表现出三种不同

---

① 《梁漱溟全集》（第一卷），第504页。
② 《梁漱溟全集》（第一卷），第406页。
③ 《梁漱溟全集》（第一卷），第505页。
④ 《梁漱溟全集》（第一卷），第504页。

的心理"路向"：一种是"向前要求"，即，"意欲"向外向前施展，以克服
外在世界的种种困境。第二种是"调和持中"，即，"意欲"向内自我修饰，
以自我心理的修养调适来解决困境。第三种是"转身向后"，即，"意欲"的
企图自我消解，以取消生活的"意欲"为努力方向。梁漱溟认为，这三类
"碍"是具有先后顺序的，相应地，三种心理"路向"也具有先后顺序。
他说：

> 所有人类的生活大约不出这三个路径样法：（一）向前面要求；
> （二）对于自己的意思变换、调和、持中；（三）转身向后去要求；
> 这是三个不同的路向。这三个不同的路向，非常重要，所有我们观
> 察文化的说法都以此为根据。①

梁漱溟认为，第一路向是西方文化的源头，它以"意欲向前要求"为
基本精神。在他看来，西方文化具有两个方面的特长：一个是科学的发达；
二个是个性的伸展。关于第一个特长，梁漱溟认为，其原因可归结为两个
方面：一是科学的"公例"原则，即能为世人所证实的原则，即，无论谁
去证实，都会有相同的结果。二是科学的方法，即科学的"论理"精神，
即逻辑的方法。关于第二个特长，梁漱溟认为，个性的伸展也就是个性自
由，而个性自由的典型形态便是民主。在他看来，民主具有五项特征：
1. "有己有人"之原则。承认自己，同时也承认他人；只"有己无人"，便
是反民主。2. 彼此平等之精神。大家在法律面前是人人平等的；若"唯我
独尊"，就是反民主。3. 理性之精神。即互相讲理之精神，一切争端皆依理
性解决；凡不讲理而以力服人者，就是反民主。4. "多数人大过少数人"
之原则。民主之"主"即是由多数人作主体、作主张、作主动的意思。
5. "尊重个人自由"的原则。即，属于个人的事应由个人做主，任何一个
人的意志都不容抹杀。②

梁漱溟认为，第二路向是中国文化的源头，它以"意欲调和持中"为
基本精神。他认为，中国文化之特征有两个方面：一是中国文化的根本精

---

① 《梁漱溟全集》（第一卷），第 382 页。
② 参见《梁漱溟全集》（第三卷），第 240—241 页。

神在理性；二是中国文化"早熟"。关于前者，梁漱溟认为，"理智"的对象是"物理"，它的作用在于帮助人掌握"物理"，是一种纯粹的工具与手段；"理性"的对象是"情理"，它不能给人们提供生活手段，它所提供的是行为方向的依据和行动力量。就此而言，中国文化长于"理性"而短于"理智"。关于后者，梁漱溟认为，按照人类社会的正常秩序，中国人也应同西方人一样先解决第一类"碍"，然后再去关注人的精神寄托。但不巧的是，中国古代有几个天才太聪明，在中国文化第一路向还没有完成以前，就领着大家去走第二路向，从而造成了中国文化的"早熟"。他说："一个社会实在受此社会中之天才的影响最大……中国之文化全出于古初的几个非常天才之创造。"① 这种"早熟"既有不好的方面，亦有好的方面。就不好的方面看，犹如一个聪明的孩子，在身体发育未全时智慧早开，结果不仅阻止其身体发育，且其智慧也不会发展"圆满良好"。就好的方面看，它表现了中国人特有的精神力量，它可以反过来纠正西方文化的种种弊端。

第三路向则是印度文化的源头，它以"意欲反身向后"为基本精神。梁漱溟认为，与中国文化相似，印度人本应在完成第一、第二两个路向之后再去走第三路向，但印度文化亦提前走上了第三路向。他说："原来印度人既不象西方人的要求幸福，也不象中国人的安遇知足，他是努力于解脱这个生活的；既非向前，又非持中，乃是翻转向后。"② 正因为此，"其物质文明之无成就，与社会生活之不进化，不但不及西方且直不如中国。他的文化中具无甚可说，唯一独盛的只有宗教之一物。而哲学、文学、科学、艺术附属之"③。不过，虽然印度文化面对第一、二类"碍"无所成就，但面对第三类"碍"则具有独到的成就。印度文化以超越现实世界的方式去面对问题，从而成就了宗教和形而上学。梁漱溟说：

> 人类是先从对自然界要求物质生活之低的容易的问题起，慢慢解决移入次一问题，愈问愈高，问到绝对不能解决的第三问题为止。我们试看印度人——尤其是原来的佛教人——所问的问题，不就是

---

① 《梁漱溟全集》（第一卷），第481页。
② 《梁漱溟全集》（第一卷），第394页。
③ 《梁漱溟全集》（第一卷），第393页。

第三问题吗？……西洋人盖走第一路向而于第一问题大有成就者；
而印度人则走第三路向而于第三问题大有成就者——成就了宗教和
形而上学。①

　　基于上述分析、对比，梁漱溟指出了人类文化的发展方向。在他看来，
西方文化虽有优点，但所暴露的种种问题证明它已走到了尽头。因此，西方
文化的当务之急是由第一路向进到第二路向，即，向中国文化学习。他说：
"人类文化要有一根本变革：由第一路向改变为第二路向，亦即由西洋态度改
变为中国态度。"② 然而，中国文化由于"早熟"，蹿越了第一路向，因此，
当务之急是回过头来"补课"，向西方文化学习，努力实现现代化。梁漱溟
说："第一，要排斥印度的态度，丝毫不能容留；第二，对于西方文化是全盘
承受，而根本改过，就是对其态度要改一改；第三，批评的把中国原来态度
重新拿出来。"③ 印度文化因为同时蹿越了第一、第二两种路向，故当务之急
亦是回过头来"补课"。不过，印度文化不仅需要西方文化学习，亦需向中国
文化学习。然而，在梁漱溟看来，根据三种"为碍之物"的先后次序，西方
文化、中国文化和印度文化依次代表着人类文化发展的三个阶段，因此，当
人类走完西方文化、中国文化的路之后，最后还要走佛家的路、转向印度文
化。他说：

　　质而言之，世界未来文化就是中国文化的复兴……中国化复兴
之后将继之以印度化复兴。于是古文明之希腊、中国、印度三派竟
于三期间次第重现一遭。我并非有意把他们弄得这般齐整好玩，无
奈人类生活中的问题实有这么三层次，其文化的路径就有这么三
转折。④

---

① 《梁漱溟全集》（第一卷），第 439—440 页。
② 《梁漱溟全集》（第一卷），第 493 页。
③ 《梁漱溟全集》（第一卷），第 528 页。
④ 《梁漱溟全集》（第一卷），第 525—527 页。

第四节　"伦理本位"的社会理想

梁漱溟认为，人类的社会生活分为两种：一种是家族生活的方式，一种是团体生活的方式。人类早期的社会生活基本上是相同的，但后来中国人和西方人分道扬镳，各自走上了不同的道路：中国人偏重于家族生活，西方人偏重于团体生活；中国人的家族生活产生了"伦理本位主义"社会，西方人的团体生活则产生了两种类型的社会：一种是英美式的"个人本位主义"社会，另一种类型是俄国式的"社会本位主义"社会。在梁漱溟看来，西方社会由于重视团体生活，轻视家族生活，总地看是不合"情谊"的，易造成人与人之间的阶级对立。因此，西方社会自中世纪开始就在"个人本位"和"社会本位"两端之间翻覆不已，至今尚未找到正确的出路。相反，中国社会则始终重视家族生活，从而形成了"以伦理为本位"的社会。这种社会重视伦理关系，因此最符合生命的本质，是最为理想的社会。他说：

> 吾人亲切相关之情，几乎天伦骨肉，以至于一切相与之人，随其相与之深浅久暂，而莫不自然有其情分。因情而有义。……伦理关系，即是情谊关系，亦即是其相互间底一种义务关系。伦理之"理"，盖即于此情与义上见之。①

所谓"以伦理为本位"的社会，是指将家庭关系加以推广，依伦理关系来组织起来的社会。梁漱溟说："人在独立自主中过着协作共营的生活，个人对于集体，集体对于个人，互相以对方为重，是谓伦理本位主义。伦理本位云者，既非以个人为本位而轻集体，亦非以集体为本位而轻个人，而是在相互关系中彼此时时顾及对方。"② "以伦理为本位"的社会具有如下特点：第一，在社会方面，家庭是社会的基本细胞。中国人看重家庭，家庭在中国人的生活中占有极重要的位置，被认为是社会的基本单位。梁漱溟说："家人父

---

① 《梁漱溟全集》（第三卷），第81页。
② 《梁漱溟全集》（第三卷），第747—748页。

子，是其天然基本关系；故伦理首重家庭。"① 第二，在经济方面，人情重于一切。在中国人看来，人情为重，财物为轻：夫妇、父子情如一体，财产是不分的；亲戚朋友之间皆有彼此顾恤之义务。第三，在政治方面，家国同构。在中国文化当中，君臣、官民之间有相互的伦理义务；父父子子、君君臣臣，整个国家均被"情谊化"，俨然就是一个大家庭。第四，在职业方面，是职业分立而不是阶级对立。在中国，农民、工人等只是不同的职业，而没有形成两相对立的阶级。

到了近代，西方文化的输入严重冲击了中国传统社会，加重了中国社会制度的危机，暴露了中国传统社会的弊端。梁漱溟说："中国数千年文化，与其说为迟慢落后，不如说误入歧途。凡以中国为未进于科学者，昧矣！谬矣！中国已不能进于科学。凡以中国为未进于德谟克拉西（即民主——引者注）者，昧矣！谬矣！中国已不能进于德谟克拉西。同样之理，其以中国为未进于资本主义者，昧矣！谬矣！中国已不能进于资本主义。……中国之于西洋，有所不及则诚然矣；然是因其不同而不及；或更确切言之，正唯其过而后不及。"② 在这种情形之下，如何重构中国社会秩序成为一个迫切问题。因此，无论是"戊戌变法"，还是"辛亥革命"，都以学习外来文化为目的，其区别只在于前者所学重在"器物"层面，后者所学重在文化制度层面。然而，在梁漱溟看来，学习外来文化这条路子的效果非常不理想：不仅破坏了旧有的秩序，而且还破坏了人生态度，从而导致"中国社会崩溃已到最深处"③。他认为："抛开自家根本固有精神，向外以逐求自家前途，则实为一向的大错误。"④ 具体来讲，梁漱溟认为，中国政治上第一条不通的路是欧洲近代民主政治的路，第二条不通的路是俄国共产党发明的路；中国经济上第一条不通的路是欧洲近代资本主义的路，第二条不通的路是俄国共产党要走的路。⑤ 总而言之，"殊不知西洋戏法，中国人是耍不上来的"⑥。他说：

---

① 《梁漱溟全集》（第三卷），第 81 页。
② 《梁漱溟全集》（第五卷），第 102 页。
③ 《梁漱溟全集》（第二卷），第 270 页。
④ 《梁漱溟全集》（第五卷），第 106 页。
⑤ 《梁漱溟全集》（第五卷），第 111 页。
⑥ 《梁漱溟全集》（第五卷），第 14 页。

中国之政治问题经济问题，天然的不能外于其固有文化所演成之社会事实，所陶养之民族精神，而得解决。①

在梁漱溟看来，解决中国问题的唯一办法是"亟当回头认取吾民族固有精神来作吾民族之自救运动耳"②。他说："一民族真生命之所寄，寄于其根本精神，抛开了自家根本精神，便断送了自家前途。自家前途，自家新生命，全在循固有精神而求进，而向上，不能离开向外以求，不能退坠降格以求。只有发挥自己特长，站在自家原来立脚地上以奋斗，离开不得这里一步。"③他认为，中国传统文化的"老根子"蕴藏的力量很深厚，从此一定可以发出"新芽"来的。具体来讲，梁漱溟主张从乡村建设入手，"改造社会，创造新文化"④，"真的力量恐怕只有在内地乡村中慢慢地酝酿，才能发生大的力量，后再影响于都市"⑤。为此，他亲自在山东、河南等地开展乡村建设实验，希望通过建立乡村基层组织，创办乡农学校，开创乡村建设的新风气，建设"以伦理为本位的新社会"。他以北宋理学家吕大钧（1029—1080 年）的"乡约"为蓝本设计了"新乡约"。吕大钧的乡约有四条：一是"德业相劝"；二是"过失相规"；三是"礼俗相交"；四是"患难相恤"。⑥梁漱溟认为这四条"一是偏乎个人，一是有所限"⑦，因此应当"把偏乎个人的一点看成是社会的，把有限的一点看成是永远开展的"⑧。他的意思是把吕大钧的"乡约"推而广之，把"乡约"改造成一种社会制度。他说：

> 我们组织乡村时一上来就要提振志气，要来发愿。发什么愿呢？就是：改造社会，创造新文化，创造理想的社会，建立新组织——我们与古人的乡约只差这一点。⑨

---

① 《梁漱溟全集》（第五卷），第 116 页。
② 《梁漱溟全集》（第五卷），第 27 页。
③ 《梁漱溟全集》（第五卷），第 109—110 页。
④ 《梁漱溟全集》（第三卷），第 333 页。
⑤ 《梁漱溟全集》（第二卷），第 97 页。
⑥ 参见《梁漱溟全集》（第二卷），第 321 页。
⑦ 《梁漱溟全集》（第二卷），第 332 页。
⑧ 《梁漱溟全集》（第二卷），第 332 页。
⑨ 《梁漱溟全集》（第二卷），第 332 页。

第四十章　冯友兰

冯友兰（1895—1990 年），字芝生，河南省唐河县人。1912 年考入上海公学预科，1915 年考入北京大学法科，入学后改为文科哲学门。1919 年考取公派留学生赴美国哥伦比亚大学哲学系学习，1923 年博士毕业后回国，先后在中州大学、中山大学、燕京大学任教。1928 年至 1952 年在清华大学哲学系任教，曾担任哲学系主任、文学院院长、校务会主席。抗战爆发后，任西南联大文学院院长。1948 年当选为中央研究院院士。1949 年后放弃了"新理学"体系，转向马克思主义。1952 年后，任北京大学教授，并当选为中国科学院社会科学部学部委员、常务委员等。曾任全国政协委员、常务委员和全国人大代表。1973 年在"批林批孔"运动中出任"梁效"① 写作班子顾问，批判孔子和尊孔思想。1980—1987 年集中精力写作《中国哲学史新编》。1990 年逝世于北京。

《大英百科全书》称"冯友兰为中国当代哲学之杰出人物"。其学术成就可归结为"三史释古今，六书纪贞元"②。所谓"三史"，是指其三部有关中国哲学史的著作，即《中国哲学史》《中国哲学简史》《中国哲学史新编》。所谓"六书"，是指《贞元六书》：《新理学》《新事论》《新事训》《新原人》《新原道》《新知言》。在"六书"中，冯友兰构筑了"新理学"的哲学体系。此外，其著作还包括《一种人生观》《人生哲学》《论孔丘》《三松堂自序》等。其著作被辑为《冯友兰集》《冯友兰学术著作自选集》《三松堂全集》等。

---

① "梁效"是"批林批孔"运动中北京大学、清华大学大批判组的笔名。"梁效"即"两校"的谐音。

② 参见田文军《冯友兰传·引言》，北京：人民出版社 2003 年，第 2 页。

第一节　理本体论

面对当时西方哲学"拒斥"形而上学的思潮，冯友兰致力于建设新的形上学。他认为，以维也纳学派为代表的西方哲学派别所"拒斥"的是西方意义上的形上学，而不是"形上学"本身。冯友兰说："他们以为他们已将形上学推翻了，实则他们所推翻底，是西洋的旧形上学，而不是形上学。形上学是不能推翻底。"① 在他看来，西方形而上学的最大问题是将哲学与科学混同起来，以科学的理路揭示哲学上的终极存在和终极价值，然而，哲学和科学是不能混淆的。他说："我们既知哲学与科学，完全有种类上底不同，我们即可知哲学，或最哲学底哲学，并不以科学为根据。哲学之出发点，乃我们日常之经验，并非科学之理论。科学之出发点，亦是我们日常之经验，但其对于事物之看法，完全与哲学之看法不同。"② 科学是一种知识体系，它的目的在于增加人们对实际事物的知识；哲学不是一种知识体系，其目的不在增加对实际事物的知识，而在于提高心灵的境界。因此，在"拒斥"西方旧形上学的同时，应致力于建设一种新的形上学。冯友兰说：

> （哲学）须是"不著实际"的，它所讲底须是不著形象，超乎形象底。新底形上学，须是对于实际无所肯定底，须是对于实际，虽说了些话，而实是没有积极地说什么底。③

基于此，冯友兰通过对"理""气""道体"和"大全"四个概念及相应的四组命题的讨论，建立起"新理学"的"理"本体论。

所谓"理"，是指处于"真际"的共相。在冯友兰看来，"理"具有如下属性：其一，"理"是潜存于"真际"的共相，是"某种事物之所以为某种事物者"。在冯友兰看来，"理之有"是"真际"的有，是本质；"事物之有"是"实际"的有，是现象。所谓"实际"，是指可感知的各种客观事物的总

---

① 冯友兰：《贞元六书》（下），上海：华东师范大学出版社1996年（下同），第843页。
② 冯友兰：《贞元六书》（上），第15页。
③ 冯友兰：《贞元六书》（下），第843页。

和；所谓"真际"，是指事物之所以为事物之"理"的总和。他说："有某种事物之有，新理学谓之实际底有，是于时空中存在着。'有某种事物之所以为某种事物者'之有，新理学谓之真际底有，是虽不存在于时空而又不能说是无者。"① 其二，"理"是永恒的实在。"真际"在逻辑上先于"实际"，因此，"理"不生不灭、不增不减，是超越生灭的永恒存在。其三，"理"是超时空、超动静的绝对。由于理是脱离了"实际"的共相，自然也就是超越时空形式的；既然"理"是超越时空的，也就是超越动静的，因为离开了时空，也就无动静可言。其四，"理"之全体谓之"太极"。太极的"极"字有"标准"和"极限"两义，这两义都是相对于"气"而言的。在冯友兰看来，以上内容由第一组命题推出：

> 凡事物必都是甚么事物。是甚么事物，必都是某种事物。某种事物是某种事物，必有某种事物之所以为某种事物者。②

所谓"气"，是指事物之"所以能存在者"。冯友兰认为，事物的产生有两个条件：一是有所依照，二是有所依据；所依照者为"理"，所依据者为"气"。在他看来，"气"具有如下属性：其一，"气"是"绝对底料"。"料"即构成事物的质料、材料，它有相对、绝对之分："相对的料"指依照某理构成复杂事物的简单事物，它有其特定的性质；"绝对的料"则是"无一切性"；如果说"相对的料"是有，那么，"绝对的料"是无。因此，"气"作为"绝对底料"亦是共相，亦属于形而上者。其二，"气"是"无名混沌"。即，"气"是不具备任何物质性成分的一个符号，它不可名状，不可言说，不可思议。其三，"气"是"理"的"挂搭处"。"气"是"理"赖以实现的基础；若没有"气"作为"挂搭处"，"理"就无从实现其自身。其四，"气"是事物所依据的"无极"。"气"只能保证此事物的现实性，至于此事物为何物，与"气"毫无关系。也就是说，"气"自身不为任何标准，而必须依"理"为标准；自身也不为任何极限，必须依理为极限，故"气"可以称为"无极"，与作为"太极"之"理"相对。在冯友兰看来，以上内容由第二组

---

① 冯友兰：《贞元六书》（下），第845页。
② 冯友兰：《贞元六书》（下），第920页。

命题推出：

> 事物必都存在。存在底事物必都能存在。能存在底事物必都有
> 其所有以能存在者。①

所谓"道体"，指"理"与"气"相结合的运动过程。在冯友兰看来，"气"实现"理"的过程即是"道"或"道体"，亦称为"流行"；而"流行"中所涵蕴的动因、动力则称为"乾元"。他认为，"道体"有以下属性：其一，"道体"是"总一切的流行"。个体事物的"流行"有一定的物质承担者，而"道体"则以"哲学中的宇宙"即"大全"为主体；个体事物的"流行"处于一种相对状态之下，是相对的动；"道体"则是脱离了一切静止状态的"纯粹流变"，即绝对的动。其二，"道体"就是"无极而太极"的"程序"。"无极"即"气"，"太极"即"理"，"而"就是大用流行的"道体"，即由"气"而"理"的那个"而"的过程的总称。冯友兰说："如就无极而太极说，太极是体，'而'是用，一切底用，皆在此用中，所以此用是全体大用。此'而'可以说是'大用流行'，'大用流行'，即是道；宋儒所谓道体，即指此说。"② 其三，"道体"是不可思议的"众妙之门"。"道体"既是联结"无极"与"太极"的环节，又是联结两"极"与事物的环节；"道体"作为事物产生的过程，是一种纯粹的流变，故为"众妙之门"。在冯友兰看来，以上内容由第三组命题推出：

> 存在是一流行。凡存在都是事物的存在。事物的存在都是其气
> 实现某理或某某理的流行。总所有底的流行，谓之道体。一切流行
> 涵蕴动。一切流行所范蕴底动，谓之乾元。③

所谓"大全"，是指"一切的有"，即宇宙。此即是说，一切的有就是"大全"，"大全"就是一切的有。冯友兰认为，"大全"具有如下几个方面的属性：其一，"大全"即总一切的有。不过，"所谓一切，不只是实际中底一切，而且是真际底一切（真际包括实际）。有有实际底有者。有只有真际底有

① 冯友兰：《贞元六书》（下），第921页。
② 冯友兰：《贞元六书》（上），第71页。
③ 冯友兰：《贞元六书》（下），第924页。

者。总一切底有，谓之大全。"① "大全"是无所不包的，是"实际"的一切
与"真际"的一切的总和。其二，"大全"是哲学中所说的宇宙。"大全"又
称宇宙，但它不是物质的宇宙，而是指逻辑上可能的一切存在。在冯友兰看
来，哲学的宇宙与科学的宇宙是不同的：科学所说的宇宙只是物质的宇宙，
只是部分的"全"；哲学的宇宙包含有物质的宇宙在内，但又不止于物质的宇
宙，故是"大全"。其三，"大全"是至高无上的绝对观念。"大全"是一个
观念，它不可思议，也不可言说，是一个神秘的绝对。在冯友兰，以上内容
由第四组命题推出：

> 总一切底有，谓之大全，大全就是一切底有。②

第二节　正负方法与觉解

冯友兰认为，"真际"中的"理"是认识的来源和对象。那么，如何认
识"理"呢？在他看来，认识"理"的方法也就是哲学的方法，它通常有两
种：一种是"正的方法"；另一种是"负的方法"。他说：

> 真正形上学的方法有两种：一种是正底方法；一种是负底方法。
> 正底方法是以逻辑分析法讲形上学。负底方法是讲形上学不能讲。
> 讲形上学不能讲，亦是一种讲形上学的方法。③

所谓"正的方法"，即是逻辑分析的方法，即，以理智对于经验作分析、
综合及解释的方法。在冯友兰看来，这种方法并非指科学的方法：科学方法
的对象是"实际"的具体事物，它对具体事物有所肯定，因此是"积极的"
"有内容的"；"正的方法"是纯粹"逻辑的"或"形式的"，它不管对象的具
体内容，不涉及"实际"的具体事物，而只对之作形式的分析。他说："科学
的目的，是对于经验，作积极底释义。形上学的目的，是对于经验作逻辑底

---

① 冯友兰：《贞元六书》（下），第 850 页。
② 冯友兰：《贞元六书》（下），第 925 页。
③ 冯友兰：《贞元六书》（下），第 869 页。

释义。"① 因此，"正的方法"作为纯粹形式的方法，也就是"没有内容"的"空"的方法。他说："所谓'形式底'，意思是说'没有内容底'，是'空底'。"② 冯友兰认为，"正的方法"有如下几个方面的特征：其一，从某一概念出发建构其逻辑命题系统。其二，以"清楚明白"的哲学命题为对象。所谓"清楚明白"的命题是指重复叙述的命题。其三，其哲学命题必须具有可证实性。无论在事实上还是在逻辑上，其命题必须是可证实的，否则就是形而上学的"独断"。

冯友兰认为，"正的方法"有其明显的局限性。在他看来，通过"正的方法"能否获知"理"是个不好回答的问题。这有两个方面的原因：一是无法确定概念是否具有真理性。他说，"理""不在我们心中"，因而无法确知人心中的概念能否同"理"相符合；"理"亦"不即在物中"，因而也不能通过概念由物及"理"。二是无法确定判断是否具有真理性。人的判断属"实际命题"，真理属"本然命题"，二者无法加以对照。冯友兰说："我们何以能知某实际命题有一本然命题或一事实与之相合？……若有一全知全能底上帝，站在宇宙之外（此说是不通底，不过姑如此说），而又全知宇宙内之事，则所有实际命题及所有本然命题以及所有事实，皆一时瞭然于胸中；如此则自无上述之问题。但我们不过是人而已。"③ 因此，站在人的立场上，"本然命题"与"实际命题"之间的矛盾永远无法解决。他说：

> 我们或者永不能有一是底实际命题，或者我们所以为是底实际命题，皆不过是我们以为如此，所以皆是相对底、可变底。④

冯友兰主张，要将"理"真正参透，还需要"负的方法"。他认为，"理""气""道体""大全"等概念虽从"正的方法"推出，但要达到对这些概念完全的了解，仅凭"正的方法"是不够的。这有两个方面的原因：一是"正的方法"的思维方式是主客二分的，然而，"道体""大全"等不能用主客二分的方式认识，因为主体也包含在这些概念之中。二是除了"理"之

---

① 冯友兰：《贞元六书》（下），第870页。
② 冯友兰：《贞元六书》（下），第870页。
③ 冯友兰：《贞元六书》（上），第154—155页。
④ 冯友兰：《贞元六书》（上），第155页。

外，其余三个概念都是不可思议、不可言说的。在冯友兰看来，宇宙间存在着三种认识对象：一种是可经验者；二种是可思议者；三种是不可经验、不可思议、可直觉体验者。"气""道体""大全"都属于第三种认识对象，它们只能诉诸"直觉"，即"负的方法"。所谓"负的方法"，即是澄观默识、逆觉体证。对此，冯友兰有一个形象的比喻来说明，他说："画家画月的一种方法，是只在纸上烘云，于所烘云中留一圆底或半圆底空白，其空白即是月。画家的意思，本在画月。但其所画之月，正是他所未画底地方。……用负底方法讲形上学者，可以说是讲其所不讲。讲其所不讲亦是讲。此讲是其形上学。"① 不过，在冯友兰，"正的方法"与"负的方法"是相辅相成的。他说：

> 正的方法与负的方法并不是矛盾的，倒是相辅相成的。一个完全的形上学系统，应当始于正的方法，而终于负的方法。如果它不终于负的方法，它就不能达到哲学的最后顶点。②

冯友兰认为，此"负的方法"与所谓的"觉解"是相通的。何谓"觉解"呢？所谓"觉解"，是指人不但对事物能有了解，而且能自觉其了解。"觉解"包括两种含义：一是解；二是觉。他说："解是了解……觉是自觉。人作某事，了解某事是怎样一回事，此是了解，此是解；他于作某事时，自觉其是作某事，此是自觉，此是觉。"③ 所谓"解"也就是了解，是指对某一事物的认识，其认识最终要归为对"理"的认识。所谓"觉"也就是自觉，指人处于一种明觉的心理状态。冯友兰说："我们于有活动时，心是明觉底。有了解的活动时，我们的心，亦是明觉底。此明觉底心理状态，谓之自觉。"④ "觉"与"解"是不同的："解"是一种认知活动，而"觉"是一种心理状态。他说："了解必依概念……自觉是一种心理状态，它只是一种心理状态，所以并不依概念。我们有活动，我们反观而知其是某种活动，知其是怎样一回事。此知虽是反观底，但亦是了解，不过其对象不是外物而是我们自己的

① 冯友兰：《贞元六书》（下），第869页。
② 冯友兰著，涂又光译：《中国哲学简史》，北京：北京大学出版社1996年（下同），第295页。
③ 冯友兰：《贞元六书》（下），第526页。
④ 冯友兰：《贞元六书》（下），第526页。

活动而已。"① 将"解"与"觉"结合起来，便是"觉解"。

冯友兰认为，人心之所以能够"觉解"，缘于人心的"光源"，即人心具有"知觉灵明"。他说："人之所以有觉解，因为人是有心底。人有心，人的心的要素，用中国哲学家向来用的话说，是'知觉灵明'。"② 因此，人心"觉解""理"，其实就是把"知觉灵明"投射到"无明的真际"，使人"明白起来"。换言之，"觉解"的目的就在于使"真际"由"无明"变得"明白起来"。冯友兰把人心比作一盏明灯，人心"觉解""真际"就如同灯光照亮周围世界一样。他说："宇宙间有了人，有了人的心，即如于黑暗中有了灯。"③ 人心照亮黑暗，便可破除"无明"，故"觉解"也就是"破除无明"。冯友兰说：

> 觉解是明，不觉解是无明。觉解是无明的破除。④

在冯友兰看来，所谓"破除无明"有双重含义：其一，就人心来说，是由"梦"而"觉"，从而实现对"真际"的认识。其二，就"真际"说，是"理"因为"沐浴"了心灵之光，由"暗"而"明"。由此看来，"觉解"就是把"理"纳入人心之"知觉灵明"，从而使人心与"真际"之"理"相契合。

冯友兰认为，"觉解"是分层次的：平常人只有"觉解"，圣人可"觉解其觉解"；要获得"永恒的理"，需要有"高一层底觉解"，即"觉解其觉解"。他说："就觉解方面说，圣人与平常人中间底主要底分别，在于平常人只有觉解，而圣人则觉解其觉解。觉解其觉解底觉解，即是高一层底觉解。只有觉解，比于无觉解，固已是觉不是梦，但比于有高一层底觉解，则仍是梦不是觉。所以有无高一层底觉解，是梦觉关。"⑤ 圣人不停留在一般人的"觉解"上，而是继续凭借"觉解其觉解"，完成对整个"真际"的大彻大悟。在冯友兰看来，这"高一层底觉解"也就是"尽心知性"。他说："充分发展其心的知觉灵明是'尽心'。尽心则知性。……人的知觉灵明发展到知性

① 冯友兰：《贞元六书》（下），第 526 页。
② 冯友兰：《贞元六书》（下），第 533 页。
③ 冯友兰：《贞元六书》（下），第 533 页。
④ 冯友兰：《贞元六书》（下），第 532 页。
⑤ 冯友兰：《贞元六书》（下），第 543—544 页。

的程度，即有上章所谓高一层底觉解。"① 只有"尽心知性"达至"高一层底觉解"，才能跳过"梦觉关"，使"真际"之"无明破除"，进而获得"永恒的理"。他说：

> 人对于宇宙人生有进一步底觉解时，他可知宇宙间底事物，虽都是个体底、暂时地，但都多少依照永恒底理。②

第三节　人生"四境界说"

冯友兰认为，哲学的目的在于提高人生的境界，而境界是具有层次之别的。在他看来，人是万物之灵，只有人具有"觉解"的能力。不过，人的"觉解"能力是有高下之别的。与"觉解"能力之高下相应，人生表现出不同的生命境界。也就是说，人对于宇宙人生有"觉解"，人的生活才有意义和价值；人对于宇宙人生的"觉解"不同，人生的意义和价值也不相同；人生的意义和价值不同，就表现为人生境界的不同。冯友兰说：

> 人对于宇宙人生底觉解的程度，可有不同。因此，宇宙人生，对于人底意义，亦有不同……宇宙人生对于人所有底某种不同底意义，即构成人所有底某种境界。③

在他看来，人生境界包括如下几种。

其一，"自然境界"，是最低层次的一种人生境界。处于"自然境界"中的人，其行为是"顺才"与"顺习"的，即"行乎其所不得不行，止乎其所不得不止"④。所谓"顺才"，是指不了解人生的意义与目的，只凭借天资即自然属性生活。所谓"顺习"，是指不自觉地因袭传统，完全依照习惯或传统做事。处于这种境界中的人的生活完全是一种自然的、生物学意义上的生活，

---

① 冯友兰：《贞元六书》（下），第541页。
② 冯友兰：《贞元六书》（下），第626页。
③ 冯友兰：《贞元六书》（下），第552页。
④ 冯友兰：《贞元六书》（下），第554页。

他们不知有"我"，对"人之理"和"社会之理"毫无"觉解"，其人生没有什么意义和价值。冯友兰借用古诗来说明此境界之生活："凿井而饮，耕田而食，不识不知，顺帝之则"；"日出而作，日入而息，不识天工，安知帝力？"[1] 处于"自然境界"中的人，即使其行为是合乎道德的，也不能说其行为是道德行为，因为道德行为是以对理性命令有"觉解"为前提的。因此，自发的道德行为虽不无可贵处，但终是失之于偏至，或失之于一时冲动，因而是最低层次的。所以，

> 自然境界是觉解甚低底境界。因此照人之所以为人的标准说，
> 自然境界不是人所应该有底。[2]

其二，"功利境界"，是高于"自然境界"的人生境界。处于这种境界中的人，对自己的行为已有清楚的了解，但这种了解限于通过自觉行为来谋求自身的利益。"功利境界"的本质是为己，其无论是求名，还是逐利，或者是求名利双收，其人生都只是为了一己之私。如果这些人有区别的话，其区别只在于其手段不同而已：有的"欲将取之，必先予之"；有的"主观为自己，客观为别人"；有的利己不损人，有的损人不利己；有的表面损己以利人，实际上却利人更利己，如此等等。冯友兰认为，"功利境界"的人往往能够积极奋斗，甚至可以做出某种牺牲，乃至成为历史上的英雄人物，但其最终的目的却不外乎自己的利益。因此，这种境界中的人的所作所为可能是合乎道德的，但这并不意味着他们对"功利境界"的超越。在冯友兰看来，社会上多数人都处于"功利境界"。正因为如此，成就理想的人格并非易事，社会的安定与发展也难以保证。

其三，"道德境界"，是一种较高的人生境界。"道德境界"中的人其行为不是为利，而是为义。冯友兰说："道德境界的特征是：在此种境界中底人，其行为是'行义'底。义与利是相反亦是相成底。求自己的利底行为，是为利底的行为；求社会的利底行为，是行义底行为。在此种境界中底人，对于人之性已有觉解。"[3] 这种境界中的人对于"人之理"和"社会之理"已

---

① 冯友兰：《贞元六书》（下），第554页。
② 冯友兰：《贞元六书》（下），第573页。
③ 冯友兰：《贞元六书》（下），第556页。

有"觉解",认为个人是社会的一部分,因此只有在社会中才能获得人性的完满实现。在冯友兰看来,"道德境界"与"功利境界"是明显不同的:"功利境界"中的人尽管可能做出合乎道德的事情,但其动机是"为利""为我",其行为只能是合乎道德的,而不是道德的;"道德境界"中的人的行为可能给"行义"者带来某种利益,但其动机是绝不谋利的,其行为是真正道德的。冯友兰说:

> 在功利境界中,人的行为,都是以"占有"为目的。在道德境界中,人的行为,都是以"奉献"为目的。用旧日的话说,在功利境界中,人的行为的目的是"取";在道德境界中,人的行为的目的是"与"。在功利境界中,人即于"与"时,其目的亦是在"取";在道德境界中,人即于"取"时,其目的亦是在"与"。①

其四,"天地境界",是人生的最高境界。所谓"天地境界",是指以"知天""事天""乐天"为修持的一种自同于天或自同于"大全"的境界。冯友兰认为,"天地境界"的人不再以功利和人间道德作为内驱动力和价值取向;这种境界的人已经与天地相齐,已经认识到宇宙的"大全",故可以"与天地比寿,与日月同光"②。这种境界既是"体与物冥"的"无我"境界,又是"万物皆备于我"的"我"的无限扩大;既是主观精神与宇宙"大全"的合一,又是人以其心对"真际"的涵括,因此,进入了"天地境界",也就成就了理想人格,从而成为了圣人。在冯友兰看来,"天地境界"与"道德境界"是有区别的:后者是尽人伦、人职,前者则是尽天伦、天职;后者是道德的;前者则是超道德的;后者是在社会中做一个堂堂正正的人,前者则是在宇宙中做一个参天地赞化育的人。概言之,"道德境界"中的人是以人性的自觉"行人道",而"天地境界"中的人是以天理的自觉"行天道"。他说:

> 天地境界的人,了解有大全,其一切行为,都是为天地服务;照中国旧时说:在天地境界的人是圣人,在道德境界的人是贤人,

---

① 冯友兰:《贞元六书》(下),第556页。
② 冯友兰:《贞元六书》(下),第557页。

在功利自然境界的人，那就是我们这一群了。①

第四节 以哲学代宗教

"以哲学代宗教"是冯友兰所提出的一个重要命题，因此也是其哲学思想的重要组成部分。在其《中国哲学简史》中，他提出：

> 在未来的世界，人类将要以哲学代宗教。……人不一定应当是宗教的，但是他一定应当是哲学的。他一旦是哲学的，他也就有了正是宗教的洪福。②

在冯友兰，这一命题的依据主要有三个方面：

其一，宗教的核心是哲学。冯友兰认为，对超越的追求是人类的共性，然而，东西方在追求的方式上却有明显不同：西方多数民族以宗教为自己的终极关怀，以宗教为其生活中"最迷人"的部分；中国人则一向不那么重视宗教，而是通过哲学实现对超越的追求。他说："对超乎现世的追求是人类先天的欲望之一，中国人并不是这条规律的例外。他们不大关心宗教，是因为他们极其关心哲学。他们不是宗教的，因为他们都是哲学的。他们在哲学里满足了他们对超乎现世的追求。"③ 因此，如果西方文化的核心是宗教，那么中国文化的核心就是哲学。冯友兰进一步认为，宗教的核心其实也就是哲学，它只不过是某种哲学加上一些"上层建筑"所构成的混合体。因此，即使在宗教活动中，人们重视的不应该是仪式、组织、迷信等外在的东西，而应该是作为其核心的哲学。他说：

> 事实上，每种大宗教就是一种哲学加上一定的上层建筑，包括迷信、教条、仪式和组织。这就是我所说的宗教。④

---

① 冯友兰：《三松堂学术文集》，北京：北京大学出版社1984年，第501页。
② 冯友兰著，涂又光译：《中国哲学简史》，第5页。
③ 冯友兰著，涂又光译：《中国哲学简史》，第4页。
④ 冯友兰著，涂又光译：《中国哲学简史》，第2—3页。

其二，哲学可以弥补宗教之不足。冯友兰认为，科学与宗教是相冲突的：科学以"实际"为研究对象，它向人们提供的是"积极"的信息；宗教虽然有提高人的境界的功用，它也向人们提供"积极"的"实际"的信息。然而，因为宗教所提供的信息夹杂着想象和迷信的东西，故二者所提供的信息是不相调和的。历史地看，科学每前进一步，宗教就后退一步；在科学进展的同时，宗教的权威逐渐降低了。正因为如此，维护传统宗教的人们为此悲伤，为抛弃宗教的人们惋惜。在冯友兰看来，哲学就不会遇到这种"尴尬"，因为哲学的功用与科学的功用完全不同；恰就因为这种不同，哲学不会与科学发生冲突。他说："哲学的功用，尤其是形上学的功用，不是增加积极的知识"，而是提高人的境界。① 冯友兰认为，哲学不仅不会与科学发生冲突，而且可以弥补宗教之不足，以至于可以拯救宗教。他说：

> 如果除了宗教，别无获得更高价值的途径，的确应当惋惜他们。放弃了宗教的人，若没有代替宗教的东西，也就丧失了更高的价值。他们只好把自己限于尘世事务，而与精神事务绝缘。不过幸好除了宗教还有哲学，为人类提供了获得更高价值的途径——一条比宗教提供的途径更为直接的途径，因为在哲学里，为了熟悉更高的价值，无需采取祈祷、礼拜之类的迂回的道路。通过哲学而熟悉的更高的价值，比通过宗教而获得的更高价值，甚至要纯粹得多。②

其三，宗教只可达及"道德境界"，而哲学则可达及"天地境界"。依照其人生"四境界说"，冯友兰认为，要达到"天地境界"就必须对"大全"完全"觉解"，而实现这种"觉解"只有哲学才能达到；宗教只是一种"不完全"的"觉解"，不完全的"觉解"不能达及"天地境界"。他说："完全的觉解，是不容易有底。而不完全底觉解，则是比较容易有底。即平常人对于他与宇宙底关系，亦非全无觉解。这些不完全底觉解，表现为人的宗教底思想。"③ 在冯友兰看来，多数的宗教都认为有超人的力量作为崇拜对象，实际上，这种看法是人对于宇宙只有模糊知识时所具有的观念，因而是一种初

---

① 冯友兰著，涂又光译：《中国哲学简史》，第5页。
② 冯友兰著，涂又光译：《中国哲学简史》，第5页。
③ 冯友兰：《贞元六书》（下），第628页。

级的"图画式"的思想。他说："用图画式底思想，去想这个什么，他们即想它为神为帝、为天国、为天堂。"① 因此，依照宗教的途径只可达及"道德境界"，而不能达及更高的境界，尽管离"天地境界"只一步之遥。冯友兰说："人由宗教所得底境界，只是近乎此所谓天地境界。严格地说，其境界还是道德境界。"② 道德境界低于天地境界，所以宗教的境界也就相应地低于哲学所能达到的境界。

不过，在冯友兰看来，所谓以哲学代宗教并非指所有的哲学，而只是指"好的形上学"。他认为，哲学可以分为"好的形上学"和"坏的形上学"两种。"坏的形上学"由于不能摆脱"实际"，提供的是关于"实际"的知识，因此不是"空"的而是实的，是"不灵"的而是"死"的。他说："空是空虚，灵是灵活。与空相对者是实，与灵相对者是死。历史底命题，是实而且是死的。因为一个历史底命题，所说者是一件已定底事实，亦止于此一件事实。"③ 很明显，"坏的形上学"即是冯友兰所指的"西方的旧形上学"。"好的形上学"则不同，它是完全超越于"实际"的，是既"空"且"灵"的。他说："形上学底命题，是空而且灵底。形上学底命题，对于实际，无所肯定，至少是甚少肯定，所以是空底。其命题对于一切事实，无不适用，所以是灵底。"④ 只有既"空"且"灵"的形上学才能使人进入"天地境界"。那么，什么样的哲学才是其既"空"且"灵"的"好的形上学"呢？在冯友兰，此形上学即是通过其"正的方法"和"负的方法"，依照对"理""气""道体""大全"这些概念的"觉解"，所建构起来的"最哲学的哲学"——"新理学"。

---

① 冯友兰：《贞元六书》（下），第 629 页。
② 冯友兰：《贞元六书》（下），第 630 页。
③ 冯友兰：《贞元六书》（下），第 874 页。
④ 冯友兰：《贞元六书》（下），第 875 页。

第四十一章 贺 麟

贺麟（1902—1992年），字自昭，四川省金堂县人。1919年入北京清华学校学习，1926年毕业后赴美国留学，先后在奥柏林大学、芝加哥大学和哈佛大学学习西方哲学，获得学士学位和硕士学位。1930年由美国到德国柏林大学学习德国古典哲学。1931年回国后任教于北京大学。1941年中国哲学会在昆明成立西方哲学名著编译委员会，贺麟担任该委员会的主任委员。曾兼任北京大学训导长、哲学系代主任。1955年后任中国社会科学院哲学研究所研究员、学术委员会副主任，还曾任中华全国外国哲学史学会名誉会长，中文《黑格尔全集》编译委员会名誉主编，第三、第五届全国政协委员，中国民主同盟中央委员等职。1992年在北京逝世。

贺麟在20世纪30年代创立了"新心学"体系，成为现代新儒学早期的倡导者之一。贺麟对西方哲学亦有很深的造诣，对黑格尔、斯宾诺莎（Benedictus Spinoza，1632—1677年）、怀特海（Alfred North Whitehead，1861—1947年）等哲学家都有深入研究。1949年后贺麟放弃了自己原来的哲学体系，逐步转向辩证唯物论和历史唯物论。其著作主要有：《近代唯心主义简释》《文化与人生》《当代中国哲学》《现代西方哲学讲演集》等。其译作有《小逻辑》、《精神现象学》（与人合译）、《哲学史讲演录》（与人合译）、《黑格尔学述》和《伦理学》等。其著作被后人辑为《贺麟集》《贺麟选集》。

第一节 心本体论

为了确立本体论，贺麟对"心"这一概念进行了检讨。他认为，通常所谓"心"，实际上可以分为两种含义：一是指"心理意义的心"；二是指"逻辑意义的心"。他说："心有二义：一、心理意义的心；二、逻辑意义的心。

逻辑的心即理，所谓'心即理也'。心理的心是物，如心理经验中的感觉幻想梦呓思虑营为，以及喜怒哀乐爱恶欲之情皆是物，皆是可以用几何方法当做点线面积一样去研究的实物。"① "心理意义的心"是"被物支配之心"，是"已发"，是"物"，因此可以被当作"物"来研究；"逻辑意义的心"是"理"，是"未发"，是"物之体"，因此"心即理"。换言之，前者是日常生活意义上所使用的概念，后者则是哲学意义所使用的概念。基于这种区分，贺麟认为，"心理意义的心"不可成为本体意义的范畴，唯有"逻辑意义的心"有可能成为本体。因此，贺麟主要是在后者的意义上使用"心"这一概念的。

贺麟认为，"物"与"心"是不可分的，要获得对"物"的认识不可离开"心"。在他看来，感觉材料虽来源于"物"，但它亦需要感官的"参与"；若没有感官的"参与"，不会形成感觉材料，因此不可"离心而言物"。也就是说，所谓物质，一定是经过"思考"的物质，故不可离开主观而言客观，即不可离心而言物。恰如一块黑板之所谓是"客观的"黑板，因为大家公认他是一块黑板。而且，在感觉材料基础上形成知识更需要"心"的"参与"；没有"心"的"参与"，就不会形成知识。贺麟继承了康德的认识论思想，认为时空是人所具有的先天感性形式。即，时空"是主体（此心）整理或排列感觉材料的总法则（理或原理）"②，"是自然知识和自然行为所以可能的心中之理或标准"③。因此，要获得对"物"的认识，仅有"物"之存在是不够的，还必须依靠"心"。在此意义上，人与自然、"心"与"物"是不可离却的，否则便不会有知识的产生。贺麟说：

> 人生与自然既然是主体与对象的关系，则就逻辑的意义来说，离开人生，自然就没有主体，离开自然，人生就没有对象。④

不仅如此，在贺麟看来，"物"的价值亦依赖于"心"而有。"价值"同"心""理"不一样，它不是实体范畴，而是关系范畴，是指客体对于主体的

---

① 《贺麟选集》，第25页。
② 贺麟：《近代唯心论简释》，独立出版社1944年（下同），第33页。
③ 贺麟：《近代唯心论简释》，第24页。
④ 《贺麟选集》，第171页。

有用性。因此，离开了"心"，"物"的价值就无从谈起。贺麟说："逻辑意义的心，乃一理想的超验的精神原则，但为经验行为知识以及评价之主体。此心乃经验的统摄者，行为的主宰者，知识的组织者，价值的评判者。自然与人生之可以理解，之所以有意义，条理，与价值皆出于此心即理也之心。"①"心"不仅赋予"物"以价值，还是"物"之价值的评判者。因此，"物"之价值完全因"心"而有。可见，如果离开"心"而言"物"，"物"不仅没有条理，也没有价值可言了。贺麟说：

> 普通人所谓"物"，在唯心论者看来，其色相皆是意识所渲染而成，其意义、条理与价值，皆出于认识的或评价的主体。此主体即心。……离心而言物，则此物实一无色相，无意义，无条理，无价值之黑漆一团，亦即无物。②

进而，贺麟认为"心即理"。在贺麟，"心"与"理"是有区别的："心"是主体性范畴，与感觉经验、情感欲望、主观价值等相联；"理"是客体性范畴，表示精神实体的普遍性、恒常性，具有义理上更纯粹的性质。他说："理是一个很概括的名词，包含有共相，原则，法则，范型，标准，尺度以及其他许多意义。"③ 很明显，"理"其实就是"性"，因此所谓"理学"也就是"性理之学"。贺麟说："性（essence）是自整个的丰富的客观材料抽拣而出之共相或精蕴。因此本体是普遍的具体的，此种具体的共相即是'理'。如'人''物'之性各为支配其活动之原理。故唯心论即唯性论，而性即理，心学即理学，亦即性理之学。"④ 不过，贺麟认为，"理是心的本质"，因此"心即是理"。他说："理是心的一部分，理代表心之灵明部分。理是心的本质，理即本心，而非心的偶性"⑤，因此，"逻辑的心即理，所谓'心即理也'"⑥。既然如此，要求得"理"的认识，就无需向外诉求，而只需要内求于心即可。贺麟说：

---

①　贺麟：《近代唯心论简释》，第 1 页。
②　《贺麟选集》，第 25 页。
③　贺麟：《近代唯心论简释》，第 21 页。
④　《贺麟选集》，第 27 页。
⑤　贺麟：《近代唯心论简释》，第 22 页。
⑥　《贺麟选集》，第 25 页。

心既是理，理既是在内，而非在外，则无论认识物理也好，性理也好，天理也好，皆须从认识本心之理着手。不从反省本心着手，一切都是支离骛外。①

基于上述论述，贺麟提出了他的心本体论主张："心"逻辑上先于物、决定物，是构成物之所以为物的本质。事实上，"心"不仅是代表一物之所以然及其所当然的本质，而且还是支配一物之一切变化与发展的"范型"。他说："心""一方面是一物所已具的本质，一方面又是一物须得实现的理想或范型"②。总之，贺麟认为，既然对"物"的认识和"物"的价值都依赖于"心"，而且"心即理"，因此，"心"就是"物"的主宰，是"物"的本体；"物"是"心"的工具，是"心"的用。他说：

据此界说，则心物永远平行而为实体之两面：心是主宰部分，物为工具部分。心为物之体，物为心之用。心为物的本质，物为心的表现。故所谓物者非他，即此心之用具，精神之表现也。③

第二节　直觉论

贺麟专门对"直觉"进行了探讨。他认为，"直觉"是"用理智的同情以体察事物，用理智的爱以玩味事物的方法"④。因此，"直觉"不仅是一种经验事实，而且是一种方法。他说：

直觉是一种经验，复是一种方法。所谓直觉是一种经验，广义言之，生活的态度，精神的境界，神契的经验，灵感的启示，知识方面突然的当下的顿悟或触机，均包括在内。所谓直觉是一种方法，意思是谓直觉是帮助我们认识真理、把握实在的功能或技术。⑤

---

① 贺麟：《近代唯心论简释》，第27页。
② 《贺麟选集》，第26页。
③ 《贺麟选集》，第26页。
④ 《贺麟选集》，第67页。
⑤ 《贺麟选集》，第63页。

贺麟认为，就"直觉"之为经验而言，它是一种事实，可有可无，时有时无；即使素来反对"直觉"的人，如果忽然有了"直觉"，他也无法加以否认或去除。就"直觉"之为方法而言，它是一种工夫，可用可不用，时有用时无用。在他看来，"直觉"作为一种方法具有如下两个方面的特征：其一，"真正的哲学的直觉方法，不是简便省事的捷径，而是精密紧严，须兼有先天的天才与后天的训练，须积理多学识富，涵养醇，方可逐渐使成完善的方法或艺术"；其二，"直觉不是盲目的感觉，同时又不是支配的理智，是后理智的，认识全体的方法，而不是反理智反理性的方法"。①

贺麟认为，"直觉"方法大致可区分为两类："向内反省的直觉"与"向外透视的直觉"。所谓"向内反省的直觉"，就是"注重向内反省体察"，是认识自己本心或本性的一种向内的"反省式"的直觉。所谓"向外透视的直觉"，就是"注重用理智的同情以观察外物"，是一种借助理性力量认识外界物理的方法。在贺麟看来，陆九渊和朱熹之方法均属于"直觉"方法。他说："陆王所谓致知或致良知，程朱所谓格物穷理，皆不是科学方法，而乃是探求他们所谓心学或理学亦即我们所谓哲学或形而上学的直觉法。"② 陆王心学与程朱理学都非常重视"直觉"方法，只是它们着力的重点不同而已。贺麟说："就朱陆的直觉方法之异同言，我已说过，大体上只是二人对于直觉方法之着重点与得力处不同。陆象山注重向内反省以回复本心，朱子注重向外体认，以穷究物理。"③ 在他看来，陆九渊的"切己自反"、"回复本心"是前一种直觉方法的代表，朱熹的"虚心涵泳""切己体察"则是后一种直觉方法的代表。

贺麟认为，"直觉"在认识过程中发挥着重要作用。在他看来，"直觉"与理智均是认识过程中不可或缺的环节，不能把二者对立起来。他说："我们谓直觉方法与抽象的理智方法不同则可，谓直觉方法为无理性或反理性则不可。"④ 在知识形成的过程中，"直觉"不仅先于理智发挥作用，而且亦后于理智发挥作用。贺麟说："直觉方法一方面是先理智的，一方面又是后理智

---

① 《贺麟选集》，第66—67页。
② 《贺麟选集》，第60页。
③ 《贺麟选集》，第72页。
④ 《贺麟选集》，第64页。

的。先用直觉方法洞见其全，深入其微，然后以理智分析此全体，以阐明此隐微，此先理智之直觉也。先从事于局部的研究，琐屑的剖析，积久而渐能凭直觉的助力，以窥其全体，洞见其内蕴之意义，此后理智之直觉也。直觉与理智各有其用而不相背。"① 在贺麟看来，"先理智的直觉""理智的分析""后理智的直觉"三者是一个完整认识过程的三个阶段：第一阶段只提供一种混沌的经验，尚未形成知识；第二阶段仅形成科学的知识，尚未形成哲学的知识；第三阶段才能形成哲学的知识，即关于宇宙总体的知识。在形成认识的过程中，"先理智的直觉"与"后理智的直觉"的作用是不相同的，后者应是哲学所更重视者。他说：

> 先理智的直觉，只是经验而绝不是方法。后理智的直觉，亦经验亦方法。方法与经验，一而二，二而一，锐敏的思想与亲切的经验合一，明觉精察之知与真切笃实之行合一，为直觉法或体验法之特色。②

贺麟非常重视"直觉"，但并不夸大它的作用。他认为，认识活动往往有多种方法，形式逻辑的思维方法、辩证法的思维方法和"直觉"方法往往是同时存在的。因此，真正的哲学家往往是多种方法兼采的，只不过是侧重不同罢了；只承认一种方法而割裂诸种方法的做法是错误的。贺麟说："形式的分析与推论、矛盾思辨法、直觉三者实为任何哲学家所不可缺一，但各人之偏重略有不同罢了。认直觉主义绝不分析推论，与认科学家、实验主义者或研究数理逻辑的人绝对不采用直觉法或矛盾思辨法，皆陷于同样的错误。"③在他看来，多种方法的综合运用是认识过程的必然要求，这一点在近现代哲学的历史发展中表现得更为清晰。他说："直觉与理智乃代表同一思想历程之不同的阶段或不同的方面，并无根本的冲突，而且近代哲学以及现代哲学的趋势，乃在于直觉方法与理智方法之综贯。"④ 因此，"直觉"作为一种方法往往是与其他方法相互作用、相互补充的。贺麟说：

---

① 贺麟：《近代唯心论简释》，第95页。
② 《贺麟选集》，第79页。
③ 《贺麟选集》，第64—65页。
④ 贺麟：《近代唯心论简释》，第98页。

无一用直觉方法的哲学家而不兼采形式逻辑及矛盾思辨的。同时亦无一理智的哲学家而不兼用直觉方法及矛盾思辨的。①

第三节　知行合一新论

贺麟首先对"知""行"概念进行了讨论，赋予它们以明确的含义。在贺麟看来，任何意识的活动，如记忆、感觉、推理以及学问的思辨活动等，都属于"知"；任何生理的动作，如五官四肢的运动、神经系统的运动以至大脑的细微运动，都属于"行"。他说："知指一切意识的活动。行指一切生理的活动。"②　"行是生理的，或物理的动作；知是意识的，或心理的动作。"③由此看来，"知"与"行"虽然有相异之处，但它们均属于活动。因此，不能说"行"是动的，而"知"是静的；只能说"行"有动静，"知"也有动静。贺麟进一步认为，无论是"知"，还是"行"，它们都是分等级的，有"显"与"隐"的区别。具体来讲，"最显著"的意识活动，如思、推理、研究学问，是"显知"；"最不显著或隐晦"的意识活动，如本能的意识、下意识的活动，是"隐知"。相应地，"最显著"的生理动作，如动手动脚的行为，是"显行"；"最不显著或隐晦"的生理动作，如静坐、思的行为，是"隐行"。

贺麟认为，"知""行"二者是合一的。这可从横与纵两个角度来看：从横的角度看，"知""行"同时发动，为一个活动的两面；既无无"知"之"行"，亦无无"行"之"知"；二者是永远"陪伴着"的，在时间上不能分先后。他说："所谓知行是同一活动的两面，亦即是说知行是那同一活动的整体中的中坚部分（integral parts）或不可分离的本质。无无知之行，亦无无行之知。知与行永远在一起（always together），知与行永远陪伴着（mutual accompaniment）。好像手掌与手背是整个手的两面。"④　因此，"知"与"行"

---

① 贺麟：《近代唯心论简释》，第 95 页。
② 《贺麟选集》，第 373 页。
③ 《贺麟选集》，第 374 页。
④ 《贺麟选集》，第 375 页。

只是"用两个不同的名词，去形容一个活动的历程"①。从纵的角度看，"知""行"二者是平行的。他说："就知行之在时间上进展言，就一串的意识活动与一串的生理活动之合一并进言，则知行合一即是知行平行。"② 在贺麟看来，这种"平行"关系包括三重含义：其一，就时间来看，"知""行"并进，二者不分先后。其二，就事实来看，"知""行"二者各自"运行"，不能交互影响。其三，就研究方法来看，"知""行"各成系统，互不逾越范围；前者对应纯哲学或精神科学，后者对应纯自然科学。

进而，贺麟将"知行合一"区分为"自然的知行合一"与"价值的知行合一"两种。所谓"自然的知行合一"，是指生理活动的行即伴随着心理活动的知，二者是永远同时的、合一的。在贺麟看来，这种合一"以纯意识活动为知，纯生理物理活动为行"③。他说："一念发动处之所以是行，因有生理动作陪随此一念之故。"④ 在此意义上，"知"与"行"永远是同时产生的。他说："任何一种行为皆含有意识作用，任何一种知识皆含有生理作用。知行永远合一，永远平行，永远同时发动，永远是一个心理生理活动的两面。"⑤ 在贺麟看来，这种合一是"普遍的""知行合一"，因为它是"是如此"的自然事实，不需人的努力就可以达到，"我们虽欲知行不合一而不可得"⑥，故它可称作"自然的知行合一论"。不过，这种"知行合一"本身"并无什么价值"，至多它为"价值的知行合一"奠定了学理基础。

所谓"价值知行合一"，是指"应如此"的价值或理想，是需要努力才可实现的。在贺麟看来，"价值的知行合一"以"显行""隐知"为"行"，以"显知""隐行"为"知"。他说："价值的知行合一说者，则在不同的时间内，去求显知隐行与显行隐知之合一。因为知与行间有了时间的距离，故成为理想的而非自然的，因为要征服时间的距离与阻隔，故需要努力方可达到或实现。"⑦ 贺麟认为，实现这种"知行合一"有两个途径：一是"向上"

① 《贺麟选集》，第 376 页。
② 《贺麟选集》，第 376 页。
③ 《贺麟选集》，第 378 页。
④ 贺麟：《近代唯心论简释》，第 75 页。
⑤ 贺麟：《近代唯心论简释》，第 59 页。
⑥ 《贺麟选集》，第 377 页。
⑦ 《贺麟选集》，第 378 页。

的途径，即是由"行"以求与"知"合一；二是"向下"的途径，即是由"知"以求与"行"合一。换言之，前者是求知识化的途径，后者是求效用化的途径。他认为，"价值的知行合一"又可分为两种情形：一种是"直觉的价值知行合一"，指"知"与"行"紧接发动，即"知"即"行"，几不能分先后，但又非完全同时；它不是高深的理想，而是一种自动的行为，所表达的是一种直觉。另一种是"理想的价值的知行合一"，指"知"与"行"之间有长时间的距离，须通过"博学""审问""慎思""明辨""笃行"等艰苦努力才能实现二者的合一，它所表达的是一种理想。

　　贺麟认为，虽然"知""行"二者是合一的，但从根本上讲是"知主行从"。在贺麟，"知行合一"不是"知""行""混一"，而是"知""行""合一"；在"混一"体中，二者无主从之分，在"合一"体中，则须分出主从。他认为，之所以"知主行从"，有如下三个方面的原因：其一，从体用关系来看，"知"为体，"行"为用。他说："知是行的本质（体），行是知的表现（用）。行若不以知为主宰，为本质，不能表示知的意义，则行为失其所从为人的行为的本质，而成纯物理的运动。"① 他还说："无论什么人，无论在什么情形下，他的行为永远是他的知识的功能（action is always the function of knowledge）。"② 其二，从因果关系看，"知"是原因，"行"是结果。他说："知永远决定行为，故为主。行永远为知所决定，故为从。人之行不行，人之能行不能行，为知所决定。"③ 因此，行为的结果如何，皆为知识之精到与否所决定。其三，从目的和手段的关系来看，"知"是目的，"行"是手段。他说："知永远是目的，是被追求的主要目标。行永远是工具，是附从的追求的过程。任何人的活动都是一个求知的活动。"④ 既然"行"只是手段，故它必须服从于作为目的的"知"。贺麟说：

　　　　知是有意义的、有目的的，行是传达或表现此意义或目的之工
　　具或媒介。故可下界说如下：行为者表现或传达知识之工具也；知

①　《贺麟选集》，第381页。
②　《贺麟选集》，第382页。
③　贺麟：《近代唯心论简释》，第66页。
④　贺麟：《近代唯心论简释》，第67页。

识者指导行为之主宰也。①

第四节 儒家思想之新开展

贺麟认为，要探讨中国文化的发展，"体""用"范畴是重要的入手处。不过，在他看来，所谓"体""用"不可依着"常识意义"来理解，而应在"哲学意义"上使用这对范畴。在"常识意义"，"体用"是指以个人的需要为准而抉择的"主辅"之意，它无逻辑上的必然性，只是一种"相对的体用观"。而"哲学意义"的"体用"，则是指在形上、形下之别意义上对"体用"进行考察，故是一种是"绝对的体用观"。因此，贺麟说："体指形而上的本体或本质（essence），用指形而下的现象（appearance）。体为形而上之理由，用为形而下之事物。"② 基于此，他认为，在考察文化时要注意三个问题：其一，"体"与"用"不可分离。他说："盖体用必然合一而不可分。凡用必包含其体，凡体必包含其用，无用即无体，无体即无用。没有无用之体，亦没有无体之用。"③ 因此，凡所谓一种文化"有体无用"或"有用无体"都是错误的。其二，"体"与"用"不可颠倒。即，不可将"体"与"用"之关系颠倒来看。贺麟说："体是本质，用是表现。体是规范，用是材料。不能以用为体，不能以体为用。"④ 其三，各部门文化不可分割。在贺麟看来，文化虽分为不同的部门，但彼此间有其共通性。因此，一部门文化往往可以反映其他各部门的文化，进而可以反映整个的民族精神。

贺麟提出，要进行中国新文化的建设，需要坚持"以精神为体，以古今中外文化为用"的原则。具体来讲，这一原则分为三个方面：第一，以自由自主的精神为"体"，以古今中外文化为"用"。他说："以自由自主的精神或理性为主体，去吸收融化，超出扬弃那外来的文化和已往的文化。尽量取精用宏，含英咀华，不仅要承受中国文化的遗产，且须承受西洋文化的遗产，

① 《贺麟选集》，第381页。
② 《贺麟选集》，第117页。
③ 《贺麟选集》，第121页。
④ 《贺麟选集》，第121页。

使之内在化，变成自己的活动的产业。"① 第二，要排斥"中学为体、西学为用"的观点。在他看来，中学、西学各自成一整套，各自有其"体""用"，故不可割裂"零售"；而且，"体""用"不可倒置，故西学之"体"不能搬到中国作为"用"，中学之"用"亦不能搬到西学作为"体"。因此，要发展中国新文化，只能"以体补体"、"以用补用"。他说："作这新物质文化之体的新精神文明，亦须中国人自力去平行地建设创造。这叫做以体充实体，以用补助用。使体用合一发展，使体用平行并进。除此以上，似没有别的捷路可走。"② 第三，要"深刻而彻底"地理解西方文化。他说："研究、介绍、采用任何部门的西洋文化，须得其体用之全，须见其集大成之处。"③ 以此为基础，才可去吸收、采用其有益成分，从而补充中国的新文化。

在此基础上，贺麟探讨了"儒家思想新开展"的途径。他认为，要实现儒家思想的现代开展，既不能墨守传统的"成法"，也不能一味抄袭西洋的方式，而必须以已有的思想为基础，谋求新知，"调整身心"，日新不已，以解答时代的问题，从而克服已有的危机。具体来讲，"儒家思想新开展"的途径有艺术化、宗教化和哲学化三个方面。在他看来，儒家思想本来就包含着上述三个方面的内容：有理学以格物穷理，寻求智慧，此为哲学；有礼教以磨练意志，规范行为，此为宗教；有诗教以陶养性灵，美化生活，此为艺术。以儒学本有的内容和理路去"自求新知"，定会应付儒学之危机。贺麟坚信，若沿着此三途径前进，儒家思想的前途是光明的，中国文化的前途也是光明的。他说：

> 儒学是合诗教、礼教、理学三者为一体的学养，也即艺术、宗教、哲学三者的谐合体。因此，新儒家思想的开展，大约将循艺术化、宗教化、哲学化的途径迈进。④

第一，以西方哲学发挥儒家的理学，此为哲学化的途径。在贺麟看来，"东圣西圣，心同理同"⑤，所以中国的"正宗哲学"可借助西方的"正宗哲

---

① 《贺麟选集》，第 123—124 页。
② 《贺麟选集》，第 123 页。
③ 《贺麟选集》，第 122 页。
④ 《贺麟选集》，第 134 页。
⑤ 《贺麟选集》，第 133 页。

学"来发挥。所谓中国的"正宗哲学"，是指孔、孟、老、庄等圣贤的哲学；西方的"正宗哲学"，是指苏格拉底、柏拉图（Plato，约前 427—前 347 年）、亚里士多德（Aristotle，约前 384—前 322 年）等圣哲的哲学。贺麟认为，这两种哲学虽有相通之处，但亦有差异之面；恰是因有这种差异，二者若能会合融贯，将会促生出一种新哲学，从而消解中国文化所面临的危机。具体来讲，新儒家如果沿着这一路径前进，儒家哲学的内容将变得更为丰富，条理更为清楚，体系也更为严谨；进而，儒家哲学不仅将为道德之可能提供理论基础，而且也将为科学之可能提供理论基础。在此，贺麟的主张是，巧妙地运用西方哲学来发挥中国哲学的内涵，实现重新诠释中国哲学的目的，从而赋予儒家思想以新的形态，实现儒家思想的现代开展。

第二，以基督教精华充实儒家礼教，此为宗教化的途径，也是"儒家思想新开展"的关键所在。贺麟认为，西方近代文化乃是宗教精神与科学精神共同作用的产物，因此，在注意其科学精神的同时，不能忽视其宗教精神。在他看来，西方人了解中国，首先是从研究儒家、道家入手的，这是最根本的；而我们了解西方时，却往往忽略了基督教，这是一种无知无识的表现。客观地看，虽然中国传统文化中亦有宗教，但中国人的宗教生活相对来讲是比较薄弱的。他说："儒家的礼教本富于宗教的仪式与精神，而究竟以人伦道德为中心。"[1] 针对这种情况，有必要用基督教来充实儒家礼教。而且，在贺麟看来，宗教是一种神圣价值，它值得我们永远追求。因此，"基督教在中国将来必有新的开展，宗教哲学之发扬亦颇有前途"[2]。他说：

> 基督教文明实为西方文明的骨干。……若非宗教精神为体，物质文明为用，绝不会产生如此伟大灿烂的近代西洋文化。我敢断言，如中国人不能接受基督教的精华而去其糟粕，则决不会有强有力的新儒家思想产生出来。[3]

第三，以西方的艺术发扬儒家的诗教，此为艺术化的途径。贺麟认为，各种艺术都是精神生活的具体表现，而诗歌与音乐是艺术的最高表现形式。

---

① 《贺麟选集》，第 133 页。
② 《贺麟选集》，第 369 页。
③ 《贺麟选集》，第 133 页。

原始儒家具备此"深识远见",因此特别重视"诗教""乐教"。但是,由于《乐经》佚失于历史的长河中,因此,后来的中国文化中"乐教"中衰。不幸的是,在"乐教"中衰的同时,"诗教"亦渐渐式微,其他艺术也未得到重视,结果使得中国文化在发展过程中出现了转向,以至于造成了以道德压抑人性之"枯燥迂拘"的境地。然而,反观西方文化,举凡建筑、雕刻、绘画、小说、戏剧等,都与诗歌、音乐一样,不仅在古代即已繁兴,而且在历史的长河中长盛不衰。这些艺术形式体现了极高的审美价值,在西方文化的发展史上发挥了重要作用,值得中国人在发扬传统时予以借鉴。因此,要借鉴西方的艺术来改造儒家诗教,通过改变其本意赋予其以近代之新意,从而创造出新的儒家文化。他说:

> 今后新儒家的兴起,与新诗教、新乐教、新艺术的兴起,应该是联合并进而不分离的。①

---

① 《贺麟选集》,第 134 页。

第四十二章 钱 穆

钱穆（1895—1990 年），字宾四，晚号素书老人、七房桥人，江苏省无锡县人。1906 年入常州府中学堂学习，1912 年因家贫辍学。1913—1919 年任小学教员，1923 年后任中学教员。1930 年因发表《刘向歆父子年谱》成名，被聘为燕京大学国文讲师。以后，历任北京大学、清华大学、北平师范大学、四川大学、齐鲁大学、西南联大、武汉大学、华西大学、江南大学教授。1949 年迁居香港，与唐君毅、张丕介（1905—1970 年）等创建亚洲文商学院，1950 年更名为新亚书院，任院长。1955 年获香港大学名誉法学博士学位。1960 年获美国耶鲁大学名誉人文学博士学位。1965 年正式卸任新亚书院院长，应聘到马来亚大学任教。1967 年移居台湾，在中国文化书院任职。1968 年当选台湾"中央研究院"院士、"故宫博物院"特聘研究员。1990 年逝世于台北。

钱穆被中国学术界称为"一代宗师"、最后一代"士大夫"。其著述颇丰，专著多达 80 种以上。代表作有《先秦诸子系年》《中国近三百年学术史》《国史大纲》《中国文化史导论》《民族与文化》《文化学大义》《孔子传》《中国思想史》《朱子新学案》《宋明理学概述》《中国学术通义》等。还有多种论文集，如《中国学术思想史论丛》《中国文化丛谈》等。其著作被辑为《钱宾四先生全集》。

第一节 心本体论

钱穆认为，人的生活分为"身生活"与"心生活"两部分，相应地，世界也区分为"物世界"与"心世界"两部分。在他看来，"物世界"在人生之外面，为人所共同公有，比较简单；"心世界"在人生之内里，属各个人所私有，比较复杂。在二者之间，尽管人生绝不能脱离"物世界"，但对人生来讲，更重要的却在"心世界"。他说："在此物世界中，一切占夺争取，仍属心世界事。只要真懂得心生活，真进入此心世界，而确真认识了此心，则对此物世界，大可不争不夺，有退有让。人生之所资于物世界者，实不贵多而贵少，不贵大而贵小。……心之所需于物者，在求能心定、心安、心乐。……科学文明，亦属心世界事，物世界何来有科学发明？"① 人之所求于"物世界"并非越多越好，即使非求不可的，其根源亦在于"心世界"，因此，即使是科学研究，亦属"心世界"，而不能归为"物世界"。当然，钱穆并非否定物质文明，而是主张"物世界"与"心世界"须有一"恰好之配合"。他说："单求物世界发展，其事易。要兼顾到心世界，使心物、内外得一恰好配合，其事难。……人生主要目标，在自求心乐。"② 明确了人生之目标在"求心乐"，"心世界"与"物世界"之关系自然就会得以恰当理解。他说：

> 使此心自由自在，不为物缚，不受物占，清明在躬，虚灵不昧，也自会领略到人生寻乐真谛。③

钱穆认为，在整体与部分之间，中国人倾向于重视整体。他说："西方人看重部分，中国人则看重整体。"④ 而且，在二者之间，应是先有了整体，才始有部分；并不是先有了部分，乃始合成为整体。比如，先有了"天"，乃始有春、夏、秋、冬；而不是先有了春、夏、秋、冬，才始"合成"为"天"。在这样一种思维模式下，中国人习惯于从整体上看待人与天之关系。其中，起"沟通"作用的是"性"。钱穆说："人生一切活动皆本于其内在之'性'，而人性则禀赋于'天'，故在人生中即涵有天之一部分，而与天为一。故曰：'通天人，合内外'，实即融为一体。"⑤ 由于"性"的存在，不仅使人异于万物，从而使人能够接近天命："人生之所以异于万物者，即在其能独近于天命，能与天命最相合一，所以说'天人合一'。此义宏深，又岂是人生于天命

---

① 钱穆：《晚学盲言》，载《钱宾四先生全集》（48）（下同），第145页。
② 钱穆：《晚学盲言》，第146页。
③ 钱穆：《晚学盲言》，第147—148页。
④ 钱穆：《晚学盲言》，第1页。
⑤ 钱穆：《晚学盲言》，第321页。

相离远者所能知。"① 由于"性"的存在，"人"与"天"实现了"合一"：
"人文求能与自然合一。……中国人看法，性即是一自然，一切道从性而生，
那就是自然人文合一。换句话说，即是'天人合一'。"② 可见，所谓"天人
合一"，即是指自然与人文的合一，即，"不违背天，不违背自然，且又能与
天命自然融合一体"③。钱穆说：

> "小我"与"大自然"浑然一体，这便是中国人所谓的"天人
> 合一"。小我并不和此大自然体对立，只成为此体之一种根荄，渐渐
> 生长扩大而圆成，则此小我便与大自然融和而浑化了。此即到达天
> 人合一的境界。④

钱穆认为，"天人合一"是中国人的最高信仰，也是中国文化的最后归
宿。在他看来，"天人合一"观是中国文化最古老的方面，自远古时代人们即
抱有一种"天即是人，人即是天，一切人生尽是天命的天人合一观"⑤。后
来，孔子由道德入手阐述儒家学说，从而奠定了中国文化"天人合一"的传
统。钱穆说：孔子"在人类道德上建基，然后再扩而充之，由修身而齐家，
而治国，而平天下，以达于全人类。再引而申之，由'明心见性'而'万物
一体'，而'天人合一'，以达于全宇宙"⑥。之后，孔子的思想被继承下来，
人们把"天"与"人""和合"起来看，认为"天命"表露在"人生"上，
人生也须合于"天命"。即，"人生"与"天命"二者是不可分的；如果把
"天"与"人"分别来看，那就无从准确把握中国人的思想了。钱穆说："人
生最大目标、最高宗旨，即在能发明天命。……其人品德性之高下，即各以
其离于天命远近为分别。这是中国古代论人生之最高宗旨，后代人亦与此不
远。"⑦ 基于此，钱穆说："中国人的最高信仰，乃是天、地、人三者之合一。
借用耶教术语来说，便是天、地、人之"三位一体"。在中国，天地可合称为

---

① 钱穆：《世界局势与中国文化》，第 422 页。
② 钱穆：《中国文化十二讲》，载《钱宾四先生全集》（38）（下同），第 17—18 页。
③ 钱穆：《世界局势与中国文化》，第 423 页。
④ 钱穆：《中国文化史导论》，载《钱宾四先生全集》（29）（下同），第 19 页。
⑤ 钱穆：《世界局势与中国文化》，第 421 页。
⑥ 钱穆：《孔子与论语》，载《钱宾四先生全集》（4），第 344 页。
⑦ 钱穆：《世界局势与中国文化》，第 422—423 页。

天，人与天地合一，便是所谓'天人合一'。"① 他还特意强调说：

> 中国文化中，"天人合一"观，虽是我早年已屡次讲到，惟到最近始彻悟此一观念实是整个中国传统文化思想之归宿处。②

在钱穆看来，既然人生之目标在于"求心乐"，那么，"心世界"就应该贵于"物世界"，"心生活"就应该贵于"身生活"。他说："'物后'必有'人'，人与人交必以'心'。徒物无心，或其心不足贵，物又何贵？"③ "物"的价值来源于人，当然，"心"应该贵于"物"。不过，此"心"并非"一时一己之心"，而是你、我、他所有人共有之"千古万古心"。他说："故外面一切存在，实皆存在于己心。而己之心则并不专存于其己，上自千古，下迄千古，人同此心，则此心乃千古万古心，非一时一己心。"④ 在此，钱穆所强调的是与"物"所对应之"心"，而非"小我"之个体之心。正因为如此，"心"与"物"不仅是相通的，而且"心"即是"物"之主宰。他说："知命乃知其外，尽性则尽于内。人生内外一体，不能有外无内，亦不能有内无外。尽内所以事外。……其主宰则在己之一心，尽性、安命，非有二也。"⑤ 由此，不难推断，既然"天人合一"，而"心"又为"物"之主宰，故"心"即是天地万物之本体。正因为如此，钱穆将"心""神""物"称为"三位一体"。他说：

> 心相通，即"仁道"，亦即"神"。……此心旁通物，上通天，遂成一多神之宇宙。如是则"心"与"神"与"物"乃三位而一体。物与心合则皆神，物与心分则皆物。其主宰之所相通皆在"心"。⑥

进而，钱穆认为，变化的本质在于"化"，即"变而不变"。在他看来，"变化"一词虽合言之，但"变"与"化"二者是有区别的。那么，什么是

---

① 钱穆：《中华文化十二讲》，（38）第 108 页。
② 钱穆：《世界局势与中国文化》，第 419 页。
③ 钱穆：《晚学盲言》，第 155 页。
④ 钱穆：《晚学盲言》，第 900 页。
⑤ 钱穆：《晚学盲言》，第 898 页。
⑥ 钱穆：《晚学盲言》，第 156—157 页。

"变"呢？所谓"变"，只是人为了"方便"而对外物的一种"裁定"。他说："所谓'变'，只由人类智慧所裁定。定此一日为春末，定此一日为夏首，遂把此宇宙大化裁定成为种种之变。知其有了变，便易参加进人类之适应。"①什么是"化"呢？所谓"化"，其实是指"常"。钱穆说："若言'大化'，则远古至于现代，一化相承，可谓如有变而实未变。故中国人对宇宙大自然，每不言'变'，而仅言'化'。永恒是一宇宙大自然，故曰'天不变，道亦不变。'若专主言变，岂能变成非宇宙大自然？"②在钱穆看来，"化"是有生命力的，因此它可以"化育"出生命；由此"化育"又可区分"化"与"变"之区别："'化'指物，'育'指生命，在万物之化中，自可养育出生命。但万物之生命各不长，有生即有死，此是'变'。但其统体生命则不见有死，乃若与天地长存。"③因此，"化"其实就是"神"。他说："既曰'化'，则必随而去，此是所过。然有其不随而去者，中国古人乃称之为'神'。万物同存有一神，生命亦同存有一神，天地大自然亦同存有神。"④钱穆还说：

> "变"字终其嫌拘于一曲，流于物质观，其义浅。"化"字始跻于大方，达于精神界，其义深。……万物之有生无生，都只是现象，只有天地大自然始是其本体。大方乃是本体，一曲只是现象。"变"只变此现象，变此一曲。若论本体，则只有"化"，并无变。⑤

第二节 儒家之"人道"

钱穆认为，"人道"观念是中国文化的本质特征。在他看来，作为中国文化的主干，儒家思想所讲的"道"，既不是"神道"，也不是"君道"，而是"人道"。他说：儒家"不讲宗教出世，因此不重神道；亦不讲国家无上与君权至尊，因此也不重君道。他们只讲一种天下太平世界大同的人生'大群之

---

① 钱穆：《晚学盲言》，第110—111页。
② 钱穆：《晚学盲言》，第111页。
③ 钱穆：《晚学盲言》，第112—113页。
④ 钱穆：《晚学盲言》，第113页。
⑤ 钱穆：《晚学盲言》，第118—119页。

道'，这便是'人道'，亦可以说是'平民道'"①。因此，就整个中国文化来讲，"中国人所以不很看重民族界线与国家疆域，又不很看重另外一世界的上帝，可以说全由他们看重人道观念而来"②。中国文化既不重视民族国家的观念，也不重视超越的"神圣世界"，而从一开始就将重点落在了"人"身上，即落在"人道"上。正因为如此，"中国传统文化精神，乃一切寄托在人生实务上，在人生实务之道德修养上，在教育意义上"③；"故凡中国之学，必当先求学为一人，即一共通之人"④。因此，钱穆说："中国为人本位文化，重要在人与人相接处。"⑤ 他还说：

> 中国文化是一种现实人生的和平文化，这一种文化的主要泉源，便是中国民族从古相传一种极浓厚的人道观念。此所谓人道观念，并不指消极性的怜悯与饶恕，乃指其积极方面的像后来孔子所说的"忠恕"，与孟子所说的"爱敬"。人与人之间，全以诚挚恳挚的忠恕与爱敬相待，这才是真的人道。⑥

不过，中国文化的"人道"观念不是由个体观念起的，而是由家庭观念筑起的。钱穆认为，中国基本上是一个氏族社会，或称为宗法社会，家庭观念是整个中国文化的基石；在这个基石之上，才有"人道观念"；在"人道观念"之上，才有整个中国文化。具体来讲，中国人自古重视家庭伦理，而家庭伦理所强调的是义务而非权利，是对象化的"无我"状态。也即是说，在家庭伦理之下，"小我"被以血缘为基础的"家族感情"分解了，并由此一层层地向上拓展和一圈圈地向外扩大，直达"尽人之心""赞天地之化育"的"大群"境界。他说："'家族'是中国文化一个最主要的柱石，我们几乎可以说，中国文化，全部都从家族观念上筑起，先有家族观念乃有人道观念，先有人道观念乃有其他的一切。……人道观念的核心是家族不是个人。"⑦ 由

---

① 钱穆：《中国文化史导论》，第 86 页。
② 钱穆：《中国文化史导论》，第 56 页。
③ 钱穆：《民族与文化》，载《钱宾四先生全集》(37)，第 51 页。
④ 钱穆：《现代中国学术论衡》，第 42 页。
⑤ 钱穆：《晚学盲言》，第 981 页。
⑥ 钱穆：《中国文化史导论》，第 55 页。
⑦ 钱穆：《中国文化史导论》，第 55—56 页。

此意义来讲，家庭观念是整个中国文化的"根柢"，"家庭是中国文化中最重要的一部分"①。因此，中国式的人道主义就是儒家所倡导的以家族为基础的"大群"精神。

在钱穆看来，中国文化之"人道"观念尤其重视"人心"。他说：中国文化"重在'人'，不在'事'。而尤更重在人之'心'。惟人心乃人事之主，而人心有此两大别。自然心与文化心，小我心与大群心"②。不过，"人心"有境界之别，区分为"自然心""文化心"："自然心"是较低层次的境界，其目的在于个体生命之存在，故亦称"小我心"。钱穆说："人类有自然心，饮食男女，亦如禽兽，易得满足。"③"文化心"是高层次的境界，其目的在求大群体存在之安乐，故亦称"大群心"。他说："大群心""发而为仁义礼智之恻隐心、羞恶心、恭敬辞让心、是非心……人类之生命内容由此扩大，由此延长"④。钱穆认为，在这两种境界之间，中国文化更重视"大群心"，并由此形成了一种独到的文化观。他说："所以各人之正心诚意，成为治国平天下之基本。……因此历代文化之进退升沉，虽其最显著的迹象必归宿到政治、经济、军事之基层，但求其渊源，最主要的还是在学术思想，信仰风俗，深著于人心内部之一面。"⑤总之，中国文化特别重视"人心"，因此，"人道"观念其实也就是"心教""人道教"。他说：

> 中国人观念中之天，即在其一己性命内。所谓"通天人，一内外"者，主要即在此。离于己，离于心，则亦无天可言。故中国人所最重要者，乃为己之教，即心教，即人道教。⑥

在钱穆看来，"仁"是中国文化"人道观念"的集中体现。那么，什么是"仁"呢？他认为："仁是一种人心的境界与功能……这种心能和境界，在人类文化史里，也正在不断的演进和完成，其范围极广泛，但又极幽微，骤

---

① 钱穆：《中国历代政治得失 政治·社会·人文》，桂林：广西师范大学出版社2005年，第162页。

② 钱穆：《中国学术通义》，载《钱宾四先生全集》（25）（下同），第164页。

③ 钱穆：《中国学术通义》，第162页。

④ 钱穆：《中国学术通义》，第163页。

⑤ 钱穆：《中华文化十二讲》，第83—84页。

⑥ 钱穆：《现代中国学术论衡》，第1—2页。

难确指。"① 对于"极幽微"、"难确指"之"仁"的含义，孟子的阐释最精到："一曰：仁，人也。二曰：仁，人心。三曰：仁者爱人。仁为人心之同然，凡人心必皆仁，故仁即是人之特性之标帜。其心不有仁，即不得谓之人。心具此仁，则必爱人。"② 因此，钱穆认为，"仁"乃一种"人与人相处之道"："这种孝、弟、忠、恕之心，便是孔子最看重的所谓'仁'，也便是'人与人相处之道'。"③ "仁"在现实层面上的落实是"孝""弟""忠""恕"等观念。不过，在这些观念中间，钱穆认为"孝"乃"仁"的核心，其他观念均可由"孝"所推导出来。那么，何谓"孝"呢？钱穆认为，"孝"包括两重意义：一是表示亲子之爱，所谓"民胞物与""人我一体"之仁爱精神即源于此义；二是表示从属关系，即，错综复杂的人际关系均由"孝"字推演与连结。这两重意义的结合便是"爱有等差"，而"爱有差异"便是"仁"的真谛所在。因此，在钱穆看来，中国文化即是以"孝"为根柢的。他说：

> 孝是"时间性"的人道之"直通"；弟是"空间性"的人道之"横通"。孝弟之心便是人道之"核心"，可以从此推扩直通百世，横通万物。④

第三节　文化"三阶层论"

钱穆认为，"文化"概念的含义非常广泛，它指一个民族、国家以往全部生活的总和。他说："文化，是指人类的生活，人类各方面各种样的生活总括汇合起来，就叫它做文化。"⑤ 在他看来，"文化"具有如下特征：其一，复杂性。文化包含有许多因素，诸因素之间的关系错综复杂。如，文化作为一个体系不仅包括物质生活，亦包括社会生活，还包括精神生活；物质生活包

---

① 钱穆：《中国文化史导论》，第86页。
② 钱穆：《双溪独语》，载《钱宾四先生全集》（47），第54页。
③ 钱穆：《中国文化史导论》，第86—87页。
④ 钱穆：《中国文化史导论》，第56页。
⑤ 钱穆：《国史新论》，桂林：广西师范大学出版社2005年，第294页。

括衣、食、住、行，社会生活包括经济活动、政治活动，精神生活包括文学、艺术、宗教信仰、哲学思维等。其二，完整性。尽管文化因素非常复杂多样，但这些复杂因素共同构成为一个整体。在钱穆看来，人类生活表现为多个方面、多个部门，如宗教、艺术、政治、经济、文学、工业等，这些方面、部门各各配合、融凝成一，即是文化。他举例说，文化之整体性就好像砌七巧板，虽然板片并不多，但若一片移动，片片都得移动，否则便会搭不成样子。其三，发展性。文化就如同生命一样，它是不断地向前发展的；或者说，文化处在一种永恒的动态之中。钱穆说："文化与历史之特征，曰'连绵'，曰'持续'。惟其连绵与持续，故以形成个性而见为不可移易。惟其有个性而不可移易，故亦谓之有生命、有精神。"①

钱穆认为，地理环境对人类文化的形成具有决定作用。他说："一民族文化与历史之生命与精神，皆由其民族所处特殊之环境、所遇特殊之问题、所用特殊之努力、所得特殊之成绩，而成一种特殊之机构。"② 基于此，他将人类文化分为"农耕文化""游牧文化"与"商业文化"三种类型；后两种类型又可合并为一，即"游牧商业文化"。"农耕文化"发生于温带能灌溉的平原上，"游牧文化"发展于草原高寒地带，"商业文化"则繁盛于海滨及近海岛屿。对照地看，"农耕文化"的主要特征是农民与耕地紧密相连，其生活方式是安守田土、依时而行；这种文化不求空间之主张，唯求时间之绵延，是一种旨在求安足而不求富强的"内倾型文化"。"商业文化"起源于"内不足"，故需要不断地向外寻求、征服，以来"营养"自己；这种文化注重空间的拓展与武力征服，是一种"外倾型"的"霸道文化"。显而易见，中国文化是在黄河流域以农业为基础发展起来的，属于"农耕文化"；西方文化是在滨海地带以及近海岛屿发展起来的，属于"商业文化"。他说：

> 人类文化，由源头处看，大别不外三型。一、游牧文化，二、农耕文化，三、商业文化。游牧文化发源在高寒的草原地带，农耕文化发源在河流灌溉的平原，商业文化发源在滨海地带以及近海之岛屿。三种自然环境，决定了三种生活方式；三种生活方式，形成

---

① 钱穆：《国史大纲》，载《钱宾四先生全集》（28），第 1026 页。
② 钱穆：《国史大纲》，第 1026 页。

了三种文化型。①

钱穆进而认为，人生是有层次之别的。在他看来，人生可分为三个"阶层"：第一阶层是"物质人生"，亦可说是"自然的""经济的"人生。在这一阶层，人生由"人对物"的关系而发生、而存在，故其特性在"斗争性"。第二阶层是"社会人生"，或称"政治的""集团的"人生。在这一阶层，人生主要由"人与人"的关系而发生、而存在，其特性在"组织性"。在钱穆看来，"从第一阶层进入第二阶层，乃始得为正式的人生。第一阶层只是人在物世界里过生活，亦可谓之一预备阶层。待其进入第二阶层，才开始在人世界里过生活"②。第三阶层是"精神人生"，或称"心灵的"人生。此一阶层的人生全属于"心灵的"，即观念的、理性的、趣味的，其特性在"融和性"。在钱穆看来，这三个层次分别对应着不同的目的："物质人生"之目的在"求生存"；"社会人生"之目的在"求安乐"，"精神人生"之目的在求"生活之崇高"。他说：

> 人生必须面对三个世界。第一阶层里的人生，面对的是"物世界"；第二阶层里的人生，面对的是"人世界"；须到第三阶层里的人生，才始面对着"心世界"。面对物世界的，我们称之为"物质人生"；面对人世界的，我们称之为"社会人生"；面对心世界的，我们称之为"精神人生"。我们把人类全部生活，划分为此三大类，而又恰恰配合上人文演进的三段落、三时期，因此我们说人类文化有上述的三阶层。③

基于人生之层次与文化之类型，钱穆探讨了人类文化的发展。他认为，若对照地看，西方文化对应于"物质人生"，中国文化对应于"社会人生"。近百年来，世界文化之所宗可以说全在欧洲，然而欧洲文化最近已呈现出衰落之势。那么，此下人类文化将何所归往呢？他说："世界文化诞生之第一步骤，由于近代西方文化之控制与领导，则此一步骤，殆将过去。其第二步骤，

---

① 钱穆：《中国文化史导论·弁言》，第 4 页。
② 钱穆：《文化学大义》，《钱宾四先生全集》（37）（下同），第 13 页。
③ 钱穆：《文化学大义》，第 14 页。

将为世界各地域、各民族、各文化系统之得从此控制下解放出来，经此一番鞭策与警惕而各自新生。……斗争性的世界史，将渐转为组织性之世界史。"①"斗争性"的西方文化将由"组织性"的中国文化所代替，故，未来的世界"将以中国传统文化为宗主"②。不过，至此并不是终点，因为世界是由不同人种、不同文化所组成的，如何实现人文世界的和平共生将是人类所面临的终极性课题。钱穆说：人类文化之发展"由于各地域、各民族之各得重新完成其秩序与组织，而转进到世界之大融和"③。面对这一课题，人类文化的发展必将迈入"融和性"的"第三步骤"；而要走入这"第三步骤"，中国文化"天人合一"的精神可作为理论资源提供重要的助援，即"天人合一"可为人类文化的终极发展做出贡献。钱穆说：

> 中国人最喜言"天下"。"天下"二字，包容广大，其涵义即有使全世界人类文化融合为一，各民族和平并存，人文自然相互调适之义。其他亦可据此推想。④

第四节　"自本自根"之"文化更新"

钱穆认为，历史地看，中国文化经历了四个发展阶段：第一阶段是先秦时代，属于"宗教与哲学时期"，特点是确立人生之理想与信仰。此时期是国家凝成、民族融合的阶段，也是中国文化的奠定期：中华民族的思想态度和学术路径大体上奠定于这个时代。第二阶段是汉唐时期，属于"政治与经济时期"，特点是政治上采用民主精神的文治政府，经济上主张财富平衡的自由社会。在此时期，中国的社会规模与制度形成了一个大体轮廓，政治、经济、考试、军事制度都健全和确立了下来。第三阶段是宋元明清时期，属于"文学与艺术时期"，特点是文学艺术不仅偏于现实人生，而且具有一部分宗教性

---

① 钱穆：《文化学大义》，第98—99页。
② 钱穆：《世界局势与中国文化》，第423页。
③ 钱穆：《文化学大义》，第98—99页。
④ 钱穆：《世界局势与中国文化》，第423页。

能。此阶段是中国文化"个性"的充分发展时期。北宋学术是先秦以后第二次"平民学术"的兴起；如果没有外力的摧残、阻抑，它将按照自然的趋势向前发展。第四阶段是清末以来的时期，属于"科学与工业时期"，特点是采用科学与工业以实现中华文化的复兴。这个时期的主要任务是要"注意到四围的物质环境上来，尽量的改善与利用"①，从而"到达他终极理想的天下太平与世界大同"②。

钱穆认为，共时地看，中国文化与西方文化相比表现出明显的特征：其一，思维方式不同：西方文化倾向于"向外看"，即，"看一切东西都在他自己的外面，所以成为我与非我屹然对立"③；中国文化倾向于"向内看"，即，"看一切东西都在他自己的里面。这样便成为自我一体浑然存在"④。其二，宗教精神不同：西方文化是"出世宗教"，因主张"天人二分"，故需在人生之外另设宗教信仰；中国文化则显然不同，儒教所昭示的是一种"入世的宗教精神"，"主要为俗世人立教"⑤，不需要在人生之外另设宗教信仰。其三，中西政治是完全不同的"政治生命"：第一，西方为"两体对立"的政治，即官民之对立与阶级之对立基础上的政治，在政制上则表现为国会与国王之对立；中国为"政民一体"的政治，即以"大一统"观念为基础的单一性国家，在政制上表现为中央与郡县为一体。第二，西方是"契约政治"，即，将政治建立在契约基础之上；中国是"信托政治"，即，将政治建立于民众的信托之上。第三，西方是权利的政治，即，"两体对立"的双方均"以斗争为政治"，而斗争的唯一理论基础是权利；中国是义务的政治，即，士大夫从政，"在理论上，并非争夺此一分应得之主权，实为完成此一分应尽之义务"⑥。

在钱穆看来，虽然中国文化将成为世界文化之"宗主"，但它并非毫无缺陷。他说：西方文化之核心观念体现为"科学精神""个人自由"和"民主政治"三个方面，"而这三种核心观念，恰恰为中国传统文化之所缺"⑦。具

---

① 钱穆：《世界局势与中国文化》，第 238 页。
② 钱穆：《中国文化史导论》，第 239 页。
③ 钱穆：《中国文化史导论》，第 15 页。
④ 钱穆：《中国文化史导论》，第 15 页。
⑤ 钱穆：《现代中国学术论衡》，第 15 页。
⑥ 钱穆：《世界局势与中国文化》，第 243 页。
⑦ 钱穆：《文化学大义》，第 115 页。

体来讲，其一，中国文化过于看重人生，容易导致人类中心主义，从而忽视了对外在世界的探索，这是中国科学不兴的重要原因。他说："他们太看重人生，容易偏向于人类中心、人类本位，而忽略了四围的物界与自然。"① 其二，中国文化过于看重现实政治，容易导致对个体自由的忽视。钱穆说："他们太看重现实政治，容易使他们偏向社会上层，而忽略了社会下层；常偏向于人群体制，而忽略了小我自由。"② 对于"大群"社会的过分重视，导致了对个体自由的忽视；个体自由是民主政治的基础，因此民主政治在中国历史上未兴。其三，由于过于看重社会和集体的利益，容易促生"崇尚虚华"与"浮化"的形式主义。钱穆说："他们太看重社会大群的文化生活，因此使他们容易偏陷于外面的虚华与浮文，而忽略了内部的素朴与真实。"③

因此，中国文化要发展，就必须克服上述缺陷，而克服途径是现代化的"洗礼"。钱穆认为，这种"洗礼"主要包括三个方面：首先，在经济方面，面对西方"商业文化"的冲击，中国要求得自保、自存，必须重视经济生活之发展。他说：经济生活"是整个文化生活最低的基层，若没有相当的经济生活作基础，一切文化生活无从发展"④。然而，钱穆所谓的经济生活是指具有中国传统特色的"兴业"与"厚生"。他说："中国之社会经济，终必归于通财共产，以大群一体为主。而与西方之个人主义，则无论其为资本主义，或为共产主义，皆必大相异。"⑤ 其次，在政治方面，应在传统儒学基础上发展出政治新理论，发扬出政治的新精神。他说："将来中国政治若有出路，我敢断言，决不仅就在活动上，决不仅是在革命与组党上，也决不仅是在抄袭外国一套现成方式上，而必须触及政治的本质。必须有像孙中山式的，为自己而创设的一套政治理想与政治意见出现。"⑥ 再次，在知识方面，必须学习西方的科学技术，否则，中国终将无法自保。在他看来，中国传统文化并不与科学精神相抵触，"中国传统文化中可以容得进近代西方之科学文明，这是

---

① 钱穆：《中国文化史导论》，第90页。
② 钱穆：《中国文化史导论》，第90页。
③ 钱穆：《中国文化史导论》，第90页。
④ 钱穆：《中国文化史导论》，第132页。
⑤ 钱穆：《国史新论》，载《钱宾四先生全集》（30）（下同），第94页。
⑥ 钱穆：《国史新论》，第135页。

不成问题的；不仅可以容受，应该还能融化能开新"①。

不过，中国文化的发展必须"自本自根"，而不能完全照搬西方文化。在此，钱穆所强调的是："文化更新亦需自本自根，从内身活力发荣滋长"，决非"铲根削迹，并数千年传统政治理论及其精神全部毁弃，赤地新建，另造炉灶，一惟西土之是崇"。② 从其文化"三阶层论"来看，中国文化是高于西方文化的，代表着人类文化的发展方向；若"惟西土之是崇"，将是以低层次文化代替高层次文化，从而断送几千年所形成的中国文化命脉。而且，在钱穆看来，西、印、中三种文化分属"爱的文化""慈的文化"和"孝的文化"；"孝的文化"可以推出其他两种文化，故可以包括其他文化于自身。因此，中国文化的未来发展必须以传统文化即儒家文化为根。否则，不仅丧失了自己，亦学不像他人。他说："近代国人震于西化，凡所蕲向，一如邯郸之学步，而于自己国家民族社会传统历史传统，不再细心研寻。无本之木，无源之水，苟有成就，亦必非驴非马，丧失了自己，亦学不像他人。"③ 他还说：

> 中国文化史的第四期正在开始，我们应该再努力鞭策向前。怎样鞭策呢？第一，要恢复中国固有的道德。这就是上述的修身、齐家、治国、平天下，忠孝、仁义、廉耻、节操那一番大道理。④

---

① 钱穆：《中国文化史导论》，第 238 页。
② 钱穆：《政学私言》，载《钱宾四先生全集》（40），第 141 页。
③ 钱穆：《国史新论》，第 234 页。
④ 钱穆：《中国文化史导论》，第 263 页。

第八编　现代儒学（下）

弁　言

从"新文化运动"开始，"现代新儒家"经历了约一个世纪的发展历程，涌现出了几代哲学家。从20世纪20年代至40年代，马一浮、熊十力、梁漱溟、张君劢等作为现代新儒家的开山祖师，为儒学的现代复兴奠定了方向和基础。大致来讲，这些开山祖师可视为第一代现代新儒家。50年代以后至20世纪中后期，唐君毅、牟宗三、徐复观等渐渐登上了历史舞台，成为现代新儒家的骨干力量。1958年元旦，牟宗三、徐复观、张君劢、唐君毅在《民主评论》和《再生》杂志联署发表《为中国文化敬告世界人士宣言——我们对中国学术研究及中国文化与世界文化前途之共同认识》，强调"心性之学"为中国学术文化的核心。历史地看，此《宣言》不仅成为第二代现代新儒家形成的标志，甚至也是整个现代新儒家正式形成的标志。除了上述人物之外，第二代现代新儒家还应包括方东美。从年龄上看，方东美与第一代新儒家更为接近。但是从义理上看，其思想与第二代新儒家却更为契合。因此，可将方东美视为由第一代新儒家到第二代新儒家的过渡人物，或者干脆将他视为第二代新儒家的早期代表人物。此外，与第二代现代新儒家同期的哲学家还有大陆的张岱年、台湾的罗光。虽然此二人不是现代新儒家阵营内的人物，但他们的思想却是现代儒学的重要内容。

从理论上看，以第二代现代新儒家为核心的此时期现代儒学具有如下理论特征：

首先，具有明显的学派意识，提倡儒学之第三期发展。现代新儒学作为一个思潮缘于回应西学的冲击与挑战，因此，现代新儒学自始至终都处于与西方哲学包括马克思主义的互动之中。不过，第一代现代新儒家的诸位代表人物并没有明显的学派意识，其与外来思潮的互动是个体的、零散的，缺乏共同的纲领和统一的意识。第二代现代新儒家则明显不同，他们不仅有共同的纲领，而且亦有普遍的共识。这个共同的纲领就是《为中国文化敬告世界人士宣言——我们对中国学术研究及中国文化与世界文化前途之共同认识》，即俗称的"现代新儒家宣言"。在这个纲领的指导下，诸位代表人物均进行了卓有成效的理论建构，推动了儒学理论的发展。这个普遍的共识就是以"心性之学"为儒学的正统和整个中国文化的基础。因此，若从学派角度来划分，多数第二代现代新儒家可归于"心学"的脉络。而且，第二代现代新儒家还多赞同儒学之第三期发展的理论。牟宗三曾提出，中国儒学大致经历了三期之发展：一是原始儒家，为孔孟学说；二是宋明理学，为儒家吸收佛学而形成的一个新阶段。到了现代，在东西文化的冲击与融合的基础上，儒家应对自身作一"新反省"，对现代社会作一"新回应"，从而形成第三期之儒学。围绕着如何形成并促进"第三期儒学"之发展，成为了此期儒学的一个重大使命。当然，儒学第三期发展的思想亦是以"心性之学"为核心的，因此亦具有明显的学派意识。

其次，在对比中西文化的基础上，凸显中西哲学的会通与融合。总的来讲，没有对东西文化冲突、融合的反思，就不会产生现代新儒学。因此，东西文化的碰撞与冲突是整个现代新儒家之思想生命的出发点。就第一代现代新儒家来看，他们强调更多的是东西文化的对立。如，梁漱溟认为，人类文化共分为三个时期：第一期乃是西方文化，第二期为中国文化，第三期则为印度文化；西方文化自身走完了，将被中国文化所取代，待中国文化也走完了，印度文化将开启人类文化的第三期。很明显，梁漱溟在此所彰显的是三种文化之间的区别。然而，这种情况在第二代现代新儒家有明显改变，他们强调更多的是二者的会通与融合。比如，牟宗三和唐君毅借助康德、黑格尔的哲学来重建儒学，分别构造起了"道德的形上学"和"道德理想主义"的哲学体系；张岱年借助于辩证唯物论对传统儒学之本体论和知识论进行了重新阐释，建构了"新唯物论"哲学体系；罗光则借用经院哲学重新阐述儒学，为儒学与基督教哲学的融合开辟了一条新的理路。值得一提的还有徐复观，其奠基于"心"的文化所提出的"形而中学"思想虽凸显的是中国形上学思想的独特之处，但显而易见的是，"形而中学"这一概念本身就是中西哲学会通的产物。可见，此期现代儒学虽然也是一种文化保守主义思潮，但对西学采取的是以较为开放的心态来吸收利用。这是此期儒学的一个显著特征。

再次，沿着第一代现代新儒家开辟的理路，继续对儒学进行哲学化的建构。在第一代现代新儒家的阵营当中，熊十力、冯友兰、贺麟分别建构起了"新唯识论""新理学"和"新心学"的儒家哲学体系。第二代现代新儒家沿着这条儒学哲学化的道路继续前进，以西方哲学甚至佛家哲学为参照，对传统儒学加以重新阐释，建构起了若干个哲学化的儒学体系。如，徐复观在对西方形而上学进行评判的基础上，以对"心"的文化的诠释为基础，建立起一个"中国式"的"形而中学"体系。唐君毅则不同，他从哲学观的探讨入手，将西方哲学囊括在中国的"哲学"概念之下，以心本体为基础，建构起一个庞大的"三向九境"的道德理想主义体系。这个体系是以黑格尔哲学为参照展开的，因此具有明显的西方哲学"影子"。牟宗三以"良知"为本体，通过批判和借鉴康德的哲学思想，建构起一个以道德为入路的"道德的形上学"体系。同时，牟宗三还提出了若干重要的哲学概念，如"良知的自我坎陷""理性的架构表现""理性的运用表现""综合的尽理精神""分解的尽理精神"等。罗光以经院哲学对儒学的重新阐释别具一格，将"在"融于生命哲学的本体论，具有"强烈"的抽象性和思辨性，成为儒学与西方哲学会通的新理路。总的看，这个时期儒学的"哲学性"更强了，其哲学体系已然成为了世界哲学的一部分。

第四十三章　方东美

方东美（1899—1977年），原名方珣，字德怀，后改字东美，以字行世，安徽省桐城县（现属枞阳县）人。1917年考入金陵大学，1921年赴美国威斯康星大学学习，1922年获得硕士学位，1924年通过博士学位考试后回国，先后任职于武昌高等师范大学、东南大学，曾任中央大学哲学系教授、系主任。1948年后任台湾大学哲学系教授、系主任。1973年退休后任辅仁大学讲座教授。期间，曾任美国南达科他大学、密苏里大学和密歇根州立大学访问教授。方东美早年兴趣和研究重点在西方哲学和比较哲学，1960年代后转归中国哲学、尤其是儒学，晚年则致力于弘扬中国传统文化。方东美曾自我评价说：在家学传统上，是儒家；在性情上，是道家；在宗教启示上，是佛教徒；在方法训练上，则是属于西方的。[①]　1977年逝世于台北。

方东美的主要著作有：《中国人生哲学概要》《科学哲学与人生》《生命情调与情感》《新儒家哲学十八讲》《生生之德》《中国人生哲学》《华严宗哲学》《宋明清哲学》《方东美先生演讲集》《哲学三慧》"Chinese Philosophy：Its Spirit and Its Development" "Creativity in Man and Nature" "The Chinese View of Life"等。其著作被后人辑为《方东美全集》。

第一节　哲学观

方东美认为，"总摄种种现实与可能境界中之情与理，而穷其源，搜其真，尽其妙，之谓哲学。"[②]　在他看来，哲学的出现有两个方面的起因：一是

---

① 参见王月清、李钟梅《东方诗哲方东美论著辑要·东方诗哲方东美传述》，南京：南京大学出版社2009年，第38页。
② 《东方诗哲方东美论著辑要》，南京：南京大学出版社2009年（下同），第119页。

"历史的起因"，二是"心理的起因"。所谓"历史的起因"，是指"从神话到理性"①，即由原始神话到理性思考的发展孕育了哲学。所谓"心理的起因"，包括"境的认识"和"情的蕴发"两个方面，即，哲学产生于把"境的认识"与"情的蕴发"点化为"高洁"意境的过程。所谓"境的认识"，指人对时空中事理的了解，它以"庶物之理"为对象，目的在于"求事理的条贯"②，从而对生存环境"执简理以御繁事"③。在此，"境"指"宇宙理境"，即人类的生存环境。方东美说："哲学家第一步工作便是就繁赜纷变的事象中，寻出整秩的伦脊与线索。"④ 所谓"情的蕴发"，指人对事理上价值的估定，即"美化、善化及其他价值化的态度与活动"⑤。在此，"情"并非通常意义上的"情感"，而是指人们对于宇宙人生的价值意识，是人类生命创进不已的精神表征，是人类对真善美的向往和追求。因此，此"情"与"冷酷的理智活动"⑥ 即纯认知活动是对立不容的。

与哲学的起因相一致，方东美认为，哲学有两大研究对象："一个是客观的世界，一个是主体的人类生命精神"⑦；前者为"理"，后者为"情"。而且，在哲学，"理"与"情"这两个方面是不可割裂的，只尽其中一个方面都不足谓哲学。他说："哲学意境内有胜情，无情者止于哲学法门之外；哲学意境中含至理，违理者逗于哲学法门之前，两俱不入。衡情度理，游心于现实及可能境界，妙有深造者谓之哲学家。"⑧ 宇宙人生即是"理"与"情"的"集团"，故哲学不能将"理"与"情"二者打作"两橛"。方东美说："情与理原非两截的，宇宙自身便是情理的连续体，人生实质便是情理的集团。哲学对象之总和亦不外乎情理的一贯性。"⑨ 在方东美看来，相应于两大研究对象，哲学的功能也具有两个方面：一是"度理"，二是"衡情"；前者为"穷物之理"，后者为"尽人之性"；只有"度理"和"衡情"两个方面俱全

---

① 方东美：《科学哲学与人生》，北京：商务印书馆1937年（下同），第27页。
② 方东美：《科学哲学与人生》，第19页。
③ 方东美：《科学哲学与人生》，第21页。
④ 方东美：《科学哲学与人生》，第19页。
⑤ 方东美：《科学哲学与人生》，第23页。
⑥ 方东美：《科学哲学与人生》，第21页
⑦ 《当代新儒学八大家集·方东美集》，北京：群言出版社1993年（下同），第409页。
⑧ 《东方诗哲方东美论著辑要》，第119页。
⑨ 方东美：《科学哲学与人生》，第35页。

了，哲学之丰功伟烈才可能实现。他说：

> 约而言之，哲学的能事尽在于此：（一）本极细密的求知方法穷诘有法天下之底蕴，使其质相，结构，关键，凡可理解者，一一了然于吾心；（二）依健全的精神领悟有情天下之情趣，使生命活动中所呈露的价值如美善爱等循序实现，底于完成。①

对于哲学之两种功能，方东美均予以肯定。他说："因为生命之创进，无时无地，不以客观世界为其环境，为其根据。……我们如欲描摹哲学的意境，必先根据科学认清人类所寄托的客观环境是些什么，然后才能欣赏之人生之意义与价值。"② 然而，人类之所以高贵，之所以是"生生不息"者，在于人生是"有情之天下"。他说："情理虽是一贯的，然从其属性上看起，却可分辨清楚。生命以情胜，宇宙以理彰。生命是有情之天下，其实质为不断的，创进的欲望与冲动。"③ 不过，在方东美看来，这"不断的创进的欲望与冲动"才是人类生命的本质意义所在。因此，在哲学之两种功能之间，"度理"归根结底要服务于"衡情"。他说："哲学问题之中心便集中于人类精神工作之意义的探讨，文化创作之价值的评判"，从而使哲学成为"一部人生意义的图画"。④ 因此，方东美反对混淆哲学与科学的界限，反对泛科学化的科学主义。在他看来，"科学主义"是将支配着物质世界的机械定律推拓于富于价值理想的"人"，其最大弊端是蔑视人的价值追求，将哲学所研究的"人"变成了自然科学所研究的"物"。他说：

> "科学"是宝贵的，但是"科学主义"是个错误的思想！⑤

方东美认为，哲学与科学具有明确的分界，不可将二者混淆。在他看来，二者之界限包括五个方面：其一，哲学是批评的知识，它不止于科学所获得的知识，而要对科学所取得的成就进行"穷根究底"的探讨。其二，哲学是反省的、自觉的知识，它不止于客观知识的产生，而要从人类心性上追究科

---

① 方东美：《科学哲学与人生》，第 34 页。
② 方东美：《科学哲学与人生》，第 37—38 页。
③ 方东美：《科学哲学与人生》，第 37 页。
④ 方东美：《科学哲学与人生》，第 14 页。
⑤ 《东方诗哲方东美论著辑要》，第 207 页。

学所由产生的理性根源。其三，哲学是旁通统贯的知识，它不止于某门科学知识，而是融贯各类知识而成统一的"建筑学系统"。其四，哲学是全面的知识，它不限于某一知识领域，而是玄览宇宙人生"大全"，因此，哲学是无限的知识。其五，哲学是有"层叠"的价值境界，它不像科学将宇宙展布于逻辑平面只作事实性的探讨，而是以此为基础追求人类最高的价值理想。上述几个方面当中，最后一个方面是最根本的，它反映了哲学与科学之不同的宇宙观：纯粹的科学只是触发知识的冲动，而哲学不仅要探求宇宙之现象，而且还要追究人类生命之价值。故，科学属于"平面的宇宙"，哲学属于"层叠的宇宙"。正因为如此，方东美说：

> 哲学不仅仅教我们生活，因为生活是我们的本能要求，用不着哲学来教导，但如何生活才能取得意义，如何生活才能实现价值，这却是哲学上重大的问题。①

在方东美看来，哲学研究的途径通常有三种。他说："哲学思考至少有三种途径：（一）宗教的途径，透过信仰启示而达哲学；（二）科学的途径，透过知识能力而达哲学；（三）人文的途径，透过生命创进而达哲学。"② 不过，这三条途径所导致的结果并不相同：宗教的途径会建构出一套附属于神学的观念系统。然而，由于神学"为了护教而贬抑现世的人类价值，并在狂热的本能中特别强调死亡牺牲"③，故"只能促使人们逃避此一玷污的现世"④，最终沦为一种虚无主义。科学的途径运用"精确"与"固定"的科学方法创制出"科学的哲学"。然而，这样的哲学"只能处理一些干枯抽象的事体，反把人生种种活泼机趣都剥落殆尽，这也是同样的危险"⑤。概言之，宗教的途径使哲学成为神学的"婢女"，科学的途径使哲学成为科学的"附庸"。如此看来，人文主义便是哲学研究之唯一可行的途径了。方东美说：

> 哲学一旦成为神学的婢女，作为护救之用，或者成为科学的附

① 《东方诗哲方东美论著辑要》，第 135 页。
② 《东方诗哲方东美论著辑要》，第 157 页。
③ 《东方诗哲方东美论著辑要》，第 160 页。
④ 《东方诗哲方东美论著辑要》，第 158 页。
⑤ 《东方诗哲方东美论著辑要》，第 161 页。

庸，不谈价值问题，则其昏念虚妄必会戕害理性的伟大作用，而无法形成雄健的思想体系。所以，实在说来，人文主义便形成哲学思想中唯一可以积健为雄的途径。至少对中国思想家来说，它至今仍是不折不扣的"哲学"。①

第二节　生命本体论

方东美认为，中国哲学之本体论"是一个以生命为中心的本体论，把一切集中在生命上"②。在他看来，"儒家思想乃是一发挥生命创造、阳刚劲健、元气淋漓、生机弥漫、而广大和谐之哲学体系"③。不仅如此，从根源上讲，原始儒家、原始道家和原始墨家都是以生命为中心的本体论，其"所谓的原初存在乃是生命的存在"④。儒家之所以"追原天命"，道家之所以"遵循道本"，墨家之所以"尚同""兼爱"，就是因为"天命""道本"和"天志"都是生命之源。方东美认为，尽管诸子之间存在着诸多理论分歧，但"孔、老、墨三宗的统会，就在生命价值之积极的肯定"⑤，此乃"中国哲学的高妙处"⑥。此外，《易经》作为中国传统哲学的重要典籍，它"第一是以生命为中心的哲学体系，第二是以价值为中心的哲学体系"⑦。历史地看，在秦汉以后，就其主流来说，中国哲学的"全幅发展"继续沿着生命哲学的理路发展。总之，在中国哲学，"宇宙当中的基本现象并不是纯粹自然事物而已，更是一个生命现象"⑧。因此，方东美说：

中国的哲学从春秋时代便集中在一个以生命为中心的哲学上，是一套生命哲学，这生命不仅是动植物和人类所有，甚至于在中国

① 《东方诗哲方东美论著辑要》，第 161 页。
② 《当代新儒学八大家集·方东美集》，第 446 页。
③ 《当代新儒学八大家集·方东美集》，第 244 页。
④ 《当代新儒学八大家集·方东美集》，第 446 页。
⑤ 《东方诗哲方东美论著辑要》，第 146 页。
⑥ 《东方诗哲方东美论著辑要》，第 146 页。
⑦ 《当代新儒学八大家集·方东美集》第 446 页。
⑧ 《当代新儒学八大家集·方东美集》，第 446 页。

人的幻想中不承认有死的物质的机械秩序。①

方东美认为，"生命"是宇宙的"究极本体"。他虽然不仅肯定物质世界，而且也肯定精神世界，但他反对将二者并列的二元论，更反对"偏狭"的物质一元论或精神一元论。他认为，在精神与物质之外，还存在另外一种现象——"生命"——有别于精神与物质的一种"新颖的现象"；这种"新颖的现象"即"普遍生命"，它不仅与物质不同，亦与精神不同。方东美说："我们可以看出生命显是新颖的现象，不能与物质等视齐观了……生命现象系以机体的全体为大本营。"② 那么，什么是"生命"呢？"生命"乃是一个包容物质与精神且普遍流行的大化本体："生命乃是一种持续的创造，拓展的动作……宇宙是变动不居的，人生亦是川流不息的。……宇宙人生都是创进的历程。"③ 也就是说，无论是物质，还是精神，它们都只是"生命"之"大化流行"的表现。即，"生命"是"体"，物质与精神是"用"。方东美说：

> 就体言，宇宙普遍生命乃一活动创造之实体，显乎空间，澈该弥贯，发用显体，奋其无限创造力之伟大动量，气势磅礴，大运斡旋，克服空间一切限制。性体本身，似静实动。就用言，生命大用外腓，行健不已，奋乎时间，而鼓之发之，推移转进，蕲向无穷。于刚健创进，欲以见其动，于柔绵持续，欲以见其静。④

方东美认为，"生命"本体的本质在于"生生"二字。他说："生生之易纯为天之本体，道之大原。"⑤ 具体来讲，"生命"作为宇宙的本体，既是大化流行本身，也是大化流行所造就的物，故"生命"乃是"普遍生命"。这"普遍生命"具有五种要义：其一，"育种成性义"。指通过个体和族类的绵延不断赋予生命以新的形式，强调"生命"具有无穷的创造性和形式多样性。其二，"开物成务义"。指"生命"是现实世界之意义和价值的根源，强调

---

① 《当代新儒学八大家集·方东美集》，第446页。
② 方东美：《科学哲学与人生》，第216页。
③ 方东美：《科学哲学与人生》，第224页。
④ 方东美著，孙智燊译：《中国哲学之精神及其发展》，台北：成均出版社1984年（下同），第149页。
⑤ 《东方诗哲方东美论著辑要》，第146页。

"生命"之不竭与可以创造新的价值。其三，"创进不息义"。指整个宇宙是一"普遍生命"的拓展系统，强调"生命"具有无限性、向上性与向善性。其四，"变化通几义"。指"生命之流"恰如时间之流，它是不重复自身的，创造无已，不灭不朽，强调"生命"的变易性与玄妙性。其五，"绵延长存义"。意指"生命"的永恒有机性与实在完美性。① 基于上述五个方面，方东美概括地说：

> 盖生命本身尽涵万物一切存在，贯夫大道，一体相联。于其化育成性之过程中，原其始，则根乎性体本初。原始（本初性）之为言，创造力之无尽源泉也；要其终，则达乎性体后得，经历化育步骤、地地实现之。要终（后得性）之为言，命运之究极归趋，止至善也。②

在方东美看来，"生命"作为宇宙的"究极本体"，虽然有"超越"的意义，但并不"超绝"于现实。否则，"形而上与形而下世界中间很难建一座桥梁加以沟通。于是使绝对的真善美的价值世界很难在这个世界上完全实现"③。在他看来，"生命"一旦显发为外在形相，呈现为变化无穷的功能势用时，则表现出一系列具体的秩序和条理：其一，"爱之理"。指爱是"生命"的外形表现。换言之，爱的生发的根源在于"生命"。其二，"化育之理"。此谓化育乃"生命"的静态"行相"，它所显示的是"生命"本体的大用。其三，"原始统会之理"。意指体用之一多涵摄为"生命"弥漫大化的"基本相状"，即，"生命"本体与其殊相的关系是一多、共殊的关系。其四，"中和之理"。指"生命"所表现的"不偏为中，相应为和"④ 的基本秩序。其五，"旁通之理"。其旨在彰显"生命"之"大易之用，大道之行，全在旁通"⑤ 的广大融通性。在上述秩序与条理中，前二者呈显了"生命"本体在时间上的相续性、更迭性以及创生性；后三者展示了"生命"在空间中的关联性、延展性以及广大性。这样，"生命"本体虽是"超越"的，但是"既超越又内在"、"即

---

① 参见方东美著，孙智燊译《中国哲学之精神及其发展》，第150—151页。
② 方东美著，孙智燊译：《中国哲学之精神及其发展》，第149页。
③ 《东方诗哲方东美论著辑要》，第233页。
④ 《东方诗哲方东美论著辑要》，第130页。
⑤ 《东方诗哲方东美论著辑要》，第131页。

超越即内在”的。

第三节　“六境界说”

方东美认为，“生命”作为宇宙之本体具有两个特征：一方面，“生命”既深基于现实世界；另一方面，又“腾冲超拔、趋入理想胜境”[①] 而点化现实。当然，这两个方面亦非各自独立的，它们是“生命”一体之两面。具体来讲，一方面，物质世界是人类生活的起点与基础；若没有了物质世界，“生命”本体就成为了“悬空”之物。他说：“在东方哲学里面，尤其在中国哲学中各家各派，从来不像希腊的末世，也不像在中世纪的若干时期，在宇宙建筑图里面没有物质世界的地位，东方哲学没有西方这种色彩，印度哲学大部分也没有这个色彩。假使我们从形而下的境界上面看，我们在建筑图里面要建筑一个物质世界，把这个物质世界当做是人类生活的起点、根据、基础。”[②] 另一方面，在这个起点之上，人们会设法去追求更高的价值与意义，去开拓更“令人神往”的理想世界。如果说第一个方面是“生命”之“自然”意义的话，那么，第二个方面即是“生命”之“超越”意义。基于此，方东美区分了“生命”的两个“界域”：“形下的自然界域”和“形上的超自然界域”。

在方东美看来，“形下的自然界域”包括三种人生境界：第一，“物质境界”。指凭借自己的生命能力来肯定、驾驭、开辟物质世界，并在此基础上安排自己“躯壳”的健康存在的境界。此境界中的人是“行为的人”，其最大特点在于行动。不过，人之为人光有行动是不够的，所以此境界必须加以提升。第二，“生命境界”。指在行动上表现出某种创造性的境界。此境界中的人是“创造行为的人”，它可分为“疯狂行动的人”和“创造行动的人”两种；前者把生命引向危险甚至死亡的境地，故须对其加以修正、引导，提升为后者。第三，“心灵境界”。指以知识为基础、以理性作指导、把生命安排

---

① 方东美著，孙智燊译：《中国哲学之精神及其发展》，第30页。
② 《东方诗哲方东美论著辑要》，第205页。

在真理世界上面的境界。这一境界的人是"知识合理的人"。方东美认为，这三层境界所对应的人统称为"自然人"；"自然人"可以开辟出一个自然世界，创造出丰富的物质文化，但并不能构成有意义、有价值的世界。因此，"生命"并不能停留于此，还需要向上提升。

"形上的超自然界域"也包括三种人生境界：第一，"艺术境界"。指本其"生命"冲动和创造幻想创造和运用语言、符号从而美化自然世界所得的境界。处于这种境界中的人是"符号人"。但是，此境界不仅可以表现美，也可以表现丑，因此，这是一个不完美的世界。第二，"道德境界"。指以道德作为"生命"本质和"生命"价值所达到的境界。处于这种境界中的人是"道德人"。方东美认为，唯有当"生命"从"艺术境界"升入"道德境界"，通过艺术之美与道德之善的互补，实现艺术与道德的"尽美"、"尽善"，然后"生命"才能继续提升。第三，"宗教境界"。指"生命"可以包容、统摄、左右、支配全世界，其精神提升到一个尽善尽美的程度所达及的境界。这个境界中人的称为"宗教人"。儒家的"圣人"、道家的"至人"、佛家的"觉者"都是"宗教人"。方东美认为，上述三种境界所对应的人统称为"形上人"；"形上人"立足于自然世界而又超越自然世界，通过发挥自己的智能才性，表现出高度的艺术好尚、哲学智慧和宗教精神，从而创造尽善尽美的神圣世界，最终达到与生命本体的融通为一。

方东美认为，"生命""大化流行"的过程是"双回向"的。具体来讲，即，在上述两个"界域"和六种境界之间，"生命"既是层层"向上超越"的，亦是步步向下"流布"的。所谓"向上超越"，是指一层层地向上提升，由"物质境界"——"生命境界"——"心灵境界"——"艺术境界"——"道德境界"——"宗教境界"。所谓"向下流布"，指生命本体的最高精神一层层地向下"贯注"，"贯注流遍一切境界，一切领域，一直到达物质世界的低层"[①]。在方东美看来，"生命"的这种"双回向"的过程既是"提升"，也是创造；向下"流布"也是为了实现新的"提升"，因为这种"流布"赋予了各个境界以"神性"，从而会保持并提升"生命"的创造力。这里，方东美之所以强调"生命"必须依"双回向"的路径创造，目的是要把物质世界与人类精

---

① 《当代新儒学八大家集·方东美集》，第423页。

神"贯通"起来，并且最终落实到"生命"本体上去。正因为如此，不仅方东美的"形下的自然界域"与"形上的超自然界域"是统一的，而且其整个的形而上学体系也是统一的。

第四节 "哲学三慧"

为了复兴中国文化，方东美对中外文化进行了比较，不过，他对国外文化的区分与众不同。一般来讲，所谓中外文化比较多是就中、西、印三种文化比较。方东美则认为，这种分别其实是不恰当的，因为印度文化传入中国较早，很多内容已融入中国文化，因而可以中国文化代表之，而不必把它单独出来。另外，古希腊文化虽与近代欧洲文化有渊源与承续关系，但二者却有诸多明显不同之处，故不可将二者"草率"地归为一类，而应区别对待。这样，方东美重点探讨了古希腊文化、近代欧洲文化和中国文化三者，并把这三者所代表的智慧称为"三慧"①。进而，方东美认为，每一个民族都有自己的哲学智慧，而智慧又有"本义"及"申义"之别："本义"是指"共命慧"，它依民族天才而形成；"申义"指"自证慧"，它依个人天才而形成。当然，在二者之间，"共命慧"是更为根本的，"自证慧"则是附属的。因此，考察一个民族的文化，关键是看它的"共命慧"。方东美说：

> 哲学智慧寄于全民族之文化精神，互相摄受，名共命慧。本篇诠释依共命慧，所论列者，据实际名哲学三慧：一曰希腊，二曰欧洲，三曰中国。……观摩哲学可分两边：一、智慧本义；二、智慧申义。共命慧属本义，自证慧属申义。共命慧统摄种种自证慧，自证慧分受一种或多种共命慧。……共命慧为根柢，自证慧是枝干。②

方东美认为，希腊人的"共命慧"是"如实慧"。他说："希腊人以实智

---

① 佛教中有"三慧"之说，指闻慧、思慧、修慧，为证入解脱境界所必须具备的三种宗教智慧。在此，方东美非此义。

② 《东方诗哲方东美论著辑要》，第119—120页。

照理，起如实慧"①；"如实慧演为契理文化，要在援理证真"②。"共命慧"常采取适当形式以显示体、相、用。就"如实慧"来看，"希腊慧体为一种实质和谐，譬如主音音乐中之主调和谐。慧相为三叠现，慧用为安立各种文化价值之隆正，所谓三叠和谐性"③。所谓"实质和谐"，是指形式圆满无缺，内容充实无漏。所谓"三叠现"，是指柏拉图所谓之"法相""数理"及"物质"三种境界，即"至善""主宰"与"物质"三种区域。以此慧体为依据，希腊各种文化依照"三叠现"之形式得以架构与安顿，此为"慧用"。因此，"此一体三相之和谐（三叠和谐性）适为希腊文化价值之典型"④。在方东美看来，希腊文化可以"大安理索斯"（Diopnysus）、"爱婆罗"（Apollo）、"奥林坪"（Olympos）三种精神为代表。"大安理索斯"象征豪情，代表创造力；"爱婆罗"象征正理，代表理性；"奥林坪"象征"理微情亏"。其中，"爱婆罗"乃希腊文化"灵魂之灵魂"。因此，古希腊先民以艺术与哲学并重，"独能以豪情运正理，故长恢恢旷旷，表现瑰奇伟大智慧"⑤。

　　欧洲人的"共命慧"是"方便慧"，又称"方便巧"。方东美说："欧洲人以方便应机，生方便慧。形之于业力又称方便巧"⑥；"方便巧演为尚能文化，要在驰情入幻"⑦。"方便慧"依体、相、用之分别表现形式为："欧洲慧体为一种凌空系统，譬如复音音乐中之复调对谱。慧相为多端敌对，慧用为范围各种文化价值之典型，所谓内在矛盾之系统。"⑧ 所谓"凌空系统"，是指"一种境界不论范围广狭如何，其性质深秘微密，其内容虚妄假立者"⑨。"方便慧"之"慧相"是"二元或多端敌对系统"⑩。以此"慧体"为依据，欧洲各种文化依照"二元或多端敌对系统"之"慧相"得以建立起来，此即其"慧用"。在方东美看来，欧洲文化是对希腊文化既继承又背离的结果。

----

① 《东方诗哲方东美论著辑要》，第120页。
② 《东方诗哲方东美论著辑要》，第120页。
③ 《东方诗哲方东美论著辑要》，第121页。
④ 《东方诗哲方东美论著辑要》，第122页。
⑤ 《东方诗哲方东美论著辑要》，第126页。
⑥ 《东方诗哲方东美论著辑要》，第120页。
⑦ 《东方诗哲方东美论著辑要》，第120页。
⑧ 《东方诗哲方东美论著辑要》，第121页。
⑨ 《东方诗哲方东美论著辑要》，第122页。
⑩ 《东方诗哲方东美论著辑要》，第122页。

即，欧洲人在继承希腊人崇尚理性、追求科学精神的同时，使科学精神变为纯逻辑的谨严、纯方法的便利和纯技能的运用，因此其文化成为一种所谓的"能力文化"。方东美认为，欧洲文化可以"文艺复兴"（The Renaissance）、"巴镂刻"（The Baroque）、"罗考课"（The Rococo）三种精神为代表："文艺复兴"以艺术热情胜，"巴镂刻"以科学奥理彰，"罗考课"则情理相违，兼此三者之"浮士德"精神为欧洲文化"灵魂之灵魂"。正因为如此，欧洲文化迸发出强烈的创造精神，其"戡天役物"，以"冷酷的理智"征服世界，创造了灿烂的物质文明。

中国人的"共命慧"是"平等慧"。方东美说："中国人以妙性知化，依如实慧，运方便巧，成平等慧"①；"平等慧演为妙性文化，要在挈幻归真"②。同样，依体、相、用之形式，"平等慧"之表现为："中国慧体为一种充量和谐、交响和谐。慧相为尔我相待，彼是相因，两极相应，内外相孚。慧用为创建各种文化价值之标准，所谓同情交感之中道。"③ 所谓"充量和谐"，是指"一种意境，不论景象虚实如何，其神韵纡余蕴藉，其生气浑浩流衍者"，亦即"同情交感之中道"。④"平等慧"之"慧相"为"一种寓合赅备之格局，包裹万物，扶持众妙，布运化贷，均调互摄，滃溟而大同"⑤。以"慧体"为根据，以此"慧相"为形式，中国文化之价值规范得以确立起来，此为"慧用"。在方东美看来，中国文化来源于原始儒家、原始道家和原始墨家这三大宗；在这三大宗当中，"老显道之妙用，孔演易之'无理'，墨申爱之圣情"，但"贯通老墨得中道者厥为孔子"⑥，故儒家精神为中国文化"灵魂之灵魂"。

方东美认为，上述三种文化各有所长，亦皆有偏失。他说："希腊思想实慧纷披，欧洲学术善巧迭出，中国哲理妙性流露，然均不能无弊。希腊之失在违情轻生，欧洲之失在驰虑逞幻，中国之失在乖方敷理。"⑦ 因此，就一种文化自身的发展来看，需要互相贯通、扬长矫短，否则难以担当人类发展之

---

① 《东方诗哲方东美论著辑要》，第120页。
② 《东方诗哲方东美论著辑要》，第120页。
③ 《东方诗哲方东美论著辑要》，第121页。
④ 《东方诗哲方东美论著辑要》，第123页。
⑤ 《东方诗哲方东美论著辑要》，第124页。
⑥ 《东方诗哲方东美论著辑要》，第121页。
⑦ 《东方诗哲方东美论著辑要》，第133页。

大责任。在他看来，矫正一种文化之偏失不外有两种途径：一是"自救"；一是"他助"。所谓"自救"，就是"了悟"本身之不足并利用自身资源加以矫正。具体来讲，上述三种文化之"自救"的路径是："希腊应据实智照理而不轻生，欧洲人当以方便应巧而不诞妄，中国人合依妙悟知化而不肤浅，是为自救之道。"① 不过，各民族的缺失深藏于内心，仅凭"自救"恐难实现理想效果。因此，"他助"就成为了"尤为切要"之途径。具体来讲，"他助"的途径是："希腊人之轻率弃世，可救以欧洲之灵幻生奇；欧洲之诞妄行权，可救以中国之厚重善生；中国之肤浅蹈空，又可救以希腊之质实妥帖与欧洲之善巧多方。"② 在方东美看来，"自救"与"他助"的目的是要建立一种"超人"式的文化，即集希腊人、欧洲人和中国人之优点于一身的"超人"。

方东美还具体探讨了中国文化的"自救"与"他助"。他认为，中国文化在近代没有抵挡住外来文化的冲击，原因在于中国文化长于"道德理性"而缺于"科学理性"。他说："中国学术失坠（哲学为尤甚）之原因，乃在历代均以政治统御文化，箝制思想自由，苟有专心致志之思想家，不为利禄所诱惑，便为淫威所慑伏。"③ 专制政治成为中国文化发展的严重桎梏，而这种桎梏亦可从"科学理性"之缺乏寻出根源。具体来讲，中国文化之缺陷主要表现在三个方面：其一，强调"旁通统贯"，缺乏"清晰的逻辑分析"；其二，强调"直觉体悟"，轻视"知识信念"；其三，强调"参赞化育"，忽视"戡役自然"。在方东美看来，中国文化要发展，既需要"自救"，也需要"他助"。所谓"自救"，是指充分认识自身不足，利用自有资源矫正，把文化生命恢复到原始儒家、原始道家的精神高度。所谓"他助"，是指吸取西方文化之长处，尤其要学习其"戡天役物"的科学精神。经过"自救"和"他助"之后，中国文化将不仅在形上道德的层次继续发扬光大，而且亦会在形下自然的层次得以发展。总之，中国文化将为人类文化的未来发展做出更大的贡献。

---

① 《东方诗哲方东美论著辑要》，第 133 页。
② 《东方诗哲方东美论著辑要》，第 133 页。
③ 《东方诗哲方东美论著辑要》，第 131 页。

第四十四章 徐复观

徐复观（1903—1982 年），原名秉常，字佛观，后由熊十力更名为复观，湖北省浠水县人。早年就读于湖北省立第一师范学校、湖北国学馆，后东渡日本，相继就学于明治大学和陆军士官学校。1935 年任浙江沪杭甬军事指挥部上校参谋。1944 年任国民党军委少将。后拜谒熊十力，接受其"欲救中国，必须先救学术"的思想。1949 年到台湾后，弃武从文，先后任教于台中省立农学院、东海大学和香港新亚研究所。1949 年在香港创办《民主评论》，并担任主编。1958 年元旦与牟宗三、张君劢、唐君毅联名发表现代新儒家的纲领——《为中国文化敬告世界人士宣言——我们对中国学术研究及中国文化与世界文化前途之共同认识》。1969 年应聘为香港中文大学客座教授、新亚研究所教授和香港中文大学中华文化研究所研究员，并重理《民主评论》编务，又任《华侨日报》主笔。1982 年病逝于香港九龙。

在现代新儒家阵营中，徐复观不仅有着跌宕起伏的人生经历，而且也有着与众不同的学术思想。他不赞成形而上学式的哲学，主张探讨文化不能离开具体真实的现实世界。主要著作有：《中国人性论史》《两汉思想史》《中国思想史论集》《公孙龙子讲疏》《儒家政治思想与民主自由人权》《周官成立之时代及其思想性格》《中国经学史基础》《中国艺术精神》《石涛研究》《中国文学论集》等。其著作被辑为《徐复观集》《徐复观文集》。

第一节 "心"的文化

徐复观认为，文化是人性对生活的一种自觉态度，而这种态度本质上是一种价值判断。他说："文化是由生活的自觉而来的生活自身及生活方式这方面的价值的充实与提高。文化的内容包括宗教、道德、艺术等。"① 在徐复观看来，"自觉"二字是理解文化的关键，可以说无"自觉"即无文化。他说："谈到文化，总是精神上的东西，其起源总是起于人性对生活之自觉。"② 而且，这种"自觉"不是脱离生活的空中楼阁，而是立足于生活基础之上的。因此，动物也有生活，但它没有对生活的"自觉"，故不能说动物拥有文化。进而，徐复观认为，与文化相联的一个概念是文明，而文化与文明是不同的，二者属于不同的"系统"。他说："文明是科学系统，文化是价值系统。科学系统主要是在知识方面，告诉人这是什么、那是什么。价值系统主要是在道德方面，告诉人的行为应当如何、不应当如何。"③ 不过，文化与文明共同作为生活的内容，二者是相互联系的：文化是文明产生的基础，有什么样的文化就有什么样的文明；当然，文明也会反过来对文化产生影响。

在徐复观看来，文化是一种价值系统，那么，价值的根源是什么呢？他说："人生价值由何而来，由何而评定'的根源问题，实际便是人生最基本的立足点的问题。"④ 人生价值的根源问题是非常重要的，它是整个人生的基本"立足点"；此问题不解决，人生便失去了"立足点"，也便失去了方向和归宿。他说："一个人必须有他最基本的立足点，否则便会感到漂泊、彷徨，没有方向，没有力量，故必要求有一立足点，然后才有信心、有方向、有归宿。"⑤ 在不同的文化当中，对于人生价值的根源有着不同的理解：一些民族将之归之于上帝、"梵天"，一些民族将之归之于形而上的理性、绝对精神等。徐复观认为，这些理解表面看来有一定道理，但都未能"一针见血"地指出人生价值的根源。与上述不同，他对中国文化有着自己独特的理解，认为人生价值的根源在于"心"。他说：

　　简洁地说：中国文化认为人生价值的根源即是在人的自己的"心"。这个基本的肯定，除二十世纪西方若干思想家正在作同样方向的努力，而尚未能"一针见血"之外，可说是中国文化的特性是

---

① 《徐复观文集》（第一卷），武汉：湖北人民出版社2002年（下同），第1页。
② 《徐复观文集》（第二卷），第33页。
③ 《徐复观文集》（第一卷），第2页。
④ 徐复观：《中国思想史论集》，上海：上海书店出版社2004年（下同），第211页。
⑤ 徐复观：《中国思想史论集》，第211页。

其他民族所没有的。①

然而，此"心"为何"物"呢？徐复观认为，此"心"并非唯心论所谓的"心"；唯心论所谓的"心"是一种形而上的超越现实的东西。他说："唯心论、唯物论在西方哲学的本体论中很早已有争论，到底是精神在先，还是物质在先？到底是精神创造物质，还是物质创造精神？……这是宗教所延续下来的问题。但这个问题并不是在每个文化系统中都出现的，在中国文化中，并没有把这当作一个重大问题来加以争论。"② 在徐复观看来，"心"是由生理而来的体现生命进而体现人的主体性及本性的心。他说："中国文化所说的'心'，指的是人的生理构造中的一部分而言，即指的是五官百骸中的一部分在心的这一部分所发生的作用，认定为人生价值的根源所在。"③ 具体来讲，"心"可以生发不同的追求，其中最重要的有两个方面：一个方面是"心"的知性，它追求知识；另一个方面是"心"的德性，它成就道德。就此而言，西方文化主要发展了追求知识的一面，中国文化主要发展了成就道德的一面。徐复观说：

> 人生的价值，主要表现于道德、宗教、艺术、认知等活动之中。
> 中国文化，主要表现在道德方面。④

徐复观认为，中国文化以"心"作为根源开出文化与价值，故是一种"心"的文化。"心"的文化具有如下几个方面的特征：其一，"心"是一种存在，而非思辨之"产物"。"心"是由工夫所发出的内在经验，故其作用由工夫而见；它不是由推理而得到的概念，因此可以不与科学发生"纠缠"和混淆。其二，"心"是实践的，而非纯概念的。"心"主宰其他生理作用，但不离开其他生理作用；"心"的作用是通过其他生理作用来完成的，此即孟子的所谓"践形"。其三，"心"是具体的人的生命，而具体的生命必生活在现实世界之中。即，"心"不脱离现实，由"心"产生的理想也必融于现实生活。其四，"心"的文化是现成的，也是大众化、社会化的。因此，人若能在

① 徐复观：《中国思想史论集》，第211页。
② 徐复观：《中国思想史论集》，第213页。
③ 徐复观：《中国思想史论集》，第211页。
④ 徐复观：《中国思想史论集》，第213页。

一念之间摆脱自己的私念成见，即可体验到"心"的作用。其五，"心"不仅是人生的价值根源，亦是人生的归宿。正因为如此，人不仅有人格尊严和信心，而且也不需外在的追求和斗争，故"心"的文化又是和平的文化。其六，"心"的文化既重工夫，亦不舍思辨。研究中国文化应在工夫、体验和实践方面下手，但不能抹煞思辨的意义；但思辨必须以工夫、体验和实践为前提，否则，思辨只能是空想。① 总之，

　　　　中国的"心"的文化乃是具体的存在，这与信仰或思辨所建立的某种形而上的东西，完全属于不同的性格。②

第二节　"形而中学"

在徐复观看来，对形而上的追求是人的重要特征，也是任何一种文化的重要内容。他说："人生而是形而上的动物，因为他总是要追问到根源上去。"③ 不过，中西文化之形而上学的"性格"是不相同的：儒家认为人生的价值在于道德，而道德的根源在于"心"，但对于"心"却"引而不发"，不再做进一步的追究。徐复观说："儒家之学，当然以究体为归。但儒家之所谓体，多系道德之心。道德之心乃存在于人的躯体之内而显现于体认实践之中，由体认实践之深浅而始能把握此心之层次。"④ 西方形而上学也谈"心"，但它强调从"心"再往上推，进而追问"心"和宇宙的根源。因此，西方文化重在从自身超越，认为人身是追求真理的障碍。徐复观说："西方形而上学之体，多在心之外。而儒家决不外心以言体。"⑤ 正因为如此，在中国文化中，占主导地位的是立足于生命、重视道德践履的"为己之学"，它所呈现的是非思辨的、"非形而上学"的"性格"。徐复观说：

① 徐复观：《中国思想史论集》，第 216—217 页。
② 徐复观：《中国思想史论集》，第 212 页。
③ 《徐复观文集》（第二卷），第 62 页。
④ 《徐复观文集》（第二卷），第 64 页。
⑤ 《徐复观文集》（第二卷），第 64 页。

中国思想，虽有时带有形上学的意味，但归根到底，它是安住于现实世界，对现实世界负责；而不是安住于观念世界，在观念世界观想。①

进而，徐复观认为，中国文化作为一种"心"的文化，其实质是一种"形而中学"。在他看来，与西方文化相对照，中国文化有两个方面的明显特征：一方面，"心"不是外在于人之上的"道"，也不是外在于人之下的"器"，而是存在于人生命之中的"心"。另一方面，西方文化是一种"抽象"的理路，而中国文化是一种"具体"的理路，即，中国文化是由具体到抽象再到具体，是抽象与具体的合一。基于这样两个方面，徐复观认为"心"的文化既不能称为"形而上学"，亦不能称为"形而下学"，而只能称为"形而中学"。他说：

> 《易传》中有几句容易发生误解的话："形而上者谓之道，形而下者谓之器。"这里所说的"道"，指的是天道，"形"在战国中期指的是人的身体，即指人而言，"器"是指为人所用的器物。这两句话的意思是说在人之上者为天道，在人之下的是器物，这是以人为中心所分的上下。而人的心则在人体之中，假如按照原来的意思把话说完全，便应添一句"形而中者谓之心"。所以心的文化、心的哲学，只能称为"形而中学"，而不应讲成形而上学。②

所谓"形而中"，既相对于"形而上"而言，也相对于"形而下"而言：相对于"形而上"，"形而中"注重经验界、现象界和人的实存，排斥宗教以及神秘的治学倾向；相对于"形而下"，"形而中"强调精神境界的中和之美，从而贬抑物质性、实证性及工具性的宰制。因此，在徐复观看来，"形而中学"是指关于"心"的义理以及对生命价值与意味的诠释理论。就内容来看，"形而中学"充分体现了中国文化的"中庸之道"：其一，"形而中学"不是由推理中推出来的，而是在生命中、在生活中体验得来的，且可在生活、生命中得到证明的。其二，"形而中学"不仅从生命、生活中来，而且还要在

---

① 徐复观：《两汉思想史·三版改名自序》，上海：华东师范大学出版社 2001 年，第 1 页。
② 徐复观：《中国思想史论集》，第 212 页。

生命、生活中落实。也就是说，它是从实践中来，向实践中去；它不只是理
论，它还要落实到实践。其三，"形而中学"是社会性的道理，即，它不仅由
个人来实行，而且社会大众都能实行。基于此，徐复观说：

> 我常笑说，西方柏拉图的哲学是形而上学，沙特等所说的道理
> 是形而下学，中国的人文精神可说是"形而中学"。①

徐复观认为，"形而中学"是中国文化的传统。孔子认为，价值的根源并
不在神，而在人的"心"。因此，他说："为仁由己"②；"仁远乎哉？我欲仁，
斯仁至矣"③。后来，孟子将孔子的思想明确表达出来，指出"仁义礼智根于
心"④。其后，荀子也指出"心"是人类认识得以成立的根源。他说："心何
以知道？曰：心。心何以知？曰：虚一而静。"⑤ 老子认为"道"是形而上
的，他要求人去"体道"，即在"道"之下的人去契合在人之上的"道"。庄
子则把老子形而上的"道"落实在人心上，认为虚、静、明之心就是"道"，
故主张心斋、坐忘以呈现心之虚、静、明的本性。佛教禅宗也讲究靠精神领
悟把握佛教义理，提倡凭借本有智慧"顿悟"成佛。禅宗认为本心即是佛，
故不必也不应向外、向上去追求。由此来看，立足于"心"的文化是中国文
化的传统，而这传统并非来自于形而上的思辨，而是立足于人的现实生活。
因此，徐复观主张，要建构中国的形上学，须依着儒家之"形而中学"的理
路来走。他说：

> 儒家也可以有其形而上学。但儒家的形而上学，须由儒家的基
> 本性格上做工夫去建立的。以马浮先生的另一话说，应从"实理"
> 上做工夫，而不能仅在"玄谈"上做工夫。⑥

因此，徐复观反对沿着西方形而上学的理路来研究中国的形而上学。他
认为，许多谈中国文化的人根本不了解中国文化，有的甚至是"仇视"中国

---

① 《徐复观文集》第一卷，第177页。
② 《论语·颜渊》。
③ 《论语·述而》。
④ 《孟子·尽心上》。
⑤ 《荀子·解蔽》。
⑥ 《徐复观文集》（第二卷），第65页。

文化；即便有许多确实爱护中国文化、所得很精的哲学家也未能把握中国文化的"真面目"。在徐复观看来，"一切民族的文化都从宗教开始，都从天道、天命开始，但中国文化的特色，是从天道、天命一步一步地向下落，落在具体的人的生命、行为之上"①，而熊十力、牟宗三、唐君毅等人却要"反其道而行，要从具体生命、行为层层向上推，推到形而上的天命、天道处立足，以为不如此便立足不稳。……把中国文化发展的方向弄颠倒了，对孔子毕竟隔了一层"②。中西文化是完全不同的两种路径，若依着西方形而上学的路径不仅发现不了中国文化的精髓，反而会误导对中国文化的理解，甚至断送中国文化的命脉。他说："这种比附多系曲说，有没却儒家真正精神的危险。"③他还说：

> 应从"实理"上做工夫，而不能仅在"玄谈"上做工夫。……硬拿着一种西方形而上学的架子，套在儒家身上，如"新理学"等说法，这便把儒家道德实践的命脉断送了。④

第三节　传统与文化

徐复观认为，"传统"一词有传统意义与现代意义之别。就传统意义来讲，它是指统治者的权位继承。就现代意义来讲，它来源于英文"tradition"这一概念，是指某一集团或某一民族代代相传的生活方式和观念。在徐复观看来，现代意义的"传统"包含如下基本特征：其一，民族性。传统和民族是不可分的，任何传统都是民族性的。因此，"离开了民族，便无所谓传统；离开了传统，也无所谓民族"⑤。其二，社会性。他说："传统是社会性的创造，它即生根于社会之中。……传统一定是有社会性的。"⑥ 因此，反传统的

---

① 徐复观：《中国思想史论集续编》，上海：上海书店出版社 2004 年（下同），第 282—283 页。
② 徐复观：《中国思想史论集续编》，第 283 页。
③ 《徐复观文集》（第二卷），第 62 页。
④ 《徐复观文集》（第二卷），第 65 页。
⑤ 《徐复观文集》（第一卷），第 12 页。
⑥ 《徐复观文集》（第一卷），第 12 页。

人一定是反社会或孤立于社会的。其三，历史性。徐复观说："传统是大多数人在不知不觉中共同创造，约定俗成的。传统一定要在历史的时间之流中才能产生、形成。传统与历史是不可分的。"① 因此，不了解历史便不能了解传统。其四，实践性。即，"凡所谓传统，大多都是与人们具体的生活关连在一起。换句话说，一般所说的传统，不是存在于书本或讲坛之上，而是生存于多数人的具体生活之中"②。其五，秩序性。传统是人们不约而同的共同生活方式，"凡是谈到传统的，一定连带谈到秩序，认为传统是代表一种共同生活的秩序"③。

徐复观认为，"传统"是分层次的、有其内在结构的。就其"横断面"来看，"传统"可以分为两个层次：一是"低次元的传统"；一是"高次元的传统"；底层民众代表前者，"知识人"则代表后者。所谓"低次元的传统"，是指无意识的、保守的、以社会性为主的风俗习惯。这种传统具有两个特性：第一，它的"精神意味"比较少，其内容多半表现于具体事象当中，即所谓"百姓日用而不知"。第二，它是被动的、静态的存在，是"具体"而缺少"自觉"的，缺乏自己改进自己的能力；它既有合理的成分，亦有不合理的内容。所谓"高次元的传统"，是指隐藏在"低次元传统"背后的"原始精神"和"原始目的"。这种传统具有如下几个特征：第一，它是理想性的，即，它代表着具体事象的理想和追求。第二，它是批判的，即，它须经人的"自觉"始能发现；而一经发现，它对"低次元的传统"一定是批判的。第三，它是动态的，即会随着条件的变化而变化。第四，它是进步的，即它处于继承过去而又超越过去的形成过程之中。因此，徐复观说："高次元传统的本身，便含有超传统性的意义。"④

在徐复观看来，"文化"也是分层次的、有其内在结构的。就其"横断面"看，它分为"基层文化"和"高层文化"。所谓"基层文化"，指的是"社会所传承的低次的传统"⑤。可见，"基层文化"与"低次元的传统"是相

---

① 《徐复观文集》（第一卷），第13页。
② 《徐复观文集》（第一卷），第13页。
③ 《徐复观文集》（第一卷），第13页。
④ 《徐复观文集》（第一卷），第15页。
⑤ 《徐复观文集》（第一卷），第15页。

对应的。所谓"高层文化"，指的是"少数的知识分子，对于知识的追求，个性的解放，新事物的获得，新境界的开辟所作的努力"①。这两种文化虽均为一个民族所必需，但其所起的作用却不相同。他说："没有无基层文化的民族，也没有无高层文化的民族。没有基层文化，其民族的生活是漂浮无根。没有高层文化，其民族会由僵滞而消灭。只不过历史中有些时代偏向在基层文化，有些时代又偏向高层文化而已。"②"高层文化"与"基层文化"两者之间，一为前进，一为保守；一为重自由，一为重规律，二者充满着矛盾与冲突。在徐复观，"高次元的传统"并不属于"高层文化"。他说："'高次元的传统，既不属于基层文化，也不属于高层文化；而是在它们之间，从内在的关连使二者得到谐和。'所以高次元传统的作用，是在融合解消两层文化的冲突，使这两层文化得到折衷而构成生活上的秩序、谐和的。"③"高次元传统"之所以具有这种作用，在于它是"理想性"的，又是"自觉"的。

基于以上分析，徐复观认为中国文化的发展应该批判地继承，从而形成新的"传统"。在他看来，"五四"时期的反传统主义者既不了解"传统"的结构，亦不了解"文化"的结构：不了解"传统"中既有"低次元的传统"亦有"高次元传统"，而要把"传统"彻底打倒；不了解"文化"中"基层文化"之外还有"高层文化"，而要把所有文化"一笔抹掉"。具体来讲，反传统主义者犯了四个方面的错误：其一，把政治与传统混在一起"一齐打倒"；其二，以为传统和科学是不相容的；要接受科学，就必须彻底打倒传统；其三，不了解许多传统的风俗习惯由于新事物的出现而自然会改变；其四，不了解"高次元的传统"与"低次元的传统"之间的区别，也不了解"高次元的传统"对于"低次元传统"中的落后东西本身就是一种批判。"不过，人类的行为，遇着情势剧烈转换的时代，矫枉每每会过正。……当时反传统反得太过，事实上也是不易避免。所以今日我们只可加以反省，而不必去深责。"④徐复观所强调的是，我们不可能割断与"传统"的联系，"传统"已经渗透到人们的日常生活中；中国文化要发展，就必须在"基层文化"与

① 《徐复观文集》（第一卷），第15页。
② 《徐复观文集》（第一卷），第15—16页。
③ 《徐复观文集》（第一卷），第16页。
④ 《徐复观文集》（第一卷），第19页。

"高层文化"之间，经由"高次元的传统"，建立新的"传统"。他说：

> 由反传统而向传统的复归，以形成新传统，这可以说是人类的
> 天性，是历史的规律。……假定既反对暴力，便只有走我们以高次
> 元传统的自觉，融合中西，以形成新传统之路。①

第四节　人类文化何以近于"全"

在徐复观看来，以往进行中西文化比较时所采取的"华夷之辨"是狭隘
的民族心理，"主要是为了撑门面"②，它根本无益于真正地解决问题；而要
解决问题，必须从文化的共性与个性这样一个视角来切入。他认为，文化是
由人所创造的，因此，人的共性与个性必然会反映在文化上，而表现为文化
的共性与个性。因此，整个人类文化是由不同"个性"的文化所构成的，没
有文化的"个性"就丧失了民族文化的独立性，也就等于没有文化。在此意
义上，不同文化之间的"个性"是实现文化世界性的前提。然而，不同文化
之间又存在着诸多共性，因为人同作为人是有共性的。而且，随着诸种文化
"个性"的发展，这种共性还在不断地扩大。因此，在考察文化时，必须充分
注意共性与个性之关系。徐复观说：

> 纯自然，不能产生文化；文化是由人所创造的。人的共性与个
> 性，一与多，当然会反应在其所创造的文化上，而成为文化底一与
> 多，文化的共性与个性。在文化的共性上，我们应该承认有一个世
> 界文化；在文化的个性上，我们应该承认各民族国家各有其民族国
> 家的文化。……无个性以外的共性，也无隔离孤独的个性。个性中
> 有共性，而仍不失其为个性；共性中有个性，亦仍不失其为共性。③

以此为基础，徐复观比较了中西两种文化的"个性"。

---

① 《徐复观文集》（第一卷），第19—20页。
② 《徐复观文集》（第一卷），第21页。
③ 《徐复观文集》（第一卷），第21页。

其一，文化的起源不同。西方文化来自对自然的"惊奇"，而中国文化则出于"忧患意识"。徐复观说："中国文化与西方文化，在发轫之初，其动机已不相同，其发展遂分为人性的两个方面，而各形成一完全不同性格。"① 希腊文化作为西方文化精神的重要来源，自始即形成了由知性向自然追求的"自然哲学"。培根（Francis Bacon，1561—1626 年）所谓"知识即权力"一语道破了西方文化的精神核心。即，"一般人的存在价值，大体不在于其生活之本身，而在其向物追求的坚执之情，与其在物的研究上所得的成就。人的价值，是通过物的价值而表达出来的"②。中国文化则显著不同，它不是在对自然界作思考时发生的，而是起源于对人类社会的"忧患意识"。所谓"忧患意识，乃人类精神开始直接对事物发生责任感的表现，也即是精神上开始有了人地自觉的表现"③。因此，在中国文化，"忧患是追求学问的动机与推动力。至于学的内容，则西方主要是对于自然的知解，而儒家主要为自己行为的规范"④。在"忧患意识"之下，儒家以人的道德修养和行为规范作为主要探讨内容，形成了一种以人为本的"仁的文化"，进而形成了整个中国文化。徐复观说：

> 儒家思想，是凝成中国民族精神的主流。儒家思想，是以人类自身之力来解决人类自身问题为其起点的。所以儒家所提出的问题，总是"修己""治人"的问题。⑤

第二，文化的自觉意识不同。徐复观认为，西方文化除了希腊文化这个来源之外，还有另一个来源——希伯来文化。希伯来文化是以神为中心的文化，基督教这一世界性宗教是希伯来文化的象征。因此，对神的信仰即宗教意识的"自觉"成为了西方文化的显著特点。中国文化则显然不同，它自开始就表现出明显的人文精神"自觉"。历史地看，中国文化之发展是一种"宗教人文化"的历程——殷商以前是"神本文化"，周人入主中原以后则开启了"人本文化"的历史。具体来讲，作为中国文化之起源的"忧患意识"是一

① 《徐复观文集》（第二卷），第 42 页。
② 《徐复观文集》（第二卷），第 44 页。
③ 《徐复观文集》（第三卷），第 32 页。
④ 《徐复观文集》（第二卷），第 45 页。
⑤ 《徐复观文集》（第一卷），第 110 页。

种人文意义上的忧患，而非"神本意义"上的忧患。也就是说，中国人的
"忧患意识"是对人的"忧患"，而非对神的"忧患"。后来，这种"人本文
化"经过春秋战国时期的展开，逐渐消解了传统宗教的地位和影响，演变为
以人为本的中国文化。因此，人文精神长期居于统治地位是中国文化的显著
特点。反过来讲，宗教精神淡漠是中国文化的重要特点。徐复观说：

> 中国文化，为人文精神的文化，现时固已成为定论。①

第三，文化的成就不同：西方文化重科学价值，中国文化重道德价值。
徐复观认为，西方文化执著于知识与科学的追求，因此，自近代以来在物质
文明方面取得了重大成就。不过，西方文化忽视了对伦理道德的维护和对人
文价值的肯定，在精神文明方面出现了巨大的反差：自16世纪以来，金钱在
有意与无意之间，被普遍承认为人生的究极意义。甚至可以说，近代的文明
就是追求金钱的文明，近代的人生就是追求金钱的人生。与西方文化不同，
尽管中国文化在物质方面缺少足够的"建树"，但在伦理道德和人文价值的维
护上却"成就斐然"，在精神方面显示出独到的优越性。概括地看，中国文化
与西方文化的成就与局限恰是相反的。就局限来看，中国文化的局限是在物
的方面，西方文化的局限在人的方面；而这两个方面是互相联系的。徐复
观说：

> （中国文化）因物的问题未得到解决，反撞将来，致令人的问题
> 也没有得到解决。西方文化今日面前所摆的问题是在人的方面。因
> 人的方面未得到解决，反映转来，致令本是为人所成就的物，结果
> 反常成为人的桎梏、人的威胁。②

正因为中西文化均有局限性，故中西文化必须互相学习，使人类文化
"向'无限的多样性'之人性之'全'迈进"③。徐复观认为，中西文化二者
没有理由不互相补充、携手并进。他说："仁性与知性，只是人性之两面。只

---

① 《徐复观文集》（第三卷），第27页。
② 《徐复观文集》（第二卷），第65页。
③ 《徐复观文集》（第二卷），第74页。

须有此一觉，即可相得益彰。"① "仁性与知性，道德与科学，不仅看不出不能相携并进的理由，而且是合之双美、离之双伤的人性的整体。"② 在他看来，西方文化要向前发展，必须"摄智归仁"；中国文化要实现现代化，则必须"转仁成智"。就中国文化来看，"转仁成智"的内容有两个方面：一是科学，二是民主。具体来讲，中国文化要解决两个问题：其一，要能面对自然界的问题，追求自然界问题的解释。其二，要能面对并解决现实的社会、人生问题。不过，中国文化之"转仁成智"有两个问题需要注意：一是对西方文化不能全盘照搬；二是不必担心因为学习西方文化而丧失民族文化的个性。徐复观认为，中国文化是"一把刀"，而西方文化是"砥石"；既不能把西方文化这块"砥石"全部搬到中国来，也不必担心"砥石"会磨掉中国文化；用"砥石"磨刀的结果只会使中国文化这把"刀"更锋利。

① 《徐复观文集》（第二卷），第61页。
② 《徐复观文集》（第二卷），第62页。

第四十五章 唐君毅

唐君毅（1909—1978 年），四川省宜宾县人。1925 年入读于北平中俄大学①、北京大学，1926 年转往中央大学哲学系。1932 年毕业后回四川在中学任教，1937 年起任教于华西大学、中央大学。1949 年赴香港，与钱穆、张丕介等创办亚洲文商学院，1950 年更名为新亚书院，并兼任教务长、哲学系主任等职。1958 年元旦与牟宗三、徐复观、张君劢联名发表现代新儒家的纲领——《为中国文化敬告世界人士宣言——我们对中国学术研究及中国文化与世界文化前途之共同认识》。1963 年新亚书院、崇基书院、联合书院联合组成香港中文大学，唐君毅受聘为该校首任文学院院长并任哲学系教授，后受聘为新亚研究所所长。1974 年自香港中文大学退休，专任新亚研究所所长一职。1975 年任台湾大学哲学系客座教授。1978 年病逝于香港九龙。

唐君毅一生驰骋于东西哲学两个领域，致力于道德理想主义的重建，留下了大量著作。其著作可分为四类：第一类为"泛论人生文化道德理性之关系之著"，包括《人生之体验》《道德自我之建立》《心物与人生》及《文化意识与道德理性》等。第二类为"评论中西文化、重建人文精神人文学术，以疏通当前时代之社会政治问题之一般性论文"的合集，包括《人文精神之重建》《中国人文精神之发展》《中华人文与当今世界》《中国文化之精神价值》等。第三类为"专论中国哲学史中之哲学问题，如心、理、性命、天道、人道之著"，此即四大册的《中国哲学原论》。第四类为"表示个人对哲学信念之理解及对中西哲学之评论之著"，包括《哲学概论》及《生命存在与心灵境界》。其著作被后人辑为《唐君毅全集》。

---

① 民国时期利用苏俄庚子赔款在北京办学时间不长的一所用中文和俄文进行学术研究的大学。

第一节　哲学观

为了说明什么是哲学，唐君毅对"哲学"这一概念的词源进行了考察。他认为，虽然中文中原来没有"哲学"这一概念，它由西方哲学"philosophy"一词对译而来，但要了解和研究哲学须先对中文"哲"与"学"进行考察。他说："我们要了解什么是哲学，当先知中国文中之哲字与学字之传统的意义。哲字据《尔雅》释言，训为'智也'。学字，据伏生所传，《尚书大传》曰，'学效也'……人之一切由未觉到觉，未效到效之事，都是学。"①在唐君毅看来，中文"哲""学"二字兼涵对知识、智慧的"知"与"行"两个方面，因此，中国传统的所谓理学、道学、道术等即可统称为"哲学"。他说："哲学与哲学概论之名，乃中国昔所未有。然中国所谓道术、玄学、理学、道学、义理之学即哲学。"② 这样看来，中文"哲学"是一个比西文"philosophy"内涵更为宽泛的概念，而且它也更符合"哲学"作为一门学问的本义。事实上，唐君毅之对哲学的讨论正是以中文"哲学"概念为依据的。他说：

> 对哲学定义之规定，以贯通知行之学为言，此乃直承中国先哲之说。而西哲之言哲学者之或重其与科学之关系，或重其与宗教之关系，或重其与历史及文学艺术之关系者，皆涵摄于下。③

为了确定哲学的地位和含义，唐君毅对整个人类学问进行了考察。他将人类学问分为两大类：一类是以"行"为主的学问，另一类是以"知"为主的学问。他说："在人类之学问范围中，我们可以方便分为二大类。一大类是主要关联于我们之行为的，一大类是主要关联于言语文字之意义之知的。我们可说，前一类之学，是以'效'或'行'为主，后一类之学，是以'觉'

---

① 唐君毅：《哲学概论》（上册），北京：中国社会科学出版社2005年（下同），第1页。
② 唐君毅：《哲学概论·自序》（上册），第1页。
③ 唐君毅：《哲学概论·自序》（上册），第3页。

或'知'为主。"① 进一步，他又将以"行"为主的学问分为三种：第一种称之为实用的生活技能及生活习惯养成之学。这是一种人终生无时可离之学，它起源于人在自然与社会中生活的实际需要。第二种称为艺术及身体游戏一类之学。此种学问常源于个人之自发的兴趣。第三种是自觉规定自己行为以达一为人之目标之学。这种学问可称为道德的实践之学，指人对自己行为由不妥当到妥当加以安排的学问。至于以"知"为主的学问，也包括三种，分别是历史、文学和科学。在唐君毅看来，历史学始于人们以语言文字记载对具体生活之变化发展的经验；文学始于人们以语言文字抒发在具体生活中所生起的想象、感情和志愿；科学则始于人们以语言文字陈述所接触具体事物之普遍的抽象性相与关系。②

在划分上述两类学问的基础上，唐君毅确立了哲学的地位和含义。他认为，在上述学问之外，还必须有一种学问去了解各种学问间的关系，进而把各种学问以某种方式"统整"起来，并消解其间的冲突和矛盾。在唐君毅看来，这种处在各种学问之间、之上或之下的学问就是哲学。或者说，所谓"哲学"，就是指贯通、统整知、行两大类学问的学问。具体来讲，唐君毅认为，哲学具有五个方面的特征：其一，哲学是一种求关联、贯通各种学问并消除其间冲突矛盾的一种学问。其二，哲学是一种在学问之分别独立或互相"分裂"的前提下，出于人所直觉之心灵"整个性"、所愿望之人生和谐性而求回复其"整个性"、实现人生和谐性的一种自觉努力。其三，哲学是一种求将各种学科加以关联，并进而使之与人的生活行为相关联的学问。其四，哲学是一种关于思考知识界与存在界及人的行为界与其价值理想关系的学问。其五，哲学是一种以对于知识界与存在界的思维，以成就人在存在界中的行为，进而使人成为一通贯其知与行的存在的学问。③

唐君毅认为，"哲学"作为一门学问有其内在的构成要素，主要包涵"名理论""天道论""人道论"和"人文论"四大部分。所谓"名理论"，主要包括西方哲学中的逻辑学、辩证法、知识论以及印度哲学中的因明学。所谓"天道论"，主要包括西方哲学中的形上学、存有论或本体论、宇宙论以及印

---

① 唐君毅：《哲学概论》（上册），第 5 页。
② 参见唐君毅《哲学概论》（上册），第 5—8 页。
③ 参见唐君毅《哲学概论》（上册），第 12 页。

度哲学中的法相论、法界论。所谓"人道论"，包括西方哲学中的伦理学、人生哲学、美学、价值哲学以及印度哲学中的梵行论、瑜珈行论。所谓"人文论"，则包括西方的文化哲学、历史哲学、宗教哲学、艺术哲学、教育哲学等。当然，上述四大部分亦分别包涵中国哲学以及其他哲学中相应的内容。在唐君毅看来，"哲学"是超越了不同民族文化传统的普遍概念，无论是西方哲学、中国哲学还是印度哲学，都只不过是"哲学"的具体形态而已。因此，任何一种哲学都不足以代表或独占"哲学"这一概念，而"哲学"作为一个一般概念却可包含所有"同类之学术思想"。唐君毅说：

> 我们则要以"哲学"之一中国字，兼指西方人所谓 Philosophy，与及西方以外如中国印度之一切同类之学术思想。①

第二节　心本体论

唐君毅认为，现实世界不仅是虚幻无常的，而且是不完满的。他接受了佛教的"空"观思想，对现实世界之真实性持否定态度，其否定的依据是时间的流转无常。他说："这当前现实世界之不真实，其最显著的理由，便是它之呈现于时间。时间中之一切事物是流转，是无常，这可能就是否定当前现实世界的真实之最先一句话与最后一句话。"② 只要处于时间之中，万物就会生归于灭，有归于无，没有任何事物可以例外。他说："一切存在者必须消灭，时间之流水，如在送一切万物向消灭的路上走。"③ 因此，现实世界根本没有真实性可言。时间的流转无常不仅取消了宇宙的真实性，也使得宇宙成为"无情不仁"甚至"残酷"之物，这深深触动了唐君毅的心灵。他说："时间是残酷的，一切是虚幻的，必归于消灭的，这种情调，恐怕将永远与我终身。"④ 现实世界令人感到无限的悲凉，因此，人之在世及其活动价值也必

---

① 唐君毅：《哲学概论》（上册），第 4 页。
② 唐君毅：《道德自我之建立》，载《人生三书》，北京：中国社会科学出版社 2005 年（下同），第 50 页。
③ 唐君毅：《道德自我之建立》，第 53 页。
④ 唐君毅：《道德自我之建立》，第 53 页。

然会受到怀疑。唐君毅还说：

> 从时间中之一切事物之流转及其必须消灭上，我知道了，此现
> 实世界根本是无情的。天心好生，同时即好杀。现实世界，永远是
> 一自杀其所生的过程。……现实的世界，是一残酷而悲凉的宇宙，
> 这是我对现实宇宙第二个判断。①

尽管现实世界如此，但在其后的形上本体——"心本体"——却是"恒
常真实"的。唐君毅从两个角度对此进行了论证：第一，在"我要求"、"我
希望"之中即包含了"心本体"的恒常真实性。他认为，由于不满现实世界
的虚幻无常，我"要求恒常真实"，"我这要求是绝对的"；"我之要求中所求
之完满、真实、善，都是现实世界之所无"，因此在这要求之后必有超越性的
形上根源；而且，既然它是"超越生灭及虚幻之心愿所自发的根原，不能不
是恒常真实的"。② 第二，由思想之不灭性、无限性可以推出"心本体"的恒
常真实性。唐君毅说："从我们思想本身内部看，则我们无论如何不能不承
认，思想是统一连贯过去与未来。思想统一连贯过去与未来……这即是反乎
现实世界中的时间之前后代谢之另一功能。……这即表示他所自发之心之本
体，是不灭的。必须心之本体是不灭的，然后会使思想有灭灭之功能。不灭
即是恒常，恒常即是真实，心之本体应是恒常的、真实的。"③ 基于这样两个
方面，唐君毅认为，虚幻无常的现实世界背后必然存在着一个"恒常真实"
的"心本体"，而且，正是由于有了"心本体"，人才体会到了现实世界的虚
幻无常和"无情不仁"。

在唐君毅看来，"心本体"不仅在存在论层面看是存在的，而且在价值论
层面看是至善完满的。他说："天心好生，同时即好杀。现实世界，永远是一
自杀其所生的过程。"④ 不过，唐君毅对此并没采取佛家的出世思路，而是
要超越佛家的思想，致力于在"要求"之后寻求一个"善的完满"的根源。
在他看来，由于人存在"善善恶恶"之观念，故作为其根源的本体则定是至

---

① 唐君毅：《道德自我之建立》，第 53—54 页。
② 唐君毅：《道德自我之建立》，第 55 页。
③ 唐君毅：《道德自我之建立》，第 57 页。
④ 唐君毅：《道德自我之建立》，第 53 页。

善的。他说："我善善恶恶，善善恶恶之念，所自发之根原的心之本体，决定是至善的。"① 而且，由于"心本体"超越于无尽的时空之上，无尽时空中的事物都为它所涵盖，所以它又必然是完满的。唐君毅说："我复相信我之心之本体是至善的、完满的。因为我明明不满于残忍不仁之现实世界……因为它超临跨越在无穷的时空之上，无穷的时空中之事物，便都可说为他所涵盖，它必然是完满无缺。"② 在唐君毅看来，论定"心本体"是至善完满的意义在于："心本体"不仅是存在论意义上的本体，亦是价值论意义的本体。

唐君毅认为，正因为"心本体"是恒常真实、至善完满的，故它就是世界的主宰，就是"神"。就其存在而言，"心本体"超越于时空，是无限广大的绝对、无始无终的永恒和宇宙万象的主宰。他说："'心'，'心'，无穷之广大，渊深，万象之主宰，真正的先天地而生。无始无终，绝对之绝对，永恒之永恒。世界毁坏，你万古长存。"③ 因此，就其地位与价值来看，"心本体"具有绝对的尊严和明确的目的性。他说："你必须知道：你的心可以包罗宇宙，而知你可以代'神'工作，而重新建设宇宙，同时完成你心之本性的要求。"④ 就其功用而论，"心本体"涵盖、主宰着现实世界万类众生和人类一切思想活动。总之，"心本体"就是现实世界之主宰。唐君毅说：

> 心之本体即人我共同之心之本体，即现实世界之本体，因现实世界都为他所涵盖。心之本体，即世界之主宰，即神。……从今我对于现实世界之一切生灭，当不复重视，因为我了解我心之本体确确实实是现实世界的主宰，我即是神的化身。⑤

不过，"心本体"虽然是"神"，但它是"超越而内在"的，它既是形上本体，同时也是实践主体。唐君毅认为，"心本体"虽超越于现实宇宙之外，超脱了生灭性与虚幻性，但它却不在人之外，而是"即超越即内在"于人自身。换言之，"心本体"就是与人自我同一，就是人之内在自我。而且，"心本体"与其所对之"境"亦融摄不分、相依相证。他说："我常问我的心在

① 唐君毅：《道德自我之建立》，第60页。
② 唐君毅：《道德自我之建立》，第60页。
③ 唐君毅：《人生之体验》，载《人生三书》，第106页。
④ 唐君毅：《人生之体验》，第79页。
⑤ 唐君毅：《道德自我之建立》，第61页。

何所，我自己总是回答它无所在。……我相信心到何境，即何境到心，心与境不可分。心能在万境之中周旋。"① 这种"周旋"于诸"境"之中却又不滞碍于任何一"境"的超越性就是"内在超越性"。概言之，"心本体"通过形而上的"投射"获得了超越性，通过形而下的"渗贯"而获得了内在性。在唐君毅，"心本体"的这种"内在超越性"具有重要意义：超越性凸显了"心本体"的形上意义，内在性则凸显了其形下意义；形上意义彰显了"心本体"的理论意义，形下意义则彰显了"心本体"的实践意义；"心本体"不仅是存在界的存在本体，而且还是价值界的实践主体。

第三节　"心通三界九境"

唐君毅认为，在现实的层面上，"心本体"会推扩到整个生命存在与心灵活动，展示为人生的不同层面，形成为一个"心通三界九境"的"生命心灵"体系。所谓"心通三界九境"，其关键词在"境"与"心"两个概念。所谓"境"，指与"心"相对、为"心"所现的景象；它既涵客观景象，又涵主观意象。由于"境"有不同的种类，其间互有界限，故而又产生了"境界"一词。所谓"心"，则是指本体之心，即"心本体"。同样，"心"亦可与"灵"相结合而有"心灵"一词："心"自内说，"灵"则自外说，合"心灵"为一名"要在言心灵有居内而通外以合内外之种种义说"②。在唐君毅看来，"心灵"与"境界"是体用之关系，它们互相对应且互相"感通"。因此，"心灵"与"境界"之间是"俱存俱在""俱开俱辟""俱进俱退"、"俱存俱息"之相互依存之关系。他说："境与心之感通相应者，即谓有何境，必有何心与之俱起，而有何心起，亦必有何境与之俱起。"③ 既然如此，就必须对此"感通"进行了解，以使人"起真实行"。唐君毅说：

　　要求如实观之，如实知之，以起真实行，以使吾人之生命存在，

---

① 唐君毅：《道德自我之建立》，第 61—62 页。
② 唐君毅：《生命存在与心灵境界》，北京：中国社会科学出版社 2006 年（下同），第 2 页。
③ 唐君毅：《生命存在与心灵境界》，第 3 页。

成真实之存在，以立人极之哲学。①

在唐君毅看来，"心灵"与"境界"之感通有"横通""顺通"和"纵通"三种不同方式。所谓"横通"，是"心灵"活动之往来于内外左右，目的在确定种类；所谓"顺通"，是"心灵"活动之往来于前后，目的在确定次序；所谓"纵通"，是"心灵"活动之往来于上下，目的在确定层位。唐君毅说："心灵活动与其所对境之种种，有互相并立之种种，有依次序而先后生起之种种，有高下层位不同之种种。此互相并立之种种，可称为横观心灵活动之种种；依次序而先后生起之种种，可称为顺观心灵活动之种种；有高下层次不同之种种，可称为纵观心灵活动之种种。凡观心灵活动之体之位，要在纵观；观其相之类，要在横观；观其呈用之序，要在顺观。"② "横通""顺通"与"纵通"也就是"心灵"对境之不同"观法"，故亦可对应地称为"横观""顺观"与"纵观"。此外，唐君毅也将这三种"观法"称为"心灵"活动的"三道路""三方向""三意向"或"三志向"。这样，以此三种"观法"为依据，分别对应"体""相""用""三德"，便形成了九种境界；这九种境界又可分别归为"客观界""主观界""超主客观界"。他说：

> 综观此心灵活动自有其纵、横、顺之三观，分循三道，以观其自身与其所对境物之体、相、用之三德，即此心灵之所以遍观通观其"如何感通于其境之事"之大道也。③

"客观界"以"觉他"为特征，包括三种境界：其一为"万物散殊境"。唐君毅认为，"心灵"最初的活动是由内向外的，所"开辟"的是客观境界；在此境界中，最先接触的是个体事物，由此构成彼此分散而殊异的"个体界"。一切关于个体事物的历史地理知识，一切关于个人自下而上的欲望，皆根于此境；对此境"反观"的结果，便形成一切关于个体的知识论、形上学与人生哲学。其二为"依类成化境"。在唐君毅，"心灵"从个体界出发，进一步接触的是事物的种类，由此进入"类界"。一切关于事物种类，如无生物

---

① 唐君毅：《生命存在与心灵境界》，第1页。
② 唐君毅：《生命存在与心灵境界》，第5页。
③ 唐君毅：《生命存在与心灵境界》，第5页。

类、生物类以及人类的知识，皆根于此境；对此境"反观"的结果，便形成一切关于类的知识论、形上学与人类哲学。其三为"功能序运境"。"心灵"通过对类的把握深入到内在的因果关系，认识到客观世界乃是一个按功能次序运行的世界，由此进入"因果界"。一切以事物因果关系为中心的自然科学、社会科学知识，一切应用科学知识以及人的行为及功名心，皆根于此境；对此境"反观"的结果，便形成一切论说因果的知识论、依因果观念建立的形上学以及功利主义的人生哲学。

"主观界"以"自觉"为特征，包括三种境界：其一为"感觉互摄境"。在唐君毅，"心灵"知其所知之客体事物之相乃是主体的感觉；时间和空间亦内在于缘感觉而起的主体；而主体之间既各自独立，又相互影响，由此进入"主体自觉界"。一切缘主观感觉而有的记忆、想象，经验心理学中关于身心关系的知识，关于时空的知识等皆根于此境；对此境"反观"的结果，便形成一切关于身心关系、感觉、记忆、想象与时空关系之认识论，身心二元论或唯身论、泛心论之形上学，与重人与其感觉境相适应以求自下而上之人生哲学。其二为"观照凌虚境"。"心灵"游离于客观世界而发现一"纯相之世界"，此即以语言文字符号等所表现的世界，由此进入"意义界"。一切由人对纯相或纯意义直观而有之知识皆根于此境；对此境"反观"的结果便形成重纯相或纯意义的现象学的知识论、重在发明纯相存在地位的形上学以及审美主义的人生哲学。其三为"道德实践境"。"心灵"之形成道德理想以指导行为，从而实现道德生活，由此进入"德行界"。一切本于道德观念而形成的伦理学知识以及人的道德生活行为、道德人格建立皆根于此境；对此境"反观"的结果，便形成一切关于道德的知识论、良心之存在地位及其命运的形上学以及一切重道德的人生哲学。

"超主客观界"则以"超自觉"为特征，也包括三种境界：其一为"归向一神境"。在唐君毅，所谓"神"，乃指形而上的最高实体，它作为现实世界的主宰，具备现实世界可能有的一切美德；它落实到人的心中，避免人们将其仅视为现实世界的一种实在，从而避免人们的怀疑和不信。其二为"我法二空境"。唐君毅认为，此境既破"我执"，又破"法执"，即破除了一切"生命心灵"对主客世界的种种执障，甚至对"神"的肯定。由此，"心灵"不仅日进于广大，而且彻入现实世界一切有情生命之"内里"，对其因执而生的种种烦恼痛苦产生同情，并本着慈悲心怀，以智慧"烛照"有情生命之"无执"本性，从而解除种种烦恼痛苦，达至救度有情生命的目的。其三为"天德流行境"。在唐君毅看来，此境凸显人的当下生命存在及其道德践履同时即是"天德"流行。因此，"天人不二"之道自本至末、自始至终无所不贯，既不依赖对"神"的信仰，也不需要"我破破他"的"救度"。这种"当下即是"的境界，是"灌注"着道德理想的人文世界之最高境界。

在唐君毅看来，"三界九境"之别不仅充分显示出不同"观法"的特征："此九境者以类而言，而各为一境，自成一类；以序而言，则居前者为先；以层位而言，则居后者为高。"① 而且，"三界九境"亦体现出"体""相""用"之别。在"客观界"当中，第一境偏于万物之"体"；第二境偏于各物之"相"；第三境偏于各物之"用"。同样，"主观界"之三种境界和"超主客观界"之三种境界亦分别有"体""相""用"之不同侧重。这样，在唐君毅，"三界九境"不但包括了"心灵"世界的所有层面，而且也统摄了人类所创造的一切文化，构成了一个"哲学大全"。不过，唐君毅认为，"三界九境"均是由"心灵"依不同的"观法"而显，故所谓主观、客观之分并不是认识论意义上的，而是同属于"心本体"意义上之不同的形上层面。因此，尽管"三界九境"纷繁复杂，但其终究要"归于纯一之理念"，即"心本体"。此即其"心通三界九境"之宗旨。他说：

> 以此九境之可依序以升降言，则此九境既相差别，亦相平等，而可销归于纯一之理念。……最后根源之在吾人当下生活之理性化、性情化中所昭露之神圣心体。②

第四节　中西文化之"十字架"式交叉

唐君毅认为，中西文化在进路上存在着明显的差异，这种差异犹如"十

---

① 唐君毅：《生命存在与心灵境界》，第25页。
② 唐君毅：《生命存在与心灵境界》，第25页。

字架"式之交叉。他说："中国过去哲学家所最亲切感着的问题，所认为最重要的问题，与西洋哲学家所感到并认为最重要的截然不同。这种不同并非偶然不同。这种不同，大而言之，是本于两种文化精神之不同；小而言之，是两种哲学的心灵哲学的精神发展之不同。……就两方所各特别著重的问题来看，我们简单可以看出它们是在互相对映的两条路上排列着的两组问题。"①唐君毅之所以借用"十字架"来描述中西文化之差异，意在说明中西文化不仅进路不同，而且内容亦不同；但二者之间均各有其长，亦各有其短。他说：

> 中西哲学根本是在两种不同的进向上交叉如十字架，从任一进向去看其他的进向，都觉其在下。所以，我们从中国哲学的立场看西洋哲学，便觉西洋哲学家把好好的宇宙人生破碎割裂，然后慢慢在那儿连络补缀，真是可怜；纵然补缀成功，也是鹑衣百结，未免可笑。从西洋哲学的立场来看中国哲学，便觉中国哲学家虽自以为一贯天人，其实对于各种真正之哲学问题之困难并未感觉，其中之辛酸苦辣，从未尝过，因此无妨本其粗浅的直觉发些圆融贯通的观察。②

具体来讲，中西文化之"十字架"式的差异有如下方面。

首先，中心内容不同。唐君毅认为，西方文化之中心在宗教与科学，中国文化之中心在道德与艺术。在他看来，西方自古以来重视人的理性活动，习惯于把自然作为与人相对峙的对象来研究，从而形成了寻求、验证以求真理且不断超越已有知识的精神。这种精神表现为两个方面：一为科学精神，即主观上自觉去求知客观自然或社会的精神；二为宗教精神，是主观上自觉要信仰客观之神，进而祈求与神合一的精神。这两个方面虽为两个方面，但它们均建立在一种主、客之紧张的关系上，即，皆肯定主观自觉与超主观之客观的对待，皆追求克服此对待但又终不能全克服之。中国文化则不同，中国人自始以来则重礼乐，而礼乐的核心则是道德与艺术。因此，"中国哲学家中从来无为求知识而求知识的思想"③。在特征上来看，中国文化之道德艺术

---

① 唐君毅：《中西哲学思想比较之研究集》，南京：正中书局 1947 年（下同），第 46 页。
② 唐君毅：《中西哲学思想比较之研究集》，第 78 页。
③ 唐君毅：《中西哲学思想比较之研究集》，第 42 页。

精神与西方文化之科学宗教精神不同，它所强调者是主观与客观之和谐融摄关系，而不是主观与客观之紧张对待关系。质言之，中国文化之道德与艺术的基础不是主、客之紧张关系，而是主客对待关系之消除，是主客之和谐融摄。

其次，基本精神不同：中国文化的基本精神是"自觉地求实现"，西方文化的基本精神是"自觉地求表现"。唐君毅说："中国文化根本精神，为自觉地求实现的，而非自觉地求表现的。西方文化根本精神，则为能自觉地求表现的，而未能真正成为自觉地求实现的。"① 所谓"自觉地求实现"，是指"精神理想"之"自觉""实现"于文化，并通过文化以实现自我"滋养"。此即："精神理想，先全自觉为内在，而自觉的依精神之主宰自然生命力，以实现之于现实生活各方面，以成文化，并转而直接以文化滋养吾人之精神生命、自然生命。"② 所谓"自觉地求表现"，指的则是"精神理想"之"自觉""表现"于外在"理想"，并追求这一"理想"之实现，而不关心自我"滋养"。此即："精神先冒出一超越的理想，以为精神之表现，再另表现一企慕追求理想，求有所贡献于理想之精神活动，以将自己之自然生命力，耗竭于此精神理想前，以成就一精神之光荣，与客观人之世界之展开，而不直接以文化滋养吾人之精神生命、自然生命。"③ 在唐君毅看来，这两种形态分别"心本体"的两种"执用"：中国文化是"心本体"的"主观进路"，西方文化是"心本体"的"客观进路"。

再次，价值趋向不同。唐君毅认为，中国文化的价值指向于人文，而西方文化之价值趋向于"超人文"和"非人文"。何谓"人文"呢？他说："所谓人文的思想，即指对于人性、人伦、人道、人格、人之文化及其历史之存在与其价值，愿意全幅加以肯定尊重，不有意加以忽略，更决不加以抹杀曲解，以免人同于人以外、人以下之自然物等的思想。"④ 在唐君毅看来，中国人自周代开始就形成了人文思想，此即"夏尚忠，殷尚质，周尚文"之所指。"周虽旧邦，其命维新"，此"维新"之含义就在于周人将殷商以前的"神本

---

① 唐君毅：《中国文化之精神价值》，桂林：广西师范大学出版社 2005 年（下同），第 361 页。
② 唐君毅：《中国文化之精神价值》，第 361 页。
③ 唐君毅：《中国文化之精神价值》，第 361 页。
④ 唐君毅：《中国人文精神之发展》，第 2 页。

文化"转换为"人本文化"。后来，孔、孟等原始儒家以伦理为核心建构了完整的人文思想体系。在儒家思想的影响下，渐渐形成了"中国文化乃是一在本源上即是人文中心的文化"①。与中国文化不同，西方文化自始即形成了科学与宗教、理性与信仰的对立，因此，其人文思想始终陷于上帝与自然之"夹缝"之中，而未能自由伸张和发挥。这种情形不仅限制了人文的发展，而且最终导致了"超人文"和"非人文"两种趋向：所谓"超人文"，是指重视对人以上的经验理解所不及的超越存在的价值取向；所谓"非人文"，是指重视对人以外的经验对象或理解对象的价值取向。

唐君毅认为，尽管中西文化之差别有如"十字架"，但人类文化的发展方向将是中西哲学的融会贯通。在他看来，因为中西文化的差异性非常大，故它们之间常以其长攻对方所短，殊不知此种做法毫无意义，其实都作了"十字架"上的牺牲品。他说："从一方面看，中国哲学是西洋哲学的进一步；从另一方面看，西洋哲学是中国哲学的进一步。但无论限于哪种看法，我们都作了这十字架上的牺牲者。"② 事实上，中西哲学"这两种心灵哲学精神发展之途径有许多交错重叠的地方"③，即，不同的民族精神中存在着共通的人类精神，因此，"世界未来之哲学当为中、西、印融合之局面"④。不过，人类文化的融会贯通仍需有一中心存在。在唐君毅看来，尽管中国哲学在派别繁多、问题丰富、析理细密方面不及西方和印度，但"中国哲学遂特纯正而富于弹性，此即其蕴蓄宏深堪为载重之器之证"⑤。既然如此，如果能够"纳方于圆"，将其他文化之长融摄于"圆而神"的中国文化，那么，中国文化将能统领起人类文化发展的方向。他说：

> 笔者复信，在世界未来哲学中，中国哲学之精神当为其中心。⑥

---

① 唐君毅：《中国人文精神之发展》，第6页。
② 唐君毅：《中西哲学思想比较之研究集》，第78页。
③ 唐君毅：《中西哲学思想比较之研究集》，第46页。
④ 唐君毅：《中西哲学思想比较之研究集·自序》，第3页。
⑤ 唐君毅：《中西哲学思想之比较研究集·自序》，第3页。
⑥ 唐君毅：《中西哲学思想比较之研究集·自序》，第3页。

第四十六章　牟宗三

牟宗三（1909—1995 年），字离中，山东省栖霞县人。1927 年入北京大学预科，两年后升入哲学系。1933 年毕业后先后在华西大学、中山大学、金陵大学、浙江大学等校任教。1949 年去台湾，任教于台北师范大学、东海大学。1958 年与徐复观、张君劢、唐君毅联名发表现代新儒家的纲领——《为中国文化敬告世界人士宣言——我们对中国学术研究及中国文化与世界文化前途之共同认识》。1960 年任教于香港大学、香港中文大学新亚书院。1974 年退休后，专任新亚研究所教授。1976 年又应台湾"教育部"客座教授之聘，讲学于台湾大学哲学研究所等处。1987 年被香港大学授予名誉文学博士。1995 年病逝于台北。

牟宗三的哲学成就代表了中国哲学在现代发展的新高度，其影响力具有世界水平。1995 年出版的英国《剑桥哲学词典》（The Cambridge Dictionary of Philosophy. Edited by Robert Audi）誉之为"当代新儒家他那一代中最富原创性与影响力的哲学家"。其主要著作有《逻辑典范》《心体与性体》《理性的理想主义》《道德的理想主义》《历史哲学》《佛性与般若》《才性与玄理》《圆善论》等 28 部，另有《康德的道德哲学》《康德纯粹理性之批判》《康德判断力之批判》等多部译作。其许多著作被译成英语、韩语、德语等文字。其著作被后人辑为《牟宗三先生全集》。

第一节　良知本体论

牟宗三认为，"良知"是本体，"心体"与"性体"是"良知"的不同形式。他主要是通过探讨传统儒学、特别是宋明儒学"五峰蕺山系"的"心体""性体"来架构他的本体论的。他认为，"心体"是主观的，它并不是生理意义上的肉团之心，也不是知识论意义上的认识之心，而是"道德的心"。"心体"具有自主、自律、自决、自定方向的特征。"性体"则不同，它是客观的，是既超越又内在的：自超越方面而言，"性体"具有绝对的普遍性，与宇宙本体通而为一；自内在方面而言，"性体"又存在于一切个体之人中，是个体进行道德实践的"创造实体"。然而，"性体"与"心体"二者是合一的，只是其言说的角度不同而已，其实质均是指"良知"本体。牟宗三说："客观地言之曰性，主观地言之曰心。自'在其自己'而言，曰性；自其通过'对其自己'之自觉而有真实而具体的彰显呈现而言则曰心。"① 他还说：

> 　　知体是就良知之明觉说，良知本身就是体。心体是就此良知明觉即是吾人之"本心"说，此本心就是体。性体是就此知体、心体就是吾人所以为道德的存在之超越的根据，亦即吾人所以能引生德行之"纯亦不已"之超越的根据而说。"性"者所以能起道德创造之理也，此是字面底意思。此性本身就是体，故曰"性体"。此性体是通过知体、心体而被了解的。故性体是客观地说的，知体、心体是主观地说的。此两者是一。②

　　在牟宗三看来，"良知"本体其实就是"真我"。他认为，"心体"包括三个不同的"我"：一是"真我"，即知体明觉之"物自身的我"，由"智的直觉"以应之，它可用仁体、心体、性体、良知、自由意志、心斋、灵府和如来藏自清净心等概念来表述。二是"现象我"，即"假我"，由"感性直觉"以应之，它是"通过感触的内部直觉所觉的心象……由'本体'一范畴来决定成一个现象的我，此即是作为知识对象的我"③。三是"认知我"，是"'我思'之我，或统觉之我，只是一形式的我，逻辑的我，或架构的我，它根本不表示是一形而上的单纯本体，它是一认知的主体"④。"认知我"处于"现象我"与"真我"之间，是一"形式的有"，由"形式直觉"以应之。很明显，在这三个"我"当中，"认知我"显得很"微妙"，因为它既不是"物

---

①　牟宗三：《心体与性体》（上），第 36 页。
②　牟宗三：《现象与物自身》，载《牟宗三先生全集》（21），台北：联经出版事业股份有限公司 2003 年（下同），第 66 页。
③　牟宗三：《智的直觉与中国哲学》，载《牟宗三先生全集》（20），第 234 页。
④　牟宗三：《智的直觉与中国哲学》，第 232 页。

自身"的"真我"，也不是"现象"的"假我"。那么，这样一个"认知我"由何而来呢？在牟宗三，"认知我"是由"真我"为了成就经验知识、经过"自我坎陷"而成的。故此，在整个"三我"的系统中，"认知性"并不居于独立的一层，而只是"真我"之附属层。牟宗三说：

> 吾人不能只依智的直觉只如万物之为一自体（在其自己）而直觉地知之，因为此实等于无知，即对于存在之曲折之相实一无所知，如果，则本心仁体不能不一曲而转成逻辑的我，与感触直觉相配合，以便对于存在之曲折之相有知识，此即成功现象之知识。即在此知识之必须上，吾人不说逻辑的我为一幻结，而只说为一结构的我，由本心仁体之一曲而成者。（曲是曲折之曲，表示本心仁体之自我坎陷）。①

"自我坎陷"是牟宗三独创的一个概念。对于这一概念，他形象地用"平地起土堆"加以譬喻："知体明觉是平地。无任何相。如视之为'真我'，则真我无我相。而此凸起的认知我是土堆，故此我有我相。此有我相之我是一形式的有。"② 关于"坎陷"的含义，牟宗三说："坎陷"含有"下落""逆转""否定"诸义；故而，"自我坎陷"可理解为"真我"通过自我否定"转而为逆其自性之反对物"③。这个由"真我"逆转出来的"反对物"就是"认知我"。那么，"真我"为什么要"自我坎陷"呢？牟宗三认为其目的在于成就经验知识，他说："知体明觉之自觉地自我坎陷即是其自觉地从无执转为执。自我坎陷就是执。坎陷者下落而陷于执也。不这样地坎陷，则永无执，亦不能成为知性（认知的主体）。它自觉地要坎陷其自己即是自觉地要这一执。"④ "真我"是"与物无对"的，为了认知现象界，需要"开显"一个"架构"的"认知我"；此"开显"是"真我"之主动的、自觉的"下落"和"坎陷"；"下落"、"坎陷"的动力是"真我"之"辩证的发展"，即黑格尔所谓的"理性之诡谲"。牟宗三说：

---

① 牟宗三：《智的直觉与中国哲学》，第259页。
② 牟宗三：《现象与物自身》，第131页。
③ 牟宗三：《政道与治道》，载《牟宗三先生全集》（10），第63页。
④ 牟宗三：《现象与物自身》，第127页。

（真我）要与自己逆，要自我坎陷，不可一味顺。……故凡辩证的发展，必须有此逆的一步。①

牟宗三认为，"良知"不仅是道德本体，而且还是宇宙万有的本体。在牟宗三看来，三个"我"之间是一种辩证的诡谲关系；在这一诡谲的关系当中，被凸显出来的是"物自身"之"真我"，亦即"良知"。关于"良知"的含义，牟宗三以"三义说"来概括。他说："由对良知的消化了解，良知当该有三义：（一）主观义，（二）客观义，（三）绝对义。"② 所谓"主观义"，是指"良知知是知非"。他说："这独知之知是知什么呢？它是知是知非，是知它自己所决定的是非。故良知是内部的法庭，这是良知的主观义。"③ 所谓"客观义"，是指"知体本身即理"。他说："客观义要通过'心即理'来了解。……良知所知之理，即是它自己所决定的，不是外在的。一说到理，良知便是客观的、普遍的及必然的，这才可成为客观义。"④ 所谓"绝对义"，是指"知体即生道"。牟宗三说："良知不单是在我们的生命内呈现，它虽在我们知是知非中呈现，但不为我们的个体所限，它同时是乾坤万有（宇宙万物）底基础。这是良知的绝对意义。这不只说明道德之可能，同时说明一切存在都以良知为基础。道德是说应当，故一决定，便有行为出现，良知一决定，便要实践，由不存在而至存在；由此扩大，宇宙万物亦如此。"⑤

第二节　道德的形上学

牟宗三对比了"道德底形上学"与"道德的形上学"两个概念，指出康德哲学与中国哲学之不同。在他看来，前者是关于"道德"的一种形上学研究，以对道德的基本原理进行形上讨论为主要内容，其所研究的对象是"道德"而不是"形上学"本身。也就是说，康德的形上学所讲的只是一种道德

---

① 牟宗三：《人文讲习录》，第102—103页。
② 《牟宗三先生晚期文集》，载《牟宗三先生全集》（27）（下同），第212页。
③ 《牟宗三先生晚期文集》，第212页。
④ 《牟宗三先生晚期文集》，第213页。
⑤ 《牟宗三先生晚期文集》，第213—214页。

哲学，是关于"道德"的形上学研究；它并没有打开由道德通达本体论、宇宙论的通道，故只能是一种"道德底形上学"。换言之，康德所建立的只是现象界的本体论，而没有证成本体界的存有论，这是康德道德哲学的缺陷所在。后者则不同，它是一种"自道德的进路入"，通过"逆觉体证"达至心性本体的形上学理论。即，它的研究对象并非"道德"，而是"形上学"本身。因此，它不仅建立了现象界的本体论，也证成了本体界的存有论。牟宗三说："以形上学本身为主（包括本体论与宇宙论），而从'道德的进路入'，以由'道德性当身'所见的本源（心性）渗透至宇宙之本源，此就是由道德而进至形上学了，但却是由'道德的进路'入，故曰'道德的形上学'。"[1] 于是，牟宗三以康德之"道德底形上学"为参照阐释了他的"道德的形上学"。

牟宗三不赞成康德否定人可有"智的直觉"，而主张人有"智的直觉"。按照康德关于"现象"与"物自身"的"超越"的区分，人不能突破现象界而获知"物自身"，因为人不具有"智的直觉"。所谓"智的直觉"，即是"自由无限心"、"知体明觉"或"良知"等，它不是"认知的能力"，而是"创造的能力"；它不是"有限心"的理性，而是"无限心"的智慧；它可使"物自身"直接呈现出来或创造出来。在康德看来，"智的直觉"仅仅属于上帝，因此人类绝无可能贯通现象与本体两层世界。然而，牟宗三认为，"智的直觉"并不仅仅属于上帝，它也为作为道德主体的人所具有。他说："我们不要把无限心只移置于上帝那里，即在我们人类身上即可展露出。"[2] 因此，人既是有限的，同时也能是无限的；人不仅能认识现象世界，而且也能呈现本体世界；人不仅能践履形而下的道德，而且可通过道德实践实现自我转化，从而超凡入圣。正因为如此，中国哲学认为"良知"可以通过"性体"这一中介通达宇宙本体。孟子所谓"尽其心者知其性也，知其性则知天矣"[3]，所揭示的就是这一超越进路。

在牟宗三看来，人有"智的直觉"是成就"道德的形上学"的关键。他认为，正因为人有"智的直觉"，道德本体一方面可以由内向上翻、将生命存在接通终极价值本源；另一方面又可自上向下"流布"、从至上的道德实体落

---

① 牟宗三：《心体与性体》（上），第120页。
② 牟宗三：《现象与物自身》，第17页。
③ 《孟子·尽心上》。

实到具体万物。牟宗三说:"良知明觉是实现原理也。就成己言,它是道德创造之原理,即引生德行之'纯亦不已'。就成物言,它是宇宙生化之原理,亦即道德形上学中的存有论的原理,使物物皆如如地得其所而然其然,即良知明觉之同于天命实体而'于穆不已'也。在圆教下,道德创造与宇宙生化是一,一是皆在明觉之感应中一体朗现。"① "良知"不仅是道德本体,亦是万物本体;"良知"不仅体现人道,亦体现天道,因此,"心体"、"性体"乃至宇宙万物便由于"智的直觉"而豁然贯通,于是"道德的形上学"也便证成了。在此意义上,牟宗三认为,要建构"道德的形上学""是要有超过哲学的儒者襟怀才能做到的。如果这'道德的形上学'亦是一实践哲学,即亦可以哲学地讲出来,则它当是相应儒家成德之教的实践哲学,它是冲破康德所立的界限而将其所开辟的实践理性充其极的"②。他还说:

> 一般人常说基督教以神为本,儒家以人为本,这是不中肯的。儒家并不以现实有限的人为本,而隔绝了天。他是重如何通过人的觉悟而体现天道。人通过觉悟而体现天道,是尽人之性。因人以创造性本身做为本体,故尽性就可知天。……这尽性知天的前程是无止境的。它是一直向那超越的天道之最高峰而趋,而同时尽性知天的过程即是成德的过程,要成就一切价值,人文价值世界得以全部被肯定。③

牟宗三认为,"道德的形上学"包含"无执的存有论"和"执的存有论"两个部分。他借鉴佛教《大乘起信论》"一心开二门"的模型,通过"良知"及其"自我坎陷"架构了"两层存有论":本体界的存有论是"无执的存有论"。在这一领域中,"良知"以其"自由无限心"直面无时空性、无流变相的"物自身";它不仅创发了道德行为,而且在"纯亦不已"的道德实践中,遍体万物而不遗,从而引发"于穆不已"的宇宙秩序,这种存有论的实质就是"道德的形上学"。现象界的存有论是"执的存有论"。在这一领域中,客观万物在"良知"的感性、知性等认知活动中,表现为具有一定"样相"的

---

① 牟宗三:《现象与物自身》,第459—460 页。
② 牟宗三:《心体与性体》(上),第153 页。
③ 牟宗三:《中国哲学的特质》,载《牟宗三先生全集》(28),第105 页。

有限存在；这种有限存在乃是由"识心""所执成"。牟宗三说："识心由知体明觉之自我坎陷而成。由坎陷而停住，执持此停住而为一自己以与物为对，这便是识心。"① "执心"与物为对，即物偏处一边而主体偏处另一边，形成主客对峙的认识论结构。在这一结构中，客体为现象世界，表现为具体物事；主体为本体世界，表现为感性、知性、想象等。不过，在牟宗三，"执的存有论"与"无执的存有论"并非平等之"二门"，前者只是后者的"凑泊之举"。

牟宗三认为，"道德的形上学"不仅不同于西方哲学，而且亦与佛、道之形上学不同。在他看来，形上学大体上可以分为两种：一种是"知解的形上学"，即由希腊传统而来的西方哲学那种由外向上翻、以把握自然为旨归的形上学。另一种是"实践的形上学"，即由人的实践以建立或显示"智的直觉"所成就的形上学。依此来对照，包括儒、释、道三家在内的中国哲学都是"实践的形上学"。不过，尽管儒、释、道三家皆为"实践的形上学"，但牟宗三并不赞同释、道两家之"实践的形上学"的理路。在他看来，在与西方哲学和中国哲学之释与道的对比下，惟有儒家"道德的形上学"是理想的形上学形式，故它可代表形上学的发展方向。他说：

> 道德是大宗，但还有两个旁枝，一是道家，一是佛教。从道德上说智的直觉是正面说，佛家道家是负面说，即，从对于不自然与无常的痛苦而向上翻求"止"求"寂"以显示。但这都是从人的实践以建立或显示智的直觉：儒家是从道德的实践入手，佛道两家是从求止求寂的实践入手。其所成的形上学叫做实践的形上学：儒家是道德的形上学，佛道两家是解脱的形上学。②

第三节 儒学三期说

在牟宗三看来，中国文化的主流是儒家文化，而儒家文化的基本精神是

---

① 牟宗三：《现象与物自身》，第171页。
② 牟宗三：《智的直觉与中国哲学》，第447页。

道德精神。他说："说到对于中国哲学传统底了解，儒家是主流，一因它是一个土生的骨干，即从民族底本根而生的智慧方向，二因它自道德意识入，独为正大故。"① 基于此认识，牟宗三对儒家文化的发展进行了梳理，提出了著名的"儒学三期说"。他认为，儒学 2000 多年的历史发展大致分为三期：先秦到汉代儒学为第一期，这个时期又分为三个发展阶段：孔子、孟子、荀子为第一阶段；《中庸》《易系辞》《乐记》《大学》为第二阶段；董仲舒（前 179—前 104 年）为第三阶段。宋明理学是儒学发展的第二期，这一期的演进脉络有"三系"：第一系指"五峰蕺山系"，由周敦颐开山，下贯张载（1020—1077 年）、程颢（1032—1085 年）、胡宏（1104—1161 年）直到刘宗周（1578—1645 年）；第二系指"伊川朱子系"，由程颐（1033—1107 年）到朱熹；第三系指"象山阳明系"，即陆九渊和王阳明。第一、三两系以《论语》《孟子》《易传》《中庸》为标志，可汇通为一大系，为"纵贯系统"，为儒家正统；第二系以《易传》《中庸》与《大学》相合，而以《大学》为主，是"横摄系统"，属"别子为宗"。② 第三期则由熊十力、梁漱溟、张君劢等开山，唐君毅、牟宗三继起，是为现代新儒家。

牟宗三认为，第一期儒学与第二期儒学在形态上有很大不同。在儒学第一期，孔子、孟子是代表人物，孔子以人格之实与天合一而称为"大圣"，其特征是积极的、丰富的、建设的和综合的，其现实功效是汉帝国的建立。在儒学第二期，其形态为宋明儒学所反映出的绝对道德主体性，其特征是较为消极的、分解的和空灵的，其现实功效在于移风易俗，维持社会道德秩序。在牟宗三看来，第三期儒学将与第一期儒学相类似，它将以第二期儒学的道德主体性与第一期儒学的社会实际"外王功能"相结合为特征，因此将是更为积极的、充实饱满的、更为逻辑的。不过，实际上，"第三期儒学"是一个"将来进行时"或"正在进行时"的儒学形态。牟宗三认为，对于这样一个新的儒学形态的建设，现代新儒家有着责无旁贷的责任。具体来讲，在他看来，"心性之学""乃中国文化之神髓所在"③，因此，"第三期儒学"的历史使命将是以"心性之学"为核心，继承先贤之"道统"，重建一个全新的中

---

① 牟宗三：《现象与物自身·序》，第 11 页。
② 参见牟宗三《心体与性体》（上），第 42—43 页。
③ 参见张君劢《新儒家思想史》，北京：中国人民大学出版社 2006 年，第 570 页。

国文化系统。

那么，如何实现第三期儒学的使命呢？牟宗三的主张是"三统并建说"。在他看来，西方哲学是"理性的架构表现"，而中国哲学则是"理性的运用表现"；现代化所需要的科学和民主是依赖于"理性的架构表现"而产生的。因此，中国要实现现代化必须依赖"理性的架构表现"才能"开出"科学与民主。对此，牟宗三认为，为了满足现实层面的实际需要，儒学必须"道统""学统"和"政统""三统并建"。因为"学统""政统"和"道统"在现代化过程中均有其使命，故均是必不可少的：通过"肯定""道统"以稳住儒学之传统慧命；"开出""学统"以建立科学知识；"继续""政统"以确立民主政治。但是，在牟宗三，所谓"三统并建"并非是齐头并进的，而是以儒家之"道统"作为"价值方向"的。也就是说，"第三期儒学"必须能够容纳并促进民主与科学，然而它又必须"本中国内圣之学解决外王问题"①。他说：

> 一、道统之肯定，此即肯定道德宗教之价值，护住孔孟所开辟之人生宇宙之本源。二、学统之开出，此即转出"知性主体"以融纳希腊传统，开出学术之独立性。三、政统之继续，此即由认识政体之发展而肯定民主政治为必然。②

"三统并建说"是牟宗三对第三期儒学的期待，也是他本人努力的方向。在他看来，中国文化分为"现实层面"和"理想层面"两个部分："现实层面"属于形而下之器，"理想层面"属于形而上之道；前者指见诸"形相"中的诸种文化事实，包括社会制度建构等；后者则指儒家的义理，是文化事实背后恒常的价值理念。相应地，中国文化的问题也分为两类：一类是"现实关心的问题"，它主要指涉政治、经济、科学等现实性的文化内容；另一类是"终极关心"的问题，是指"价值方向"——"空灵性的文化内容"。前一类是经验的，需要随着时代的变动不断作适当的调整，后一类是超越的、"定然的"，是无所谓调整与变动的；前者"可以民变易者也"，后者"不可

---

① 牟宗三：《历史哲学·旧序二》，桂林：广西师范大学出版社2007年（下同），第1页。
② 牟宗三：《道德的理想主义·序》，载《牟宗三先生全集》（9），第9页。

与民变易者也"。基于上述分别，牟宗三一生致力于研究"终极关心的问题"，建构其"道德的形上学"，目的在于为"现实关心的问题"确立"价值方向"。他说：

> 实质性的文化内容是"事"，空灵性的文化内容是"理"。……凡事都是经验的，必当随着时代的需要作适当的调整与变动。此即古人所说："可与民变易者也。"理是超越的、定然的。千百年前的人生而即当孝、悌、忠、信，今天的人生而即当孝、悌、忠、信，千百年以后的人也是生而即当孝、悌、忠、信。既无所谓调整，也无所谓变动。这即古人所说"不可与民变易者也"。为人之道怎么可以随便变易呢？①

第四节　"内圣开出新外王"

牟宗三认为，文化的理性精神可分为"综合的尽理之精神"与"分解的尽理之精神"两类。中国文化系统属于"综合的尽理之精神"，指的是"超越的理想在践形尽性的本末贯彻中表现"②：其"综合"之义是指上下通彻、内外贯通的"天人合一"境界；其"尽理"之义是指对道德理性的张扬，具体表现为"尽心""尽性"和"尽伦"、"尽制"；"尽心""尽性"是从内向度地说，"尽伦""尽制"是从外向度地说。西方文化属于"分解的尽理之精神"，指的是"使用概念之精神，或智的文化系统"。③ 自古希腊苏格拉底、柏拉图开始，西方哲学便以"理念"为基础沿着概念的方向发展，形成了步步向外、层层分解的思辨的"观解理性"；其本质是形式化的，其成就的是"爱智"的学统。概括地看，"观解理性"具有"分解"的特征：一是析解物象的"抽象"；二是在抽象中必要取舍的"偏至"；三是在内涵与外延限定中层层推进概念的深化。所谓"分解的尽理精神"的"尽理"之义，是指围绕

---

① 牟宗三：《时代与感受》，载《牟宗三先生全集》（23），第427—428页。
② 牟宗三：《生命的学问》，桂林：广西师范大学出版社2005年（下同），第162页。
③ 牟宗三：《道德的理想主义》，第283页。

着"是什么"的逻辑建构，以逻辑、数学为主要内容，将"理"在外在超越的向度上深化与展开。牟宗三说：

> 人类的积极精神不过是三种：一、综合的尽理之精神，二、综合的尽气之精神，三、分解的尽理之精神。相应此三种精神，广义地言之，中国文化生命中有前两者，而无后一者。西方的文化生命有后一者，而无前两者。照这样分法，西方在分解的尽理之精神下，有宗教、科学及民主政治，即这三种东西皆是"分解的尽理之精神"之所贯注。中国在前两种精神下，有儒者的圣贤境界及英雄豪杰的天才境界，总之是德慧的与艺术性的。圣贤境界在综合的尽理之精神下完成。①

很明显，儒学作为"综合的尽理精神"其义理并不俱全，其缺陷表现为没有"开出"现代化所需要的民主与科学。牟宗三认为，在西方文化"分解的尽理精神"的对照下，儒学之在外王方面的不足尤其明显地凸显了出来。他说："内圣面可即得其完整而永恒之意义，而外王面之尧、舜、三代却并不能即代表政治形态之完整而永恒之意义。是以儒家之政治思想尚只在朦胧之发展中。宋明儒对此亦贡献甚少。"② 他还说："我们可以看出中国文化生命的特质及其发展的限度，它实在是缺少了一环。在全幅人性的表现上，从知识方面说，它缺少了'知性'这一环，因而也不出现逻辑数学与科学；从客观实践方面说，它缺少了'政道'之建立这一环，因而也不出现民主政治，不出现近代化的国家政治与法律。"③ 对应"三统并建"的使命来看，儒家思想的确缺少了"学统"与"政统"的建立，这是不可回避的事实。不过，尽管儒家思想历史上没有"开出"民主与科学，但它与民主和科学并不冲突，它完全可与现代化之思想相融合。但是，对于现代化的实际需要，儒家并不能消极地去适应，而应立足于儒家的内部生命去积极地"开出"民主与科学。

在牟宗三看来，积极地"开出"民主与科学就是"新外王"。他说："中

---

① 牟宗三：《生命的学问》，第 161—162 页。
② 牟宗三：《心体与性体》（上），第 5 页。
③ 牟宗三：《历史哲学》，第 172 页。

国文化的现代意义，亦即其本身的现代化，首先即是要求新外王。"① 也就是说，要依着儒家传统之"内圣外王"之道，来实现现代化的新需要。牟宗三说："配合我们这个时代，需要新外王的精神，需要重新去完成儒家的内圣外王合一之教。"② 然而，现代化之新需要并非传统意义上的"外王"，而是具有全新的内涵，故是"新外王"：将民主与科学纳入到儒家"内圣外王"的理论中加以把握，不仅是"第二期儒学"所根本未遇到的问题，而且也是"第三期儒学"之第一代人虽遇到却没有解决的问题。"新外王"包括两个方面的内容：一方面，民主政治是"新外王"的第一义，这是新外王的形式意义、形式条件，所有事功得以此条件为前提。在牟宗三，民主政治为理性主义所蕴涵，民主政治是理性主义的正当表现，是儒家内在要求所"透显"的理想主义。另一方面，科学是"新外王"的第二义，它是"新外王"的材质条件，亦即"新外王"的材料、内容。牟宗三认为，科学的精神即是事功的精神，科学可与儒家的理性主义相配合，这亦是理性主义的合理表现。

牟宗三认为，要"开出""新外王"，"良知的自我坎陷"是一个必需的途径。在牟宗三看来，民主与科学是依赖于"理性之架构表现"的，它是"分解的尽理精神"的表现方式。然而，中国文化是"综合的尽理精神"，其表现方式是"理性之运用表现"。那么，如何从"运用表现"转出"架构表现"呢？牟宗三先确定了一个前提性命题："讲内圣必通着外王，外王是内圣通出去。"③ 然而，这个"通出去"并不能由传统"内圣""直通"，因为"从内圣之运用表现中直接推不出科学来，亦直接推不出民主政治来"④。这不仅是历史事实，而且也是逻辑真理："内圣"与"外王"之间不具有逻辑蕴涵关系，故不可能把"外王"从"内圣"中分析出来。为此，牟宗三提出：从"内圣"到"外王"如果"直通"不行，可以改为"曲通"的方式，此"曲通"即是"良知的自我坎陷"。即，通过"自我坎陷"，"良知"从无所不包的状态中"让开一步"，使民主和科学从中分化出来，从而形成现代化所需要的"学统"与"政统"。他说：

---

① 牟宗三：《政道与治道·新版序》，第23页。
② 牟宗三：《时代与感受》，第372页。
③ 牟宗三：《政道与治道》，第61页。
④ 牟宗三：《政道与治道》，第61—62页。

由动态的成德之道德理性转为静态的成知识之观解理性。这一步转，我们可以说是道德理性之自我坎陷（自我否定）。……欲实现此价值，道德理性不能不自其作用表现之形态中自我坎陷，让开一步，而转为观解理性之架构表现。[1]

---

[1] 牟宗三：《政道与治道》，第64—65页。

第四十七章　张岱年

　　张岱年（1909—2004 年），字季同，别号宇同，河北省献县人，1909 年生于北京。童年时代在原籍度过。1928 年考入清华大学，旋即退学，又考入北京师范大学教育系。1933 年毕业后受聘为清华大学哲学系助教。"七·七"事变以后，清华大学南迁，他滞留北京。1943 年后任私立中国大学哲学教育系讲师、副教授。1946 年清华大学复校后，任该校哲学系副教授、教授。1952 年全国高等院校调整时调任北京大学哲学系教授。"文革"期间遭受批判。1978 年后，曾兼任中国社会科学院哲学研究所研究员、中国哲学史学会会长、中华孔子学会会长。2004 年逝世于北京。

　　张岱年的学术活动主要分为三个方面："一为中国哲学史的教学研究工作；二为哲学理论问题的思考；三为文化建设问题的研讨。"[1] 其第一方面的著作包括《中国哲学大纲》《中国唯物主义思想简史》《中国古典哲学概念范畴要论》，第二方面的代表作是《哲学思维论》《知实论》《事理论》《品德论》和《天人简论》，第三个方面的主要著作包括《文化与哲学》《中国文化与文化论争》等。其著作辑为《张岱年文集》《张岱年全集》。

第一节　"一本多级"之物本论

　　张岱年认为，人类知识分为两大部门：一为哲学，二为实证科学。那么，什么是"哲学"呢？张岱年说："哲学是一个译名，其西文原意是爱智之意，哲学即追求智慧之学。"[2] 什么是"实证科学"呢？所谓"实证科学"，即指

---

① 《张岱年全集》（第八卷），石家庄：河北人民出版社 1996 年（下同），第 571 页。
② 《张岱年全集》（第八卷），第 533 页。

通常意义的"科学"，是以自然界和人类社会为探究对象的学问。因研究对象不同，"实证科学"又分为自然科学与社会科学两类。进而，张岱年认为，哲学作为一门学问，目的在于通过抽象思辨以"阐明"真理，即"凭思以索隐"①；科学作为一门学问，目的在于通过实验以"发现"真理，即"恃器以发覆"②。或者说，科学之目的在于"发现"前未发现之事实，哲学之目的在于"阐明"已发现事实之最适宜的解释。可见，科学与哲学二者既有相同之处，亦有不同之处：相同之处在于二者均以追求真理为目的，但它们追求真理的目的却不相同：一为"利用"，一为"明善"。质言之，科学的目的在于提供给人类以生活手段，哲学的目的则在于提供给人类以人生信念。张岱年说：

> 哲学之职分有二：一显真，二明善。科学之职分亦有二：一求真，二利用。研求真知，此哲学与科学之所同；而一则显真以明善，一则研真以利用，为两者之所异。科学供人以达到目的之途术，哲学则示人以应有何目标，而阐明生活之归趋。③

张岱年认为，哲学研究的对象并非"枝节问题"，而是"根本问题"。他说："哲学之研究，实以探索最根本的问题为能事。"④那么，何谓"根本问题"呢？在张岱年看来，"根本问题分三方面：一、宇宙事物之根本原则，二、人生之根本准则，三、人类认识之根本规律"⑤。在此意义上，"凡关于自然世界、人类生活或人类认识之根本问题之研究，统谓之哲学"⑥。不过，就哲学史来看，哲学家的研究侧重点并不相同，因此，便出现了种种不同的"哲学系统"。张岱年认为，综括地看，哲学史上的"哲学系统"大致可分为五种：第一种是"物本论"或"唯物论"，"以物或实际存在为基本范畴，即谓物为最究竟者，为一切之根本"；第二种是"心本体"或"唯心论"，"以心为基本范畴，即谓心为最究竟者，为一切之根本"；第三种是"理本论"或

---

① 《张岱年全集》（第三卷），第11页。
② 《张岱年全集》（第三卷），第11页。
③ 《张岱年全集》（第三卷），第11页。
④ 《张岱年全集》（第三卷），第5页。
⑤ 《张岱年全集》（第三卷），第6页。
⑥ 《张岱年全集》（第三卷），第5页。

"理性论"，"以理为基本范畴，即谓理为最究竟者，为一切之根本"；第四种为"生本论"或"生命论"，"以生为基本范畴，即谓生为最究竟者，为一切之根本"；第五种为"实证论"或"经验论"，"以经验或验证为基本范畴，即谓经验为唯一可信者，在经验外之一切皆属虚构"。①

张岱年认为，上述五个系统并非都是"真确的"哲学系统。那么，哪种系统是"真确的"哲学系统呢？他认为，要判断一种系统是否"真确的"，须先确定"真确的"哲学系统的标准。在他看来，"真确的"哲学系统须符合三个标准：第一，"不设立超越的概念范畴"②。即，以实际经验为依据确定概念范畴，那些虽可思议但于感觉经验无征的概念范畴排除在外。第二，"不设定虚幻的区别"③。即，以人们的共同经验为准设定概念之界限，不采用于经验无征的概念之区别。第三，"不以一偏的概念范畴统赅总全"④。即，不以部分特征代替全体之本性，不以部分经验之概念范畴为解释一切经验之根本范畴。那么，是否存在这样一个"真确的"哲学系统呢？张岱年认为，哲学是以"摹写"客观现实为特征的，由于新事物、新经验不断涌现而没有穷竭，故绝对"真确的"哲学系统将永远是一个"未济"目标。不过，尽管如此，但却存在着一个"最接近""真确的"哲学系统——"物本论"。他说：

> 所谓最哲学的哲学，实以界说之不同而不同。是故，与其讲最哲学的哲学，不如讲最真确的哲学，即最合于客观实在的哲学。从基本观点言之，物本论可谓比较接近于最真确的哲学。⑤

在张岱年看来，"物本论"即"唯物论"。他说："唯物二字出于译语，实亦可译为'物本'，乃更显豁。（哲学学说名称，凡唯字皆可改为本字，唯物论应称物本论，唯心论应称心本论，如此可免许多误解。）"⑥ 不过，"物本论"并非指原始唯物论或机械唯物论，而是一种"新唯物论"，即"最高

① 《张岱年全集》（第三卷），第 8 页。
② 《张岱年全集》（第三卷），第 9 页。
③ 《张岱年全集》（第三卷），第 9 页。
④ 《张岱年全集》（第三卷），第 9 页。
⑤ 《张岱年全集》（第三卷），第 11 页。
⑥ 《张岱年全集》（第一卷），第 267 页。

级"的唯物论。张岱年说："新唯物论，便是此第三级的哲学之发端。"① "新唯物论"之"新"，主要在于"不承认旧唯物玄学的所谓本体"②，也反对旧唯物论的机械性。那么，什么是张岱年所谓的"物本论"呢？要确定"物本论"，得先确定什么是"物"，然后再确定什么是"物本"。关于"物"，他反对以具体的物为本体，而主张以"自然"即"一般物质"③ 或"最根本的物质存在"④ 为本体。他说："物即是不藉它而能自己显见者"⑤，而且，"物"是"活泼的……能自动的……物与动不可分离"⑥。关于"物本"，在张岱年看来，其含义是指"物质为最基本实在。宇宙实为物质的宇宙，物质实为其它更复杂更精微之存在之基本"⑦。他说：

> 物本之义是：一，物为心、生、理之本，而无先于物者。二，物的世界即一切，无外于物的世界者，即无离物之存在。三，研究方法应以对物的考察为起点。⑧

基于"物本论"，张岱年进而提出了"一本多级""物原心流"和"大化三极"说。何谓"一本多级"呢？他认为，宇宙分为"物""生""心"三个基本层次："物"为"生""心"之本，即"一本"；"生""心"为"物"从低级向高级发展的"产物"，即"多级"；"生""心"既遵循"物"之基本规律，而又有其各自的规律，三者统一于宇宙发展过程之中。他说："无生之物质为第一级，有生之物质为第二级，有生而又有知之物质为第三级。"⑨何谓"物原心流"呢？在张岱年，上述"三级"有一个基本关系："物"为"本原"，"生""心"乃因物质演化而有，为"支流"，故为"物原心流"。他说："宇宙演化之大历程是由物质（一般物质），而生物（有生命的物质），而有心物（有心知的有生物质）。因此，物为基本，生命心知为物质演化而有

---

① 《张岱年全集》（第一卷），第 266 页。
② 《张岱年全集》（第一卷），第 72 页。
③ 《张岱年全集》（第三卷），第 217 页。
④ 《张岱年全集》（第三卷），第 220 页。
⑤ 《张岱年全集》（第一卷），第 266 页。
⑥ 《张岱年全集》（第一卷），第 267 页。
⑦ 《张岱年全集》（第三卷），第 217 页。
⑧ 《张岱年全集》（第一卷），第 267 页。
⑨ 《张岱年全集》（第八卷），第 596 页。

之较高级的形态。"① 关于"大化三极",他说:"宇宙大化有三极:一元极,二理极,三至极。"② 所谓"元极",是指"最根本的物质存在"③;所谓"理极",指"宇宙大化"的根本原理是"对立而统一"④;所谓"至极",指"最高的价值准则"⑤ 为"兼和"⑥。很明显,张岱年的"物本论"也就是"辩证唯物论"。

第二节　"真知三表"之经验论

张岱年认为,知识的原始材料是"原给"。在他看来,所谓"知识",指基于知觉所形成的理论。他说:"所谓知识者,范围甚广,而可分为二层,即一知觉,二知识。……由知觉而设造符号成立命辞,以推衍为理论,便是知识。知识由知觉扩充而成,而含括知觉。"⑦ 具体来讲,知识可以分为三类:一是对于外物之知识,二是对于自己之知识,三是对于知识之知识。张岱年认为,常常有人怀疑知识的确定性,其实知识是"确定无疑"的,因为其来源是确定无疑的。知识所涉及的问题很多,其中的根本问题是知识的来源问题,它是其他一切问题的基础和前提。那么,知识从何而来呢? 他认为,知识的最初形态是"原给"。所谓"原给",亦称"今有",是指"被给予"的东西。张岱年说:"知识中之不可疑者,谓之原给,亦曰今有。原给或今有,即今所现。"⑧ 不过,"原给"并不是知识的最基本、最小的单位,最基本、最小的单位叫做"感相"。所谓"感相",是指"耳闻目见等的感觉内容"⑨。通常来讲,"感相"可分为五大类:形色、声音、气味;活动之感、阻碍之感、坚柔之感;注意之感、警觉之感;饥渴之感、好恶之感、满足之感;

① 《张岱年全集》(第三卷),第 217 页。
② 《张岱年全集》(第三卷),第 220 页。
③ 《张岱年全集》(第三卷),第 220 页。
④ 《张岱年全集》(第三卷),第 220 页。
⑤ 《张岱年全集》(第三卷),第 220 页。
⑥ 《张岱年全集》(第三卷),第 220 页。
⑦ 《张岱年全集》(第三卷),第 72 页。
⑧ 《张岱年全集》(第三卷),第 76 页。
⑨ 《张岱年全集》(第八卷),第 595 页。

想象。

这就是说，人是通过"感相"而知道外在事物的，是由感觉材料而认识外在事物的。在张岱年看来，主体之感官是"感相"形成与否的"枢纽"。比如：有张目之感，就常有"形色"之"感相"显现；有闭目之感，则"形色"之"感相"便消失。不过，"感相"的出现虽有赖于感官，但只有感官这个"所待"还不够，它还需要其他的"所待"。也就是说，感官并不是形成"感相"的全部原因。他说："是故张目乃形色之现起之所待之一部而非起其所待之全体。形色之显现，于张目外，尚有待于其它。形色显现之所待，在心与感官之外者，谓之外在所待，亦可谓之外在根据。此外在所待，实为形色现起之必要条件。"① 可见，"感相"的形成依赖于两个条件：一为主体，此为"内在所待"，为"能知"；二为客体，此为"外在所待"，为"所知"。也就是说，"能知"与"所知"二者共同作用才会形成"感相"。因此，张岱年说：

> 如谓此映象纯主体所产生，或此映象乃客体之绝对映象，两者皆误。②

张岱年认为，"感相"由"主观成分""客观成分"两种成分构成。所谓"主观成分"，又叫"缘能成分"，是指随"能知"的变化而变化的"感相"成分。比如，如果主体变动自身的位置，那么对客体的"感相"就会发生相应的变化。所谓"客观成分"，又叫"缘所成分"，是不随"能知"的变化而变化的"感相"成分。如，外物的几何形状不会随"能知"的变化而发生变化。进而，张岱年认为，"客观成分"又可分为"缘境成分"和"缘体成分"两种：所谓"缘境成分"，是指那些因其他"感相"变化而发生变化的成分；所谓"缘体成分"，是指不会因为环境变化而发生变化的那些成分，即事物自己所具有的"本来容状"。张岱年认为，认识的目的就在于认识"缘体成分"，或者说，知识论的任务就在于从"感相"出发去获得外在事物的"缘体成分"。那么，如何获得"缘体成分"呢？他认为，可以通过"感相"之

---

① 《张岱年全集》（第三卷），第86—87页。
② 《张岱年全集》（第一卷），第419页。

间的互相比较，排除随"能知"变化而变化的"缘能成分"，进而再排除随其他"感相"变化而变化的"缘境成分"，所剩余的成分就是"缘体成分"。

不过，知识是有"真妄"之别的。在张岱年，所谓"真知"，是指与外在事物之实际情况相符合者；所谓"妄知"，是指与外在事物之实际情况不相符合者。那么，如何判断知识之"真妄"呢？张岱年非常欣赏墨家的"三表"思想。《墨子·非命上》曰："何谓三表？子墨子言曰：有本之者，有原之者，有用之者。于何本之？上本之古者圣王之事。于何原之？下原察百姓耳目之实。于何用之？废（发）以为刑政，观其中国家百姓人民之利。此所谓言有三表也。"以此为基础，张岱年提出了其经过改造的"三表法"。他说："真知三表：一曰自语贯通；二曰与感觉经验之内容相应；三曰依之实践，结果如所预期。简言之，即一言之成理，二持之有故，三行之有成。"① 也就是说，其一，"真知"必须在逻辑上保持自我一致，不能出现自相矛盾；其二，"真知"必须与感觉经验一致，不能违背多人多次之感觉；其三，"真知"必须与实践效果一致，不能是与实践效果相背者。因此，张岱年说：

> 三者一致，然后证明其为真知。真知在于认识、经验、实践三者之一致，亦可云在于认识、经验、实践之一贯。②

在上述三者当中，张岱年特别突出了"实践"的地位。他说："真知三表，会综为一，可谓真知之标准在于认识经验实践一以贯之。"③ 这"一以贯之"之根本在于"实践"是检验知识"真妄"的标准。在张岱年看来，"实践"不仅是知识论的出发点，而且也是检验"真知"的标准。具体来讲，其一，知识的产生与形成是"实践"的产物。他说："行者知之基，感者知之始……知之基础在实践，在生活，在制约反应。"④ "有社会而后有知识，知识乃人类在社会活动中产生。"⑤ 其二，"真知"的检验标准在于"实践"，此即其所谓"行之有成"。他说："新唯物论之基本出发点，乃是知行之合一，理论与实践之统一。实践是新唯物论之意谓表准、真妄表准。新唯物论厘别问

---

① 《张岱年全集》（第三卷），第222页。
② 《张岱年全集》（第三卷），第223页。
③ 《张岱年全集》（第三卷），第223页。
④ 《张岱年全集》（第一卷），第363页。
⑤ 《张岱年全集》（第一卷），第364页。

题之真妄，分别概念之有谓无谓，判定理论之正谬，俱以实践为表准。"① 正因为如此，张岱年把"物本论""新唯物论"亦称为"实践哲学"。他说：

> 新唯物论的知识论之精旨，亦可分三点说：一，从社会与历史以考查知识；二，经验与超验矛盾之解决；三，以实践为真理准衡。②

第三节　"充生以达理"之人生论

张岱年认为，人与一般的动物不同，是最高等级的动物。在他看来，人与一般动物的区别主要体现在两个方面：一个方面，人是"自觉"的动物；另一个方面，人是有"理想"的动物。所谓"自觉"，是指人具有自我意识；这种意识不仅体现在人意识到自身存在，而且体现在人能够意识到其与外物之关系。所谓"理想"，是指人具有价值或意义追求；这种价值或意义追求体现为人与社会的理想，它是人与社会发展的方向引导。综合上述两个方面，张岱年认为人是有价值和意义的动物，即人生是有意义的。他说："所谓人生之意义，乃指人生与其他事物之关系，亦即人生在宇宙中之位置。"③ 他还说：

> 人之有知与义，超然于禽兽之上，故人可谓物之至。人可谓有自觉且有理想之动物。人自知其存在，且知人与他物之关系，是谓自觉。人常悬拟尽美尽善合于当然之境界，以为行动之归趋，是谓理想。此所谓理为当然之理，而理想即对于当然之想望。④

那么，什么是人生的价值追求呢？在张岱年看来，这种追求主要体现在两个方面：一个方面是"充生"，另一个方面是"达理"。他说："人生之要谊，一言以蔽之，曰充生以达理。充生以达理，即扩充生力，克服生之矛盾，

---

① 《张岱年全集》（第一卷），第264页。
② 《张岱年全集》（第一卷），第131页。
③ 《张岱年全集》（第三卷），第207页。
④ 《张岱年全集》（第三卷），第207页。

以达到理想境界。"① 所谓"生力",指人之改变环境使适于生活的能力。因此,所谓"充生"即指提高人认识世界、改造世界的能力。在张岱年看来,人之生活是充满了生存竞争的,因此,生活不能是"自然而然"的,而应是积极进取的;唯有不断提高"生力",才会改造自然、适应社会,否则就会被淘汰。他说:"人之生活亦即人所固有之生力之显发。凡生存皆有待于争取。生存即争取生存。一切生活现象,皆由生之矛盾而展开。……生存即争取生存,而人生即争取人的生存。"② 所谓"理",指人类之理想。因此,所谓"达理"即指提高人之道德水平与社会合理性,以实现至善之人类社会理想。基于这样两个方面,张岱年认为,"人生之历程,即人之竞存进德之历程。竞存则与妨害人之生存者斗争,进德则与妨害生活之合理者斗争"③。他说:

> 人生之大务有二:一曰生力之充实,二曰道德之提高。生力之充实,所以扩充其异于无生之物质者;道德之上达,所以发扬其贵于非人之禽兽者。④

在张岱年看来,"充生"必然涉及自由与必然的关系问题。那么,什么是"自由"呢?所谓"自由",主要是指人选择上的自由。他说:"所谓志意自由,即志意之所决定非不得不然者。"⑤ 什么是"必然"呢?所谓"必然",主要是指自然界与人类社会的客观规律,它表现为对人之选择自由的"限制"。在张岱年看来,这种"限制"至少有三个方面:其一,人为一物,故人之行为不得违背"物之理";其二,人为一生物,故人之行为不得违背"生物之理";其三,人居于社会之中,故人之行为不得违背"社会之理"。因此,在这些"限制"之下,人之选择"虽以为自由,而实非自由","志意之自由,在于选择之自由。此自由是相对的"。⑥ 张岱年进而认为,自由与必然的关系即是"力"与"命"的关系:"力"指人认识自然与改造自然的能力,它对应"自由";"命"指自然与社会对人之意志自由的"限制",它对应

---

① 《张岱年全集》(第三卷),第208页。
② 《张岱年全集》(第三卷),第208页。
③ 《张岱年全集》(第三卷),第208—209页。
④ 《张岱年全集》(第三卷),第213页。
⑤ 《张岱年全集》(第三卷),第210页。
⑥ 《张岱年全集》(第三卷),第210页。

"必然"。在他看来，"命"分"相对之命"和"绝对之命"两种：前者指经过人事努力之后可以改变者，后者则是人力所绝对无可奈何者。张岱年说：

> 环境所加于人者，谓之命。命即环境对于人之限制。力即人对于环境之反应。人生之历程，亦即力与命相错交综之历程。力与命，即自由与必然。力由于自己，命系于必然。凡由于外在之环境而非由于人之志意者谓之命。……相对之命即未尽人事之前所遭逢之状况，加以人事之功，则可以改变之；绝对之命，即既尽人事之后犹不能逾越者，为人力所无可奈何。命与人力互为对待。①

同样，"达理"必然涉及道德问题。在张岱年看来，人作为社会性的动物，道德是维持社会生活所必需者。他说："人之生活为群体生活，群体生活必有道德。道德即所以维持群体之存在，令其延续而不绝者也。"② 那么，什么是"道德"呢？他说："道者当然之理，德者行道而实得之于己。合言道德，兼指当然之理及其实践。"③ 在张岱年看来，道德的基本原则是"公"，即"以己推人"；道德的最高原则是"与群为一"，即"兼善天下"。他说："道德之基本原则为公。道德之端，以己推人。道德之至，与群为一。以己之所欲推人之所欲，道德之始；兼善天下，而以人群为一体，道德之极。"④ 在张岱年看来，道德的具体表现称为"品德"，"品德"的具体内容为"仁""智""勇""三达德"。关于"三达德"的具体含义，他说：

> 昔哲言品德，兼重知仁勇，此三者谓之达德。……达德一曰仁，仁者相人偶之谓，相人偶者即视人如己。……己欲立而立人，己欲达而达人。乃仁之本旨。……二曰智，惟仁而无智，虽爱人而不明辨祸福，其所行或足以伤人……三曰勇。勇者，力足以胜物而不挫于物。勇亦曰刚，亦曰毅，亦曰强。……自强不息，可谓大勇。⑤

张岱年认为，"新唯物论"既注重"物本论"，也注重"理想论"，是二

---

① 《张岱年全集》（第三卷），第 211 页。
② 《张岱年全集》（第三卷），第 213 页。
③ 《张岱年全集》（第三卷），第 213 页。
④ 《张岱年全集》（第三卷），第 213 页。
⑤ 《张岱年全集》（第三卷），第 213—214 页。

者的"合一"。他主张，哲学作为一门学问，在探讨世界本原问题的同时，还必须关注人的理想问题。他说："根据生活实践以创立伟大切实的理想以为人类努力之标的，正是哲学之重要任务。"① 就中西哲学传统对照地看，西方哲学多注重自然论与理想论的对立，而中国哲学则多主张二者的"合一"。他说："中国过去哲学，更有一根本倾向，即是自然论与理想论之合一。中国哲学家大部分讲自然论的宇宙观，而更讲宏大卓越的理想。西洋的自然主义与理想主义那种绝然对立的情形，在中国是没有的。由此，我们可以说，综合唯物与理想，实正合于中国哲学之根本倾向。"② 张岱年主张，"真确的"哲学系统应该正视此一问题，继承中国哲学的优良传统。换言之，"唯物""理想"的有机结合才是"新唯物论"的完整形态。他说：

> 今后哲学之一个新路，当是将唯物、理想、解析，综合于一。……此所说综合，实际上乃是以唯物论为基础而吸收理想与解析，以建立一种广大深微的唯物论。③

第四节 "文化综合创新论"

张岱年认为，中西文化并无根本不同，只是侧重不同而已。具体来讲，中国文化具有三个方面的特征：其一，在宇宙观上，主张"天人合一"。"天人之际"是中国哲学的总问题，中国古代哲学即是"天人之学"。尽管古代思想家亦有"天人交胜"的思想，但占主导地位的是"天人合一"。与此不同，西方文化中占主导地位的是"天人二分"。其二，在价值观上，儒家强调道德的价值。孔子说"君子义以为上"④，"好仁者无以尚之"⑤，认为道德是至高无上的，"儒家的观点可称为道德至上论"⑥。与此不同，西方文化的重点在

---

① 《张岱年全集》（第一卷），第271页。
② 《张岱年全集》（第一卷），第273页。
③ 《张岱年全集》（第一卷），第262页。
④ 《论语·阳货》。
⑤ 《论语·里仁》。
⑥ 《张岱年全集》（第六卷），第60页。

强调科学与民主："近代西方，实验科学高度发展，政治上又发展了民主制度，哲学思想亦高度繁荣，远远超过了中国传统文化。"① 其三，在思维方式上，中国文化是辩证思维。他说："如果说中国古代哲学表现了具有独特风格的思维方式，那就是中国的辩证思维"②，"主要表现为两种基本观点：一为总体观点，二为对立统一观点"③。西方文化则不同，自古希腊开始即形成了解析的思维方式。基于这样三个方面，张岱年说：

> "天人合一"的天人观，以为道德理想高于物质利益的价值观，辩证的思维方式，可以说是中国传统文化的最主要的思想基础。④

关于中国文化的未来发展，张岱年既反对"复古主义"，亦反对"全盘西化论"。他说："'文化创造主义'即是一方反对保守旧封建文化，一方反对全盘承受西洋已在没落的资本主义文化。"⑤ 在他看来，不加分析地全部"保持"旧文化的"复古主义"是死路一条。他说："我觉得，现在要仍照样保持中国的旧文化，那是不可能的"⑥，"中国人如果守旧不改，则无异于等着毁灭"⑦。他还说："我们不只主张不复古而已，我们亦主张'反古'；我们不只要发挥卓越的文化遗产，我们也要扫除要不得的文化赘疣！"⑧ 同样，对西方文化不加分析、全部"接受"的"全盘西化论"也是有害的，而且也是不必要的。"全盘西化论"的根据是文化之"不可分性"，故如采纳西方文化只能全部接受。张岱年则认为，文化是可以"析取"的，因此并非学习西方文化就得"全盘西化"。他说："由'对理'来看，文化固是一个整体，而亦是可分的"⑨；"从文化发展上看，文化之可析取，更为显然。如社会主义文化要否定资本主义文化，然而于资本主义文化亦非无所取，对于资本主义文化

---

① 《张岱年全集》（第七卷），第 14 页。
② 《张岱年全集》（第六卷），第 61 页。
③ 《张岱年全集》（第六卷），第 61 页。
④ 《张岱年全集》（第六卷），第 62 页。
⑤ 《张岱年全集》（第一卷），第 260 页。
⑥ 《张岱年全集》（第一卷），第 154 页。
⑦ 《张岱年全集》（第一卷），第 154 页。
⑧ 《张岱年全集》（第一卷），第 256 页。
⑨ 《张岱年全集》（第一卷），第 249 页。

之有价值的文化遗产，是要选择的承受的"①。

张岱年进而认为，中国文化的未来发展将是多种优秀文化的"综合"。他说："社会主义文化必然是一个新的创造，同时又是多项有价值的文化成果的新的综合。"② 在张岱年看来，"综合"包含两层含义：一是中国固有文化中不同学派的综合。中国传统文化由儒、墨、道、法、阴阳诸家共同创造，其"精粹思想"均可为新文化建设提供理论资源。他说："诸子百家各有所长，儒学定于一尊的时代久已过去了。尤其是对于墨家的贡献应该继承下来。"③ 二是中西文化的综合。而且，中西优秀文化是"综合"的基本资源。他说："中国传统文化中有些不可磨灭的贡献，必须选择肯定下来；而西方的文化成就，更须虚心学习，迎头赶上。"④ "新中国文化建设的基本方针应是综合中西文化之长而创建新的中国文化，这个观点，针对'东方文化优越论'与'全盘西化论'，可以称为'综合创新论'。"⑤ 他还说：

> 主张兼综东西两方之长，发扬中国固有的卓越的文化遗产，同时采纳西洋的有价值的精良的贡献，融合为一，而创成一种新的文化，但不要平庸的调和，而要作一种创造的综合。⑥

张岱年所强调的是，中国文化的未来发展不能停留于"综合"，而必须在"综合"基础上"创新"。他说："所谓中国本位文化建设的主张，更显明的说，其实可以说是'文化的创造主义'。不因袭，亦不抄袭，而要从新创造。对于过去及现存的一切，概取批判的态度；对于将来，要发挥我们的创造的精神！"⑦ 在他看来，中国三千年来的文化就是在不断"综合创新"中发展的，这种"综合创新"大致分为三个主要阶段：在春秋战国时期，孔孟仁学的建立为第一次"综合创新"；在西汉时期，黄老之学和董仲舒的"新儒学"为第二次"综合创新"；在魏晋南北朝、隋唐及北宋、南宋时期，佛教的中国

---

① 《张岱年全集》（第一卷），第 250 页。
② 《张岱年全集》（第八卷），第 624 页。
③ 《张岱年全集》（第八卷），第 628 页。
④ 《张岱年全集》（第八卷），第 625 页。
⑤ 《张岱年全集》（第七卷），第 14 页。
⑥ 《张岱年全集》（第一卷），第 229 页。
⑦ 《张岱年全集》（第一卷），第 235 页。

化和理学的建立为第三次"综合创新"。历史地看，这三次"综合创新"形塑了中华文化的基本精神。基于此，张岱年认为，中国面临着又一次新的文化"综合创新"；这一次"创新"主要是对中西文化综合基础上的超越。他说："创新意味着与中国传统文化和近代西方文化都不相同。"① 不过，这一次"综合创新"不是无所宗旨的，而必须在马克思主义指导下进行，因为中国文化未来发展的方向是社会主义新文化。他说："社会主义文化应以马克思主义的普遍真理为指导原则，这是确定不疑的。"② 他还说：

> 这个新的文化体系，是在马克思列宁主义原则的指导下，以社会主义的价值观来综合中西文化之所长而创新中国文化。它既是传统文化的继续，又高于已有的文化。这就是中国的、社会主义的新文化。③

---

① 《张岱年全集》（第六卷），第 252 页。
② 《张岱年全集》（第六卷），第 64 页。
③ 《张岱年全集》（第六卷），第 254 页。

第四十八章　罗　光

罗光（1911—2004 年），字焯照，圣名达义（Stanislaus），亦取字为达义，湖南省衡阳县人。1931 年入梵蒂冈传信大学学习，1935 年获哲学博士学位。后入意大利罗马拉特朗大学学习，获法学博士学位。1937 年起在传信大学任教并继续攻读，获神学博士学位。1941 至 1961 年担任"中华民国"驻梵蒂冈使馆宗教顾问。1961 年起任台湾台南教区首任主教，成立碧岳神哲学院。1966 年起任台北总教区总主教，设台北主教公署。1978 年起任天主教辅仁大学校长、教授，1992 年荣休。2000 年获辅仁大学荣誉文学博士。曾兼任"中华民国"主教团团长、台湾哲学理事会理事长、王船山学术研究会会长以及孔孟学会、易经学会的负责人，另兼任梵蒂冈法典修改委员会副主任、世界哲学研究中心理事、亚洲主教团负责人等职务。2004 年逝世于台北。

罗光兼修中西哲学，在融会经院哲学和宋明儒学的基础上，建构了一个"生命哲学"体系，开辟了中西哲学会通的一个新理路。在港台哲学界，罗光与唐君毅、牟宗三、方东美被并称为"四大哲学家"。其主要著作有：《理论哲学》《实践哲学》《儒学形上学》《儒家生命哲学》《人生哲学》《中国哲学的展望》《中国哲学思想史》《生命哲学》《王船山形而上学思想》《生活的修养与境界》《中国哲学大纲》等。其著作被辑为《罗光全书》。

第一节　生命本体论

罗光认为，宇宙的本体是"在"，而"在"就是"生命"。他说："我讲生命哲学，从形上本体的理论去讲，不同于伦理的人生哲学。形上本体论讲'有'，'有'本体有'性'和'在'，'性'讲'有'是什么，'在'说'有'存在，从'性'去讲有，'有'的本性很空洞，是一个内涵最少，外延最大的观念。"① 既然从"性"上讲"有"很"空洞"，那么"有"便只能落实到"在"上。也就是说，"有"就是"在"。不仅如此，罗光认为，"在"就是"动"："《易经》的易就是动。万有是动，从'在'去研究，每个'有'都是在，每个在都是动。"② 所谓"动"，即是《易经》所讲的"生生"之意。罗光说："《易经》所讲的动，乃是'生生'，即化生生命。中国儒家的哲学传统一贯地讲宇宙万物都是活动的，都是生命。"③ 在罗光，既然"有"是"在"，"在"又是"动"，那么，"有"就与"生命"联系到了一起。他说："形上学研究'有'，'有'是'在'，乃是实有。'在'不属于抽象理论界，属于实际界。实际的在是'行'，既是常自动，既是活，既是生命。"④ 那么，什么是"生命"呢？"生命"是指"本体的内在之动"。罗光说：

> 普通讲论生命，对生命的意义，说是"内在的动，使本体发育"。矿物没有内在的动，更没有本体的发育，因此称为无生物。……天主和天使都是活的，有生命，天主和天使都不能有再发育。因此，生命的观念不能是"使本体发育"的思想，而只是"本体的内在活动"。中国传统哲学的生命，也是这种意义。生命的定义是"本体的内在之动"。⑤

那么，是什么让"生命""动"起来呢？罗光认为，"动"取决于三个不可或缺的要件："一、起点；二、终点；三、动因"⑥。所谓"起点"，是指"能"，是可能性；所谓"终点"，是指"成"，是现实性；所谓"动因"，是"生命"由"能"到"成"的"创生力"。那么，何谓"创生力"呢？他说："创生力即宇宙本体的力，这个力为宇宙活动变化的发动力，即是'动因'。"⑦ 既然"创生力"是"生命"的动源，那么万物之生化就是"创生

---

①　罗光：《生命哲学再续编》，载《罗光全书》（册二），台北：学生书局1996年（下同），第1页。

②　罗光：《生命哲学再续编·序》，第1页。

③　罗光：《生命哲学再续编》，第1页。

④　罗光：《生命哲学再续编》，第27页。

⑤　罗光：《生命哲学总纲》，台北：自立书局1997年，第21页。

⑥　罗光：《生命哲学》（修订版），载《罗光全书》（册一）（下同），第39页。

⑦　罗光：《生命哲学再续编》，第2页。

力"的作用结果。他说："宇宙万物的本体内在的动，为一体之动，为一元之动，这一元之动中国古代哲学称为'大化'，称为'生命洪流'，实际乃是'创生力'。"① 由此可见，"创生力"是理解"生命"的关键。不过，在罗光看来，"创生力"并非"生命"的终极动因，因为"创生力"背后还须有一个"原动力"，否则便不能解释"创生力"的存在。罗光认为，"创生力"是指由"能"到"成"即由可能性到现实性的"动"，这个"动"只是在宇宙整体之内的"生成"，而不是"创造"。按照因果律，"创生力"本身也应有一个原因，这个原因就是"创造力"。他说：

> "在"为"行"，为"自成"；然而"自成"的动力并不完全在于自己。我的"存有"的开始，即是"在"的开始，也是"行"的开始，也是"生命"的开始。开始的动力不来自我自己，必来自一个大于我的生命的"存有"。②

在罗光看来，"创造力"属于"造物主"即"天主"、"上帝"。他说："创生力的来源，为造物主创造宇宙的'创造力'，造物主即是天主上帝，上帝创造宇宙不是从自体分出，乃是用创造力自无中生有造成的。"③ 在罗光，"造物主"是纯粹的"成"，即"纯存有"，是"自有"的存有者。因此，不能将它比之为中国哲学之"道""太极"或"太虚之气"等本体概念，因为这些本体都不是"自有本体"，而是内在于万物之内的本体。"造物主"则不同，它不在时空之内，绝对超越于宇宙之上；其"创造"是"无中生有"，即《圣经》所载之以"言""说出"万物。因此，"造物主"是完全外在的、全能的、完善的。在此，罗光的逻辑是："创造力"发动宇宙开始的"初次物体"，并予以"创生力"；"初次物体"再发动天地万物并传予"创生力"；一切物体的存有归根结底依靠"创生力"的继续支持，因此，"创造力"是生命的终极源泉。而且，因为"创生力"联系着整个天地万物，故宇宙也就具有了整体性。他说：宇宙间的任何事物皆由"生命神力所发"，"分享造物主

---

① 罗光：《生命哲学再续编·序》，第 2 页。
② 罗光：《生命哲学》（订正版），《罗光全书》（册二）（下同），第 126 页。
③ 罗光：《生命哲学再续编》，第 2—3 页。

的生命"。① 在罗光看来，这才是完满的宇宙生成论。他说：

> 一个不是自有的"在"，它的本体不是"在"，而是由"自有的
> 在"所施予，这个被施予的"在"，为能继续存在，需要"自有的
> 在"继续施予，施予一旦停止，这个被施予的在就不在了。我的生
> 命是绝对自有者"上主"的恩赐，不是一次恩赐了，我的生命就能
> 独立存在，而是继续需要"上主"的恩赐。②

进而，罗光认为，"生命"虽然是"本体的内在之动"，但它分为不同的
类型：第一种类型是上帝的生命。这种"生命"没有"起点"和"终点"，
它是一种绝对的实有体，没有潜能，是纯粹的"行"。第二种类型是天使的生
命。这种"生命"是"受造"的"纯精神体的动"，它有潜能，只是"动"。
第三种类型是宇宙万物的"生命"。这种"生命"有潜能，它不仅有"起
点"，亦有"终点"，它处于变化之中。罗光说："生命为本体内在的动，动
的起点和终点都在本体内，动的动力因也在本体内，这种动在形上本体论的
解释有三种不同的解释。第一种是动没有潜能，也没有起点和终点，只是纯
粹的'行'；这是绝对实有体——上帝天主的生命，只称为'行'，没有动，
没有变。第二种是受造纯精神体的动，有潜能，没有变，即是天使的生命，
只有动。第三种是宇宙万物的动，有潜能，有终点，起变化。"③ 无论是上帝
这个绝对完满的存在，还是天使这种"受造的精神体"，以至于宇宙万物的存
在，都是"生命"。不过，这三种类型的"生命"却有着"动"的方式的不
同。罗光说：

> 行，是实体自性的行（Actus），是不由潜能而行的行，是纯粹
> 的行（Actus purus）。动，是由潜能而到成的行，称为动。变，只是
> 物质性实体的动，物质性的实体具有物质，物质动时则起变化，物
> 质性实体动时必生变化，称为变。④

---

① 罗光：《生命哲学》（订正版），第61页。
② 罗光：《生命哲学》（初版），载《罗光全书》（册一），第100页。
③ 罗光：《生命哲学再续编》，第4页。
④ 罗光：《生命哲学再续编》，第15页。

第二节 单体成因论

基于关于"生命"类型的划分，罗光认为，生命哲学所着重研究的是"外面的实际存在"，即"实体"。他说："生命哲学就外在的实体讲存在，存在为整体，为动。生命哲学所讲的'存在'，即是外面的实际存在，也就是每个物体。每个物体具有内在的动，称为生命。"① 在罗光看来，"实体"之构成需要三个要素："质""理""力"。他说："我们讲实体，不能只停在抽象上，应该就具体的实体去讲。我们认为构成实体的成分应该是三：质，理，力。质和理，由力予以结合。力使质和理结成实体，实体因而存在，存在的实体又因内在之力常继续动。使实体存在又为内在动之力，就是创生力。"② 所谓"质"，是宇宙中的一份"质料"，是造物主由无创造的；所谓"理"，是事物所以然之"本质"，也是由造物主所创造的；所谓"力"，即是"创生力"。不过，"理"是"能"，"质"是"成"，它们需要"创生力"的连结才能形成为具体的存在。因此，"实体"就是具体的存在，就是"存有"。罗光说：

> 每一物体之成，由宇宙创生力发动宇宙的一份"质"，创生力赋予这份"质"的变化应有之理，应有之理由创生力从创造力而得。③

不过，这时的问题是："一个实体常在变，为什么常是这一个实体？"④ 即，一个具体存在实体的自身"一致性"如何保持？对此，罗光认为，虽然实体是由"质"、"理"结合而成的，但它们是在"创生力"的作用下结合而成的："'质'和'理'结成'性'，'性'要和'在'相结合才成一物体，若在理论上讲，可以把'性'和'在'结成一'本体'，在实际上，'在'要是创生力，才可以和'性'相结合而成一实体。"⑤ 然而，"创生力"的特点

① 罗光：《生命哲学再续编》，第14—15页。
② 罗光：《生命哲学续编》，载《罗光全书》（册二）（下同），第48页。
③ 罗光：《生命哲学续编》，第48页。
④ 罗光：《生命哲学续编》，第18页。
⑤ 罗光：《生命哲学续编》，第14页。

是"动"，它何以能实体始终保持它自己？在罗光，其中的根源还在于"创生力"。他说："士林哲学解释'一致性'就以物的本体为根由；每一个实体的本体常不变，附加体可以变化。……可我在解释时主张实体为一整体，整体之'一'在于创生力，即是'存有'，即是具体的'在'，即是'生命'"。"实际的实体常因着创生力而变，创生力虽常动，但在一实体内常是同一的创生力，常赋与实体同一的'性'。……一实体的创生力常是同一的，实际的实体就是同一的实体。"① 也就是说，实体之具体存在缘于"创生力"，"创生力"虽是"动"，但维持实体之存在的"力"是同一个"创生力"；既依赖于同一"创生力"之继续支持，实体之自身的"一致性"就有了保障了。

罗光认为，实体都是具体的存在，而具体存在的实体即是"单体"。他说："生命哲学由'存在'讲论'有'，所讲的'有'，为一具体的'有'，即一个实体。在'人'来说，就是一个实际具体的人，便是'位格'。"② 无论是"一个实体""一具体的有"，还是"具体的人"，都是指的"单体"。所谓"单体"，就是指"个体"，意为"未分者"，即不可再分割的"具体整体"。因此，生命哲学以实体为研究对象也就是以"单体"为研究对象："生命的'在'是实际的'在'，实际的'在'为一单体，生命哲学的研究对象乃是单体。"③ 罗光认为，除了研究实体的成因之外，还必须了解"单体的成因"，即具体事物的个性的成因。有关"单体的成因"，中西传统哲学都很重视。就中国哲学来看，代表性的观点是朱熹的"气质之性"。他认为，由于个性之"气"限制同一之"理"，从而形成为个体的差异。就西方哲学来看，代表性的观点是托马斯（Thomas Aquinas，1225—1274 年）的观点。他认为，"量印"的"元质"限定固定的"元形"，即物质性对精神性的限定，从而形成为个体的差异。罗光对此均不以为然。他说：

> 单体性的成因，是单体的元形，元形受造时已有限定，不是一个抽象的空泛的观念。④

① 罗光：《生命哲学续编》，第 19 页。
② 罗光：《生命哲学续编》，第 176 页。
③ 罗光：《生命哲学再续编》，第 35 页。
④ 罗光：《生命哲学再续编》，第 47 页。

罗光所强调的是，"单体"是一种具体的变化的继续存在，它的成因与"创生力"紧密相连。他说："实体的成，或由创生力从创造力直接取得天主所创造的一个人已有限定的元形——灵魂，或由创生力从宇宙一类物体中取得按照造物主意向而有限定的元形，使和宇宙物质中和元形相符合的元质相结合。创生力结成实体，创生力又保持实体。创生力为实体的'在'，即实体的生命，实体即单体，单体在生命里表现出来。"① 很明显，罗光的主张是："单体"的差别源于造物主赋予的"元形"，而非物质性的"元质"。无论是"单体"之形成，还是"单体"之继续保持，它都赖于"创生力"；而"创生力"就是"在"，因此，"单体"的"个性"也就是对"造物主"的分享。换言之，"单体"的"个性"是已有"限制"的"元形"，"限制"直接来自上帝的意志。这样，"单体"的最终成因也归结到了上帝。基于此，若"单体"落实到"人"身上，则每一个人都因上帝的唯一创造而具有了"位格"的独立性、丰富性、高贵性和平等性，而这就摆脱了理性对生命解释的抽象性。罗光说：

> 天主是按自己的肖像造了人，使人分享他的神性生命；生命是实际的，不是理论，分享天主的生命，不是分享天主的元形，而是分享天主的存在。②

第三节　生命的超越

毋庸置疑，无论对实体的研究，还是对"单体"的研究，"人"都是最重要的部分。罗光说："生命哲学所讲的生命是人的生命，人的生命在实际上是我的生命。生命哲学所以讲'在'，讲实际人的'存在'，以具体的实际的'我'，作为研究对象。"③ 不过，在罗光，作为"单体"的人被称为"位格"。那么，什么是"位格"呢？他说："位格就是这个实际自立存在的个

---

① 罗光：《生命哲学再续编》，第49页。
② 罗光：《生命哲学再续编》，第599页。
③ 罗光：《生命哲学再续编》，第5页。

体，就是一个具体的人。具体的人是我，我便是具体的存在，也可以说是存有一个具体存在的有。"① 在他看来，从理论上讲，人即是有理性的"单体"，"位格"也是指一个人。实际上，"单体"的人只指个体的人，不特别标示他的特点；"位格"则除了标示个体的人之外，还特别注重他的特点。因此，对人的特点的理解须承接"位格"，即使用"位格"这一概念称谓"单体"的人更为恰切。他说："'位称'自主自求，自己主宰自己的行动，自己为行动的目标……'位称'是有完全存在方式的理性单体。"② 那么，什么是"人"呢？罗光认为，"人"作为宇宙内生命的最高形式，是"心物合一"的"有灵性"的"生命"。他说：

> 创生力在所化生的每件物体以内继续变易，每件物体乃有内在的继续动，乃有生命。生命的成和表现，在人内最完全，人的生命在宇宙内是最高的生命，为心物合一的生命，为有灵性的生命。③

"人"是一种怎样的存在方式呢？在罗光看来，"创生力"发动"质"和"理"，从而形成实际的存在，这是一个普遍的原则。"人"作为宇宙万物中的一员，必然亦须遵循些普遍原则，即由"质""理"和"创生力"所构成。不过，"质"和"理"在"人"则具体表现为"物"和"心"，即，人作为"心物合一"的生命，其活动遵循着"心"与"物"统一的原则。罗光说："我的生命，为灵肉合一的生命，即心物合一的生命。……生命创造力使我的灵魂和身体结成一个我，又使身体各部分结成我的身体。"④ 因此，"心灵的活动，要用身体的器官；身体的活动，要有心灵的发动，就如同思维要用脑神经，睡眠要有心的活动"⑤。罗光进而认为，"创生力"作用于"人"的本体，使其在变化中不断地生成自己，并因同一的"创生力"而保持自身的完整和统一。他说："我的生命是一，贯通整体的我；……'我'不仅在整体结构上是一个我，在时间的变动中，'我'又常是一个同一的我……生命的表现

---

① 罗光：《生命哲学续编》，第 78 页。
② 罗光：《生命哲学续编》，第 23 页。
③ 罗光：《生命哲学再续编》，第 5 页。
④ 罗光：《生命哲学再续编》，第 5 页。
⑤ 罗光：《生命哲学再续编》，第 6 页。

可以不同，生命却常是同一的生命。"① 不过，在"人"身上，"创生力"具体落实成为人的"灵魂"。他说：

> 人本体的创生力，来自宇宙的创生力。人的创生力体现为灵魂，灵魂为人的理。……人的生命使人的心灵和身体相结合，又使身体的各部分相结合。②

那么，什么是"灵魂"呢？罗光认为，"灵魂"是一种直接来自造物主的创造，是分享造物主精神性的存在。作为一种"精神体"，"灵魂"固然遵循着"精神体"的特点；当它与物质统一在"人"身上，就形成了宇宙中一种最独特的实体——"人"。他说："人的理——灵魂，乃是精神体，不能先存在宇宙物质内，每一个人的灵魂直接由造物主的创造力而赋予创生力——即出生的这个人的创生力，也就是这个人活的存在，就是他的生命，生命便是他的灵魂。"③ 在罗光看来，人虽作为"心物合一"的生命，但"灵魂"为主宰。因此，人的一切行为都由"灵魂"决定，无论是认识，还是感情，拟或自由，其根源都在"灵魂"。罗光进而认为，"灵魂"因着精神性，有着与物质性的身体不同的归向："灵魂不变也不分裂，身体则变也分裂……人死时，整体身体不适合生命，便脱离'存在'，灵魂则适于生命，不脱离'存在'，便继续'存在'而生活。"④ 由于"灵魂"适于生命，因此，它不会随着肉体而消失，而是"等到肉体复活，再结合灵魂的'存在'，恢复人的生命"，不过，"那时人的生命不再是'心物合一'，而是精神性的生命"⑤。也就是说，"灵魂"将离开肉体而得到"超升"，实现与上帝的合一。

很显然，在人的身上体现了"精神体"与"物质体"的矛盾统一。罗光说："灵魂为精神体，身体为物质体；……这两种不同性质的成素，在'存在'上合而为一，成为一个自立的实体。"⑥ 在罗光看来，正因为"精神体"与"物质体"的同时作用，"人"而呈现出三种不同的生命样态："在世的

---

① 罗光：《生命哲学再续编》，第5页。
② 罗光：《生命哲学续编》，第9页。
③ 罗光：《生命哲学再续编》第3页。
④ 罗光：《生命哲学再续编》，第35页。
⑤ 罗光：《生命哲学续编》，第73页。
⑥ 罗光：《生命哲学续编》，第66—67页。

我"、"本体的我"、"求来生的我"。那么，何为"在世的我"呢？"'在世的我'，由心物合一而呈现的我，同时就是心物合一的认知。我所认识的我，就是这个我，通常所说的'我'，所说的'位格'就是'在世的我'。"① 何为"本体的我"呢？"本体的我，是我实际的存在，是我的生命，我存在，我就是生命，我就活着。"② 关于"求来生的我"，罗光说："求来生的我，不呈现于外，却呈现在我们内心，乃是我切身的感受，我对外物不满足，总想现在的我不是真正的我，而是未来的我。所以常以理想的我作为真我。"③ "在世的我"是"心物合一"的生命，"本体的我"是"在世的我"的本质，而"求来生的我"则为"理想的我"，即，生命个体因着"灵魂"而向他的本源——永恒的造物主的追求。正因为如此，罗光说：

> 我的生命，横则联系整个宇宙，直则伸入永恒。④

第四节　儒教论

宗教是罗光生命哲学研究的切入点，因此，他不仅探讨了经院哲学，亦对照地探讨了儒教。而且，在罗光的思想体系里，对儒教的探讨是他理论研究的侧重点之一。在他看来，按照一般的理解，只有具有宗教教义、教规、教仪、教徒以及宗教组织、首领等要素的，方可称之为宗教。若依此衡量，儒教的确不能称为宗教。罗光说："儒教，则按宗教定的义说，不足称为宗教，因既没有宗教的组织，又没有一贯的信仰。"⑤ 但是，他认为，判断是否宗教的标准不应着重在定义、形式上，而应着重在内容上、实际情况上。若依此来看，儒教不仅有反映宗教实质的东西，有作为宗教意识形态、教义、教规所反映的思想，而且这些内容是相当充分的。因此，尽管儒教没有一般宗教的外在特征，但儒教在中国人实际生活中的作用却不亚于任何宗教，故

---

① 罗光：《生命哲学续编》，第80页。
② 罗光：《生命哲学续编》，第78页。
③ 罗光：《生命哲学续编》，第81页。
④ 罗光：《生命哲学再续编》，第11页。
⑤ 罗光：《中国哲学大纲》，载《罗光全书》（册五）（下同），第67页。

不可否认儒教的宗教性质。在罗光看来，儒教乃实质意义上的宗教。他说：

> 然而谁也不能说中国古人没有宗教信仰，谁也不能说中国古代
> 没有宗教。中国古代的宗教信仰，当然是儒家的宗教思想和宗教传
> 统。这种宗教思想淬为中国的宗教传统，虽然没有一般的宗教的严
> 密组织，然而对于中国人民生活的影响，则不下于任何宗教。①

罗光认为，儒教不仅是宗教，而且是与天主教一样的一神教。天主教是一神论，《圣经》中所载的神的启示是："除我以外不可有其他的神。"因此，如果教徒还信仰上帝之外的其他神，会被认为是对上帝诫言的严重违背。此外，天主教主张非偶像崇拜，上帝是虚灵不昧的非偶像实体。因此，如果教徒崇拜偶像的话，也被认为是大逆不道。相应地，罗光认为，儒教之所以是宗教，因为它也信仰至上神明、上帝。他说：儒家"天字的原义，指的人头上的苍苍形天。形天极大极高，很可象征造物的至上神明，于是天字须用为主宰者天，意义同于帝字……经传的天字……最普通的是指主宰者天"②。而且，"儒家的宗教思想，以敬天敬祖为中心，由敬天敬祖而有法天法祖"③。因此，儒家的敬天思想也就是对上帝的信仰。不仅如此，儒教也是一神论，它所崇拜的天或上帝就是"唯一尊神"。这"唯一尊神"的特性为"无形的神体"，它不仅"无所不知""无所不能""生人生物"，而且还"立人君""操赏罚"，因此，人对它只能敬之、祭之。由此来看，儒教与天主教相类，均是一神之宗教。

此外，在罗光看来，儒家"仁"的观念与天主教的"博爱"观念是相通的。他指出，依着天主教的教义，因"创生力"在每个物体内的作用，物体从而都具有了生命。而且，"创生力"使宇宙万物成为一个有机的整体，故而万物并育而不相害。与此相类，儒家"民胞物与""一体之仁"等观念也只有从"整体"的观点出发才可以理解。他说："宇宙万物合成一个整体，整体是生命，生命好似一大海的水，东西南北荡漾不息，在海水中的物体，因海水而互相通贯。仁是生命，仁道是生命的相通，是生命的爱。仁道的一项规

---

① 罗光：《中国哲学大纲》，第67页。
② 罗光：《中国哲学大纲》，第70页。
③ 罗光：《儒家的宗教思想》，载《罗光全书》（册五），第67页。

律是'仁民而爱物'。"① 进而，他认为儒家的"仁"同基督之"爱"是相类的。按照他的解释，儒家的"仁"同基督受难之前"彼此相爱"的训示是相通的。罗光说："天德之谓仁，是天地化育生物之心。在这种化育之中，包含着爱万物之心。所以仁字包含一个爱字，又包含着发育。"② 而且，儒家"仁民爱物"之说所引导出的正德、利用、厚生不只是理论的，同时也是实践的。在这一点上，儒家与天主教也是相同的。总之，儒教同天主教一样，都追求爱的圆融：不仅人类因爱而结成圆融整体，而且整个宇宙也是爱的圆融整体。

不过，罗光认为，儒教在教义上存在着缺陷，需要以天主教为蓝本进行修正。比如，儒家的"天"过于抽象、空泛，给人一种高高在上的感觉，使人难以亲近。相比之下，天主教的"天"却是具体的，是有形象的主宰者；它既能满足人的理性需求，又能满足人的感性需求。他说："天主教的'天人合一'的爱之生活，人的每天生活，常和神——天主结合在一起。这种结合的生活，在爱的感情中实现：因著天主的降临人的心中，不是本体的事件，'天人合一'的生活乃是超性的生活。但是人的每天生活，是在身体的各种动作中进行，人和天主的结合只是在意念中的结合，人心所注意的还是每一时刻在做的事，同时要想爱天主而做事，事情必要做得合法、合理、合情。"③ 更为关键的是，罗光不赞同儒家"超越而内在"的"天人合一"思想。他认为，上帝相对于人来讲只能是"超越而外在"的，而不能是"超越而内在"的。总之，他主张，只有接受了天主教信仰，并依此改造和完善了儒教，儒教才算实现了真正的终极关怀。为此，有论者指出：

> 罗光的进路却是儒家解释学的进路。尽管他对儒家哲学作出同情的了解，最终目的还在于把儒家思想纳入士林哲学的轨道。④

---

① 罗光：《生命哲学》（初版），第 243 页。
② 罗光：《儒家形而上学》，载《罗光全书》（册四），第 688 页。
③ 罗光：《生命哲学总纲》，第 45 页。
④ 宋志明：《略论儒家解释学》，载《北京大学学报》（哲学社会科学版）2000 年第 2 期，第 91 页。

主要参考文献

原始文献

1. 何晏注，邢昺疏，朱汉民整理，张岂之审定：《论语注疏》，北京：北京大学出版社 1999 年。

2. 赵岐注，孙奭疏，廖名春等整理，钱逊审定：《孟子注疏》，北京：北京大学出版社 1999 年。

3. 郑玄注，贾公彦疏，赵伯雄整理，王文锦审定：《周礼注疏》，北京：北京大学出版社 1999 年。

4. 郑玄注，孔颖达疏，龚抗云整理，王文锦审定：《礼记正义》，北京：北京大学出版社 1999 年。

5. 王弼注，孔颖达疏，李申等整理，吕绍纲审定：《周易正义》，北京：北京大学出版社 1999 年。

6. 司马迁：《史记》，北京：中华书局 1959 年。

7. 王先谦撰，沈啸寰等点校：《荀子集解》，北京：中华书局 1988 年。

8. 董仲舒撰，凌曙注：《春秋繁露》，北京：中华书局 1975 年。

9. 黄晖：《论衡校释（附刘盼遂集解）》，北京：中华书局 1990 年。

10. 韩愈：《韩昌黎全集》，上海：世界书局 1935 年。

11. 李翱：《李文公集》，《四部丛刊·集部》，南京：江南图书馆藏成化十一年刊本。

12. 《柳宗元集》，北京：中华书局 1979 年。

13. 刘禹锡撰，《刘禹锡集》整理组点校，卞孝萱校订：《刘禹锡集》，北京：中华书局 1990 年。

14. 邵雍著，郭彧等点校：《邵雍全集》（全五册），上海：上海古籍出版社 2016 年。

15. 周敦颐著，陈克明点校：《周敦颐集》，北京：中华书局 1990 年。

16. 章锡琛点校：《张载集》，北京：中华书局 1978 年。

17. 程颢、程颐著，王孝鱼点校：《二程集》，北京：中华书局1981年。

18. 黎靖德编，王星贤点校：《朱子语类》，北京：中华书局1986年。

19. 朱熹：《四书章句集注》，北京：中华书局1983年。

20. 朱熹撰，朱杰人等主编：《朱子全书》（共二十七册），上海：上海古籍出版社；合肥：安徽教育出版社2002年。

21. 陆九渊著，钟哲点校：《陆九渊集》，北京：中华书局1980年。

22. 陈亮著，邓广铭点校：《陈亮集》（增订本），北京：中华书局1987年。

23. 刘公纯等点校：《叶适集》，北京：中华书局1961年。

24. 叶适：《习学记言序目》，北京：中华书局1977年。

25. 孙通海点校：《陈献章集》，北京：中华书局1987年。

26. 湛若水：《湛甘泉先生文集》，桂林：广西师范大学出版社2014年。

27. 湛若水：《圣学格物通》，明资政堂重刻刊本。

28. 湛若水：《春秋正传》，文渊阁《四库全书·经部》。

29. 罗钦顺著，阎韬点校：《困知记》，北京：中华书局1990年。

30. 王守仁撰，吴光等编校：《王阳明全集》，上海：上海古籍出版社1992年。

31. 王廷相著，王孝鱼点校：《王廷相集》，北京：中华书局1989年。

32. 陈祝生等校点：《王心斋全集》，南京：江苏教育出版社2001年。

33. 王畿：《龙溪王先生全集》，明万历四十三年张汝霖校刊本。

34. 张建业主编：《李贽文集》，北京：社会科学文献出版社2000年。

35. 张建业主编：《李贽全集注》，北京：社会科学文献出版社2010年。

36. 吴光主编：《刘宗周全集》，杭州：浙江古籍出版社2007年。

37. 沈善洪主编：《黄宗羲全集》，杭州：浙江古籍出版社1985—1994年。

38. 黄宗羲著，沈芝盈点校：《明儒学案》，北京：中华书局1985年。

39. 方以智录：《物理小识》，上海：商务印书馆1937年。

40. 方以智著，庞朴注释：《东西均注释》，北京：中华书局2001年。

41. 方以智：《通雅》，文渊阁《钦定四库全书·子部》。

42. 方以智著，张永义等校点：《药地炮庄》，北京：华夏出版社2011年。

43. 顾炎武著，黄汝成集释，栾保群等校点：《日知录集释》，上海：上海古籍出版社2006年。

44. 顾炎武著，华忱之点校：《顾亭林诗文集》，北京：中华书局1983年。

45. 王夫之著，船山全书编辑委员会编校：《船山全书》，长沙：岳麓书社1996年。

46. 颜元著，王星贤等点校：《颜元集》，北京：中华书局1987年。

47. 陈山榜等点校：《李塨集》，北京：人民出版社2014年。

48. 戴震撰，张岱年主编：《戴震全书》，合肥：黄山书社1994—1997年。

49. 龚自珍著，王佩诤校：《龚自珍全集》，上海：上海人民出版社1975年。

50. 魏源全集编辑委员会编校：《魏源全集》，长沙：岳麓书社2004年。

51. 严复：《严复集》，北京：中华书局1986年。

52. 康有为：《康有为全集》，北京：中国人民大学出版社2007年。

53. 谭嗣同：《谭嗣同全集》，北京：中华书局1980年。

54. 章太炎：《章太炎全集》，上海：上海人民出版社1985年。

55. 梁启超：《饮冰室合集》，北京：中华书局1989年。

56. 王国维：《王国维文集》，北京：中国文史出版社1997年。

57. 王国维：《王国维集》，北京：中国社会科学出版社2008年。

58. 王国维：《王国维论学集》，昆明：云南人民出版社2008年。

59. 马一浮：《马一浮集》，杭州：浙江古籍出版社1996年。

60. 马一浮：《默然不说声如雷——马一浮新儒学论著辑要》，北京：中国广播电视出版社1995年。

61. 熊十力：《熊十力全集》，武汉：湖北教育出版社2001年。

62. 熊十力：《现代新儒学的根基——熊十力新儒学论著辑要》，北京：中国广播电视出版社1996年。

63. 张君劢：《张君劢儒学著作集》，北京：中国人民大学出版社2006年。

64. 张君劢：《精神自由与民族文化——张君劢新儒学论著辑要》，北京：中国广播电视出版社1995年。

65. 梁漱溟：《梁漱溟全集》，济南：山东人民出版社1989—1993年。

66. 梁漱溟：《孔子学说的重光——梁漱溟新儒学论著辑要》，北京：中国广播电视出版社1995年。

67. 冯友兰：《三松堂全集》，郑州：河南人民出版社2001年。

68. 冯友兰：《贞元六书》，上海：华东师范大学出版社1996年。

69. 贺麟：《贺麟集》，北京：中国社会科学出版社2006年。

70. 贺麟：《贺麟选集》，长春：吉林人民出版社2005年。

71. 钱穆：《钱宾四先生全集》，台北：联经出版事业股份有限公司 1998 年。

72. 方东美：《方东美全集》，台北：黎明文化事业公司 2005 年。

73. 方东美：《东方诗哲方东美论著辑要》，南京：南京大学出版社 2009 年。

74. 徐复观：《徐复观文集》，武汉：湖北人民出版社 2002 年。

75. 唐君毅：《唐君毅全集》，台北：学生书局 1991 年。

76. 唐君毅：《唐君毅著作选》，北京：中国社会科学出版社 2005－2008 年。

77. 牟宗三：《牟宗三先生全集》，台北：联经出版事业股份有限公司 2003 年。

78. 张岱年：《张岱年全集》，石家庄：河北人民出版社 1996 年。

79. 罗光：《罗光全书》，台北：学生书局 1996 年。

间接文献

80. 谢无量：《中国哲学史》，台北：中华书局 1980 年。

81. 胡适：《中国哲学史大纲》，北京：东方出版社 1996 年。

82. 冯友兰：《中国哲学史》，北京：中华书局 1961 年。

83. 冯友兰：《中国哲学史新编》，北京：人民出版社 2004 年。

84. 冯友兰著，涂又光译：《中国哲学简史》，北京：北京大学出版社 1996 年。

85. 任继愈：《中国哲学史》，北京：人民出版社 1979 年。

86. 肖萐父、李锦全：《中国哲学史》，北京：人民出版社 1983 年。

87. 石峻、杨宪邦：《中国哲学通史》，北京：中国人民大学出版社 1987—1990 年。

88. 蔡仁厚：《中国哲学史大纲》，长春：吉林出版集团有限公司 2009 年。

89. 刘文英：《中国哲学史》，天津：南开大学出版社 2002 年。

90. 北京大学哲学系中国哲学教研室：《中国哲学史》（第二版），北京：北京大学出版社 2003 年。

91. 罗光：《中国哲学思想史》，台北：学生书局 2005 年。

92. 韦政通：《中国思想史》，上海：上海书店出版社 2003 年。

93. 冯达文、郭齐勇：《新编中国哲学史》，北京：人民出版社 2004 年。

94. 郭齐勇：《中国哲学史》，北京：高等教育出版社 2006 年。

95. 高令印：《简明中国哲学通史》，厦门：厦门大学出版社 2002 年。

96. 詹石窗：《新编中国哲学史》，北京：中国书店出版社 2002 年。

97. 汤一介、李中华主编：《中国儒学史》，北京：北京大学出版社 2011 年。

98. 姜林祥：《中国儒学史》，广州：广东教育出版社 1998 年。

99. 李泽厚：《中国古代思想史论》，北京：人民出版社 1985 年。

100. 李泽厚：《中国近代思想史论》，北京：东方出版社 1979 年。

101. 李泽厚：《中国现代思想史论》，合肥：安徽文艺出版社 1994 年。

102. 宋志明：《中国传统哲学通论》，北京：中国人民大学出版社 2004 年。

103. 宋志明：《中国古代哲学发微》，北京：中国人民大学出版社 2012 年。

104. 宋志明：《中国古代哲学研究方法新探》，北京：中国人民大学出版社 2015 年。

105. 宋志明：《现代新儒家研究》，北京：中国人民大学出版社 1991 年。

106. 宋志明：《中国现代哲学通论》，北京：中国人民大学出版社 2008 年。

107. 宋志明：《现代新儒学的走向》，北京：北京师范大学出版社 2009 年。

108. 李振纲：《中国古代哲学史论》，北京：中国社会科学出版社 2004 年。

109. 程志华：《困境与转型——黄宗羲哲学文本的一种解读》，北京：人民出版社 2005 年。

110. 程志华：《牟宗三哲学研究——道德形而上学之可能》，北京：人民出版社 2009 年。

111. 程志华：《中国近现代儒学史》，北京：人民出版社 2010 年。

112. 程志华：《熊十力哲学研究——"新唯识论"的理论体系》，北京：人民出版社 2013 年。

113. 侯外庐：《中国近代哲学史》，北京：人民出版社 1978 年。

114. 九所高等师范院校编写组：《中国哲学史稿》，石家庄：河北人民出版社 1983 年。

115. 陈少明：《近代中国思想史略论》，广州：广东人民出版社 1994 年。

116. 郭湛波：《近五十年中国思想史》，济南：山东人民出版社 1997 年。

117. 麻天祥：《中国近代学术史》，长沙：湖南师范大学出版社 2001 年。

118. 许全兴、陈战难、宋一秀：《中国现代哲学史》，北京：北京大学出版社 1992 年。

119. 丁祖豪、郭庆堂、唐明贵、孟伟：《20 世纪中国哲学的历程》，北京：中国社会科学出版社 2006 年。

120. 陈来：《现代中国哲学的追寻》，北京：人民出版社 2001 年。

121. 景海峰：《中国哲学的现代诠释》，北京：人民出版社 2004 年。

122. 李连科：《中国哲学百年论争》，北京：商务印书馆 2004 年。

123. 赵敦华：《西方哲学简史》，北京：北京大学出版社 2000 年。

后　记

本著作之写作缘于两个方面的目的：一个方面，为本科生、硕士生、博士生教学之用。前些年，本人基于多年的教学和研究成果，出版了《中国近现代儒学史》①一书。此著作只写了近现代儒学的内容，古代儒学的内容未有涉及。因此，写作一部中国儒学通史，以备教学和研究之用，便成为一种弥补性的愿望。于是，经过几年的前期准备，在《台湾"鹅湖学派"研究——牟宗三弟子的哲学思想》②交付出版社之后，笔者开始了古代儒学史的写作。需要说明的是，由于笔者对于儒学以外的哲学思想缺乏研究，不敢胡乱拼凑以应景，故一仍贯彻《中国近现代儒学史》的传统，只写了古代儒学史，而没有涉及古代其他哲学思想。因此，本著作不是一部"中国哲学史"，而只是一部"中国儒学史"。另一个方面，也是更为重要者，即，汇总并疏解中国历代儒者之思想，以呈现儒学发生及发展的脉络。儒学之发生有其"文化土壤"之总体的原因，亦有其思想家个体的原因。就前者来讲，唐、虞及"三代"历史文化发生了变化，这些变化为时代提出了问题。就后者来讲，孔子与其他思想家不同，他以"仁"为核心，以"恢复周礼"为目标，提出了自己的解决方案，从而成为儒学理论的原点。孔子之后，中国历史文化还在发展，时代问题也在不断变化，历代儒者也在不断进行创新，从而延续并发展了儒家学说的脉络。本书之写作，即意在对儒家学说发展脉络进行汇总并疏解。

为了完成这样一部儒学通史，笔者有"术"和"道"两个方面的考虑。在"术"方面，笔者努力做到两点：其一，避免"断章取义"。就儒学史来看，案主有些表述在身后已然成为"名言""警句"，甚至成为某个领域的"原理"。但是，同时亦形成了"断章取义"的弊端。"断章取义"有两种表

---

① 程志华：《中国近现代儒学史》，北京：人民出版社 2010 年。
② 程志华：《台湾"鹅湖学派"研究——牟宗三弟子的哲学思想》，北京：人民出版社 2015 年。

现：一为"偷换语境"，指改变案主原有的表述"语境"，使特殊性的义理"变成"普遍性；一为"过度延伸"，指将案主的表述"牵强附会"地引申，以至于背离了原义。对此，笔者在论述时亦对其予以充分关注，一是将其含义充分表达出来。既然其会成为"名言""警句"或"原理"，其义理自有深刻或普遍之处，对此不可视而不见。二是努力避免"断章取义"，根据原有"语境"，"适度"地恢复案主原义。其二，保持每位案主思想的完整性。也许案主思想原本零散，也许案主表述互有矛盾，但笔者均将其作为"系统"来对待，而且努力寻求、"重现"其内在逻辑。在笔者看来，零散思想的背后有内在关联，互有矛盾的表述缘于不同语境。质言之，案主本人的思想乃一个完整的系统。例如，孔子思想体现于对话当中，其形式是典型的"对话体"或"语录体"。尽管如此，笔者仍将其作为一个完整系统对待——通过"天命观"表述其宇宙论，通过"仁者爱人"表述其本体论，通过"正名思想"表明其政治思想，通过"中庸思想"表述其方法论。

在"道"方面，在众多相关研究成果当中，笔者无意"终结"中国儒学史研究，只是希望增添一种新的理解。具体来讲，其一，笔者努力为读者提供一种较为"客观"的儒学史，即较为"真实"的儒家哲学史，然后由读者自己对其意义和价值进行评判、取舍，而不是由笔者代为评判、取舍。也就是说，不是依照二手文献或他人的理解，而是依照案主所留下的文本，尽量地"呈现"其思想的"原貌"。因此，写作本著作所依据者均为第一手文献，而且相关内容均使用同一文献。其二，笔者努力提供一种自己对中国儒学史的理解。就诠释学的角度来讲，任何一种理解都是主体的理解。因此，任何一部《中国儒学史》均为作者之一家之言，此著作即是笔者所理解下的一部儒学史。也正因为如此，在写作每位案主思想时，笔者并没有刻意安排单独的"评论"；如果再安排单独的"评论"，则会有"画蛇添足"之嫌。很显然，这样两个方面似乎有矛盾之处：前者强调"客观"，后者强调"主观"。关于这种矛盾，笔者的理解和解决办法是，不存在绝对的"客观"，也不能够完全地"主观"；"客观"与"主观"实是相互"交融"的，即依着"主观"而"客观"地诠释对象。本部著作即是"客观"与"主观"相互交融的成果。

牟宗三曾经说过，从事哲学研究不是"随便的"事情，研究者必须具备哲学的气质。在他看来，所谓"哲学的气质"，包括三个方面：第一是"勇"，指"现实的照顾必须忘记，名利的牵挂必须不在意"。在日常生活中，如果"照顾"和"牵挂"太多，就会将心思"散落"于外在事物，而不能沉思于心灵的思考。第二是"智"，指"要有不为成规成矩乃至一切成套的东西所粘缚的'逸气'"。即，要不为成规成矩所拘系，要"直接是原始生命照面，直接是单纯心灵呈露"。这种气质虽然似乎表现为一种"浪漫性"，但它不是否定一切的"泛滥性"。第三是"仁"，指"对于现象常有不稳之感与陌生之感"。此即是说，要对现实生活中的荣华富贵有清醒的认识，因为它们都是"不稳的"，"是算不得数的"。因此，从事哲学研究必须跳出现实荣辱的"圈套"，从"所不安的现实而透露一片开朗的气象"。关于这样三个方面，牟宗三认为，"哲学的气质，当然可以说很多。但这三点是纲领"。① 关于从事哲学研究，方东美则非常强调"哲学精神"，认为它乃哲学实现"拯救世界"的关键。他说："假使哲学家要拯救世界，则决不能投身到黑暗罪恶的社会中去，而同流合污。哲学沾染了罪恶，那就是宣告它的精神死亡。哲学精神死亡了，如何能拯救世界？相反的是罪恶的世界征服了它！"②

面对牟宗三和方东美的教诲，笔者常常忐忑不安。一个原因是，就牟宗三所论，"勇""智""仁"之纲领固非笔者天赋所及；就方东美所论，笔者亦不敢放言恒有"哲学精神"。尽管如此，此纲领和精神却引领着笔者始终如一地向前追求！另一个原因是，很多儒者的思想为原创，所涉及学术问题非常复杂，核心思想与总体脉络并不易把握。而且，整个儒学史时间跨度大约3000年，从孔子始到罗光终，涉及8编、48章，共55位思想家和3部经典，每位思想家和每部经典都有其新义。因此，写作一部儒学史实为不易之事。再一个原因是，在总体上把握儒学史，不仅需要相当多的积累，更需要相当高的学力。或者说，写作一部哲学史，并非是简单堆积单个哲学家之思想，而是既要求总体把握单个哲学家的思想，亦要求融会贯通整个哲学史的发展脉络。毋庸置疑，"融会贯通"实是一个很高的要求。关于这样两个方面，方东美曾说："中国哲学通史很少人能写，为什么原因呢？第一，材料不充分，

① 参见牟宗三《生命的学问》，桂林：广西师范大学出版社2005年，第9—14页。
② 蒋国保、周亚洲编：《生命理想与文化类型——方东美新儒学论著辑要》，北京：中国广播电视出版社1992年（下同），第527页。

第二，无法驾驭材料。"① 总之，由于上述三个方面的原因，书中定有不妥或值得商榷之处。对此，笔者愿意就教于方家。

笔者1983年考入河北大学哲学系，先后获得了学士学位和硕士学位。后来，又到中国人民大学哲学系攻读博士学位，期间，曾到美国肯塔基大学（University of Kentucky）哲学系学习一学年。在这30多年的"哲学生活"中，笔者得到了商聚德、王永祥、李振纲、段景莲、卢子震等业师的悉心指导，尤其得到宋师志明先生的精心培养和扶掖，同时也得到方克立、方立天、张立文、郭齐勇、葛荣晋、周桂钿、陈来、陈卫平、李存山、胡军、胡伟希、郑万耕等学界师长的热心帮助。另外，肯塔基大学哲学系的 Daniel Breazeale、Ronald Bruzina、Sanford Goldberg 三位教授和系主任 Theodore Ted Schatzki 教授也给予我许多指点。在师长们的指导、培养和帮助下，笔者在教学方面有了一点"感觉"，在研究方面也有了些许"所得"。包括本著作在内的论著即是这些"感觉"和"所得"的成果。长久以来，对诸位之师恩总感觉无以为报为歉。如今，此著作之出版姑且作为一种报答吧！

本著作之写作，笔者引用了大量原始文献，还参考了部分哲学史著作及学术论文。相关原始文献和哲学史参考著作依序列于书后，所参考论文由于篇幅所限却未能一一列出。在此，笔者谨致谢忱。

本书得以出版，受益于河北大学"双一流"之"哲学"学科经费和政法学院的资助。在此，衷心感谢学校、学院和学科负责人的支持。同时，也感谢人民出版社邵永忠编辑为本书所付出的心血，亦感谢我的妻、儿为我之研究所作出的默默奉献，尤其要感谢我已达杖朝之年的老父亲的激励——他至今一仍笔耕不辍，而且乐此不疲——家父的精神成为我前进的动力。父辈尚且如此，况我侪乎！谨以此书献给我的父亲！

当此书即将付梓之时，梁启超的一段话不绝于耳。其曰："呜呼！国家多难，岁月如流，眇眇之身，力小任重。吾友韩孔广诗云：舌下无英雄，笔底无奇士。呜呼！笔舌生涯，已催我中年矣！此后所以报国民之恩者，未知何如。每一念及，未尝不惊心动魄，抑塞而难语也！"② 笔者已过知天命之年，

---

①　蒋国保、周亚洲编：《生命理想与文化类型——方东美新儒学论著辑要》，第232—233页。

②　梁启超：《饮冰室合集》（文集之十一），北京：中华书局1989年，第19页。

何以报国民之恩？每当想到此问题，与梁启超一样，我亦是"惊心动魄""抑塞难语"！关此，冯友兰亦有"为我国家致太平，我亿兆安心立命"的"自期许"。他说："'为天地立心，为生民立命，为往圣继绝学，为万世开太平。'此哲学家所应自期许者也。况我国家民族，值贞元之会、当绝续之交，通天人之际、达古今之变、明内圣外王之道者，岂可不尽所欲言，以为我国家致太平、我亿兆安心立命之用乎？虽不能至，心向往之。非曰能之，愿学焉。"① 毋庸置疑，吾当然没有梁启超和冯友兰之才，但却不妨可有二人之志，"虽不能至，心向往之"；"非曰能之，愿学焉"！"精卫填海"是著名的上古神话，"精卫衔微石，将以填沧海"②。关此，徐复观曾说："精卫决无填海之力，但不妨她抱有填海之心。"③ 愿我的努力为儒学史研究添上一颗"填海"之石子。

《论语》记载："子在川上曰：逝者如斯夫！不舍昼夜。"④ 岁月不可蹉跎，否则会枉度一生！

程志华

2017 年教师节

于河北大学无为斋

---

① 冯友兰：《贞元六书》，上海：华东师范大学出版社 1996 年，第 515 页。
② 陶渊明：《陶渊明集》卷四，北京：线装书局 2000 年，第一一页。
③ 李维武编：《徐复观文集》第一卷，第 359 页。
④ 何晏注，邢昺疏，朱汉民整理，张岂之审定：《论语注疏》，第 119 页。